행동하는 심리학

머리말

2판을 내면서…

　심리학을 전공했다고 하면, 사람들은 그 사람이 인간의 심리를 꽤 잘 알거라고 생각한다. 사실 많은 사람들은 심리학을 공부하지 않고도 사람의 심리를 쉽게 읽을 수 있다고 말한다. 아마도 그동안 쌓인 생활경험을 통해 그렇게 말하는 것이다. 얼추 그 말에도 일리가 있다. 간혹 적중력도 높다. 그런데 30년간 인간의 심리만을 연구했던 어느 여성심리학자가 자조적으로 한 말씀, "결혼해서 남편의 잘못된 버릇 하나를 고쳐보려고 노력했는데, 30년이 지난 지금도 못 고쳤다."고 하소연한 것을 들은 바 있다. 그렇다면, 일반사람들이 말하는 심리가 심리학자들이 말하는 심리와 같은 것일까? 그렇지 않다. 일반사람들이 말하는 심리는 상식적인 것이고, 심리학자들이 말하는 심리는 과학적인 것이다. 이 말은 심리학을 제대로 공부해야만 이해가 되는 부분이다.

　심리학은 인간이 행복하게 사는 데 필요한 정보와 기술을 제공해준다. 그래서 심리학은 과거지향적이라기 보다는 미래지향적이며, 인간의 복지를 최우선으로 생각하는 학문이다. 이미 미국과 유럽에서 심리학은 가장 취업이 잘되는 학문으로 자리를 잡아가고 있다. 이는 우리나라에서도 마찬가지이다. 과거에는 심리학이 배고픈 학문이었으나, 앞으로 심리학은 배부른 학문으로 성장할 것이다.

　본 서는 심리학을 처음 접하는 분들에게 '왜 심리학이 과학인지'를 명료하게 설명해 줄 것이다. 본 서에는 국내외 심리학자들의 다양한 연구논문과 저서들을 참고하여 가능하면, 이 책 한 권만으로도 심리학의 모든 내용을 알 수 있도록 체계적으로 편집을 하였다. 그래서 심리학과목으로 각종 시험을 보아야 하는 수험생들에게 특히 유용할 것이다. 그러나 여전히 본 서는 미완성이다. 좋은 책은 독자들과 함께 만들어 가는 것이라는 진리를 알기에 본 서는 지속적으로 진화해 갈 것이다.

마지막으로 본 서의 출판을 위해 노력해주신 수많은 분들을 모두 열거할 수 없지만, 공동저자로 참여해주신 우수한 전문가분들에게 진심으로 감사를 드린다. 그리고 본 서의 자료교정을 맡아준 최주희, 신주희연구원에게도 감사를 드린다.

대표저자
경기대학교 교수
심리학박사 공 정 식

제1장 심리학의 개관

제1절 심리학의 정의 및 목적 ··· 2
    1. 심리학의 정의 / 2
    2. 심리학의 목적 / 3
    3. 심리학의 연구대상 / 3

제2절 심리학의 역사 및 접근방법 ··· 4
    1. 심리학의 정의 / 4
    2. 심리학의 역사 / 4
    3. 상호보완적 접근 / 15

제3절 심리학의 분야 및 연구방법 ·· 16
    1. 심리학의 분야 / 16
    2. 심리학의 연구방법 / 29
    3. 자료 분석 및 정리 방법 / 35

제2장 생리와 영양

제1절 신경생리 ·· 40
    1. 신경생리학의 개요 / 40
    2. 신경계 / 41
    3. 말초신경계 / 49
    4. 중추신경계 / 50
    5. 신경계의 연구방법 / 58

제2절 영양심리 ·· 60
    1. 영양심리학의 개요 / 60
    2. 영양분의 기능 / 61

제3장　감각과 지각

제1절　감 각 ··· 70
　　1. 감각의 측정 : 정신물리학 / 70
　　2. 시 각 / 72
　　3. 청 각 / 77
　　4. 다른 감각 / 80

제2절　지 각 ··· 83
　　1. 서 설 / 83
　　2. 지각이론 / 85
　　3. 지각의 차이 / 91
　　4. 착각과 착시 / 94
　　5. 초감각지각 / 97

제4장　의식 · 사고 · 언어

제1절　의식의 심리학 ··· 102
　　1. 의식의 변화 / 102
　　2. 약물에 의한 의식변화 / 106
　　3. 의식의 구분 / 107
　　4. 의식의 양식 / 109
　　5. 의식의 시간적 차원 / 109

제2절　사고의 심리학 ··· 110
　　1. 개념형성 / 110
　　2. 사회추론과 추단율 / 114
　　3. 문제 해결의 원리와 전문성 / 116

제3절　언어의 심리학 ··· 119
　　1. 개 요 / 119
　　2. 언어 발달 / 119
　　3. 언어와 의사소통 / 122

제5장 학습과 기억

제1절 학습의 이해 ·· 132
  1. 학습의 정의 / 132
  2. 학습의 범위 / 132
  3. 학습의 접근법 / 133

제2절 연합주의적 학습이론 ······································ 133
  1. 개 요 / 133
  2. 고전적 조건형성(Ivan Pavlov) / 133
  3. 도구적(조작적) 조건형성(강화이론) / 138

제3절 인지적 학습이론 ·· 149
  1. 통찰학습 / 149
  2. 인지도 학습 / 151
  3. 개념학습 / 153
  4. 관찰학습 / 154

제4절 기억의 연구와 모형 ······································ 155
  1. 기억 연구의 접근법 / 155
  2. 기억의 모형 / 161
  3. 망 각 / 164
  4. 거짓 기억 / 166
  5. 기억에 작용하는 요인 / 169
  6. 기억의 발달 / 172

제6장 동기와 정서

제1절 동기 심리학 ·· 176
  1. 개 요 / 176
  2. 동기의 기초 / 176

제2절 정서 심리학 ··· 193
    1. 정서의 기초 / 193
    2. 정서의 원인 / 194
    3. 정서가 인지과정과 행동에 미치는 영향 / 198

제7장 발달심리학

제1절 발달의 개요 ·· 202
    1. 발달의 정의 / 202
    2. 발달의 과학적 설명 / 204

제2절 발달의 구분 ·· 204
    1. 지각발달(perceptual development) / 204
    2. Piaget의 인지발달 / 206
    3. 애착과 사회성발달 / 212
    4. 발달에서 사회화 영향 / 217
    5. 도덕성 발달 / 219
    6. 성인기 이후의 문제 / 224

제8장 성격심리학

제1절 성격의 기초 ·· 230
    1. 개 요 / 230
    2. 성격의 요인 / 230

제2절 성격이론의 구분 ·· 232
    1. 성격이론의 개요 / 232
    2. 특성이론 / 232
    3. 정신분석 이론 / 240
    4. 기타 이론들 / 263

제3절 심리평가 ·· 266
 1. 서 설 / 266
 2. 검사 기본의 이해 / 267
 3. 심리평가 발전사 / 272
 4. 심리검사의 분류 / 273
 5. 심리검사시 숙지할 점 / 286

제9장 건강이상치료

제1절 건강심리 ·· 290
 1. 개 요 / 290
 2. 스트레스 / 292
 3. 성격과 건강 / 305
 4. 스트레스와 건강 / 310

제2절 이상심리 ·· 314
 1. 이상심리의 개념적 이해 / 314
 2. 이상심리의 구체적 이해 / 318

제3절 심리치료 ·· 350
 1. 서 설 / 350
 2. 정신분석적 치료 / 350
 3. 행동치료 / 351
 4. 인지치료 / 352
 5. 인간중심치료와 게슈탈트치료 / 355
 6. 그룹치료 / 357
 7. 생의학치료 / 359
 8. 새로운 심리치료 / 360
 9. 치료의 평가 / 362

제10장 사회심리학

제1절 타인 및 사회적 사건의 이해 ········· 366
    1. 사회 심리학의 정의 / 366
    2. 사물지각과 대인지각 / 366
    3. 인상형성 / 367
    4. 사회인지 / 372
    5. 귀 인 / 376

제2절 대인관계 ········· 380
    1. 친교행동(linking behavior) / 380
    2. 공격행동 / 392
    3. 사회영향 / 395
    4. 집단에서의 행동 / 411

부 록

※ 심리학 출제경향 ········· 416
※ 심리학용어사전 ········· 420
※ 참고문헌 ········· 531

 # 심리학의 개관

제1절 심리학의 정의 및 목적
제2절 심리학의 역사 및 접근방법
제3절 심리학의 분야 및 연구방법

01 심리학의 개관

심리학은 Psychology라고 하는데, 이는 Psycho(마음 또는 정신)와 logy(학문 또는 과학)의 결합어이다. 심리학의 정의는 시대와 연구주제 및 대상에 따라 강조하는 부분에 차이는 있지만, 인간의 지(知)·정(情)·의(意)·행동(行動)을 과학적으로(scientifically) 연구하는 학문이다. 인간의 역사에 있어서 오래전부터 인간의 마음을 읽고자 하는 노력들은 다양하게 이루어져왔다. 예를 들면 관상으로 인간의 운명을 예측하거나, 신체골격의 발달모양 또는 손의 모양이나 손금을 보고 개인의 미래를 예측하기도 했으며, 암시를 통해 무의식의 옛 기억을 되살리는 최면술이 있다. 게다가, 기도나 주문을 통한 미신적인 힘을 통해 질병이나 심적 고통을 치료하는 심령술, 신체의 일부와 접촉하여 다른 사람의 마음을 알아내는 독심술, 텔레파시, 투시, 염력 등도 있다. 그러나 현대 심리학에서는 과학적으로 검증된 사실만을 심리학의 지식에 포함시킨다[1].

제1절 심리학의 정의 및 목적

1 심리학의 정의

인간의 심리를 강조하는 정의	심리학은 자연과학의 주제를 다루는 외적인 경험의 대상들과는 달리 내적인 경험(감각, 감정, 사고, 의욕 등)을 연구하는 학문이다(W. Wundt, 1892).
인간의 행동을 강조하는 정의	심리학은 인간행동을 주제로 삼는 자연과학이다(J. B. Watson, 1919).
인간과 인간사 전체를 강조하는 정의	"인간이란 무엇인가?" 심리학은 이 질문에 대해서 답변하려고 한다(Boring, 1939).

---

[1] 예를 들면, "곱슬머리가 고집이 세다."라고 많은 사람이 이야기하지만 이도 과학적으로 검증되지 않으면 심리학적 지식이라고 보지 않는다. 위 명제가 심리학적 지식에 포함되기 위해서는 실험과 같은 방법으로 과학적 검증을 거쳐 그 사실이 입증되어야 한다.

2 심리학의 목적

학문적 목적 - 현상(appearance) 규명	인간의 심리 및 행동을 설명(explanation)하고, 예측(prediction)하여, 통제(control)한다.
이상적 목적 - 본질(essence) 규명	인간과 사회복지 증진, 진리와 선을 달성하고자 한다.

【과학적 방법·이성·지성】 → 학문적 목표 → 진 리
　　　　　　　　　　　　　↘ +【직관】↗

심리학이 과학적이라는 것은 상식과는 다르다는 것을 의미한다. 즉 상식은 이미 발생한 사건을 설명하지만, 심리학은 발생할 사건을 예측할 수 있다. 상식은 개별경험을 기초해서 형성되지만, 심리학은 과학적 방법을 더 중시하기 때문이다. 예를 들어 우리가 아는 상식 중에 "아는 게 힘이다."와 "모르는 게 약이다.", "끼리끼리 모인다."와 "극과 극은 서로 통한다.", "눈에서 멀어지면 마음도 멀어진다."와 "떨어져 있으면 그리움이 깊어진다."라는 상식을 보면 일관성이 없다는 것을 확인할 수 있다. 그리고 우리는 부분적으로 자신의 생각을 확증해주는 증거를 찾도록 편향된 습관으로 인하여 자신의 판단을 과신하는 경향이 있다.

또한 사람들은 어떤 사고 발생 이후 "어째 엉성하다 싶더니만, 내 그럴 줄 알았어."라고 말하면서도(후판단편향)[2] 그전에는 그런 일이 발생할 것을 미리 예측하거나 예방하지 못한다.

따라서 상식과 과학은 차원이 다른 것인데, 심리학은 과학적인 연구를 전제로 하므로, 실증적, 객관적, 합리적, 체계적, 가설검증적, 일반적, 절약적, 잠정적, 겸손한 태도와 회의주의적인 관점을 고수한다. 따라서 과학으로서 심리학은 공개성, 개념의 정의, 연구결과의 재검성, 관계성 등을 연구의 요건으로 한다.

3 심리학의 연구대상

오늘날에는 인간의 마음뿐만 아니라 육체, 행동 등 인간과 관련된 모든 사회현상을 연구대상으로 한다.

---

[2] 후판단편향 또는 후견편향(hindsight bias)란 '난 이미 알고 있었어.'라는 현상을 말하는데, 즉 결과를 알고 난 후에 그 결과를 예측할 수 있었다고 믿는 경향성을 말한다(직관의 과대평가).

제2절 심리학의 역사 및 접근방법

1 심리학의 정의

연합주의 심리학자인 Ebbinghaus(1850~1909)는 "심리학은 오랜 과거를 가지고 있지만, 그 역사는 짧다."라고 표현했다. 현대 심리학은 1879년 Wundt가 최초의 실험실을 설립하면서 시작되었다.

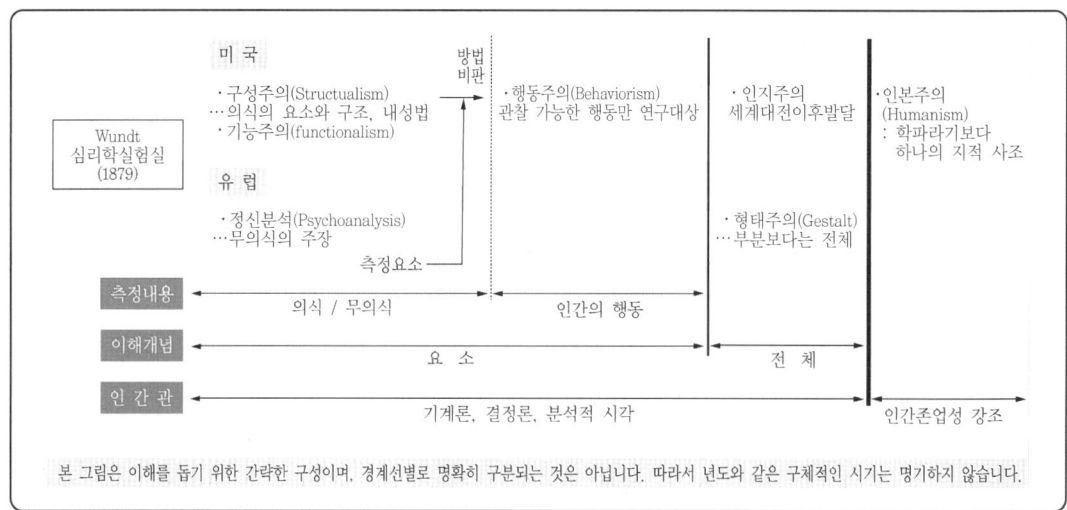

본 그림은 이해를 돕기 위한 간략한 구성이며, 경계선별로 명확히 구분되는 것은 아닙니다. 따라서 년도와 같은 구체적인 시기는 명기하지 않습니다.

2 심리학의 역사

(1) 구성주의(1880년대)

대표학자	W. Wundt, Titchener
발전배경	구성주의 학자들은 당시 '정신물리학의 상관관계 연구(물리적 세계와 정신세계 간에는 수량화할 수 있는 관계가 있다고 주장)'의 성과로, '감각요소'도 과학적인 수준으로 볼 수 있다는 근거를 제시하였다. Titchener(1867~1927)는 Wundt의 제자로 미국으로 건너와 구성주의 심리학을 창시하였다.
기본개념	인간 의식이 무엇으로 이루어졌는가 하는 의식의 '요소'에 관심을 두고, 인간의 의식은 감각, 심상, 감정으로 이루어졌다고 보았다. 의식의 요소를 살펴보는 방법 중 '감각'은 수량화가 가능하지만 심상과 감정(정서)은 수량화가 불가능하기 때문에 당시의 학자들은 내성법(introspection)3)을 통해 '심상과 감정(정서)'을 알고자 했다.

---

3) 내성법(introspection method)은 구성주의 학자들이 인간의 심상과 정서를 이루는 기본요소를 살펴보기 위해 제시한 방법이다. 내성법으로 의식의 요소를 알아보는 방법은, 조용한 상태를 형성한 뒤 "자기 자신을 깊게 관찰한 후 자신의 입으로 스스로의 주관적인 경험을 보고"하게 하는 방법을 말한다. 그러므로 말하는 사람에 따라 자신의 상태를 다르게 표현할 수 있다는 한계를 지니고 있다. 따라서, 행동주의자들에 의해 내성법은 방법론적으로 비과학적이라는 비판을 받는다.

Wilhelm Wundt(1832~1920)는 「하이델 베르그」대학에서 1862년 최초로 심리학 강의를 했는데, 당시에는 별 관심을 받지 못해 첫 강의에 4명의 학생이 참석했다. 1874년에는 「생리심리학원리(Principles of Physiological Psychology)」를 저술하고, 1879년에는 「라이프치히」대학에 세계 최초의 심리학 실험실을 창설했다. 그는 과학적 심리학의 출발점이 된 학자이며, 인간의 정신을 요소로 분석하려는 실험심리학과 사회, 역사, 종교, 문화, 종족의 민족성을 다루는 민족심리학을 주장했다. 그는 사고(思考)의 원자들(atoms)을 찾아내기 위해 사고로부터 지각을 분리시키려고 시도했는데, 이를 위해 그들은 스스로 자신들의 지각과 감정을 관찰하고 기록하는 객관적 내성법(objective introspection)을 훈련했다.

(2) 기능주의(1900년대)

대표학자	W. James, J. Dewey, Angell
발전배경	미국의 실용주의와 적자생존의 원리를 주장한 진화론의 영향으로, 인간이 행복하고 사회 환경에 잘 적응하기 위해서 "심리학도 실용적인 학문이 되어야 한다"는 의식이 강해졌다.
기본개념	인간을 이해하는 것은 '인간 의식의 요소가 무엇인지'를 살펴보는 것(구성주의)보다 '의식이 어떻게 기능을 하는가'에 관심을 두어야 한다고 주장하였다. 이들 연구의 초점은 '외적인 행동과 정신과정의 목표(기능)는 무엇인가'에 있다.

William James(1842~1910)는 1872년 Harvard에서 생리학을, 그리고 1875년 심리학을 강의한 바 있다. 1890년에는 「심리학의 원리(The Principles of Psychology)」를 저술하면서, 그는 의식이란 연속적인 흐름이라고 주장하였고, Wundt와 Titchener의 접근방식에 틀린 부분이 있다고 단정하고 '연합되지 않은 순수한 감각'이란 존재하지 않는다고 결론지었다. 그는 일상적인 경험에 초점을 두고 습관의 연구에 전념하면서, 정신생활과 행동에 대한 기능주의에 도달한다. James는 미국의 실용주의 사상에 알맞은 기능주의 심리학의 산파 역할을 담당했다. 기능주의란 학습, 감각, 지각 자체에 관심을 갖는 것이 아니고 유기체가 자신의 학습 지각능력을 사용해서 환경에 어떻게 기능하는가에 관심을 갖는 것을 말한다.

❖ 구성주의와 기능주의 ❖

구 분	구성주의	기능주의
기본전제	인간의식의 요소가 무엇으로 구성되었는가?	인간의 의식은 어떻게 기능하는가?
발전배경	정신물리학적 개념	실용주의적 개념
발전국가	유럽을 중심으로 발전	미국을 중심으로 발전

(3) 정신분석(1910년대)

개 요	심층심리학적 접근방법으로 인간의 행동을 '무의식적 과정'으로 설명한다. 인간의 정신을 분석하는 심리학 접근방법으로 실험연구보다 개별환자에 대한 광범위한 사례연구에 근거한다. 이들은 인간이 무의식과정을 인식하지는 못하지만, 모든 인간 행동은 무의식적인 과정에 의해 지배된다고 주장한다[4].
대표학자	Freud, 신프로이드학파(Adler, Fromm, Jung 등)[5]
발전배경	정신분석학이 대두되기 이전에 인간은 '이성적이고 합리적'으로, 이성을 지닌 가장 우월한 존재라고 여겨왔다. 하지만 인간의 행동 중에는 원인이나 동기 등을 알 수 없는 경우를 많이 볼 수 있게 된다. 신경과 의사였던 Freud가 자신의 환자들을 관찰한 결과 '의식은 일부분(빙산의 일각)'일 뿐, 『무의식』이 대부분을 차지한다는 개념을 주장하면서, 인간(행동)을 지배하는 것은 '의식'이 아닌 '무의식'임을 주장하였다.
기본개념	무의식은 주로 충동·사고·공포·원망·공격성·성욕과 같은 원초적 본능이고, 이러한 무의식적 충동들은 꿈·말실수나 착오행위·버릇·신경증 및 예술이나 문학적 활동 등으로 나타나는데, 인지적·행동적 접근처럼 인간심리와 행동을 통제하기보다는 "이해하고 예측"하는 데 관심을 갖는 심리학의 접근방법이다.
접근개념	• **초기**에는 인간의 정신은 의식, 전의식, 무의식으로 구성되어 있으며, 정신의 대부분은 무의식으로 이루어졌기 때문에 인간의 행동을 좌우하는 데 가장 큰 역할을 하는 것은 무의식이라고 보았다. 무의식적 과정은 인간이 인식하지는 못하지만, 인간의 심리와 행동에 영향을 미친다고 생각했으며, 무의식은 주로 충동, 사고, 공포, 원망, 공격성, 성욕과 같은 원초적인 본능들로 이루어진다고 주장하였다. • **후기**에 와서는 인간의 성격구조를 Id(원초아), Ego(자아), Super ego(초자아)로 구분하였고 인간의 성격은 성적인 에너지(Libido)가 어디에 집중되느냐에 따라 형성되며, 5세 전후에 이미 결정된다는 관점을 제시하였다. 이후 인간을 이해·분석하는 데 Freud가 지나치게 Libido를 강조하는 것에 반박하면서, "자아와 사회적 환경"을 중시하는 신프로이드 학파가 등장하게 된다.

---

[4] 이들은 인간이 의식하고 알 수 있는 의식의 세계는 빙산의 일각에 불과하며, 인간의 심리와 행동을 지배하는 무의식은 빙산의 대부분이 물속에 잠겨 있듯이 정신세계의 밑바닥에 잠겨있다고 주장한다.

[5] 신프로이드학파는 정신분석 및 인간이해에 대한 기본이념은 프로이드와 같되, 프로이드가 강조했던 성적인 면과 무의식적인 면을 덜 강조하였다. Adler는 가족구조와 출생순위가 성격형성에 중요한 영향을 미친다고 주장하였다. 인간은 열등감을 지닌 존재로 그 열등감을 극복하기 위해 성장한다는 초기 이론에서 사회적 관심(Social Interest)을 목표로 성장한다고 하였다. 그리고 Fromm은 비생산적인 성격유형으로 수용지향, 착취지향, 저장지향 및 시장지향을 제시하였다. Jung은 '아니마'와 '아니무스' 개념, 원형과 집단무의식 개념을 제시하였고, 정신의 4가지 기능(사고, 감정, 감각, 직관)과 기능의 유형을 정리하였다.

무 의 식	사람은 본능적으로 무의식적인 성적·공격적인 충동을 갖고 태어난다. 따라서 어떤 식으로든지 이들을 처리해야만 한다. 무의식적 충동을 의식에 떠오르지 못하도록 억누르는 억압은 미봉책에 불과하고, 무의식적 충동들은 무의식 속에서 끊임없이 벗어나 인간의 심리와 행동을 지배하려고 한다.
비판 및 발전	일부 학자들은 정신분석학이 비과학적인 연구방법론과 지나치게 성을 강조한 측면을 비난하기도 하며, 종교인을 비롯한 일반인들은 정신분석이 지나치게 비도덕적이고 비윤리적이라고 비난한다. 이러한 비판에도 불구하고 심리학, 정신의학, 문학, 예술 등 다양한 분야에서 가치를 인정받고 있으며, 성·무의식의 역할을 덜 강조하는 신프로이트 학파의 등장에도 기여하였다.

❖ **인간의 무의식적 충동과 발산되는 과정** ❖

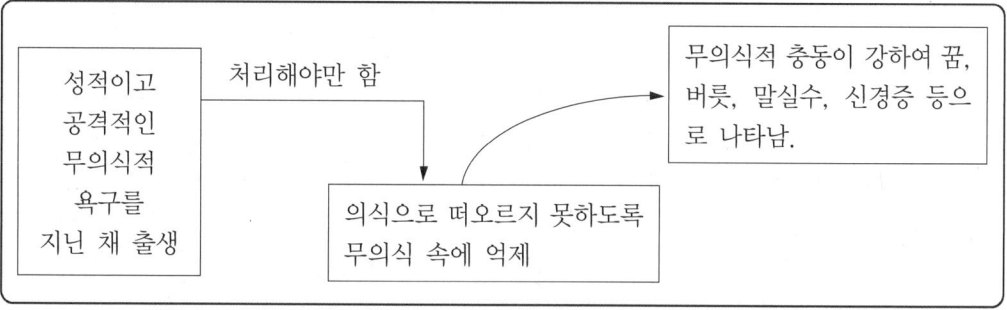

Sigmund Freud(1856∼1939)는 1920년대 후반까지도 미국에서는 유명하지 않은 의사였다. 그는 정신분석학의 창시자로, 아동기의 경험을 강조할 뿐만 아니라, 많은 무의식적 욕망들을 성적인 것으로 표현하고 꿈의 분석과 자유연상법을 이용해 무의식을 분석하였으며, 5세 된 남아가 그의 엄마를 원하고 자신의 경쟁자인 아버지를 타도하고자 한다고 주장했다. 그가 제시한 모든 개념 중에서 가장 논란이 되는 것은 성격형성에 있어서의 성적 충동(sexual drive)을 강조한 부분이다. 그럼에도 불구하고 그의 이론은 다른 이론들의 기본전제가 됨은 물론, 오늘날 성격장애와 행동장애를 치료하는 등 심리적 방법을 이용한 심리치료법을 수립하여 치료의 원형이 되고 있다.

(4) 행동주의(1910년대)

개 요	행동적 접근은 학습론적 방법으로 인간을 이해함에 있어 측정·관찰할 수 있는 '행동'을 연구대상으로 삼아 "인간의 행동이나 성격은 자유의지에 의한 선택이 아니라 과거 부모를 비롯한 모든 환경자극(보상과 처벌)에 의해 결정된다"는 환경결정론적 입장을 취하는 심리학적 접근방법이다.

대표학자	Watson, Pavlov, Skinner, Hull, Spence, Mowrer
발전배경	행동주의는 인간본성을 기계론적이며, 물질적인 것으로 보고 인간을 객관적으로 연구해야 한다는 철학자 및 과학자들에 의하여 대두되었다. 역사적으로는 러시아 학자 Ivan Pavlov(1849~1936)의 조건형성(고전적 조건형성)에 관한 연구가 미국의 Watson이라는 학자의 이론에 영향을 끼쳤으며, 이들은 보이지 않고 연구할 수 없는 의식(인간의 내면)보다는 밖으로 나타나고 관찰 가능한 행동을 연구해야 한다고 주장한다[6].
기본개념	엄격하게 눈으로 관찰할 수 있는 행동만이 과학적 심리학의 연구대상이 될 수 있다고 생각했기 때문에 초기 행동주의학자들은 '인간의 의식·정신' 등을 심리학의 연구대상에서 완전히 제외시켰다. 인간의 모든 행동을 외부로부터 주어지는 자극·환경에 대한 반응으로 설명하였다.
접근개념	행동적 접근은 최초의 심리학파인 구성주의에 대한 반발로 일어났으며, '심리학의 과학화'에 공헌하였다. 행동적 접근은 일상에서도 쉽게 발견되는데, 예를 들면 "열 길 물속은 알아도 한 길 사람 속은 모른다."는 것이나 "저 사람이 예의바르게 인사하는 것을 보면 성격이 좋은 사람 같다" 또는 아내가 남편에게 "말로만 사랑한다고 하지 말고 집안일 좀 도와줘요"라고 말하는 것은 행동주의적 관점이다. 행동적 접근은 '객관적으로 관찰할 수 있는 행동'에 초점을 맞춘다. 따라서 신경생물학적 접근 또는 인지적 접근과는 달리 인간을 검은 상자(black box)로 비유하고, 인간의 내적 과정에는 관심을 두지 않는다[7]. 즉 인간은 검은 상자로 단지 환경 자극에 수동적으로 반응하는 반응체일 뿐이다.
주요개념	가 정	보상과 처벌은 인간행동을 변화시킬 강력한 도구로 환경자극만 바꾸어주면 인간행동이 변한다고 가정한다. 즉, 좋은 결과를 가지고 온 행동은 증가하고, 나쁜 결과를 가지고 온 행동은 줄어든다고 가정한다.
	S-R 심리학	인간 내부에서 일어나는 신경계, 호르몬, 정보 처리과정, 무의식, 자유의지 등은 존재하지 않고, 환경자극(S)과 그로 인해 유발되는 반응(R)인 행동에만 관심을 갖는다.
	ROT법칙	ROT란 반복가능(Repeatable)·관찰가능(Observable)·검증가능(Testable)한 방법을 말한다. 이전 심리학파의 연구방법(구성주의의 내성법)에 반발하면서 나타났기 때문에, 심리학도 과학화되기 위해서는 과학적 법칙을 따라야 한다고 주장한다.

---

[6] 반면에 신행동주의자인 C. L. Hull과 N. Miller는 정신과정도 객관적 연구대상에 포함시켰다. 한편 코넬대학에서 박사학위를 취득한 마가렛 플로이 워시번(1908)은 「동물의 마음(The Animal Mind)」에서 인간이 아닌 동물도 인간처럼 의식적인 정신적 경험을 가진다고 주장하였는데, 이는 Watson에게 공격받았다. 그 이유는 동물이든 인간이든 정신과정을 객관적으로 알 수 없으므로 심리학의 연구대상은 행동에 초점을 두어야 하기 때문이라고 주장하였다.

[7] 행동적 접근 학자들이 내적 과정을 중요시 여기지 않는 이유는 '인간의 내적 과정은 없기 때문에' 무시하는 것이 아니라, 인간의 내적 과정은 '객관적(동일한 조건에서 누가·언제·어디서 보더라도 동일한 결과를 나타냄)'인 방법으로 측정이 불가능하기 때문이다. 즉, '인간의 내적 과정'을 주관적인 방법으로 유추해야 하기 때문에 객관화를 기본개념으로 두는 '과학적 학문'의 영역으로 보기 어렵다. 따라서 인간의 내적 과정은 '과학적인 학문인 심리학'의 연구대상으로 보기 어렵다는 주장으로 내적 과정을 중요시 여기지 않고, 관찰 가능한 '행동'을 연구대상으로 삼는 것이다.

현장활용	환경자극 및 결과에 따른 보상과 처벌을 통제함으로써 인간행동의 수정과 치료가 가능하다고 여기는 행동적 접근은 학교교육, 자녀교육, 교도소 수형제도 및 정신병원의 입원치료에 실질적인 도움을 준다.
비 판	1930년대에서 1950년대까지 심리학을 지배했던 행동주의는 과거 심리학자들이 중시했던 '정신적 과정'을 무시하였기 때문에 아동이 어떻게 언어를 학습하는지 등에 대한 중요한 현상들을 설명할 수 없었고, 유기체의 진화 역사를 무시한 결과, 쥐가 메스꺼움과 불빛 혹은 소리의 연합을 학습하는 것보다 메스꺼움과 음식의 연합을 더 빨리 학습하는 것은 무엇 때문인지 설명할 수 없다는 비판을 받게 된다.

John Broadus Watson은 1878년 캐롤리나 농가에서 출생하였다. 1903년 시카고 대학원에서 쥐의 미로학습에 대한 연구로 심리학박사학위를 취득하였다. 1913년 〈행동주의 시각에서 본 심리학〉 논문 발표로 심리학계에 큰 영향을 주었다. 1918년 아동에 대한 연구로 최초로 발달문제에 학습원리를 적용하였다. 1929년 이혼을 사유로 존스 홉킨스대학에서 해임되었다. 공동연구자와 재혼해 광고계에 진출하였다. 그 이후 상업적 감각을 얻고자 여러 곳에서 일하였다. 그는 공포에 대한 연구(Albert의 공포조건 형성), 분노에 대한 연구(신체동작 구속반응), 사랑에 대한 연구(애정조건 형성)를 중심으로 연구하여 업적을 남겼다.

(5) 형태주의(1920년대)

개 요	1920년 경, 행동주의가 미국에서 인기를 얻기 시작하던 바로 그 무렵, 독일에서는 게슈탈트 심리학(또는 형태심리학이라고 부름)이 나타나고 있었다.
대표학자	Wertheimer, Köhler, Koffka, Lewin
발전배경	이전의 심리학이 인간을 이해함에 있어 인간의 정신을 지나치게 '요소·요소'로 분석하는 데에 반대하면서, 인간은 '전체적으로 이해되어야 한다'고 주장하였다.
기본개념	형태주의는 경험적이고 현상주의적이며 전체주의적이다. 인간의 심리적 경험은 '통일된 전체일 때 유의미'해지는 것이지 추상적인 요소의 무의미한 결합에 의해 형성되는 것이 아니며, 분석이 가능하다고 하더라도 그것은 이차적인 문제이다(전체는 부분의 합 이상이다). 이러한 형태주의 심리학은 제2차 세계대전으로 인하여 다른 학파처럼 더 이상 발전하지 못하고 후에 인지심리학에 영향을 끼치게 된다.

Max Wertheimer는 1880년 4월 15일 Prague에서 출생하였다. 그는 1905년 Wurzburg 대학에서 Kulpe의 지도하에 박사학위를 취득하고, 1906년 C.G.Jung과 단어연상기법(Word association technique)에 대한 논쟁을 벌인 바 있으며, 단어연상법[8]을 고안하여 증언을 객관적으로 검토하기 위해 거짓말탐지기를 개발하였다. 1910~1914년에는 Frankfurt 대학에서 형태주의 심리학의 기본개념을 정리하고 형태주의 법칙에 관한 결정적인 실험을 실시하였다. 1912년 "운동지각에 관한 실험연구(Experimentelle Studien uber das Sehen von Bewegung)"라는 제목의 논문을 발표하였고, 1929년부터 Frankfurt 대학의 심리학 교수로 재직했다. 1933년 미국으로 이주하여 New York에 있는 사회연구 신학교에서 심리학 교수로 활동하다가 1943년 10월 12일 관상동맥 색전증으로 사망하였다.

Wertheimer의 업적은 형태주의 심리학 창시인데, 구체적으로 파이(Phi)현상 연구를 통해 오직 개별감각들의 조합으로만 지각이 이루어진다고 가정하는 원자론적 해석을 비판하고, 생산적 사고에 관한 이론을 통해 학생들에게 학습을 시킬 때 주입식으로 맹목적인 암기를 요구하기 보다는 학습내용에 대한 충분한 이해가 이루어져야 함을 시사하였다. 즉 기계적인 연합학습과 인지적 이해 사이의 구분을 강조하였다. 또한, 독일에서 전체주의에 입각한 형태주의를 발전시킴으로써 침체된 국가에 희망을 주는 역할을 했다. 이렇듯, 그는 원자론적 해석이 잘못되었음을 증명하였지만, 전체적 해석의 타당성을 따로 증명하지 못했다. 형태주의 심리학의 제한된 해석을 좀 더 자세히 이론화하려는 시도가 없었다는 점에서 비판받는다.

❖ Gestalt의 예 ❖

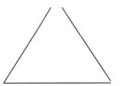 □ 삼각형 정의 : <u>3각으로 구성</u>, <u>3변 길이 같음</u>, <u>내각의 합 180°</u>
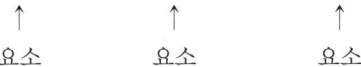
          요소   요소   요소

- 설명 : 인간을 이해하는 기존의 개념(인간행동=요소의 합)으로 봤을 때, 위의 도형은 △(삼각형)이 될 수 없다. 그러나 인간은 이 도형을 △(삼각형)으로 인식한다. 즉, 인간을 이해하는 데에는 부분(요소·요소)보다는 전체적인 성질이 더욱 근본적인 것이고 중요한 것으로 작용한다.

(6) 인본주의(1960년대)

개 요	1940년대 키에르케고르, 사르트르, 까뮈, 메이, 라잉 등 실존주의 철학에 영향을 받은 인본주의적 접근은 실존적 현상학적 접근이다. 이는 과학적인 방법이나 이론적인 설명을 하지 않고, 있는 그대로의 인간을 보려고 한다.
대표학자	Rogers, Maslow, Combs, Gage, Berliner
발전배경	기존 심리학파들의 관점(인간을 지나치게 기계적·결정론적·분석론적으로 바라보는 관점)과 당시의 지시적인 교육방식의 비인간적인 면에 반박하면서 인간은 존엄성을 지닌 변화 가능한 존재임을 강조한다. 인본주의 심리학으로 인해 교육계와 심리학계의 '인간을 바라보는 관점(인간관)'의 변화를 가져오게 되었다.

---

8) 단어연상법이란 특정의 자극단어에 대해 피험자가 자신의 마음에 떠오르는 것을 표현하도록 하는 반응을 근거로 검사하는 심리진단법이다. 즉 피험자에게 단어를 한번에 하나씩 천천히 읽고 하나의 단어와 관련하여 제일 처음 머리에 떠오른 단어를 말하게 한다. 검사자는 이에 소요되는 시간과 피험자의 행동을 기록하여 진단의 자료로 활용한다.

기본개념	인본주의는 학파라기보다는 하나의 지적인 사조이다. 인간은 스스로 자신을 통제할 능력을 가지고 있는 자유로운 행위자다. 따라서 인간은 자기 자신에 대해 자유롭게 선택하고 스스로 목표를 설정하고, 각자의 인생을 책임질 수 있는 능동적인 존재이다. 이러한 인본주의는 행동주의의 기계론적 인간관과 정신분석의 우울하고 절망적인 인간관을 극복하는 동시에 인간을 대하는 심리학의 관점을 변화시키게 된다.
접근개념	인본주의에서는 과정보다는 결과를 중시한다. 사람이 세상을 보고, 경험하고 있는 "지금－여기(Here and Now)"의 사상 및 현상을 이해하고자 하며, 현상 이해를 위한 선입견이나 과학적 방법론을 무시하는 경향이 있다. 이들은 지금－여기에(Here and Now)의 상황을 "개인적으로 어떻게 보고 해석하느냐"에 관심을 가짐으로써 '개인의 주관적 체험'을 강조한다.
인 간 관	인간은 자유로운 행위자(free agent)이고 자유의지(free will)를 지닌 존재이며, 인간은 인간이 통제할 수 없는 외부의 힘에 의해 움직이지 않고, 모든 것을 자유롭게 선택하고 스스로 목표를 설정하며, 각자의 인생을 책임지고 창조해 나갈 수 있는 능동적인 존재로 본다.

인본주의는 인간을 지나치게 환경에 대한 수동적 존재로 보았던 행동주의와 인간의 건강한 측면을 도외시한 채 병리적 측면만을 강조했던 정신분석학을 비판하고 심리학은 자아실현 등과 같이 인간의 건강하며 긍정적인 측면을 연구해야 한다고 주장한다.

또한 인본주의는 심리학이 인간의 정신에 있어 개인의 내적 생활과 주관적 경험을 이해하려는 접근을 해야 한다는 입장으로 '옳고 그름', '맞고 틀림' 등의 사회적 가치판단에서 벗어나 무조건적 긍정적 존중 등과 같이 개인 스스로가 경험한 사건의 주관적 의미를 다루어야 한다고 주장한다.

Carl R. Rogers(1902~1987)는 1902년 1월 8일 미국 시카고의 교외인 오크파크에서 출생하였다. 그는 1924년 시카고대학교에서 역사학을 전공하고 1931년 뉴욕의 유니온신학교에서 철학박사학위를 받았다. 1940년부터 오하이오 주립대학의 교수로 재직하고 1945년부터 시카고대학의 상담센터에서 근무한 후 1957년부터 위스콘신 대학교의 교수로 재직하였고 그 이후 1964년에는 서구행동과학연구소의 전임연구원, 1968년에는 캘리포니아의 로욜라에 있는 인간연구소의 전임연구원으로 종사하였다.  이러한 그는 인본주의 심리학자로 비지시적 치료(내담자 중심치료)의 창시자로서 치료적 변화를 위해 치료자의 태도를 중시했으며, 치료자 자신의 자기일치, 환자에 대한 무조건적 수용 및 공감적 이해 등을 중요시했다.

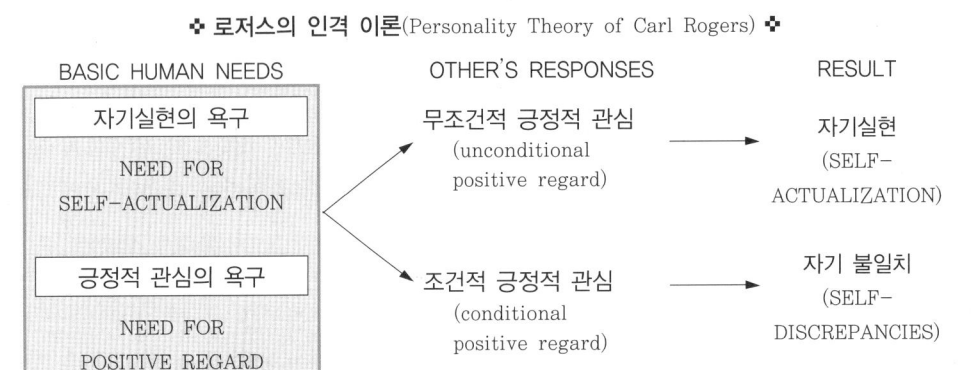

주요저서로는 「카운슬링과 심리치료(Counseling and Psychotherapy, 1942)」, 「내담자 중심 치료(Client-centered Therapy, 1951)」, 「인간적 성장(On Becoming a Person, 1961)」, 「학습의 자유(Freedom to Learn, 1969)」, 「칼 로저스와 인카운터 집단(Carl Rogers on Encounter Group, 1970)」, 「완전한 동반자 : 결혼과 그 대안들 (Becoming Partners : Marriage and Its Alternatives, 1972)」, 「존재방식(A Way of Being, 1980)」 등이 있다.

(7) 인지주의(1970년대 이후)

개 요	행동주의적 접근이나 환경결정론과는 달리 "인간은 외부환경에 대한 수동적 반응체가 아닌 외부자료를 적극적으로 처리하여 그 정보를 새로운 형태와 범주로 전환시키는 능동적인 존재다."라고 보는 심리학의 정보처리론적 접근방법이다.
대표학자	Simon, Kelly, Piaget, Kuhler, Tolman, Lewin
발전배경	인지심리학은 아동들이 문제를 해결하는 과정에서의 면담에 기반을 두고 아동의 정신적 발달에 대해 인지발달이론을 제시한 스위스의 생물학자이자 심리학자인 Piaget의 연구에서 나타난다. 인지적 관점은 또한 뇌를 정보 처리기로 시뮬레이션한 지난 30년 간의 컴퓨터 혁명에 의해서도 영향을 받았다. 이 분야에서 선구적인 연구자는 노벨상을 받은 심리학자 Simon이다. 어떤 인지심리학자는 인간사고과정 모델을 만들기 위해 컴퓨터 프로그램을 사용하기도 하고, 컴퓨터 체스 게임과 같이 컴퓨터 프로그램을 향상시키기 위해 인간의 사고 과정에 대한 지식을 사용하기도 한다.
기본개념	인지적 접근은 게슈탈트 심리학과 행동주의 심리학의 결합이다. 인지심리학은 게슈탈트 심리학처럼 유기체의 지각과 정보 처리, 경험의 해석 등 활동적인 정신의 작용을 강조하며, 행동주의심리학과 같이 객관적이고 잘 통제된 실험실에서의 연구를 강조한다. 따라서 인지심리학은 언어적 보고에만 의존하지 않고 관찰 가능한 반응을 통해 정신적 과정을 추론한다. 그러나 생각과 같은 정신적 작용은 행동에 영향을 미치지 못한다는 엄격한 행동주의 심리학자들과는 달리 많은 인지심리학자들은 정신작용이 행동에 영향을 미친다고 믿는다.

접근개념	인지(Cognition)란 사람이 지식을 습득하고 문제를 풀고 장래의 계획을 세우는 것과 같은 지각, 기억, 정보처리와 같은 정신과정을 일컫는다. 인지는 자동적, 무의식적으로 이뤄지는 감각기관에서의 수동적 과정뿐만이 아닌 지각, 사고, 기억과 같은 능동적인 고등 정신과정을 포함하는 개념이다. 즉 인간의 심리와 심리과정을 '정보처리 체계'에 비유하면서 이해한다.
현장활용	인지적 접근은 다른 접근과 상호보완적으로 지각, 사고, 기억, 언어와 같은 분야에 다양하게 사용되고 있으며, 1970년대 이후 사회심리학, 발달심리학, 임상심리학과 같은 분야에 많이 활용되고 있다.

❖ 인간과 로봇의 차이 ❖

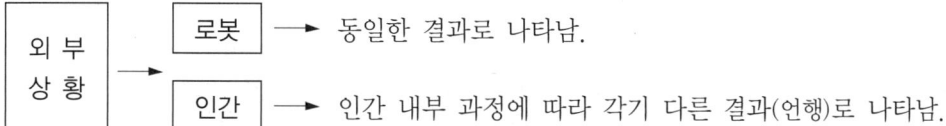

❖ 행동주의와 인지주의적 접근방법의 차이 ❖

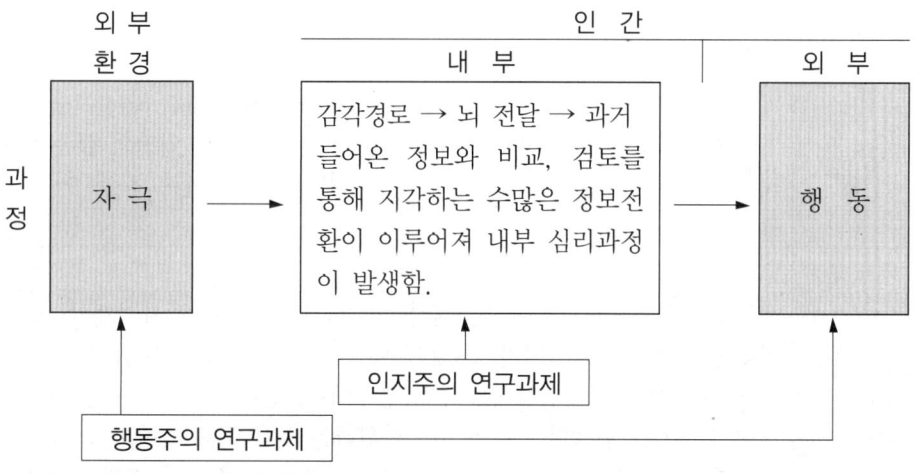

인간은 자신에게 주어지는 환경 또는 자극을 능동적으로 선택하고 해석한다. 예를 들어, 오랜만에 시골의 할머니 댁에 손자가 오자, 할머니는 밥을 듬뿍 담아 예쁜 손자에게 준다. 이를 행동주의적 관점에서 보면 '보상'으로 볼 수 있다. 그러나 인지주의적 관점에서 보면 만일 손자가 군것질을 많이 해서 배가 부른 상태라면, 많은 밥은 오히려 손자에게 '처벌'일 수 있다. 따라서 인지주의에서는 인간의 능동적인 의미해석을 강조한다. 한국영화인 "집으로"에서 초라한 시골집과 입맛에 맞지 않는 음식 등은 손자에게 처벌이지만 시간이 흐를수록 할머니의 극진한 사랑이 손자에게 전달되면서 보상으로 변화된다. 이처럼 동일한 자극대상인 할머니에 대한 해석과 의미는 손자의 능동적인 의미해석으로 변화가능한 것이다.

Jean Piaget는 1896년 8월 9일 스위스 뇌샤텔에서 출생한 스위스의 심리학자로 어린이가 이해력을 획득하는 과정을 체계적으로 연구한 최초의 학자다. 많은 사람들은 그를 20세기 발달심리학의 대표자로 생각한다. 어린 시절 동물학에 관심을 가졌던 그는 10세 때 백색종 참새 관찰 결과를 논문으로 발표했고, 연체동물에 대한 논문을 여러 편 발표해 15세 때에는 이미 유럽 동물학자들 사이에서 명성을 얻게 되었다. 뇌샤텔대학교에서 동물학과 철학을 공부하고 1918년에 동물학박사학위를 받았다. 1929년에는 제네바대학교의 아동심리학교수가 되어 1980년 9월 17일 향년 83세의 나이로 죽을 때까지 이 대학에 남아 있었다. 긴 생애 동안 발표한 50권이 넘는 저서와 학술 논문에서 피아제는 파리에서 처음 발견한 주제, 즉 어린이의 정신은 일련의 정해진 단계를 거쳐 성숙한다는 생각을 계속 발전시켰다. 주요저서로는 〈아동의 언어와 사고 Le langage et la pensée chez l'enfant〉(1923), 〈아동의 판단과 추론 Le Jugement et la raisonnement chez l'anfant〉(1924), 〈아동의 이해력의 기원 La Naissance de l'intelligence chez l'enfant〉(1948) 등이 있다. 그는 또한 시간과 공간, 물리적 인과관계, 운동과 속도, 세계 전체에 대한 어린이들의 생각과 개념을 개별적으로 다룬 책도 연작으로 내놓았다.

(8) 초개인주의(1970년대 이후)

개 요	기존의 심리학과는 달리 초개인주의 심리학(transpersonal psychology) 또는 자아초월 심리학인 제3심리학을 보다 발전시킨 심리학으로 인간의 실존은 불행한 상태이나, 이를 극복하기 위해서는 인간이 자기(self)를 계속 초월시켜 나가야 한다고 주장한다.
대표학자	Ken Wilber
발전배경	실존주의나 인본주의적 접근과 같은 제3세력의 심리학은 자기계발, 자기성장, 자기실현을 목표로 두었지만, 초개인주의 심리학은 인간의 마음과 우주적 삶의 원리에 대한 보다 광범위한 연관성을 연구하며, 인간 최고의 욕구이자 경지인 자기초월의 경지를 인정하고 수용하며 실현하는 것을 목표로 한다. 아직 초개인주의 심리학은 탐색적 수준에서 논의가 되고 있으며, 확실하게 정의를 내리기에 충분할 정도로 발달되지 못했지만, 인간의 건강과 행복, 그리고 의식과 밀접한 관계를 가지고 연구 중에 있다.
기본개념	자아초월이란 두 가지 측면에서 설명되는데, 첫째 개인성을 수직으로 초월한다는 의미이다. 이는 매슬로우의 자기실현을 넘어 자기초월로 나아간다는 뜻인데, 이때 자기초월은 개인의 의식을 초월하고 의식의 확산 및 확장을 통해 외부의 그 무엇과 동일시하는 상태를 벗어난다는 것을 말한다. 둘째 개인성을 횡단한다는 의미로서 관계성이 넓어지고 타인이나 집단, 사회와의 협동과 유대라는 의미를 포함한다. 이는 개인내적인(intrapsychic) 심리학과 관계지향적인(interpsychic) 심리학의 통합으로, 개인중심의 심리학과 관계성·사회성으로 개인의 관심을 돌리는 심리학의 통합을 의미한다.

접근개념	초개인주의 심리학에서는 인간의 의식발달을 5단계 수준으로 나누어 설명하는데(Wilber, 2006), 최소한의 의식만 있는 물질수준의 그림자 의식단계, 감정이 작용하는 육체적 자아수준, 합리적이고 이성적인 마음의 실존적 수준, 개인의식의 최고에 이르는 좁은 의미에서 영혼의 인성 수준, 개인의식을 넘어 신성에 해당하는 영적인 신성 수준으로 구분하여 접근한다.
현장활용	기존의 심리학으로 설명할 수 없는 신비한 심리현상들에 대하여 영적인 수준에서 설명할 수 있다는 장점이 있으나, 이를 과학적으로 입증하려는 노력들이 많이 필요하다는 점에서 논의가 필요하고, 실제 현장에 적용하는 것에 있어서 과학자들의 저항이 따른다는 문제가 있다.

3 상호보완적 접근

지금까지의 신경생물학적·정신분석학적·행동적·인지적·인본주의적 접근 방법에 대해 살펴보았다. 좀 더 쉽게 설명하기 위해, 우울증과 공격성을 위에서 제시한 접근방법들로 해석을 해보면 다음과 같다.

구 분	우울증	공격성
신경생리적	뇌세포(뉴런)의 신경전달물질인 세로토닌 등의 부족으로 인해 우울증과 불면증이 나타난다고 본다. 따라서 이 물질들의 분비를 증가시키는 약물(항우울제-프로작 등)을 투여한다.	공격성의 원인을 알아보기 위하여 행동과 관련된 뇌기능을 조사하거나 공격행동을 유발하는 호르몬을 연구한다. 공격성을 억제 혹은 소멸시키는 방법으로 약물이나 특정부위의 수술을 방안으로 제시한다.
정신분석적	우울은 '자기로 향한 분노'나 '전위(displacement)'로 설명된다. 즉, 분노의 감정은 자신의 욕구가 타인에 의해 좌절될 때 나타나는 본능적인 감정이다. 그런데 이런 분노가 적절하게 표출되거나 해소되지 못하게 되면 분노의 감정이 자신을 향하게 된다. 이때 자책감을 경험하게 되며 이로 인해 자기로 향한 분노는 우울로 경험되게 된다.	공격과 관련된 유아기의 경험을 발견하려고 한다. 공격행동의 원인규명을 위해 무의식을 조사하고 그 무의식을 의식화해서 보다 용납될 수 있는 방향에서 표현되도록 한다.
행동주의적	Seligman에 의하면 우울이란 학습된 무기력감과 동일한 현상으로 고통을 피할 수 없는 상황이 이제 지나가고 고통을 피할 수 있는 새로운 상황이 왔음에도 불구하고 과거 고통스런 상황에서의 실패경험에 심리적으로 머물러서 피하지 않고 그대로 고통을 받고 있는 상태라고 볼 수 있다.	공격적인 행동과 관련된 학습경험이나 특수한 상황에서 공격행위를 일으키는 자극을 연구한다. 공격행동을 유발하는 환경조건을 수정하고 비공격적 행동을 강화시키는 학습경험을 제공한다.

인본주의적	우울은 이상적 자기개념과 현실적 자기개념의 불일치로 인한 감정경험이라고 할 수 있다. 즉 자기의 이상적 모습에 대한 기대는 높은데 현실적인 자기의 모습은 그렇지 못하고 많은 차이를 보일 때 경험하는 감정이다.	사회의 어떤 면이 개인의 자아실현 욕구를 좌절시켜 공격적 행위를 유발하느냐를 살펴본다. 공격성을 줄이기 위해 사회 가치관을 수정하거나 인간의 잠재적인 건설적이고 긍정적인 능력에 집중하며 이를 증진시키는 방향으로 사회환경을 조성한다.
인지주의적	개인이 지니고 있는 비합리적 사고나 신념이 우울증을 발생시키고 유지시킨다고 보는 관점이다. 예를 들면 흑백논리적 사고, 개인화, 감정적 추리, 과잉일반화 등이 이에 해당한다.	사건을 어떻게 해석하고 조직해서 처리하는가에 관심을 두며, 다른 정보를 줌으로써 지각을 수정하려는 데 초점을 둔다. 공격성을 억제 혹은 소멸시키는 방법은 행동주의자들과 비슷하며, 공격유발상황에 처할 때의 개인의 지각과정과 사고과정을 중시한다.

하지만 이런 방법 중 어느 하나의 접근방법만이 옳고 그른 것은 아니다. 각각의 접근방법들은 인간의 심리와 행동을 이해하기 위해 개별적으로 또는 몇 개의 접근 방법들이 상호 보완적으로 사용된다.

제3절 심리학의 분야 및 연구방법

1 심리학의 분야

(1) 기초심리학(이론심리학)

① 개 념

기초심리학은 순수한 학문적 관심에서 이론적으로 인간을 이해하려는 심리학 분야로, 인간의 심리와 행동 그 자체를 연구대상으로 삼아 이론 연구에 초점을 두고 이루어지는 심리학이다. 이론을 위한 이론은 과학이 아니고 경계해야 할 과학주의에 불과하며, 지지이론이 없는 응용기술도 단순한 기술에 불과하다.

② 분 류

발달심리학	인간이 수정됨에서부터 사망에 이르는 전체 생애적 접근을 통해 인간의 발달과 변화를 설명·기술하는 데 중점을 두는 분야로, 과거 초창기에는 아동기에 초점을 두어 연구가 되었지만, 최근에는 유전학과 과학의 발달로 인해 "유전과 태내 환경연구" 및 "성인과 노인"의 심리와 행동에 대해서도 연구하는 영역으로 확장되었으며, 주로 아동학, 사회복지학, 청소년학, 특수아동·유아교육학 분야에서 활용된다.
사회심리학	'인간은 사회적 동물이다'라는 전제 하에 인간의 심리와 행동이 사회적 환경의 영향 속에서 어떻게 형성되어 발달하고 변화하는지를 연구한다. 사회란 커다란 자기장과도 같아서 사회 한 구석에서 변화가 일어나면 인간도 영향을 받아 심리와 행동을 결정하는 중요한 요인이 된다고 전제한다. 기초심리학이자 응용심리학에 해당하며, 주로 정치, 조사, 광고, 컨설팅, 조직개발, 커뮤니케이션, 리더십 등의 분야에서 활용된다.
성격심리학	인간의 성격이 어떻게 이뤄지고 어떤 성격이 존재하며, 사람마다 성격이 다른지 혹은 같은지에 대한 개인차를 연구하는 심리학 분야다. 원래 성격은 가면이란 뜻의 희랍어 'persona'에서 유래되었듯, 인간이 사회적인 존재로 발달하는 과정에서 어떤 성격을 형성하는지에 관심을 갖는다. 주로 사회심리학, 발달심리학, 임상심리학의 연구 분야와 관련된다.
지각심리학	인간이 세상을 보는 원리가 무엇이고 어떻게 세상에 대한 지각이 이뤄지는지를 연구하는 심리학분야로, 감각을 함께 다룬다. 주로 인지심리학, 인간공학, 교통심리학, 환경심리학 등에 활용된다.
인지심리학	인간이 세상에 관한 정보를 어떻게 받아들여서 처리하고 그 결과가 어떻게 나타나는지를 다루는 심리학 분야로, 지각심리학이 세상을 보는 원리가 무엇인지를 다루는 학문이라면, 인지심리학은 지각심리학의 범위를 넘어 인간이 세상에 대한 자극과 정보를 처리하는 전체적인 과정을 정보처리적 관점에서 다룬다는 점에서 차이가 있다. 주로 인공지능, 신경망 회로, 로봇, 우주공학, 인간공학 등에 도움을 주고, 임상심리학, 상담심리학, 응용사회심리학과 관련하여 활용된다.
생리심리학	인간의 심리와 행동의 생리적·생물학적 기초를 다루는 심리학 분야로, 대뇌의 기능과 신경계통, 내분비선을 연구하여 그것이 인간의 심리와 행동에 어떻게 영향을 미치는지 연구한다. 생리심리학은 인간 신체를 대상으로 직접 연구하기 힘들기 때문에 주로 동물연구를 통해 인간을 이해하려고 한다. 통상 신경과학과 정신약리학을 포괄하여 생물심리학이라고 한다.

학습심리학	인간이 세상에 대한 지식을 어떻게 획득하는지, 즉 기억과 학습의 원리를 알아보고자 하는 심리학 분야로, 학습이란 경험에 의해 나타나는 비교적 영속적인 행동이나 행동잠재력의 변화를 의미하며, 인간의 언어·기억·지식·태도 등을 모두 학습한 것으로 간주하여, 인간의 경험적인 요소를 강조하면서 인간을 경험론9)적으로 연구하는 분야이다.
실험심리학	실험심리학은 하나의 독자적인 학문분야라기보다는 실험을 중심으로 하는 심리학 연구에 기초적인 연구방법론을 제공하는 심리학의 기본학문으로, 심리학의 과학화에 기초를 제공한다. 실험심리학은 실험을 어떻게 계획하고 실시하는지, 결과를 어떻게 해석하고 활용하는지에 대해 다루며, 인간의 심리와 행동을 과학적으로 설명하기 위한 최선의 방법이 무엇인지 탐구하고 방법을 찾아냄으로써 인간의 심리와 행동을 연구하는 데 가장 기초가 되는 도구와 기법을 제공한다. 이러한 실험심리학은 심리통계, 조사연구법 등 심리학이 체계적이고 과학적인 학문이 되도록 기틀을 제공하고, 심리학이 현실 응용이 가능하도록 연구기반을 제공한다.
동물심리학 (비교심리학)	동물을 실험 및 관찰하여 인간의 행동을 이해하려는 분야이다. 사람을 대상으로 뇌·해부·전기충격 등 직접 실험을 할 수 없기 때문에 쥐나 토끼, 원숭이 등을 대상으로 연구한 결과를 통해 인간의 심리와 행동을 이해하는 데 활용한다. 심리학 연구의 약 7%가 동물대상 연구이며, 이 가운데 쥐, 토끼, 새 등이 95%, 그리고 동물대상 전기충격실험이 약 10%정도 이루어지고 있다. 따라서 동물을 희생시켜 인간복지를 추구하는 게 정당한지, 인간의 뇌종양을 해결하기 위해 멀쩡한 쥐에게 종양을 심는 게 정당한지에 대한 비판이 제기되고 있다. 그러나 동물연구는 인간복지뿐만 아니라 동물의 복지에도 이득이 된다.

(2) 응용심리학

① 개 념

기초심리학에서 이룩한 이론과 연구결과들을 현실에 활용하며 인간복지와 인류문명에 기여하게 하는 심리학을 의미한다. 즉 기초심리학에서 나타난 연구결과들을 현실에 어떻게 적용할 수 있는지를 현장중심으로 연구하고 결과를 다시 기초심리학 분야에 넘겨줌으로써 심리학 발전을 도모한다. 응용심리학은 기초심리학의 연구결과들을 직접 인간에게 적용해 인간심리와 행동을 통제하려는 데 초점을 둔다.

---

9) 인간이 세상을 어떻게 배우는지에 대한 관점으로 **생득론**(nativism)은 생득적으로 세상에 대한 지식과 정보를 가지고 태어난다고 보며, 반면에 **경험론**(empiricism)은 세상에 대한 지식과 정보는 후천적으로 배우는 것으로 본다.

② 분 류

임상심리학	이는 정서나 행동의 문제(이상심리학)를 진단하고 치료하는 데 초점을 맞추는 심리학 분야로, 학습·성격·사회·실험심리학과 같은 기초심리학을 바탕으로 인간이 왜 부적응적 심리상태를 보이고, 왜 부적응적으로 행동하는지에 대해 심리학적 원인을 규명하고 그 결과들을 정신병, 신경증과 같은 정신장애에 직접 활용하여 진단하고 치료한다. 직접 수술이나 약물처방을 내리지는 않지만[10], 심리검사·심리치료[11]·재활 등에 기여하며, 정신병, 비행, 약물중독 등 정신이상이나 행동장애를 연구하고 가족치료, 사이코드라마 등의 집단치료를 행한다.
상담심리학	임상심리학이 정신질환이나 심한 행동장애를 진단하고 치료하는 데 초점을 맞추는 한편, 상담심리학은 비교적 가벼운 성격장애나 인간관계에서 비롯되는 일반적인 부적응 문제, 진로·이성·성·고충처리 등의 문제를 다룬다. 이는 심리학 외에 종교단체나 사회사업가들에 의해 오래전부터 이루어져 온 심리학이다.
응용 사회심리학	응용사회심리학은 사회심리학에서 이뤄진 집단과 사회 속의 행동변화와 행동 변인들, 사회적 영향, 태도형성 및 변화, 사회적 동기 및 사회지각, 공격성, 집단역학 등의 연구결과들을 인간의 사회적 행동과 사회적 현상 규명에 활용하고 인간행동과 사회현상을 통제하기 위해 직접 활용된다. 여론조사, 사회조사, 선거, 정부시책과 정책개발, 정책평가, 인간이 사는 환경, 집단의 사기와 동기, 도시계획, 군대조직, 집단구조 등을 다룬다.
교육심리학	교육현장에서 이뤄지는 학습과 교수법, 학습동기, 학습 효율성, 교육평가 등에 심리학적 지식을 활용하는 심리학 분야로, 교육현장에서 어떻게 하면 효과적으로 교육이 이뤄지고, 학습동기를 유발하는지와 교육평가를 위해 활용된다. 학교심리학에서는 학교구조, 교실환경, 교육프로그램을 다루며, (학교)상담심리학에서는 학교에서의 상담, 학습법·독서·학교생활·사회생활·취미생활을 돕는다.

---

10) 그러나 최근 미국의 일부 주에서는 임상심리학자에게도 약물처방 권한을 부여하고 있기도 하다. 2002년 뉴멕시코주가 처음 심리학자에게 약물처방권을 부여했고 루이지애나주 등도 마찬가지다. 그런데 심리학자들에게 약물처방권을 준 이유는 수가 부족한 정신건강의사 때문이었다. 또한 심리학자들이 약물처방면허 소지 권한의 문제는 의사와 심리학자 사이에 논쟁거리인데, 심리학자에게 약물처방관련 교육훈련이 제공되고 면허시험을 통과한 경우에 약물처방권한을 부여하는 것이 필요하다. 마찬가지로 정신건강의사가 약물치료와 동시에 심리치료를 하려면 심리치료와 관련된 일정한 훈련과 면허시험을 통과해야 한다. 그렇지 않으면 정신장애문제를 다루는 방법으로 약물치료와 심리치료의 각 전문가들이 서로 독립적으로 활동할 수 없고 지속적으로 협동해야 하며, 그만큼 비용도 늘어날 수밖에 없다.

11) 심리학자가 수행하는 심리치료는 신체적인 병이 아니라고 확신할 때 개입할 수 있다. 예를 들어 다리가 부러진 사람들에게는 이완법, 심상법, 명상법보다는 우선적으로 신체적 질병을 치료하는 것이 제공되어야 한다. 신체적 질병에서 비롯된 것을 심리적 수준으로 오진하게 되면 결국 효과도 없이 환자만 피해를 볼 수 있다. 일례로 1960년대에 자폐증을 냉정한 부모 때문이라고 진단하여 환자를 공동생활하는 기숙학교로 보내기도 했고, 천식을 숨 막히게 하는 엄마 때문이라고 진단하기도 했는데, 이러한 오진은 환자보다는 특히 부모들에게 엄청난 죄책감을 주게 된다.

산업 및 조직심리학	심리학적 지식을 산업 및 조직현장에 적용해 조직의 효율성을 제고하고 생산성을 높이기 위한 심리학 분야로, 단순히 산업체의 생산성을 높이기 위한 목적이 아닌 산업체에 종사하는 종업원들의 사기와 직무만족 같은 산업체의 질적인 측면에서의 여건 개선을 위한 연구를 한다. 산업체 종사자들의 직무만족, 인사선발 및 배치, 소비자 심리, 산업안전, 안전공학, 노사문제, 고충처리, 조직개발, 조직전환 등의 문제를 다룸으로써 근로자와 고용자 모두에게 복지와 직무만족을 제공하는 학문이다. 산업 및 조직심리학은 엄밀하게는 구별되지만, 일반적으로 함께 다루어진다.
광고심리학	현대사회의 꽃이라고 할 수 있는 광고를 심리학적 원리를 통해 이해하고 접근함으로써 광고의 효율성과 질적 향상을 도모하고자 하는 학문이다. 광고는 커뮤니케이션 이론과 사회적 행동 원리, 학습이론, 정신분석 이론을 바탕으로 이루어지며, 수많은 광고 중에 소비자의 주목을 끌고, 흥미를 느끼게 하여 상품구매 동기를 유발하고 상품을 구매하게 할 것인가에 관심을 갖는다. 상품정보를 소비자에게 효율적으로 전달하는 방법 연구 및 시장조사와 광고효과를 분석한다. 원래 광고심리학은 산업심리학의 한 영역이었으나, 최근 광고 매체의 증가로 인해 독자적인 영역으로 확장되고 있다.
기타 응용심리학	인간사회가 매우 다양하므로 심리학의 지식은 거의 모든 분야에 응용이 가능하다. 따라서, 범죄심리학(범죄와 범죄자의 행동 등), 법정심리학(피고인의 정신감정과 증언의 신빙성 등), 교정심리학(수형자에 대한 진단과 처우 등), 환경심리학(환경문제 등), 군사심리학(군대의 선병, 통솔, 사기진작, 조직, 심리전 등), 스포츠 심리학(운동선수의 심리, 사기와 경기력 증진, 종목의 적합도 등), 건강심리학(스트레스, 질병을 일으키는 행동요인이나 생리적 요인들을 연구하고, 비만, 금연교육 등과 같은 부적응 문제들을 생물적·심리적·사회적 접근방법을 통해 해결함, 정신장애의 예방과 재활 등), 건축심리학(건축 및 주거공간, 주거환경 등) 등 여러 응용학문이 있다.

❖ 미국 심리학회 분과 ❖

1. 일반심리학	12. 임상심리학	23. 소비자심리학
2. 교수심리학	13. 자문심리학	24. 이론 및 철학심리학
3. 실험심리학	14. 산업 및 조직심리학	25. 행동분석
4. 없음	15. 교육심리학	26. 역사심리학
5. 평가, 측정, 통계	16. 학교심리학	27. 지역사회심리학
6. 행동신경과학 및 비교심리학	17. 상담심리학	28. 정신약리학 및 약물남용
7. 발달심리학	18. 공공심리학	29. 심리치료
8. 성격 및 사회심리학	19. 군대심리학	30. 심리최면
9. 사회문제의 심리학적 연구	20. 성인발달과 노화	31. 지방자치단체 심리학회
10. 예술심리학	21. 응용실험 및 공학심리학	32. 인본주의 심리학
11. 없음	22. 재활심리학	33. 정신지체 및 발달장애

34. 인구 및 환경심리학	42. 개업심리학자회	50. 약물중독
35. 여성심리학	43. 가족심리학	51. 남성심리학
36. 종교심리학	44. 동성애에 관한 심리학 연구	52. 국제심리학
37. 아동, 청소년 및 가족치료	45. 소수민족에 관한 심리학 연구	53. 임상아동 및 청소년심리학
38. 건강심리학	46. 대중매체 심리학	54. 소아심리학
39. 정신분석	47. 운동 및 스포츠심리학	55. 약물치료
40. 임상신경심리학	48. 평화심리학	
41. 법심리학	49. 집단심리학 및 집단 심리치료	

미국 심리학회(American Psychological Association)는 1892년 클라크대학에 모인 윌리엄 제임스 등 7명의 심리학자들이 결성해 현재는 15만명 이상의 회원이 있는 방대한 조직이 되었다. 주로 심리학자들보다는 임상이나 건강관련 장면에 종사하는 자들이 참여한다. 이에 심리학자들에 의하여 1988년 미국심리학연구회가 만들어졌고 이는 2006년에 심리 과학학회(Association for Psychological Science)로 명칭변경을 하고 현재는 약 12,000여 명의 심리학자들이 참여하고 있다.

❖ 한국심리학회 분과 ❖

제1분과 임상	임상분야 회원들은 사회각층의 다양한 영역에서 왕성하게 활동하고 있다. 과거에는 임상심리학자가 주로 대학(교수, 학생상담, 자문)과 병원(정신과에서 심리평가 및 심리치료)을 중심으로 활동해왔으나, 1998년부터는 사설 심리치료센터를 개업하여 내담자에게 직접 서비스를 하거나 국가가 지원하는 정신건강증진센터를 설립하여 봉사하는 회원이 증가하고 있다. 또한 정부 및 지역사회로부터 임상심리학자의 전문적인 역량을 인정받아, 국가기관(예 국가인권위원회, 청소년위원회, 군의문사진상조사위원회, 가정법원, 경찰청, 보호관찰소, 교도소, 각급 상담센터, 각급 학교 등)의 공직자 혹은 대기업의 전문인력으로 봉직하는 회원들이 크게 증가하고 있다. 본 학회는 한국연구재단 등재지인 '한국심리학회지 : 임상'을 연간 4회 발간하고 있으며, 매년 학술대회와 공동교육 및 수련생 연수회를 개최하여 각종 심포지엄과 워크샵, 회원교육, 사례발표를 비롯한 학문적 성찰을 베풀고 있다. 또한 본 학회 산하에 전문 연구회를 두어 회원들의 전문성을 제고하는 데 주력하여 급변하는 시대적 요구에 부응하고 있다.
제2분과 상담	상담심리학회는 1964년 한국심리학회 산하 분과학회로 발족하여 오늘의 모습으로 발전하기까지 모든 회원들이 상담과 심리치료의 이론과 실제를 익히고 발전시키며 우리 사회의 정신건강증진과 급변하는 사회에서 개인들이 겪는 많은 문제를 예방·치료하는 노력을 계속하고 있다. 이러한 노력의 일환으로 1985년부터는 매년 정기적으로 학술발표와 상담 사례발표(년 4회), 그리고, 학회지 발간(년 4회), 동계 및 하계 수련회(년 1회), 세미나(수회) 등을 개최하여 왔다. 상담분야의 회원들은 현재 각 대

제2분과 상담	학의 교수로, 국가 위탁 운영 및 사립 상담 전문기관에서 상담자·심리치료자 그리고 상담수련지도자로 활동하고 있다. 본 학회는 11개의 상임위원회(학술위원회, 사례연구위원회, 자격관리위원회, 교육연수위원회, 상담심리사수련위원회, 홍보위원회, 대외협력위원회, 학회지 편집위원회, 상벌 및 윤리위원회, 학술윤리위원회, 자격검정위원회)와 특별위원회(발전기획위원회)가 구성되어 학회 활동을 활발히 하고 있다. 매년 3월, 5월, 12월 3째주 토요일에는 학술 및 사례심포지엄을, 10월 3째주 토요일에는 학술대회를 정기적으로 개최하고 있다.
제3분과 산업 및 조직	한국 산업 및 조직심리학회는 1964년 한국심리학회의 분과학회로 발족하였으며 2001년에 한국 산업 및 조직심리학회로 변경되었다. 본 학회에서는 심리학 원리와 연구방법들을 생산성향상과 작업조건의 질 향상에 관심을 맞추고 이를 노동현장에 적용하기 위한 노력을 계속하고 있다. 본 학회에서는 1964년부터 정기적으로 춘계, 추계 정기학술발표대회 및 심포지엄을 개최하고 있다. 또한 1988년도부터 체계적으로 산업 및 조직심리학의 연구를 정리하고자 학회지를 발간하고 2001년부터는 연 3회 학회지를 발간하고 있다. 한편, 2002년 8월에는 한국연구재단으로부터 등재후보학술지에서 등재학술지로 등록되어 명실상부한 A급 학술지로 인정받았다. 더불어, 학술위원회, 자격심사 및 수련위원회, 편집위원회, 감사 총 4개의 위원회를 구성해 학회발전을 위해 활발하게 활동하고 있다. 또한 2001년부터 산업 및 조직심리사, 산업 및 조직심리전문가를 선정하여 자격증을 수여하고 있다. 이와 관련된 내용은 '한국 산업 및 조직심리학회 홈페이지(http://www.ksiop.or.kr)에 자세히 소개되어 있다. 본 학회 홈페이지에는 '학회소개', '학술대회소식', '분과활동', 학회지와 학술발표논문집이 실려있는 '자료실', 그리고 자격증 관련 소식이 담겨있는 '자격증 안내'와 더불어 산업 및 조직심리학에 대한 자유로운 토론의 장인 '게시판'으로 구성되어 있다.
제4분과 사회 및 성격	한국 사회 및 성격심리학회는 1975년 사회심리학회(초대회장 정양은)라는 명칭으로 한국심리학회의 3번째 분과학회로 발족하였으며, 1996년 현재의 명칭으로 개칭하였다. 본 학회는 사회심리학, 성격심리학, 문화심리학 및 범죄심리학에 관심을 가진 학자 및 전문분야 종사자들로 구성되어 있으며, 이들의 연구와 소통을 위해 활발한 활동을 펼치고 있는 전문학술학회이다. 본 학회에서는 일 년에 2회의 학술발표회(춘계 및 동계)를 개최하고, 수회의 월례발표회를 가지며, 한국연구재단 등재지인 학술지 "한국심리학회지 : 사회 및 성격"을 년 4회 발간하고 있다.

	그리고 2001년부터 범죄심리사 자격증(전문가, 1급 및 2급)제도를 운영하고 있어, 심리학 전공자로서 범죄수사 및 교정 분야에서 활동하고자 하는 이들에게 전문가로서 필요한 훈련과 소양을 구비할 수 있는 기회를 제공하고 있다. 본 학회에 대하여 보다 자세한 정보를 얻기 위해서는 홈페이지 (http://www.ksppa.or.kr)를 방문하시길 권한다.
제5분과 발달	한국발달심리학회는 전생애 동안의 발달에 관한 연구의 활성화와 발전, 보급 그리고 응용을 위해 1975년에 발족된 한국심리학 산하의 분과 학회이다. 발달 연구의 초기에는 출생부터 아동기까지 혹은 출생부터 청년기까지의 변화, 발달만 연구하였으나, 20세기 동안 평균수명의 증가로 성인기 인구가 증가하고 성인기 동안에도 유의한 변화가 일어난다는 인식이 확산되면서 성인기의 발달도 발달심리학에 포함하고 있다. 그에 따라 전생애 발달심리학 혹은 전생애 인간발달이라고도 불리는 발달심리학에서는 전생애 동안의 신체변화는 물론 성격, 사고방식, 감정, 행동, 대인관계 및 우리 삶의 상이한 시기에 우리가 수행하는 역할에서의 변화를 연구한다. 동시에 표준적 발달에서 이탈된 비정상적인 발달에도 관심을 갖기 때문에 최근에는 발달정신병리학이란 제목으로 정상적 발달에서 이탈된 병리적 발달이나 일탈된 발달에 관한 연구도 병행해서 수행되는 추세에 있다. 이러한 추세에 발맞추어 발달심리학회에서는 1989년부터 발달심리전문가와 발달심리사의 자격증 인증제도를 두어 현장에서 발달심리학을 응용하는 사람들의 전문성을 확보할 수 있도록 하고 있다.
제6분과 인지 및 생물	인지 및 생물심리학은 인간의 행동과 정신과정을 실험적 방법으로 연구하는 학문이다. 초기에는 감각, 지각, 학습, 조건형성, 등의 분야를 주로 연구하였지만, 현재는 인지, 생리, 언어 등의 연구도 포함되며, 발달이나 사회심리학의 영역에서도 적용된다. 실험적 검증을 통해 인간 행동의 인과적 기술이나 설명을 지향하는 인지 및 생물심리학은 심리학의 전 분야에서 핵심적이고 기초적인 역할을 한다. 한국인지 및 생물 심리학회의 전신인 한국실험 및 인지심리학회는 1982년 한국심리학회 분과학회로서 창립된 이후 최신의 과학적 방법론과 인지·지각·언어 심리학 등의 실험심리학 분야를 국내에 알림으로써 한국 심리학의 발전에 크게 기여해 왔다. 또한 한국생물 및 생리심리학회는 1989년에 창립하여 생리심리학 및 신경과학적 연구에 기여해 왔다. 이 두 학회가 2001년에 통합하여 한국 실험심리학회로 재탄생하면서, 그 규모가 한층 커지고 포괄적이 되어 명실 상부한 한국의 실험심리학을 대변하는 기구로 발전했으며 2008년 12월 12일 학술대회일자에 개최된 임시총회에서 학회 명칭을 '한국인지 및 생물

제6분과 인지 및 생물	심리학회'로 개칭하고, 회칙에 고문직 신설과 연구회 신설에 관한 조항 등 일부 조항을 추가한 개정 회칙을 의결하였다. 본학회의 명칭 변경 및 개정 회칙은 2009년 1월 5일에 개최된 한국심리학회 이사회로부터 인준을 받았다. 본 학회의 학술활동은 연 2회 정기적으로 개최되는 학술대회와 연 4회 발간되는 학회지(한국심리학회지 : 인지 및 생물, 학진등재지)를 통해 활발히 이루어지고 있으며, 앞으로는 연구 관심사에 따라 세분되는 산하 연구회 활동도 활발히 이루어질 전망이다. 최근에 본 학회는 실험 심리학을 사회현장에 응용하는 문제에도 큰 관심을 가져, '인지학습심리사 및 인지학습심리전문가'자격증 제도를 제정하였다. 본 학회가 공인한 수련과정과 자격시험을 거쳐 인지학습심리사'또는'인지학습심리전문가'자격증을 취득한 회원은 학습자의 소양과 학습활동을 분석, 평가할 수 있고, 효과적인 인지학습 관련 프로그램을 운영, 개발, 평가할 수 있는 전문가로서 다양한 사회 교육 현장에서 활동할 수 있다. 이 밖에도 본 학회는 심리학의 기초인 실험심리학적 지식을 한국심리학회 회원 및 일반인에게 널리 보급하는 데 관심을 가지고 꾸준히 노력할 것이다.
제7분과 사회문제	한국 사회문제심리학회는 우리사회의 문제를 심리학적으로 분석하고 해결하기 위하여 1991년에 창립되었다. 학회가 설립된 취지는 ① 전공과 관계 없이 심리학자의 사회문제에 대한 관심을 규합하고 수용하며, ② 전공별로 구성된 기존의 학회기구로서는 담당하지 못하는 사회문제에 대한 연구나 견해를 발표할 수 있는 창구로서, ③ 심리학자들의 사회문제에 대한 분석과 연구 업적 등을 집결하고 사회문제와의 연결을 촉진하여 한국사회에 심리학자의 기반을 조성하고, ④ 심리학자들의 사회문제와 관련하여 전문가로서 사회에 진출할 수 있는 기반을 마련하는 것이다. 본 학회에서는 정기적으로 학술발표대회 및 심포지엄을 개최하고 있다. 학회지는 "한국심리학회지 : 사회문제"이며, 연 4회-5회 발간되고 있다. 2001년 12월에 한국학술진흥재단으로부터 등재후보학술지로 등록되었으며, 우수한 공인 학회지로서의 면모를 갖추고자 노력하고 있다. 한국사회가 앞으로 더 복잡해지고 다양한 문제가 야기될 것이므로 사회문제에 대한 심리학자들의 보다 적극적인 관심과 개입이 요구된다.
제8분과 건강	건강심리학회는 1994년에 한국심리학회의 9번 째 분과로 신체 및 정신 건강의 생물/심리/사회적 측면에 관심이 있는 심리학자들과 관련 분야 연구자들, 그리고 건강관리(health care) 전문가들 간의 상호 협력적 관계를 촉진하는 데 목적을 두고 설립되었다.

	본 학회는 건강과 질병의 원인에 관한 통합적인 이해로부터 건강을 증진시키고 질병을 예방하는 과정에 이르기까지 다양한 건강 관련 영역에 심리학적 지식이 활용될 수 있도록 돕고 있다. 현재 회원들의 수가 초기에 비해 수배로 늘었고 매년 가입회원수가 증가하고 있으며 건강심리학의 연구결과를 공유하는 학회지(한국심리학 회지 : 건강)가 단기간 내에 학술진흥재단의 등재지로 인정받고 발행횟수도 연 4회로 증가했다. 또한 연 4회의 알찬 학술발표대회와 워크 샵을 정기적으로 개최하고 있으며, 2004년도에는 서울에서 아시아건강심리학회를 성공적으로 개최하여 국제적인 학술교류의 시작기반을 마련하기도 하였다. 건강심리전문가 자격제도도 본격적인 시행단계에 접어들어 수련을 통해 전문가들이 배출되기 시작했으며 수련과정에 등록하는 수도 증가하고 있다. 현재 건강심리전문가들은 특정영역(정신과)에 한정되지 않고 통합의학과나 건강증진센터, 재활의학과, 가정의학과 등과 같은 다양한 영역에서 본격적인 활동을 시작했으며 좋은 모델을 제시하고 있다. 뿐만 아니라 스트레스나 중독 분야의 전문가들이 센터를 설립하고 건강 심리전문가로서 활동하기 시작했으며, 각 지역 보건소나 건강관련 기관에서 활동하는 회원들의 수도 증가하고 있다. 마지막으로 보건 정책연구원 등 건강관련 정부기관에서 건강관리체계와 건강정책의 계획 및 수립에 본회의 회원들이 활동하고 있다. 건강심리학회와 건강심리전문가에 대한 구체적인 정보는 홈페이지를 참고해 주시기 바란다(http://www.healthpsy.or.kr).
제9분과 여성	여성심리학회는 남성 중심적인 심리학의 접근을 극복하고 세상의 절반인 여성의 눈을 통해 심리학과 여성의 문제를 인식, 분석하고 연구하기 위해 1995년에 창립되었다. 본 학회는 성차 및 여성심리와 관련된 연구를 지원하고, 여성과 관련된 문제를 해결하기 위해 기초가 되어야 할 연구방향을 제시하며, 여성심리학의 발전과 보급을 위해 노력한다. 본 학회의 주 활동내용은 회원의 전문적 자질 확립과 향상, 여성심리학 연구의 협조 및 촉진, 회원의 연구활동 지원 등이다. 이와 관련된 구체적인 활동으로 지난 95년 11월에 "여성심리 연구의 필요성과 전망"이라는 주제로 1차 연차대회를 가진 이후, 매해 봄과 가을에 학술대회를 개최하고 있다. 2002년 가을학술대회는 "여성과 자아"라는 주제로 열릴 예정이다. 또한 해외의 학자를 초청하여 강연회를 개최하고 있다. 예를 들어 97년 3월 15일에는 tomkins, a.j과 weisz, v.(u. of nebraska-lincoln) 박사를 초청하여 "법의 심리학 : 심리적 증후와 법(psychological syndroms and the law)"이란 강연회를 가졌다.

	회원들의 연구활동은 학회지를 통해 발표되고 있다. 1996년 11월에 「한국심리학회지 : 여성심리」(창간호)가 출간된 이후 〈한국심리학회지 : 여성〉이 1년에 3회 출간되고 있다.
제10분과 소비자광고	한국 소비자 광고심리학회는 응용심리학회로써 학문 발전을 위한 이론 구축은 물론, 기업과 광고 대행사, 조사회사의 전문가에게 꼭 필요한 살아있는 정보 제공을 목표로 한다. 이를 위해 본 학회는 학계 연구자와 현장 전문가들간의 원활한 교류의 가교가 되기 위해 1999년 12월 17일에 탄생하였다. 한국 소비자 광고 심리학회는 소비자와 광고에 관련된 학계 및 업계의 전문가들이 정보와 지식을 교류함으로써 상호발전을 도모한다. 이를 실현하기 위해 소비자의 심리, 소비자 조사 기법, 광고 효과 분석 및 브랜드 전략 수립 등 소비자, 광고에 관한 최신 이론과 현장의 생생한 정보를 공유하고 심화시키고자 하는 전문가들이 학회 활동에 적극적으로 참여하고 있다. 마케팅, 신문 방송학, 광고학, 사회학, 소비자학, 의상학, 관광학 등 소비자 광고심리와 관련 있는 연구자와 전문가면 누구나 우리의 공동관 심사인 소비자 광고심리에 대해 서로의 의견을 나눌 수 있다.
제11분과 학교	본 학회의 목적은 초·중·고등학교에 재학하는 아동과 청소년의 건강한 발달과 조화로운 적응을 증대시키기 위한 다양한 심리학 서비스의 제공과 연구에 관심을 갖고 있는 회원들의 학술적 교류와 교육장면에 심리학적 서비스를 제공하는 역할을 통해 사회적 안녕에 기여하는 것이다. 학령기에 해당하는 대부분의 아동과 청소년은 여러 가지 원인으로 인해서 학습문제를 경험하고 있다. 최근에는 우울이나 불안과 같은 정서문제와 비행, 게임중독, 학교폭력, 학교중도탈락과 같은 행동문제를 겪고 있는 아동과 청소년의 숫자도 증가하고 있다. 따라서 일반 학교에 재학하고 있는 아동과 청소년이 겪는 학업, 진로, 정서, 행동문제를 조기에 발견하고 개입하여 건강한 삶을 영위하도록 돕는 전문가의 역할을 하고 있는 학교 심리학의 양성이 시급한 실정이다. 학교심리학자의 역할을 구체적으로 제시하면 다음과 같다. 첫째, 아동과 청소년, 그리고 그의 적응과 발달에 관여하는 부모, 가족, 교사, 학교, 지역사회등 환경을 대상으로 정보를 수집하고 이러한 대상에 대한 의사결정을 내리는 평가의 기능이 있다. 둘째, 부적응 문제를 예방하거나 치료하는 개입의 기능이 있다. 셋째, 부모나 교사가 학교나 가정에서 아동과 청소년의 건강한 적응을 향상시키고 부적응 문제를 해결하도록 돕는 자문의 역할이 있다. 넷째, 부모나 교사를 교육하고 훈련시키는 프로그램을 개발하고 시행하는 훈련의 기능이 있다.

	다섯째, 아동과 청소년의 문제를 보다 정확하게 이해하고, 이들의 특징을 평가하는 도구를 개발하고 문제해결 및 예방을 위한 프로그램의 효과를 검증하는 연구의 기능이 있다. 본 학회는 이상과 같은 역할을 수행하거나 학문적 관심을 갖고 있는 회원들로 구성되어 있으며, 매월 첫째주에 학교심리학의 관심 영역에 해당하는 주제에 대한 발표를 진행하고 있다. 그 외에 구체적인 내용에 관심이 있는 분은 한국학교심리학회의 홈페이지(http://www.schoolpsych.or.kr/)를 방문하여 주길 바란다.
제12분과 법	법심리학회는 법과 심리학 분야에서 공익에 기여하는 학문의 발전과 실무적 전문성을 향상하기 위해 조직된 학제 간 단체다. 법정심리학회의 목적은 기초연구와 응용연구를 통하여 법과 법제도에 대한 이해를 높이기 위한 심리학의 기여를 촉진하고, 심리학자들이 법의 제 문제들을 보다 잘 이해하고, 법조계가 심리학적 문제들을 보다 잘 이해하도록 쌍방 교육을 증진시키며, 법조계와 심리학계, 그리고 일반 국민들에게 법과 심리학 분야의 연구, 교육, 그리고 봉사활동을 널리 알리는 것이다.
제13분과 중독	한국중독심리학회는 현재 많은 사람들의 삶의 질을 낮추고 있는 물질 및 행동 중독과 관련한 심리학적 '연구'와 '전문 서비스(실무)' 및 '정책' 과제를 다루는 학회이다. 본 학회는, 연구와 실무 및 정책이라는 세 가지 핵심과제에 대한 응전이 삼위일체로 혼용되고 상생을 이루도록 하여 국민들의 건강과 삶의 질 향상에 전문적으로 기여하고, 한국 심리학의 외연을 넓히려는 비전을 가지고 있다. 또한 중독으로 인한 문제개선은 물론이고, 건강하고 의미 있는 삶의 추구를 더 큰 목표로 삼고 있다. 이를 위해 본 학회에서는 중독 관련 분야에 대한 경험적 연구를 축적하고, 연구자료를 바탕으로 정책의 구성이나 시행에 적극 참여하며, 중독 문제를 평가하고 예방·치료·재활하는데 유능성을 가진 전문가들을 양성하고 있다.
제14분과 코칭	한국코칭심리학회의 목적은 코칭심리에 관한 제반 학술적 이해와 연구, 현장에의 적용을 위한 활동, 이를 수행할 코칭심리전문가의 양성 및 정책과 관련된 심리학적 활동을 하는 데 있으며 2011년 11월에 창립되었다. 심리적인 장애나 이상이 없는 일반 사람들 중에서도 지금보다 좀 더 생산적이고 바람직한 방향으로의 행동 변화를 원하는 사람들이 많이 있다. 코칭심리는 이러한 사람들의 니즈를 충족시키기 위해 심리학의 이론과 모형을 다양한 코칭 장면에 적용하여 코칭이 좀 더 과학적으로 발전할 수 있도록 노력하고자 한다. 현재 코칭은 다양한 분야에서 활발하게 적용되고 있다. 비즈니스코칭, 커리어코칭, 라이프코칭, 리더십코칭, 학습코칭 및 부모코칭 등과 같이 현재

	코칭심리가 적용될 수 있는 분야는 다양하며 향후 건강코칭이나 스포츠코칭 등과 같은 분야에도 적용 가능하며 지속적으로 적용할 수 있는 영역을 넓혀나갈 것이다. 코칭심리는 이와 같이 다양한 분야에 적용될 수 있는 학문이기 때문에 현재 심리학회의 다양한 분과에 속해있는 회원들도 코칭심리학회에 가입하여 활동할 수 있다. 예를 들어 비즈니스코칭이나 리더십코칭의 경우 산업 및 조직심리분과, 상담심리분과, 임상심리분과, 사회 및 성격심리분과와 관련이 깊고, 학습코칭의 경우 인지 및 생물분과 및 발달심리분과와 연관이 깊고, 건강코칭은 건강심리분과와, 그리고 부모코칭의 경우 발달심리분과와 연계될 수 있다. 코칭심리학회는 이와 같이 다양한 분과학회 회원들과 연계하여 심리학의 한 응용분야로서 심리학이 사회에 도움이 되는 학문으로 더욱 성장하는데 기여하고자 한다.
제15분과 심리측정평가	2014년 2월 발기총회에서 창립되었고, 8월 한국심리학회 총회에서 제 15분과학회로 통과된 본 학회는 양적 및 질적 접근을 포괄하여 심리학 연구의 진일보한 방법을 제공하는 것을 제 1의 목표로 하고, 이러한 목표를 공유하며 학문적 연마와 이론 구축을 지향하는 심리학자 및 관심 있는 관련 분야 학자들과의 교류를 또 하나의 목표로 한다. 심리학 연구의 역사는 크게 양적 접근과 질적 접근으로 나뉜다. 모든 학문의 시작을 가능하게 한 질적 사고의 필수적 의미를 기본 전제로 하고, 효율적인 정보의 생성과 이론 구축을 위한 대안으로서 양적 접근은 1860년 Fechner의 저서 심리물리학의 기초로 거슬러 간다. 그 이후로 실험심리학자 Wundt의 심리학 실험실, 통계학자 Fisher의 다집단 평균비교(통계적으로는 ANOVA), Spearman의 지능2요인설과 신뢰도 이론, Thurstone의 지능다요인설과 다요인이론 등을 거쳐서 양적 접근은 심리학 연구방법의 2대 기둥 중 하나를 이루게 되었다. 한편 1909년 가을 비엔나의 Freud가 미국 Clark 대학교 20주년 기념학회에 초빙되어 자신의 질적 접근에 대한 성과를 발표하면서 심리학의 역사에서 질적 접근에 대한 인식이 학술적 위상을 가지게 되었다. 이상과 같은 심리학 연구방법의 발전사를 기초로, 본 학회는 심리학의 발전에 필요한 양적 및 질적 접근을 아우르는 기본 정신을 표방한다. 측정이 경험세계의 질적 내용을 수리적으로 표상하는 것이라면, 평가는 측정 결과와 상황에 대한 질적 정보를 종합하여 현실에 충분히 근접하면서 과학적 간명성을 성취하는 범위에서의 판단을 내리는 것이다. 본 학회는 오늘날 심리학의 많은 학술적 업적에 양적 및 질적 분석과 평가가 포함된 것은 물론, 모든 연구의 시작과 끝이 질적인 모습을 취하면서 현대 사회가 제공하는 양적 정보를 연결하여 의미를 추론하는 것임을 간과하지 않는다. 미국의 경우 이미 1935년에 심리측정학회가 발족하여 80년 가까운 역사 속에서 서구 심리학계의 양적인 물음에 답을 찾아가는 노력을 제공

제15분과 심리측정평가	해 왔다. 그러나 국내의 심리학계에서 광범위하게 이루어지고 있는 양적 연구 발전의 기초가 될 수 있는 학문적 응집이 이제야 이루어지고 있는 것은 매우 늦은 감이 있다. 한편 Fechner 이래로 지속된 양적 연구의 방법이 시간과 노력면에서 많은 비용을 필요로 하는 질적 연구를 압도하는 불균형에 개선의 필요가 있음을 우리는 공감하고 있다. 따라서 본 학회에서는 기존에 광범위하게 활용되고 있는 양적 방법론을 대변하는 것은 물론 연구의 더 많은 부분을 저력있게 끌어온 질적 방법론까지 포괄하는 학회로서 출발하게 되었다. 그에 따라 본 학회에서는 측정을 전공한 학자들과, 심리학회내 기존의 학회들에서 질적인 내용과 이론구축을 주도하는 학자들이 함께 소통하며, 융합분과적인 틀을 가지고 심리학의 연구방법에 대하여 열린 소통을 주도하고자 한다.

htttp://www.koreanpsychology.or.kr/

2 심리학의 연구방법

심리학의 연구방법은 자연과학과는 차이가 있다. 생물학에서는 세포를 확인하기 위하여 현미경을 사용하고 천문학자는 망원경을 사용한다. 그런데 인간의 심리를 연구하는 학자들은 이런 정밀한 기계장치를 갖고 있지 않다. 그래서 심리학은 우주에서 가장 복잡한 인간의 뇌와 마음을 연구하는 것이고, 온전하게 똑같지 않고 각기 다르게 반응하는 다양한 존재들을 연구하는 것이다.

현대 심리학은 과학적인 방법을 지향한다. 과학적 방법이 되기 위해서는 자료수집, 경험적으로 검증하는 처리과정의 체계화가 갖춰져야 한다. 그중 자료를 과학적으로 얻기 위한 방법이 심리학의 연구방법이다. 이러한 심리학 연구방법의 일반적 절차는 '문제정의 → 가설설정 → 연구설계 → 자료수집 → 분석 및 정리 → 이론정립'으로 이루어진다.

(1) 체계적이고 객관적 절차에 의한 과학적 방법

객관성 (Objectivity)	똑같은 조건에서라면 누가 연구를 하든지 간에 똑같은 결과를 얻을 수 있어야 한다.
조작적 정의 (Operational Definition)	관찰이 불가능한 지능, 성격, 동기, 인지 등을 연구할 때는 그 개념의 명확한 의미를 구체적으로 밝혀야만 과학적 연구대상이 될 수 있기 때문에 개념을 명확하게 해야만 한다. 이는 개념을 명확히 구체적으로 정의하는 것을 말한다. 조작적 정의가 속성을 정확하게 정의하지 않거나 측정도구가 조작적 정의가 기술하고 있는 조건을 정확하게 탐지할 수 없을 때 타당도는 결핍된다.

가설연역법 (Hypothetical- deductive Method)	특정 상황의 결과를 설명하는 가설을 만들어 과학적 방법으로 검증하고, 그 가설이 검증될 경우에 그 범위 내에서 가설은 타당화되고 일반화된다.
ROT (Repeatable·Observable·Testable)	과학적 방법의 연구대상은 객관성, 관찰가능성, 구체성을 가져야 하므로 심리학의 연구대상은 반복 가능하고 관찰 가능하며, 검증 가능한 ROT법칙에 합당해야 한다.

(2) 심리학의 연구방법

① 실험법(experimental method)

다른 조건을 일정하게 하고 독립변인(원인)을 처치해서 그 종속변인(결과)을 알아봄으로써, '독립변인이 종속변인에 어떻게 영향을 미치고 있는지'를 알아내는 연구방법이다. 즉 실험법은 인간행위의 어떤 원인에 의해 어떤 결과가 나오는지를 규명하기 위해, 원인을 제외한 다른 조건들은 일정하게 통제시킨 뒤 "어떤 원인을 조작했을 때, 어떤 결과가 나타났는지" 인과관계를 살펴본다. 이러한 실험법은 심리학의 연구방법 중 가장 대표적인 방법으로 심리학의 과학화에 가장 큰 기여를 하였다. 통상 실험설계를 할 때 무선할당[12]과 이중은폐(double blind)법을 주로 사용한다. 무선할당은 실험집단과 통제집단에 참가자를 포함시키는 것이 참여성에 의해 스스로 결정될 때 발생하는 자기선택(self-selection)의 문제를 최소화하는 것으로, 참가자들을 확률에 따라서 실험조건(처치집단)과 통제조건(비처치집단 또는 다른 유형의 처치집단)에 배정함으로써 집단 간에 이미 존재하는 차이를 최소화하는 것이며, 이중은폐(double blind)법은 관찰자와 참여자 모두에게 실험의 진짜 목적을 숨기는 것으로, 참여자는 물론 연구보조자를 어느 집단이 실험집단(가설의 원인이 제공되는 집단)이고 어느 집단이 통제집단인(가설의 원인이 제공되지 않는 집단)지 모르게 하는 방식을 말한다. 따라서 실험참가자의 선입견이나 신념, 기대효과가 실험결과에 미치는 영향이 최소화된다.

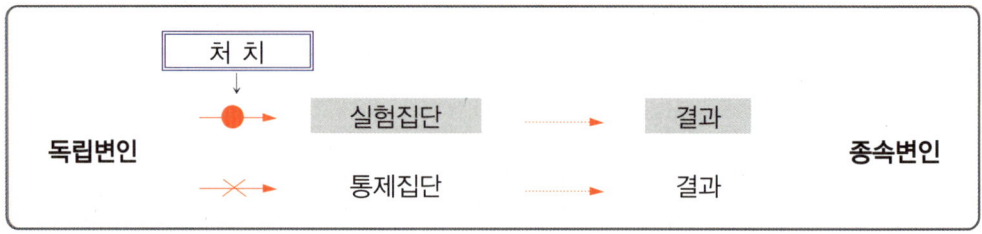

---

[12] 그런데 사실 무선할당해서 표집을 한다는 것은 그 자체가 불가능하고 매우 비현실적이고 비실용적이다. 이것은 심리학자들의 연구가 대부분 대학생이나 자원참여자들에게 의존한다는 것에서도 확인된다. 이들이 전집을 대표할 수는 없다. 그렇다고 해서 비무선표집이 무의미한 것은 아니다. 실험결과를 일반화할 수는 없어도 모든 실험을 일반화할 필요는 없는 것이며, 때로는 특정 실험결과로 일반화를 추정할 수도 있다.

㉠ 변인(variable)

독립변인	실험에서 종속변인(결과)에 대한 효과를 알기 위해 조작되는 변인이다. 한 실험에서 적어도 하나의 상황이 어떤 결과의 원인이라고 여겨지는 주요 관심사가 될 수 있는데, 이 상황을 독립변인이라고 한다. 예를 들면, 혈관수축에 미치는 체온의 효과측정에서 체온의 정도는 독립변인에 해당한다.
종속변인	실험에서 독립변인의 조작에 의해 얼마나 변화했는가를 보기 위하여 측정하는 의존변인이다. 독립변인을 선택하고 나서, 그 변인을 조작한 후 나타나는 피험자의 행동을 측정하게 되는데, 그 상황을 종속변인이라고 한다.
통제변인	실험을 진행할 때 한 실험에서 관심을 갖는(조작하는) 하나의 상황(독립변인) 외에도 조작하지 않는 다른 상황들도 존재하기 때문에, 한 가지 가능성(독립변인)을 제외한 나머지 상황은 모두 동일하게 유지시켜야 하는데, 이때 통제되는 요인들을 통제변인이라고 한다. 그러나 독립변인을 제외한 다른 모든 변인을 완벽하게 통제하는 것은 불가능한 일이다.
오염변인 (가외변인)	독립변인이 조작됨에 따라 체계적으로 변화하는 모든 상황을 오염변인이라고 한다. 즉, 통제되지 않은 변인(오염변인)이 행위의 결과에 영향을 체계적으로 미치게 되어 실험이 오염되어, 종속변인의 원인이 독립변인 때문인지 오염변인 때문인지 명확히 알 수가 없게 된다. 실험법의 성공여부는 가외변인을 잘 통제하고, 독립변인의 처치효과를 종속변인으로 얼마나 잘 측정해낼 수 있는가에 달려있다.

실험에 있어서 중요한 것은 독립변인과 종속변인 간의 인과관계에 관한 정확한 추론을 할 수 있게 해주는 실험의 특성인 내적 타당도(internal validity)를 확보하는 것이다. 실험이 내적으로 타당하다는 것은 인과관계에 관한 결론을 내리기 위해 갖추어야 할 실험 내면의 모든 것이 정확히 작동하고 있다는 것이다. 내적 타당도를 저해하는 요인으로는 사전사후 검사 사이에 특수한 사건의 발생, 피험자의 내적 변화(성숙), 사전검사의 영향, 측정도구의 변화, 통계적 회귀, 동질성이 결여된 피험자의 선발, 피험자의 중도탈락, 피험자의 선발과 성숙 간의 상호작용 등이 있다(김정환, 교육연구 및 통계방법, 원미사, 2003, pp.143~144).

따라서 독립변인이 효과적으로 조작되었고, 참여자들은 이 조작이 이루어진 집단들에 무선할당되었으며, 종속변인이 타당하고 검증력이 있으며, 신뢰로운 측정치를 가지고 전혀 편중되지 않은 방식으로 측정되었고, 독립변인에서 만들어진 변산패턴과 종속변인에서 측정된 변산패턴 간에 상관이 관찰되었다면 독립변인에서 발생한 조작된 변화가 종속변인에서 측정된 변화의 원인이라고 결론지을 수 있다. 그러나 특정한 실험결과만을 가지고 모든 경우에도 적용된다고 일반화할 수는 없다. 이런 문제를 보완하기

위해서 실험은 변인이 정상적이고 가장 대표적이고 현실을 반영하는 방식으로 조작적 정의가 이루어져야 한다는 외적 타당도(external validity)가 요구된다(민경환외, 2011 : 80).

ⓒ 실험사례
- 가설 : A학습지를 사용하면 성적이 향상된다.
- 변인 : A학습지는 독립변인, 성적은 종속변인이 된다.
- 검증 : A학습지(원인) → 성적향상(결과)이 되는지 검증한다.

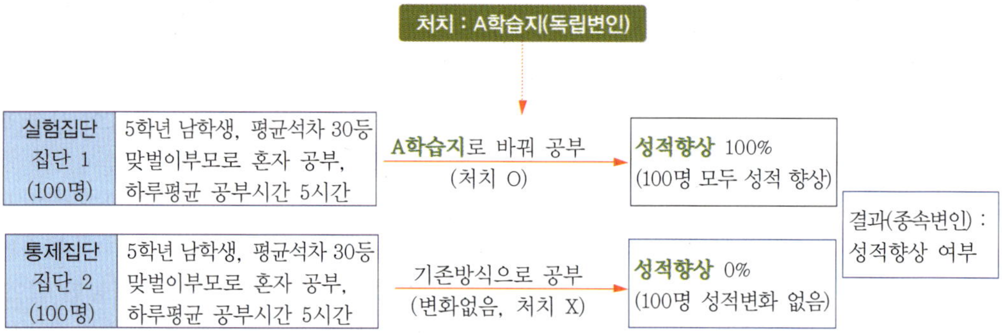

처치 : A학습지(독립변인)

실험집단 집단 1 (100명)	5학년 남학생, 평균석차 30등 맞벌이부모로 혼자 공부, 하루평균 공부시간 5시간	A학습지로 바꿔 공부 (처치 O)	**성적향상** 100% (100명 모두 성적 향상)	
통제집단 집단 2 (100명)	5학년 남학생, 평균석차 30등 맞벌이부모로 혼자 공부, 하루평균 공부시간 5시간	기존방식으로 공부 (변화없음, 처치 X)	**성적향상** 0% (100명 성적변화 없음)	결과(종속변인) : 성적향상 여부

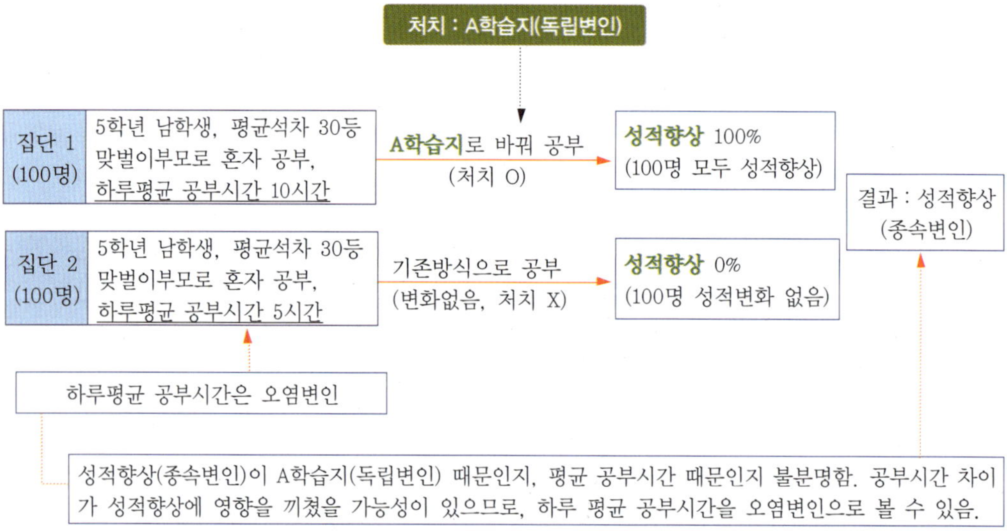

처치 : A학습지(독립변인)

집단 1 (100명)	5학년 남학생, 평균석차 30등 맞벌이부모로 혼자 공부, 하루평균 공부시간 10시간	A학습지로 바꿔 공부 (처치 O)	**성적향상** 100% (100명 모두 성적향상)	
집단 2 (100명)	5학년 남학생, 평균석차 30등 맞벌이부모로 혼자 공부, 하루평균 공부시간 5시간	기존방식으로 공부 (변화없음, 처치 X)	**성적향상** 0% (100명 성적변화 없음)	결과 : 성적향상 (종속변인)

하루평균 공부시간은 오염변인

성적향상(종속변인)이 A학습지(독립변인) 때문인지, 평균 공부시간 때문인지 불분명함. 공부시간 차이가 성적향상에 영향을 끼쳤을 가능성이 있으므로, 하루 평균 공부시간을 오염변인으로 볼 수 있음.

ⓒ 장·단점 : 실험법의 장점은 실험실 내외 어디서든 실행할 수 있고 인과관계를 파악할 수 있으며, 가외변인 통제가 용이하다는 것이다. 단점은 실험법은 인위적인 장면에서 연구하기 때문에 현실과는 거리가 먼 연구결과를 낼 수 있고, 인간을 대상으로 할 경우 윤리적 문제가 제기될 수 있고[13], 언제 어디서나 가능한 방법은 아니기 때문에 실험장

---

[13] 실험자는 실험대상으로 인간을 참여시키는 경우에 반드시 참여자에게 연구참여로 인해 발생할 수 있는 모든 위험요소에 대해 고지받았다는 것을 증명하는 합의서와 같은 동의표시(informed consent)를 받아야 하며, 참여는 강요되어서는 안되고, 참여자들이 물리적 또는 심리적 위해로부터 보호될 수 있는 모든 가능한 사전조치를 해야 하며, 실험 중 참여자들이 받게 될 위험은 일상생활에 지장이 없는 것이어야 하고 그러한 위험을 감수하는 것이 사회적 이익을 위해 필요한 것임을

면에서 나온 결과를 다른 장면으로 일반화시키기 어렵다는 것이다.

② **자연관찰법**(Observational method)

인간은 실험실에서 연구할 수도 처치를 마음대로 할 수도 없는 존재이므로 실험법의 단점을 보완하고 현실성 있는 연구를 하는 방법이 관찰법이다. 자연관찰법은 자연스러운 상황에서 아무런 방해없이 사람들을 관찰함으로써 과학적인 정보를 얻어 내는 기법으로14), 실험법과 같이 독립변인을 인위적으로 조작할 수는 없지만, 관찰변인을 정해놓고 그 변인들을 체계적으로 측정할 수는 있다. 이렇게 한 집단과 다른 집단의 특징들을 체계적으로 기록하고 비교·분석하면서, 차이점이 나타나면 두 집단 간의 차이를 인정한다.

㉠ **방법** : 관찰자(연구자)가 객관적으로 제3자가 되어 현상과 관찰변인을 체계적으로 관찰하는 법으로, 관찰자가 집단에 직접 참여하여 집단 구성원과 생활하면서 관찰하는 참여관찰 등이 있다.

㉡ **관찰자 편향** : 관찰자(실험자) 편향이란 피실험자 특성에 대한 실험자(관찰자)의 기대가 실험참가자의 반응에 영향을 미치는 것을 말한다.15) 이를 요구특성(demand characteristics)이라고 하는데, 사람들로 하여금 관찰자가 원하거나 기대한다고 생각하는대로 행동하게 만드는 상황적 특성을 말한다.

㉢ **장·단점** : 관찰법의 장점은 인위적이지 않은 현상 자체, 즉 현실성 있는 관찰이 가능하지만, 자연적 상황에 대한 관찰의 경우는 1회적인 사건이므로 이를 기초로 일반적인 진술을 하기는 어렵다. 또한 가외변인의 통제가 어렵고, 관찰자 편향(Observer Bias)이 생길 가능성이 있으며, 참여관찰 시 신변의 위협을 느낄 수 있고, 연구자가 원하는 통제집단을 그대로 제공해주는 것은 아니기 때문에 관찰연구의 해석이 쉽지 않다는 것이 단점으로 지적된다.

③ **사례연구법**(Case study)

실험법과 관찰법이 '현재 중심적'으로 이뤄지는 연구법인데 반해, 사례법은 '과거 중심적'인 연구방법(회고적 방법이라고도 함)이다.

㉠ **방법** : 사례법은 개인이 성장해 온 사례사를 바탕으로 연구가 이뤄지는데, 사례사는 일종의 과학적 전기라고 할 수 있다. 개인이 기억해내는 사건이나 과거에 대한 기록의 분석과 재구성으로 이루어진다.

제시하여야 하며, 연구 전에는 연구의 본질과 목적을 밝히지 않더라도 사후에는 설명해주어야 할 윤리적 책임이 있다.
14) 심리학자들이 자연관찰법을 통해 알아낸 사실을 보면, 식당에서는 손님이 많을수록 팁을 더 적게 준다. 식료품점에서 배가 고픈 쇼핑객일수록 충동적인 구매를 더 많이 한다. 신사들의 놀이인 골프경기에서 사람들이 여러 경쟁자와 시합을 할 때 속이는 행동을 더 많이 한다. 독신 바에서 남성들은 대개 바에 있는 여성 중 가장 예쁜 여자한테는 접근하지 않는 경향이 있다. 올림픽에서 동메달을 딴 사람이 은메달을 딴 사람보다 더 미소를 짓는다.
15) 예를 들면, 학생회관에서 당구를 치는 사람들의 행동을 관찰했는데, 당구실력이 평균이상(약 300점 이상)이거나 평균이하(약 100점 이하)인 사람들의 쌍을 확인하고 그들의 점수를 기록했다. 네 명으로 구성된 실험 협조팀이 몇 번의 게임을 면밀히 관찰한 결과 당구 점수가 높은 사람은 타인이 지켜볼 때 당구를 보다 잘 치고, 점수가 낮은 사람은 오히려 더 못 쳤다. 즉, 누군가 자신을 지켜본다는 의식이 피험자(당구를 치는 사람)들의 당구실력에 영향을 미치게 되었다.

ⓒ 장·단점 : 사례연구법은 임상사례법[16])과 함께 개인이 지닌 문제의 원인을 회고적으로 파악하고자 하는 방법으로 실험이나 체계적 관찰을 위한 정보를 제공해 줄 수 있다는 장점이 있으나, 개인의 기억을 바탕으로 재구성하기 때문에 주관을 배제하기 어렵다[17])는 단점이 있다.

④ 상관연구법

인간의 심리와 행동에 어떤 원인이 작용했는지 확실히 분간하기는 어렵지만 그와 분명히 관련된 변인이 존재하고[18]), 존재하는 그 변인과 결과와의 관계를 살펴보는 것을 상관법[19])이라 한다.

　　⊙ 내용 : 여러 기술연구들에서 얻은 자료들을 통해 요인들의 상호작용을 연구하며, 흔히 연구자의 통제력 밖의 변인(연령, 성별, 인종 등)을 다룬다. 대체로 통계적 절차를 통해 관계를 파악한다. 즉 상관계수($-1 \leq r \leq 1$) 값을 보고, 0에 가까울수록 두 변인 간에는 상관이 전혀 없고, 절대값 1에 가까울수록 상관이 높다고 해석한다.

　　ⓒ 장·단점 : 상관연구법은 인간의 심리와 행동을 연구하는 데 효과적인 방법이며, 인과관계를 규명하는데 가장 대표적인 연구방법이다. 과학을 밝히고자 하는 목적이 있으나 윤리적인 이유로 사람들에게 실험적인 처치를 할 수 없는 변인에 대한 연구에 유용하다. 그러나 상관관계가 곧 인과관계를 의미하는 것은 아니므로 관계 유·무정도의 가치 밖에 알 수 없다. 또한, 인과관계를 규명하는 것이 항상 가능한 것도 아니고, 가능하더라도 바람직하지 않을 수 있다는 단점이 있다.

⑤ 사회조사법(Survey method)

실험법이나 사례법 등은 신분노출을 꺼린다거나 많은 수를 대상으로 하는 연구에는 적합하지 않다. 따라서 조사법은 신분 노출을 꺼리는 연구나, 정치적 태도, 투표성향, 상품선호도 조사, 시장조사 등 많은 사람들의 성향파악에 유용하게 쓰일 수 있다.

　　⊙ 방법 : 면접자의 능력이 중요시되는 조사법으로 가장 일반적으로 쓰이는 설문지법은 피검사자의 태도 등을 익명으로 수집하는 게 가능하다. 조사법이 타당하기 위해서는 조사에 응한 표본이 전체 모집단의 특성을 잘 나타낼 수 있도록 대표성을 가져야 하며,

---

[16]) 임상사례법(clinical case study)이란 임상장면에서 내담자의 행동변화와 과거사, 심리검사 자료, 대인관계의 특징 등을 연구하는 방법을 말한다.

[17]) 예를 들면, 흡연자는 빨리 죽는다는 검증된 사실에도 불구하고, 어떤 흡연자가 "우리 할아버지는 하루 3갑을 피워도 90세까지 사셨다."고 사례를 든다면, 이 사례를 일반적으로 적용하기는 어렵다. 세계적으로 하루에 2억 5천만 갑의 담배가 소비되고 있는데, 이로 인하여 하루에 10,000명 이상이 참혹한 죽음을 맞이하고 있다. 그럼에도 금연이 안되는 것은 담배는 헤로인과 코카인 못지않은 중독성을 가지고 있기 때문이다.

[18]) 예를 들면, "결혼기간이 긴 남자일수록 머리 빠짐이 많다."는 말을 들으면, 마치 결혼기간이 남자들의 머리빠짐의 원인인 것처럼 착각할 수 있다. 머리 빠짐의 원인은 노화에 있다는 것이 일반적임을 고려할 때, 위 관계는 인과가 아니라 상관이다. 즉 상관은 인과관계의 가능성을 말하는 것이지, 인과관계를 입증하는 것은 아니다.

[19]) 한편 '착각적 상관(illusory correlation)'도 있는데, 예를 들면, "보름달이 뜰 때 더 많은 아이가 태어난다." 또는 "불임부부가 아이를 입양하면 임신(pregnancy)이 쉽게 된다."처럼 아이를 간절히 갖기 원하는 사람들이 그런 사례들에만 집중하기 때문에 생기는 미신적 상관을 말한다. 즉 착각상관은 우리가 그 관계를 잘못 지각하고 가정하는 무선적 사건이다.

통계적으로 잘 분석되고 해석에 오류가 없어야 한다.
ⓒ 장·단점 : 조사법은 익명을 보장하는 연구, 선호도 등 조사에 유리하지만, 타당도를 위한 표본의 대표성 확보, 자료분석 및 해석시 오류가 생길 수 있다는 단점이 있다.

⑥ 심리검사법(Psychological testing method)

인간의 심리적 특성을 객관적이고 체계적인 과학적 방법으로 수량화하여 측정하고자 하는 연구방법이다. 이러한 심리검사는 인간이 직접 관찰할 수 없는 심리특성을 수량화하여 개인차를 측정하는 것이 목표이다. 어떤 심리특성을 잴 것인가에 따라 여러 가지 심리검사를 사용하고 측정된 심리특성에 따라, 개인차에 대한 정보를 양적으로 비교·분석할 수 있도록 한다.

㉠ 종류 : 심리검사는 내용에 따라 인지검사(지능·적성·성취·능력 등), 정동검사(태도·흥미·성격 등)로 나뉜다. 심리검사법에 사용되는 심리검사는 측정순서와 방식이 규준(norm)으로 되어 있고 반복 관찰할 수 있어서 신뢰도를 얻을 수 있으며, 체계적 방법으로 수량화가 가능하다.

ⓒ 장·단점 : 심리검사는 측정된 심리특성에 따라 개인차에 대한 정보를 양적으로 비교·분석할 수 있도록 해주는 장점을 가지고 있다. 그러나 질문지형태의 심리검사는 반응 왜곡을 완벽하게 막기 어려운 단점이 있다.

⑦ 상호보완적 연구

통상 신경생물학적 접근, 행동주의적 접근, 인지주의적 접근은 주로 실험법의 연구방법을 사용하지만, 정신분석적 접근이나 인본주의적 접근은 실험법보다는 사례연구와 같은 질적 분석을 주로 사용한다. 그러나 심리학 연구방법은 어느 하나의 방법론이 옳고 그른 것이 아니라, 각각 연구대상과 연구목적에 따라 장단점을 가지고 있으며, 대부분의 경우 각 연구방법들은 상호보완적으로 사용된다.

3 자료 분석 및 정리 방법

(1) 가설설정

가설은 개념의 명확한 의미를 과학적 연구대상이 될 수 있도록 구체적으로 밝히는 것으로 조작적 정의를 하는 것이다. 이러한 가설은 ROT법칙에 의거, 객관적이고 측정 가능하게 정의해야 하며, 범위 설정이 현실적이어야 한다.

(2) 측 정

측정이란 대상에 숫자와 척도를 부여하는 것으로 비교가 가능하며, 정밀한 기술(記述)에 용이하다. 즉 어떤 속성을 조작적 정의와 연계시키고, 조작적 정의를 측정도구와 연계시키는 과정으로 이루어진다.

① 척도의 종류

측정 척도로는 명명척도(질적 구분 가능, 같고 다름만을 표현), 서열척도(단순한 서열(순서)비교 가능), 등간척도(서열, 크기 비교 가능 ; 등간격－대부분의 심리학 척도가 여기에 해당하는 것으로 써스톤, 서열척도를 등간척도화한 리커트, 거트만 등), 비율척도(절대 영점을 갖는 척도)가 있다.

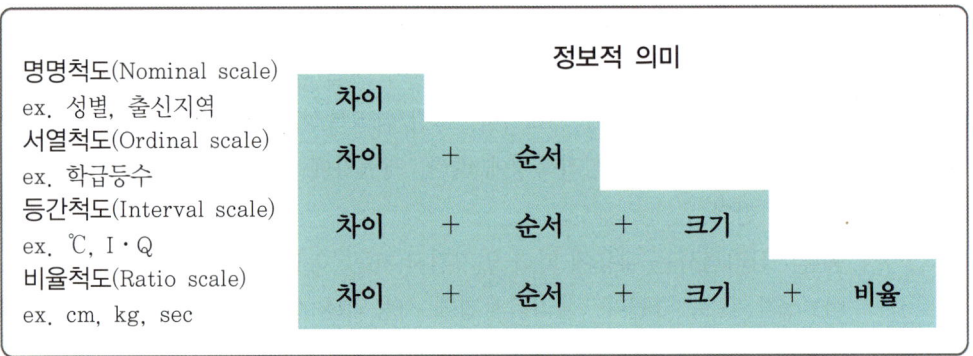

(3) 통계적 방법

① 기술통계

통계적 방법은 자료분석의 방침을 제시하는데, 기술통계는 자료를 수집, 정리하여 도표나 표를 만들거나 자료를 요약하여 대표값이나 변산의 크기를 구하는 방법을 다루는 분야이다. 기술통계는 빈도, 집중경향치 등으로 구성된다. 먼저 빈도분포와 그래프는 점수의 재배열, 자료를 한눈에 볼 수 있게 해주며, 집중경향치는 개개 점수들간의 관계에 관한 정보를 담고 있지 않고 집중[20]의 정도를 의미한다. 그리고 분산의 정도를 알 수 있는 변산도, 상관계수[21] 등이 있다.

---

[20] 어떤 값이 집단의 집중경향을 가장 잘 나타내는 값인가? 대체로 최빈치를 제외한 평균과 중앙치이다. 통상적으로 평균을 가장 신뢰로운 값으로 간주하지만, 중앙치가 더 신뢰로울 때가 있다. 어떤 한 점수가 다른 것들 보다 월등히 클 경우, 중앙치가 평균보다 더 신뢰로울 수 있다.

[21] 두 측정치(x, y)사이의 관계 정도를 보여주는 지표로 이것이 곧장 인과관계를 의미하지는 않는다. 범위($-1 \leq r \leq 1$)는 －1에 가까우면 부적 상관 ＋1에 가까우면 정적 상관, 0에 가까우면 상관없음으로 해석할 수 있다.

평균 (Mean)	전체를 더한 다음 그 전체를 사례수로 나누는 방법으로, 평균은 오른쪽과 왼쪽의 중심이 된다(무게 재는 척도의 눈 간격이 정확함). 평균을 알게 됨으로써 각 개인이 집단의 어느 위치에 있는지 알 수 있다(한 개인이 평균으로부터 떨어진 거리를 측정함으로써 각 개인 간 비교 가능). 평균으로 사용될 수 있는 척도는 적어도 등간척도 이상이어야 한다.
중앙값 (Median, Med)	전체 사례 수에서 정확히 가운데에 해당하는 값으로, 맨 위와 맨 아래의 가운데에 위치하는 값이다. 예를 들면, 101명 학생의 TOEIC 점수를 나열할 경우, 51등에 해당하는 학생의 점수가 중앙치이다.
최빈치 (Mode, Mo)	집단에서 가장 빈번히 나타나는 값으로, 수집된 사례를 간단히 훑어보는 것으로도 쉽게 찾을 수 있다는 장점이 있으나, 정확도에서 가장 뒤떨어지므로 평균이나 중앙치만큼 널리 사용되지 못하는 단점이 있다.

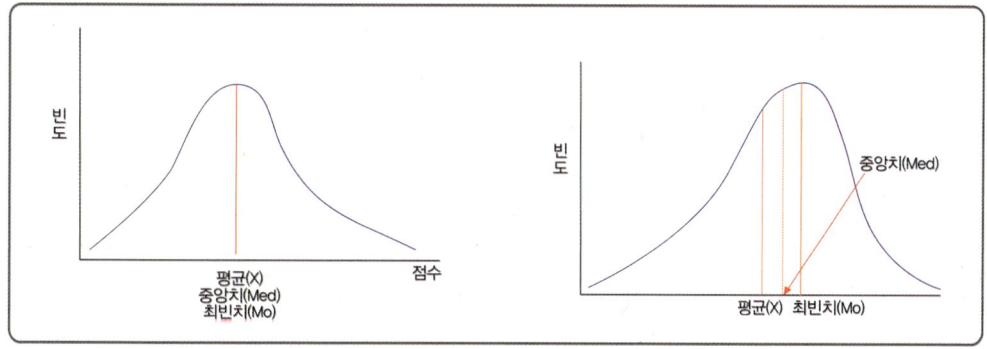

❖ 정상분포에서의 평균, 중앙치, 최빈치 ❖   ❖ 부적 편포에서의 평균, 중앙치, 최빈치 ❖

② 추리통계

이는 관찰된 자료에 내포되어 있는 정보를 분석하여, 관찰되지 않은 불확실한 사실에 대해 추론하는 과정으로, 표집(일부)에 의해 전집(전체대상)을 추론하는 통계를 말한다.

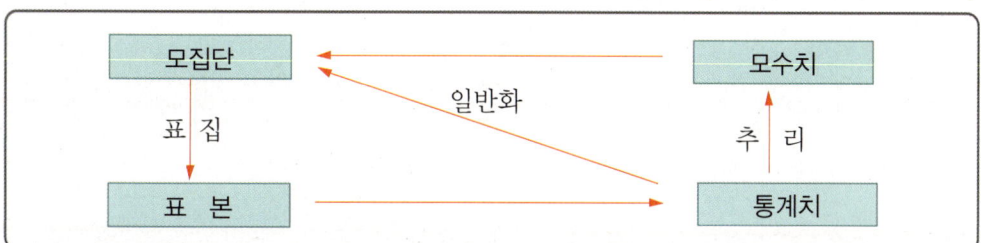

여기서 '모집단'은 연구자가 관심을 갖는 연구의 전체 대상을 말하며, '표본'은 모집단의 특성을 그대로 살리면서, 모집단보다 더 적은 수의 요소를 뽑는 것이다. 그리고 가상적 모집단 평균을 중심으로 하는 분포에서, "두 값이 우연에 의한 차이를 가질 확률이 얼마인가(즉, 두 값에 차이가 난다면 이는 우연이 아닌 필연임이 증명가능함)를 살펴보는 것을 '유의

도 검증22)'이라고 한다.

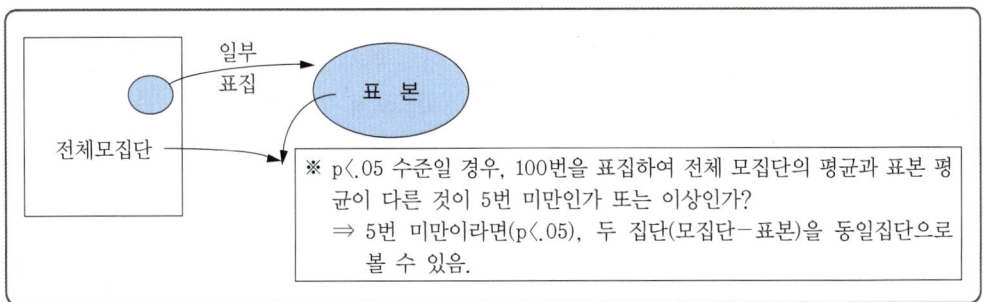

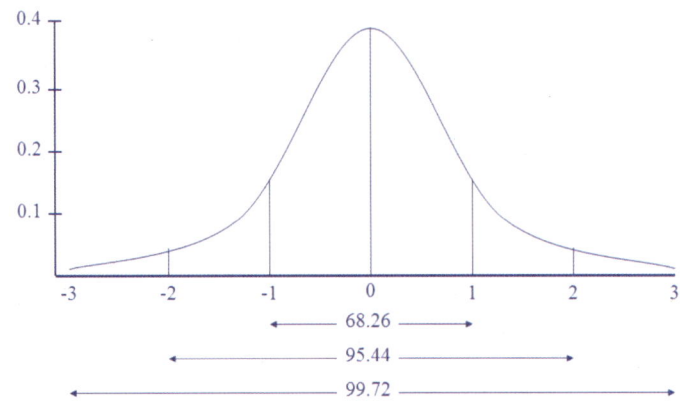

❖ 정상분포 ❖

---

22) 유의도 검증은 통상 p<.05 수준이나 p<.01 수준에서 이루어지는데, 이는 가상적 모집단 평균과 표본평균의 차이가 표집 오차 때문인지 혹은 실제 차이인지를 가르기 위한 선이며, 또한 모집단의 평균으로서 가상적 모집단 평균을 택하느냐 혹은 표본 평균을 택하느냐의 기준이다. 관습적으로 95% 수준을 사용하는데, 이는 100번의 표집을 하였을 때, 가상적 모집단 평균을 중심으로 하는 분포에서 두 값이 우연에 의해 차이를 가질 확률이 5%미만(5번 미만)인지의 여부를 가린다. p<.05로 유의도 검증을 하여 "p<.05에서 유의하다"는 결과를 갖는다면, 그 값은 우연에 의한 차이가 아닌 실제차이를 갖는다는 것을 의미한다. 여기서 '유의미하다'는 '신뢰할만하다'는 의미로 볼 수 있다.

생리와 영양

제1절 신경생리
제2절 영양심리

Chapter 02 생리와 영양

제1절 신경생리

1 신경생리학의 개요

신경생리학적 접근은 인간의 신경계, 염색체, 호르몬, 해부학적 구조, 뇌, 유전 등이 심리에 어떤 영향을 주는지를 연구하는 것이다. 흔히 "웃으면 엔도르핀이 나와 건강해진다"는 것이나 "범죄자들은 뇌부위 중 편도체에 이상이 있다"는 말 또는 우리 옛말에 "허파에 바람 들어 갔다, 머리가 비었다, 등골이 오싹하다" 등의 표현은 신체기관과 심리적 상태를 연결 지어 설명하려는 것으로 신경생리적 관점에 속한다. 인간의 심리와 행동은 '신경계'의 영향을 받으며, 이러한 신경계는 인간의 심리, 행동과 불가분의 관계를 지닌다고 본다. 이들은 인간행동에 영향을 미치거나 결과로 수반되는 '신경계통・호르몬 분비・뇌의 전기화학적인 반응 및 자극 등의 변화'에 관심을 갖는다.

인간의 학습에 있어서는 어떤 새로운 과제의 학습결과로 나타나는 "신경계통의 변화"에 관심을 가지며, 공격적인 사람들과 공격적이지 않은 사람들의 호르몬 분비 유형을 연구하고, 우울한 사람들이 자살을 시도할 경우 미세한 전기자극을 뇌의 쾌락 중추에 줌으로써 우울을 감소시키려고 시도한다. 또한 조현병의 원인을 뇌의 도파민 수준의 불균형으로 보기 때문에, 도파민 수준을 조절하는 치료적 접근을 시도한다.

이러한 인간의 신체는 행동의 협동과 통합을 위해 두 가지의 주요 체계를 갖는다. 그 하나는 혈류로 화학적인 정보를 보내는 수많은 선으로 이루어진 **내분비계**(endocrine system)[1], 나머지 하나는 온몸에 신경충격(nerve impulse-뉴런의 탈분극화로 인한 신경세포의 발화)의 형태로 메시지를 전달하는 **신경계**(nervous system)이다. 이들 체계는 밀접한 피드백체계(뇌 → 뇌하수체선 → 다른 선들 → 호르몬 → 뇌)인데, 먼저 신경계가 내분비계에 명령을 내리고 분비물이 방출되어 신경계에 영향을 준다. 종별 뇌의 기능을 보면, 원시척추동물인 상어의 뇌는 호흡, 휴식, 식사를 조절하는 수준에서 뇌가 활동하며, 하위 포유동물의 뇌는 정서와 기억이 가능한 정도까지 이지만, 상위포유동물의 뇌는 정보처리, 선견지명을 갖고 행동할 수 있는 수준까지 뇌작용을 한다

---

[1] **내분비계**: 신경계와 마찬가지로 신체기능을 조절하는 기제이다. **내분비선**은 호르몬을 혈류로 방출하는 선이며, **갑상선**은 후두 밑에 위치한 내분비선으로 티록신(신진대사율을 조절하는 호르몬)이라는 호르몬을 분비하며, **부갑상선**은 갑상선 안에 묻혀 있는 4개의 작은 선으로 부갑상선 호르몬(혈액과 조직액 속의 칼슘과 인산의 수준을 조절하는 호르몬)을 분비한다. **췌장**은 위와 소장 사이에 놓인 기관으로 인슐린과 글루카곤(혈당수준을 조절하기 위해 길항 작용하는 호르몬들)을 분비하며, **뇌하수체**는 뇌의 하부에 위치하는 선으로 가장 많은 수의 신체호르몬을 분비한다. **생식선**은 남성의 고환과 여성의 난소를 자극하여 성숙하게 만들고, 동물에게는 성충동을 조절하는 데 중요한 역할을 한다. **부신**은 신장 바로 위에 위치한 두 개의 내분비선으로 스트레스에 대처하는 데 중요한 호르몬을 방출한다.

는 점에서 차이가 있다. 인간행동과 정신과정에 있어서 주요한 역할을 하는 뇌는 우주에서 가장 복잡한 구조 중의 하나로, 무게는 1,361kg에 불과하지만 인간의 사고·정서·행동 모두를 주관하기 때문에 심리학 이해에 빠져서는 안 될 가장 중요한 영역이다. 이 장에서는 인체의 중추역할을 담당하는 뇌 이해를 통해 인간행동과 정신과정의 생물학적 메커니즘을 살펴보고자 한다.

2 신경계

인체는 소화계·호흡계·순환계·근육계·골격계 등과 같은 여러 종류의 계(system)로 구분되어 공통의 목적을 위해 함께 작용하는 구조체로서 일련의 연결된 기관으로 구성되어 있다. 이 중 신경계는 인체의 정보소통을 담당하기 위한 계로서 신체 외부에서 일어난 사건들에 대한 정보를 끊임없이 받아들여 통합, 저장하고 인출하는 기능을 하며, 그 대표적 기관이 바로 뇌이다. 신경계(특히 뇌)의 기본적인 기능이 행동을 산출한다고 보는데, 신경계는 유전자에 설계되어 있지만 환경에 노출되어 있기 때문에 환경(경험)에 의해 신체에 많은 변화를 일으키게 된다. 신경계에 있어서는 유전과 환경의 상호작용적 특성이 현저하게 나타나는데, 이런 변화과정은 학습이라는 행동적 형태로 나타나고 변화의 결과는 기억이라는 형태로 보존된다.

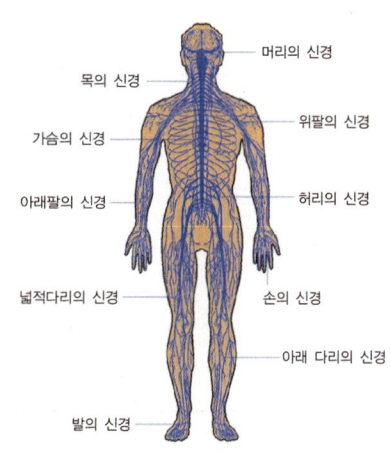

(1) 신경계의 구성

신경계는 외부정보 수용, 상호전달 및 결정, 근육움직임을 관장하는 뉴런(신경세포−신경계의 기본단위)과 뉴런(Neuron)이 효율적으로 작용하도록 도와주는 지지세포로 구성된다.

① 말초신경계는 중추신경계를 신체와 연결시키는 감각뉴런, 운동뉴런들이다. 체성신경계는 골격근육의 수의적 운동을 통제하는데, 구심성신경은 감각, 원심성신경은 운동을 통제한다. 자율신경계는 내적 기관들과 선들의 자율적 활동을 통제하는데, 교감신경부는 흥분(신체각성, 스트레스 받으면 신체에너지 전달, 방어적 행동), 부교감신경부는 진정(신체진정, 스트레스 해소되면 신체에너지 보존)과 연관된다. ② 중추신경계는 척수와 뇌로 구성되는데, 척수는 말초신경계를 뇌와 연결시키는 정보고속통로이고 척수반사는 자극에 대한 자동적 반응을 말한다.

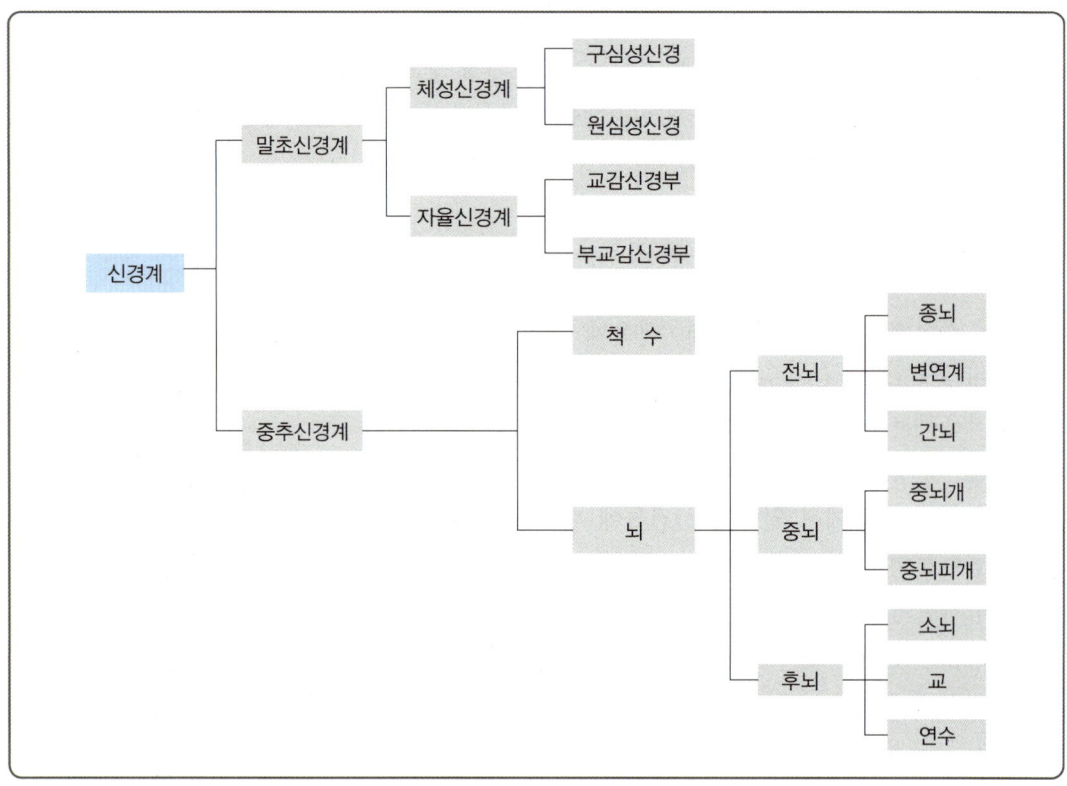

❖ 신경계의 구조 ❖

(2) 뉴런(Neuron)과 시냅스(Synapse)

신경을 구성하는 가장 작은 기본단위세포인 뉴런은 정상적인 성인의 뇌에 1,000억 개 이상 존재한다. 이러한 뉴런은 신경계를 이루는 세포 중 정보처리에 적합하게 변형된 세포로 체세포 등 인체의 다른 세포와 달리 일단 한번 죽으면 다른 뉴런으로의 대체가 불가능하다.

① 뉴런의 구성
　㉠ 뉴런의 형태 : 뉴런은 기능에 따라 형태는 다양하지만, 세포체·수상돌기·축색돌기, 종말단추, 수초 등으로 구성된다. 이러한 뉴런과 뉴런사이의 정보전달은 전기적 방식과 생화학적 방식의 2가지 방법으로 이루어진다.

세포체 (cell body)	핵을 지니고 있는 뉴런의 일부분으로 신진대사와 호흡이 일어나는 장소이다. 즉 세포의 생명을 유지하는 역할과 정보전달의 역할을 한다. 이러한 세포체는 일반세포의 특징을 지니는 부위로, 유전정보를 지닌 세포핵과 다양한 세포내 구조물인 세포질로 구성된다.

종말단추 (terminal button)	축색의 종말부분으로서 단추모양의 구조를 가지고 있으며, 다른 뉴런으로 정보를 방출하는 역할을 한다.
수상돌기 (dendrite)	세포체로부터 뻗어 나오는 작은 섬유들로 입력되는 메시지를 받아들인다. 나뭇가지 모양을 하고 있으며, 다른 뉴런으로부터 정보신호를 수용한다. 수상돌기의 여러 부위에서 받아들여진 신호는 세포체에서 합산된다.
축색돌기 (axon)	세포체로부터 뻗어 나오는 하나의 긴 섬유로, 메시지를 외부로 전달한다. 세포체에서 수용한 정보를 종말단추로 연결해주는 통로(가늘고 긴 관 모양)를 말한다.
수초 (myelin sheath)	축색을 둘러싸고 있는 구조로 축색에 대한 절연역할 및 정보전달 속도를 증가시키는 역할을 한다. 수초가 약화되면 자기면역계의 공격으로 뉴런의 수초가 파괴되는 중다경화증(multiple sclerosis)에 걸려 근육에 가는 모든 정보속도가 느려져 근육통제가 상실된다.

ⓒ 뉴런의 종류

감각 또는 구심성뉴런	감각기관으로부터 척수나 뇌로 메시지를 전달하는 뉴런이다.
운동 또는 원심성뉴런	척수나 뇌로부터 근육과 선으로 메시지를 전달하는 뉴런이다.
중간 또는 연합뉴런	뉴런 간의 메시지를 전달하면서 신경계 대부분의 일을 맡아하는 뉴런으로 중추신경계의 모든 뉴런의 99%를 차지한다.

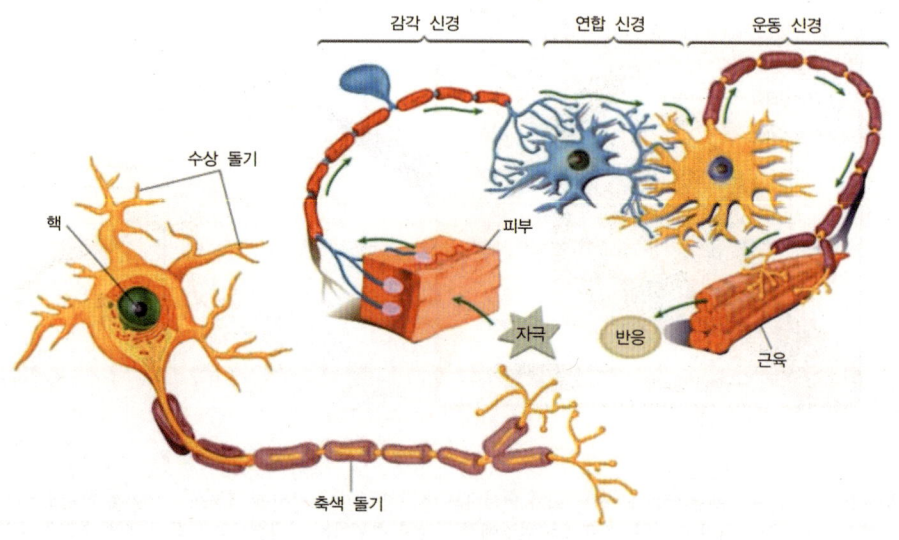

② **시냅스(Synapse)**

시냅스(Synapse)는 한 뉴런과 다른 뉴런의 연결부위를 말하며, 즉 A뉴런의 축색종말(종말단추) → 시냅스간격 → B뉴런의 수상돌기 사이 또는 축색종말-세포체 사이에 형성된다. 시냅스간격은 뉴런과 뉴런 사이의 미세한 공간(1/100만mm)으로서 축색을 통해 전달되어 온 전기적 정보가 종말단추에서 생화학적 정보로 전환되면서 아드레날린 등과 같은 신경전달물질(neuro transmitter)이 방출되고 이로 인해 다른 뉴런으로 정보전달이 이루어진다. 즉 시냅스를 통해 한 뉴런의 신호가 다른 뉴런으로 전달된다. 이때 흡수되지 않고 남은 신경전달물질은 전달뉴런에 재흡수하여 재사용하게 된다. 한편 뉴런이 새로운 시냅스를 형성하기도 하고 기존의 시냅스를 없애기도 한다[2].

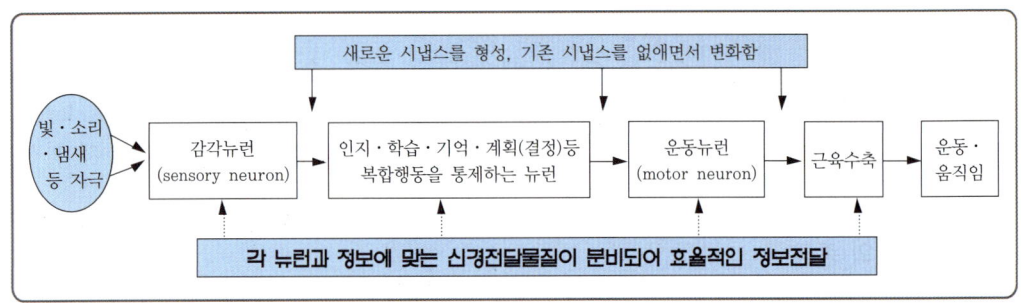

✤ **뉴런의 구조와 신경계** ✤

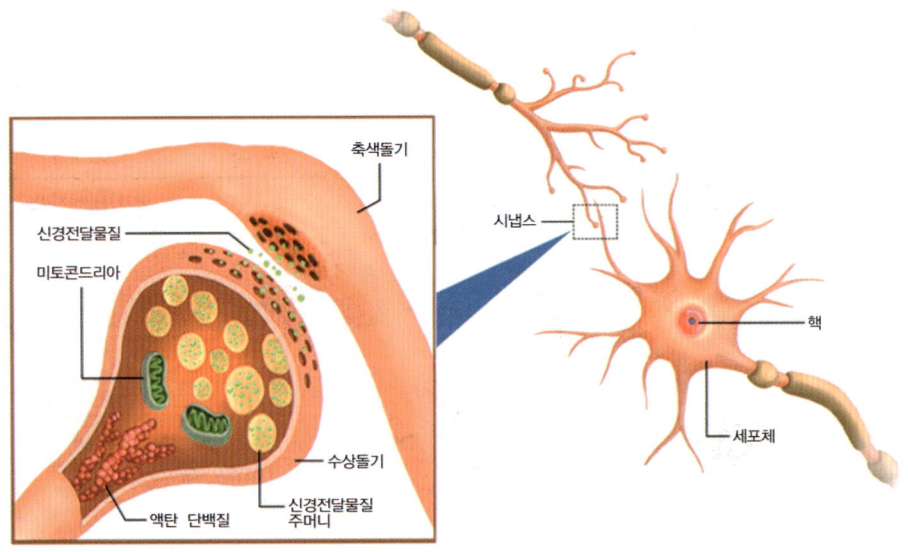

---

[2] 이를 **가소성(Plasticity)**이라고 하는데, 이는 뇌가 변한다는 증거이다. 가소성이란 기존의 시냅스를 형성하거나 없애는 특성으로 학습이나 기억의 근간이 되며, 풍요로운 환경에서 성장할 경우에는 시냅스상의 변화에 의해 수많은 수상돌기를 지니게 된다. 인간의 경우 나이가 들면서 뉴런의 수는 감소할 수밖에 없다. 하지만 노년기에도 뇌를 많이 쓸수록 수상돌기나 축색의 가짓수가 증가됨으로 기억력이나 학습능력 저하를 보상할 수 있는 것이다. 따라서 치매방지를 위한 뇌운동은 시냅스변화를 유도하는 작업이라고 할 수 있다.

(3) 신경계의 정보소통

뉴런은 끊임없이 활동하며 신호를 주고받고 있으므로 신경계를 올바르게 이해하려면 여러 수준의 고찰이 필요하다. 한 뉴런의 동작 원리를 이해하고, 다음으로 뉴런과 뉴런 간의 정보전달의 원리를 잘 이해해야 한다.

세포막(전기적 활동이 잘 일어나는 특성)은 선택적으로 물질을 통과시키는 특성을 지니고 있으며, 막을 경계로 뉴런 외부의 세포 외액에는 나트륨이온과 염소이온이 함유되어 있다. 일상적으로 세포막은 분극화상태로 있으며, 세포막 내외의 전위차를 막전위(membrane potential)라 한다. 뉴런의 막전위는 역치에 도달해야만 발생하며, 막전위 변화가 역치를 넘으면 일정한 활동전위가 격발한다. 신경정보는 수상돌기 → 세포체와 핵 → 축색돌기 → 종말단추의 구조를 통해 처리된다. 이러한 뉴런충격의 속도는 시간당 2마일~200마일 이상이지만 뉴런의 가장 빠른 속도는 전선의 전류속도의 1/300만 보다 느리다.

❖ 신경전위 ❖

구 분	휴지전위(resting potential)	활동전위(acting potential)
뉴런 내부의 전위	$-70mV$ 뉴런 내에서 유기음이온(A-)이 발생하는데, 크기 때문에 뉴런의 피막을 통과하지 못함.	$-70mV \rightarrow +40mV$
뉴런의 외부/내부	이오닉펌프(ionic pump)기제의 작용 $K^+ : Na^+ : Na^+$ $1 : 10/10 : 1$	외부의 Na^+가 내부로 침투 내부의 K^+가 외부로 분출

❖ 축색을 따라 전도되는 활동전위 ❖

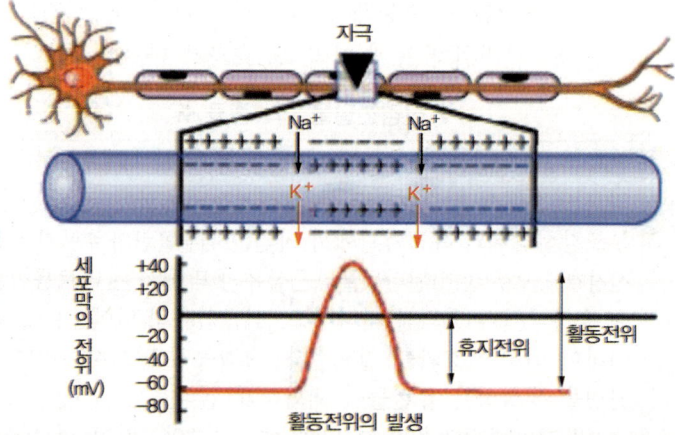

(4) 뉴런간의 정보전달

① 신경세포 간의 정보전달

신경세포 간의 정보전달은 시냅스전 뉴런에서 방출된 전달물질이 시냅스후 뉴런 수상돌기나 세포체에 있는 수용기와 결합하여 일어나는 전위변화(시냅스후 전위(PSP : postsyaptic potential))를 통해 이뤄진다. 이는 신경전달물질과 수용기의 결합이 감분극을 일으키는 **흥분성 시냅스후 전위**(EPSP ; excitatory postsynaptic potential)와 신경전달물질과 수용기 결합이 과분극을 일으키는 **억제성 시냅스후 전위**(IPSP ; inhibitory postsynaptic potential)로 나뉜다.

❖ 뉴런 내에서의 전기적인 정보전달과 뉴런들 사이의 화학적인 정보전달 ❖

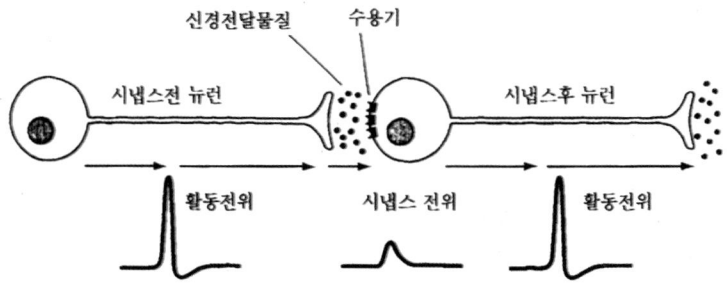

② 신경전달물질

인간의 뇌에는 약 60여종의 신경전달물질이 존재하며, 이것이 인간의 생각과 감정, 그리고 행동에 서로 다른 영향을 미치게 된다. 신경전달물질은 시냅스낭에서 방출되는 화학물질로 신경원과 신경원을 연결, 시냅스공간을 넘어서 다음 뉴런에 영향을 미치며, 뉴런과 뉴런간의 정보소통을 담당한다. 다양한 신경전달물질이 존재하지만, 자물쇠에 열쇠가 꼭 들어맞아야 하듯이 신경전달물질도 그에 맞는 특정 수용기에만 결합한다. 신경전달물질의 종류로는 효과를 증진시키는 효능제(Agonist)와 효과를 억제시키는 길항제(Antagonist)가 있으며, 그 종류와 분비위치 등에 따라 그 효과가 다르다.

❖ 신경전달물질의 종류 ❖

아세틸콜린 (ACh : acetylcholine)	근육운동, 학습과 기억, 수면단계를 통제하는데 관여하는 것으로 골격근과의 시냅스에서 방출되는 흥분성 신경전달물질이다. 자율신경계의 신경절과 부교감신경계의 목표기관에서 발견(아세틸콜린의 수용기는 중추신경계와 말초신경계에 모두 존재)된다. 골격근섬유의 막에서는 나트륨이온 통로를 제어하여 탈분극(흥분)효과를 나타내고, 심근섬유의 막에서는 칼륨이온 통로를 제어하여 억제적 효과를 일으킨다. 오작동시 알츠하이머병에 걸리며 아세틸콜린을 생성하는 뉴런들이 퇴화하게 된다. ☞ 노인성치매(알츠하이머병)는 아세틸콜린성 뉴런이 죽어가면서 나타나는 신경학적 질환으로서 이 환자들의 경우 아세틸콜린의 양이 적어 골격근운동, 학습 및 기억에 큰 손상을 보인다. 따라서 일시적 치료를 위해 아세틸콜린 약물을 투여한다.

모노아민계 화학물질		뇌의 아랫부분에 있는 일부 핵에서 만들어져 대부분의 뇌영역으로 광범위하게 투사되어 있으며, 특정자극에 대한 정보전달보다는 넓은 뇌 영역의 기능을 전반적으로 조절한다.
	도파민 (dopamine)	움직임, 학습, 주의, 정서 등에 관여하는 시상하부와 뇌하수체를 연결하는 짧은 뉴런으로, 내분비계를 통제하는 부위의 기능에 관여한다. 과다한 도파민은 조현병의 양성증상(망상·환각)을 유발하고, 과소한 도파민은 조현병의 음성증상(무의욕·사회적 위축, 정서적 둔마 등) 및 Parkinson병과 같은 운동장애를 유발한다.
	노르에피네프린 (NE, norepinephrine)	노르에피네프린은 혈압을 상승시키는 부신호르몬으로 신경충격이 시냅스공간을 건너가게 하는 흥분성 신경전달물질이다. 학습과 기억에서 뿐만 아니라 경계심과 각성통제, 그리고 흥분에도 유사한 역할을 수행한다. 공급부족시 우울상태처럼 기분을 저하시킨다. 뇌간의 청반(locus coeruleus)은 불안장애와 큰 관련이 있는 노르에피네프린 신경세포핵 부위이다.
	세로토닌	세로토닌은 혈청(Serum)이 혈관을 긴장(Tonus)시킨다는 의미의 Serotonin이라는 이름에서 알 수 있듯이 활력의 원천이 되는 신경전달물질로 기분, 배고픔, 수면, 각성과 정서를 포함한 모든 행동을 사실상 억제시키는 신경전달물질이다. 아드레날린이나 엔도르핀의 활동을 조절하고 수면(봉선핵을 파괴할 경우 일시적인 불면증에 걸림)을 개시하는 데에도 중요하며, 공급부족시 우울증에 관련된다[3].
		뇌줄기 가운데 솔기핵(raphe nucleus)이라는 곳에 위치하며 수만 개 정도이다.
아미노산성 신경전달물질		글루타메이트(glutamate)는 뇌에서 가장 널리 쓰이는 것으로 기억에 관여하는 일차적 흥분성 신경전달물질이며, 공급과잉시 두뇌를 과잉흥분시켜 편두통이나 경련을 초래한다. 그리고 감마아미노낙산(GABA : gamma-amino buytyric acid-대뇌피질과 소뇌의 회백질에 고농도로 분포하여 신경계에서 주된 억제적 역할을 담당)은 대표적인 억제성 신경전달물질로 감소하게 되면 흥분과 억제의

	균형이 깨지면서 뇌전체가 과잉흥분상태로 들어가고 그 결과, 경련, 떨림, 불안증가와 간질처럼 행동발작을 일으키거나 불면증과 관련된다. ☞ 연구결과에 의하면, 묵상기도나 명상을 하는 경우 GABA계열의 벤조디아제핀과 같은 신경안정물질이 자동적으로 증가되어 불안을 감소시키고 심리적으로 안정된 상태로 이끌 뿐만 아니라 엔도르핀도 증가시켜 통증감소, 면역기능증대를 통한 자연치유력을 증가시키게 된다.
펩타이드성 신경전달물질	**펩타이드**는 신경전달물질의 효과를 조절하는 신경조절자의 역할담당 및 본연의 신경전달물질의 역할을 수행하기도 한다. 화합물이 극소량으로 존재하지만 복잡한 인간의 감정이나 행동에 중요한 영향을 끼친다. **엔케파린**과 **엔도르핀**은 모두 뇌에서 통증메시지를 전달하는 뉴런을 억제하거나 낮추어서 통증을 덜어주는 것으로 가장 널리 알려진 신경펩타이드이다. '**엔도르핀**[4]'은 모르핀보다 100배정도의 강력한 효과를 가진 내인성 화합물의 총칭으로 스트레스 하에서 통증을 감소시키고 대응행동을 증가시키는 기능을 하며, **모르핀**과 **헤로인** 등 **아편제**는 통증제거뿐만 아니라 강렬한 쾌감을 일으킨다. 특히 양귀비에서 추출한 아편제인 '모르핀'은 소량으로도 단시간에 통증을 없애주는데, 모르핀의 효과는 뇌에 존재하는 특정한 수용기와 결합함으로써 이루어진다. 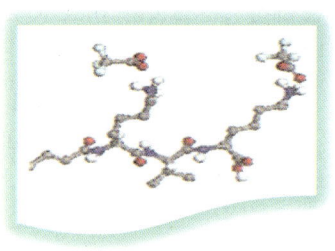 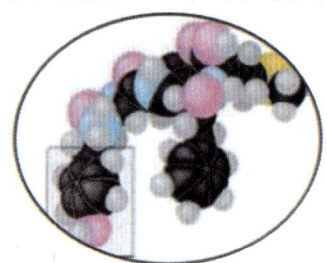

③ 호르몬

내분비계(endocrine system)에서 호르몬을 분비하여 신체 각 부위로 신호를 전달하는 것으로, 호르몬은 혈액으로 직접 분비되어 혈류를 타고 온몸으로 이동하면서 표적 기관에 특정한 영향력을 발휘한다.

---

3) 우울증은 노르에피네프린과 세로토닌의 작용 감소에 의한 것으로 볼 수 있다. 따라서 노르에피네프린과 세로토닌은 우울증치료제로 사용된다. 한편 얼굴은 웃고 있지만 마음은 절망감으로 우는 것을 숨겨진 우울증, 즉 '스마일 마스크 증후군'이라고 하는데, 20~30대의 70%이상이 이 증후군을 최소한 한 번 이상 경험한 적이 있는 것으로 나타났다.

4) 엔도르핀은 내인성 아편제로 스트레스 상황에서 고통을 감소시키고 대처행동을 증가시키는 작용을 한다. 예를 들면, 축구경기 중 부상을 당해도 경기 중에는 크게 통증을 느끼지 못하거나, 마라톤을 하면 엔도르핀의 분비가 자동적으로 증가하여 통증이 감소하고 쾌감을 경험하게 되는 것이나 산모가 신생아를 출산할 때 산모나 신생아의 경우 혈액중의 엔도르핀이 평소에 비해 10배까지 증가되어 산통과 스트레스를 자동적으로 감소시키는 것과 관련된다.

3 말초신경계

(1) 체성신경계

대부분의 체신경은 감각섬유와 운동섬유를 함께 포함하지만 척수신경 내에 있는 섬유들은 척수로 연결되는 부위에서 감각섬유와 운동섬유로 나뉜다. 감각섬유는 척수의 뒷부분(등쪽 부분)으로 들어가면서 배근(dorsal root)을 이루고, 운동섬유는 척수의 앞부분(배쪽 부분)으로 나가면서 복근(ventral root)을 이룬다. 이러한 체신경은 말초신경계(PNS ; Peripheral Nervous System)의 일부로 체감각 정보전달과 골격근 수축을 담당하며, 수의적 운동을 가능하게 한다. 감각기관으로부터의 메시지를 중추신경계로 전달(구심성 신경섬유)하고 중추신경계와 골격근 사이의 메시지를 전달(원심성 신경섬유)한다.

(2) 자율신경계

자율신경계는 의식적 관여없이 자율적(불수의적, 비의식적)으로 작동하며, 심장이나 혈관, 소화기, 성기 등의 내층에 분포하는 신경이다. 자율신경계의 주된 기능은 내적 신체환경을 적절히 유지시키는 것이며, 일반적으로 불수의적이고 길항적으로 작용한다.

자율신경계는 다시 교감신경계와 부교감신경계로 나뉘는데, **교감신경계**는 일반적으로 위기시에 신체를 각성, 에너지를 동원시켜 효과적으로 상황에 대처하는 역할을 한다. **부교감신경계**는 스트레스 후에 신체를 정상으로 환원시키는 이완메시지를 보내어 생명유지를 위한 생리적 기능을 활성화시키고 에너지를 저장한다. 평상시에 작용하여 심장박동의 안정, 호흡, 혈압 등 이완상태로 에너지를 생산 및 유지하는 역할을 한다.

❖ 교감신경계와 부교감신경계의 비교 ❖

구 분	교감신경계	부교감신경계
눈	동공확대(눈물선분비억제), 원시야	동공축소(눈물선분비촉진), 근시야
입	건조	타액분비
침 샘	침분비 억제	침분비 촉진
피 부	소름돋음	소름돋지않음
손바닥	젖음	마름
폐	기관확장	기관수축
심 장	박동률 증가	박동률 감소
혈 액	근육에 더 공급	내부기관에 더 공급
혈 관	혈관수축(혈압 올라감)	혈관팽창(혈압 내려감)
부 신	활동증가	활동감소
소 화	억제	촉진
성기능	절정(切情)	각성

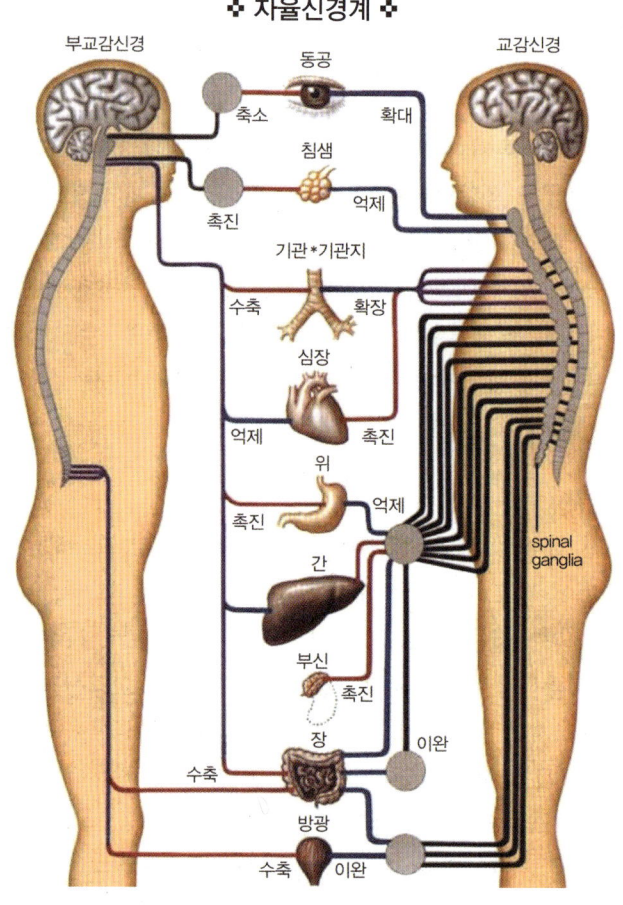

4 중추신경계

중추신경계는 뇌와 척수로 구성되며, 뇌는 후뇌(hindbrain : 척수로 들어가는 정보와 척수를 빠져나오는 정보를 통합하는 뇌영역), 중뇌(midbrain), 전뇌(forbrain : 복잡한 인지적, 정서적, 감각 및 운동기능을 통제하는 가장 상위수준의 뇌영역)로 구분된다. 그리고 후뇌, 중뇌, 전뇌의 일부를 통해 흐르는 그물과 같은 뉴런 다발을 망상계(Reticular Formation, RF)[5]라 한다.

(1) 척 수

척수(spinal cord)는 백질(감각신경과 운동신경의 다발)과 회백질(감각신경과 운동신경을 연결해주는 개재뉴런)로 구성된다. 이러한 척수는 연수 밑 부분에서 허리 윗부분까지 뻗어있는 긴 원

---

[5] **망상계** : 입력되는 메시지를 거르고 중요한 메시지는 뇌의 상위부분에 경고(알림)를 하는 기능을 가진 후뇌, 중뇌, 전뇌의 일부의 뉴런들의 망을 말하는 것으로, 여러 입력 메시지 중 어느 것이 가장 급박한 것인가를 결정한다. 예를 들면, 소음 속에서도 흥미롭게 책을 읽을 수 있는 것은 망상계가 기능하기 때문이다. 한편 수면과 각성기능을 담당하는 망상계의 영구적 손상은 식물인간처럼 혼수상태를 유발한다.

추형의 구조물로서, 신체의 여러 부위에서 뇌로 오가는 감각신경과 운동신경의 통로 역할을 한다. 즉 뇌와 신체의 다른 부분을 연결하는 복잡한 신경들의 케이블로, 호흡, 통증에 대한 반응, 근육의 움직임과 걷는 것을 가능하게 해준다. 척수는 뜨거운 물체에 손이 닿을 경우 보이는 반사적 행동처럼 단순한 운동을 뇌의 개입없이 독자적으로 통제하는 척수반사(spinal reflex)를 한다. 예를 들면, 손가락 끝을 바늘에 찔린 경우 자동적으로 손을 움츠린다. 이런 반사는 별다른 의식의 경험없이 일어난다. 즉, 손을 움츠리는 반응은 뇌가 아닌 척수 수준에서 일어나기 때문에 아주 순식간에 일어나는 것이다. 뇌에 비하여 척수는 크게 주목받지 못하지만, 척수가 없으면 뇌가 행하는 상위의 정보처리과정이 일어나지 못한다.

(2) 뇌(Brain)

① 뇌의 기능

뇌의 활동은 밀리세컨드(1초의 1,000분의 1)로 측정하는데, 이는 컴퓨터가 나노세컨드(1초의 십 억분의 1)로 측정되는 것에 비하면 간단한 반응수행 등의 속도가 느리지만, 뇌는 컴퓨터보다 더 복합적이다. 이러한 뇌는 신체의 뉴런 중 90% 이상을 차지하고, 의식과 이성의 장소이며, 학습·기억·정서의 중심지로 도덕적 판단과 행동의 결과를 상상하는 곳이다. 즉 뇌는 ㉠ 감각정보의 수용 및 통합기능(외부감각정보−체성신경계의 감각신경과 신체내부정보−자율신경계를 받아들여 이 정보들을 통합하는 기능) → ㉡ 감각정보와 대뇌정보의 비교 및 판단기능(㉠에서 받아들인 정보들과 이미 대뇌에 저장하고 있던 기억정보와 기대를 비교하여 행동계획을 판단하여 수립하는 기능) → ㉢ 운동명령기능(㉡에서 이루어진 대뇌의 최종판단 결과를 토대로 골격근−체성신경계의 운동신경과 신체내부기관−자율신경계의 운동을 명령하는 기능)을 한다.

예를 들면, 어둠 속에서 누군가가 다가오고 있는 상황이라면, ㉠ 누군가에 대한 시각정보와 어둠 속의 누군가에 대한 공포감은 본능적 교감신경계(자율신경계)를 활동시키고, 이 2가지 정보는 모두 뇌에 의해 수용되고 통합된다. ㉡ 앞 단계에서의 감각정보와 자신이 아는 사람들에 대한 대뇌정보를 비교해서 대뇌는 누군가가 아는 교수님임을 판단내린다. ㉢ 앞 단계에서의 판단을 토대로 대뇌는 운동신경을 통해 교수님에게 인사행동을 하도록 골격근에 명령을 내린다.

② 뇌의 구조

뇌의 구조는 크게 3개의 주요부위와 작게 5개의 하위부위로 나누어진다. 뇌와 척수에는 뇌실(ventricle)이라는 공간이 있고 그 속에 뇌척수액(CSF)으로 채워져 있다. 그리고 뇌와 척수는 그 액체 속에 떠 있는 상태로 있다. 이로 인해 뇌와 척수는 외부충격으로부터 보호받게 된다. 먼저 **후뇌**는 연수(medulla−골격근의 근 긴장도를 조절하고 심장박동과 호흡을 통제하는 기능), 뇌교(pons−대뇌의 정보를 소뇌에 전달해주는 기능) 및 소뇌(cerebellum−자세유지 및 신속한 협응능력과 학습 및 기억과 관련된 기능)를 포함하는 부분이며, **중뇌**는 중뇌개(움직이는 물체에 대한 시각반사행동과 청각정보중계의 기능), 중뇌피개(교미행동이나 공격행동처럼 종의 특유행동을 통제, 통증민감성의 조절), 적핵과 흑질(주요운동기능담당)로 구성되며, 후뇌와 전뇌 사이의 영역으로 청각과 시각에 중요하고 뇌에서 통증을 조절하는 몇 부분 중 하나이다.

그리고 **전뇌**는 뇌의 최상부로 간뇌와 종뇌로 구성된다. 먼저 **간뇌**는 시상(thalamus-후각을 제외한 모든 감각정보의 중계센터), 시상하부(hypothalamus-다양한 동기조절기능, 자율신경계와 내분비계 통제)로 구성되며, **종뇌**는 기저핵(basal ganglia-걷기와 같은 느리고 순차적인 운동통제), 변연계(limbic system-섭식, 본능, 욕구 등 생존기능 및 정서반응의 조절 ☞ 편도체, 다양한 신체유지 및 쾌보상 등 ☞ 시상하부, 학습 및 기억기능 ☞ 해마), 대뇌피질(cerebral cortex-두뇌반구를 덮고 있는 상호 연결된 뉴런들의 얇은 막으로 학습과 사고 그리고 인간을 독특하게 만들어주는 복잡한 형태의 정보처리 기능을 하며, 고등동물일수록 발달)로 구성된다.

❖ 대뇌 - 정상위치의 뇌 ❖

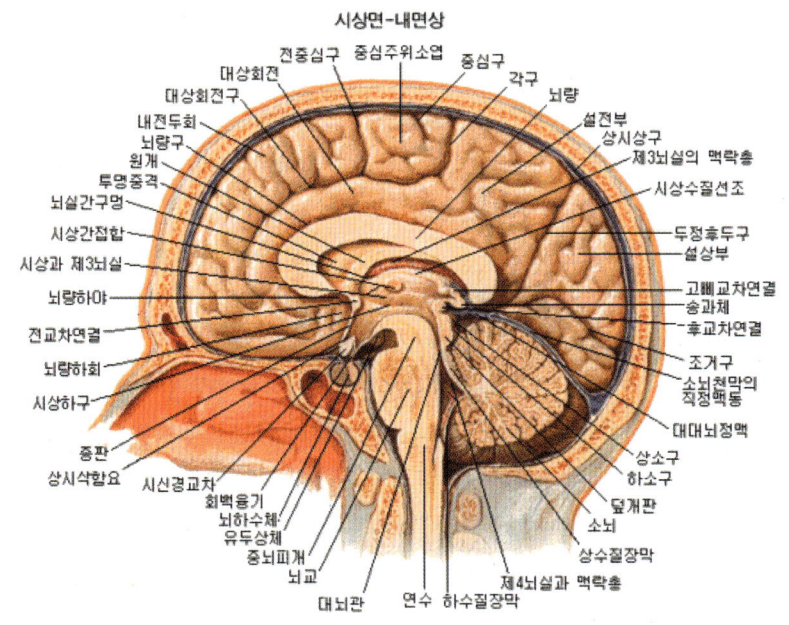

㉠ **후뇌**(hindbrain)

| 연수
(medulla
oblongata) | 호흡, 심장박동, 혈압과 같은 기능을 조절하여 무의식적 생명유지 기능을 한다. 척수에서 올라오는 감각정보가 상위 뇌로 가는 통로이고, 상위 뇌 구조물에서 척수로 내려가는 운동명령의 통로이다. | 연수와 뇌교는 혈압·심장박동·호흡 등 생명에 필수적인 활동을 조절하는 부위가 자리 잡고 있으므로, 그 부 |

뇌교 (pons)	뇌의 윗부분인 대뇌피질을 소뇌에 연결하는 부분으로, 각 정보들이 소뇌로 돌아서 들어가는 교차로에 해당한다. 수면과 각성에 관여하고, 좌뇌와 우뇌의 연결과 좌우소뇌를 연결(뇌량6) 등)하는 것으로, 뉴런과 신체 나머지 부분사이에서 물리·화학적 완충작용을 하는 장치이다. 이는 뉴런에 둘러싸여 위치를 유지하며, 다른 뉴런과의 신호교환에 쓰이는 화학물질 공급조절, 뉴런사이를 절연시켜 신경신호가 섞이지 않게 하고, 상처나 노화로 죽은 뉴런의 잔해를 파괴하고 제거하는 역할을 한다.	위의 경미한 손상만으로도 치명적인 결과를 가져온다.
소뇌 (cerebellum)	후뇌(뇌간의 후부위)에 있는 양반구로 반사운동을 통제하고 신체의 운동을 조절한다. 신체균형과 운동의 정교화를 담당(복잡하고 빠른 운동 통제, 균형, 조정)한다. 종뇌의 기저핵과는 달리 빠르고 정교한 운동에 관여한다. 소뇌 손상 시 몸의 움직임은 가능하지만, 자동성을 상실한 움직임을 보여준다.	

ⓛ **중뇌**(midbrain) : 간단한 운동들, 원시 시각계와 연합된 운동들이 중뇌에서 이루어진다. 중뇌는 시각 중계핵(상구)과 청각 중계핵(하구)으로 구성된 중뇌개(tectum), 그리고 운동기능의 중계핵인 적핵과 운동통제에 관련된 흑질(손상시 파킨슨씨 병)7)로 구성된 중뇌피개(tegmentum)가 있다8).

ⓒ **전뇌**(forbrain)

간 뇌	척수의 상부 끝쪽으로 뇌의 아래 부분을 형성하도록 펼쳐져 있으며, 중뇌의 바로 윗부분에 위치한다. 시상(thalamus)과 시상하부(hypothalamus)를 합쳐서 간뇌라 한다. 먼저 시상은 대뇌피질로 가는 대부분의 감각정보를 처리(뇌의 감각교환대로 피질의 후각을 제외한 감각수용영역들에게 메시지를 전달하며, 소뇌와 연수에게 메시지의 결과를 전달함)하는 것으로 외측슬상핵(일차시각피질)과 내측슬상핵(일차청각피질)으로 구성된다. 시상아래 뇌의 기저부에 위치하며, 종(種)생존과 관련된 시상하부는 기본적인 생물학적 기능수행의 중요한 부분이다. 화학적 환경을 조절하고, 섭식행동, 체온조절, 성행동 등 동기화된 행동조절, 항상성 유지에 관여하며, 자율신경계의 활동을 지배하고 뇌하수체를 통해 내분비계활동을 지배한다.

---

6) **뇌량**(corpus callosum) : 뇌의 한쪽 영역과 이에 대응하는 다른 쪽 뇌 영역을 연결하는 커다란 신경섬유 다발이다. 뇌의 양쪽 영역이 격렬하게 활동하여 서로 자극함으로써 전체적인 간질발작이 일어나는 기제를 이용, 신경외과의사들의 뇌량 절단수술(분리뇌 수술 ; split-brain operation)을 통해 간질 발작의 빈도가 크게 줄어든다는 것을 발견하였다.
7) **파킨슨씨 병** : 기저핵의 도파민 결핍으로 생기는 병으로 무기력, 떨림 및 자세잡기가 곤란하며 운동개시의 어려움 등이 증상으로 나타난다.
8) 망상체(연수 → 교 → 중뇌)로 각종 감각정보가 들어오며, 망상체 뉴런의 활동이 뇌 전반 활동성에 영향을 미친다. 따라서 망상체는 각성수준 및 주의상태 조절, 운동·생명유지에 필요한 반사 작용을 한다.

종 뇌	변연계 (limbic system)	시상 주위의 고리 모양의 구조로 구피질, 부동피질로 이루어지고 간뇌와 대뇌피질을 연결하는 부위이며, 대뇌피질 안쪽 경계를 따라 분포하는 여러 구조물의 집합을 말한다. 이는 인간의 정서 조절, 동기 및 기억, 학습에 관여한다.[9] 이는 진화적으로 후뇌, 중뇌보다 뒤에 발달하였으며, 포유류에게 현저하게 나타난다. 변연계에 속하는 **편도체**(amygdala)는 공포나 공격행동에 관여(편도체의 특정부위 제거시 공포, 공격의 신체적 증상 소실)하며, **해마**(hippocampus)는 학습과 기억에 관여하는 변연계 구조물(단기기억 → 장기기억)로 해마를 제거하면 새로운 기억의 생성이 불가능(H.M의 뇌수술)[10]하다.
	기저핵 (basal ganglia)	전뇌에 있는 피질하핵(subcortical nucleus)들의 집합으로 측뇌실의 전측아래 위치하며, 운동조절에 관여(느리고 부드러운 운동)한다.
	대뇌피질 (cerebral cortex)	대뇌피질은 궁극적인 통제센터이고 정보처리센터의 기능(운동기능, 감각기능, 연합기능)을 담당한다. 대뇌종구를 경계로 좌반구(주로 언어, 이성, 논리의 기능 담당)와 우반구(주로 공간지각, 감성, 직관의 기능 담당)로 구분되고[11] 두 반구는 뇌량(corpus callosum)으로 연결되어 있으며, 각 대뇌반구는 구나 열 경계로 4개의 엽으로 구분된다. 이러한 대뇌피질은 인간의 높은 지적 능력에 관여한다. • 전두엽(일차운동피질) : 골격근의 운동을 통제하는 운동피질(운동뇌지도)과 운동정보를 통합하고 관리하는 연

---

9) 측두엽과 변연계 간의 신경적 연결이 손상되면, Capgras Syndrome증상이 나타날 수 있다. 이 증상은 실제 자기 가족임에도 가짜 가족이라고 의심하는 증상인데, 실제로는 자신의 아버지인데 측두엽이 손상되어 사람들의 얼굴을 식별하는 능력이 떨어지고, 딸에 대하여 애정이 많은 아버지임에도 변연계가 손상되어 아버지의 따뜻함이 느껴지지 않기 때문에, 진짜 아버지를 가짜 아버지라고 인식하게 되는 것을 말한다.

10) H.M의 해마제거 수술 : H.M이라는 간질환자는 간질발작을 멈추기 위해 뇌수술(양측 해마 제거)을 받았는데, H.M은 수술 후에 새로운 기억을 전혀 형성하지 못하였다. 수술 후 H.M의 지능과 성격에는 큰 변화가 없었으며, 오래된 사실에 대한 기억도 온전하였다. 그러나 그는 점심때 무엇을 먹었는지 회상하지 못했고, 방금 소개받은 사람을 조금 후에는 전혀 알아보지 못했다. 그는 매번 똑같은 퀴즈를 풀고 똑같은 코미디를 보면서 여전히 처음 보는 것처럼 재미있어 했다. 심리학자들은 H.M의 사례를 통해 기억에 여러 측면이 있음을 알아냈고, 해마를 파괴시킨 동물에게서도 유사한 기억장애를 발견하여 해마가 기억형성의 결정적 장소로 받아들여지고 있다.

11) 이를 대뇌피질의 국재화(Functional Localization)라고 한다. 즉 특정기능은 특정 피질에 기능적으로 나뉘어져 있으며, 두 대뇌반구는 신체의 반대쪽(대측)을 지배하고, 두 반구의 정보는 뇌량을 통해 교환된다(간질발작을 없애기 위한 뇌량 절단 시술을 통해 확인). 좌반구는 우측 손의 움직임을 통제하고 언어처리에 지배적인 상징적·개념적 반구이지만, 우반구는 좌측 손을 통제하고 시각-공간적 구성에 우세한 비상징적·직접적 지각되는 반구이다. 한편 언어능력(표현의 조리성과 설득력)에서는 여성이 남성에 비해 발달되어 있고 반면에 공간지각능력(운전이나 주차)에서는 남성이 여성에 비해 상대적으로 발달되어 있다.

합피질, 그리고 전전두피질[12]로 구성된다. 따라서 연합영역 중 가장 큰 부분으로 지각, 자발성, 계획수립과 같은 인간의 고유활동을 담당하는 부분이다. 전두엽이 손상되면 성격도 변화된다.
- **후두엽**(일차시각피질) : 시각정보를 받고 해석하는 대뇌피질의 부분으로 손상시 시력을 상실한다.
- **두정엽**(일차체감각피질) : 촉각과 신체의 위치에 대한 감각에 반응하고 특별한 주의가 필요한 사상을 뇌에 알리는 피질부분으로 감각정보를 수용하는 체감각피질과 감각정보를 통합하는 연합피질로 구성된다.
- **측두엽**[13](일차청각피질) : 청각피질(특히 다른 사람의 말을 인식하는데 중요한 기능을 하는 베르니케영역)과 청각정보들을 연합하는 연합피질로 구성된다.

❖ 뇌의 각 분위 ❖

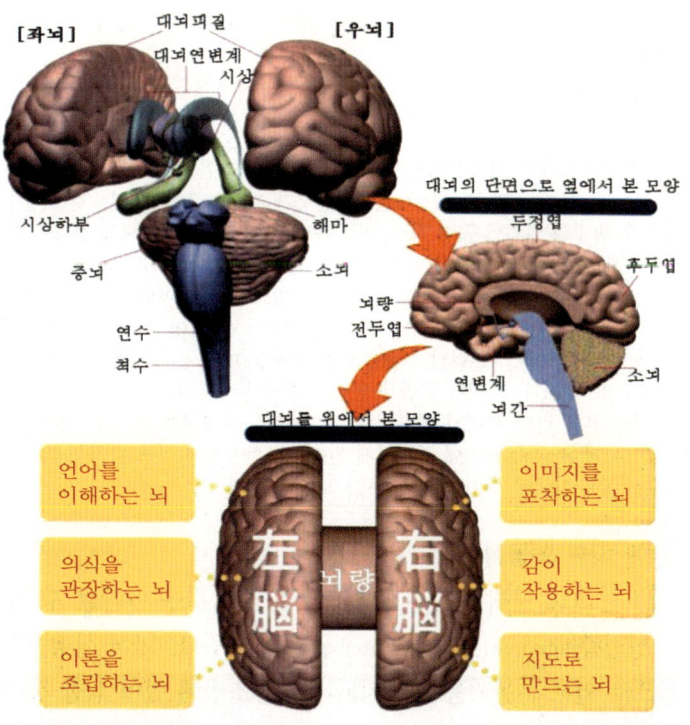

---

12) 전전두피질은 전반적인 행동을 관리하는 역할을 하는데, 움직임을 계획하고 계속 받아들이는 정보를 움직임과 통합하여 부적절한 행동을 억제하고 어떤 측면의 기억에는 중요한 역할을 한다.
13) 참고로 측두엽 증후군 또는 클뤼버-부서 증후군이라고도 하는데, 이 증후군은 측두엽이 제거되었을 때 보이는 증상으로, 측두엽이 제거된 원숭이들은 무엇이든 먹고 무엇과도 성교하려는 증상을 보인다는 것이다. 음식의 종류나 성교 대상에 대한 선호나 공포가 없이 무작정 덤벼드는 것이 특징이다. 심지어 측두엽이 제거된 원숭이는 뱀이나 나무와도 성교를 시도한 것이다.

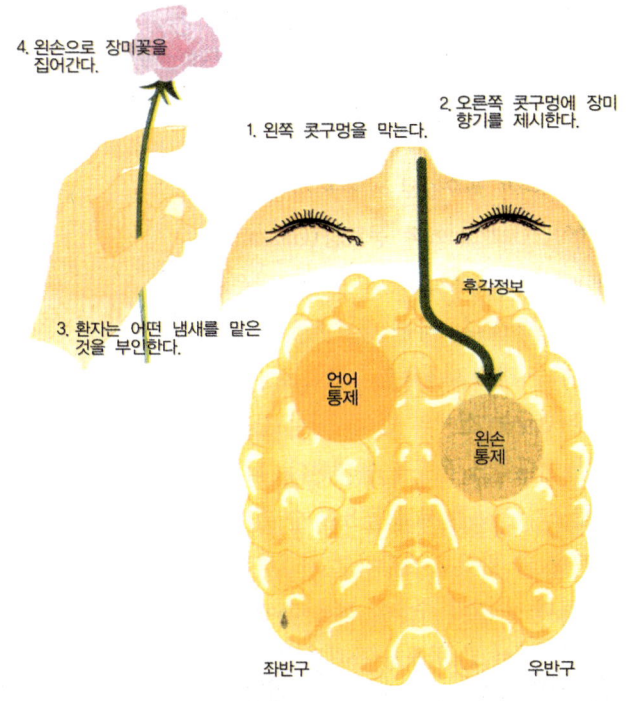

❖ 분리뇌 환자의 후각자극에 대한 물체 확인반응 ❖

두 대뇌반구는 신체의 반대쪽에서 감각정보를 받고 또한 반대쪽의 운동을 통제한다. 뇌량에 의해 두 개 반구가 정보를 서로 공유할 수 있게 되어 각 반구는 다른 쪽 반구가 지각하고 처리하는 것을 알 수 있게 된다. 분리뇌 수술을 받은 후에는 두 반구의 연결이 끊겨 각 반구가 독립적으로 작용하게 되고 감각·기억·운동계가 더 이상 정보를 교환하지 못하게 된다. 분리뇌 간질환자의 우반구는 언어지시를 논리적으로 잘 이해하는 것처럼 보이지만, 결코 언어를 표현할 수 없다. 즉, 뇌의 한쪽 반구만이 경험한 것을 언어로 표현할 수 있기 때문에 분리뇌 환자와 이야기 하는 것은 한쪽 반구(좌반구)와만 대화를 하는 것이다. 심지어 환자의 좌반구는 우반구가 독립적으로 존재함을 학습해야 한다. 예를 들면, 분리뇌 수술을 받은 환자는 매우 흥미있게 책을 읽고 있다가도 자신의 왼손이 책을 내려놓는 것을 보게 된다. 이러한 혼란은 왼손을 통제하는 우반구가 읽기를 못하여 결국 책이 지루하다고 느끼기 때문에 나타난다. 만약 분리뇌 환자의 시야 중앙에 '모래시계'라는 단어를 잠시 보여줄 때 '모래'는 환자의 좌측 시야에, '시계'는 우측 시야에 제시되게 된다. 이 환자에게 어떤 단어를 보았는지 말을 하도록 했을 때, 좌뇌로 들어오는 오측 시야의 단어, 즉 '시계'를 보았다고 대답할 가능성이 가장 높다.

③ 연합피질손상에 따른 행동장애

종양이나 사고 등으로 인해 연합피질영역이 손상된 경우 나타날 수 있는 장애로는 실행증(apraxia), 실인증(agnosia), 실어증(apahsia) 등이 있다. 먼저 실행증은 전두엽의 운동연합피질 손상으로 인해 운동기능은 유지되나 운동조정에 있어 심한 장애를 보이는 것으로 개개의 행동을 잘 수행하나 전체로 통합된 행동을 하지 못한다. 예를 들면 성냥개비에 불이 붙어 있는 경우에도 계속 성냥통에 성냥개비를 그어대는 행동을 하거나 불 붙은 성냥을 담배에 붙이지 않고 그냥 입속으로 넣어버리는 행동이다. 실인증은 후두엽의 시각연합피질이 손상돼 시각기능은 유지되나 시각을 통한 인식에 있어 심한 장애를 보인다.

개개의 시각자극은 인식하나 전체로 통합해서 인식하지 못한다. 예를 들면, 시각실인증 환자가 코끼리를 그리는 경우 개개의 독립된 국소적인 면은 묘사하나 전체적인 코끼리의 모습을 그릴 수는 없다.

시각 실인증(Visual agnosia)

이는 실명은 아니지만 시지각에 결함이 있는 증상으로 뇌손상에 의해 발생한다.
통각성 시각실인증(apperceptive visual agnosia)은 각각의 구성요소가 비교적 정상적으로 탐지하지만 대상은 지각하지 못하며, 정도(물체 크기, 명도, 색상)를 변별할 수는 있으나 모양을 변별하지는 못한다. 모양형성이 되질 않아서 통합해서 볼 수가 없는 안면실인증[14]이 이에 해당된다고 하겠다.
연합성 시각실인증(associative visual agnosia)은 지각된 대상의 형태를 그와 비슷한 대상과 짝을 지을 수는 있지만, 시지각으로 지각한 대상의 명칭을 말하지 못하는 증상이다. 이는 '시각연합피질과 언어중추'의 연결이 끊어져서 생기는 증상으로 모양변별은 가능하나 그게 뭔지는 모른다.

❖ 시각 실인증 환자의 그림 ❖

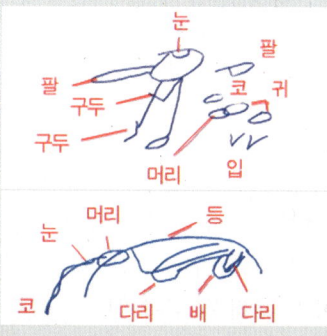

위는 사람 그림, 아래는 코끼리 그림

정상인의 시각   안면실인증 환자의 시각

표현성실어증은 좌반구 전두엽의 하측부위(broca 영역)의 손상으로 인해 언어적 표현(발화)의 장애를 보이는 현상이다. 예를 들면, 심한 경우 한 단어도 말하고 쓸 수 없지만, 미

---

14) 안면실인증이란 시각적으로 얼굴을 식별하지 못하거나 주차장에 가지런히 정렬된 자동차같이 유사한 물체를 식별하는 능력에 이상이 생긴 증상을 말한다.

약한 경우 몇 개의 단어들이나 구를 가진 말을 할 수 있다. 즉 '여보세요'라든지 '나쁜 놈'과 같은 욕지거리는 말할 수 있다. 혀나 입술의 운동에는 문제가 없으나 이런 발성기관을 하나의 통일된 움직임으로 바꾸어 내용이 담긴 언어로 만들어 내는 데 장애가 있다.

④ 유전과 인간의 마음

뇌가 유전인자에 의해 형성되며, 마음의 작용이 뇌에 의해 주관된다는 두 명제를 연결하면 유전에 의해 인간의 마음이 지배될 수 있다는 결론에 이를 수 있다. 지금까지의 연구를 종합해보면 유전인자가 정신병이나 그 밖의 심리적 특질들을 직접적으로 전이시키지 않는다는 것이 거의 확실해 보인다. 따라서 어떤 심리적 특질이 유전된 것으로 보일 때 그 특질이 유전에 의해서 결정된 해부학적·생리적인 신경계통이나 내분비 계통의 화학적 변화와 같은 신체적 특징에서부터 비롯되었다고 해석할 수 있다. 그러나 인간의 행동을 모두 유전으로만 설명할 수는 없다. 유전과 환경이 서로 상호작용하여 인간의 행동이 이루어진다는 게 더 타당하다. 유전자는 전체 인구에서 관찰할 수 있는 가능성의 범위를 제시하지만 그 범위 내에서 한 개인의 특성이 환경적 요인들과 경험에 의해 결정된다.

5 신경계의 연구방법

손상연구	의도적으로 국소 뇌 영역을 손상시켜 특정한 행동을 관찰하는 것을 통해 뇌를 이해하는 연구방법을 말한다. 동물이나 인간 뇌의 특정 지점에 뇌 정위기구(stereotaxic instrument)를 이용하여 정확히 전극이나 주사관을 삽입하고 표준화된 뇌 지도를 참조하여 목표부위를 찾아 들어간다. 역사적으로 보면, Galton이 경기장에서 머리에 부상을 입은 검투사가 뇌손상에 의해 사고·감정에 변화가 생김을 관찰하여 인간이해에 뇌손상이 중요한 단서임을 발견한 바 있다. 그러나 손상연구는 전극을 통해 전류를 흘려보내거나 특수한 약물을 주입하는 방식으로 연구되므로, 뇌 부위의 뉴런을 죽일 수 있다는 단점이 있다. 따라서 뇌손상연구는 인간이 아닌 동물실험을 통해 이루어진다.
자극연구	뇌 부위를 인위적으로 자극해서 활동성을 높여 사고나 행동에 변화가 있는지 관찰하고 연구하는 것이다. 1864년 Fritsch가 프로이센과 덴마크 전쟁터에서 머리에 부상을 입고 치료하던 환자의 한쪽 대뇌반구를 건드리자 반대쪽 신체부위가 움직임을 발견하고 개실험을 통해 재확인한 바 있으며, Penfield(신경외과 의사)는 최초로 인간을 대상으로 실험을 했는데, 깨어있는 대뇌피질 여러 부위를 미세전극으로 자극하면 환자는 전극 위치에 따라 근육, 손, 광선 경험, 과거 기억 재생 등을 보고하였다고 한다. 이런 연구를 통해 인간의 동기나 행동에서 뇌기제가 중요하게 이해되기 시작하였다.

뇌를 구성하는 뉴런들은 전기활동을 하기 때문에 전극과 증폭기를 통해 특정영역 뉴런들의 활동을 기록하는 것으로 뇌부위 역할규명에 유용한 연구법이다. 미세전극을 뇌의 특정지점에 삽입하여 단일 뉴런의 활동이나 한 집단 뉴런의 활동을 기록하는 단위활동(전류가 흐르는 것을 느끼는 것이 아니고 반응만 전달해 줌), 두피에 대전극을 여러 개 부착하여 뇌의 총체적인 활동을 기록하는 뇌전도 등이 있다.

	뇌영상기법	특 징	평 가
기록연구	EEG 영상 (Electroencephalogram)	뇌전도는 피험자의 의식 상태에 따라 주파수나 진폭이 다르게 나타나는데, 간질, 뇌종양, 정신질환진단, 수면 등의 연구에 활용되며, 특정자극에 의해 발생하는 유발전위(EP, Evoked potential)에 응용된다. 그 밖에 자극에 대한 인지적 처리를 나타내는 사건관련전위(ERP, Event-Related Potential)에 활용된다. 보통 EEG 검사는 신경세포를 따라 전달된 전기신호를 받는다. 그러나 이러한 신호들은 두개골을 통과하면서 왜곡되기 때문에 그들의 원래 지점을 식별하기는 어렵다.	활동 중인 뇌의 사진을 제공하지 못하는 단점이 있다.
	컴퓨터 단층 촬영 (CT, computerized axial tomography)	뇌를 여러 각도에서 X선 촬영하여 컴퓨터로 재구성하고, 횡단면 영상과 연속적인 절단면을 조합하여 뇌전체의 구도를 설명하는 것이 가능하다.	
	핵자기 공명영상법 (MRI, magnetic resonance imaging)[15]	뇌조직을 구성하는 특정원자(주로 수소)가 방사하는 전자기 에너지를 측정하여 영상화하는 것으로, CT보다 선명한 뇌영상을 제공하며, 어떤 단면의 영상이라도 볼 수 있다.	
	양전자 방출 단층촬영 (PET, positron emission tomography)	매순간 '뇌의 신진대사'를 측정하는 것으로 활동 중인 뉴런은 산소와 포도당을 소모하므로 뇌의 각 영역에서 필요로 하는 포도당의 양을 측정하여 그 정도를 색깔로 나타내면 뇌의 동적인 생화학적 지도가 그려진다. PET를 활용하여 특정행동에 적극적으로 가담하는 뇌영역을 확인할 수 있으며, CT나 MRI는 정적인 표현만이 가능하지만, PET는 동적인 활동성을 측정할 수 있다는 장점이 있다. PET와 rCBF를 통해 피험자가 말할 때와 들을 때, 문제 풀때나 어떤 정서를 느낄 때 뇌의 어느 부분이 얼마나 활성화되는 지 알 수 있으며, 정상적인 뇌 활동과 비정상적인 뇌 상태 사이의 차이 연구도 가능하다.	활동 중인 뇌의 사진을 실시간으로 볼 수 있는 장점이 있다.

---

[15] fMRI : 연속적인 MRI 영상을 비교함으로써 혈액의 흐름을 통해서 두뇌 활동을 밝혀내는 기법. MRI 영상은 두뇌의 해부학적 구조를 보여주는 반면, fMRI는 두뇌의 기능을 보여준다.

뇌자기도법 (MEG)		EEG와 달리 MEG는 동시에 그런 전류들은 뼈에 의해 영향을 받지 않는 자장을 만들어 내는데 그 자장의 강도를 측정하고 그 원천을 식별한다. 이러한 절차를 사용해서, 생물물리학자들은 기억과 언어처리와 같은 인지과정의 대부분의 작업이 일어나는 뇌의 부위를 찾을 수 있다. MEG는 또한 기억상실증과 난독증(글읽는데 어려움이 있는 증세)과 같은 이상상태를 이해하는 도구로도 유망하다.

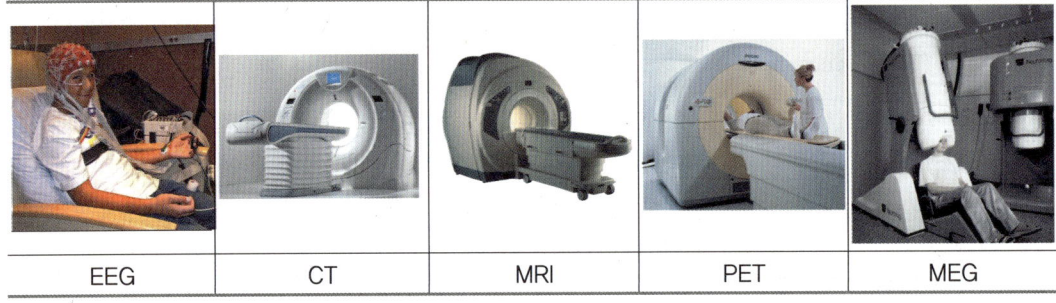

| EEG | CT | MRI | PET | MEG |

제2절 영양심리

1 영양심리학의 개요

현대사회에서도 기아에 허덕이는 가난한 나라가 존재하지만, 문명사회에 들어선 오늘날처럼 먹고 마시는 것이 넘치는 세상에 무슨 영양이 문제가 된다는 것인지에 대한 의문이 들 수 있다. 그런데, 수많은 사람들이 영양부족으로 범죄와 같은 이상행동을 한다는 증거는 여러 연구에서 입증되고 있다. 보통 인간은 음식물을 통해서 당질과 단백질, 지질, 비타민과 미네랄 등을 섭취한다. 따라서 인간의 신체는 영양분을 통해 심신작용이 가능한 것이며, 특히 뇌의 기능도 필요한 영양소가 채워질 때 적정한 활동이 가능한 것이다.

최근 뇌세포에 필요한 영양분을 공급하여 질병의 원인을 치료하려는 시도를 '분자교정의학'이라고 하는데, 이들의 주장에 의하면, 대부분의 정신신경계 환자에게는 비타민과 미네랄이 부족하다고 한다. Abram Hoffer, Michael Lesser 또는 Linus Pauling(1968) 등에 의하면, 분자교정의학은

중요한 뇌성분의 최적 농도를 개개인에게 제공하는 것으로 많은 정신질환자를 가려내는 치료법으로 가치가 있다. 여기서 분자란 당, 비타민, 미네랄 등 물질의 최소 단위를 말하는데, 즉 세포의 활동에 필요한 영양소를 공급하면 인간이 가진 자연치유력이 복원되어 비정상 세포를 정상 세포로 유도할 수 있다는 이론이다.

2 영양분의 기능

영양분이 적정하게 공급되지 않으면 인간의 심신에 영향을 미치게 되는데, 예를 들면 인공색소 방부제[16], 소당류[17]나 카페인의 과잉섭취, 양질의 단백질 부족, 비타민과 미네랄 부족 등으로 자율신경이 균형을 잃어 심신의 기능이 저하된다. 영양분의 결핍과 관련하여 2가지 이론이 주목을 받고 있다. 하나는 영양분결핍이론으로 이는 정제당 대사에 의해 비타민과 미네랄 등이 결핍되면 뇌 기능에 이상이 생기고 그 결과가 정서불안을 야기함으로써 이상행동을 낳는다는 주장이며, 호르몬이론은 저혈당 상태에 빠지면 체내에서 아드레날린이라는 호르몬이 분비되는데, 이 호르몬이 감정관리에 지장을 초래하고 공격적인 성격을 조장한다는 것이다.

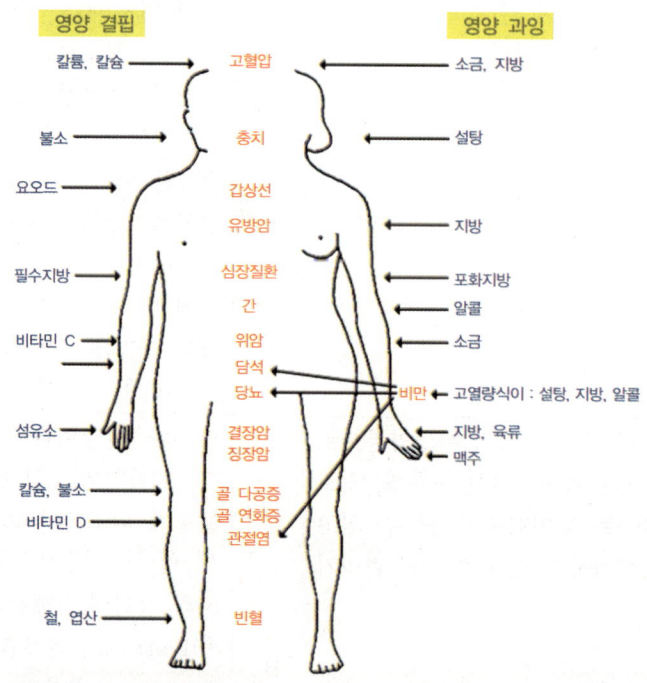

16) 영국 사우스 햄프턴 대학의 연구결과에 의하면, 식품에 인공색소방부제로 자주 쓰이는 E102, E104, E110, E124, E129, E211 등이 아이들에게 심리적인 불안을 야기시키는 것으로 밝혀졌다. 그 밖에 유해인공감미료에는 Dulcin, Cyclamate 등이 있으며, 최근 청량음료수의 인공감미료인 Aspartame의 안정성에 대한 문제가 제기되기도 하였다.
17) **소당류**: 탄수화물을 구성하고 있는 단당류가 2개에서 10개정도 결합된 당류로 과당류, 올리고당(Oligosaccharide)이라고도 한다. 단 맛을 가지고 있지만 열량을 적게 내고 체내의 소화효소에 의해 분해되지 않아 최근에는 기능성 식품에 설탕 대신 사용되기도 한다.

(1) 영양분결핍이론

① 비타민

비타민은 호르몬처럼 체내에서 생성되는 것이 아니라 음식물을 통해 섭취해야 하는 영양분으로 비타민이 결핍되면 여러 가지 질병의 원인이 된다. 이러한 비타민은 지용성과 수용성으로 구분한다.

지용성 비타민		수용성 비타민	
종류	생리작용	종류	생리작용
A	눈과 점막에 필요한 영양분으로 부족하면 불면, 우울증, 말단신경통이 발생할 수 있으며, 너무 과도하게 섭취하면, 뇌 체액의 압력을 증대시켜 심각한 부작용이 나타나거나 피부건조와 위축, 탈모, 눈이 시리고 아픈 증상, 뼈의 칼슘 성분의 탈회와 자발적 골절, 초조나 우울증세, 입술의 갈라짐 등의 부작용도 있다.	B^1	비타민 B군은 신경작용에 중요한 역할을 하여 '신경비타민'이라고 한다. B^1(티아민)이 부족하면 각기병에 걸리기 쉽고, 신체적으로는 피로, 불면, 두통, 소화불량, 설사, 식욕부진, 체중감소, 숨이 차는 등의 증상과 손발이 저리고 뜨거워지는 느낌이 들며, 좀 더 진행되면 혈압저하와 급성 심부전이 나타난다. 심리적으로는 무감동, 착란, 정서불안정, 흥분성, 우울증, 슬픈 운명이 다가왔다고 느끼거나 기억장애[18] 등의 반응을 한다.
		B^2	성장촉진 비타민으로 B^2(리보플라빈)가 부족하면 눈에서 액체가 분비되고 눈꺼풀에 부스럼이 생기고 열이 나며, 색깔 있는 안경을 끼면 눈이 편해지는 사람은 비타민 B^2결핍을 의심해볼 수 있다.
D	뼈 형성을 촉진시키는 영양분으로 부족하면 유아기에는 구루병, 청소년기에는 골연화증이 될 수 있고 과잉섭취하면 동맥경화에 걸리기 쉽다.	B^3	피부와 신경비타민으로 B^3(나이아신)가 부족하면, 신체적으로는 혀끝이 빨갛게 되고, 혀 표면의 미뢰가 커져서 영양이 제대로 흡수되지 않으며, B^3의 결핍이 심해지면 펠라그라[19]로 설사(Diarrhea), 피부염(Dermatttis), 치매(Dementia), 죽음(Death)으로 이어질 수 있다. 심리적으로는 환각 등의 감각이상, 망상사고, 기분과 에너지 장애가 나타날 수 있으며, 공포, 근심, 의심, 침울증상, 그리고 반도덕적 사고로 범죄행동을 하기도 한다.

E	항산화·노화방지·성기능 촉진에 영향을 주는 영양분으로, 부족하면 생식불능이 될 수 있으며, 활성 산소로 인한 세포의 불포화 지방산의 과산화를 막기 때문에 '황산화 비타민'이라고 한다. 이 영양분을 투여하면 신경과민, 피로, 불면, 심계항진, 어지럼증 등의 갱년기 증상이 상당히 개선된다.	B^5	항 스트레스 비타민으로 B^5(판토텐산)은 항스트레스 기관인 부신이 적절한 기능을 하도록 돕는다. 미국 아이오와 주립교도소에서 2주 동안 판토텐산 결핍 실험을 한 결과, 이 영양분이 결핍되면, 피로, 식욕부진, 변비, 불만, 저혈압, 위통, 그리고 발이 얼얼하게 뜨거운 증상이 있었고, 사소한 일에도 폭력성이 유발되는 문제가 발생했으나, 수용자들의 식사에 다시 판토텐산을 추가하자 그 동안의 모든 증상이 없어졌다고 보고하였다.
		B^6	단백질형성 비타민으로 필수 아미노산인 트립토판이 비타민 B^3로 변환하는 것을 돕는다. B^6(피리독신)가 부족하면, 빈혈, 지루성 피부염, 설염 등의 증상이 나타난다.
K	혈액을 응고시키는 영양분으로 부족하면 출혈이 되기 쉽다.	B^{12}	항 악성빈혈 비타민으로 B^{12}(코발라민)가 부족하면 신체적으로 무감각, 따끔한 통증, 비틀거리는 걸음, 반사상실 등을 동반한 신경학적 퇴화가 나타나고, 심리적으로는 무감동, 기분동요, 기억력감퇴, 주의집중과 학습장애, 환청, 혼미, 극도의 불안이 나타날 수 있으며, 가장 흔한 증상은 피로와 신경과민이다.

---

18) 미국의 메이요 클리닉에서 비타민 B^1 결핍실험을 한 결과를 보면, 비타민 B^1이 결핍되면 3개월 이내에 실험자 전원이 쉽게 흥분하고 우울증이 나타나고, 작은 일에도 쉽게 싸우고, 비협조적이 되었으며 이유 없이 불행이 자신을 기다리고 있다는 두려움을 느끼는 상태가 되었다고 하며, 이들은 대부분 업무능률이 떨어졌는데, 이것은 무기력, 집중력결여, 사고의 혼란, 기억의 불확실에 의한 것이었다. 일본에서도 수술 후 링거주사를 맞을 때 반드시 보충해야할 비타민 B^1을 보충하지 않아서 중증 기억장애(코르샤코프 증후군)를 일으킨 환자가 병원을 상대로 소송을 제기해 약 1억 3천만 엔을 보상받은 바 있다.

19) 피부질환과 소화계 및 신경계 장애인 펠라그라의 전형적인 3D, 즉 피부염(dermatitis)·설사(diarrhea)·치매(dementia)가 특징이다. 가장 특징적인 피부병변이 일반적으로 가장 일찍 나타나는 증상인데, 신경계 증상은 대부분 피부와 소화계의 증상이 뚜렷해진 후에 나타난다. 치매 또는 정신이상은 전반적인 초조·혼동·우울·무관심·섬망(譫妄) 등을 포함한다. 사람의 경우 펠라그라가 니아신의 결핍만으로 생기는 경우는 거의 없다. 즉 니아신 치료에 대한 반응은 부분적으로 나타나는 반면에 종합 비타민을 투여하면 훨씬 빠르게 회복된다. 니아신 결핍이 의심되는 정도이거나 증상이 약한 경우에는 균형잡힌 식사만으로도 효과적으로 치료할 수 있다.

	H	비타민 B군에 속하는 것으로 흰머리를 방지하는 비타민이다. H(비오틴)가 결핍되면, 통증이 없는 염증, 우울증, 졸음, 권태, 구역질, 식욕상실, 근육통을 일으키고 촉각이 민감해진다.
	C	가장 중요한 비타민으로 C는 세포와 세포를 잇는 콜라겐이라는 단백질의 합성과 항 스트레스 호르몬인 스테로이드의 합성, 면역기능 유지에 필요하다. C(아스코르빈산)가 부족하면, 괴혈병이 생기고, 정신적으로는 피로, 우울증, 권태, 착란 등이 나타난다. 정신분열증 환자는 보통 사람들보다 훨씬 많은 비타민 C가 필요하다는 연구도 있다.

② **미네랄**

인간의 세포내·외에 포함된 30여 종의 미네랄 중 뼈와 이의 주성분이 되는 인산칼슘, 뇌에 있는 칼륨염, 세포 외액 중의 나트륨염 등이 대표적이다. 칼슘은 신경의 이상흥분을 억제하는 작용이 있고, 마그네슘도 부족하면 흥분을 일으키며, 철 결핍시 정신이상 증상이 나타나기도 한다. 그 외에도 인, 아연, 황산, 요오드, 코발트, 망간 등이 있다. 가끔씩 주변에서 자식을 돌보기 귀찮아하는 동물들을 보기도 하는데, 이는 '애정의 미네랄'이라고 불리는 망간이 결핍되어 있기 때문이라고 볼 수 있다.

③ **불포화지방산**

Adrian Raine(2008)에 의하면, 생선섭취량과 뇌, 그리고 인간의 범죄성향의 상관관계를 분석한 연구결과에서, 강력범죄자와 정상인을 비교했을 때 강력범의 전두엽(기억력과 사고력을 좌우하는 영역)에 심각한 결함이 있으며, 이는 생선섭취량을 조절해 범죄성향을 줄일 수 있다고 주장하면서, 유아기 때 충분한 영양을 공급받은 아동은 성인이 된 후에 공격성, 과잉행동, 범죄성향이 감소했다[20]고 하며, 2002년 Gesch와 연구진은 영국의 교도소에 수용중인 231명의 수용자를 대상으로 한 식단과 행동의 연관성 실험에서도 최소 2주 동안 생선오일(Omega-3 지방산)을 섭취한 그룹의 공격성이 5개월 후 재범률이 35% 감소되는 사실이 관찰된 바 있다[21].

---

20) 인도양 모리셔스섬 원주민 중 3~5세 아동 100여명을 대상으로 생선 등 충분한 영양을 공급하고, 하루 2시간 30분 정도 운동시켜 뇌 발달을 위한 자극을 준 후, 아이들이 23세가 되던 해, 일반그룹 355명과 범죄기소율을 비교한 결과 모리셔스섬 원주민의 경우 범죄기소율은 3.8%인데 반해 일반그룹은 9.9%였다는 것을 제시했다.
21) 생선섭취량은 살인율과도 관련이 있는데, 한국처럼 생선을 많이 먹는 나라는 살인율이 낮은 반면, 불가리아, 미국 등 생선을 별로 안 먹는 나라는 살인율이 높다는 것은 통계적으로도 입증이 된다.

지방산이란 지방의 가장 간단한 형태이며, 고도불포화지방산(polyunsaturated fatty acids)은 분자 내에 여러 개의 이중 결합을 가진 지방산이다. 지방산은 최초의 이중 결합을 갖는 탄소의 번호에 따른 분류법에 의해 n-3, n-6, n-9로 구별할 수 있다. 아동과 성인의 적혈구와 혈장에서의 지방산을 분석한 여러 연구에 의하면, n-3계열에 속하는 고도불포화지방산(이하 n-3 PUFA)의 종류에 포함되는 EPA(Eicosapentaenoic acids),

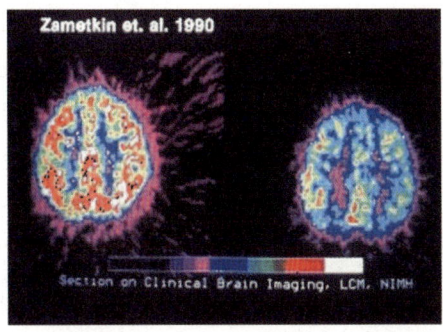

DHA(docosahexaenoic acids) 의 수치는 ADHD의 경우에 있어 일반 성인이나 아동보다 유의하게 낮다는 사실이 확인되었다. EPA와 DHA는 뇌세포를 구성하는 뇌지질 조성 성분으로 중추신경계에서 매우 중요한 지방산이다. n-3 PUFA가 주요 구성물질인 인지질은 생체막 조직의 필수 인자로서 막에 관련된 효소의 활성도, 막수송, 수용체 기능에 필수적 역할을 하며, 뇌, 망막, 기타 신경 조직의 성장과 발달에 광범위한 영향을 미친다. 또한 DHA는 중추신경계의 발달과 기능에 필수적인 요소로 지적되고 있으며, 부족할 경우 주의력과 학습 능력 및 불안, 공격성의 정서적 상태에 대한 조절력이 손상된다고 한다. 동물을 사용하는 과잉 행동 및 정서 반응에 대한 실험에서도 n-3 PUFA의 결핍은 매우 핵심적인 요소임이 밝혀졌다.

이러한 연관성의 원인으로는 DHA의 결핍이 정서와 보상(reward)활동 처리 과정에 관련된 중앙피질 변연계의 도파민 경로(meso-cortico-limbic dopamninergic pathway)의 조절을 어렵게 만들기 때문이라고 한다. 최근 n-3 PUFA는 대뇌 기능, 특히 신경 전달 기제와 관련된 치매, 산후 우울증, 주요 우울증과 같은 정신질환과도 연관되어 있다고 알려지고 있다.

고도불포화지방산과 충동성은 밀접히 관련되어 있다고 알려진다. DHA와 EPA를 12주 동안 함께 구강으로 투여하였더니 충동성 등의 ADHD 증상이 현저히 감소되었다. 흥미롭게도 같은 조건에서 DHA만 섭취하게 한 경우에 있어서는 ADHD 증상이 개선되지 않았다. 충동성과 지방의 관련성에 대한 국내 연구에서는 일반 청소년을 대상으로 한 연구에서 충동성이 높은 집단이 낮은 집단에 비해 혈중 콜레스테롤과 혈청 중성지방 농도가 높은 것으로 나왔다. 이는 충동성의 생리적 요인으로서 지질 대사가 관련되어 있음을 시사한다. '결정을 빨리 내리는 성향', '반응시간이 빠르고, 계획능력이 결여된 상태' 등의 개념으로 제시되어 온 충동성이 ADHD 경향 청소년 연구에서 중요한 이유는 이들의 충동성과 범죄율의 상관이 높기 때문이다. 또한 ADHD가 아닌 이들에게 있어서도 충동성은 비행 행동과 깊은 관계가 있다. ADHD 증상의 특성 상 충동성 조절의 문제는 품행장애와도 연관된다. Jensen 등(1997)의 ADHD 청소년의 공존 질환 연구진은 ADHD 증상과 품행장애 및 적대적 반항장애의 공존율은 약 42~93%인 점을 들어 공격형 ADHD라는 새로운 유형을 제시하기도 하였다. 따라서 ADHD의 충동성 조절에 대한 치료는 ADHD증상 때문에 범죄로 이어지는 것을 예방하는 중요한 기제라 할 수 있다. 이들의 충동 통제력의 결핍은 반사회적 행동이 초래할 결과에 대한 생각을 저해하여, 비행을 초래한다는 견해도 있다. 이는 ADHD의 충동성이 품행장애와는 달리 인지적 결함에 기초한 것이란 주장과 연관된다. 정보처리 방식과 관련한 충동성은 주의력의 결핍과 병행하여 나타날 수 있으며, 주의력은 생리적 상태인 각성(alertness), 각성 상태를 일정 시간 유지하는 지속 주의(sustained attention), 선택 주의(selective attention)의 범주로 구별된다. 주의력에 대한 하위 범주 중, 생리적 각성 수준이 충동성과 상관이 있다는 사실은, 주의 폭(attention span)에 영향을 주는 중추신경 각성제의 약물치료가 ADHD 치료에 일반적으로 사용되게 하는 근거가 된다.

충동성에 기인한 사회적 관계의 어려움을 해소하기 위해서는 인지행동치료가 지배적인 치료방법으로써 사용되어 왔다. 이는 생리적 기제의 변환을 유도하는 약물치료가 단기적인 치료효과에는 유용하지만 장기 복용 시 체중 감소, 구토 등의 부작용을 초래한다는 문제 제기에 기인한다. 그러나 이와 같은 제한점에도 불구하고 약물치료(주로 중추신경 자극제)와 상담치료를 병행하는 것이 가장 바람직하다는 점이 누차 지적되었는데, 이는 정신 행동의 치료는 인지적 구조와 이와 관련된 뇌의 생리적 기제에 대한 치료가 함께 제공되는 것이 필요하다는 점을 의미한다. 인지행동치료와 약물치료는 각기 한계점이 있고 이에 대한 보완의 필요성이 대두되었기에, 최근에는 n-3 PUFA 등의 영양 성분을 섭취하는 영양학적 중재가 제안되고 있다.

충동성 외에, 공격성과 관련된 범죄행동을 유발한 환자들에 대해서도 n-3 PUFA가 치료의 요소가 될 수 있음이 제시되었다. 이는 n-3 PUFA 불포화 지방산의 감소가 신경전달물질인 세로토닌계에 변화를 일으킬 수 있음을 시사한다. 공격 행동으로 인한 문제가 있었던 어린이 및 성인 대상 연구에서는 세로토닌 대사율이 가장 낮은 이들이 이후 2년 동안에 공격 행동으로 다시 문제를 일으킬 가능성이 높음을 보고하였다. Lee와 Coccaro(2001)에서는 세로토닌 대사율이 낮은 폭력 범죄자나 방화범은 또 다른 폭력 범죄의 유발 가능성이 대조군보다 더 높음을 발견하였다. 이상의 연구 결과들은 고도불포화지방산, 특히 n-3 PUFA와 세로토닌계의 문제가 충동성, 공격성의 증상과 관련됨을 제시하고 있다. 또한 임상적으로 DHA는 과잉행동 환자, 이외 난독증 환자, 인지력 장애 환자에게도 사용 가능한 것으로 보고되고 있다.

(2) 호르몬이론(저혈당증)

요즘 젊은 층에서도 많이 발견되는 비만은 식생활습관과 관련된다. 특히 청소년기에 Junk Food(쓰레기 음식)[22]나 액상과당(HFCS) 등이 함유된 식품첨가물을 즐기게 되면, 영양분은 결핍되고 몸만 비대해져 속이 빈 허약체질이 된다. 이런 허약체질은 심리적으로도 여러 가지 문제를 야기한다. Alexander Schauss는 〈영양과 범죄행동〉에서 저혈당증의 위험성을 경고한 바 있으며, 포도당을 유일한 에너지로 하는 뇌의 당대사가 낮을 경우 신경증, 정신분열증 또는 흉악범죄와 관련된다는 연구도 있는데, Adrian Raine(2008)의 주장에 의하면, 계획살인범과 달리 충동살인범의 경우 좌우 전두엽의 당대사 저하와 우반구 피질하핵의 당대사 항진이 확인되었다는 주장이 있다. 이는 저혈당증이 범죄행동과 관련될 수 있음을 시사하는데, 실제로 미국의 교도소에서 행해진 각종 실험에 의하면, 범죄자의 80~85%가 저혈당증[23] 상태이며, 이들의 식사는 주로 인스턴트식품과 설탕이 많이 함유된 음식이 많았다고 한다. 과다한 설탕섭취는 우울증, 행동과다증세, 반사회적 공격행동을 일으키게 되는데 이것은 설탕과 같이 정제된 탄수화물에 부족한 비타민 B1 부족시 심하게 나타난다.

저혈당의 증상으로는 공복감, 하품, 탈력감, 식은땀, 떨림, 울렁거림, 경련, 성격변화, 의식장애 등이 차례로 나타난다. 저혈당증이 되면 혈당치를 올리기 위하여 부신에서 아드레날린(Adrenaline)[24]이라는 호르몬이 방출된다. 이것이 간을 자극해 글리코겐(Glycogen)을 포도당으로 분해하여 혈당치를 높인다. 이 호르몬은 '공격호르몬'이라 불리는 것으로 위기에 직면했을 때 싸우기 위해 심장을 활발하게 만들어 공격성을 높인다. 이 때문에 저혈당이 되면 공격적으로 변하게 된다. 마그네슘 결핍 역시 사람을 흥분시키며, 알루미늄, 납과 카드뮴같은 유독 금속이 체내에 축적되면 뇌에 영향을 주어 흉악범죄를 저지르게 만들 수 있다. 따라서 저혈당증이 있는 경우 나이아신(비타민 B3)이 많이 들어있는 항 스트레스 비타민 보조제를 복용하고, 신선한 야채와 단백질을 섭취하면 개선효과를 볼 수 있다.

---

22) 정크푸드(Junk Food)는 햄버거, 피자, 청량음료, 사탕 및 과자류, 포테이토칩 등 패스트푸드와 인스턴트식품 등을 가리킨다. 정크푸드에는 우리 몸에 필요한 비타민, 미네랄 등의 영양소가 거의 없고 열량만 높아 비만의 주범이라 할 수 있다.
23) 저혈당증은 설탕, 흰밀가루와 같은 정제가 많이 든 탄수화물을 너무 많이 먹거나, 카페인 섭취가 많을 때 흔히 발병하는 질환이다. 설탕은 포도당과 과당의 두 가지 분자가 결합해 있는 이당류로 분해·흡수되는 속도가 빠르므로 양이 많으면 고혈당이 되고, 고혈당이 되면 몸은 그것에 대처하기 위해 췌장에서 인슐린이라는 호르몬을 내어 혈당을 떨어뜨린다. 인슐린이 과잉으로 분비되면 혈당이 너무 낮아지게 되어 저혈당이 되는 것이다. 정상인의 혈당치는 혈액 1dl당 60~160mg이 유지되도록 되어 있는데, 이 혈당치가 50mg 이하가 되면 저혈당증으로 본다.
24) 일본 센바시 마리아 클리닉의 자시와자키 요시코가 쓴 〈영양요법 입문〉을 보면, 공격호르몬인 아드레날린은 분노, 적의, 폭력 같은 공격적인 감정을 자극하고 반대로 노르아드레날린은 공포감, 자살관념, 강박관념, 불안감 같은 감정을 일으킨다. 노르아드레날린은 대뇌피질 전두영역 영역46의 신경전달물질이므로 저혈당에 의해 노르아드레날린의 농도가 급상승하면 이성적인 판단이 불가능해져서 발작적인 감정에 지배된다.

03 감각과 지각

제1절 감 각
제2절 지 각

Chapter 03 감각과 지각

인간은 하루에도 수많은 감각자극을 받고 산다. 즉 캠퍼스에서 친구를 만나면 반갑게 인사를 하고, 식당에서 맛있는 음식냄새에 시장기를 느끼며, 길거리에서 덩치 큰 개를 만나면 도망칠 준비를 하거나 좁은 골목길에서 맞은 편에서 오는 사람과 부딪치지 않으려고 피해 걷는 것처럼 인간은 각종 감각자극을 자신의 경험 등에 비추어 지각하게 된다. 따라서 감각이란 감각자극의 경험을 말하며, 지각이란 원 감각정보로부터 유의미한 형태를 만들어 내는 과정을 말한다. 즉 감각은 감각기관에서 비롯되는 원초적인 감각자료에 대응하는 주관적 느낌을 말하며, 지각은 원초적인 자료들을 조직하고 해석하여 외부대상을 인식하는 것이다.

```
외부      감각(sensation)           전환된      지각(perception)
자극   에너지를 탐지하여 신경정보로 전환하는 과정   정보    감각을 선택, 조직화, 해석하는 과정
```

제1절 감 각

1 감각의 측정 : 정신물리학

자극과 그 결과로 생기는 감각 사이의 정량적 관계를 취급하는 것이다. 자극강도와 감각강도 사이의 관계성을 체계적으로 밝히려는 심리학의 연구분야이다. 즉 물리적 에너지(X-Ray, 라디오파, 자외선, 적외선, 주파수 등)와 감각의 관계를 밝히는 분야를 정신물리학(psychophysics)이라고 하며, 이는 물리적 에너지와 우리의 심리적 경험의 관계를 연구하는 분야이다. 즉 정신물리학에서는 인간이 어떤 자극을 탐지할 수 있는지, 어느 정도의 강도를 가진 자극을 탐지할 수 있는지, 자극의 변화에 인간 등이 얼마나 민감한지를 연구한다.

(1) 자극의 탐지

① 절대역(자극역)

절대역(absolute thresholds)이란 인간이 감지할 수 있는 미세한 자극으로, 어떤 자극(빛, 소리, 압력, 맛, 냄새 등)을 탐지하는 데 필요한 최소한의 자극강도를 말한다. 자극화 횟수

의 50%를 탐지해 낼 수 있는 최소의 에너지량이라 생각하면 된다. 즉 같은 자극을 100번 들으면 50번은 듣고, 50번은 듣지 못하는 정도의 자극 강도이다. 역하자극이란 자극역보다 약한 자극을 말한다.

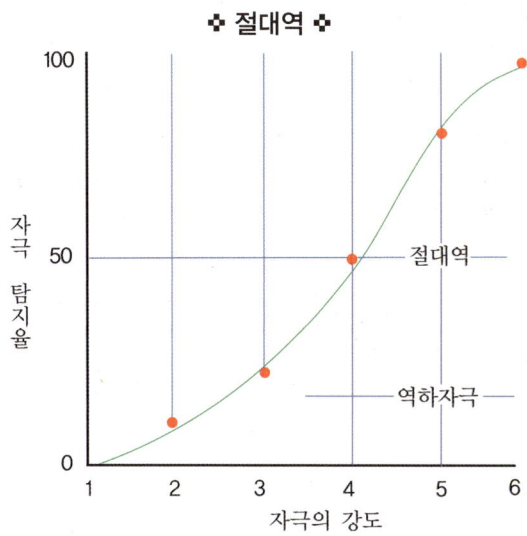

McBurney와 Collings(1984)에 의하면, 맛은 설탕 1g을 500리터의 물에다 혼합한 것이며, 냄새는 한 방울의 향수를 세방짜리 아파트에 확산시킨 것이고, 감촉은 1cm의 높이에서 당신의 뺨에 떨어지는 꿀벌의 날개 하나이며, 듣기는 조용한 곳에서 6m 거리에 있는 시계가 째깍거리는 소리이고, 보기는 맑고 어두운 밤 50km 떨어진 곳에 있는 양초 불에 비유하여, 대체적으로 절대역은 낮음을 설명했다.

② 차이역

감각의 효과적인 기능을 위해서는 충분히 낮은 절대역이 필요하다. 예를 들면, 아주 작은 음의 불일치도 감지해 내야 하는 음악가나 맛의 차이를 알아야 하는 포도주 감별사 등에게는 특히 그러하다. 두 자극간의 차이를 50% 탐지할 수 있는 최소한의 차이(이는 자극강도에 따라 증가)를 '최소식별차이(just noticeable difference)'라 한다.

웨버의 법칙(Weber's law)에 의하면, 차이역은 일정한 양이 아니라 원자극의 일정한 비율에 의해 달라지는 것이다. 즉 정확한 비율은 자극에 따라 다르다. 정상인의 경우 두 자극에 따른 차이를 인식하려면 빛은 8% 정도의 강도 차이가 있어야 하고, 무게는 2%, 소리는 0.3%의 빈도차이가 나야 한다.

신호탐지이론에 의하면, 약한 자극이나 신호를 탐지한다는 것은 자극의 강도(듣기검사에서 소리의 크기처럼)뿐만 아니라 인간의 경험, 동기, 기대 그리고 피로 등의 심리적 상태에 따라서도 변한다. 신호탐지(signal detection)를 연구하는 사람들은 한 개의 절대역은 없다고 주장한다. 이 연구는 사람들이 '동일한 자극에 대해 왜 다르게 반응하며, 동일한 사람이 상황에 따라 어떻게 다르게 반응하는지 등에 대한 이해'가 목적이고, 신념편향효과에 영향을 주는 반응편중의 문제를 체계적으로 다룬다. 신호탐지는 과제에 따라서, 하루 중 언제인가에 따라서, 그리고 피험자가 연습을 했는가 등에 따라서 영향을 받는다. 신호탐지이론의 사용은 자극을 탐지하는 과정을 두 개의 숫자로 분리한다. 하나는 자극에 대한 민감도를 나타내고, 나머지 하나는 "신호출현"반응의 편향을 나타낸다.

(2) 감각순응

감각순응(sensory adaptation)이란 일정한 자극에 지속적으로 노출되면 자극에 대한 민감도가 약해져서 신경세포의 발화속도가 늦어지는 것을 말한다. 예를 들면, 화장실에 들어서자마자 불쾌한 냄새를 맡더라도, 오랫동안 화장실에 앉아 있다 보면 그 냄새를 맡지 못하는 것이 이에 해당한다. 따라서 감각순응 때문에 자극 민감도가 떨어지기는 하지만, 정보가 없는 일정한 색채·냄새·소음 등에 주의가 분산되지 않고 환경의 유용한 정보변화에 주의를 둘 수 있다.

2 시 각

시각은 인간의 5개 감각 중에서 가장 늦게 발달한다. 영화를 볼 때 화면에서 소리가 발생한다고 지각하는 것처럼 인간에게 시각은 다른 감각들을 포획할 만큼 중요한 감각에 해당한다. 감각체계가 자극 에너지를 신경정보로 변환시키는 과정을 감각변환(transduction)이라고 하는데, 즉 눈은 빛에너지를 수용하고 이 에너지를 신경메시지로 전환하며, 뇌는 이 메시지를 처리한다. 과학적으로 인간의 눈에 들어오는 것은 색채가 아닌, 시각체계가 색채로 경험할 수 있는 전자기에너지(electromagnetic energy, 파장과 진폭)의 파형으로 각 종마다 민감 부위가 다르다. 대체로 파장은 색채를 결정하고 모든 파장이 혼합되어 있을 때는 백색광(가산색혼합) 또는 검은색(감산색혼합)으로 보이며[1], 진폭은 색상(밝기)을 결정한다.

(1) 눈의 구조와 기능

눈은 합성(synthetic)하는 기관이다. 눈은 빛의 이동경로로 각막, 동공(눈동자), 홍채, 수정체, 망막 등으로 구성되어 있다. 먼저 각막은 투명하고 얄팍한 막으로 눈알의 전면부 형태를 유지시켜 내부를 보호하는 역할을 하며, 빛을 굴절시켜 눈의 안쪽 뒤편에 상이 맺히도록 한다. 홍채(iris)는 동공크기를 결정하고 눈 색깔을 결정하며 주위의 조명조건(명암)에 따라 확장 또는 축소함으로 빛을 조절한다. 수정체는 두툼한 구형꼴을 유지하는 탄성 있는 투명조직인 바, 모양근의 두께조절로 초점을 자동조절한다.

---

[1] 사람들은 어떤 사물의 색깔이 실제로 고유한 색채를 가지고 있다고 생각을 한다. 즉 참외는 노란색채를 가지고 있다고 생각하지만, Isaac Newton은 광선은 색이 없다고 주장했듯이, 색은 우리 마음(뇌)이 만들어낸 구조물이다. 이러한 색채의 차이역은 낮아서 인간은 약 700만개의 색상을 구분할 수 있다.

망막(시각정보처리가 처음으로 일어나는 뉴런층)은 광선에 대하여 민감한 수용기 세포를 포함하고 있는 눈의 내층이다. 망막은 여러 층의 세포들로 구성되어 있고, 한 지점의 세포활동은 인접한 다른 세포들의 활동을 억제(외측억제)하여, 그 결과로 경계 주변의 명암차이를 증폭시켜 윤곽을 명료하게 한다. 망막에 있는 추상체(원추체라고도 하며 색상을 볼 수 있는 기능을 함)와 간상체(흑백과 회색을 탐지하는 망막세포)라는 감광세포는 감광색소로 빛의 파장과 강도에 대해 선별적인 반응을 보이며, 감광세포들은 빛이 진행해 들어오는 안구의 안쪽이 아닌 안구의 바깥쪽에 있는 맥락막의 색소상피라는 검은 막조직을 향해 있다. 추상체와 간상체에서 신경정보로 전환된 시각정보는 망막에서 복잡한 정보처리를 거친 뒤 대뇌로 전도된다.

❖ 추상체와 간상체 ❖

추상체 (cones)	추모양으로 망막의 전체, 특히 중심와(fovea) 위에 집중적으로 분포되어 있으며, 색채시각에 대하여 책임을 지고 있는 망막에 있는 수용기 세포이다. 빛이 어느 정도 이상 강할 때(낮이나 환한 곳) 활동하며, 정보를 시뇌에 전달하기 위한 전용 양극세포가 할당되어 중심와(시야의 중심이 되는 망막의 부위)로부터 정보처리를 하고, 정확한 정보를 보존하고 세밀한 것을 탐지할 수 있다. 색을 볼 수 있으나, 어두워질 때 추상체는 제대로 기능하지 못한다.
간상체 (rods)	막대꼴 모양으로 중심와에서 벗어남에 따라 급격히 증가한다. 따라서 간상체는 맹점이나 중심 외에는 분포되어 있지 않다. 야간의 시각을 맡고 있지만 색채를 받을 수 있게 분화되지는 아니한 수용기 세포이다. 어두울 때에 활동하며, 추상체와 달리 개별정보들이 조합된다. 색을 탐지하지 못하나, 희미한 빛 아래서는 민감(암순응[2])을 가능하게 함)하게 반응한다.

그 밖에 시신경은 눈에서 뇌로 신경충동을 전달하는 신경이며, 시신경이 눈에서 빠져 나가는 지점으로 어떤 수용기 세포도 존재하지 않는 부분을 맹점이라고 한다. 한편 근시는 멀리 있는 물체가 흐리게 보이는 시각장애를 말하고 원시는 가까이 있는 물체가 흐리게 보이는 시각장애를 말한다.

❖ 인간의 눈과 시신경 ❖

빛 → 동공 → 홍채 → 수정체(조절작용을 통해 굴곡 변화시켜 유입된 빛을 모음) → 망막(수용기 → 양극세포 → 신경절세포) → 특징탐지 → 추상화 → 재인

---

[2] 일반적으로 암순응보다 명순응이 더 빠르게 작용한다. **암순응**(추상체 기제에서 간상체 기제로)은 밝은 곳에서 갑자기 어두운 곳에 들어갔을 때 아무 것도 보이지 않다가 점차 보이는 현상을 말하며, **명순응**(간상체 기제에서 추상체 기제로)은 어두운 곳에 있다가 밝은 곳으로 나가면 눈이 부시어 앞을 볼 수 없다가 1분 정도 지나면 정상 상태로 회복되는 현상이다. 그래서 밤에 별을 관찰할 때에는 비껴보는 것이 효과적이고, 해 떨어질 무렵 30분 동안 운전이 가장 곤란한 이유는 그 시간대가 간상체와 추상테의 시각기제가 제 기능을 발휘하지 못하기 때문이다.

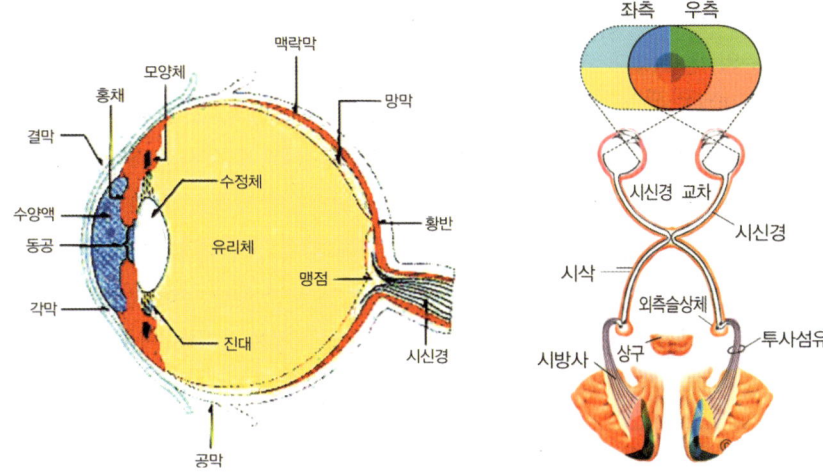

(2) 색채지각(Color Perception)

색은 우리의 환경에서 가장 두드러지고 널리 퍼진 속성 중의 하나이다. 이러한 색은 우리가 안전하게 운전하는 것을 돕고 미적 경험을 갖게 하는 것 이상의 기능을 한다. 또, 색채는 물체의 형태를 정확하게 지각하고 물체를 인지하고 우리의 생존에 중요한 과제들을 수행하는 능력과 관계된 중요한 기능을 한다. 2008년 3월 EBS에서 방영된 색깔실험에서, 사면이 빨간색인 방과 파랑색인 방에 참여자들을 들어가게 한 후 약 20분 정도 지났다고 느껴지면 방을 교대하도록 지시한 결과, 빨간방에 있던 참여자들은 평균 16분에 방을 나왔고, 파란방에 있던 참여자들은 평균 24분이 경과한 후 방을 나왔다. 즉 빨간방은 참여자들에게 생리적으로 맥박이 빨라지고 혈압을 높여 정신적으로 견디기 힘들었던, 반면 파란방은 편안하고 아늑한 느낌을 준다는 점에서 색깔이 인간의 정서에 영향을 준다는 것이 입증되었다. 실제로 최근에는 범죄다발지역에 푸른 가로등을 설치하여 범죄를 줄인 사례도 보고되고 있다.

① 색채지각의 2가지 기능

지각적 분리	다양한 배경 속에서 조그만 물체를 찾아낼 수 있도록 한다(숲에서 과일을 찾아내는 등). 중첩되는 물체간의 경계를 결정하는 과정으로, 색채는 배경 속에서 어떤 물체를 보는 것을 도와주는 대비를 제공하고, 다른 물체에 의해 가려진 물체가 하나의 물체라는 것을 알려주는 단서가 된다.
신호기능	신호등의 빨간색 등 어떤 색은 특정한 의미를 가지고 있다. 이러한 신호기능은 학습, 본능적인 것이며 정서표현과 건강지표의 기능도 한다.

② 색채지각이론

색채지각에 대한 삼원색설과 대립과정이론은 색채처리가 두 단계로 일어난다는 사실을 보여준다.

삼원색설3) (색 맞추기)	Dartnell(1983)의 수용기와 색소	스펙트럼의 단파장(파랑색 빛) 영역, 중파장(초록색 빛) 영역, 장파장(빨강색 빛) 영역에서 최대로 흡수하는 원추색소들을 사람에게서 발견하였다. 이성체란 파장의 분포는 다르지만 지각적으로 같은 것으로 보이는 것을 말한다.
	Thomas Young(1802)의 색채지각의 삼원색 이론	모든 색채지각은 망막에 있는 세 가지의 상이한 색채 수용기로부터(대개 적수용기, 청수용기, 녹수용기) 얻게 된다고 하는 색채시각 이론이다.
	Young-Helmholtz의 색채지각 이론	특정한 파장의 빛은 세 가지 수용기 기제를 각기 다른 정도로 자극하는데, 이 세 가지 기제 활동양상이 모든 색의 지각으로 이어진다는 이론이다.
Hering의 대립과정 이론 (현상학적 관점)		대립적인 망막처리(빨강·초록, 노랑·파랑, 하양·검정)가 색채시를 가능하게 만든다는 이론으로 망막과 시상의 뉴런들이 색채 잔상효과를 보여주는 것과 관련된다. 따라서 어떤 세포들은 초록에 의해 자극되고 빨강에 의해 억제되며, 또다른 세포들은 빨강에 의해 자극되고 초록에 의해 억제된다. 예를 들면, 빨강색을 응시하는 동안 초록색에 대한 반응능력이 서서히 증가하여 이 때 흰색 바탕에 눈을 돌리게 되면 수용기는 빨강색보다는 초록색에 더 강하게 반응한다.

③ 기타 이론

형판맞추기 모형 (Template matching)	같은 기본 판이 존재하고 거기에 맞춰서 인식한다고 가정한다. 그러나 만약 이런 형판이 존재한다면 인간은 너무 많은 형판을 갖고 있어야 하므로 비경제적이다.
세부특징 분석모형	많은 대상을 탐지하여 수평·수직·각도·사선 등에 대한 각 요소를 특징 탐지기(Feature Detector)가 탐지하고 계산하여 분석한다. Hubel과 Wiesel(1979)는 특징탐지기라는 시뇌세포가 주어진 시각정보를 특정한 모서리, 선분, 각과 같은 장면의 일정한 특징에 반응한다고 주장했다. 그러나 글자뿐만이 아닌 많은 대상을 탐지·분석해야 하므로 수평, 수직 그 이상의 탐지가 필요하기 때문에 제한된 영역에서는 설명이 가능하나 복합적인 영역에서는 설명이 불가능하다.

---

3) 삼원색설은 색맹(color blindness)을 잘 설명할 수 있다. 색맹이란 색채지각에 대한 부분적 또는 전적인 무능력을 말하는데, 3원색인은 정상적 색채시각을 가지고 있는 사람이며, 양색인은 적-녹, 또는 황-청에만 색맹인 사람이고, 단색인은 완전 색맹인 사람을 말한다.

공간주파수 분석접근	대상에 대한 흑백의 반응체로 모든 사물지각이 가능하다는 접근법으로, 각기 필요한 사물을 병렬적으로 처리(parallel processing)하여 시뇌에서 대상을 재인한다. 병렬처리4)를 계열처리 또는 통제처리라고도 한다. 뇌는 시각장면을 색, 깊이, 운동, 형태 등의 하위차원으로 분할하여 각 차원을 동시에 처리한다(Livingstone과 Hubel, 1988). 망막은 시뇌의 한 부분이 아닌 동시에 여러 부위로 정보를 보낸다. 이렇게 보내진 시각정보가 통합되면 다른 대뇌피질인 측두엽에서 추가 처리를 하여 영상을 인식하게 된다.
계산적 접근	계산적 접근은 모든 자극을 동일하게 보지 않고 목적에 의해 사물지각이 가능하다고 본다. 그러나 상향적 정보처리는 설명이 가능하지만, 하향적 정보처리는 설명이 불가능하다. ㉠ 시지각 계산 모형 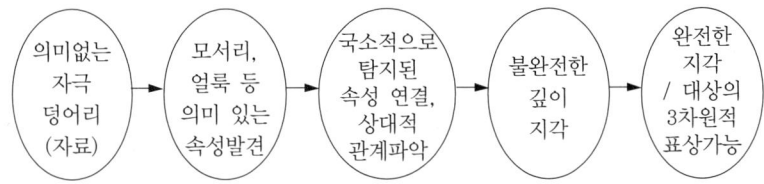 ㉡ RBC이론(Recognition By Components) 요소에 의한 재인이론으로, Geon이라는 3차원 모양들의 배열로 표상이 가능하다. 즉, 전체적인 것을 먼저 보고 세부적으로 처리하여 대상을 인식한다. 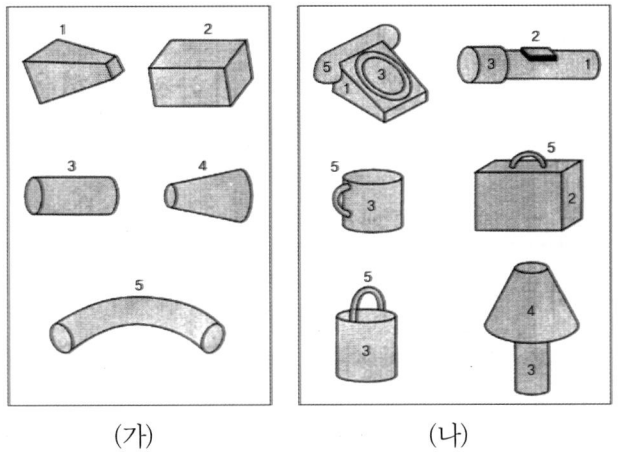

---

4) 병행처리라고도 하며, 문제의 여러 측면들을 동시에 처리하는 것을 말한다. 시각을 포함하여 두뇌가 정보를 처리하는 방식으로, 대부분의 컴퓨터와 의식적 문제 해결의 단계적(계열적) 처리와 대비된다.

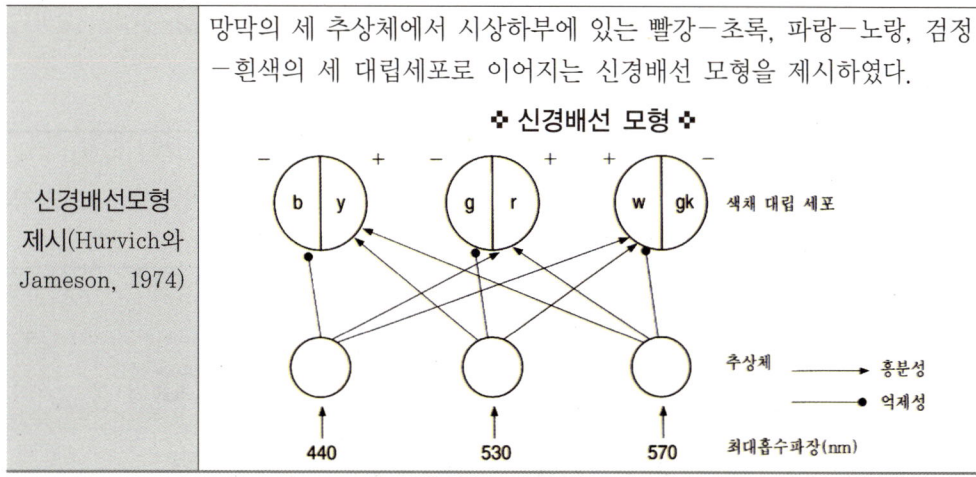

3 청각

귀는 분석(analytic)하는 기관이다. 서로 다른 진동수의 음파(공기의 압축과 팽창으로 초래된 자극에너지)가 혼합되어 있을 때 하나의 중간 음조를 지각하는 것이 아닌, 각기 두 개의 다른 원래음조를 듣는다. 복잡한 음조에서 각각의 구성성분, 즉 개개의 진동수를 탐지하는 청각계의 능력 때문에 인간은 상이한 악기 소리와 같은 특정 음의 속성을 알 수 있는 것이다. 즉 청각은 공기의 압력변화를 신경부호로 변환시켜 대뇌에서 의미 있는 소리로 해석하는 과정이다.

진동수는 진폭에 초당 몇 주기의 반복이 있었는가로 표시되며 단위는 헤르츠(Hz)이다. 진동수는 음소 또는 소리의 높낮이를 결정한다. 즉 진동수가 많으면 높은 소리이고 적으면 낮은 소리이다. 진폭은 파장의 상하 폭으로 음높이와 함께 소리의 크기를 결정하며, 즉 진폭이 크면 강한 소리, 진폭이 작으면 약한 소리이다. 이러한 소리의 단위는 데시벨(decibel)[5]이다.

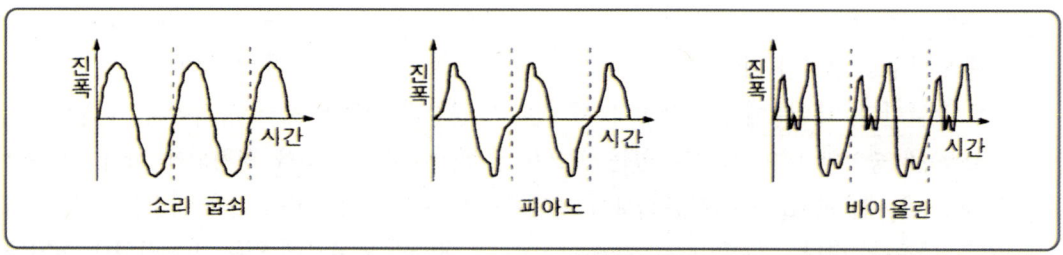

소리의 상음(또는 화음)의 개수가 많을수록 순음(pure tone)이 아닌 복합음으로 들린다. 여러 가지 악기로 중간 "도"를 연주해보면 모두 다른 소리가 나기 마련이다. 그런데도 우리는 그 소리를 중간 "도"라고 인식하는 이유는, 각 악기에서 나는 소리의 기본 주파수(기본음, fundamental

---

[5] 데시벨(dB)이란 공기분자가 가장 많이 밀린 상태에서 가장 많이 쏠린 상태까지 나타내는 진폭을 말하는데, 보통의 대화소리는 약 60dB이다. 헤르츠(Hz)란 공기분자의 밀림과 쏠림이 초당 몇 회 반복되는지 나타내는 주파수이다. 인간의 주파수 범위는 약 20Hz~ 20,000Hz이다.

freguency)가 동일하기 때문이다.

(1) 귀의 구조 및 기능

```
공기 → 외이 → 고막 → 중이(추골/침골/등골) → 달팽이관 → 기저막 → 청각피질
```

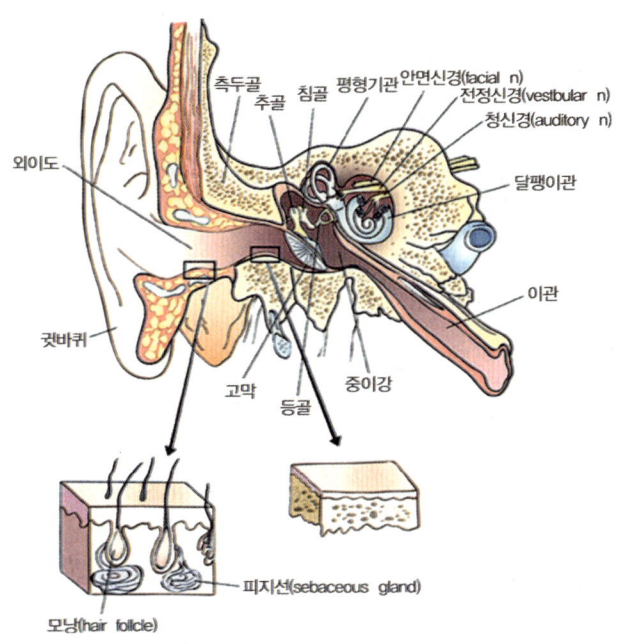

귀는 소리의 이동경로로 외이란 귓바퀴와 귓구멍을 말하며, 추골(고막에 붙어 있는 부분), 침골(추골과 연결된 가운데 부분) 및 등골(난원창과 연결된 나중 부분)은 중이(中耳)에 있는 세 개의 조그마한 뼈들인데 이들이 고막의 진동을 와우각으로 전달한다. 난원창(oval window)은 달팽이관의 입구로 중이와 내이 사이의 구멍을 가로 지르고 있는 막이며, 이것이 진동을 와우각으로 전달한다. 내이[6]에는 체액이 들어 있어 난원창의 진동에 따라 움직이며, 원창(round window)은 중이와 내이 사이에 있는 막으로서 내이에서의 압력을 평형되게 한다. 와우각(cochlea)은 내이에 있는 한 부분으로서 여기에는 액체가 포함되어 있는데 이것은 다시 기저막이 진동토록 한다. 기저막(basilar membrane)은 내이의 와우각에 있는 진동막인데 여기에 소리에 대한 감각 수용기가 포함되어 있다. 코르티기관(organ of Corti)은 와우각에 있는 구조이며 여기에 듣기를 위한 청세포가 포함되어 있다.

청각신경(auditory nerve)은 귀로부터의 메시지를 대뇌로 전달해 가는 뉴런들의 덩어리이다.

---

[6] 신체부분의 위치와 움직임에 대한 감각을 근운동감각(kinesthesis)이라 부르고, 동반자인 전정감각(vestibular sense)은 머리의 위치와 움직임을 감시한다. 이러한 평형감각의 생물학적 조정자는 내이에 있다.

청각신경은 연수(medulla)에서 두 갈래로 나뉘어 양측 뇌로 신경정보를 전달한다. 연수에서 신경정보의 일부는 눈, 머리, 귀의 움직임을 조정하는 대뇌중추로, 일부는 각성을 주도하는 망상체로 전달되나, 대부분은 측뇌의 청각피질 영역으로 확산되어 전달된다.

(2) 음의 고저지각(pitch perception)

음의 고저지각에 대한 이론은 크게 장소이론과 빈도이론으로 나뉜다. **장소이론**(청각의 부위설)이란 기저막의 위치에 따라 소리의 높낮이가 부호화된다는 이론이다. 이는 서로 다른 소리파형이 기저막의 서로 다른 위치에 있는 세포들을 활성화시킴으로써 음의 고저[7]를 결정한다고 주장한다. 대뇌는 신경신호를 보내는 기저막의 위치를 확인함으로써 음의 고저를 결정한다. 그러나 장소이론은 고음지각은 설명 가능하지만, 저음지각 설명은 부족하다는 단점이 있다. **빈도이론**(청각의 주파수설)이란 기저막의 진동빈도와 같은 신경충격의 빈도가 발생함으로써 소리의 높낮이가 부호화된다는 이론이다. 이 이론은 소리 파형이 청신경에 전달되는 초당 주파수를 파악함으로써 음의 고저를 판단할 수 있으며, 저음지각을 잘 설명한다. 따라서 음의 고저를 구별하는 능력을 설명하기 위해서는 장소이론과 주파수 이론이 모두 필요하다. 한편 부위설과 주파수설은 고저 변별을 충분히 설명하지 못하는데 반하여, 연사원리(volley principle)는 귀가 약 4,000Hz의 높은 빈도에 대하여서도 반응할 수 있음을 잘 설명해 주고 있다. 이는 귀에 있는 수용기들은 한 집단이 반응하고, 다음으로 두 번째 집단이 반응하고, 그리고 세 번째 집단이 반응하는 것처럼 신경세포는 차례로 흥분한다는 이론이다. 그러므로 흥분의 전체 형태가 음파의 진동수에 상응한다.

(3) 청각장애

전도성 청각장애(conduction deafness)란 소리파형을 달팽이관으로 전달하는 기계적 체계에 문제가 생긴 경우이며, 고막에 구멍이 나거나 중이에 있는 뼈가 진동하는 기능이 상실된 경우에 장애가 나타난다. 한편 신경성 청각장애(nerve deafness)란 달팽이관의 섬모세포 수용기나 그와 연결된 신경이 손상된 경우로, 시끄러운 소음이나 음악에 지속적으로 노출된 경우에 발생한다.

이렇게 청각장애가 생기면 감각박탈만 이루어지는 것이 아니라 감각보상도 이루어지는데(Hamilton, 2000 ; Finney 등, 2001 ; Emmorey 등, 2003 ; Penhune 등, 2003 ; Gougoux 등, 2005 ; Smith 등, 2005), 예를 들면, 스티비 원더와 같은 장님음악가는 정상 시각 음악가보다 더 완벽한 절대음을 발달시킬 가능성이 크고, 한쪽 귀를 막은 상태에서는 장님이 정상 시각인보다 음원의 위치를 더 정확하게 확인해내며, 눈을 감고 계란 한 줄의 길이를 두손으로 나타낼 때 장님이 정상 시각인보다 더 정확하게 나타낼 수 있으며, 청각장애인의 감각입력을 받지 못한 청각피질은 온전하게 남아 있으면서 촉각과 시각입력에 반응을 보이게 된다.

---

7) Helmholtz의 장소이론에 의하면, 기저막의 바깥쪽(중이와 내이가 연결된 곳)에 있는 모세포가 손상되면 주파수의 높은 음을 듣기가 어려워진다.

4 다른 감각

(1) 미 각

미각자극은 침에 녹을 수 있는 물질로 많은 수용기들이 혀 위에 묶음(미뢰)을 이루어 나타난다. 화학적 감각인 미각은 5가지 기본 감각과 미뢰의 정보와 상호작용하는 후각의 합성체이다. 먼저 단맛(혀끝)은 탄소, 수소, 산소 등으로 구성된 유기분자들에 의해 발생하며, 쓴맛(목구멍 쪽)은 얼마간의 질소를, 신맛(혀의 측면)은 산성을, 짠맛(혀의 가운데)은 물에 녹았을 때 전기를 띠는 이온들로 분해되는 물질을 포함한다. 최근 우마미[8]라는 5번째 고기맛 수용기가 발견되었다. 그런데 맛은 미각만 기능하는 것이 아니라 냄새, 질감, 촉감이 동시에 상호작용한 것으로 볼 수 있다. 이를 감각상호작용이라고 한다. 맛에 대한 절대역은 상당히 낮지만, 차이역은 상당히 높은 편이다. 미각은 가장 둔감한 감각체계라고 볼 수 있다.

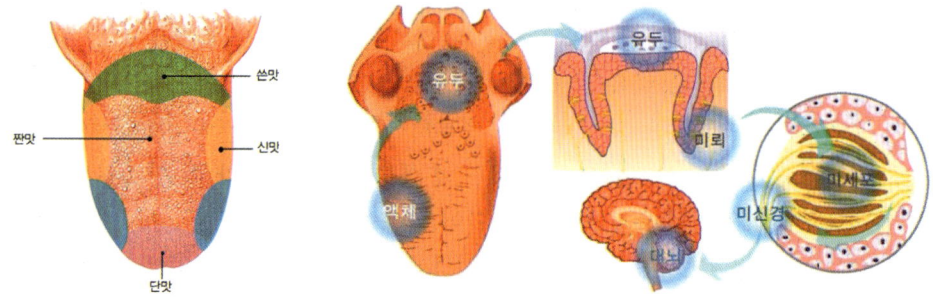

유사한 맛의 차이에 대한 연구를 보면, 유사한 맛은 잘 구분하기 어려운 것으로 밝혀졌다. 그리고 맛의 차이는 이미 그 맛에 대하여 기대하고 있는 생각이 더 영향을 미치는 것으로 나타났다. 2006년 S. Frederick과 D. Ariely 연구진들은 이 현상을 입증하기 위하여 'MIT(Massachusetts Instistute of Technology) Beer'를 만들었는데, 사실은 일반 맥주에 단지 식초 몇 방울을 더한 것에 불과했다. 그 결과 ㉠ 사전에 MIT Beer는 식초를 탄 것이라는 사실을 알려주지 않은 조건에서는 대부분의 참여자들이 일반 맥주보다 MIT Beer가 더 맛이 좋다고 보고했으나, ㉡ 사전에 MIT Beer는 식초를 탄 것이라는 정보를 들은 참여자들은 MIT Beer가 일반 맥주보다 더 맛이 없다고 보고했다. 그런데 흥미로운 것은 ㉢ 참여자들에게 사전 정보없이 맥주를 맛보게 한 뒤에 그들이 더 맛좋은 맥주를 결정하기 직전에 어느 맥주에 식초를 넣었는지 알려주었더니 ㉠의 결과와 유사하게 나왔다. 즉 이미 맛에 대하여 마음속에서 판단을 내린 상태에서는 식초를 넣었다는 사실이 크게 영향을 주지 않는다는 것을 알 수 있다. 예를 들면, 어떤 사람이 음식을 매우 맛있게 먹고난 뒤에 주방장이 그것이 '개의 뇌'로 만들었다고 얘기를 한다면 그 사람은 바로 화장실로 뛰어들어가는 것이 아니라 비록 인상을 쓸망정 "개의 뇌가 이렇게 맛있는 줄 몰랐네"라고 생각하게 된다는 것이다.

---

[8] 우마미는 글루탐산 소다(monosodium glutamate)향을 내는 화학물질로 육류나 생선과 같은 고단백질의 음식물에서 주로 발견된다.

(2) 후 각

후각자극은 어떤 물질로부터 나온 분자들이며, 그것은 공기를 통과하여 비강 높이 위치한 후각수용기를 활성화시킨다. 인간은 1천 만 내지 2천 만 개의 후각수용기로 약 10,000여 가지의 냄새를 탐지할 수 있으나, 블러드하운드 종의 개는 2억 개 정도의 후각수용기를 가지고 있다(Herz, 2001). 후각도 화학적 감각이지만 촉각과 미각처럼 기본 감각들이 존재하지 않는다. 후각 수용기는 다른 감각세포들과는 달리 시상을 거치지 않고, 측두엽의 후각뇌나 변연계로 직접 투사한다. 후각을 통해 들어온 냄새는 정서를 유발하는 강한 단서가 될 수 있고, 때론 과거 기억을 떠올리기도 하고 기억 관련 맥락효과의 단서로도 이용이 가능하다. 후각경험을 설명하는 이론 중에서 먼저 자물쇠-열쇠이론(lock-key theory)은 향분자의 형태와 수용기의 형태가 맞아야 냄새를 맡게 된다(Amoore, 1970)는 것이며, 진동이론(vabration theory)은 각 향의 분자는 특정한 진동 주파수를 가지고 있으므로 주파수에 따라 다른 향으로 지각(Wright, 1982)된다는 것이다. 한편 냄새(향수 등)가 인간의 정서와 판단에 영향을 준다는 연구결과가 있다. 취업과 향수의 관계를 알아보기 위하여 체스니와 스탈베르크(2002)가 면접에 사용하는 향수에 따라 취업에 영향을 미치는지 알아보기 위한 실험을 실시하였는데, 그 결과를 보면, 남성이 남성용 향수를 사용했을 때 취업에 도움을 주었지만, 여성용 향수를 사용했을 때는 역효과가 났으며, 여성이 책임있는 직무에 응시한 경우에는 여성용 향수보다 남성용 향수를 사용했을 때 더 취업에 도움이 되었고, 비서직무에 응시한 경우에는 남성용 향수보다 여성용 향수가 취업에 더 도움이 되었다.

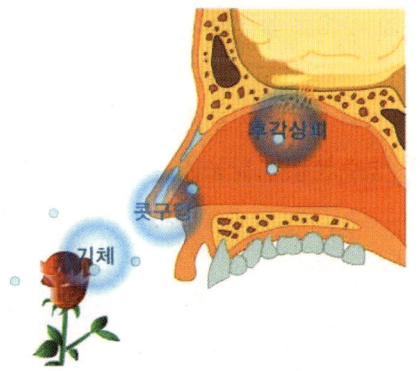
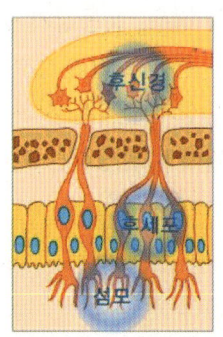

(3) 촉 각

촉각은 압각, 온각, 냉각, 그리고 통각이 결합되어 만들어지는 감각이다. 이 감각들 중에서 압각만이 자체적인 수용기를 가지고 있다. 압력에 대한 민감도는 입술, 코, 뺨에서 최고이고 엄지발가락에서 최저이다. 인간은 온도에 민감한데, 섭씨 1도 이하의 변화를 탐지할 수 있으며, 서로 다른 온도를 주로 온각수용기가 활성화되는지 냉각수용기가 활성화되는지에 의해서 부호화한다. 피부 및 신체감각은 대인관계에서 중요한 역할을 하여 사회성 발달에 중요한 단서가 되기도 한다. 접촉감은 유아의 생리적인 안정감 증가, 적절한 체중 증가, 초기의 시지각을 발달시킨다. 피부 및 신체 감각의 박탈이 일정기간 지속되면 사회적 상호작용의 정상적인 패턴을 보이지 못하고, 성적 행동과 양육행동에서의 비정상적인 행동을 보인다(Harlow, 1966).

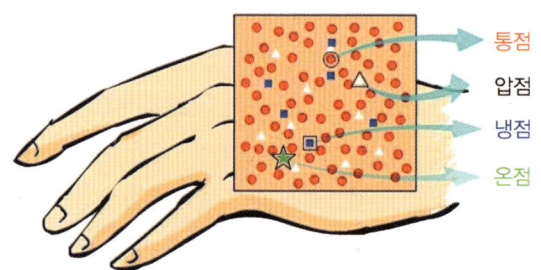

한편 조직의 파괴를 가져올 수 있을 만큼 강한 모든 자극이 통각이다. 통증의 강도는 항상 통증을 일으키는 상처의 정도로만 예측될 수 있는 것이 아니며, 주관적인 통증의 강도는 민족과 집단에 따라 다를 수 있다. 위상성통증은 짧으며 그 강도는 급히 상승하였다가 급히 하강한다. 긴장성통증은 오래 지속되며 꾸준한 강도를 유지하는 것이 특징이다. 고통에 대한 민감도는 유해자극 이외에 다른 요인들, 예를 들면, 기대와 문화적 신념에 의해서 크게 영향을 받는다. Ronald Melzack(1980)가 주장한 입구통제이론(gate control theory)에 의하면, 통증을 신호해주는 체계는 척수에 있는 신경입구를 통하여 대뇌로 전달되는 신경충격 양식으로 되어 있다. 아주 드문 경우로 통각을 느끼는 능력이 없이 태어난 사람들도 있다. 예컨대 혀의 일부가 잘려나가고 난로에 3도 화상을 입었어도 통증을 느끼지 못하는 캐나다의 한 소녀의 경우, 운동경기 중 다친 상처의 통증을 못 느끼다가 경기종료 후에 지각하는 경우 등이다. 한편 사지가 없이 태어난 사람들도 간혹 사지로부터 감각을 지각하기도 하는데, 이러한 환상지 감각은 시각 및 청각과 마찬가지로 통각에 대해 뇌가 정상적인 감각 능력이 없는 상태에서 발생하는 자발적 중추신경계 활동을 잘못 해석할 수 있음을 시사한다.

제2절 지각

1 서설

(1) 지각의 개념

지각(perception)은 사람이 놓여있는 환경에 대하여 의미를 부여하기 위한 그의 감각적 자극을 조직화하고 해석하는 과정이다. 달리 말하면 그것은 외부세계에 대한 내적 표현의 창출과정이라고 할 수 있다. 지각은 인지과정의 중요한 부분을 차지할 뿐만 아니라 개인행동형성의 중요한 요소로 작용한다.

우리의 지각적 판단은 선천적인 능력뿐만 아니라 후천적인 과거의 경험이나 학습에 크게 영향을 받는데, 예를 들면 개인의 욕구나 욕망 등의 동기, 기대감, 성격, 문화배경에 따라서도 개인의 지각적 판단은 달라질 수 있다. 이러한 지각(perception)은 의미가 파악되지 않은 감각을 의미있는 지각으로 변화시킨다. 즉 환경에서 주어지는 자극들을 인식하고 조직화하고 의미를 파악하는 일련의 과정이다[9].

그러나 지각이 항상 안정적이고 정확한 것은 아니다. 동일한 대상이라 하더라도 여러 지각경험을 할 수 있다. 대상이 실제로 존재하지 않는데도 불구하고 그 대상을 생생히 지각하게 된다(환각). 또한 대상의 속성을 잘못 판단하게 되는 경우도 있다(착각). 이러한 예들은 우리의 지각이 즉각적이지 않고 사전경험이나 정신 상태에 따라 달라지며 복잡한 추리과정을 포함하고 있다는 것을 지적한다.

(2) 지각요인

지각의 개념정의에 있어 핵심단어는 선택과 조직화이다. 같은 상황에 대해서도 사람들은 서로 다르게 지각할 수 있다. 사람들은 오감을 통해 환경으로부터의 자극을 지각하지만 특정한 측면을 선택적으로 지각한다. 이러한 지각에 영향을 주는 요인 중 먼저 외적 지각요인은 외부환경으로부터의 자극이 지각에 영향을 미치는 요인을 말하는데, 여기에는 강도(intensity), 규모(size), 대비(contrast), 반복(repetition), 움직임(motion), 신기함(novelty), 친밀함(familiarity) 등과 같은 것들이 있으며, 이러한 요인들이 결합하여 지각에 영향을 미치게 된다.

지각의 내적 요인에는 지각자의 동기(motivation), 성격(personality), 학습(learning), 이해관계(interests), 기대(expectations) 등이 있다.

---

[9] 한편 표상(representation)은 외부세계의 대상을 마음에 나타내는 것으로 머리에 아는 것을 다시 갖는 것을 말하지만, 그것이 본질과 똑같은 것이라고 할 수는 없다. 즉 표상하는 사람이 총체적인 틀을 합산·종합하여 떠올리는 것이다. 예를 들면, 검은 얼굴하면 강한 사나이를 표상하거나 태극기하면 한민족을 표상한다. 한편 우리가 인식할 수 있는 정도보다 더 낮은 자극으로 당사자가 의식하지 못하는 자극(예 : spot광고)을 역치하 지각(subliminal stimulation)이라고 한다. 역치하 지각은 흔히 광고에서 볼 수 있는데, 예를 들면, 상품을 선전할 때 에로틱한 문구나 이미지를 슬쩍 흘려보내어 연관시키는 광고기술이 이에 해당한다.

그 밖에도 장소, 빛, 열과 같은 상황적 요인들도 지각에 영향을 미칠 수 있으며, 다른 조건하에서 같은 사건도 다르게 지각될 수 있다. 예를 들면 부엌에서 칼을 들고 있는 사람과 자정이 지난 시간에 공공장소에서 칼을 들고 있는 사람은 똑같이 지각될 수 없다.

(3) 선택적 주의

선택적 주의는 추가적인 처리를 위해서 어떤 자극은 선택하고 나머지 자극은 제거하는 과정이다. 시각에서 우리의 주의의 방향을 정하는 일차적인 수단은 안구운동인데, 안구고정의 대부분은 한 장면에서 정보량이 많은 부분들에 집중하며, 선택적 주의는 청각에도 존재한다. 또한 선택적 주의능력은 재인의 초기단계에서 발생하는 과정에 의해서뿐만 아니라 메시지의 의미를 이해하고 난 후에 일어나는 과정에 의해서도 영향을 받는다. 부주의 맹시(inattentional blindness)에서도 알 수 있듯이 지각은 주의에 따라 지각능력이 영향을 받을 수 있음을 보여주고 있다. 즉 주의를 충분히 주지 않은 현상이나 사물에 대해서는 지각의 왜곡이 발생하거나 사후의 기억조차 왜곡될 수 있다는 것이다. 예를 들면, 1950년대 콜리 체리에 의해 만들어진 용어인 칵테일파티효과(cocktail party effect)[10]나 변화맹(change blindness) 현상이 선택적 주의에 해당한다. 선택적 주의는 우리가 경험할 수 있는 모든 것들 중에서 한 순간에 의식할 수 있는 것은 매우 제한되어 있다는 것을 의미한다. 따라서 교통사고를 목격한 사람이 교통사고 순간 그 자리에 있었고 자기가 모든 상황을 다 보았다고 증언하더라도 100% 믿을 수 없는 경우이다.

무주의 맹시

인지공백, 부주의의 맹목성, 무관심 맹목(Inattentional Blindness)이라고도 하는 것으로 비록 사람이 눈으로 응시하고 있더라도 주의가 기울여지지 않는 자극은 지각되지 않는 경우에 일어나는 현상을 말한다. Arien Mack과 Irvin Rock(1998)이 실시한 실험뿐만 아니라 Daniel Simons와 Christopher Chabris(1999)에서도 무주의 맹시에 대한 실험이 이루어졌는데, 이들은 농구게임을 하는 비디오 장면을 피험자들에게 보여주고 몇 번이나 공을 주고 받는지 세라고 주의를 준 후 비디오 장면에서 고릴라가 지나가는 모습을 피험자들이 지각했는지를 확인해본 결과, 전체 피험자 중에서 45%는 고릴라를 보지 못했다고 보고하였다.

---

10) 칵테일파티효과는 감각기억이 존재하기 때문에 가능한 것으로, 감각기억은 다시 청각에서 일어나는 잔향기억과 시각에서 일어나는 영상기억으로 구분된다. 그중에서도 칵테일 파티효과는 잔향기억에서 일어나는 현상이다. 시끄러운 나이트클럽에서 고래고래 소리를 지르며 대화를 할 수 있는 것도 아주 짧은 순간이긴 하지만 잔향기억이 존재하고 있기 때문이다. 예를 들면 졸다가도 내릴 역에서 잠이 깨는 것이나, 시끄러운 번화가를 걷고 있을 때에도 동전이 떨어지는 소리를 또렷이 들을 수 있는 것 등이다.

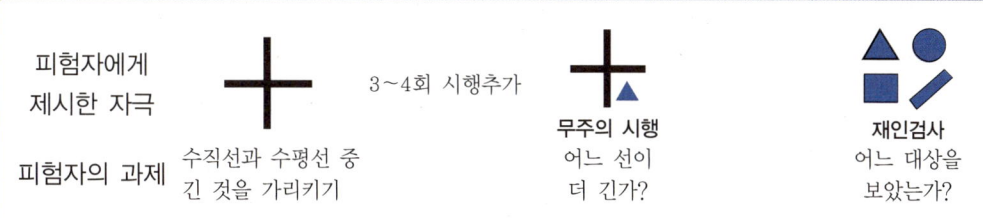

❖ Arien Mack과 Irvin Rock의 실험 ❖

이들 실험에서 알 수 있는 것은 세부적인 점을 보아야 할 상황에서는 초점주의가 필수적이라는 것을 보여주는 증거이다. 일련의 사건에 주의를 기울이게 되면 설사 바로 눈앞에서 다른 사건이 일어나더라도 이를 알아채는 데 실패할 수 있다는 것을 보여준다.

2 지각이론

(1) 접근방법

먼저 생리학적 접근은 환경사상의 에너지를 신경흥분으로 변환하는 감각기관의 구조적 특징과 감각자료를 바탕으로 지각경험에 이르게 하는 뇌 과정을 연구한다. 정신물리학적 접근은 환경 에너지의 변화와 그에 상응하는 감각과 지각경험 간의 양적 함수 관계를 연구한다. 인지적 접근은 유기체의 사전경험이나 맥락 또는 주의집중에 따른 지각 현상의 다양성을 연구한다.

(2) 지각의 생리적 기초

유기체가 환경대상을 지각하는 것은 자극이 감각수용기를 통해 들어오는 것으로부터 시작된다. 감각수용기는 외부의 물리화학적 에너지를 신경흥분으로 변환시키는 기능을 하는 신경세포이다. 수용기는 그 기능에 따라 광수용기, 청각수용기, 후각수용기, 미각수용기, 촉각수용기로 나눌 수 있다.

유기체의 감각기관 및 그 후속 신경경로들은 환경의 물리적 자극을 단순히 신경흥분으로 변환하고 전달하는 것뿐만 아니라 환경의 감각사상들을 구조화하고 축약하는 기능을 포함한다. 예컨대, 외측억제과정을 통해서 윤곽을 더욱 뚜렷하게 만들고 색 부호화와 잔상 및 순응 과정을 통해서 환경의 일시적 변화에도 불구하고 대상의 불변적인 속성을 찾아낸다.

(3) 형태지각

① 구조주의적 접근

구조주의(Structuralism)는 Wundt를 비롯한 초기심리학자들의 사조로 우리의 지각내용이 감각질(sensation)이라는 단순 요소들로 분해되어 이해될 수 있다는 이론적 입장이다. 화학자들이 원자라고 불리는 소수 원소의 결합으로 모든 물질을 설명하듯 감각질이라는 원소의 결합으로 모든 의식현상을 설명할 수 있다는 주장이다. 감각질은 자기 자신의 의식을 들여다보는 내성(introspection)을 통하여 지각내용을 더 이상 쪼갤 수 없는 단계까지 분석함으로써 확인될 수 있다. 구조주의 접근은 대상에 대한 지각이 작은 부분에서 시작하여 그 정보들이 분석된 후 통합되는 단계적 과정을 통해 일어난다고 본다.

② 형태주의적 접근

형태주의(Gestaltlism)학자에 속하는 Wertheimer는 전체는 부분의 단순한 합이 아니라고 했고, 전경과 배경을 보면 일반적으로 큰 도형은 배경으로 작은 도형은 전경으로 지각되는 경향이 있으며, 경험과는 무관한 지각구성의 법칙(근접성, 유사성, 연속성, 공통행선의 원리, 충만성 등)이 있다. 요약하면 형태주의자들은 '전체는 부분들의 총합이상'이라고 본다. 따라서 대상의 지각은 요소감각들의 합이 아니라 그 요소들이 배열되는 관계성에 의해 결정된다고 주장한다. 따라서 여러 개의 자극으로부터 의미 있는 집단을 형성하는 과정이 지각체제화이다. 즉 지각체제화란 부분들을 더 큰 단위들로 묶어서 지각하고 부분적인 자극들을 의미 있는 대상으로 전환하는 과정을 말한다.

요약하면, 형태주의자들은 자극패턴과 지각경험 간의 관계에 초점을 두었지만 구조주의 접근에서는 지각표상이 어떤 정신과정을 통해 형성되는지에 관심을 갖는다.

㉠ 지각의 조직화 : 우리는 주의가 집중되기 전에도 외부환경의 변화에 대한 정보를 끊임없이 처리한다. 즉 주의집중을 하기 전에도 정보처리가 이루어진다. 그러나 우리가 경험할 수 있는 모든 것들 중 한순간에 의식할 수 있는 것은 매우 제한되어 있다. 따라서 지각자가 관심을 기울이는 대상에 관해서만 주의(attention)를 기울여 정보를 의식할 수 있다. 이는 다른 감각도 마찬가지이다. 이렇게 선별적으로 의식을 집중하는 과정에서 대상을 구성하는 요소를 보다 큰 단위로 묶는 과정을 지각의 조직화라고 한다. 지각의 조직화를 설명하는 법칙에는 최선의 법칙(단순성의 법칙)과 완결의 법칙(틈을 메워 하나의 통합된 형태로 지각하려는 경향성)이 있다.

보통의 풍경처럼 보일 것이다. 그러나 잘 관찰하면 갑자기 얼굴이 튀어나오기 시작할 것이다. 이 그림은 동일한 형태자극도 보기에 따라 바위 혹은 얼굴로 지각될 수 있다는 것을 보여준다. 또한 이 그림은 바위나 덤불들이 서로 무관하게 널려 있다가 갑자기 얼굴이 불쑥 튀어나오면서 서로 응집되고 체제화 되어 감을 보여준다.

ⓐ **전경과 배경** : 전경이란 배경과 구분되어 지각되는 대상을 말하며, 배경이란 전경이 나타나는 그 뒷면의 바탕을 말한다. 형태지각은 배경(ground)이라고 하는 주변으로부터 전경(figure)이라고 하는 대상을 분리해서 보는 것으로, 주어진 자극을 배경의 뒤로 한 전경으로 조직화한다.

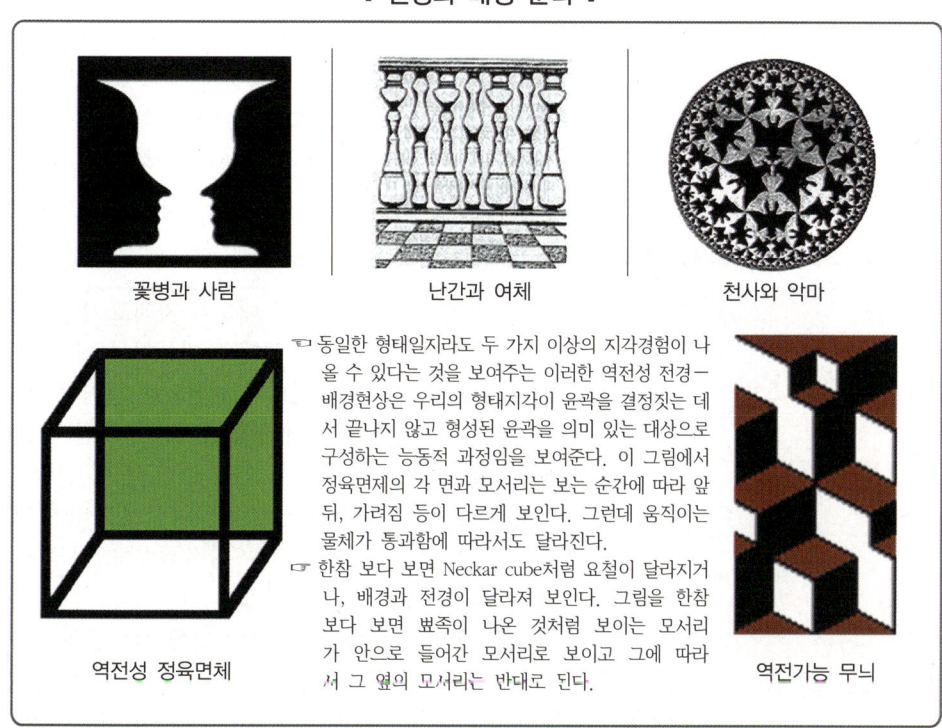

❖ 전경과 배경 분리 ❖

꽃병과 사람 / 난간과 여체 / 천사와 악마

□ 동일한 형태일지라도 두 가지 이상의 지각경험이 나올 수 있다는 것을 보여주는 이러한 역전성 전경-배경현상은 우리의 형태지각이 윤곽을 결정짓는 데서 끝나지 않고 형성된 윤곽을 의미 있는 대상으로 구성하는 능동적 과정임을 보여준다. 이 그림에서 정육면체의 각 면과 모서리는 보는 순간에 따라 앞뒤, 가려짐 등이 다르게 보인다. 그런데 움직이는 물체가 통과함에 따라서도 달라진다.
☞ 한참 보다 보면 Neckar cube처럼 요철이 달라지거나, 배경과 전경이 달라져 보인다. 그림을 한참 보다 보면 뾰족이 나온 것처럼 보이는 모서리가 안으로 들어간 모서리로 보이고 그에 따라서 그 옆의 모서리는 반대로 된다.

역전성 정육면체 / 역전가능 무늬

ⓑ **지각 집단화** : 전경과 배경을 분리한 뒤 전경을 의미 있는 형태로 조직화할 때, 색채·운동·명암대비와 같은 장면의 기초적인 특징을 즉각적이고 자동적으로 처리한다. 이 때 기본적인 감각들에 순서나 형태를 부여하기 위해 집단화(Grouping)하는 규칙이 있다.[11]

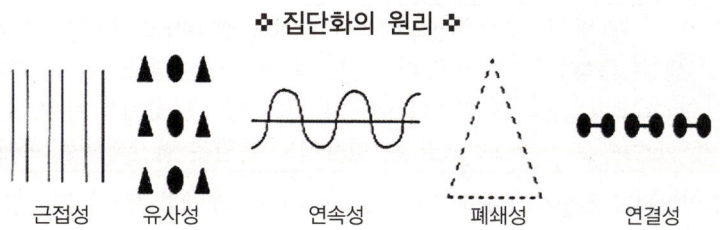

❖ 집단화의 원리 ❖

근접성 / 유사성 / 연속성 / 폐쇄성 / 연결성

---

[11] 사람들은 자극들을 많은 방식으로 지각할 수 있지만, 어디에서나 자극들을 유사한 방식으로 보는데, 게슈탈트심리학자들은 이것이 뇌가 감각정보를 전체로 정렬하는 규칙을 사용한다는 증거라고 주장한다.

집단화는 근접성(proximity, 가까이 있는 것들을 함께 집단화, 두 줄로 된 세 개를 봄), 유사성(similarity, 생김새가 유사한 것끼리 집단화, 삼각형과 원으로 된 수직선을 봄), 연속성(continuity, 불연속적인 것보다 부드럽게 연속된 패턴으로 지각, 곡선과 직선으로 지각), 폐쇄성(closure, 틈이 있는 경우, 빈곳을 채워 완전한 전체적인 대상으로 지각), 연결성(connectedness, 동일한 것이 연결된 경우, 점과 선과 그 영역을 하나의 단위로 지각)의 원리에 따른다.

ⓒ 지각 항등성 : 지각항등성이란 감각정보는 변화하고 있는데도 불구하고 대상들을 비교적 안정적이고 변화하지 아니하는 것으로 지각하는 경향성을 말한다. 즉 대상 자극(대상의 크기, 형태, 밝기, 색채)이 변화하여도 대상을 일관성 있게 지각하는 것이다. 지각항등성은 모든 감각양상에서 나타나며 기억과 경험이 중요한 역할을 한다. 이러한 항등성 기제는 많은 착시의 원인이 되기도 하며, 항등성 기제가 적용하지 않더라도 단안단서나 양안단서는 거리에 관한 정보와 크기지각에 관한 정보를 제공할 수 있다.

모양항등성 (shape constancy)	어떤 각도에서 보더라도 어떤 대상이 가지고 있는 모양이 같은 것이라고 보는 경향성이다. 때때로 대상의 실제 크기는 변하지 않지만 보는 각도에 따라 형태가 변화되는 것처럼 보이는데, 모양항등성 때문에 망막영상이 변화되어도 친숙한 대상이 일정한 형태를 가진 것으로 지각한다. 예를 들면, 문이 열릴 때 문이 열려진 각도에 따라서 우리의 망막에 맺혀진 영상의 형태는 변화되지만 우리는 문이 일정한 형태를 가지고 있는 것으로 지각한다.
크기항등성 (size constancy)	보는 거리에 관계없이 어떤 대상을 같은 크기의 것으로 지각하는 것을 말한다. 즉 대상까지의 거리에 변화가 있어도 그 대상이 일정한 크기를 갖고 있는 것으로 지각한다. 예를 들면, 크기항등성에 의해 20m 떨어진 주차장의 차를 사람이 타기에 충분한 크기로 지각한다. 대상의 거리와 망막영상의 크기가 지각되고 나면 즉각적이고 무의식적으로 대상의 크기를 추론한다[12].
명도항등성 (brightness constancy)	망막에 도달하는 광선의 양은 변화하는 데도 명도가 같은 것으로 지각하는 것을 말한다. 예를 들면, 흰 종이는 촛불 아래에서건 또는 밝은 전구 아래에서건 간에 흰 것으로 지각된다.
색채항등성 (color constancy)	감각정보가 변화함에도 불구하고 친근한 대상이 같은 색채를 가지고 있는 것으로 지각하는 경향성이다. 예를 들면, 본인 소유의 빨간색 승용차는 어두운 곳에 두면 갈색이나 검정색으로 보일 수 있음에도 본인은 빨간색으로 보게 된다.

ⓒ 전주의과정과 초점주의과정 : Treisman(1980)이 제안한 세부특징통합론에 따르면 형태지각은 초보적인 시소자를 추출해내는 전주의 과정과 이 시소자들을 통합하여 대상지

---

[12] 달착각(moon illusion) : 지평선에는 거리에 대한 단서들이 많아서 그 단서들보다 멀리 있는 달을 더욱 멀리 있는 것으로 지각한다. 따라서 밤하늘의 중천에 있는 달보다 지평선에 있는 달이 50% 더 크게 보인다. 그런데 종이를 말아서 작은 구멍을 통해 달을 관찰하면 거리 단서들이 사라지므로 달이 갑자기 작게 보이게 된다.

각으로 이끄는 초점주의 과정으로 나누어진다고 한다. 전주의 과정측면에서 보면 시소자란 선의 기울기, 선분종말, 움직임, 색, 크기, 폐쇄성 등의 현출한 세부특징을 가진 대상의 부분적 속성으로서 일반적으로 초점주의가 없어도 쉽게 찾을 수 있는 특징들이다. 반면에 만일 초점주의가 주어져 있지 않을 경우 여러 대상의 세부특징들이 서로 잘못 결합되어 실제와는 다른 대상이 지각되는 경우인데, 이 현상을 착각적 결합이라 한다. 우리가 여러 대상 중 어떤 대상을 찾을 때 한 번 찾아본 위치를 다시 찾는다면 비효율적일 것이다. 이 때문에 우리의 지각체계는 주의집중이 주어진 곳은 되돌아가지 않으려고 하는 경향이 있다. 이것을 회귀억제라고 하는데, 유기체는 이러한 기제를 통해서 장면에 있는 새롭고 흥미로운 대상들을 우선적으로 탐색할 수 있게 된다.

❖ 시소자 ❖

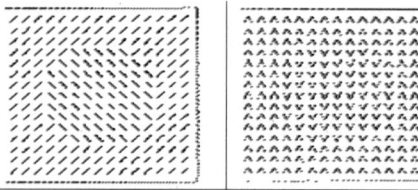	
시소자로 구성된 첫 번째 자극판은 경계가 쉽게 구분된다. 그러나 두 번째 자극판은 경계가 잘 보이지 않는다.	V중에서 O를 찾는 것은 쉽다. 그러나 P중에서 R을 찾는 것은 쉽지 않다. 왜냐하면 주위의 자극이 R과 동일한 부분을 가지는 P가 있고 Q는 R과 사선을 공유하고 있기 때문에 초점주의를 통해 P의 형태와 Q의 형태를 결합하는 세부특징 통합과정을 거쳐야 한다.

㉣ **지각의 처리방식** : 시각경험은 기억과 학습에 크게 의시하며, 특성의 동기와 가치, 기대, 인지유형, 그리고 어떤 특정한 문화에서 성장하게 되는 경험 등도 영향을 준다.

- 상향처리(bottom-up processing)는 감각수용기에서 시작하여 감각정보에 대한 뇌의 해석으로 이끌어가는 분석이다. 즉 시각적 특징들을 완전한 형태로 구성하려는 경향성을 말하며, 그 사물이 갖고 있는 전체적인 모양이나 부분적 세부특징에 의존하여 인식하는 과정으로 자료 주도적 처리방식을 말한다.
- 하향처리(top-down processing)는 감각질을 해석하기 위하여 경험과 기대를 사용하고, 인간이 갖는 개념·지식·동기·기대와 같은 고등 정신과정들이 형태재인에 영향을 주는 방식을 강조한다. 구체적으로 하향처리방식에 의한 자극의 해석을 보면 다음과 같다.

지각적 갖춤새	경험, 가정이나 기대를 통해 지각적 갖춤새(perceptual set) 또는 마음의 갖춤새를 형성하여 지각에 영향을 미친다. 경험을 통해 얻은 개념 혹은 스키마가 친숙하지 않은 정보를 조직화하고 해석하는 데 도움을 주는 등, 이미 가지고 있는 스키마를 이용하여 모호한 감각을 해석한다.

지각적 갖춤새		
	☞ 가운데 그림에서 무엇을 보게 되는가? 색소폰 연주자를 보는가 아니면 여인의 얼굴을 보는가? 위 그림에서 무엇을 보는가는 두 장의 모호하지 않은 그림 중 어느 것을 먼저 보는 가에 달려 있다(Boring, 1930).	
맥락효과	자극 인식의 차이가 스키마 때문이기도 하지만, 즉각적인 맥락효과 때문일 수 있다. 예를 들면, 성실한 사람이 머리가 좋으면 지혜로운 것으로 해석되고 이기적인 사람이 머리가 좋으면 교활한 것으로 해석되는 것이라든가 예쁜 여자가 공부도 잘하면 기특한 것이고 못생긴 여자가 공부를 잘하면 독한 것으로 해석하는 것처럼 처음에 제시된 정보가 나중에 들어오는 정보들의 처리 지침을 만들고 전반적인 맥락을 제공하는 것 등이다.	
단어우월효과	동일한 문자라고 하더라도 그것이 단어 속에 제시되면 비단어 속에 제시될 때보다 더 정확히 인지된다. 예를 들어, 'WORK'라는 단어와 'ORWK'라는 비단어의 마지막 문자가 둘 다 'K'지만 전자에서 더 정확히 인지되며, 'K'라는 문자가 단독으로 제시될 때보다, 'WORK'로 제시될 때 더 정확하게 인지된다(Reicher, 1969).	
둘 이상 자극의 정보처리시 주의관련 과제	주의 (attention)	일반적으로 사람들은 크게 두 가지 종류의 주의(attention)를 갖고 있다. 그것은 의식적 주의와 자동적 주의이다.
	Stroop의 실험(1935)	의식적 주의와 자동적 주의의 상관관계를 알아보기 위하여 한 실험으로 먼저 ⓐ 단순히 색을 칠한 나무판을 제시하였다. ⓑ 나무판에 색을 표현하는 글자의 뜻과 실제 글자의 잉크색이 불일치하도록 프린팅된 단어를 제시하였다. 그리고 피실험자에게 자극판의 색 이름을 바르게 명명하도록 지시하였다. 그 결과 일반적으로 ⓑ 조건의 반응시간이 ⓐ 조건의 반응시간13)보다 2배 이상 걸리는 것으로 나타났다. 이처럼 ⓑ의 경우, ⓐ의 경우보다 색을 말하는 반응시간이 오래 걸리는 현상을 스트루프 간섭효과라고 한다. 반대로 ⓐ의 경우, 색을 말하는 데 시간이 더 짧게 걸리는 현상을 스트루프 촉진효과라고 한다. 이는 단어를 읽는 과정이 자동화되어 색을 말하는 과정에

---

13) Donders(1986)는 '정신과정의 속도'를 연구하면서 어떤 인지과정이 수행되는 방식에 관한 특정 설명들을 검증하는 수단으로 반응시간(reaction time)을 빈번하게 사용하는데, 반응시간이란 실험 참가자들이 특정과제를 수행하는데 걸리는 시간의 양인데, Donders의 연구결과, 추가의 정신적 단계는 추가의 시간을 초래한다는 것이 확인되었다.

간섭하므로 발생하는 현상인데, 즉 일상적으로 우리는 단어를 사용하는 것에는 익숙하지만 색 이름에 반응하는 것은 비일상적이기 때문이다. 스트루프 효과는 전쟁 중에 군인이 예상치 않은 곳에서 갑자기 나타나는 물체를 무작위로 사격하는 경우, 운전자가 갑자기 튀어나오는 고양이 등을 발견하고 급브레이크를 밟는 경우 등에서도 볼 수 있다.

3 지각의 차이

(1) 거리와 깊이의 지각

망막에 떨어지는 상은 2차원이지만, 3차원으로 대상을 지각하여 대상이 점유하고 있는 전체의 면적이 얼마나 되는지를 판단하는 것처럼 우리는 거리와 대상의 크기를 결정하는 데 단서들을 많이 활용한다. 거리와 깊이의 지각은 대상이 얼마나 멀리 있는 가를 추정할 수 있도록 해준다. 또한 대상의 크기에 관한 우리의 지식은 대상과 우리 간의 거리 지각에 영향을 미치기도 하며, 가까이 있는 대상은 더 많은 빛을 반사하므로, 동일한 두 대상이 있을 때 흐린 것이 멀리 있는 것으로 지각된다. 상대적 밝기 때문에 안개 속에 있는 자동차나 주차등만을 켜놓은 자동차는 실제보다 더 멀리 있는 것으로 지각되어 사고가 일어나기도 한다. 상대적 높이에 따라서도 지각에 차이가 나는데 시야에서 위쪽에 있는 대상을 더 멀리 있는 것으로 지각한다. 또한 인간의 움직임에 따라 실제로 고정되어 있는 대상이 움직이는 것처럼 보이는 것은 상대적 운동 때문이다. 자연주의자들은 깊이지각과 낭떠러지에 대한 회피는 타고난 생물학적 장치의 한 부분으로서 자동적으로 나타난다고 주장하며, 경험주의자들은 깊이지각과 낭떠러지에 대한 회피는 학습된다고 주장한다.

❖ 시각절벽실험 ❖

높이에 대한 두려움은 자연적인지, 아니면 경험적인지의 논란은 여전히 남아 있지만, 부분적으로 생래적(Gibson & Walk, 1960)이다. 생후 6~14개월 된 아이들을 시각절벽(visual cliff) 가장자리에 올려놓은 결과, 높이에 대한 두려움 때문에 아이들은 맞은 편으로 기어오지 않았다.

> 한편 동물을 대상으로 한 실험을 보면, 생후 24시간 이내의 병아리는 시각벼랑으로 떨어지는 일이 없었다. 태어난 직후인 새끼 염소와 새끼 양의 경우, 단 한 번도 시각벼랑에서 떨어지는 일이 없었고, 새끼 고양이도 마찬가지였다. 쥐는 본래 시각을 이용하지 않기 때문에 시각벼랑에 대한 특별한 반응을 보이지 않았고, 거북은 물이 아니라는 것을 알 정도로 영리해서 76%는 얕은 쪽으로 가고 24%는 가장자리로 넘어갔다.

이상의 전통적인 시각절벽 장치를 이용한 실험에서는 영아가 길 수 있어야만 하므로 더 어린 영아의 깊이 지각에 대한 해답은 제공하지 못한다. 그런데도 이러한 한계를 극복하고 수정된 시각절벽 연구에서는 2개월 된 영아에게도 깊이 지각이 어느 정도 존재하고 있음을 제시해준다.

Campos 등(1970)은 영아들이 시각 절벽 장치 위에 있을 동안 그들의 심장 박동을 기록하도록 하는 장치를 영아들에게 부착하였다. 절벽 쪽에 엎어서 뉘어 두었을 때는 영아들의 심장 박동이 느려졌으나, 절벽이 아닌 쪽에 두었을 때는 아무런 변화도 일어나지 않았음을 발견하였다. 그러나 이러한 결과는 유아가 보는 깊이 변화에 대한 주의나 흥미를 나타낸 것이지, 높은 것에 대한 두려움을 보이는 정서반응은 아니며 깊이를 입체적으로 볼 수 있는 입체지각 능력은 3~4개월이 되어야 나타난다(Fox, Aslin, Shea, & Dumais, 1980)는 주장도 있다. 반응에 있어서 이렇게 차이가 나는 것은 2개월 된 영아가 시각 절벽의 깊이 차이를 지각하고 있다는 것을 말해 주는 것으로, 이것은 2개월 된 영아에게는 일어났으나 그보다 어린 영아들에 있어서는 나타나지 않았다. 따라서 영아가 시각적 절벽을 인식하는 능력은 비교적 일찍 발달하지만, 시각적 절벽에 대한 공포는 기어 다닐 수 있는 시기에 나타나는 것이라 결론내릴 수 있겠다.

① 단안단서(monocular cues)

한 개의 눈만을 요구하고 있는 시각적 그림단서로서, 단일시점, 단일장소, 한 눈에 의해 수집된 자극정보가 단서로 사용된다. 즉 거리를 지각함에 있어서 각 눈에 따로 인지되어 작용하는 것이다.

중첩 (superposition)	한 사물이 다른 사물의 일부를 가리게 되면 그 사물이 다른 사물보다 앞쪽으로 나와 있는 것으로 지각하는 것을 말한다. 즉 하나의 대상이 두 번째 대상을 부분적으로 차단하는 것으로, 만약 대상 A가 대상 B의 일부를 차단한다면 대상 A는 대상 B보다 앞에 있는 것으로 보여지는 것을 말한다. 한편 중첩은 우리와 대상간의 거리에 관한 정보를 제공하지는 않지만 상대적 깊이를 표시해준다.
선형조망 (linear perspective)	평행한 도로, 철길, 복도의 모서리들이 한 점을 향해 수렴하면서 체계적으로 깊이에 비례하여 좁아지는 것과 관련된 깊이단서이다. 원근법으로 그림을 그릴 때 그림 속에서 평행선들은 멀리 갈수록 수렴된다. 거리가 멀면 멀수록 수렴의 정도가 커지고 무한대의 거리에서는 마침내 두 개의 선이 만난다.

원근법	대기조망 (aerial perspective)	거리에 따라 점진적으로 상이 더 흐려지는 것에 의해 깊이판단을 하도록 하는 단서이다. 실제로 우리는 먼지, 물방울, 공기속의 오염 물질을 지닌 공기를 통해서 보기 때문에 멀리 있는 대상들은 가까운 대상들보다 더 희미하게 보인다.
	상의 높이	시야의 위쪽에 있는 물체가 아래쪽에 있는 물체보다 더 멀리 있는 것으로 보이는 것을 말한다. 이런 법칙은 수평선하에 있는 대상들에도 적용되나, 수평선 상에 있는 구름과 같은 대상은 우리의 시야에서 더 낮게 있을 경우 더 멀리 있는 것으로 보인다.
	결의 밀도변화 (texture gradient)	사물들이 널려 있을 때 거리가 멀수록 사물들의 상이 작아지면서 촘촘해지는 것을 말한다. 표면의 결은 조밀할수록 멀게, 조밀하지 않을수록 가깝게 보인다.
	그림자	물체들이 3차원적인 입체감을 갖게 하는 효과를 말한다.
	상의 운동차 (motion parallax)	상의 이동속도가 관찰자로부터의 거리에 반비례하여 천천히 움직이는 것처럼 지각되는 깊이단서를 말한다.

② **양안단서**(binocular cues)

양 눈에 의해 수집된 정보가 조합되어 하나의 단서로 사용된다. 즉 두 개의 눈을 사용할 것을 요구하는 시각적 단서로, 거리를 지각함에 있어서 두 눈을 통해 인지하는 것인데 두 눈에 맺힌 영상은 대상의 상대적인 거리 판단에 중요한 단서가 되며, 시선수렴

(convergence)은 가까운 대상을 볼 때 두 눈의 눈동자가 코 쪽으로 돌아가는 신경근육의 단서이다[14]. 한편 양안부등(binocular disparity)은 동일한 물체의 윤곽이 두 눈의 대응되는 부위에 상이 동일하게 맺히지 않고 서로 차이가 발생하는 것을 말한다. 따라서 3차원 지각이 가능하다.

(2) 운동 지각

자동운동 (autokinetic illusion)	우리의 눈이 고정된 곳을 응시하려 해도 자동적으로 움직이게 되어 그 광점의 망막상 위치가 변화되어 움직이는 것처럼 보이는 착시(optical illusion)인데, 한마디로 정지하고 있는 대상임에도 실제로 운동하는 것으로 지각하는 것을 말한다. 즉 어두운 방에서 촛불을 응시하고 있으면 불빛이 표류하는 듯이 보이는 가현운동이다.
스트로보스코픽운동 (stroboscopic motion)	영화처럼 일련의 정지하고 있는 그림들을 빠르게 연속적으로 비춤으로써 생기는 가현운동을 말한다. 즉 영화처럼 약간 다른 영상을 연속적으로 보여주면 대뇌는 그것을 움직임으로 지각한다. 초당 24장의 영상을 보여주면 영화필름은 운동지각을 일으키지만, 사실은 우리가 보는 운동은 필름에 있는 것이 아니라 우리의 뇌에서 구성되는 것이다. 한편 파이현상이란, 극장 차양에 불빛을 연속하여 비춤으로써 일어나는 가현운동을 말한다. 예를 들면, 근접한 두개의 전구가 연속적으로 켜졌다 꺼졌다를 반복할 경우, 불빛이 이동하는 것으로 지각되는 현상이다. 공사현장이나 음식점의 화살표 전구 등은 파이현상(phi phenomenon)을 이용한 가현운동이다.
유도운동 (induced motion)	배경의 움직임으로 전경이 움직이는 것처럼 보이는 착시를 말한다. 예를 들면, 흘러가는 구름사이에 달이 있을 때 상대적으로 크기가 작은 달이 움직이는 것처럼 보이는 것을 말한다.

4 착각과 착시

일반적으로 사람들은 일상을 살아가면서 자신의 눈에 보이는 것만을 믿으려고 하는 경향이 있다. 사람들은 착시현상을 처음 접했을 경우 자신의 눈을 의심할 것이다. 그리고 과연 이러한 현상이 가능할 것일까 하는 의문을 가지고 확인하려 들 것이다. 결국 그것이 확인되었을 때 비로소 우리는 보는 것이 믿는 것이라는 환상에서 깨어나 사물을 보는 새로운 시각을 가지게 된다.

여기서 먼저 개념을 구분하면, 착각(illusion)은 감각자료가 처리되고 지각되는 과정 중에 발생

---

14) 예를 들어, 3-D 영화나 입체경을 만드는 방법이 몇 cm 떨어진 두 개의 카메라를 이용하여 대상을 촬영함으로써 양안부등 정보를 이용한다. 두 영상의 차이인 양안부등은 대상의 상대적인 거리를 판단하는데 중요한 단서가 된다.

되는 지각오류를 말하며, 전 감각양식에서 발견되며 원인은 다양하다. 그리고 착시(visual illusion)는 시각에서의 착각을 말하는데, 그릇된 거리 또는 깊이판단과 관계된 착시들이 많다. 즉 크기, 형태, 빛깔 등 사물의 본래 성질과 눈으로 본 성질 사이에 차이가 있는 경우를 가리킨다. 무심코 느끼는 오해는 착시가 아니고 얼마간의 주의를 기울이거나 지각이 잘못 됐음을 알고 있는데도 계속 잘못된 채로 지각되는 현상이다.

한편 다른 감각의 착각보다 시각적 착각을 중요시하는 이유는 다른 감각과 시각의 정보가 서로 상충되면 보통은 시각정보가 더 우세하기 때문이다. 이를 시각의 우세성(visual captual)이라고 한다.

(1) Müller-Lyer착시

Müller-Lyer착시를 설명하는 이론에는 깊이(거리)처리 이론이 있다. 이 이론에 따르면 크기 항상성의 원리와 관련되는 것으로 Emmert의 법칙이 있다. Emmert의 법칙은 어떤 대상의 크기가 그 대상까지의 거리에 비례한다는 이론으로서, 깊이처리이론은 이러한 Emmert의 법칙에 근거하여 착시도형도 선형조망 단서에 의해 깊이가 다르게 보이고, 따라서 착시가 일어나는 것을 말한다.

❖ Müller-Lyer 착시 ❖

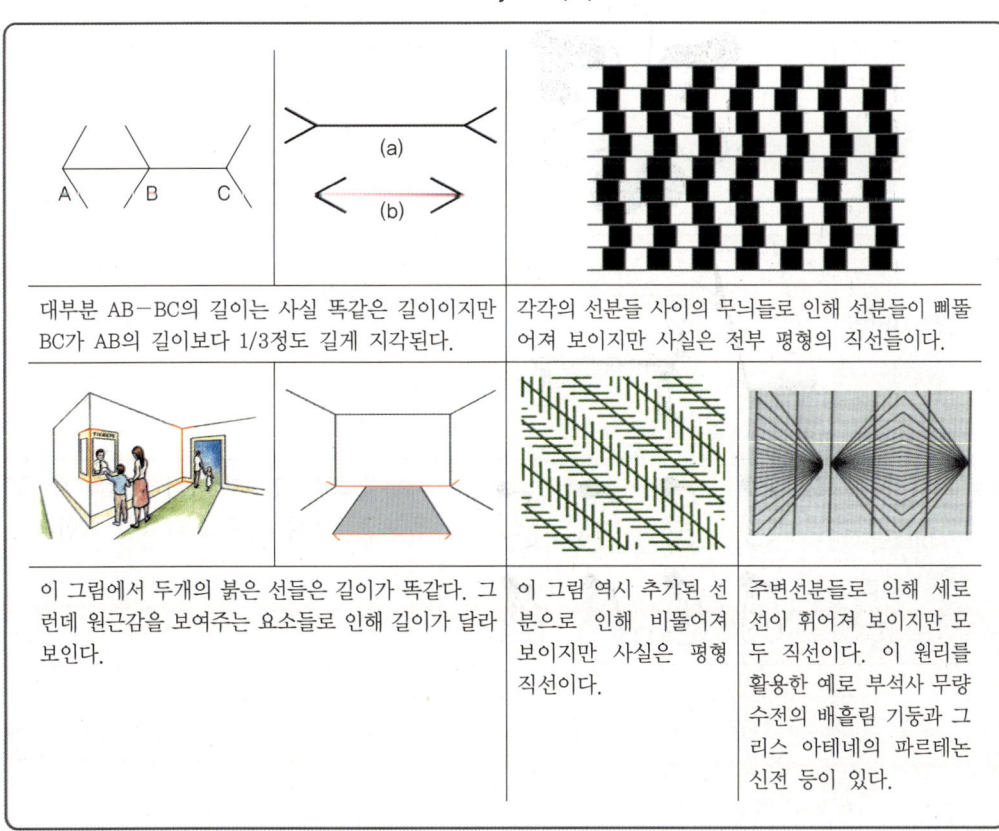

대부분 AB-BC의 길이는 사실 똑같은 길이이지만 BC가 AB의 길이보다 1/3정도 길게 지각된다.	각각의 선분들 사이의 무늬들로 인해 선분들이 삐뚤어져 보이지만 사실은 전부 평형의 직선들이다.
이 그림에서 두개의 붉은 선들은 길이가 똑같다. 그런데 원근감을 보여주는 요소들로 인해 길이가 달라 보인다.	이 그림 역시 추가된 선분으로 인해 비뚤어져 보이지만 사실은 평형 직선이다.	주변선분들로 인해 세로선이 휘어져 보이지만 모두 직선이다. 이 원리를 활용한 예로 부석사 무량수전의 배흘림 기둥과 그리스 아테네의 파르테논 신전 등이 있다.

(2) 착각의 종류

물리적 착각 (physical illusion)	수용기 세포에 도달하는 정보왜곡으로 인한 착각을 말한다. 즉 막대기를 물에다 넣고 보았을 때 굽은 것으로 보이는 현상이다.
지각적 착각 (perceptual illusion)	자극 속에 부정확하거나 또는 불가능한 지각을 만들게 하는 오도적인 단서 때문에 일어나는 착각을 말한다. Müller-Lyer의 착시에서 볼 수 있듯이 선분과 화살을 따로 지각하지 않고 그림을 전체적인 구조로 보기 때문에 지각적인 착각이 일어난다. 즉 지각적 착각은 항등성을 유지하고자 하는 지각체계의 경향 때문에 발생한다.

❖ 착각 또는 착시 그림 ❖

역전가능한 그림		촛불이 얼굴을 가리고 있는 것으로 보면 한 사람으로, 촛불을 무시하면 두 사람이 마주보고 있는 것으로 보인다.
착각적 윤곽		착각적 윤곽에서는 중앙의 삼각형이 윤곽이 없는 데도 선명하게 지각된다.
평행사변형 착시		두 평행사변형의 실제 크기나 모양은 같지만 왼쪽이 더 크고 길게 보인다.
미녀와 뚱보얼굴		그림을 보는 순서에 따라 중간의 각 그림이 뚱보얼굴이나 여체로 다르게 보인다.

| 기타 착시 | | | | |

5 초감각지각

(1) 개요

초감각지각이라는 용어는 1870년대 처음 사용된 것이나, 1930년대에 미국의 조셉 라인(Joseph Banks Rhine)이 심령현상을 과학적 방법으로 연구하여 초감각지각의 기초를 마련하였다. 그는 초일상적인 현상을 실험을 통해 통계적으로 증명하였고, 이러한 연구를 초심리학이라고 명명하여 이 분야의 선구자가 되었다.

(2) ESP의 존재

ESP는 오감이나 경험에 의존하지 않는 초과학적인 방법으로 정보를 얻는 능력을 말하는데, 초감각지각이 존재하는가에 대하여 결론부터 말하면, 초감각지각(extrasensory perception)은 과학적 검증이 부정확한 심령현상이다. 대부분의 심리학자들은 초감각지각에 대하여 ESP를 신봉하려면 두뇌가 감각입력 없이 지각할 수 있다고 믿어야 하며, 사이비심리학자들은 통제된 조건에서 ESP 현상을 반복할 수가 없다는 비판을 가한다.

(3) 초감각의 종류

텔레파시(telepathy)	거리(tele)와 느낌(pathe)의 합성어로 마음과 마음의 의사소통이라고 한다. 한 사람이 다른 사람에게 자신의 생각을 전송하거나 다른 사람의 생각을 받아들이는 현상이다. 예를 들면, 20년 이상 식물인간상태였던 환자에게 의사가 뇌신호를 보낸다. "오늘 특별히 아픈 곳이 없나요? 아프면 파란 하늘을, 괜찮으면 달리는 늑대를 생각하세요."라고 지시하자 식물인간의 뇌가 '달리는 늑대'의 신호를 보내는 것이 fMRI로 나타난 경우이다.
천리안(clairvoyance)	감각기관을 통하지 않고 어떤 물체나 사건의 발생을 지각하는 능력이다. 봉투 속에 담겨진 카드가 어떤 것인지를 맞힌다든지 멀리 떨어져 있는 사람의 행동을 가까운 눈 앞에서 보는 것이 가능한 능력이다. 예를 들면, 공항에서 사용하는 알몸투시기로 불리는 전신스캐너는 옷 속에 감춘 비금속성 물질이나 폭발물을 식별할 수 있는데, 정밀한 기계의 투시기능을 인간이 갖고 있는 경우이다.
예지(precognition)	미래사건의 지각으로, 앞으로 발생할 사건을 예측하는 것을 말한다. 예를 들면, 지구 종말을 예언하거나 주요 정치지도자의 사망 또는 스포츠 경기의 우승을 미리 아는 것 등이다. 주세리노라는 사람은 미래를 예언하는 적중률이 90%이상으로 2001년 9·11테러, 2008년 중국 쓰촨성 대지진, 2004년 인도네시아 쓰나미 등과 관련된 꿈을 꾸고 정부에 편지로 사전에 알려준 바 있다. 그는 2036년 11월 11일에 지구가 거대한 운석과 충돌할 가능성이 80% 이상이라고 예언했고, 2043년까지 전세계 인구의 80%가 죽게 될 것이라고 예언하기도 하였다.
염력(psychokinesis)	마음이 물질에 힘을 가하여 마음 먹은대로 조절이 가능하도록 하는 능력을 말한다. 예를 들면, 멈춘 시계를 다시 움직이게 한다든지 또는 숟가락을 만지지 않고 굽게 하는 등의 능력이다.

 머피의 법칙

Murphy의 법칙은 일이 좀처럼 풀리지 않고 갈수록 꼬이기만 하는 경우에 쓰는 용어이다. 일종의 경험법칙으로, 징크스라고도 하는데 이는 불길한 징후를 뜻하지만 일반적으로 선악을 불문하고 불길한 대상이 되는 사물 또는 현상이나 사람의 힘으로는 어찌할 수 없는 운명적인 일 등을 말한다. 머피의 법칙은 미국 에드워드 공군기지에 근무하던 머피(Edward A. Murphy) 대위가 1949년 처음으로 사용하였다. 당시 미공군에서는 조종사들에게 전극봉을 이용해 가속된 신체가 갑자기 정지될 때의 신체 상태를 측정하는 급감속 실험을 하였으나, 모두 실패하였다. 나중에 조사해 보니 조종사들에게 쓰인 전극봉의 한 쪽 끝이 모두 잘못 연결되어 있었는데, 이는 한 기술자가 배선을 제대로 연결하지 않아 생긴 사소한 실수 때문이었다. 전극봉을 설계한 머피는 이를 보고 "어떤 일을 하는 데는 여러 가지 방법이 있고, 그 가운데 한 가지 방법이 재앙을 초래할 수 있다면 누군가가 꼭 그 방법을 쓴다."고 말하였다. 머피의 법칙은 바로 여기서 유래하였다. 그 뒤 일이 좀처럼 풀리지 않고 오히려 갈수록 꼬이기만 하여 되는 일이 없을 때 흔히 이 말이 사용되면서 일반화되었다. 다시 말해서 머피의 법칙은 자신이 바라는 것은 이루어지지 않고, 우연히도 나쁜 방향으로만 일이 전개될 때 쓰는 말이다.

예를 들면, '버터 바른 토스트는 항상 버터 바른 쪽이 바닥으로 떨어진다.', '슈퍼마켓 계산대에 줄을 서면 옆의 두 줄 중 하나가 더 빨리 빠진다.', '지도에서 내가 찾는 지점은 꼭 접힌 곳이거나 가장자리 근처에 있다.', '그냥 지나칠 때는 자주 오던 버스도 타려고 기다리면 죽어도 안 온다(정류장의 법칙)', '공부를 안 하면 몰라서 틀리고 어느 정도 하면 헷갈려서 틀린다(시험의 법칙)', '공중화장실에서 제일 짧은 줄에 서면 꼭 안의 사람이 큰일을 보는지 오래 걸린다(화장실의 법칙)', '사면서 좀 창피하다는 생각이 드는 물건일수록 계산대에서 바코드가 잘 찍히지 않는다(바코드의 법칙)', '잘보이고 싶은 사람과 함께 노래방에 같이 갈 확률과 노래 부를 때 삑사리가 날 확률은 정비례한다(노래방의 법칙)' 등이다.

☞ 유사법칙
- 검퍼슨의 법칙 : 일어나지 말았으면 하는 사건일수록 더 잘 일어난다.
- 질레트의 이사법칙 : 지난 번 이사 때 없어진 것은 다음 번 이사 때 나타난다.
- 프랭크의 불가사의 : 펜이 있으면 메모지가 없다. 메모지가 있으면 펜이 없다. 둘다 있으면 메시지가 없다.
- 미궤트의 일요 목수 법칙 : 찾지 못한 도구는 새 것을 사자마자 눈에 띈다.
- 코박의 수수께끼 : 전화번호를 잘못 돌렸을 때 통화중인 경우는 없다.
- 린치의 법칙 : 가방을 바닥에 내려놓자마자 엘리베이터가 도착한다.
- 잔과 마르타의 미용실 법칙 : 머리 자르려고 작정하자 헤어스타일이 멋지다는 칭찬이 쏟아진다.
- 마인스 하트법칙 : 타인의 행동이 평가대상이 되었을 때, 마음속으로 좋은 인상을 심어 주면 꼭 실수를 한다.
- 프리랜스 디자이너의 법칙 : 바쁜 일들은 모두 마감 날이 같다.
- 스코프의 법칙 : 더러운 바닥에는 아이들이 아무것도 흘리지 않는다.
- 하인리히의 법칙 : 어떤 큰 사고가 일어나기 전에는 그에 앞서 '징후'를 보이게 된다.

 의식 · 사고 · 언어

제1절 의식의 심리학
제2절 사고의 심리학
제3절 언어의 심리학

Chapter 04 의식 · 사고 · 언어

제1절 의식의 심리학

의식(consciousness)은 수면, 꿈, 집중, 그리고 의사결정 등과 같은 인지과정들을 자각하는 것으로, 각성의식이란 우리가 깨어 있고 상당히 정신 차려 있을 때 일어나는 생각과 감정을 포함하는 의식의 상태를 말한다. 이러한 각성의식은 선택적인 의식이라 할 수 있다.

1 의식의 변화

의식의 변화상태(ACS : Altered States of Consciousness)는 우리가 깨어 있고 정신차려 있을 때 경험하는 상태와는 상당히 다른 의식의 상태를 말한다. 예를 들면 백일몽, 수면과 꿈 등이 포함된다. 물론 인간은 의도적으로 의식을 변화시키는 것이 가능한데, 명상(meditation), 초월명상(TM), 최면, LSD나 코카인 복용상태 등이 그 예이다. 이처럼 의식은 수면상태에서부터 최고조의 각성상태 사이의 일련의 연속선상에서 끊임없이 변화한다. 이런 의식의 변화를 의식의 흐름이라고 한다.

백일몽	대낮에 꿈을 꾼다는 뜻으로 실현될 수 없는 헛된 공상을 말한다. 이를 심리적으로 보면 노력을 들이지 아니하고 전형적으로는 현실세계의 요구에서 잠시 동안 도피하고자 할 때 일어나는 것 같은 의식의 변경상태를 말한다. 백일몽은 불안을 반영하고 자기의심과 실패에 대한 공포를 반영하며, 죄의식이나 불안에 시달리지 않는 행복한 환상을 반영한다.
명상	명상은 마음을 자연스럽게 안으로 몰입시켜 내면의 자아를 확립하거나 종교수행을 위한 정신집중을 널리 일컫는 말로 여러 가지의 상이한 형태를 취할 수 있다. 명상은 깊은 이완을 일으키며, 약물이용과 기타의 문제들을 감소시키는 데 유용할 수 있다.
감각박탈	감각자극을 급격하게 감소시킬 때 생기는 것으로, 감각박탈은 변화된 의식 상태를 일으키며 여기에서 환각, 변화된 지각, 꿈, 백일몽 및 환상 등 비정상적인 의식을 경험하게 된다. 연구들은 감각박탈을 시키고 나면 청각, 촉각, 고통에 대한 민감성 그리고 미각 등이 보다 예민해지는 반면, 기타의 감각능력은 별로 영향을 받지 않거나 감소된다는 것을 시사해 주고 있다.

최 면	일종의 변화된 의식 상태의 하나이며 편안하게 이완된 상태로 가게 된다. 이러한 최면(hypnosis)과 피암시성은 어떤 사람의 지각과 행동을 변화시키는 것으로 알려져 있는데, 최면은 보편화된 것은 아니지만 여러 가지 의학적 장면에서, 특히 강력한 마취제로 통증완화에 이용되고 있으며, 잃어버린 기억을 회복하거나 범죄수사에서도 이용된다. 그러나 최근에는 최면상태에서 한 진술이 사실과 허구가 결합된 새로운 거짓기억으로 평가되면서, 영국 등의 법정에서는 최면을 겪은 목격자의 증언을 금지하고 있기도 하며, 최면은 중독을 치료하는 데는 효과가 없다. 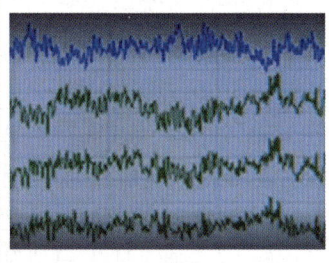 알파파 과거에는 최면에 잘 걸리게 되는 경우 부정적인 특성을 지닌 것으로 보았으나 현재 심리학연구에 따르면 최면에 잘 걸리는 사람일수록 직관, 상상력, 창조적 능력이 높은 것으로 나타나고 있다. 즉 최면은 최면가의 능력보다는 피암시성이 높은 사람의 수용성에 달려 있다. 이러한 최면상태에서는 명백한 생리적 변화가 수반되지 않는다. 반면에 명상과 수면상태에서는 뇌파와 신진대사율에 변화가 있고, 각성상태에서는 심박수, 혈압 그리고 호흡의 변화가 있다. 일반적으로 사람들은 최면상태에서 자신이 어떤 행동을 할지 모른다는 두려움을 갖거나 최면에서 빠져 나오지 못하지 않을까 하는 두려움, 최면상태에서 너무 많은 이야기를 하지 않을까하는 두려움, 최면으로 인해 다른 사람의 조정을 받지 않을까하는 두려움, 상대방에게 쉽게 속게 되는 것은 아닌가 하는 두려움을 갖게 되어 최면에 걸리기를 꺼려하기도 한다. 최면이 정상적 감각과 의식적 자각 간의 해리를 조래한다는 생각은 최면에 걸린 사람이 아무도 보지 않을 때에도 최면 후 암시를 수행할 수 있고, 존재하지 않는 것을 '볼 것'이라고 말해준 최면에 걸린 사람의 두뇌영상은 실제 자극을 감각할 때 활동하는 두뇌영역의 활성화를 보여주며, 통증완화를 위해 최면에 걸린 사람은 감각정보를 받아들이는 두뇌영역의 활성화를 보여주지만, 그 정보를 처리하는 영역은 그렇지 않다는 점에서 나온 것이다.
수 면	수면의 기능[1]은 불분명하지만 진화론의 관점에서 보면, 수면은 음식공급이 부족하거나 침략자들이 많을 때 유기체가 활동하지 못하도록 하는 순응적 기제이다[2].

---

[1] 이러한 수면은 낮의 신체적 정신적 피로를 회복해주는 기능(신체회복설), 곰이 겨울잠을 자는 것처럼 영양분을 절약해주는 기능(에너지절약설), 수면 중 낮동안의 사건들을 분류·정리하는 기능(기억정리설), 정상적인 신생아에게는 REM 수면이 많은 반면에 지적 장애아의 경우에는 REM 수면이 짧고(뇌성숙촉진설), 입체지각을 꿈속에서 연습(양안조절유지설)하는 기능을 한다는 견해들이 있다. 인간은 7~8시간, 코끼리와 말은 3~4시간, 고릴라는 12시간, 고양이는 14시간, 박쥐는 20시간을 잔다.

[2] 스탠포드대 Dement(1997)에 의하면, 대학생들의 80%는 위험수준의 수면박탈에 처해 있으며, 이런 학생은 사고를 저지를 위험이 있고 학습곤란, 생산성저하, 실수, 짜증, 피로를 호소한다. 야간에 발생하는 교통사고의 30%가 졸음운전과 관련된다는 것도 수면박탈이 얼마나 위험한 것인지를 시사한다.

수 면	수면에는 5단계가 있다. 1단계는 몇 분 동안만 지속하며 진짜 수면과 각성상태의 경계성인데, REM수면시의 EEG패턴이 이 단계와 가장 유사하다. 수면은 2단계와 3단계에서 점차적으로 더욱 깊어져 간다. 4단계는 Delta수면인데 가장 깊은 단계의 수면이다. 1-4단계의 수면을 NREM 수면이라고 부른다. 5단계 REM 수면이 시작된다. 수면의 순서는 하룻밤 동안 4번 내지 5번, 약 90분마다 반복되며, 2단계가 전체 수면시간의 약 50%를 차지하고 REM은 약 1/4을 차지한다. 수면초반에는 주기가 짧고 3~4단계의 수면이 길지만, 수면 후반에는 주기가 길고 REM 수면이 많아진다. 그래서 새벽에 꿈을 많이 꾸게 된다.
꿈	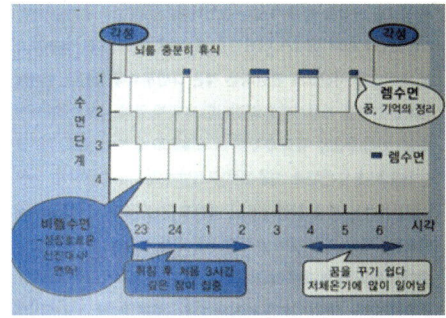꿈은 REM수면과 NREM수면 모두에서 일어나지만 REM수면에서 보다 빈번히 일어나고 세부적이다. 보통 REM수면에서 80% 정도 꿈을 꾸는데, 보다 구체적인 내용의 꿈을 꾼다. 반면에 NREM수면에서는 20% 정도의 꿈을 꾸지만 그 내용이 애매모호한 경우가 많다. 평상시에 꿈을 거의 꾸지 않는 사람도 REM수면시 깨우면 꿈을 보고하기도 하며, 동물도 REM수면이 있기에 꿈을 꿀 가능성이 높으며, 신생아의 경우도 REM수면이 나타나기에 꿈을 꾸고 있음을 알 수 있다[3]. 의식의 세계를 일반적으로 COSMOS적 우주(물리적 세계)라고 하고 무의식의 세계를 CHAOS적 우주(심리적 세계)라고 한다. Freud는 "꿈은 무의식에 이르는 왕도다."라고 했는데 정신분석적 치료에서는 꿈에 대한 자유연상과 해석 그리고 통찰을 강조한다. 따라서 꿈은 내면세계를 가장 빨리 접촉하는 방법으로써 가치가 있다. 
Freud의 소망충족론	꿈은 다른 방법으로는 용인될 수 없는 감정을 표현하는 '정신적 안전밸브'를 제공한다. 표출(기억된) 내용과 깊은 곳의 잠재내용(숨겨진 의미)을 담고 있다. 그러나 과학적 증거가 결여되어 있고 꿈은 여러 가지 방식으로 해석될 수 있다.
정보처리론	꿈은 그날의 사건을 분류하고 기억을 응고화시키는데 도움을 준다. 그러나 경험하지도 않은 사건에 대한 꿈을 꾸기도 하는 이유를 설명할 수 없다.

---

[3] 신속안구운동수면에서 뇌파는 깨어있을 때의 뇌파인 베타파가 주로 나타나며, 뇌에서 단백질 합성이 왕성해지고 꿈을 꾸는 경우가 대부분이다. 또한 목과 사지의 근육긴장도가 약화된다.

생리적 기능론	REM 수면의 규칙적인 두뇌자극은 신경통로의 발달과 유지에 도움을 준다. 그러나 의미 있는 꿈을 꾸는 이유를 잘 설명하지 못한다.
활성화-종합론	REM 수면은 무선적 시각기억을 유발하는 신경활동을 촉발시키는데, 두뇌가 이것을 이야기로 엮는다. 그러나 개인의 두뇌가 이야기를 엮는 것인데, 그 이야기는 꿈꾸는 사람과 관련된 이야기다.
두뇌-성숙/인지이론	꿈 내용은 꿈꾸는 사람의 인지발달, 즉 지식과 이해를 반영한다. 그러나 꿈의 신경과학을 경시하는 문제가 있다.

보통, 사람들은 1년에 약 1,500개의 꿈을 꾸며, 평생 동안 약 6년 정도 꿈을 꾼다. 꿈의 80%는 부정적인 정서와 관련되고, 젊은 남성의 꿈 중 10%가 성적인 내용이며, 젊은 여성의 꿈 중 3.3%가 성적인 내용으로 알려져 있다. 또한 꿈은 새롭고, 때로는 비논리적인 형태로 재료를 재조형하고 재창조하며 창의적 아이디어의 원천이 될 수 있다.

한편 꿈꾸고 있을 때 살짝 냉수를 뿌릴 경우 꿈에서 폭포나 바다 등을 더 꿈꾸게 하는 것처럼 외적 자극과 내용자극 모두 진행 중인 꿈을 수정시킬 수는 있지만 꿈을 시작하게 할 수는 없다.

꿈[4]을 해석할 때는 자신의 임의대로 해석하지 말고, 꿈이 나에게 무엇을 의미하는가를 스스로에게 물어서 무의식을 여는 열쇠처럼 드러날 때까지 기다려야 한다.

불면증은 정상적으로는 스트레스와 관련되며 성인의 약 10~15%정도가 이 증세를 앓고 있다고 하며, 일시적인 경우가 많다. '호흡정지'는 주로 과체중인 사람들에게 많이 나타나며 수면동안 호흡곤란(수면무호흡증)이 특징인데 이들은 하룻밤에도 몇 백번씩 각성의식에 소금 못 미치는 각성상태에 이르며, 나음날은 완선히 시쳐 버리게 된다. 한편 '기면발작(narcolepsy)'은 보통 5분 이내 지속되며, 가끔 낮에 활동 중이거나 크게 웃고 있는 중에도 또는 한창 성관계 중에도 갑자기 잠에 떨어지는 것을 특징으로 한다. 이는 중추신경계에 결함으로 생기며, 약물로 어느 정도는 치료할 수 있다. 아이들의 경우에는 깨어나서 기억하지 못하지만 수면 중 걸어 다니거나 말을 하는 증세를 보이기도 하는데, 이를 '수면보행증'이라고 한다.

---

[4] 한편 Lucid Dream이라고 하는 자각몽(自覺夢)이 있다. 이는 1913년 네덜란드의 내과의사에 의해 처음 사용된 용어로 꿈을 꾸고 있음을 알고 꾸는 꿈이다. 그러나 단순히 꿈의 내용을 통제할 수 있다고 해서 다 자각몽인 것은 아니다. 곧 자각몽과 비자각몽은 오직 꿈을 꾸고 있음을 알았느냐, 아니냐의 여부에 따라 구분된다. 이러한 자각몽은 비자각 상태의 꿈과 달리 합리적이면서 이야기 전개에 일관성이 있다. 또한 꿈을 꾸는 순간이나 나중에 회상할 때 놀랄 만큼의 정교한 모습을 드러낸다. 가장 중요한 것은 자신이 현재 꿈을 꾸고 있다는 사실을 스스로 인식한다는 것이다. 이러한 자각몽은 현대 정신의학이나 심리학에서 악몽 또는 가위눌림 극복, 개인적 공포의 해소 등과 같은 심리치료에 이용되기도 한다.

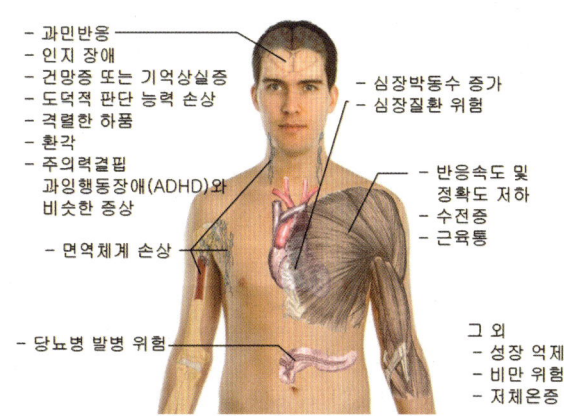
❖ 수면부족시 나타나는 증상 ❖

2 약물에 의한 의식변화

의식을 변화시키기 위하여 약물을 사용해 온 역사는 오래되었다. 약물이 의식에 미치는 효과는 약물을 취할 당시 그 사람이 가지고 있는 마음의 상태와 약물을 취하는 물리적, 사회적 정서적 분위기에 따라 다르게 나타나는데, 최근에는 사이버마약[5]이라는 것도 등장하였다. 약물효과를 과학적으로 연구하는 방법에는 주로 이중은폐(double blind)법이 이용된다.

구 분	투여법	주된 의학적 사용	기대효과	단기부작용	내성	신체적 의존 위험	심리적 의존 위험	치사량 복용 가능성
마취제	주사, 흡입, 경구	고통경감	행복감, 이완, 불안 감소, 고통경감	기면(혼수), 졸음, 메스꺼움, 손상된 협응, 손상된 정신기능, 변비	빠름	높음	높음	높음
진정제	경구, 주사	수면제, 항경련	행복감, 이완, 불안감소, 억제감소	기면(혼수), 졸음, 심각하게 손상된 협응, 손상된 정신기능, 정서변동, 우울	빠름	높음	높음	높음
	신경충격을 가속화시키거나 느리게 함으로써 행동과 사고를 느리게 하는 화학물질이다. 여기에는 알코올, 바르비투르산염(중추신경계의 활동을 억제하여 불안을 감소시키나 기억과 판단에 손상을 야기하는 약물) 그리고 헤로인 등이 포함된다. 알코올은 이완과 탈억제가 뒤따르며 우울, 기억상실, 신체기관손상, 반응저하 등의 부작용이 나타난다.							

---

[5] 사이버마약이란 특정한 주파수로 뇌를 자극하여 항불안증이나 항우울증 등의 효과를 낸다고 하는 음향파일을 가리킨다. 아이도저는 이 음원파일을 제공하는 사이트와 프로그램의 명칭이다. 사이버마약의 종류를 보면, 사람의 마음을 평온하게 하는 알파파(7~13Hz), 지각과 꿈의 경계상태라고 하는 세타파(4~8Hz), 긴장 또는 흥분 등의 효과를 내는 베타파(14~30Hz) 등 각 주파수의 특성을 이용하여 만든 총 73개의 음원파일을 10개의 세부항목으로 구분하여 제공한다. 그러나 그 효과와 유해성에 대하여는 아직 명확하게 규명된 바 없으며, 너무 무분별하게 확산되는 문제를 안고 있다.

흥분제	경구, 코로흡입, 주사, 흡연	과다활동과 기면발작 치료, 국부마취	의기양양, 흥분, 증가된 경계, 증가된 에너지, 감소된 피로	증가된 혈압과 심박률, 증가된 수다, 들뜸, 흥분, 불면, 감소된 식욕, 증가된 땀과 배뇨, 불안, 편집증, 증가된 공격성, 공황	빠름	중간	높음	중간에서 높음
	낙천주의와 무한한 에너지를 가진 것 같은 느낌을 주는 작용을 하며, 대단히 강화적이고 남용할 잠재성이 강하다. 암페타민은 원래 자극제로서의 속성때문에 개발되었지만 식욕억제제로도 사용되고 있다. 코카인은 교감신경계의 자극제이며, 심장의 박동을 증가시키고 혈압을 올리며, 그리고 혈관을 수축시켜 행복감을 일으킨다. 그 밖에 니코틴, 메탐페타민(스피드), 카페인 등이 있다.								
환각제	경구투여		증가된 감각인식, 행복감, 변경된 지각, 환각, 통찰력있는 경험	동공팽창, 메스꺼움, 정서변동, 편집증, 혼란스런 사고과정, 판단력 손상, 불안, 공황반응	점진적	없음	매우 낮음	매우 낮음
	LSD, 매스칼린(선인장에서 추출), 페요트 그리고 싸이로시빈(남미의 검은 버섯에서 추출) 등을 포함한다. 이들은 의존율이 낮으며 정신병을 일으키는 일은 드물다. 환각제는 시지각과 청지각에 심각한 영향을 미치며, 금단효과는 나타나지는 않지만 내성이 아주 빨리 나타날 수 있다. 가장 흔한 환각제인 마리화나는 적절히 사용하면 정신적 및 육체적 저하를 일으키지는 않는다. 한편 엑스터시(Ecstasy)는 흥분제이면서 약한 환각제에 해당하는 것으로 이를 복용하면 행복감과 사회적 친밀감을 야기하나 세로토닌 생성뉴런과 기분 및 인지에 장기적으로 유해한 결과를 초래한다.								
대마초[6]	흡연, 경구투여	녹내장치료 등	경미한 행복감, 이완, 변경된 지각, 강화된 인식	충혈된 눈, 입마름, 기억력 감퇴, 운동협응 둔화, 정신기능 둔화, 불안	점진적	없음	낮음에서 중간	매우 낮음

반대과정이론에 따르면, 약물에 중독된 경우 처음에 느낀 강도만큼의 쾌감을 얻기 위해서 약물의 복용량을 늘릴 수 밖에 없고, 약물을 끊었을 경우 심한 금단현상이 일어나기 때문에 중독상태에서 벗어나기 힘들게 된다고 한다.

3 의식의 구분

Freud에 의하면 인간의 의식은 언어와 이성적 논리를 할 수 있으며, 전의식은 과거 기억내용과 관련되고 무의식은 제스처나 얼굴과 몸의 움직임, 목소리 톤 등으로 표출된다. 그러나 정신을 의식과 무의식으로 나눌 수도 있으나 실제로는 자각의 정도에 따라 의식과 무의식을 연속선상에서 볼 수도 있다.

---

[6] 대마초는 중앙아시아 원산의 삼과 식물로 한해살이 풀이다. 대마초의 주요 성분인 테트라하이드로칸나비놀(tetrahydrocannabinol, THC)은 소량 섭취해도 심혈관계 및 중추신경계에 강한 작용을 하고 심혈관 증상으로 심박동 증가 및 수축기 혈압상승, 결막충혈 증상이 나타난다. 부작용으로는 폐질환이나 뇌기능장애, 우울증 등 자살생각을 3배나 더 하게 하는 증상이 생길 수 있고 여성의 경우 월경주기의 불규칙이나 미성숙한 난자 생산, 임신중 사용하면 미숙아의 출산 가능성이 높아지고 남성의 경우 생식기관의 기능을 약화시킨다. 반면에 대마초의 적정한 사용은 여성의 생리통완화, 암치료시 화학요법때 나타나는 구토를 정지시키는 작용, AIDS 환자에게 식욕을 찾아주고 다발성 경화증(multiple sclerosis)의 경련을 진정시키는 작용, 녹내장 환자의 안압 감소 등의 효과를 내기도 한다.

의식 (conscious)	의식은 개인이 각성하고 있는 경험들, 감정, 기억 등을 아는 것을 말한다. 의식은 현재 자각하고 있는 생각을 뜻하며, 전체의식으로 볼 때 빙산의 일각에 불과하다.
전의식 (preconscious)	전의식은 지금은 생각이 나지는 않지만 주의를 조금만 기울이면 '아~'하고 기억되는 것을 말한다. 현재는 의식하지는 않지만 노력을 통해 의식으로 끌어올릴 수 있는 수준의 기억이나 경험을 말한다.
무의식 (unconscious)	무의식은 인간의 심층적인 부분에 잠재되어 있는 의식을 말한다. 현재는 전혀 의식되지는 않지만 인간의 행동에 중요한 영향을 미친다. 인간 개인에게는 무의식이 의식세계로 드러나거나 행동으로 나타나는 것을 막는 강한 저항이 존재한다. 무의식은 눈으로 확인되기는 쉽지 않지만 말실수나 꿈, 망각, 자유연상 등으로 확인할 수 있다.

❖ 의식 무의식 전위식 ❖

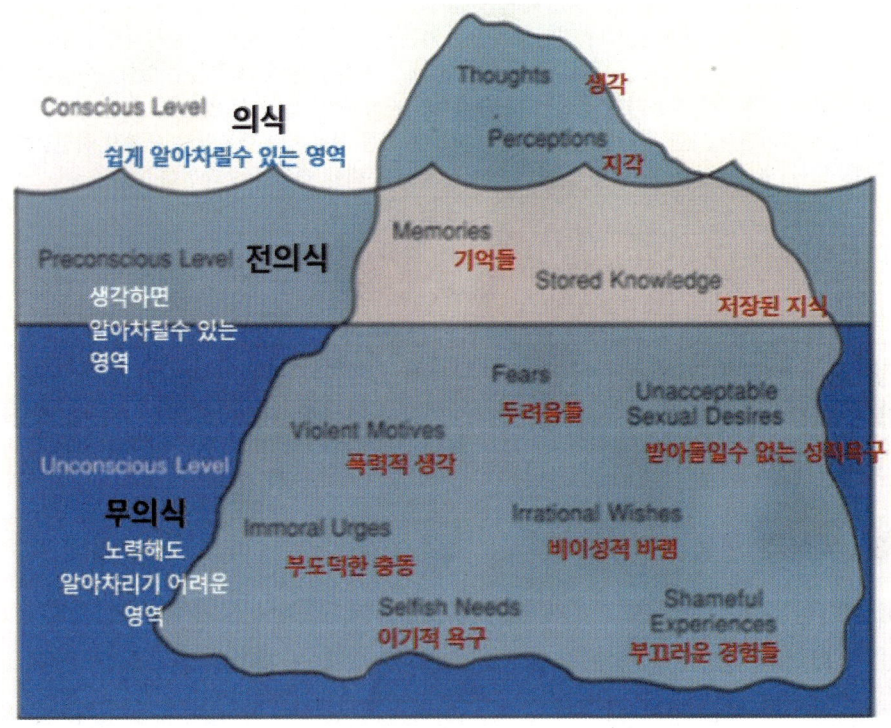

4 의식의 양식

인간에게는 분석적(analytic) 양식과 총체적(holistic) 양식인 2가지 종류의 의식 양식이 존재하며 상호보완적이다. 먼저 분석적 양식은 선형적이고 이성적인 의식양식이며, 총체적 양식은 비이성적이고 직관적인 의식양식이다.

우리의 일상적인 지식획득방법은 과학적 실험에서의 실험의 진행과정이 지닌 논리성에 토대를 두는 것처럼 분석적이지만, 이 방법이 유일한 것은 아니고 아르키메데스의 부력의 원리[7]나 또는 종교체험, 그리고 기도나 명상 등의 창의적이거나 과학적인 아이디어의 발견처럼 총체적 양식의 직관을 통해서도 지식획득이 가능하다.

생리적으로 보자면, 대뇌의 국재화(localization)로도 설명할 수 있는데, 즉 좌반구는 언어 및 논리(분석적 사고담당), 우반구는 공간능력 및 직관(총체적 사고담당)에 관련된다.

5 의식의 시간적 차원

(1) '시간에서의 순간' 이야기

현자인 나스루딘의 이야기에서 알 수 있듯 하나의 사건에 인과적이고 시간의 순서대로(단선적 또는 계열적으로) 영향을 미치는 것이 아니라 다양한 원인이 총체적으로 그 사건에 영향을 미칠 수 있다. 즉 동시적 관점(timeless synchronity)이 가능하다. 또한 우리가 깨어 있을 때는 과거-현재-미래의 시간적 순서나 연속적인 공간의 이동을 경험하지만 꿈을 꾸는 경우에는 의식 상태의 시공간 순서는 사라지게 된다. 이런 상태가 총체적 의식의 양식과 유사하다고 볼 수 있다.

나스루딘 이야기

중동지역의 현자인 나스루딘이 어떤 학자로부터 "운명이란 무엇입니까?"라는 질문을 받았다. "사건들이 서로서로 영향을 미치며, 뒤엉킨 채 끊임없이 연속되는 것입니다.", "그것은 결코 만족스런 대답이 아닌 것 같습니다. 나는 모든 것에는 인과관계가 있다고 믿고 있습니다.", "좋습니다. 저것을 좀 보십시오."하고 거리를 지나가고 있는 사람들의 행렬을 가리키며 현자인 나스루딘은 말했다. "사람들이 저 사람을 교수형에 처하려고 끌고 가고 있습니다. 저 사람이 끌려가는 원인을 생각해 봅시다. 어떤 사람이 저 사람에게 은화 한 닢을 주어 살인을 저지를 칼을 살 수 있게 했기 때문이겠습니까? 아니면 그가 살인하는 장면을 누군가 목격했기 때문일까요? 그것도 아니면 어느 누구도 그가 살인을 하지 못하도록 제지하지 못했기 때문입니까?"

---

[7] 부력의 원리란 작은 돌멩이가 밀어내는 물의 부피는 작으므로 물보다 무거워서 가라앉지만, 배는 밀려난 물의 양이 크기 때문에 쇠로 만들어도 가라앉지 않고 뜰 수 있는 원리를 말한다.

(2) 시간감각 – 지속시간

시간감각은 주관적이며, 개인에 따라 차이를 보인다. 즉 "나이를 먹을수록 시간이 화살처럼 빨리 가는 것 같아."라고 노인들이 자주 말하듯이 같은 시간을 보냈다고 할지라도 그 사람의 심리상태에 따라 다르다. 또한 의식경험의 양이 적으면 시간간격이 짧아지고, 의식경험의 양이 많을수록 시간간격은 길게 느껴진다. 즉 어떤 상황을 단순하게 생각할수록 시간이 빨리 가고, 복잡하게 생각할수록 시간간격은 길어진다.

그리고 일반적으로 사람들은 좋았거나 성공했던 경험보다는 좋지 못했거나 실패했던 경험을 더 잘 기억하고 회상하게 된다. 그 이유는 실패경험은 잘 살고 싶다는 기대와 크게 어긋나 있기 때문이고, 또한 실패한 경험을 통해 미래에 다시는 그런 경험을 하고 싶지 않은 욕구 때문이다. 그러다보니 성공경험보다는 실패경험에 대해 보다 잘 회상하게 되고, 이로 인해 힘들 때 더 시간이 안 가는 것처럼 느껴지는 것이다.

제2절 사고의 심리학

17세기 철학자 Descates의 고전적인 명제인 "Cogito, ergo sum(나는 생각한다, 고로 존재한다)."은 자신의 사고 과정에 대한 인식을 전제로 하는 개인적인 정체감의 재인(recognition)을 의미한다. '사고'라는 말은 '추리하다', '사색하다' 또는 '숙고하다'와 같은 단어로 나타낼 수 있다. 사고를 연구하는 심리학자들은 주로 이러한 의미의 사고에 관심을 둔다. 심리학자들은 다른 유형의 사고와 구분 짓기 위해 이러한 사고를 방향적 사고(문제 해결을 위한 일련의 내적 행위)라 부른다.

1 개념형성

개념이란 대상, 사람 또는 경험을 분류하기 위한 정신적 범주이다. 사고는 명제적 양식과 심상적 양식 모두에서 일어난다. 명제의 핵심 성분은 개념으로, 하나의 유목과 연합된 특성들의 집합이다. 이러한 개념[8]은 우리들이 사건들에 대해 적절하게 반응하도록 해 주며, 보다 체계적인 방식으로 기억하도록 도와준다. 개념은 새로운 정보를 습득하고, 그 정보를 기억 속에 저장하고 기억 속에 저장한 정보를 효과적으로 사용하는 데 커다란 도움을 준다. 개념은 오래 지속되는 기억을 만들어 내는 깊은 사고의 한 유형으로 정보를 범주로 만드는 데 결정적 역할을 한다.

---

[8] 이러한 개념이 있기 때문에 인간의 의사소통도 수월한 것이다. 예를 들어, "책 좀 빌리자"라고 할 때, '책'에 대한 개념정리가 없다면, 이 말을 하기 위해 세부적으로 설명해야 하기 때문이다.

(1) 용어의 구분

① 명 제

명제란 의미를 나타내는 지식의 단위, 진위판단을 할 수 있는 최소 단위를 의미한다.

② 개 념

개념은 복잡한 세상을 우리가 다룰 수 있는 단위로 나누는 수단이고, 대상에 대해 갖고 있는 추상적인 생각인 표상(부호화된 기억)이라 할 수 있고, 사물이나 사건에 대한 심적 표상이다. 이러한 개념은 공통된 속성을 범주화시켜 많은 정보의 인지적 처리를 경제적·효율적이게 한다. '어떤 개념을 말한다.'는 것은 내재된 속성을 안다는 의미로 현재 가용한 정보 이외의 것도 생각할 수 있게 한다. 즉, 개별 대상이 아닌 특정개념의 속성만 기억하게 하고 이로써 효율적인 기억이 가능하게 된다.

❖ 명제와 개념 ❖

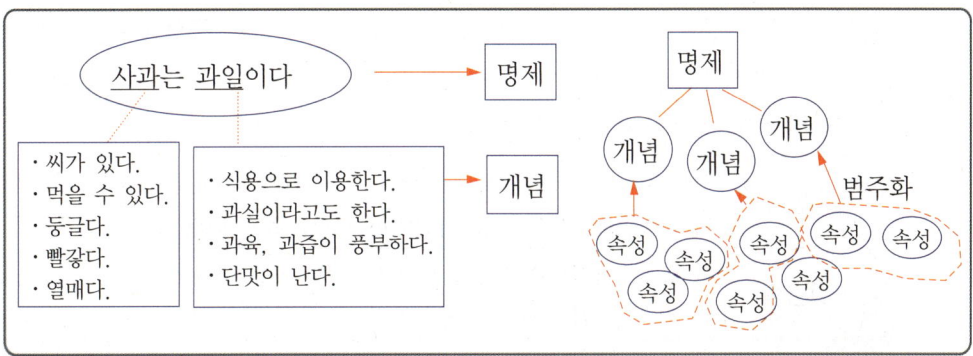

③ 범주화

범주화란 특징개념을 갖고 한 개념의 구성으로 취급하는 것을 말한다. 여러 가지 대상들을 한 개념의 구성원으로 취급하는 것으로 특정개념을 특징짓는 속성을 가지고 대상을 범주화한다는 의미이다. 상이한 신경영역이 상이한 유형의 개념을 매개한다, 예컨대 두뇌의 지각영역은 인공물보다는 동물들을 표상하는 데 더 많이 관여하는 반면, 두뇌의 기능영역과 운동영역은 동물보다는 인공물들을 표상하는데 더 많은 역할을 담당한다. 상이한 범주화과정에도 상이한 신경영역이 관여한다.

④ 원형속성(prototype)

Rosch(1973)는 어떤 개념의 가장 전형적인 측면을 포함하고 있는 정신적 모형을 원형이라고 했다. 즉 그 개념을 가장 잘 대표하는 속성을 지니며, 전형적이고 친숙한 속성으로 예를 들면, 어머니는 자상함이나 40~50대의 주부를 대표하는 속성을 지닌다. 그러나 원형속성이 완벽한 지표가 될 수 없는 이유를 전형성의 예로 들 수 있는데, 전형성은 범주화의 정확성과 판단시간에 영향을 줄 수 있고 기억에 영향을 주며, 추론과정에 영향을 주고 기대와 같은 사고과정에 영향을 주기 때문이다.

⑤ 핵심속성(core)

개념을 이루는 보다 중요한 속성을 말한다. 따라서 개념을 제대로 이해하기 위해서는 핵심속성을 정확히 이해해야 하며, 개념이 서로 어떻게 연결되어 있는지 알아야 한다.

(2) 개념형성 과정 - 개념은 어떻게 형성하게 되는가?

개념형성에 대한 시·공간 능력은 타고나지만, 대부분의 개념형성은 직·간접적인 학습에 의해 형성된다.

① 논리적 개념

특정한 개념에 해당되는 모든 구성원이 공유하고 있는 특징들을 식별함으로써 형성되는 개념이다. 인지 심리학자들은 특정한 개념의 정의를 보다 정확하게 파악하고 이를 제어하기 위해 논리적 개념들을 사용한다.

② 자연적 개념

일상생활 속의 경험을 통해 자연스럽게 형성되는 개념이다. 특성으로는 애매한 경계를 지닐 수 있으며, 이러한 애매모호성 때문에 특정한 사례가 한 개념의 구성원으로 포함되는지의 여부에 대한 논란을 불러 일으킬 수 있다.

예시전략	어떤 대상에 직면했을 때, 단순히 그 대상에 대한 표상을 저장하였다가 나중에 새로운 대상과 비교한다(Smith & Zarate, 1992).
가설검증	특정개념에 대해 일종의 가설을 세운 다음, 그 가설의 옳고 그름을 사례를 가지고 검증해가는 방식이다.
부분책략	일부만 분류기준으로 삼아 한 개념에 속하는 사례의 분류에 그것이 유효하면 고수하고, 유효하지 않으면 범주의 분류기준을 바꾸는 책략이다.
전체책략	한 개념에 속하는 사례의 특징 모두를 범주 분류의 기준으로 삼은 다음, 이것에 맞지 않는 사례발생시 해당속성을 제외시켜나가는 책략이다.
개념획득 책략	사고의 기본과정이며, 명제가 되도록 개념을 조합(주어와 서술어를 포함하도록 개념들을 엮는 것)한다.

(3) 추리 - 문제해결과 의사결정에 영향을 주는 사고과정

추리에서 몇몇 논증은 연역적으로 타당하며, 전제가 참일때 결론이 거짓일 수가 없다고 제시한다. 그러한 논증을 평가할 때 사람들은 때때로 논리규칙을 사용하며, 때로는 발견법을 사용하기도 한다. 다른 논증은 귀납적으로 강력한데, 전제가 참일때 결론이 거짓일 가능성이 거의 없다고 제시한다. 그러한 논증을 평가할 때 사람들은 흔히 확률이론의 원리들을 무시하고 유사성과 인과성의 발견법에 의존한다. 추리의 신경과학적 기반에 대한 연구를 보면, 연역추리와 귀납추리 사이의 구분을 지지한다. 동일한 논증을 제시하고 그 논증의 연역적 타당도를 평가할 때 그리고 귀납적 강도를 평가할 때 서로 다른 두뇌영역이 활성화되는 것을 볼 수 있다.
① 연역적 추리

이미 알고 있는 판단을 전제로 새로운 판단을 결론으로 도출하는 명제추리를 말한다. 즉 전제로 주어진 두 개 이상의 명제에서 연역적으로 타당한 결론을 내리는 것이다.

삼단논법추리	두 개 이상의 전제에서 직접 관련되지 않았던 항목들 간의 관계에 대해 결론을 내리거나 주어진 결론이 연역적으로 타당한지를 판단한다. 제대로만 이뤄진다면 확실하게 올바른 결론을 보장하는 방법이지만, 세상은 매우 복잡하기 때문에 일반적인 연역적 추리 상황에서 사람들은 필요한 자료를 잘못 선택하고 자신의 신념체계에 맞춰 전제를 무시함으로써 그릇된 결론에 도달하기도 한다[9].

② 귀납적 추리

주어진 정보들을 토대로 확률적인 결론을 내리는 것이다. 즉, 전제(가설) → 확률적 → 결론을 추리하는 것이다.

가설검증	잠정적인 귀납적 결론(또는 가설)을 형성하는 단계, 잠정적 결론이 맞는지 판단하는 단계이다.		
유 추	일상생활에서 널리 사용되는 귀납추리로, 첫 번째 쌍에서 관계를 찾아낸 다음, 두 번째 쌍에 적용하여 그에 해당하는 항목을 찾거나 관계를 유지하는지 판단하게 된다. 따라서 그 항목들에 대해 얼마나 아는지, 첫째 쌍에서 관계성을 찾아내기가 얼마나 용이한지, 빈칸에 해당하는 항목이 얼마나 많을 수 있는지, 이 항목이 얼마나 용이하게 접속되는지 등에 따라 난이도에 차이가 있다.		
인과추리	인과에 대한 규준	일치법	어떤 결과가 발생했을 때, 발생했던 원인후보 사실들과 발생하지 않았던 원인후보 사상들의 목록을 만들어, 특정 사건이 발생했을 때 항상 있었던 원인후보 사상이 하나만 있게 되면, 그 후보 사실이 원인이라고 귀납하는 방법(전염병 등의 역학조사)이다.
		차이법	결과가 일어났던 경우와 결과가 일어나지 않았던 경우가 오직 한 측면에서만 달랐다면, 그 차이나는 측면이 그 결과의 원인이라고 귀납하는 방법(가설검증의 기본논리)이다.

---

[9] 삼단논법에서 **오류를 범하는 경우** : ① **분위기 효과**(atmosphere effecht) ⇒ 논리학에서의 '모든', '어떤'이란 용어는 그 용어에 대한 심리적 환경을 만들어 낸다. 전제로 주어지는 두 개의 진술문이 모두 '어떤'식으로 시작된다면 결론을 이끌어낼 때 '어떤'이 들어있는 문장을 결론으로 추출하게 된다. ② **사람들이 진술에 대해 적절하지 못한 논리적 조작을 가하기 때문** ⇒ '모든 A가 B이다.'라는 진술에 대해 주부와 술부가 대칭적인 것으로 잘못 해석해서 "모든 A는 B이다."를 "모든 B는 A이다."로 전환시키기에 잘못된 판단을 하게 된다.

오류[10]의 경향	'원인사상-결과사상'이 함께 존재하거나 존재하지 않을 때, 인과적으로 추리하는 경향이 있지만, 둘 중 하나만 있는 경우는 둘 사이의 인과적 관계가 없는 것으로 추리하는 경향, 단순상관관계를 인과관계로 잘못 추리하는 경향, 하나의 사건에는 여러 개의 원인이 있을 수 있는데, 일단 하나의 원인을 찾으면 더 이상 다른 원인을 찾지 않으려는 경향 등이다.

2 사회추론과 추단율

(1) 개 요
일반인의 추론과정은 인지적 부담을 줄이기 위해서 형식 논리적 규칙과 통계적 규칙을 사용하지 않거나 단순하고 직관적인 전략을 과도하게 사용함으로써 많은 오류를 범하게 된다. 이는 전문가 집단에서도 나타난다.

(2) 일상적인 직관적 추론과정의 특징
① 기존 지식체계의 과다한 적용(과다확신)

일반적으로 추상화되고 도식화된[11] 기존 지식체계를 통해 외부 대상을 받아들이는데, 이는 입력, 기억, 추론 및 행동과정 등 정보처리 진행 전 과정에 영향을 미친다. 구체적으로 외부대상이나 사건에 대해 빠르게 명칭을 붙이고 유목화하며 자극 대상의 모호성을 해결하고 주어진 정보에서 추론되는 다른 많은 정보를 추가함으로써 전반적으로 불확실 상황에서의 추론을 정확하게 할 수도 있다. 반면에 기존 지식체계가 외부세계를 불완전하거나 틀리게 표상한 것일 때나 외부 대상이나 사건이 관련 없는 지식체계에 잘못 명명되거나 유목화될 때는 외부대상 세계의 현실을 잘못 이해하도록 유도하기도 한다. 따라서 타당하고 정확한 것일 때만 인간생활에 도움이 된다.

② 특정 자료에의 부적절한 신호

불확실한 상황에 처했을 때 주어지는 모든 정보에 똑같은 주의를 기울이지 않고 특출성이나 생생한 정보에 더 많은 주의를 기울이며, 특출하거나 생생한 정보는 더 많은 주의를 끌거나 저장된 기억으로부터 비슷한 종류의 더 많은 추가적 정보를 이끌어내므로 이에 대해 더 많은 시간을 생각하고 반복하게 하고 정보처리과정에서 추상적이고 생기 없는 정보와 비교하여 훨씬 커다란 영향을 미치게 된다. 추론과정에서 중요하게 고려해야 할 자료는 생생하고 특출한 특정 사례나 일화가 아닌 생기없고 추상적인 자료 요약 또는 사

---

[10] 평균법칙의 오류(도박사의 오류): 독립법칙에 의한 것을 평균법칙으로 이해하려는 인지적 편향 현상으로, 예를 들면 '평균 남녀출생의 비율이 같다'는 생각으로 자신이 출산할 아이도 남녀 평균비율이 같을 것이라는 기대에 의해 아이를 계속 낳는 행위, 또는 도박을 계속하는 경우이다.

[11] 통상 도식적 처리과정을 통하여 입력정보를 도식이라고 불리는 단순화된 기억구조를 통하여 지각하고 해석한다. 도식은 사람들이 정보를 효율적으로 처리하도록 해주는 일상생활속의 대상과 사상이고 고정관념은 사람집단에 관한 도식이다. 도식과 고정관념은 현실을 단순화한 것이기 때문에 도식적 처리는 사회정보의 처리에서 편향과 오류를 초래하고 이러한 도식이 추론을 좌우하는 문제를 야기한다.

례들에 대한 통계치인 경우가 대부분이다. 따라서 아주 정보가 높지만 생기없는 자료요약이나 통계적 정보를 무시하고 증거 능력이 희박한 특출하고 생생한 정보를 선호하는 것은 불확실한 상황에서의 추론과정에 많은 오류를 범하게 한다.

③ **틀짜기와 신념[12]의 지속성**

먼저 틀짜기(Framing)는 어떤 주제를 어떻게 틀짜기 하느냐에 따라 의사결정과 판단이 달라진다는 것이다. 즉 같은 내용이지만 어떻게 틀짜기를 하느냐에 따라 결과가 달라진다. 긍정적 틀은 긍정적인 결과를, 부정적 틀은 부정적 결과를 도출할 가능성이 높다. 예를 들면, 환자에게 의사가 말할 때 이 수술을 받은 사람들 중에서 10%가 사망한다고 말하는 것보다는 이 수술은 90%가 생존한다고 말해줄 때 환자가 더 위안을 갖는다. 햄을 광고할 때 95%의 살코기가 들어간 햄이라고 말하는 것보다 지방이 5%밖에 안 들어간 햄이라고 선전할 때 소비자의 구매욕구가 더 높은 것으로 조사되었다. 이는 사람들이 이익에 대한 문구보다 손실에 대한 문구에 더 주목한다는 것을 의미한다. 한편 신념의 지속성은 일단 형성되기만 하면 근본이 의심되는 상반된 증거가 제시된 이후에도 최초의 생각을 고수하려는 확증적 편향에 해당한다.

④ **방편적 추론전략의 사용**

공식적 과학자는 형식 논리적 추론법칙과 통계적 추론규칙을 통해 판단과 선택을 하는 데는 다양한 정보가 충분하고 확실한 것이어야 하고 충분한 시간이 필요하다. 따라서 일상인의 판단과 선택은 직관적이고 방편적인(일시적인) 추론전략에 의해 판단과 선택을 한다. 일상인의 추론과정에 동원되는 방편적 추론전략이 추단율(heuristics)이다. '확률을 추정하고 어떤 값을 예측하는 것과 같은 복잡한 과제를 간단한 판단작업으로 단순화시키는' 방편적 추론전략이다. 인지능력의 한계를 지닌 인간에게 필연석으로 동원되는 방편으로 빠르고 손쉽게 판단 및 추론을 가능하게 하며, 추단율은 비공식적이고 직관적으로 사용하는 것이며, 자동적 추론과정에 동원된다. 따라서 형식 논리적 추론규칙과는 달리 추단율이 추론과정에서 사용되고 있다는 사실을 당사자는 인식하지 못하거나 오류가 많다.

Tversky와 Kahneman은 의사결정을 할 때 한쪽으로 치우치도록 만드는 휴리스틱을 대표성 추단율과 가용성 추단율로 구분했고, 그 밖에 정박점 추단율 등이 있다.

✣ 중요한 추단율 ✣

대표성 추단율 (representativeness heuristic)	대상 A가 범주 B에 소속될 가능성, 사건 A가 과정 B로부터 생성된 것일 가능성 등 소속범주판단을 할 경우, A가 B와 유사한 정도에 따라 판단하는 경향이다. 우리가 의사결정을 내릴 때 작은 표본의 특징들이 그 모집단의 특성을 완벽하게 대표한다고 생각하는 것을 말한다. 예를

---

12) * **신념편향**: 기존 신념이 때때로 부당한 결론을 타당한 것처럼 보이게 만들거나 아니면 타당한 결론을 부당한 것처럼 보이게 만들어서는 논리적 추리를 왜곡시키는 경향성
 * **신념집착**: 자기 생각의 토대가 잘못된 것임이 판명된 후에도 처음의 생각에 매달리는 것

	들어, 어느 패스트푸드 레스토랑에서 음식을 먹고 그 레스토랑과 같은 체인점인 다른 곳의 레스토랑 역시 동일하게 좋거나 아니면 나쁘다고 간주할 때 우리는 대표성 휴리스틱을 사용하는 것이다. 표본이 그 모집단과 정확하게 동일하지 않기 때문에 우리의 결정이 옳다는 것을 보증하지 않는다.
가용성 추단율 (availability heuristic)	특정 대상 또는 범주의 상대적 빈도나 특정 사건의 발생가능성을 판단할 때 그 대상이나 사건의 지각과정, 기억과정 또는 상상을 통한 구성과정에서의 접근가능성 및 상대적 용이성(가용성)을 기준으로 삼아 추론하는 경향이다. 얼마나 쉽게 관련된 예제가 마음속에 떠오르는가에 의해서 특정한 사건의 발생 확률을 추정하는 경향을 말한다. 예를 들어, 중고 자동차를 구매하려고 할 때 구매자는 구입하려는 중고차를 꼼꼼하게 살펴보아야 한다. 만일 구매자가 이전에 중고차를 구매한 다음에 발견한 고장 때문에 고생한 적이 있었다면 그는 다른 중고차를 구매할 때 그 부분만 자세하게 살펴본 다음 구매를 결정해 버린다.
정박점 추단율 (anchoring heuristic)	닻내리기 효과(anchoring effect)라고도 하는 것으로, 어떤 연속적 차원에서 어떤 대상의 상대적 위치를 추정하는 과제에서 최초의 준거점을 기준으로 삼아 판단함으로써 판단과정에서 이런 최초의 준거점이 크게 영향을 미치는 경향이다. 동조실험에 따르면, 사람들은 애매한 상황이나 분명한 상황 모두 남들과 자신을 비교하면서 판단을 내리는 경향이 있다. 나아가 사람들은 제시된 질문에 근거해서 가치판단을 내리는 경향이 있는데, 예를 들어, '당신은 한강의 길이가 1,500km보다 길다고 생각합니까, 짧다고 생각합니까?'라는 질문과 '당신은 한강의 길이가 150km보다 길다고 생각합니까, 짧다고 생각합니까?'라는 질문에 대한 답을 비교하면 전자의 경우가 후자의 경우보다 한강의 길이를 훨씬 더 길게 판단하는 경향을 보인다.

3 문제 해결의 원리와 전문성

(1) 의사결정의 모형

의사결정은 원하는 결과를 얻기 위해서 여러 가지 가능한 대안 중에서 최선의 선택을 시도하는 문제 해결의 한 가지 형태이다. 때때로 우리는 보상적 전략과 비보상적 전략을 혼합하여 결정을 내리기도 한다. 의사결정에 있어서 보상적 모형은 여러 가지 준거에 따라 선택들을 체계적으로 평가하는 합리적 의사결정 모형이며, 비보상적 모형은 대안들을 체계적으로 무게 달아서 비교하려고 하지 아니하는 의사결정 모형이다.

(2) 문제 해결의 장애 요소

① 확증적 편향이라는 방해요인 때문이다.

우리가 이미 가지고 있는 아이디어를 확증해주는 정보를 찾으려는 갈망으로 인하여 새로운 사실을 무시하고 이전 정보에 맞는 증거만 찾으려는 편향을 말하는데, 예를 들면, '며느리가 미우면 며느리 발뒤꿈치까지 미운 것'처럼 '어떤 사람을 한번 의심하면 하는 짓마다 수상하게 보이고 미워하면 미운 짓만 하는 것' 같은 심리를 말한다. 이러한 확증적 편향은 문제해결에 있어서 방해요인이 된다.

② 과거의 경험이 우리의 문제 해결 능력을 방해하는 이유는 기능적 고착 때문이다.

기능적 고착(functional fixedness)이란 한 대상 한 가지 사용법만을 가지고 있는 것으로 지각하는 것을 말한다. 기능적 고착은 친숙한 대상을 통상적이지 않은 방식으로 사용함으로써 해결될 수 있는 문제를 이해하지 못하게 만든다. 즉 문제 상황에서 어떤 도구의 본래 기능 외의 다른 용도를 생각할 수 없는 것을 말하며, 특히 창의적인 문제해결을 방해한다.

(3) 보편적인 문제해결 원리

차이 감소법			시작상태와 목표상태의 차이를 단계적으로 줄이며 문제를 해결하는 방법이다. 통상 일상사는 매우 복잡하므로 인간은 연산법보다는 주로 발견법을 사용한다.
	연산법 (algorithm)		단계적으로 특정한 유형의 문제를 해결하는 방법인데, 이 방법은 정확한 해결을 보장한다. 즉 한 단계씩 따라 할 때 문제의 해결책 발견이 확실한 규칙을 말한다. 산수 문제를 푸는 것같이, 모두 구석구석을 살펴, 문제를 정확히 판단하기 때문에 항상 해결책을 찾는다. 그러나 일일이 문제를 살펴야하므로 시간이 상당히 오래 걸린다.
	발견법 (heuristics)		비록 정확한 해결을 보장하지는 않지만 문제를 단순화시키고 해답을 찾아내는 데 도움이 되는 경험법칙이다.
		산오르기	각 단계를 거칠 때마다 최종 목표에 점진적으로 더 가깝게 움직여 나아가는 전략이다.
		하위목표	최종목표에 보다 쉽게 이르도록 하기 위하여 사용하는 중간정도의 관리가 가능한 목표를 발견하는 전략이다.
		수단-목표 분석	여러 가지의 중간지점에서 현재 장면과 바라는 목표 사이의 괴리를 감소시키는 것을 목적으로 하는 전략이다.
		후진적 작업법	보는 목적에서 주어진 조건으로 후진하여 작업해 가는 전략이다.
정보인출 (information retrieval)			장기기억으로부터의 정보복구만을 요구하는 문제해결 전략이다.

시행착오 (trait and error)	정답이 발견될 때까지 오답을 연속적으로 제거시키는 것을 토대로 하는 문제해결 전략을 말한다. 즉 한 가지 가능한 해결책을 시도해 보고 나서 해결되지 않으면 차례로 다른 해결책을 시도해 보는 것을 말한다.
통찰 (insight)	외현적인 시행착오가 아니라 정보의 정신적 조작을 통해 문제의 해결에 접근하는 것을 말한다. 즉, 문제에 대한 해결책이 갑작스럽게 머릿속에 떠오른다는 것이다. 통찰을 위해서는 문제와 관련된 기본적인 지식(개념)들이 활용 가능한 상태로 준비되어 있어야 하며, 이미 어느 정도의 시행착오를 겪어야만 가능한 경우도 있다. 통찰의 예로 부화효과를 들 수 있다. 부화효과(incubation effect)란 인지적 문제해결 노력을 중단하고 쉬거나 다른 일을 하고 있을 때 갑자기 문제가 해결되는 현상이다. 예를 들면, 아르키메데스의 금의 순도가 이에 해당한다. 부화효과는 맞닥뜨린 난감한 문제를 해결하는 것뿐만 아니라 기억에도 도움이 된다.

(4) 문제해결을 잘하는 방법

제거법	가능한 해결책들을 적절한 기준에 따라 평가해보고 문제에 기여하지 못하면 내버리는 식으로 문제해결을 하는 전략이다.
시각화	문제 또는 개념을 보다 더 잘 이해할 수 있도록 그림을 그리고, 일람표를 만들거나 도표화하는 문제해결 전략이다.
창의성	지식정보사회에서 개인에게 요구되는 첫 번째 자질은 창의성이다. 이는 새롭고 기발한 방법으로 문제를 해결하는 것으로, 습관적인 것에서 벗어날 때 발현된다. 창의성은 지능수준보다는 창의적 성격특성(독립심, 비순응적, 비관습적, 모험적이고 개방적, 인지적 유연성 등), 그리고 다양한 정보를 제공하는 가정환경과 더 밀접한 관련이 있다. 창의성이 요구되는 발산적 사고는 독창성, 발명성 및 융통의 기준을 만족시키는 사고로 논문형 검사에서 요구되며, 수렴적 사고는 문제에 대한 한 가지의 해답을 지향하는 사고로 선다형 문제에서 요구된다. 또한 창의적 방법 중 하나인 브레인스토밍(brainstorming)13)은 개인 또는 집단이 여러 가지의 아이디어들을 수집하고, 그리하여 모든 아이디어들이 수집된 다음에 가서 비로소 평가하는 문제해결 전략이며, 또한 역할모델이 될 수 있는 창의적인 동료나 교사에게 노출되면 보다 더 창의적이게 된다.
전문성	창의적으로 사고할 수 있는 능력도 중요하지만 적절한 지식 없이는 창의성이 비교적 무용한 상황도 많이 있다. 많은 직업들은 특정영역에 특별히 관련되어 있는 구체적인 지식과 기능들을 학습하는 훈련을 요구한다.

---

13) **브레인스토밍**(Brainstorming)은 창의적인 아이디어를 생산하기 위한 학습 도구이자 회의 기법이다. 3인 이상의 사람이 모여서, 하나의 주제에 대하여 자유롭게 논의를 전개한다. 중요한 점은 어떤 사람이 제시한 의견에 대하여 다른 참가자가 비판을 해서는 안 된다. 특정 시간 동안 제시한 생각들을 모아서, 1차, 2차 검토를 통해 그 주제에 가장 적합한 생각을 다듬어나가는 일련의 과정이다.

제3절 언어의 심리학

1 개 요

모든 언어는 그 언어만이 갖는 특수한 특성(specificity)뿐만 아니라 공통적으로 존재하는 보편적인 특성(universality)이 있다. 언어 심리학자는 이 두 가지 특성을 밝힘으로써 인간의 마음에 대한 구조나 처리과정을 알아볼 수 있다고 본다. 인간 언어의 주요 특성은 다른 동물들의 의사소통(communication)[14] 체계와는 구별되는 특성이 있다. 언어는 문장단위, 의미를 담고 있는 단어와 단어부분, 말소리라는 세 가지 다른 수준으로 구조화되어 있다. 이러한 언어의 세 수준은 상호연계되어 있으며, 문장단위는 단어들로 만들어지고 단어는 말소리로 구성된다.

(1) 생산성(productivity)

인간 언어는 창의적인 특성을 갖고 있다. 언어를 말할 수 있다는 것은 주어진 언어 환경에서의 언어 자극들 속에서 어떤 규칙을 찾아내어 그것을 토대로 새로운 문장을 선출하는 적극적인 인지 과정이다[15].

(2) 구조 의존성(structure dependence)

언어는 위계적인 구조로 구성된다. 어떤 언어를 알고 사용한다는 것은 언어의 위계적 구조에 대한 규칙이나 처리과정을 이해한다는 의미이다. 예를 들면, 의문문을 만들 때이다.

2 언어 발달

(1) 언어습득과정

언어발달은 학습과 본래적 요소로 이루어지며, 언어(Language)란 언어(Langue)와 말(Parole, 호흡, 발성, 조음)로 구성된다. 다양한 문화적 차이에도 불구하고 세상의 모든 아이들은 비슷한 언어발달 과정을 거친다. 아동의 언어 습득 과정은 수동적인 과정이 아니라, 능동적인 과정(주변자극에서 어떤 규칙을 찾아내 새로운 상황에 적용)이다.

---

[14] 의사소통의 어원은 리틴어의 'communicare'에서 유래된 것으로, '나누다, 공통, 공유'라는 뜻을 가지고 있다. 이러한 의사소통은 첫째 발신자가 수신자에게 전달하고자 하는 의도, 생각, 감정으로서 의사소통의 출발점이 되고, 둘째 이러한 심리적 의도나 생각은 구체적인 언어나 행동으로 표현된 메시지로 전환되며, 셋째 메시지는 전달매체를 통해 수신자에게 전달되고, 넷째 수신자는 메시지의 의미를 해석하고, 다섯째 해석과정을 통해 파악된 발신자의 생각과 감정이 최종적으로 수신자에게 전달되는 과정에서 여러 가지 방해요인이 개입된다. 예를 들면 발신자의 미숙하고 부적절한 표현방식, 전달매체의 불완전성 및 방해요인(작은 목소리, 불분명한 발음, 중간전달자의 왜곡, 소음 등), 수신자의 왜곡된 해석방식 등이다.
[15] 그러한 증거로 어린 아동의 언어 습득 과정을 보면 알 수 있는데, Berko(1958)는 문장완성과제 실험(wug → wugs)에서 이를 증명하였다.

❖ 단계별 언어습득 과정 ❖

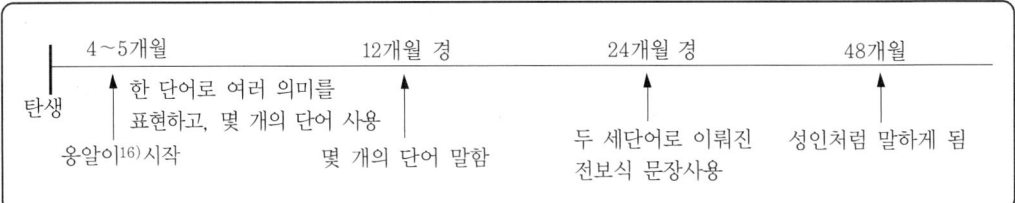

① 옹알이 시기

아이들이 4개월 정도가 되면 실제 언어의 발음과 유사한 소리(맘 맘)를 내기 시작한다. 이 발성들에는 성인 언어가 갖는 의미 전달 기능이 없다. 정상아뿐만 아니라 농아들도 옹알이 과정을 거친다. 이러한 옹알이는 9개월~1년 되었을 때 가장 많이 나타난다. 실제로 알아들을 수 있는 단어가 산출되면서부터 옹알이는 사라진다.

② 단일단어 시기

아이들은 대체로 10~18개월 사이에 한 단어를 말하기 시작한다. 단일 단어시기에서 산출되는 단어는 어떤 언어적 특성을 갖는다[17]. 아동이 첫 단어를 발화하고 나서 6개월 정도가 지나면 아동 어휘는 짧은 기간 동안에도 폭발적으로 증가한다. 복잡한 상황에서 아동이 정확하게 단어의 의미를 추론할 수 있는 것은 단어의미를 일정한 방향으로 추론하게 해주는 본유적 제약이 있기 때문이라고 최근의 많은 연구자들은 주장한다[18].

③ 두 단어 시기(전보문시기)

2세 경이 되면, 아동들의 말에는 급격한 발달이 있고, 어휘의 폭발적 증가, 짧은 문장이 출현한다. 두 단어의 결합은 전보에서 사용되는 문장처럼 조사와 같은 기능어는 생략되고 의미를 전달하는 내용만으로 구성되는 특성을 보인다.

④ 언어발달의 후기단계

2세 반이 되면, 두 단어 조합을 넘어서 세 단어 이상을 연결한다. 이 시기의 문장은 짧고 단순하지만, 모국어에 대한 어떤 규칙성을 추출하여 문장을 표현하는 증거들을 보여준다. 예를 들면, 통사규칙(완결된 내용을 가지는 최소단위인 문장의 법칙)을 과잉 일반화하여 적용하는 현상이다. 즉 이 시기의 아동은 영어의 과거형이나 복수형의 예외를 인정하지 않는다. 대체로 중학교를 졸업할 때쯤에는 약 8만 개의 어휘를 알게 되는데, 즉 인간은 매일 13개의 어휘를 습득한다.

---

[16] 옹알이는 발성연습의 효과, 의사소통의 욕구자극, 사회 집단으로서의 성원감 제공, 모국어의 음소획득의 효과가 있다.
[17] Nelson은 이 시기의 아동은 운동기능으로 대상을 파악하고 기능의 유사성에 따라 대상을 묶는다고 주장하였으며, Clark은 아동이 지각의 세부 특징에 따라 대상을 파악하고 유목화하고, 지지하여 과잉 일반화 현상을 보여준다고 했으며, Greenfield와 Simth는 아이들이 산출해내는 단어는 그들이 사용할 몸짓을 보충해주는 기능을 하고 아동이 사용하는 단어를 파악하기 위해선 말과 함께 나타난 몸짓을 이해해야 한다고 하였다.
[18] Markman(1991)은 본유적 제약 조건으로 '온전한 대상물 제약', '범주적 제약', '상호배타성 제약' 등을 제시한다. 경우에 따라서 한 가정이 다른 가정을 제압하기도 하고 특별한 상황에서는 제약조건의 적용이 보류되기도 한다.

(2) 언어발달의 설명

① 생득주의 접근

Chomsky(1980)는 사고와 언어는 독립적이고 서로 영향을 주지 않으며(언어의 단원성), 인간은 생래적으로 보편적 문법규칙이 포함된 언어획득기제(Language Acquisition Device ; LAD)를 갖고 태어난다고 주장한다. 또한 인간의 언어발달은 학습이론적 설명처럼 점진적으로 이루어지는 것이 아니라 일정 시기에 이르면 급속하게 일어난다고 주장한다. 이에 대한 증거로 인간 언어들 간에는 서로 유사성과 보상성이 있고 언어획득과정이 매우 유사하며, 어린 아동의 언어도 속도나 정확성, 창의성 면에서 매우 뛰어나고 특별히 문법을 가르치지 않거나 모델이 특별히 없어도 언어를 습득하며, 인간의 대뇌(우반구)에는 언어 담당 영역이 따로 존재하고 인간의 언어습득과정에는 결정적인 시기가 있다는 것이다. 따라서 언제든 학습한다고 언어를 능숙하게 구사하는 것은 아니다. 한편 다른 종 역시 의사소통체계를 가지고는 있지만 인간과는 다르다고 강조한다. 언어와 다른 의사소통 체계는 어의성, 산출성, 전이성의 세 가지 측면에서 구별된다(Brown, 1973).

어의성	단어·행위대상에 대해 상징적으로 쓰일 수 있음을 뜻하며, 단순한 소리는 언어가 아니라는 뜻이다.
산출성	단어들을 조합하여 고유한 문장을 만들 수 있음을 의미하며, 고유한 문장이란 단순한 모방이 아니어야 한다는 뜻이다. 고유한 문장을 산출하기 위해서는 구문규칙을 이해할 수 있어야 한다.
전이성	다른 시간, 다른 공간에서 의사소통을 할 수 있음을 뜻한다. 전이성이 있기 때문에 사람은 자신이 얻은 정보를 후세에게 전달할 수 있는 것이다.

② 구성주의 접근

아동의 인지적 수준과 환경 간의 끊임없는 상호작용을 통해 언어발달이 이루어진다.

③ 행동주의 접근

모방(imitation)은 부모가 말하는 것을 관찰하고 반복함으로 언어를 배운다는 관점이다. 그러나 아동의 말실수나 성인이 사용하지 않는 문장을 사용하는 등 어린이 나름의 규칙을 적용하려고 애쓰고, 인간이 사용하는 무수히 많은 문장을 하나하나 듣고 배운다는 것은 불가능하다는 점에서 비판을 받는다. 조건형성(conditioning)은 문법적으로 바른 문장을 말할 때 주위 사람이나 부모에게 칭찬을 받고, 실수를 할 경우 꾸지람을 듣는 과정에서 언어를 획득한다는 관점이다. 그러나 이 경우는 아동의 언어표현에 일일이 반응해야 하지만, 부모는 아동이 말하는 문장의 내용만 이해하면 문법적 규칙에는 거의 주의를 기울이지 않는 경향이 있다[19].

---

19) 모방과 조건형성에 의한 언어발달의 한계 : 모방이나 조건형성으로의 언어습득은 특별한 문장만이 모방되거나 보상될 수 있다. 하지만 아동은 일반적인 규칙 등을 학습하고 언어규칙에 대한 가설을 형성하며 이를 검증하고자 한다.

3 언어와 의사소통

(1) 언어의 위계

언어는 위계적 구조로 체제화되어 있다. 음소는 말소리의 범주이며, 모든 언어는 자체적인 음소집합, 그리고 음소들을 결합하여 단어를 구성하는 규칙을 가지고 있으며, 형태소는 의미를 담고 있는 언어의 최소단위이며 대부분의 형태소는 단어이지만 단어에 부착되는 접두사와 접미사 등도 형태소이다. 형태소에 관련된 현상들을 연구하는 분야를 형태론(morphology)이라고 한다. 통사규칙은 단어를 구로, 그리고 구를 문장으로 결합하는데 사용된다. 심리학자들은 이러한 단위의 사용과 이해에 내포된 심리과정을 이해하고자 한다.

(2) 언어의 기능

언어는 여러 현상을 이해하고 개념화하는 인지적 수단이다. 언어는 타인의 생각이나 의도를 이해하고 자기 생각을 표현하는 의사소통 수단이며, 자신의 정서를 표출하고 통제하는 정서적 창구이고 사회적 지각에도 영향을 미친다. 언어를 매개하는 두뇌영역은 좌반구에 들어 있으며, 브로카 영역과 베르니케 영역이 포함된다.

① 언어의 이용

Nornal Geschwind에 의하면, 부호는 시각영역에 등록되고 뇌영역인 각이랑(angular gyrus)에 중계되고, 각이랑은 청각부호로 전환시키며, 청각부호는 근접한 베르니케 영역에서 수용되어 이해되고 브로카 영역[20]에 전달되어 발성된다.

② 언어 산출

생각을 문장으로 바꿔 문자로 표현될 수 있는 소리로 내보내는 과정을 말하며, 좌반구의 브로카 영역은 말과 직접 관련된 영역(언어 생성과 관련)이다.

③ 언어 이해

표현된 소리의 의미를 해석하고 이해하는 과정을 말하며, 베르니케 영역은 언어 수용과 관련된 영역이다. 언어 이해에 있어 맥락은 문장 이해와 산출에서 중요한 역할을 한다.

④ 실어증(Aphasia)

실어증이란 뇌를 다쳐서 생기는 것으로, 심리적인 이유로 언어장애가 되는 것은 실어증이 아니다.

---

[20] 폴 브로카(1824-1880)라는 외과의사는 뇌의 왼쪽이 손상되어 말을 하지 못하고 'tan'이라는 단 한 음절만을 발음할 수 있으나 듣는 것은 모두 이해하고 제스처를 사용해 의사소통이 가능했던 어떤 환자를 통해서 뇌의 특정부분의 손상이 특정 정신 기능을 손상시킨다는 결정적인 통찰을 얻었고 뇌와 마음이 밀접하게 연결되어 있음을 명확히 제시하였는데, 이것은 마음이 물질적 재료인 뇌에 바탕을 두고 있다는 것을 처음 증명한 과학적 성과이다.

✤ 실어증의 유형 ✤

브로카 실어증 (broca's type aphasia)	표현적 실어증으로, 말이 유창하지 못하고 전보식 문장을 사용하며 따라 말하기도 잘 하지 못한다. 문법에 맞지 않은 문장을 사용하지만 청각적인 언어이해 능력은 좋은 편이다. 쓰기 능력이 손상되는 경우가 많으며, 편마비가 같이 나타나는 경우도 많다. 우세반구(주로 좌반구)의 전두엽 중에서도 아래쪽 뒷부분, 즉 일반적으로 브로카 영역이라고 일컬어지는 영역을 손상당했을 때 주로 나타난다. 예를 들면, 과자를 훔치는 그림을 보고 상황을 설명하라고 지시하면, "과자 통 – 넘어지다 – 의자 – 비어있다 – 어 – 어 –"식으로 답변하거나 또는 "소년이 사과를 먹었다"의 경우 "소년 – 사과 – 먹다"는 식으로 명사와 동사를 추론하여 이해하고 답변한다. 또한 "소년이 보고있는 소녀는 키가 크다"의 경우 "소년 – 보다 – 소녀 – 키 – 크다"식으로 복잡한 문법관계를 가진 문장을 이해하는데 어려움이 있다.
베르니케 실어증 (wernike's type aphasia)	수용적 실어증이라 하는 것으로, 발음과 억양측면에서 보면 말이 유창하고 조음장애가 거의 없다. 문법도 규칙에 맞게 사용하지만 의미가 통하지 않는다. 베르니케 실어증 환자들은 몸짓 등 행동을 사용한 의사소통은 잘하나, 청각적인 처리가 필요한 말(말소리)은 이해하지 못하는 경우가 많다. 따라 말하기도 잘 못하고 시각장애를 보이는 경우가 많다. 우세반구 측두엽의 위쪽 뒷부분, 즉 일반적으로 베르니케 영역이라고 알려진 뇌영역의 손상으로 나타난다. 예를들면, "*나는 자동차 타고 나가는 걸 좋아해요. 요즘 자동차는 비싸요. 모든 게 비싸죠. 심지어 식료품조차도, 내가 어렸을 때는 5달러면 수레하나 꽉 차게 살 수 있었는데, 나는 빨간 작은 수레가 하나 있었죠. 나의 형과 나는 우리 집 옆에 언덕을 타고 내려가곤 했지요. 우리 형은 제2차 세계대전에 참가했어요. 그는 전쟁 후 떠났어요*"처럼 말한다. 말은 유창하지만 관계없는 낱말들로 뒤섞인 문장으로 말하고 발음이나 의미가 유사한 단어를 대치하여 말하지만 의미가 통하지 않는다.
전도성 실어증 (conduction type aphasia)	말을 따라서 반복하는 능력에 문제가 가장 두드러진다. 유창성도 어느 정도 보존되어 있고 청각언어의 이해능력도 따라 말하기에 비하면 상대적으로 우수한 경향을 보인다. 우세반구의 궁상속(arcuate fasciculus)이라고 하는 언어의 산출을 담당하는 브로카와 언어이해를 담당하는 베르니케 영역을 연결시켜 주는 구조에 손상이 있을 때 이런 증세를 보인다.

명칭 실어증 (anomic type of aphasia)	실어증 중 가장 증세가 경미한 유형으로 비교적 유창하고 청각적인 언어이해도 거의 문제가 없다. 따라 말하기도 가능하나 이름대기에서 능력이 많이 떨어진다. 뇌의 어느 영역에 손상이 있더라도 관찰될 수 있는 증상이다. 예를 들면, '자동차'를 '타동차'라고 표현하거나 '앞치마'를 '요리할 때 쓰는 것'으로 표현하는 것 등이다.
전반 실어증 (global type of aphasia)	언어의 전 영역에 손상이 있어 자발적인 언어는 이해도 어렵고 유창하지 않다. 따라 말하기, 읽기, 쓰기 등도 모두 장애가 나타난다. 우세반구의 언어 산출과 언어이해를 담당하는 영역 모두에 손상이 있을 때 나타난다.
초피질 운동성 실어증 (transcortical motor type of aphasia)	브로카 실어증과 유사하나 말을 반복해서 따라 하는 능력에는 이상이 없다. 우세반구의 전두엽 부분이나 피질하 영역에 손상이 있을 경우에 나타난다. 베르니케 실어증과 유사한 특징을 보이지만, 남의 말을 반복하는 능력은 손상되지 않는다. 우세반구의 측두엽, 베르니케 영역의 주변이나 혹은 피질하 영역에 손상이 발견되는 경우에 이런 증상이 나타난다.
혼합 초피질 실어증 (mixed transcortical type of aphasia)	상대적으로 보존되어 있는 능력은 다른 사람의 말을 따라 하는 것이며, 유창성이나 청각언어 이해능력, 이름대기에서 모두 따라 말하기에 비해 심한 어려움을 보인다. 전두엽 혹은 피질하 영역의 손상과 관련이 있다고 보고 있다.

❖ 실어증 진단평가도구 ❖

PICA(The Porch Index of Communicative Ablility)	Porch(1971)가 개발한 것으로, 실어증을 언어 자체의 장애라기 보다는 언어자료를 가지고 진행하는데 장애가 있다고 보고 측정하는 도구
BASA(Boston Assessment of serve Aphasia)	Nancy(1989)가 개발한 것으로, 뇌졸중 발병이후 특히 병상에서 시행할 수 있도록 고안된 검사도구
SAS(Sklar Aphasia Scale)	Sklar(1966)가 개발한 것으로, 듣기, 말하기, 읽기, 쓰기 영역의 평가로 이루어졌고 검사시간은 30분이고 언어정보를 빨리 검사할 수 있는 도구
MTDDA(The Minnesota Test for Differential Diagnosis of Aphasia)	Schuell(1965)가 개발한 것으로, 언어 능력 그 자체의 장애와 함께 나타나는 특수한 장애를 설정하여 각 유형을 분류하는 도구

WAB(The Western Aphasia Battery)	Kertesz이 개발한 것으로, 구두언어 부분인 스스로 말하기, 알아듣기 등과 비구두언어 부분인 읽기, 쓰기 등으로 평가하는 도구
BDAE(The Boston Diagonostic Aphasia Examination)	Goodglass(1984)가 개발한 것으로, 뇌의 병변부위를 알아보고 시간의 흐름에 따라 언어의 수행능력을 평가, 환자의 능력을 복합적으로 평가하여 치료의 방향을 잡기위한 진단도구

실어증의 치료법을 보면, 보통 구어실행증으로 인한 심한 조음오류를 보이는 환자 및 중증의 브로카 실어증 환자에게 효과적인 기법으로 '멜로디 억양치료법'이 있으며, 의사소통이 불가능한 전반적 실어증 환자에게 주로 적용되는 '시각적 동작치료법', 먹을 수 있는 능력이 매우 제한된 것을 의미하는 연하곤란증(Dysphia)은 정상적인 삼키기 과정을 이용해서 치료될 수 있고, 환자에게 언어체계에 접근하는 통로 및 언어체계 자체도 손상되었다는 가정하에 치료하는 '언어중심 치료법', 기본적으로 모든 언어 양식(말하기/이해/읽기/쓰기)의 손상 즉 전반적인 언어능력을 통합하는 부분에 손상이 있다고 가정하는 '자극접근법' 등이 있다.

(3) 언어의 심리적 과정

① 말소리 지각(speech perception)

인간은 태어날 때 다른 소리보다도 언어를 구성하는 말소리에 특히 민감하다. 예를 들면, 모국어든 외국어든 말소리에 맞추어 근육을 움직이는 현상을 들 수 있다. Eimas(1971)는 태어나 지 얼마 안 된 영아들이 가지고 있는 말소리에 대한 능력을 보다 정교한 말처리 과정을 통해서 찾아보려는 시도(소리의 범주적 지각이 본유적)를 했는데, 1~4개월 사이 영아들이 습관화된 패러다임을 사용한다는 것을 발견하였다[21].

② 언어 습득

아동의 언어 습득과정은 그 언어에서 허용하는 구조에 대한 표상체계를 내재화 한다. 어떤 표상체계가 내재화되는가는 아동이 어떤 언어를 접하는가에 달려있다. 그러나 환경적 요인에 앞서 본유적 요인도 있다.

---

[21] Eimas의 실험결과, 일본 성인들은 [la], [ra]를 구별하지 못하는 반면에, 일본 아기들은 [la], [ra]를 구별하였다. 이를 통해 그는 자기 모국어가 어떤 음성적 소리를 허락하든 간에 태어날 때는 인간 언어가 허락하는 모든 소리를 구별하는 것이 가능하지만, 각기 다른 언어 환경에서 자라면서 자기 모국어에서 쓰이지 않는 소리의 구분을 무시하게 되는 것으로 해석하였다. 그러나 이 연구는 피험 아기가 적어도 2개월 동안의 언어적 경험을 가진 것이기에 경험적 요인을 전혀 배제할 수는 없다는 점에서 비판받는다.

습득 가능성 이론 (learnability theory)	언어 습득[22]을 언어 본유적 입장에서 설명하는 것으로, 언어 습득 과정을 형식적인 틀(formal framework)을 이용해 밝히고자 한다[23].
자극의 빈곤 (poverty of stimulus)	환경에서 주어지는 언어 정보가 아동의 언어 습득을 설명할 정도로 충분치 않다. 왜냐하면 아이들이 실제 접하는 문장들은 매우 유한적이며, 질적인 측면(비문법적, 부적합한 의미, 끊기는 말)에서의 빈곤 때문이다.
보편문법	일종의 생물학적 기제로, 매우 다양하게 구별되어 있는 본유적인 언어적 제약들로 원리나 규칙을 내재화하여 주어지는 언어자극과 상호작용하면서 하나의 구체적인 언어의 형태로 구현한다.

③ 언어 습득에서의 언어입력자극

언어 입력 자극(linguistic input)의 긍정적 증거는 목표 언어가 허락하는 문법적인 문장들에서 발견되며, 부정적 증거는 어떤 문장이 그 언어에서 허용되지 않는 구조일 때, 그 문장이 비문법적이라고 알려주는 정보에서이다. 아이들이 언어를 습득해 나가는 과정에서 부정적 증거가 있느냐의 문제는 언어에 대한 본유성의 논쟁과 밀접한 관련이 있다 (Brown & Hanlon, 1970). 부모들은 아이들의 말이 문법적으로 정확한지에 대해서는 반응을 보이지 않지만, 그 말이 의미적으로 적절하게 쓰였는지의 여부만 지적한다. 이러한 실증적 결과는 아동의 언어습득에서 통사에 대한 부정적 증거가 존재하지 않는다는 것을 지지해주며, 아동이 보이는 문법적 오류는 외부의 지적에 의해서 수정되는 것이 아니고, 아동이 갖고 있는 언어에 대한 내적 제약조건으로써 오류에서 벗어나게 된다는 것이다.

(4) 언어와 사고

① 인간의 언어와 사고

언어학자인 Sapir과 B.L.Whorf(1956)는 사고와 언어는 구별되지만 언어가 인간의 사고에 영향을 준다고 주장하였다(언어상대성이론=언어결정론). 그러나 Whorf의 주장은 하나의 언어와 사고로 보는 사람들에게는 적용하기 어렵다. 반면에 2개의 다른 이중언어, 예를 들면, 한국인 중 영어 또는 중국어를 잘하는 사람들의 경우 한국어를 사용할 때는 집단주의적 문화특성이 반영된 성격이 나타나고 영어를 사용할 때는 개인주의적 문화특성

---

[22] 언어 습득 조건에 대한 가정은 주로 언어 환경에 관한 것이다. 우선 목표언어(target language)가 있어야 하고, 적절한 언어 환경이 필요하며, 목표 언어에 대한 가설을 만들어내는 알고리즘(언어습득 장치라는 본유적인 기제에 의해서 형성됨)을 습득하는 책략이 필요하다. 언어 습득이 성공적으로 이루어지기 위해선 아동이 가지는 가설이 체계적인 방법으로 검증되는 과정이 필요하다.

[23] 즉 아이들은 문장생성 또는 들어 본 적 없는 문장도 정확한 문법으로 추상화하여 여러 가지 오류들이 정확하게 배제된 언어적 규칙을 추출하는 것이 가능하다. 아이들의 언어 습득 과정은 외부적 요인(모방, 강화)이 아니며, 언어 규칙성을 추상화 할 수 있는 본유적 능력으로 진행된다. 언어에 대한 본유적 능력을 언어습득장치(최근엔 보편문법이란 개념으로 수정)라는 추상적 개념으로 설명한다.

이 반영된 성격이 나오기도 한다. 한편 Piaget는 언어는 독립된 능력이 아니라 인지의 발달로 나타나는 일반적인 인지능력의 하나로 본다.

❖ 개인주의와 집단주의의 가치비교 ❖

개 념	개인주의	집단주의
자기	개인특질에 근거한 독립적 정체성	소속감에 근거한 상호의존적 정체성
삶의 과제	자신의 독특성을 발견하고 표현	연계를 유지하고 그 역할을 수행
중요한 것	자아성취와 충족, 권리와 자유, 자존감 등	집단목표와 응집성, 사회적 책임과 관계, 가족의 의무 등
대처방법	현실을 변화시킴	현실에 순응함
도덕성	개인기반적으로 개인이 정의함	의무기반적으로 사회망이 정의함
관계	일시적 우발적 관계, 대립도 인정	긴밀하고 지속적인 관계, 조화를 중시
행동의 귀인	행동은 자신의 성격과 태도를 반영함	행동은 사회적 규범과 역할을 반영함

* 출처 : Thomas Schoeneman(1994)과 Harry Triandis(1994).

한편 인간은 이미지를 통해서도 사고할 수 있는데, 즉 정신적 되뇌기가 학업목표를 달성하는 데 도움을 준다. 실제로 중국의 문화혁명 때 체포되어 7년을 복역했던 한 피아니스트는 석방 후에도 음악으로 평론가들을 매료시켰는데, 그는 교도소 수용기간 동안에도 매일 자신이 아는 곡을 모두 마음 속으로 피아노를 치면서 연습했다고 말한 바 있다.

② 동물의 언어와 사고

유인원과 같은 동물도 사고할 수 있는 능력이 있다. 또한 비둘기는 유사성에 따라 대상들을 분류할 수 있다. 그래서 비둘기에게 자동차, 고양이, 의자, 꽃의 사진을 보여주면 쉽게 범주화시키는 학습이 가능하다. 이러한 동물들도 의사소통을 하는데, 예를 들면 벨벳원숭이는 표범이 나타난 것을 알리기 위해 짖고, 독수리를 보면 기침을 하고, 뱀을 보면 끼끽거리는 소리를 낸다. 심지어 Ape원숭이는 기호언어를 통해 인간과 의사소통을 할 수 있다는 것이 검증되기도 하였다. 그러나 Ape원숭이는 인간처럼 말할 수 없으며, 기호언어 표현은 학습의 결과로 보는 비판도 있다.

(5) 의사소통

① 일반원리

언어적 의사소통은 음성과 전달하고자 하는 메시지를 분명하게 전달하기는 하지만, 매우 애매하고 불확실한 메시지를 전달하기도 한다. 이는 생략, 왜곡, 일반화의 3요인에 의하여 메시지가 생략되고 왜곡되고 일반화되어 전달되기 때문에 생기는 문제이다. 생략(delection)은 본래의 경험과 심층적 의미에 대한 언어적 표현 중 일부분을 제거 또는 누락

시키는 것을 말하고, 왜곡(distortion)은 자기의 무의식적인 욕구에 따라서 현실을 다르게 인식하는 것을 말하며, 일반화(generalization)는 서로 다른 메시지를 특별한 메시지와 같을 것이라고 해석하는 것을 말한다.

② 비언어적 의사소통

비언어적 의사소통은 단어 대신에 의미나 혹은 상징을 통해서 한 사람이 다른 사람에게 의미를 전달하는 것을 말한다. 비언어적 의사소통은 채널(제스처, 얼굴표정, 시선 마주침, 음성의 억양 등)이 다양하며, 메시지가 모호하게 전달되어[24] 언어적 메시지와 모순될 수 있으며, 문화에 기반을 둔 것으로 자신의 정서를 전달하는 것이다. 통상 여성은 슬픔과 공포와 같은 무력한 정서를 잘 표현하고 남성은 분노와 자부심과 같은 강력한 정서를 잘 표현한다고 보는 고정관념[25]이 작용하고 있다[26]. 비언어적 의사소통은 언어적 표현을 보완하는 기능을 하고, 언어적 표현행위를 규제하는 기능을 수행하며, 상황에 따라 언어를 대체하는 기능을 하고, 언어를 강조하는 기능을 한다. 영국의 동물행동학자 Desmond Morris는 자신의 저서인 「Bodywatching」에서 감정이 솔직하게 드러나는 신용척도를 제시했는데, 먼저 자율신경(공포로 신체가 굳어지거나 덜덜 떨리고 분노로 얼굴을 붉히는 등), 다리(다리를 꼬거나 아무렇게나 뻗고 앉는 자세, 무릎을 달달 떠는 등), 몸통(몸을 상대에게 내미는 등), 손의 미묘한 움직임(뺨에 손을 대거나 손을 등 뒤로 숨기는 등), 미묘한 손짓(손끝으로 탁자를 탁탁 두드리는 등), 표정(슬픔, 놀람, 멋쩍은 웃음 등), 언어(말하는 방법이나 음성, 말속도) 순이다.

비언어적 의사소통에서는 개인 간 거리가 의미를 갖는다. 가족이나 친구 등 친밀한 관계에서는 15~46cm의 거리를 유지하며, 사교모임 등의 개인적 관계에서는 46cm~1.2m를, 낯선 사람이나 배관공 혹은 집수리하는 목수, 우체부, 가게주인, 새 고용인 등 잘 모르는 사람 등의 사회적 관계에서는 1.2~3.6m를, 많은 사람이 참여한 연설을 듣는 등의 공공적 관계에서는 3.6m이상의 간격을 유지한다. Hall(1966)도 주위공간을 4대영역으로 구분하였는데, 친밀역(0~60cm), 개인역(60~120cm), 사회역(120~330cm), 공공역(330cm 이상)이다. 얼굴표정은 비언어적 정서를 더 많이 전달하는 요소로, 엄마의 공포 또는 기쁨을 나타내는 얼굴표정은 유아의 행동을 극적으로 변경시킬 수 있으며, 승리했을 때 고소한 표정을 짓거나 패배했을 때 시기나 분노가 얼굴표정에 나타나지만, 도박의 경우에는

---

[24] 가식적인 표현은 자신의 정서를 숨기기 위한 것인데, 몇가지 기법들이 있다(Ekman, 1972). 먼저 강렬화(intensification) 란 어떤 사람이 선물을 받고 실제보다 더 놀란 것처럼 가장할 때 나타나며, 약화(deintensification)는 경연대회의 패배자가 실제보다 덜 고통스러운 것처럼 가장할 때 볼 수 있고, 차폐(masking)는 도박에서 상대에게 자신의 정서를 들키지 않기 위해 중성적 감정표현을 하는 것에서 나타나며, 중성화(neutralizing)는 법정에서 재판관이 자신의 성향을 드러내지 않으려고 무표정한 모습을 보이면서 정서를 느끼는 것이다.

[25] 고정관념은 인지적으로 자동적 평가, 입력정보지각에서의 편향, 기억에서의 편향, 추론과 해석에서의 편향 효과를 나타내고, 행동적으로 정서의 자동표출, 행동경향성의 자동표출, 자기충족적 예언 효과를 나타낸다.

[26] 다윈의 보편성 가설(universality hypothesis)에 의하면, 정서표현은 모든 사람에게 같은 의미를 가지고 있다는 것을 알 수 있다. 표현이 보편적이기 때문에 다른 문화권 사람들의 정서 표현을 파악하는 데에도 꽤 정확성이 높고, 심지어 한번도 인간 얼굴을 본 적이 없는 선천성 시각장애인도 보통 사람들과 같은 정서표현으로 얼굴 근육이 움직인다. 생후 이틀된 아기도 단맛에는 미소로 반응하고 쓴맛에는 혐오의 표현으로 반응한다.

속임수 얼굴표정이 나타나기도 한다. 한편 높은 수준의 시선 맞추기를 하는 사람들은 효과적인 사교성과 신뢰성을 가지고 있다고 판단되며, 응시는 감정의 강도를 전달하는 수단이기도 하지만, 부정적인 대인맥락에서 지속적 응시는 사람들을 불편하게 하기도 한다. 신체동작을 통해서도 비언어적 의사소통이 이루어지는데, 얼굴표정이 좌우비대칭인 경우에는 본심을 숨기고 있는 경우가 많고, 눈중에서 왼쪽 눈이 본심을 더 잘 드러내며, 남성이 두다리를 붙이고 앉아 있을때는 거절을 의미하고 대화중 팔짱을 끼는 경우는 방어적임을 전달하며, 손바닥을 보여주는 것은 개방성을 전달하고 발끝을 벌리고 앉는 행동은 상대방을 받아들인다는 호감의 표시로 볼 수 있으며, 바지춤에 양손가락을 끼는 것은 성적인 표현 등으로 해석되기도 하고, 신체접촉도 상대에 대한 성적 친밀감이나 지지 또는 위로의 의미로 전달된다.

(6) 거짓말신호

'우리 중 어느 누구도 진실만을 말하는 사람과 살 수 없다. 그러나 정말 다행인 것은 우리가 늘 진실만을 말하지 않아도 된다는 것'이라고 Mark Twain이 지적한 것처럼 인간은 선의든 악의든 목적을 가지고 한번쯤은 누구나 거짓말을 하며, 일상생활에서 많은 사람들이 자신을 긍정적으로 보여주기 위해 거짓말을 한다. 그런데 거짓말을 알아내는 것은 전문가들에게도 어려운 과제에 해당한다. Lippa(1994)에 의하면, 거짓말 신호의 비언어적 단서 중 음성단서를 보면, 거짓말하는 사람은 더 말을 주저하며, 더 높은 발성을 사용하고, 실언을 더 많이 하고, 대답을 짧게 한다. 시각단서를 보면, 거짓말하는 사람은 동공이 더 많이 확장되며, 자신을 더 많이 만지고 눈을 더 깜박이는 것으로 보고되고 있다. 그러나 말하거나 대답하기 전에 뜸 들이는 것과 느린 말투, 과도한 자세변화, 미소의 감소 혹은 시선 마주침의 /부족 등은 거짓말과 연관성이 적다. William C. Shutz는 "행위는 마음에 큰 영향을 준다."라고 했는데, 즉 거짓말과 표출행동은 불가분의 관계에 있다는 것이다. 한 실험에서 피험자들을 3그룹으로 나누고 한 환자가 등장하는 테이프를 보여주었다. 그 환자는 불안과 당혹감, 낭패와 같은 감정을 느끼지만 겉으로는 건강하고 행복한 척을 했다. 단 피험자들에게 테이프를 보여줄때는 그 그룹마다 서로 다른 장면을 보여주었다.

A그룹-환자의 얼굴이나 표정만(목윗부분)
B그룹-얼굴은 보여주지 않고 목 아랫부분만
C그룹-몸 전체

테이프를 보여준 후에 각각 어떤 인상을 받았냐고 물었는데, 그룹마다 대답하는 내용이 달랐다. A그룹은 주로 '우호적이며 총명한 사람', '따뜻하고 남을 배려할 줄 아는 사람', '선량하고 정직한 사람'이라는 호의적인 인상을 받은데 비해, B그룹은 '무언가를 걱정하는 사람', '긴장해서 신경질을 부리는 모습', '무언가를 의심하며 경계한다'는 인상을 받았다고 했다. 그리고 몸전체를 본 C그룹은 '활발하고 민첩한 느낌'이라고 대답했다. 이 결과를 보면 얼굴의 생김새나 표정은 밝고 선량한 인상을 주는데 비해, 몸동작은 걱정거리나 긴장, 불안감 등을 나타낸다는 사실을 알 수 있다.

또 다른 실험에서는 새로 들어온 간호사들에게 다리를 절단하는 충격적인 영상을 보여주었다. 이 영상물은 보는 사람에게 불쾌감을 주는 그런 영상물이었다. 영상을 끝까지 본 간호사들에게 이 영상을 아직 보지 못한 사람에게 설명하라고 했다. 사실 이들이 실제로 본 영상은 지나치게 충격적이며 기분이 나빠지는 내용이었다. 그러나 "설득력 있는 거짓말은 간호사로서 일을 하는데 꼭 필요한 요소다."라는 소리를 들은 간호사들은 "내가 본 영화는 매우 즐거웠다."라는 식으로 마치 재미있는 영화를 본 듯이 상대방에게 설명해야 했다. 간호사들이 다른 사람에게 이 영상에 대해 설명하는 모습을 그들 몰래 비디오카메라로 촬영했는데, 대부분의 간호사들은 설명하면서 안절부절 못하거나 상대방의 눈을 똑바로 쳐다보지 못하고 손으로 얼굴을 만지는 등, 흔히 거짓말이나 잘못된 행동을 할 때 나타나는 동작을 하고 있었다. 이렇게 상대의 거짓말은 그 사람의 표정이나 동작, 손과 발의 움직임과 같은 신체언어를 단서로 꿰뚫어 볼 수 있다. 미국의 심리학자 Paul Ekman은 이러한 현상을 '비언어적 누설(nonverbal leakage)'이라고 불렀다.

뮌히하우젠 증후군(Muchausen Syndrome by Proxy)

1720년 독일에서 태어난 뮌히하우젠이라는 사람에게서 유래한 것으로, 뮌히하우젠이 하노버에서 군인, 사냥꾼, 스포츠맨으로 살았던 것을 거짓으로 꾸며 사람들에게 들려주었는데, 나중에 그 이야기들이 각색되어 1793년 〈뮌히하우젠 남작의 모험〉이라는 책이 출간되었다. 따라서 병적으로 거짓말을 하는 사람들을 보고 뮌히하우젠 증후군이라고 한다. 외형상 꾀병으로 보이지만 다른 형태의 일종의 정신질환이다. 즉 꾀병은 직장을 나가지 않기 위해 아픈 척하거나 소송에서 승소하거나 재정적으로 이차적인 이득을 보려는 속셈의 정상상태의 행위이다. 반면에 뮌히하우젠 증후군은 아프지 않지만 아프게 되길 원하며, 꾀병과는 달리 이차적인 이득을 생각지 않고 관심만 받기를 원한다. 이 증후군의 환자들은 자신의 병과 관련된 의료지식을 의사 이상으로 꿰뚫고 있으며, 이런 지식을 바탕으로 자신에게 그런 병이 있다고 스스로 믿고 수술을 요구하기도 한다. 이 증후군의 환자들은 자신이 타인에게 사랑이나 관심을 갖지 못한다고 인식하고 다시 사랑과 관심을 받기 위해서 실제로 앓지도 않는 질병을 만들어내거나 이미 앓고 있던 질병을 마치 중증인 것처럼 부풀려 병원에 통원 또는 입원을 하고 거짓말한 질병이 치료되거나 허위로 밝혀지면 다시 새로운 질병을 만들어내는데, 실제로 1993년 기네스북에 오른 William Mcilhoy 라는 사람은 100여곳의 병원에서 400여차례 쓸데없는 수술을 받고 400만달러이상의 의료비 청구서를 받는 기록을 세운 바 있다. 이들은 반복된 수술로 독특한 수술흉터들이 많고, 동일 부위에 반복되어 가해진 자해흉터가 있다. 이들은 자신이 거짓말한 증상을 실제로 믿고 있기 때문에 주변사람들이 거짓말을 한다고 비난하면 더 증세가 악화되는 문제가 있다. 뮌히하우젠 증후군은 남성보다는 여성에게서 많이 나타나며 주로 아동학대와 동물학대의 형태로 나타난다. 이 증후군의 원인으로는 성장기의 과잉보호나 애정결핍, 유년시절의 상처나 정신적 충격 등이 제시되고 있으며, 이들에 대한 치료로는 인지행동치료나 약물요법 등이 병행되어야 한다.

05 학습과 기억

제1절 학습의 이해
제2절 연합주의적 학습이론
제3절 인지적 학습이론
제4절 기억의 연구와 모형

Chapter 05 학습과 기억

제1절 학습의 이해

1 학습의 정의

학습은 한마디로 '지식의 획득'을 의미한다[1]. 그러나 획득된 지식을 표현하지 않으면 알 수 없듯이 학습과 수행은 구분되는 개념이다. 또한 성숙이 연령의 증가에 따른 인간행동의 변화라면, 학습은 환경속에서 경험을 통한 훈련의 결과로 일어나는 행동잠재력의 비교적 영속적인 변화(Kimble, 1961)이다. 이러한 행동잠재력의 변화는 경험과 연습에 의해 생겨난다. 인간의 대부분의 행동은 성숙이 아니라 학습을 통해 획득된다. 따라서 성숙, 질병, 피로, 약물이나 일시적인 환시 등으로 인한 변화는 학습이라고 볼 수 없다.

2 학습[2]의 범위

단순학습	습관화는 시냅스 전달의 감소에 의해 그리고 민감화는 시냅스 전달의 증가에 의해 매개된다. 시냅스의 퇴화와 성장이 각각 이러한 유형의 학습에도 관여한다. 포유류 두뇌의 시냅스는 학습하는 동안 정보를 저장하는 것에 관여하며, 장기활동 증폭과 같이 시냅스 전달의 증가는 이러한 학습과정의 한 부분이 된다.	
	습관화 (habitation)	자극이 여러 번 반복 제시되어 반응의 강도가 약해지는 것을 말하는데, 예를 들면, 부모의 잔소리를 여러 번 듣다보면 무감각해져서 소위 건성으로 대답하게 되는 것이 이에 해당한다.
	민감화 (essenstization)	자극이 반복적으로 제시될 경우 반응 크기가 더 커지는 것인데, 예를 들면, 음악을 조용한 배경에서 제시하다가 차츰 더 시끄러운 배경에서 반복 제시해가면 그 음조를 듣고 놀라는 반응이 실제로 더 강해지는 경우이다.
고차원적 학습	개념, 규칙, 원리나 언어습득을 통한 학습을 말한다.	

---

[1] 치누크연어는 부화하는 순간부터 본능적으로 어떻게 그리고 어디로 헤엄쳐야 하며, 무엇을 먹고 포식자로부터 어떻게 자신을 보호해야 하는지 알고 있지만, 인간은 태어날 때부터 일생에 대한 정해진 유전자가 없어서 대부분 경험을 통해 학습한다.
[2] 학습은 몰가치적(value-free)이므로 행동 변화의 좋고 나쁨과는 무관하다. 그러나 교육은 가치지향적이므로 '바람직한' 행동의 변화를 다룬다.

3 학습의 접근법

학습에 대한 접근법으로, Pavlov의 고전적 조건형성 이론, Skinner의 도구적 조건형성이론 등을 설명하는 연합주의 접근법이 있고, 통찰학습, 인지도학습, 개념학습 및 관찰학습 등을 설명하는 인지주의 접근법이 있다. 여기서 조건형성을 한다는 것은 잘 정의된 자극에 대하여 상당히 구체적인 행동양식을 습득하는 것을 의미한다.

제2절 연합주의적 학습이론

1 개 요

어떤 '학습의 결과(현상, 사실, 원리)로서 행동의 변화'를 일으키게 한 '학습의 과정(행동기제 또는 내적 기제)'이 무엇인지를 "설명·해석"하는 것이다. 연합주의적 관점에서의 「학습」은 바로 '연합(association)의 형성'이지만, 인지론적 관점에서의 「학습」은 '인지의 습득(둘의 관계를 아는 것)'이다.

❖ 연합에 따른 학습의 기본적 유형 ❖

S-S 연합 (Stimulus-Stimulus Association)	하나의 사건자극과 다른 사건자극을 연합하는 것을 학습하는 것이다. 예를 들면, 먹구름(S : 사건자극)이 끼면 비가 온다(S : 사건자극)처럼 '먹구름과 비'를 연합하여 학습하는 것이다.
S-R 연합 (Stimulus-Response Association)	특정한 자극에 대한 반응의 연합을 학습한다. 예를 들면, 야구공이 날아오면(S) 글러브로 그 공을 잡는다(R)고 학습한다.
R-S 연합 (Response-Stimulus Association)	특정한 반응과 그에 따른 결과자극의 연합을 학습한다. 예를 들면, 공부를 열심히 하는 노력(R)을 하면 그 결과로서 좋은 성적(S)을 받게 된다고 학습한다.

학습의 기본유형에는 S-S 연합과 S-R 연합의 2가지 종류가 있다.

2 고전적 조건형성(Ivan Pavlov)

고전적 조건형성이란 자극들 간의 선천적인 연합으로, 유기체가 자연적 반응을 하나의 자극에서 이전에는 중성적이던 다른 자극으로 전이시키는 것을 배우는 학습유형을 말한다.

❖ **연합의 형성** ❖

인접의 법칙	함께 인접하여 경험하는 사상들은 서로 연합된다.
빈도의 법칙	두 사상이 자주 같이 일어날수록 서로는 보다 강하게 연합된다.
유사성의 법칙	두 사상의 공통점·유사성이 많을수록 서로 강하게 연합된다.

(1) 타액분비 실험

원래 Pavlov는 주로 소화기능에 대한 연구를 하다가 실험대상인 개가 침을 흘리는 것 때문에 소화연구에 곤란을 겪던 중 왜 개가 침을 흘리는지 관심을 갖게 되었다. 굶은 개에게 먹이를 주면 무조건 침을 흘린다. 따라서 먹이가 아닌 종소리를 듣고는 침을 흘리지 않는다. 그런데 먹이를 주기 전에 종소리를 들려주면 처음에는 종소리에 대한 반응이 없다가 여러 번 반복하고 나면 나중에는 먹이 없이 종소리만 듣고도 침을 흘리게 된다.

한편 파블로프는 개에게 음식을 제공하기 전에 원을 보여준 후 타원과 변별하는 훈련을 시켰다. 즉 타원이 제시되면 먹이를 주지 않아 침분비를 하지 않게 하고, 원을 제시하면 먹이를 주어 침을 분비하도록 하는 방식으로 학습을 시킨 후 점차 원에 가까운 타원을 제시하였다. 그 결과 개는 실수를 하기 시작하였고, 개의 행동이 이상하게 변화되었다. 조용하던 개가 낑낑대며 짖었고, 계속 서성거렸으며, 주변에 있는 물건을 물어뜯는 등 이전에는 전혀 하지 않던 행동을 하였던 것이다. 파블로프는 이를 실험적 신경증(experimental neurosis)이라고 불렀다.

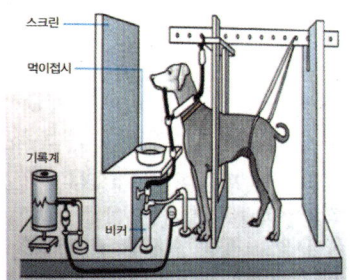

조건반사 파블로프의 실험장치

개의 타액은 튜브를 통하여 비커로 들어가는데 그 때 밸브의 움직임은 스크린 뒤쪽에 있는 기록계에 전달되어 분비반응이 기록된다.

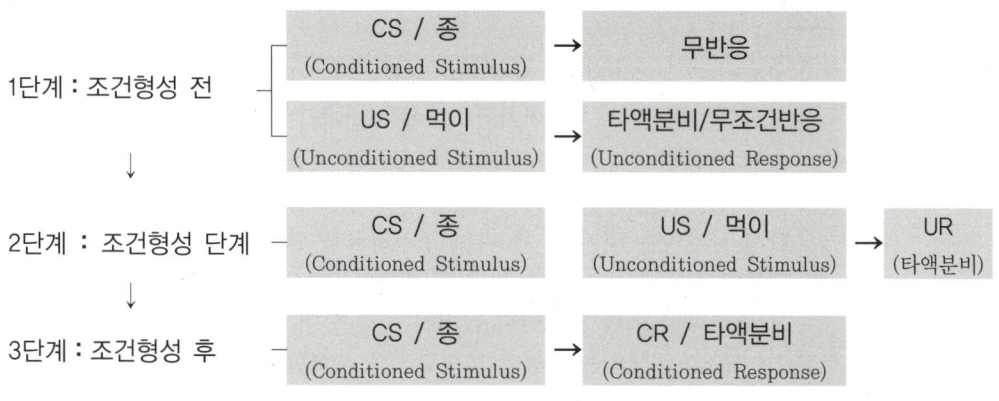

무조건자극(US)	유기체로 하여금 어김없이 특정한 방식으로 반응하도록 하게 하는 자극으로, 반드시 어떤 반응을 일으키는 자극이다. (ex. 먹이)
무조건반응(UR)	무조건자극이 일어날 때 언제나 유기체에서 일어나는 반응이다. (ex. 먹이를 보고 침을 흘리는 것)
조건자극(CS)	원래는 중성적 자극인데 무조건자극과 짝지어짐으로써 결국은 그것만을 제시했을 때도 유기체에서 바라는 반응을 생성시키게 되는 자극이다. 즉 무조건자극과 함께 제시되는 자극이다. (ex. 종소리)
조건반응(CR)	유기체가 조건자극이 제시될 때 생성하는 것을 학습하게 된 반응이다. 즉 조건자극으로 나타내는 반응이다. (ex. 종소리를 듣고 침을 흘리는 것)

캐빈 달리 박사의 나방실험

- 박각시 나방을 훈련, 플라스틱 폭탄 냄새를 감지하게 하는 데 성공함.

1. 나방의 뇌에 전극을 꽂고 먹이(스크로오스) 냄새를 맡게 한 후, 뇌파 변화를 관찰
2. 먹이냄새를 맡게 할 때마다 직전에 폭탄냄새를 맡게 함
3. 훈련 후 나방은 폭탄냄새를 감지하면 마치 먹이냄새를 맡은 때처럼 독특한 뇌파패턴을 나타냄.

맛혐오학습에 대한 연구에서 비롯된 준비성(preparedness)이라는 개념은 특정 종(種)이 사는 전형적인 환경에 따라 어떤 종류의 학습을 잘 할 수 있는지 또는 잘 할 수 없는지를 의미한다고 볼 수 있다.

(2) 조건형성의 요소

획득		어떤 자극으로 반응이 형성되어 새로운 조건반응이 학습되는 현상이다.
소거		강화의 보류 또는 무조건자극(US)에 조건자극(CS)의 연합을 중지시키면, 학습된 반응의 빈도 또는 강도가 감소하는 것을 말한다.
자발적 회복		추가의 훈련을 하지 아니하였는데도 시간이 경과한 다음 소멸되었던 반응이 다시 나타나는 것이다. 즉 다시 조건자극을 연합시킬 경우, 훈련 없이 반응행동이 회복된다. 이를 통해 어떤 행동이 일시적으로 사라진 듯이 보이지만, 그 일시적인 소거가 영원히 없어지는 것은 아님을 알 수 있는 근거가 된다. 이는 학습이 새로운 행동의 출현만으로 해석할 수 있는 것이 아님을 보여준다. 즉, 학습은 내적 활동에 의한 것이라는 인지적 해석의 타당성을 뒷받침할 수 있는 현상이다. ☞ 낙엽이 지는 소리에 옛 연인에 대한 그리움이 떠올랐다.
자극일반화		학습된 반응이 상이하지만 유사한 자극으로 전이하는 것을 말한다. 따라서 일반화는 유사성에 대한 반작용이다. ☞ 상처만 남기고간 옛 연인을 지금도 잊지 못하고 있다.
변별		한 가지 자극에만 반응하고 다른 모든 자극에는 반응을 억제하는 학습을 말한다. 따라서 변별은 차이에 대한 반작용이다. ☞ 새로운 연인을 만나면서 옛 연인을 잊었다.
조건화	후진배열	조건자극보다 무조건 자극을 먼저 제시하는 것으로 학습하기 어려운 조건화이다.
	지연배열	조건자극을 먼저 제시한 후 무조건 자극이 제시될 때까지 지속하는 것으로, 가장 효과적인 학습 방법이다.
	흔적배열	조건 자극이 먼저 제시되고 사라진 다음 무조건 자극을 제시하는 것으로, 학습효과가 약하다.
	동시배열	조건자극과 무조건자극을 동시에 제공하는 것으로, 학습효과는 있지만 지연배열조건보다는 학습효과가 약하다.
	고차적	이전의 학습에 기초한 조건형성으로, 후속의 훈련에서는 1차적 조건자극과 새로운 2차 조건자극을 함께 반복해서 제시하면, 나중에는 2차적 조건자극만 제시해도 2차 조건반응이 학습되는 것을 말한다.

(3) 고전적 조건 형성 기본원리

시간의 원리	조건자극은 무조건 자극의 제시와 거의 동시에 이루어져야 한다3).
강도의 원리	무조건 자극의 강도가 강하면 강할수록 조건 형성이 쉽게 이루어진다.
일관성의 원리	동일한 조건자극을 통해 일관성 있게 강화해주어야 한다.

---

3) 가장 효과적인 조건반사는 조건자극이 0.5초 간격으로 선행될 때 형성된다. 1초 후의 제시도 의미가 없다(즉각적인 자극제시의 중요성). 이와 관련하여 Garcia(1995)는 쥐를 대상으로 미각혐오실험을 한 결과, 쥐들이 단맛이 나는 사카린물을 마실 때 몇 시간 후 구역질을 유발하는 감마방사선에 한번 노출된 경험만으로도 사카린 물을 회피하는 학습이 가능하다는 사실을 확인하였다. 이는 학습에 있어서 즉각적인 자극제시가 중요하다고 주장한 Pavlov 등의 견해와 대립된다. 미각혐오

Albert의 공포학습(Watson and Rayner, 1920)

11개월짜리 앨버트에게 흰 쥐를 보여주는 데에서 실험이 시작되었다. 처음 앨버트는 흰 쥐에 대해 전혀 두려움을 보이지 않았다. 그는 쥐 있는 데로 기어와서 같이 놀고 싶어 했다. 그러나 앨버트가 쥐에 접근할 때마다 실험자는 뒤에서 쇠망치로 쇠그릇을 두들겨 큰 소리를 내었다. 거의 모든 아동들은 큰 소리를 선천적으로 두려워하기 때문에 앨버트의 자연적인 반응은 두려움이었다. 이렇게 몇 번을 했을 때 앨버트는 울기 시작하였으며, 쥐를 볼 때마다 기어서 도망을 쳤다. 이것은 고전적 조건형성의 간단한 사례로, 큰 소리라고 하는 무조건자극은 두려움이라는 무조건반응을 일으켰다. 앨버트는 큰 소리를 쥐와 연합시키는 것을 학습하였다. 결국 앨버트는 쥐(조건자극)를 두려워하게(조건반응) 되었다. 쥐와 큰 소음을 짝을 지음으로써 앨버트에게 쥐를 무서워하게 만들어 주었다. 5일이 지난 후 연구자들은 쥐뿐만 아니고 토끼나 개, 솜, 산타클로스 가면 등을 보여주었는데(자극일반화), 역시 앨버트는 공포반응을 보였다.

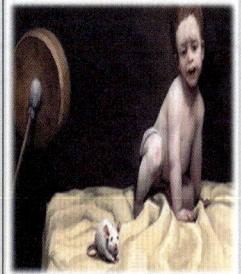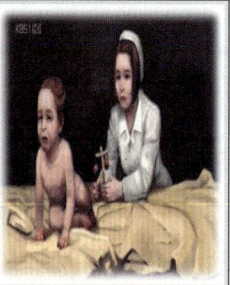

그러나 1979년 해리스는 "……앨버트에 대한 정보에서 기본적인 연구방법과 결과에 이르기까지 최초 연구의 세부사항이 와전되고 말았다."라고 지적하였는데, 1920년에 발표된 최초논문에 실린 세부사항들과 관련해서 많은 교재들이 심각한 실수를 범하고 있다는 것이 밝혀졌다. 실제로 최초논문 이후의 글에서는 앨버트를 재조건화하는 일이 불가능할 것이라는 사실을 알고 있었다는 점을 언급하지 않았음에도 많은 교재들에서 왓슨이 앨버트의 공포를 재조건화 해주었다고 기재하고 있다는 점이다.

또한 1920년에 실시된 '연구방법론'을 보면, 왓슨과 레이너는 공포반응을 얻기 위해 수시로 앨버트의 엄지손가락을 입에서 빼내었고 앨버트에게 자극물들을 억지로 만지게 한 경우도 있었으며, 앨버트에게 주기적으로 공포반응을 되살리기도 했다는 점이다. 이런 행동들에 대한 상세한 설명의 결여는 실험방법에 의문을 품게 하고 실험과정 또한 표준적인 것이 아니었음을 보여준다.

그 밖에도 앨버트 실험의 윤리적 쟁점은 심리적이고 신체적인 피해로부터 참가자를 보호한다는 지침이 지켜지지 않았고, 연구 초부터 '해를 입을 가능성'과 앨버트에 대해 '상대적으로 해를 덜 입을 것'이라는 논의와 판단을 한 것으로 보아 연구의 비윤리성을 알 수 있다. 특히 왓슨은 앨버트를 재조건화 시킬 기회를 갖기도 전에 앨버트가 퇴원한 일을 불운한 일이라 논문에 발표했는데, 처음의 보고서를 자세히 보면 왓슨은 이미 한 달 전에 앨버트의 퇴원을 알고 있었고 연구 대상자에게 사후 설명조차 없었던 것으로 보아 이것은 연구 대상자에 대한 기만이라 볼 수 있다. 그리고 왓슨과 레이너는 자신들이 불러일으키는 정서적 조건 반응들이 "가정에서 벌어지는 시끄러운 싸움들" 속에서 자연스럽게 경험할 수 있는 것들이라는 생각에 연구를 밀고 나가기로 했다고 주장했지만, 실제로 일상의 삶에서 얼마나 많은 반응들과 마주쳤을지에 대해서 의문이 들 뿐만 아니라, 그런 이유로 아이에게 고의로 고통을 주는 일을 정당화시키지는 못한다.

실험에서는 '준비성'이라는 개념을 제시하는데, 이는 특정 종이 사는 전형적인 환경에 따라 어떤 종류의 학습은 잘 할 수 있으며, 어떤 종류의 학습을 잘 할 수 없는지와 관련된다.

(4) 비판

조건화는 시간적 인접뿐만이 아니라 유관성과도 밀접하게 관련되어 있고, 연합 시 선택적으로 생득적인 준비가 되어 있다는 점과 이미 어떤 요소에 조건화되면 다른 요소에 의해 조건화되는 것이 차단되는 차폐현상으로 비판받는다. 최근 인지심리학자들은 Pavlov의 개는 CS와 US의 단순연합을 형성하는 것이 아니라 CS와 US에 대한 신호라는 관계를 학습한다고 비판하였다.

3 도구적(조작적) 조건형성(강화이론)

조작적 조건형성이란 강화나 처벌을 사용함으로써 어떤 행동 가능성을 증가시키거나 감소시키는 학습의 유형을 말한다. 여기서 강화란 예상되는 반응이 미래에 다시 나타날 확률을 증가시키는 자극을 제시하는 것이다.

(1) 도구적 행동

우리가 수행하는 대부분의 행동은 무엇을 하기 위한 '도구적인' 것이며, 환경에 조작을 가하는 '수의적인' 것으로, 학습자가 자기의 환경에 통제를 가하는 것이다. 조작적[4] 행동이란 바라는 어떤 것을 얻거나 불쾌한 어떤 것을 회피하는 방법으로 환경에 대해 반응하도록 설계된 학습된 행동을 말한다.

(2) Thorndike의 도구적 조건형성

Thorndike는 굶주린 고양이를 상자 안에 넣고 지렛대를 눌러서 상자(문제상자)를 빠져나오면 먹이를 주는 실험을 하였다. 그 결과 동물은 시행착오(보상으로 인한 시행과 처벌로 인한 착오)와 우연적 성공에 의해서 올바른 행동을 학습하게 된다는 시행착오학습을 주장하였다. 이는 상자를 빠져나오기 위한 고양이의 행동은 도구적이기 때문에 도구적 학습이라고도 한다.

① 학습의 3대 법칙

준비성의 법칙	어떤 사람이 어떤 행위를 수행할 준비가 되어 있는데도 그렇게 하지 못하면 혐오적이고, 어떤 사람이 어떤 행위를 수행할 준비가 되어 있지 않을 때 무엇을 하도록 강요받는 것 또한 혐오적이다. 반대로 학습할 준비 또는 목표지향적인 행동을 할 준비가 되었을 때는 학습이 만족스럽게 이루어진다.

---

4) 학습은 행동의 변화이며, 행동 변화(학습)는 환경적인 상황이나 조건 속에서의 변화와 기능적으로 관련이 있고, 만약 행동의 특성과 실험 조건이 물리적인 조건에서 정의되고, 신중하게 통제된 조건 하에서 관찰된다면 행동과 환경 사이의 합법적인 관계가 결정될 수 있으며, 행동에 대한 실험적 연구에서 도출된 자료는 행동의 원인에 대하여 수용할 수 있는 유일한 정보원이며, 개별 유기체의 행동은 적절한 자료원이고, 환경과 상호 작용하는 유기체의 역동성은 모든 종(種)이 동일하다는 여섯 가지 가설이 조작적 조건형성의 토대이다.

효과의 법칙	자극에 따른 어떤 특정한 반응 후에 불만족스러운 결과가 나오면 행동이 감소하고 반면에, 일관되게 보상이 결과가 되는 행동은 학습된 행동으로 확고하게 된다는 이론이다. 즉, 어떤 행위든 단순한 빈도나 인접(고전적 조건형성)이 아닌 효과가 있어야 강화된다. 이 법칙은 Skinner에 의하여 정교화되었다.
연습의 법칙	자극과 반응간의 연합은 그것을 사용함으로써 강해진다. 즉, 자극화 장면과 반응간의 연합은 단순히 연습하는 것만으로도 강화되는데, 이를 사용의 법칙이라고 부른다. 반면에 장면과 반응간의 연합은 연습을 중단하거나 신경매듭을 사용하지 않으면 약화되는데, 이를 불사용의 법칙이라고 부른다. 즉 탈출과 직접적으로 연관된 선행 반응과 탈출을 연합시킴으로써 불필요한 행동을 점차 줄이고 목표행동에 접근해 갈 수 있게 된다. 즉 연습의 횟수가 많으면, 학습은 강화된다.

② 하위법칙

다양반응의 법칙	주어진 자극에 대하여 적절한 반응이 나타날 때까지 여러 가지 반응을 시도하게 되며 우연하게 나타난 적절한 반응이 성공함으로써 학습이 이루어진다는 법칙이다.
요소우월의 법칙	유기체가 자극상황 전체에 비선택적으로 반응하는 것이 아니라 자극상황 중에서 가장 중요하게 우월하다고 지각하는 자극요소에 우선적으로 반응한다는 법칙이다.
자세 또는 태도의 법칙	피로정도나 정서상태 등 유기체의 자세나 태도가 행동을 결정하는 것뿐만 아니라 만족과 불만족을 결정하는 데 중요한 역할을 할 수 있으므로 학습에 영향을 준다는 법칙이다.
유사성의 법칙	새로운 다른 자극에 동일한 반응을 하게 되는 것은 두 개의 자극상황이 동일한 자극요소를 많이 공유하고 있기 때문이라는 법칙이다.
연합이동의 법칙	Pavlov의 고전적 조건형성 과정과 유사한 법칙이다.

1930년대 이후 Thorndike는 자기이론 중 연습의 법칙과 효과의 법칙을 수정하였다(Swenson, 1980). 먼저 피드백 없이 단지 연습만으로 학습을 개선할 수 없음을 실험을 통해 입증하여 연습의 법칙을 폐기하였고, 효과의 법칙의 경우 보상적 결과가 S-R결합을 필연적으로 약화시키지는 않는다고 결론짓고 있다. 벌(혐오)의 결과는 행동을 일시적으로 억압할 뿐 그 행동자체가 소멸하는 것은 아니며 그래서 벌은 행동수정에 비효과적인 방법이고 나아가 벌은 바람직하지 않은 행동을 바람직한 행동으로 유도할 수도 없다고 견해를 바꾸었다. 예를 들어, 선생님이 공부시간에 잡담하는 아이에게 벌을 주었을 때 그 벌은 학생으로 하여금 잠시 잡담을 중지하게 할 뿐, 이후 적당한 시간동안 벌이 더 이상 존재하지 않는다는 것을 느끼게 되면 잡담을 다시 시작하게 됨을 볼 수 있다.

 **Thorndike의 문제상자**

[설정] 페달을 밟으면 빗장이 열리게 설계되어 있고, 상자 밖에 먹이가 놓여 있다.
- 배고픈 고양이를 상자 속에 넣고 상자 밖에는 먹이를 놓아두면, 밖으로 빠져 나오기 위해 발로 긁는 등 여러 행동을 하게 된다. → 준비성의 법칙
- 이런 과정에서 우연히 고양이가 페달을 밟을 경우, 쉽게 문이 열리고 고양이는 상자 밖으로 빠져나오는 경험을 하게 된다. → 효과의 법칙
- 시행이 거듭됨에 따라 고양이는 다른 불필요한 동작은 하지 않고(점차 줄어들고), 문을 여는 행동을 빠르고 간결하게 시행한다. → 연습의 법칙

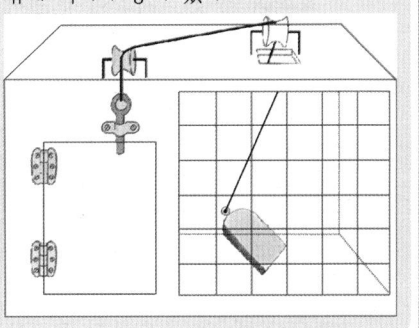

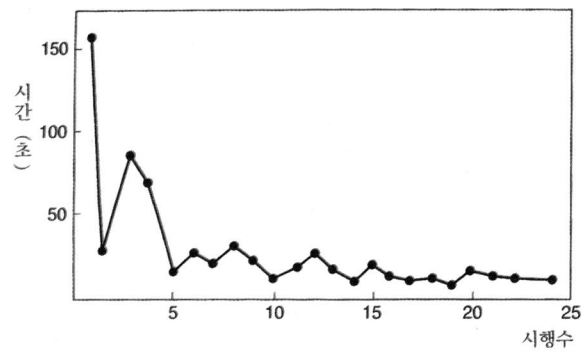

✧ 시행착오학습 ✧

(3) Skinner의 조작적 조건형성

① 개 요

Burrhus Frederic Skinner(1904.3.20.~1990.8.18.)는 Hull, Tolman 등과 함께 신행동주의자로 분류된다. 그는 미국의 심리학자로서 문제상자, 티칭머신의 고안으로 알려져 있다. 가설의 구성이나 설명보다도 조작주의적 분석에 의해, 선행조건과 귀결과의 관계만을 기술하는 입장을 주장하여 스키너학파를 이루었다. 문제의 조작적 조건형성 이론의 기본적 원리는 여러 가지 행동 중에서 만족스러운 상태로 이끄는 행동은 되풀이되고, 고통상태를 유발하는 반응은 되풀이 되지 않는다는 강화의 원리를 기초로 하고 있다. 조작적 조건형성에서는 어떤 행동이 좋은 강화를 받게 되면 그 행동이 다시 발생할 확률이 높아지고 어떤 행동이 처벌을 받게 되면 그 행동은 확률이 낮아지므로 행동 뒤의 강화와 처벌의 역할이 중요하다. 따라서 행동은 그것의 결과에 의해서 결정되고 습관은 조작적 학습경험의 결과라고 믿는다. 이 입장에서 행동은 Respondent와 Operant로 나뉘는데, Operant의 상세한 강화 스케줄에 의한 실험 연구는 일반심리학뿐만 아니라, 생리심리학, 약리심리학, 교육심리학, 임상심리학에도 이용된다. 스키너는 파블로식의 조건형성과정에서 일어나는

행동을 '반응행동'이라 하고 자신의 실험에서 사용한 행동을 '조작행동'이라 하였다.

> **B. F. Skinner**는 1904년 Pennsylvania주 Susquehanna시의 안락한 중류가정에서 출생하였다. 1936년에는 Minnesota대학교에서 교수로 재직하였고, 1945년에는 Indiana대학교의 교수로 활동하였다. 그는 1983년 〈Intellectual Self-Management in Old Age(노인기에서의 지적인 자기관리)〉, 1990년 『Can Psychology be a Science of the Mind?(심리학은 마음의 과학일 수 있는가?)』이외에 〈학습의 과학과 교수의 예술〉, 〈교수기계〉와 『행동분석』『강화계획』『수업공학』『행동주의와 사회에 대한 고찰』 등을 남기고 1990년 백혈병으로 사망하였다. 그는 심리학이 관찰가능하고 측정 가능한 행동만을 연구해야 한다고 믿었으며, 조건형성을 통해 행동을 변화시키는 것과 행동에서 자연적인 법칙을 찾아내는 것이 주된 관심사였다. 그의 접근법은 이전의 행동주의자들과는 많이 달랐다. 그는 행동변화에 새로운 요소인 '강화(reinforcement)'를 첨가했다.

❖ 조건형성의 구분 ❖

구 분	고전적 조건형성	조작적 조건형성
정 의	• 중성적 자극이 무조건적 자극과 체계적으로 연합하여 새 반응을 획득한다. • 모든 학습은 자극과 그에 대한 반응행동 사이의 조건형성과정이다(S-R 조건화).	유기체가 능동적으로 일으킨 어떤 반응에 대해 체계적, 선택적 강화를 주어 그 반응의 유발률을 높인다(R-S).
관 심	특정행동을 유발하는 자극의 변화에만 관심을 갖는다.	자극이 있는 환경에서 습관적으로 나타나는 선택된 특정행동(반응)에 관심을 갖는다.
행 동	무조건반사와 같이 자극에 의해 직접적으로 유발된 반응으로 행동을 본다. 즉 빛에 의한 동공수축, 침의 분비 등의 자율신경계 반응과 무릎반사를 본다. 이를 S형 조건화라 한다.	선행자극에 의해 일어나는 것이 아니라 자생적으로 나타나는 행동 및 어떤 자극이 있었다 할지라도 그것이 무엇인지 식별할 수 없는 경우의 행동을 말한다. 이를 R형 조건화라 한다.
인지과정	유기체는 CS가 US의 도착을 신호한다는 기대를 발달시킨다.	유기체는 반응이 강화되거나 처벌될 것이라는 기대를 발달시킨다. 또한 강화없이도 잠재학습을 보인다.
생물학적 소인	선천적 소인은 어떤 자극과 반응이 쉽게 연합될 것인지에 제약을 가한다.	유기체는 선천적 행동과 유사한 행동을 쉽게 학습한다. 선천적이지 않은 행동은 선천적이고 본능적인 행동으로 표류하게 된다(향본능표류).

능동화정도	조건화를 위한 조작이 전적으로 유기체가 하고 있는 것과 상관없이 이뤄진다.	강화를 적시에 주기 위해 유기체의 능동적 행동에 주의해야 한다.
보상/강화	강화물(UCS)없으면 조건형성자체가 일어나지 않는다(UCS가 반응유발, 강화).	강화물은 반응 발생 후 그 반응확률을 증가시키는 데 사용된다.
주요현상	CS-UCS 짝짓기, 자극일반화, 자극변별, 고차적 조건형성, 소거(CS만 반복적으로 제시되면 CR이 감소한다.), 자발적 회복, 재조건형성 등이다.	자극일반화, 자극변별, 조성, 미신행동(보상이 반응과 관계없이 주어질 때 그 보상과 우연적으로 연합된 반응이 학습되는 현상), 소거(강화가 차단되면 반응이 감소한다.) 등이다.
법 칙	흥분, 내부억제, 외부억제 등이 있다.	시행착오, 노력과 오류, 효과의 법칙 등이 있다.
적 용	혐오자극치료법, 체계적 둔감법 등이다.	조성(바람직한 행동을 강화시키는 데 이용), 바이오피드백 등이다.
유사점	사건계열을 변화시키면 조건형성은 저지된다. 그리고 두 조건형성은 결정적 사건의 출현여부와 그 사건들이 어떤 계열을 이루는가에 의존한다. 고차조건형성이 일어나고 자극일반화와 변별 등의 개념을 제시한다.	

문제상자 실험

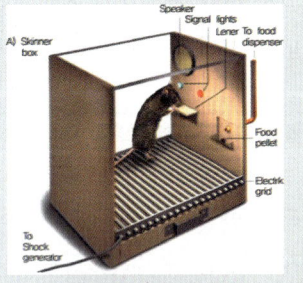

상자에는 반응도구(지렛대, 열쇠, 원판), 강화 매개물(먹이, 물), 자극요인(빛, 큰 소리, 작은 전기충격), 실험유기체(쥐, 비둘기) 등이 준비됐었다. 이는 적당한 반응 후에 자동적으로 강화가 주어질 수 있도록 자동화되어 있었다. 예를 들면, 비둘기가 불빛(식별자극)이 켜져 있을 때 쪼아야지만 먹이를 제공받을 수 있게 장치하거나 상자 안쪽에 지렛대가 있어 그것을 누르면 밑에 있는 먹이통에서 보수로서 먹이가 나오게 한 경우 이 보수를 얻는 것이 강화되어 쥐는 지렛대 누르기를 학습하게 된다.

비둘기를 쓸 때는 지렛대 대신 표적을 만들어서 이것을 쪼면 먹이가 나온다. 이 본체와는 따로 급이 장치가 있어서 지렛대(또는 표적)를 조작하면 작동한다. 더욱 발전된 제품에서는 프로그램용 부속장치를 연결시켜 여러 가지 강화 스케줄을 짤 수 있도록 되어있다. 자발적 반응과 강화의 유무는 기록장치에 의하여 자동적으로 누적되어 기록된다. 스키너는 이 실험을 통해 모든 유기체와 환경 간의 상호작용에 관한 정보를 밝혀 인간 행동에 있어서도 유사하게 적용될 수 있다고 하였다. 이는 Skinner가 인간을 능동적 행동자가 아닌 환경에서 주어지는 강화물에 의한 피조물로서 바라보고 있는 극단적 환경 결정론자에 해당함을 의미한다.

② 조건형성의 주요 측면
　㉠ 조형(shaping) : 바라는 행동에 점차적으로 접근해 가는 것을 강화하는 것, 즉 정상적으로는 나타나지 않는 행동이나 새로운 반응을 습득시켜가는 과정을 말한다. 차별강화(differential reinforcement)란 어떤 반응은 강화를 받고 어떤 반응은 강화를 받지 않는 것이고, 계속적 접근(successive approximation)은 실험자가 원하는 것에 점차적으로 비슷해지는 반응만이 강화를 받는 것이다.
　㉡ 소거와 자발적 회복 : 보상을 제거했을 때 소거가 일어난다. 소거 후 다시 실험장면에 돌아오면 다른 추가 훈련 없이도 자발적 회복이 일어난다. 즉, 소거는 행동의 완전한 소멸이 아닌 행동발현의 억압이다.
　㉢ 강화 : 강화란 특정한 반응에 대한 결과로서의 자극을 말한다. 이는 후속 반응확률을 증가시키는 사상으로 정의되며, 강화수반[5]이 조작반응의 필수요건이 된다. '강화'는 추상적으로 추리해볼 수 있는 효과이며, 강화효과를 가져오는 '대상'을 '강화인' 또는 '보상'이라고 한다. 이러한 강화학습의 원리는 토큰경제, 인센티브제 등에 응용된다.

❖ 강화의 구분 등 ❖

강화	일차적	선천적인 욕구를 만족시키는 자극이나 사건(음식, 물, 공기, 성욕 등)이다.
	이차적	그 가치가 일차적 강화물과의 결합을 통하여 학습되는 강화이다. 즉 경험을 통해 자극이 정적 또는 부적 결과와 연합되는 것을 학습한 자극(칭찬 또는 권위와 같은 사회적 강화인)이다.
	정적	긍정적인 강화물을 가하면 정적 강화가 일어나고 긍정적인 강화물을 박탈하면 벌이 된다. 일차적이든 이차적이든 어떤 반응과 유관하여 일어나는 확률이 증가한다. 예를 들면, 잘하면 상을 주는 것이다. 즉 공부 잘하면 장학금을 주는 것이다. 또는 아이를 껴안아주거나 월급봉투를 받는 것이 정적 강화물에 해당한다.
	부적	그것이 감소되거나 종결될 때 진행 중인 행동이 재현될 가능성이 증가하는 사상이다. 부정적인 강화물을 가하면 벌이 되고, 부정적인 강화물을 박탈하면 부적 강화가 이루어진다. 부적 강화인이 제거되었을 때 반응 재현 확률이 증가(혐오, 소음 등)한다. 예를 들면, 벌을 주는 게 아니라 상을 주지 않는 것, 시험을 잘 보면 오늘 청소를 면제해주는 것, 또는 안전벨트를 착용하여 자동차 경고음을 제거하는 것 등이다.

---
[5] 수반성함정은 행동에 수반되는 보상, 즉 강화적 효과는 즉각적인 반면에 처벌, 즉 부정적 효과는 매우 느리게 나타나기 때문에 부적절한 행동을 지속하는 것을 의미한다.

처벌	정적	수동적 회피에 해당하는 것으로, 특정행동(지렛대누르기)을 감소시키기 위해 지렛대를 누를 때 전기쇼크(처벌)를 주는 경우이다. 예를 들면, 수업시간에 떠드는 행동에 대해 꾸중을 하는 경우라든가, 말 안 듣는 아이의 종아리를 때리거나 불법주차 딱지를 떼는 것 등이다.
	부적	바람직한 자극을 철회하는 것으로, 밤늦게 돌아다니는 자녀의 외출금지, 용돈 감액, 음주운전자의 운전면허 취소 등이다.
반응대가		능동적 회피 내지는 부적 처벌(negative punishment)에 해당하는 것으로, 특정행동(지렛대누르기)을 감소시키기 위해 지렛대를 누를 때 이미 주었던 먹이(보상)를 없애는 경우이다. 예를 들면, 돈을 허비할 때 일시적으로 용돈을 줄이는 경우이다.
강화스케줄	계속적 강화		완전강화 또는 연속강화(CRF, continuous reinforcement schedule)라고도 하는 것으로, 정확한 반응이 나타날 때마다 100% 강화를 준다. 행동이 획득될 때까지의 학습 초기단계에서는 굉장히 효과적이지만, 강화자가 피강화자의 일거수일투족을 지켜볼 수 없기에 완전강화는 이론적일 수밖에 없다. 계속적 강화는 강화가 중단되면 소거도 신속하게 발생하며, 훈련 시 가장 낮은 반응을 보인다.
	간헐적 강화 (부분강화)		모든 부분강화 스케줄은 계속적 강화에 비해 소거에 대한 저항이 크고, 훈련 때에는 반응비율이 더 높은 반응을 생성시킨다. 그 이유는 유기체가 획득과 소거 사이에 차이를 덜 경험하기 때문이다. 일반적으로 변동비율, 변동간격, 고정비율, 고정간격 순으로 소거될 확률이 낮다.
		고정간격 (FI, fixed interval)	일정한 시간간격이 경과한 다음 일어나는 정확한 반응을 강화하는 계획을 말한다. (ex. 고정급여의 직장인 또는 학생들의 중간·기말고사, 그리고 수학문제를 풀 때, 5분에 한 번씩 고정적으로 강화를 주는 것 등이다.)
		고정비율 (FR, fixed ratio)	일정한 수의 정확한 반응을 한 다음 일어나는 정확한 반응을 강화하는 계획이다. 단점은 그 반응횟수까지는 열심히 하지만, 보상을 받은 바로 뒤는 반응비율이 하락한다(강화 후 휴지, post-reinforcement pause). 즉, '쉬고 달리기' 하는 식의 모습을 보인다. (ex. 10문제를 풀 때마다 한 번씩 강화를 준다.)
		변동간격 (VI, variable interval)	변화적인 시간간격이 경과한 다음 일어나는 정확한 반응을 강화하는 계획을 말한다. 즉, 동일한 간격에 보상을 주는 것이 아니라, 강화제공 후 경과한 평균 시간에 따라 보상시간이 각기 다르다. 이 강화계획을 쓸 경우, 고정간격 강화스케줄(FI)에서 발생하는 선형효과도 제거되고, 안정되면서 비교적 적절하게 반응효과를 높일 수 있다. (ex. 불규칙적인 간격으로 퀴즈를 푸는 수업 또는 5분 안에 아무 때나 한 번의 강화를 준다.)

	변동비율 (VR, variable ratio)	강화를 제시하기 전에 변화적인 수의 정확한 반응이 일어나야 하는 강화계획을 말한다. 평균횟수에 맞춰 주어지므로, 시간(간격)이나 횟수의 등간격은 성립되지 않는다. 반응자는 언제 강화가 주어질지 모르기 때문에 계속해서 반응행동을 증가시키게 된다. (ex. 카지노와 같은 도박이 대표적이며, 학생이 2문제를 풀면 한번, 3문제를 풀면 또 한번, 이런 식으로 강화를 주는 것이다.)
강화의 상대성		모든 반응은 잠재적 강화인으로 사용할 수 있다. 상대적으로 높은 빈도를 갖고 있는 반응이면 어떤 것이든, 비교적 더 낮은 빈도로 일어나는 반응을 강화하기 위한 강화인으로 사용할 수 있다. 만약, 어떤 행위가 다른 행위보다 더 자주 일어나면, 그것을 덜 자주 일어나는 활동을 강화하기 위해 쓸 수 있는데, 이를 프리맥(premack)원리[6]라 한다.

❖ 강화스케줄 별 누가기록의 차이 ❖

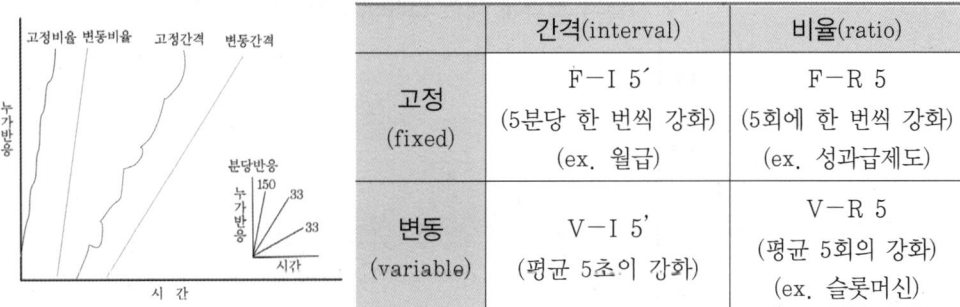

	간격(interval)	비율(ratio)
고정 (fixed)	F-I 5´ (5분당 한 번씩 강화) (ex. 월급)	F-R 5 (5회에 한 번씩 강화) (ex. 성과급제도)
변동 (variable)	V-I 5´ (평균 5초의 강화)	V-R 5 (평균 5회의 강화) (ex. 슬롯머신)

ⓒ 벌 : 벌은 유기체에게서 정적 강화인을 빼앗거나 부적 강화인을 제시·적용하는 것으로, 벌은 반응의 확률을 감소시키지 않는다. 벌은 그것이 적용되는 한 반응을 억압시키기는 하나, 벌 받는 행동의 습관을 약화시키지는 않는다(Skinner, Thorndike). 벌은 단순히 행동을 억압할 뿐, 벌의 위험이 제거되면 행동이 일어나는 비율은 원수준으로 되돌아간다.

이렇게 벌을 사용하는 것에 대하여 부정적인 논점들이 있다. ⓐ 벌은 불행한 정서적 부산물을 낳는다. 벌을 받는 유기체는 공포적이게 되며, 이러한 공포는 벌이 일어날 때 있었던 것과 관련된 여러 가지 자극에 일반화 된다. ⓑ 벌은 유기체가 무엇을 하지

---

[6] Premack 원리는 반응박탈이론(response deprivation theory)이라고 하는 것으로, 강화되는 반응보다 선호되는 행동이면 어느 것이든 강화물이 될 수 있다.
ex. 숙제를 다 하면 컴퓨터게임을 하게 해줄게.

행 위	빈 도	적 용
게 임	고빈도	저빈도인 숙제(목표행위)를 한 뒤, 고빈도인 게임을 허락함.
숙 제	저빈도	저빈도(목표행동 : 숙제)를 강화시키기 위해 고빈도(강화인 : 게임)를 강화인으로 사용

말아야 할지를 지시할 뿐 무엇을 해야 할지를 지시해주지 않는다. 보상에 비해 벌은 유기체에게 실질적으로 아무런 정보도 제공해 주지 않는다. ⓒ 벌은 남에게 고통을 주는 것을 정당화 시킨다. ⓓ 이전에는 벌을 받던 행동이 이제는 벌 받지 않아도 되는 행동장면에 놓이게 되면, 아동은 그러한 행동을 계속하는 구실을 갖게 된다. 그래서 처벌자가 없으면 벌을 받던 행동들을 다시 하게 된다. ⓔ 벌은 처벌자를 향한 또는 남들에 대한 공격을 인출해 낸다. 벌은 벌 받은 유기체로 하여금 공격적이게 하고, 이러한 공격성은 추가의 문제를 일으키게 된다. ⓕ 벌은 흔히 하나의 바람직하지 못한 반응을 다른 바람직하지 못한 반응으로 대체 시킨다.

그러나 Larzelere(2000) 등에 의하면, 체벌이 반드시 아동들에게 공격성, 우울증, 그리고 낮은 자존감이라는 부작용만 있다고 보지 않았다. 즉 체벌이 타임아웃(특정시간동안 아동에게 강화를 주는 환경으로부터 떼어 놓는 것)이나 아이에게 벌을 주는 이유에 대하여 자상하게 합당한 이유를 설명해주고 아이가 이를 수용할 때, 정적인 양육과 조합적으로 사용하는 경우에는 교육적 효과를 거둘 수 있다.

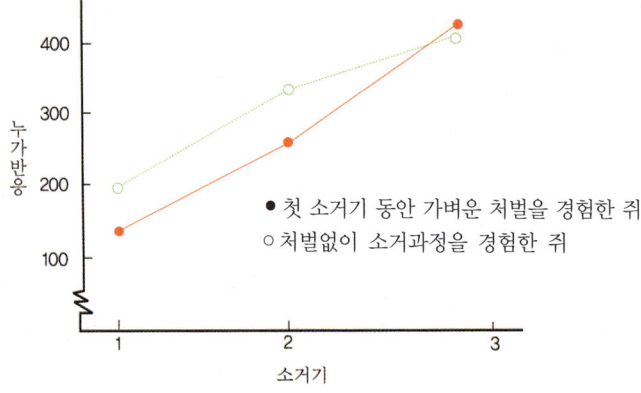

❖ 처벌의 효과에 대한 Estes(1944)의 연구결과 ❖

 **학습된 무기력**

학습된 무기력이란 도피 및 회피학습이 지속적으로 실패할 때 발생하는 것으로, 자기의 행동이 보상과 처벌에 아무런 효과도 미치지 못하는 상황에서 학습한 무감각과 수동성을 말한다. 주어진 환경에 대해 통제감을 잃게 되는 경우, 사람들은 고통스러워하고 수행력이 떨어지며 분노를 느끼고 무력감과 우울증에 빠져든다. 이런 경우 많은 사람들은 초기에 통제력을 회복하려고 노력한다. 그러나 이러한 노력이 무위로 드러날 때 인간은 절망하고 무력감에 빠지며 우울증에 걸린다. 이렇게 특정과제에 반복적으로 실패한 경험이 있는 사람들이 그러한 과제에 처음 접하는 사람들보다 쉽게 그 과제를 포기해 버리는 경향이 강하게 나타난다. 즉, 무기력을 학습하게 된 것이다.
Glass와 Singer(1972)는 도시의 일상생활에서 흔히 경험하는 소음 스트레스 사태로 기계, 자동차, 사람들의 소리 등이 혼합된 소음을 구성하고 그 속에서 글자의 교정이나 점검 등의 집중들을 요하는 작업을 시켰다. 제1집단에게는 '특정 스위치를 조작하면 이 소음을 정지시킬 수 있다. 가능하면 스위치를 누르지 않고 견딜 수 있는 한 견디어 보시오.' 라는 지시를 주었다. 제2집단에게는 '이 소음은 장치고장에 의해

생기는 것이어서 어쩔 수 없다. 잠자코 있을 수밖에 없다.'라는 지시를 주었다. 제3집단에게는 소음을 주지 않았다. 그 결과 소음은 통제 불가능하다고 지시받은 제2집단에서 교정이나 점검, 작업성적이 다른 집단보다 열세하였다. 이 실험에서 제1집단은 거의 스위치를 조작하지 않았기 때문에 양 집단 간에 차이가 있었다. 즉, 제2집단은 소음중지의 권한을 갖고 있지 못하다고 믿고 있기 때문에 무기력하게 되고 성적도 다른 집단보다 나빴으며, 고통도 훨씬 심하였다.

Hiroto와 Seligman(1975)은 도구적 실험과제를 택하고 혐오자극으로 소음을 사용하여 도피 가능한 집단은 버튼을 누르면 소음이 꺼지는 것을 학습하였고, 이와 짝지어진 결합집단은 동일한 소음을 듣도록 되어 있으나, 스스로의 어떤 반응으로도 이를 통제할 수가 없었다. 통제집단에게는 소음을 전혀 들려주지 않았다. 그 후 모든 피험자들에게 손가락 셔틀상자의 상황에서 반응하게끔 하였다. 그 결과 다른 동물에서와 같이 도피가능집단과 통제집단의 피험자들은 모두 손을 옮기고 반응을 하였다. 그러나 결합집단의 피험자들은 도피나 회피학습을 하지 못하였다.

Seligman(1975)[7]은 폭력으로부터 자신을 보호할 수 있는 능력이 없다는 가정에 기인하여 무기력의 학습을 다음과 같이 3단계로 설명한다.
- 1단계 : 아무리 노력을 해도 결과(행동)가 나오지 않음을 알게 되는 단계로 주위에서도 자기를 무능력하다고 평가하는 것을 안다.
- 2단계 : 노력(행동)과 결과가 연결되지 않음을 알고 현재의 상황이나 고통을 참는다. 또한 앞으로도 그럴 것이라고 믿고 무기력을 학습한다.
- 3단계 : 그 무력감으로 인해 상황이 변해도 새로운 학습을 하려고 하지 않는다. 예를 들면, 피학대 여성의 상태, 벼룩의 높이뛰기의 한계, 계속된 시험의 실패 시 등이다.

Klien(1976)은 해결할 수 없는 글자수수께끼 과제를 내고 무기력훈련을 받은 우울하지 않은 피험자(non depressed subjects)와 무기력유발훈련을 받지 않았던 우울한 피험자(depressed subject)집단을 비교한 결과 후속과제를 해결하는 데 수행능력이 저조하였다. 즉 무기력과 우울 사이의 유사한 관계를 입증하였다.

Stuart(1977)는 인간을 대상으로 한 학습된 무기력의 연구흐름을 제시하였고, 동물실험에서 발견된 학습된 무기력모형을 인간을 피험자로 하여 그대로 적용(Thornton, Jacobs, Hiroto, Seligman)하였는데, 그들은 이 실험을 통해서 동물에서 무기력을 유발시켰던 회피 불가능한 전기충격뿐만 아니라, 통제 불가능한 소음(loud sound), 그리고 해결 불가능한 인지과제에서도 인간피험자에게 무기력이 유발됨을 밝혔다. 또한 피험 동물을 대상으로 한 실험 결과에서 발견된 학습된 무기력효과가 인간의 행동에도 적용됨을 입증하였고, 학습된 무기력을 자연발생적인 우울증을 설명하는 실험실 모델(laboratory model)로써 연구(Miller, Seligman, Gatchel & Proctor, Klein 등)하고 인간행동의 동기적, 정서적, 인지적 측면에서 볼 때 실험실 상황에서 유도된 학습된 무기력 행동과 인간의 자연발생적인 우울증과의 유사성을 발견하고 이를 우울증의 모형으로써 제시하여 우울증의 예방과 치료에 대한 시사점을 제시해 주었다.

위 실험을 통해서도 알 수 있지만, 학습된 무기력의 과정은 반복되는 좌절 경험(통제할 수 없는 자극에 노출) → 반응 독립성(어떤 결과가 자신의 모든 자발적인 반응과는 무관하게 독립적으로 나타나는 것)학습 → 반응독립성에 대한 기대 → 반응 주도성 결핍(자극을 피하려는 동기감소) → 통제 불가능성에 대한 기대 → 공포 유발 → 우울증 유발로 이어진다.

Abramson(1978) 등은 기존의 학습된 무기력이론을 귀인이론으로 설명하였다. 이를 '우울증의 귀인이론(attributional theory of depression)'이라고 부르는데, 이들은 사람을 피험자로 한 소음 실험을 통한 간단한 문제풀이에 실패경험을 하는 사람들로부터 사람은 자기가 통제할 수 없는 상황에 놓였을 때 그 원인에 대한 질문을 하게 된다는 점을 발견하였다. 통제불능상태가 자신 때문인지 아니면 외부적 상황 때문인지를 판단하는 방향에 따라 무기력 양상이 달라짐을 발견하고 나쁜 결과를 모두 자신의 탓으로만 돌리려는 지나친 양심적인 태도를 버리고 모든 책임을 짊어지는 것은 정신건강에 해로움을 준다고 역설한다. 결국 습관된 무기력을 해결하기 위해서는 좋은 일이든 나쁜 일이든 각자의 몫만큼 책임을 지는 공정한 귀인이 바람직함을 보여주며 긍정적인 사고는 낙관주의를 만들어주고 이는 습관된 무기력을 해결하기 위한 한 방법이 될 수 있음을 시사한다.

이러한 무기력을 예방하려면 실패경험을 줄이고 다양한 성공경험이 제공될 필요가 있고, 무기력(반응주도성의 결핍)의 원인이 아무리 반응을 해도 아무런 소용이 없을 것이라는 기대(반응독립성에 대한 기대) 때문이라면, 이러한 기대를 역전시키면 치료가 이루어진다. 인지적 치료와 같이 언어적 접근을 통해 무기력을 일으키는 핵심 신념을 바꾸어 줌으로써 치료가 가능해 진다. 이러한 기법으로는 지시적 치료(directive therapy), 행동적 면역변화(behavioral immunization) 등을 통해 자기에게 중요한 사항들을 통제할 수 있다는 신념을 다시금 획득하도록 해주는 것이다.

(4) 신행동주의 이론

① 개 요

Hull이 주장한 신행동주의는 유기체가 매개변수에 존재한다는 점(S → O → R)에서 기계적 행동주의(S → R)와 다르며, 매개과정에서 정신적인 이론은 받아들이지 않는다는 점에서 인지주의와도 다르다.

② 습관강도

습관강도(habit strength)란 유기체의 자극(S)과 반응(R)을 연결하는 결합의 강도를 말한다. 이러한 습관강도는 sH_R 로 표기되며, 이는 자극, 반응, 강화가 연속적으로 일어났을 때 증가한다.

③ 추 동

추동이란 생리적 최적상태로부터의 이탈에 의해 생성되는 내적 상태를 말한다. 우리가 행동을 예측하기 위해서는 습관강도와 동기적 힘인 추동(Drive)이 필요하다. 즉 유기체에서 행동의 결정은 무엇을 원하는지에 대한 동기인 추동(D)과 원하는 것을 어떻게 하면 되는지를 아는 습관 강도(SH_R)에 의해 결정된다고 보았다.

④ 금 지

Pavlov의 금지개념을 수정하여 Hull은 일시적이며 쉬고 나면 억제반응이 없어지는 것으로서 자발적 회복을 설명하는 반응성 금지(reactive inhibition)와 영구적이며 자극(S)의 제시에도 반응(R)을 일으키지 않는, 즉 습관강도와 반대되는 부정적 습관을 말하는 조건화된 금지(conditioned inhibition)를 제시하였다.

---

7) 한편 Martin Seligman은 최근 '행복'도 학습될 수 있으며, 심리학은 앞으로 인간의 긍정적 측면을 연구해야 한다고 주장함으로써 '긍정심리학'의 토대를 제공한 바 있다.

제3절 인지적 학습이론

연합주의적 접근법에서는 학습이란 연합의 형성으로 보지만, 인지적 접근법에서 학습은 인지(Cognition, 지식, 인지론적 지식구조)의 습득임을 전제로 한다. 인지학습은 직접적으로 관찰할 수 없는 정신적 표상(기억속에 저장된 인지구조, 실제 세상의 사물이나 사건에 대한 추상적 대리물 등)에 의존하는 학습이고, 잠재학습은 학습이 이루어지기는 했지만 유인가가 있을 때까지 증명되지 않는 학습을 말한다. 즉 즉각적으로 행동변화에 반영되지 아니하는 학습을 말한다.

1 통찰학습

(1) 개 념

형태주의 심리학이 주장하는 학습이론으로, 형태(Gestalt)란 배치, 즉 조직을 의미하며, 전체는 부분의 합 이상의 것이라는 관념인데, 통찰은 문제가 가지고 있는 모든 요소들을 이해한 결과 빠르게 일어나는 학습을 의미한다.

(2) 원 리

손다이크의 '시행-착오학습'의 개념처럼 문제해결을 위한 모든 학습이 시행-착오의 단계를 거쳐야 하는 것은 아니다. 문제해결이 통찰을 통해 '시행-착오의 과정'없이 단번에 이루어지는 경우도 있다. 즉 유기체가 문제에 직면할 경우, 가능한 해결을 '생각'하고, 여러 가지 '가설'을 거쳐, 전략이 발견되었을 때 '통합'이 일어나 문제해결을 하게 된다.

(3) 특 성

해결 전에서 해결로 이행하는 것은 갑자기 일어나며, 또한 완전하다. 통찰에 의하여 얻어진 해결을 바탕으로 한 수행은 보통 원활하며, 오차가 없다. 통찰에 의하여 얻어진 문제의 해결은 상당기간 동안 유지된다. 통찰에 의해 얻어진 원리는 쉽게 다른 문제에 적용된다.

(4) 실 험

Köhler는 원숭이에게 목표는 분명히 볼 수 있지만 직접적으로 이를 수 없는 우회문제와 목표를 바로 이를 수 없게 천장에 매달아 둔 바나나를 따먹는 실험을 하였다.

① 직접적으로 이를 수 없는 우회문제

목표에 이르기 위해서 동물은 그가 원하는 대상의 모습에서 벗어나 간접적인 통로를 거쳐서, 목표지점에 도달하지 않으면 안 되게 설계한 결과, 병아리는 해결에 이르는 데 큰 어려움을 겪지만, 원숭이는 비교적 쉽게 해결에 이른다. 즉 원숭이는 대상을 바로 볼 수 있지만, 간접적인 통로(우회)를 거쳐 가야 한다.

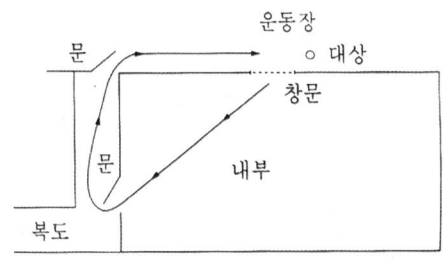

② 바로 이를 수 없게 천장에 매달아 둔 바나나를 따먹는 실험

목표에 이르기 위해 동물은 어떠한 도구를 쓰지 않으면 안 되게 하고, 원숭이가 닿을 수 없는 높이에 바나나를 매달아 둔다. 원숭이는 막대기 하나를 쓰거나 혹은 두 개를 같이 묶어 바나나에 닿을 수 있는 길이가 되도록 해야만 먹이를 먹을 수 있었다. 어떤 경우에서든 동물은 그 문제를 해결하기 위해 필요 가능한 모든 요소들을 가지고 있는 셈이고, 그것을 적절한 방법으로 배치하는 일만 하면 된다. 이처럼 설계한 결과, 원숭이는 막대기, 상자더미를 쌓거나 복잡한 구조물을 만들거나 두 막대기를 연결하여 문제를 해결하였다.

▶ Chica라는 원숭이가 먹이를 얻기위해 막대기를 사용한다.

▶ Grande란 원숭이가 Sultan이란 원숭이가 지켜보는 동안 먹이를 얻기 위하여 상자더미를 쓰고 있다.

▶ Grande는 보다 복잡한 구조를 만들고 있다.

▶ Chica 원숭이가 대상물을 막대기로 두들긴다.

2 인지도 학습

(1) 개 념

인지도(cognitive map)란 학습하여 가지게 된 공간적 환경에 대하여 학습된 정신적 상이며, 환경 속의 자극이 변화할 때 문제를 해결하는 데 요구된다. 즉 환경 내에서 자기가 활동하는 데 이용할 수 있는 환경에 대한 그림을 발달시키는 것(동기화)을 말한다. 따라서 인지도학습은 무수행학습으로 "수행(행동)이 없이도 학습이 이루어질 수 있다." 또는 "학습이 이루어졌다고 해서 반드시 수행(행동)으로 바로 나타나는 것은 아니다."라는 주장에 근거한 학습이다.

(2) 원 리

유기체는 인지도를 발달시키면 어떠한 방향에서든 특정한 목표지점에 도달할 수 있다.

(3) 인지도 학습 실험

Tolman[8]은 학습을 구체적인 행동이 아니라 목적과 수단의 관계에 대한 인지도의 형성이라고 보았다. 학습자가 수단과 목적과의 의미관계를 파악하면서, '인지도'를 형성하는 것이 학습이며, 이를 환경 내에서 자기가 활동하는 데 이용할 수 있는 환경에 대한 그림을 발달시키는 것을 말한다. 학습은 자극과 반응에 의한 것이 아닌, 인지를 획득함으로써 얻어지는 것이다.

① 실험설계

쥐는 그림과 같이 ㄷ형태의 비슷한 단일 통로를 이용하여 출발상자에서 목표 상자에 이르면 먹이보상을 얻는 훈련을 받는다. 앞 단계에서 사용하였던 단일통로 미로를 여러 갈래 통로가 나 있는 중다통로 미로로 대치시킨다.

② 가설설정

가설 1	만약, 쥐가 첫 단계에서 먹이를 얻는데 필요한 어떤 운동반응 수행만 학습했다면, 출발상자를 출발한 쥐는 왼쪽으로 돌 것이며, 그리하여 중다통로 미로에서 R이라는 이름을 붙여 놓은 통로로 향할 것이다(⇨ 행동주의자 주장).
가설 2	만약, 쥐가 이전에 먹이가 있었던 곳(목표상자)에 대하여 정신적 표상, 즉 인지도를 갖게 되었다면 출발상자에서 출발한 쥐는 바로 오른쪽으로 돌아서 이전에 먹이가 있던 장소의 방향(M이라고 이름 붙인 통로)으로 향할 것을 기대해 볼 수 있다(⇨ 인지론자 주장).

---

[8] Edward Chance Tolman은 미국의 교육심리학자로 1886년 4월 14일에 출생하여 1959년 11월 19일 사망하였으며, 그는 1911년 MIT 전기화학분야 B.S 학위, 1915년 하버드 대학 심리학 Ph.D(박사학위) 취득한 바 있다.

집단	과 정	예상	결 과
A	2주 간 먹이를 두고 미로 찾기를 수행	학습	학습
B	A의 수행을 관찰하고 B는 2주 간 먹이 없이 미로찾기를 수행		먹이가 없을 때는 미로를 배회함.
			먹이가 있을 때는 목적지에 쉽게 도착함.

따라서 B집단은 먹이가 없던 기간에도 미로 찾기 경로를 학습하였으나 그 결과가 겉으로 나타나지 않았을 뿐이다. B집단은 먹이가 있는 곳을 몰라서 미로 안을 어슬렁거렸던 것이 아니라 알면서도 출구를 찾을 동기가 없었기 때문에 목적지에 도달하지 않은 것이다. 먹이를 목적지에 두었을 때 쉽게 목적지에 도착하는 것으로 보아 먹이가 주어지기 전 B집단은 학습을 하였고, 먹이가 제공되자 동기가 생겨 학습을 행동으로 표현한 것이다.

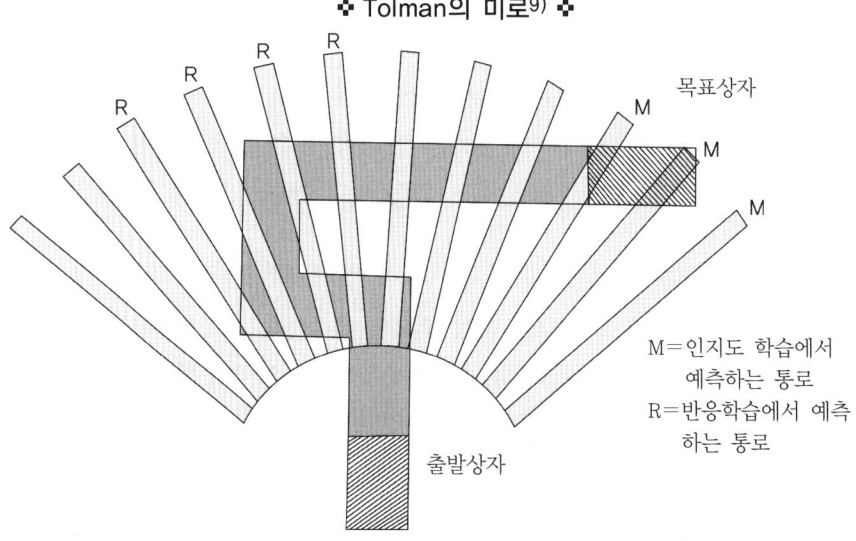

❖ Tolman의 미로[9] ❖

M=인지도 학습에서 예측하는 통로
R=반응학습에서 예측하는 통로

③ 결과와 의미

쥐들은 M통로를 규칙적으로 선택하였다. 이는 동물이 환경에 대해 정신적 표상을 형성하며, 이러한 정신적 표상이 행동을 안내하고 있음을 시사한다. 즉 동물은 자극과 반응의 연합을 학습하는 것이 아니고, 인지를 획득하는 것이다. 학습은 강화 없이도 이루어진다. 학습한 것을 행동으로 옮기는 일에 보상이 도움을 줄 수 있다. Tolman은 강화가 자동적으로 학습을 일으키는 것이 아니고, "강화"는 '무슨 행동을 하면 어떤 결과가 일어날 것인가'라는 기대를 확인시켜 주는 "정보적인 기능"을 할 뿐이라고 행동주의적 관점을 비판하였다.

---

[9] 쥐가 환경에 대한 인지도를 형성함을 보여주는 미로로, 단일 통로미로에 중다통로 미로를 포개어 같이 제시하여 놓은 것이다.

3 개념학습

(1) 개 요

유기체는 자극들 간의 추상적인 관계(물리적인 측면이 아닌 추상적인 개념인 법칙 발견)를 세련되게 표상할 수 있다. 즉, 보다 많은 문제를 해결함에 따라 문제해결이 보다 효과적이게 되는 능력인 학습태(learning sets ; 학습하는 방법의 학습) 개념을 학습할 수 있다.

(2) H. Harlow의 실험

32개의 연습문제를 포함한 344개의 변별문제를 원숭이에게 제시하고, 각 문제를 받을 때마다 원숭이는 그 밑에 보상을 받을 수 있게 장치해 둔 두 가지 대상 중 하나를 집어(선택해)야만 했다. 344개의 각 문제는 대상의 집합이 틀린 것이었다. 앞부분의 변별문제에서는 원숭이가 많은 오류를 범했으며, 각 문제에서의 향상도 느렸다. 하지만, 뒤의 문제에서는 한 번의 오류만으로 또는 오류 없이 문제를 해결했다. 첫 번째 시행에서 대상을 바르게 선택한 경우 다음 시행에도 그 대상에 머물렀고, 처음 선택이 틀릴 경우 다음 시행 때 다른 대상으로 선택을 이동했다. 원숭이가 변별문제를 보다 많이 풀면 풀수록 보다 더 잘 문제를 해결한다는 결론을 얻었다. 초기의 학습시행에서 얻은 소득은 느리고 성질상 점진적이었지만, 후기의 학습은 대단히 빠르고 실무율적인 것(all-or none)처럼 보였다. 즉, 동물은 학습하는 방법의 학습(Learning how to learn)이 형성된 것 같았다.

(3) 결 과

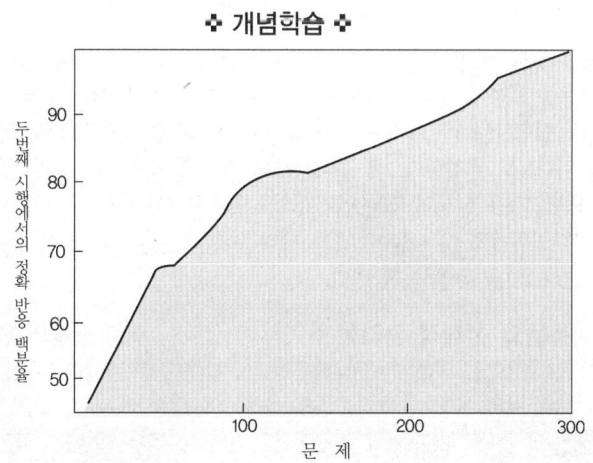

❖ 개념학습 ❖

이 실험에서 알 수 있는 것은 동물은 일련의 자극에 대해 이미 학습한 바 있는 추상적인 개념에 따라 반응하는 것을 학습할 수 있으며, 대상이 가지고 있는 물리적인 측면이 아니라 추상적인 개념, 즉 법칙을 학습한다는 것이다.

4 관찰학습

(1) 개 요

학습은 직접 경험 없이 간접 경험을 통해서도 이루어진다. 인지주의 학습의 대표적 사례인 Bandura의 관찰학습은 대리적 학습이라고도 하는 것으로, 다른 사람의 행동을 관찰함으로써 하는 학습을 말한다. 즉 학습은 강화인이나 행동의 결과를 직접적으로 경험하지 않고, 주위에서 일어나는 것의 관찰을 통해 이뤄지는 것을 말한다. 그러나 피학습자는 환경자극에 대한 인지적 선택·조직 및 변화에 지배적인 역할을 한다. 따라서 단순한 모방에 의해 학습되는 것은 아니다.

(2) 관찰학습의 단계

1 단계	주의집중	모델의 행동을 관찰[10], 주의집중이 되어야 학습이 가능하다(다음 단계로 이동 가능).
2 단계	파지과정	관찰내용을 조직하고 파지(경험에서 얻은 정보를 유지하고 있는 작용)하며, 경험을 시연한다. 상상과 언어를 통해서 학습자는 관찰내용의 표상, 즉 인지도를 구성한다.
3 단계	운동재생과정	신체능력에 따라 학습자는 인지적 표상을 행동으로 변화시킨다.
4 단계	동기화과정	모범행동의 실제적, 상상적 보상이 그 행동 유발 가능성을 결정한다.

보보인형실험

캐나다의 심리학자인 앨버트 반두라는 3살에서 6살까지의 36명의 소년들과 36명의 소녀들을 대상으로 '보보인형실험'을 하였다. 아동들의 평균 연령은 4년 4개월이었다. 아동들은 8개의 실험군으로 나뉘어졌다. 실험자는 아동들을 놀이방으로 데려간다. 성인 모델은 나무망치와 5피트 정도의 보보인형이 있는 탁자에 앉아 있다. 실험자는 모델에게 이 장난감들을 가지고 놀라고 말하고 방을 떠난다. 아동들은 모델이 노는 장면을 비디오로 관찰한다. 그 결과 비디오에서 실험자가 (1) 보보인형을 무시한 채 조용하게 노는 모습 (2) 보보인형을 신체적 또는 언어적으로 폭력을 사용하여 공격하는 모습을 아동들에게 10분간 관찰하게 한 후 아동들을 다른 놀이방으로 데려간다. 그곳은 여러 가지 장난감으로 채워져 있다. 아이들에게 이 방에서 20분 동안 놀게 한다.

❖ 아동들의 신체적 공격성 ❖

	공격남	비공격남	공격녀	비공격녀	통제집단
소년	25.8	1.5	12.4	0.2	12
소녀	7.2	0.0	5.5	2.5	20

❖ 아동들의 언어적 공격성 ❖

	공격남	비공격남	공격녀	비공격녀	통제집단
소년	12.7	0.0	4.3	1.1	1.7
소녀	2.0	0.0	13.7	0.3	0.7

---

[10] 한편 원숭이가 움켜쥐기 등의 행동을 할 때 뇌의 운동피질에 인접한 전두엽부분인 반사경뉴런이 발화되는데, 다른 원숭이가 이를 관찰하는 동안에도 반사경뉴런이 발화된다.

그 결과를 보면, 폭력적 모델에 접하게 된 아동들은 그들이 관찰한 바로 그 폭력적 행동과 언어를 모방하기 쉽다는 것이다. 특히 소년들은 신체적인 폭력을 모방하기 쉽고 소녀들은 언어적 폭력을 모방하기 쉽다. 또한 피험자들은 다른 성별의 모델보다 자신과 같은 성별의 모델의 행동을 훨씬 더 잘 모방한다. 하지만 비공격적인 모델에 노출된 아동들과 어떤 모델에도 노출되지 않은 아동들에서는 그런 현상을 거의 찾아 볼 수 없었다.

이와 관련하여 14세 때 매일 1시간 이내로 TV를 시청한 아동과 매일 3시간 이상 TV를 시청한 아동을 비교한 결과, 후자의 아동들이 16~22세가 된 때 공격행동비율이 5배가 더 높았다는 연구도 있으며, 남아공에서는 TV가 보급되기 전인 1957년보다 TV가 보급된 1974년에 자살률이 2배 더 증가했다는 연구도 있다. 그러나 이러한 결과들은 TV와 관찰학습의 상관관계를 의미할 뿐이지 인과관계를 의미하지는 않는다. 원래부터 공격적인 아동들이 폭력적인 프로그램을 더 선호할 수도 있으며, 거부적이거나 학대하는 부모 밑에서 자란 아동들이 더 공격적이고 더 자주 TV 앞에 남겨질 수 있기 때문이다.

Albert Bandura는 1925년 12월 4일, 캐나다 앨버타주 북쪽의 조그만 시골마을인 문데어에서 폴란드인 아버지와 우크라이나인 어머니사이에서 태어났다. 1949년 브리티시 컬럼비아대학교를 거쳐 미국 아이오와대학교에서 1951년 심리학 석사, 1952년 심리학 박사학위를 받았다. 이듬해 스탠퍼드대학교 심리학과 교수로 몸담은 이후 현재까지 같은 대학교에서 심리학을 강의하고 있다. 1974년 미국심리학회 회장을 거쳐, 1980년 미국 서부심리학회 회장으로 선출되었다. 그는 사회학습이론(social learning theory)의 주창자이자, 현대교육 심리학 분야의 석학으로, 아이오와대학교 시절 학습이론가인 스펜스(Kenneth Spence)의 영향을 받아 행동수정이론, 관찰학습, 자기효능 등에 관해 연구하였다. 1950년 아동의 공격성에 관한내용을 다룬 첫 저서《청년기의 공격 Adolescent Aggression》을 출간하였다. 이어 1963년 리처드 월터스(Richard Walters)와 공저《사회학습과 성격발달 Social Learning and Personality Development》을 출간한 뒤, 1977년 현대 교육심리학 분야의 역저로 꼽히는《사회학습이론》을 출간하였다. 그 밖의 저서로는《공격 : 사회학습분석 Aggression : A Social Learning Analysis》(1973),《변화하는 사회 속에서의 자기효능 Self-Efficacy in Changing Societies》(1995),《자기효능》(1997) 등이 있다. 미국심리학회 우수과학공헌상(1980) · 손다이크상(1999) · 심리학상(2004) 등을 받았다

제4절 기억의 연구와 모형

1 기억 연구의 접근법

(1) 개 요

구성적 속성이 있는 기억이란 기존의 지식에 접근하여 이를 사용하거나 되살리는 정신과정으로, 학습한 정보는 당시의 환경과 같은 외적 맥락, 학습자의 기존지식과 같은 내적 맥락에

따라 변형되어 약호화되고 저장된다. 따라서 기억11)은 정보의 저장과 인출을 이용해서 시간 상으로 학습이 지속되는 것이라 볼 수 있으며, 섬광기억(flashbulb memory)은 정서적으로 중요한 순간 또는 시간에 관한 명백한 기억을 의미한다. 이러한 기억은 암묵기억(implicit memory)과 외현기억(explicit memory)으로 구분되는데, 태어날 때부터 갖게 되는 암묵기억(절차적 기억, 부분적으로 소뇌에서 처리됨 : 운동과 인지적 기술, 고전적 조건형성과 조작적 조건형성의 영향)은 정서적 행동적 신체감각적 지각적 비언어적 기억으로 주로 우측 뇌에 저장되며12), 나중에 발달하기 시작하는 외현기억(선언적 기억, 해마에서 처리됨 : 사실과 일반지식, 개인적으로 경험한 사건)은 우리가 의식적으로 알고 있는 사실과 경험에 관한 기억을 말한다. 과거사를 의식적으로 끄집어내는 회상이나 재인에서 발현되는 유형의 기억을 지칭한다. 정상인을 대상으로 한 연구는 외현기억과 암묵기억의 분리된 시스템이 존재한다는 사실을 시사하고 있으며, 두뇌영상연구에서는 외현기억이 특정영역에서 신경활동의 증가를 수반하는 반면, 암묵기억은 특정영역에서 신경활동의 감소를 수반한다는 사실을 보여준다.

	암묵기억	외현기억
용어	간접적 우연적 무의식적 불수의적	직접적 의도적 의식적 수의적
정보처리방식	자료 주도적 처리	개념 주도적 처리
정보의 내용	지각적	의미적
정보의 인출	무의식적	의식적
기억검사	간접기억검사 단어완성검사 단어부분채우기 단어식별검사	직접기억검사 자유회상 단서회상 재인
측정치	점화점수 절약점수	정확률

---

11) 신경생리학적으로 기억을 설명하자면, 시냅스 내 세로토닌이라는 신경전달물질이 정보전달을 하고 장기기억을 향상시키는 단백질이 존재하며, 스트레스 호르몬도 강한 정서를 유발하여 신뢰로운 기억들을 촉진한다. 또한 사실과 사건에 대한 외현기억들은 해마에서 처리되고 저장할 때는 다른 뇌영역에 저장한다. 편도체는 정서기억과 관련되는데, 편도체가 손상되면 공포학습을 할 수 없다. 그런데 편도체는 정상이고 해마가 손상된 사람은 어떤 상황에서 공포를 느낄 수 있으나 그 원인을 기억할 수 없다. 실제로 외상적 사건(trauma)은 편도체를 활성화시키는 동시에 스트레스 호르몬의 일종인 코티졸 분비가 촉진되어 극심한 공포감정은 기억하지만, 사고 당시의 정황을 구체적으로 떠올리지 못하는 경우가 있다(코티졸이 해마를 손상시키는 역할을 함).
12) 기억에 관여하는 주요한 5개 뇌 구조들을 보면, 소뇌(cerebel lum)는 절차기억, 반복에 의해 획득된 기억, 그리고 고전적으로 조건형성된 반응들에 중요하고, 선조체(striatum)은 전뇌에 있는 여러 구조들의 복합체로서 습관형성과 자극-반응 연합의 기초로 짐작되며, 대뇌피질(cerebral cortex)는 감각기억 그리고 감각들 사이의 연합을 담당하고, 해마(hippocampus)는 주로 사실, 날짜, 이름에 대한 서술기억과 공간기억의 응고화를 담당하며, 편도체(amygdala)는 정서적으로 중요한 기억의 형성과 인출에서 핵심적인 역할을 수행하고 전전두피질은 일화기억의 부호화와 인출에 영향을 준다 (이종한 외, 심리학과 삶, 2013 : 193).

관련된 기억	절차기억(일화/의미 기억)	서술기억(기술/점화/조건화)
연령의 영향	약함	강함
간섭의 영향	약함	강함
감각양태의 영향	강함	약함

(2) 기억의 과정

정보의 습득이란 정보가 기억 속에 자리 잡는 것을 말한다. 정보는 입력(주의과정, 부호화 과정) → 저장 → 인출(재인, 회상)의 과정을 거친다. 부호화는 정보를 기억 속에 자리 잡게 하는 것이며, 인출은 저장고에서 정보를 불러내는 과정이고, 재인(recognition)은 정보가 눈앞에 주어졌을 때, 이전에 학습한 것인지 아닌지 확인하는 것이며, 회상(recall)은 정보가 주어지지 않고 기억해내는 것(다시 상기하는 것)이다. 정보가 처리되는 기억의 과정은 커다란 창고작업에 비유해 볼 수 있다[13].

(3) 기억의 처리

① 계열위치효과(serial position effect)

목록 중의 마지막 정보와 최초의 정보가 가장 잘 회상되는 경향성을 말한다. 즉 단어의 재생은 그 단어(항목)가 리스트의 어떤 위치에 있느냐에 달려있다. 리스트에서 단어가 어디에 있느냐에 따라 재생의 용이함이 다르다. 리스트의 앞부분 학습내용은 장기기억으로 전이(초두효과)되고, 중간학습내용보다 끝부분 학습내용은 아직 단기 기억 속에 있으므로 수행이 우수(최신효과)하다.

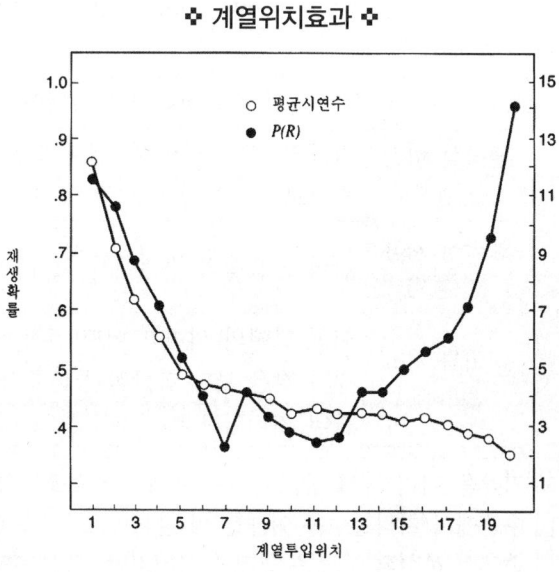

❖ 계열위치효과 ❖

---

13) 설단현상 : 정보가 있는 곳을 찾아가는 기억탐색과정 중 필요한 시점에 그 내용이 저장된 곳으로 전달할 수 없어서 나타나는 현상이다. 즉 사람의 이름이 기억 날듯 말듯 하면서도 찾아낼 수 없어서 안타까운 경우를 말한다.

② 다음순번효과와 간격두기효과

다음순번효과 (next-in-line-effect)	사람들이 둥글게 원을 그리고 앉아서 단어나 자신의 이름을 말하고 다른 사람이 말한 것을 기억해내려고 시도할 때, 자기 바로 직전의 사람이 말한 것에 대한 기억이 가장 나쁘다. 순번에서 바로 다음에 있을 때, 사람들은 자신이 해야 할 일에 초점을 맞추어서 마지막 사람이 말한 단어를 처리하지 못하기 쉽다. 따라서 잠들기 직전에 제시한 정보는 거의 기억하지 못한다. 우리가 정보를 처리하기 전에 의식이 사라지게 되면 모든 것이 상실된다. 반면에 잠들기 한 시간 전에 제시한 정보는 잘 기억된다(Bond 등, 1991 ; Brenner, 1973 ; Wyatt & Bootzin, 1994).
간격두기효과 (spacing effect)	잠들기 전에 학습을 하는 것은 낮에 학습하는 것보다 기억에 오래 남는다. 그러나 잠을 자면서 틀어놓은 녹음된 정보는 귀에 등록은 되지만 기억되지는 않는다. 되뇌기의 기회가 없기 때문에, '수면학습'은 일어나지 않는다. 또한 되뇌기가 시간에 따라서 골고루 분포되어 있을 때 정보를 더 잘 파지한다(Wood 등, 1992 ; Bjork, 1999 ; Dempster, 1988). 전화번호와 같은 것을 기억하려면 간격을 더욱 넓혀서 되뇌기 하는 것이 더욱 도움이 된다(Landauer, 2001).

③ 처리깊이 이론

개 념	이는 정보처리 수준모형(levels of processing model/Depth of processing approach)이라고도 하는 것으로 정보가 받게 되는 처리의 위치에서가 아닌 처리유형에 따라 기억을 개념화 한다(Craik & Lockhart, 1972). 장기기억이나 단기기억과 같은 구조적 요소들을 가지고 있지 않고, 여러 수준으로 분석(처리) 된다. 더 많은 의미를 추출해 낼수록 처리깊이가 깊은 것으로 본다.	
처리수준	정보의 처리수준은 차원적인 것이지 연속적인 것은 아니다.	
	물리적 처리 (표면적)	감각적 처리, 단어 속 철자 모양을 판단하는 것과 같은 것으로, 가장 얕은 수준의 처리이다.
	청각적 처리 (음성적)	단어를 음성적 수준에서 처리한다.
	어의적 처리 (의미)	어떤 단어의 의미가 어떤 문장에 적절한지를 판단하는 것과 같은 보다 복합적인 종류의 처리로, 가장 깊은 수준의 처리이다.
분 석	지각을 여러 가지 상이한 수준에서 분석하고, 학습자가 재료를 더 깊은 수준에서 처리할수록 이해를 더 잘하며, 기억을 더 잘하게 된다. 얕은 수준에서 분석되는 것은 쉽게 상실되지만, 깊은 수준에서 분석하면 기억흔적(지각적 분석의 부산물)이 보다 영속적이어서 더 잘 기억된다.	

	기계적 시연 (유지시연)	단기기억에 있는 정보를 그냥 되풀이함으로써 보존하는 것이기 때문에 의미와 관계가 없어서 기억에 별 도움이 안 된다.
	정교화 시연	단기기억에 있는 새로운 정보를 장기기억에 저장되어 있는 친근한 재료에 연결시키는 것이기 때문에, 정보를 서로 관련시키거나 보기 등을 들어 의미를 풍부하게 하므로 기억에 도움이 된다.

❖ 인간 정보처리 모형의 도해 ❖

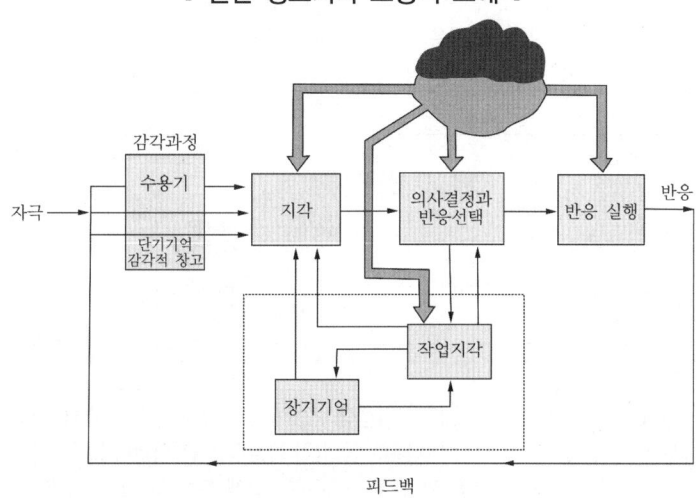

(4) 기억 이론의 두 연구

① 연합주의 접근법의 기억연구

H. Ebbinghaus(1885)에 뿌리를 두고 있으며, 학습은 바로 연합의 습득이라고 본다. 연합은 수동적인 피험자가 수행하는 기계적·자동적인 과정이며, 이러한 학습을 통하여 일차적 습관이 형성된다. 그런데 기억연구에서 우연학습실험은 기억하려는 의도자체는 기억에 그리 중요하지 않다는 점을 시사한다.

 **쌍연합학습(PA : paired-associate)의 실험**

「JOQ-걸상」과 같은 단어 쌍을 이용한다면 먼저 「JOQ」만 잠시 동안 제시하고, 다음은 「JOQ-걸상」으로 둘을 같이 제시한다. 이런 식으로 모든 단어쌍을 제시한다. 일정의 지연시간 후에 「JOQ」만 제시하고 「걸상」을 말할 수 있는지를 검사한다. 「JOQ」는 〈자음-모음-자음〉을 조합하여 만든 것이지만 단어가 아니기 때문에 "무의미 음절"이라고 부른다. 무의미 음절은 "이전의 경험"을 배제하고 순수한 학습의 현상을 연구하기 위해 Ebbinghaus가 만든 매우 독창적인 것이다. 수천 개의 무의미 음절을 만들어서 자기 자신을 피험자로 이용하여 실험한다. 13개 무의미 음절을 오류 없이 두 번 반복할 수 있게 학습하였는데, 그렇게 하는 데 걸린 시간을 기록한다. 나중에 동일의 음절 리스트를 재학습하고, 그러면서

얼마나 더 빨리 학습할 수 있는지를 '절약'시간으로 계산해 본다. 예컨대 처음 리스트를 학습하는 데 1,000초 걸렸는데 재학습할 때 400초가 걸렸다면 600초(1,000-400), 즉 60%(600/1,000초)가 절약된 것이다. 이렇게 얻은 것이 망각곡선이다. 이 실험은 기억연구에 끼친 공헌은 지대하지만, 기억을 자연장면에서 연구하지 않았다는 비판을 받고 있다.

 Ebbinghaus의 망각곡선

이것은 감소하는 기억을 장기기억으로 영구히 보존하기 위해 망각곡선의 주기에 따라서 적절한 시점에 적절한 반복(4회 주기)이 중요하다는 이론이다. 에빙하우스는 여러 실험으로 반복하는 것의 효과, 즉 같은 횟수라면 한번 종합하여 반복하는 것 보다 일정시간의 범위에 분산 반복하는 편이 훨씬 더 기억에 효과적이라는 것을 발견했다. 에빙하우스의 주장에 따르면 학습 10분 후부터 망각이 시작되며, 1시간 뒤에는 50%가 하루 뒤에는 70%가 한 달 뒤에는 80%를 망각하게 된다. 에빙하우스는 복습에 있어서 그 주기가 매우 중요하다는 사실을 여러 실험을 통해 발표하게 된다.

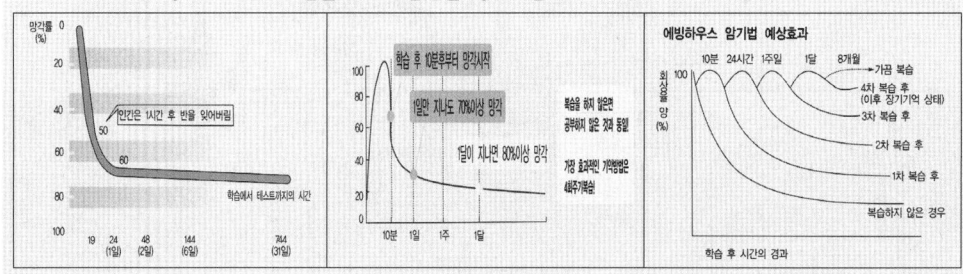

망각률(%) = (처음 학습에 소요된 시간－복습에 소요된 시간) ÷ 처음 학습에 소요된 시간 × 100

최초의 복습은 1시간 학습 후 10분 후에 10분 동안(일주일 동안 기억된다.), 두 번째 복습은 24시간 후 2~4분 동안(일주일 동안 기억된다.), 세 번째 복습은 두 번째 복습 후 일주일 뒤에 2분 동안(한 달 동안 기억된다.), 네 번째 복습은 세 번째 복습 후 한 달 뒤에(6개월 이상 기억되는 장기기억 상태가 된다.), 그 이후에는 몇 달 만에 한 번씩 슬쩍 들여다보아도 그 기억이 유지된다는 것이다.

한편 에빙하우스의 연구에 불만이 많았던 영국의 심리학자인 프레더릭 바틀릿 경(1886~1969)은 에빙하우스처럼 무의미한 철자를 가지고 기억을 연구하기 보다는 일상에서 사람들이 실제로 경험하는 정보에 대한 기억을 조사하는 것이 더 중요하다고 보고 실험한 결과 연구참여자들이 종종 실제로 일어난 것보다는 일어났어야 하는 것이나 일어날 것으로 기대했던 것을 기억한다는 사실을 발견하고, 기억은 과거 경험의 사진적 재생이 아니라, 과거를 회사하려는 개인의 시도는 개인의 지식, 신념, 기대, 열망, 욕구에 의해 강하게 영향을 받는다는 것을 주장한 바 있다.

Hermann Ebbinghaus는 1850년 1월 24일 프로이센 바르멘에서 출생하여 1909년 2월 26일 독일 할레에서 사망하였다. 그는 독학으로 역사학, 언어학, 철학을 거쳐 심리학을 연구하였다. 1873년에 본대학교에서 박사학위 취득하고 1894년까지 베를린의 프리드리히빌헬름대학교 조교수로 활동했다. 1885년 망각이 시간의 경과와 관계가 있다는 유명한 '망각곡선'을 비롯한 그의 연구 내용을 담은 저서인 《기억에 관하여》를 발표하
였다. 1890년 기억에 관한 연구 이후 색시각으로 연구의 초점을 돌려 물리학자 아르투르 쾨니

히와 함께 정기간행물 〈감각기관의 심리학과 생리학저널〉을 창간하였고, 1894년부터 브레슬라우대학교 교수로 임명되었으며, 1897년 브레슬라우학교의 아동들을 대상으로 정신능력을 연구하면서 단어 완성검사를 창안하였다. 1902년에는 〈심리학의 원리〉의 첫 부분을 발간하였고 1905년에는 브레슬라우대학교를 떠나 할레대학교로 교수로 이동하였으며, 1908년에는 〈심리학 개요〉를 발표하였다.

② 구성주의 접근법의 기억연구(비결합주의 모형)

구성주의는 기억연구에 있어서 의미의 추구, 의미의 변화에 관심을 갖는다. 즉 정보를 '있는 그대로' 머리에 저장하는 것이 아니라, 지금의 재료를 이미 기억 속에 존재하고 있는 지식구조에 관련시키려고 한다. 유령들의 전쟁과 같은 이야기, 그림 또는 신문자료를 가지고 실험을 하여, 시간의 경과에 따라 파지 내용이 어떻게 변화하는지를 특별히 관찰한다. '의미'의 기억은 문장의 기억이나 담론의 이해에 대한 연구들을 활발하게 만든다.

2 기억의 모형

(1) Atkinson-Shiffrin의 기억모형

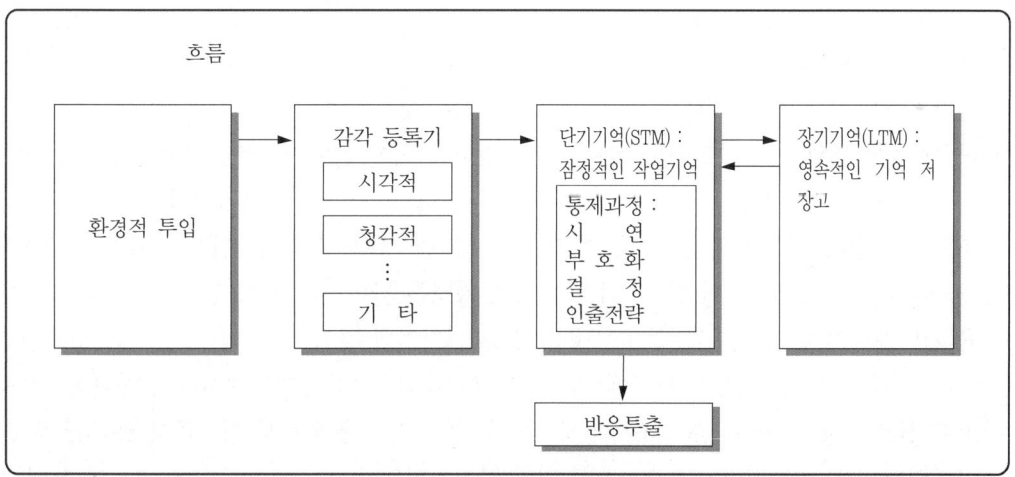

(2) 감각기억(감각등록기)

감각정보가 인지체계에 맨 처음 등록되는 곳으로, 물리적 자극이 사라진 다음에도 짧은 시간 동안 비교적 처리되지 않은 원형대로 자극의 정보를 유지시켜준다(시감각 기억인 경우 1초 이내, 청감각 기억[14]인 경우 2초까지 유지). 청각, 후각, 촉각 등 각 감각기관마다 각각의 감각기억을 갖고 있다. 감각기억 중 일부만이 작업기억(단기기억)으로 전이되고 나머지 정보는 상실

---

14) 반향기억 : 청각 자극의 순간적인 감각기억, 주의가 다른 곳에 주어졌더라도 소리와 단어는 3 내지 4초 정도 유지되고 회상될 수 있다.

되어 새로운 정보로 대치된다. 감각기관은 병렬적으로 기능하므로 몇 개의 감각기관이 동시적이며 독립적으로 작용이 가능하다.

(3) 단기기억(STM)

단기기억은 작업기억이라고도 하며, 감각등록기로부터 들어오는 음운적 부호와 시각적 부호들 중 선택된 정보를 잠시 동안 저장하고 처리한다. 어떤 순간 머릿속으로 느낄 수 있는 즉시적 자각(conscious, awareness)으로, 제한적인 저장시간을 가진다. 감각기억에 등록된 정보 가운데, '주의집중'을 받은 일부 정보만 전이되고 그 중 되뇌기(rehearsal)를 한 정보만이 장기기억 혹은 단기기억에 유지되며, 그 외 정보들은 상실되어 사라진다. 제한적인 저장 용량을 가지며, 단기기억의 저장용량은 7±2개 항목(청크 : 의미단위 덩어리)[15]으로 작업기억에서 항목의 수가 증가함에 따라 인출은 느려지고 모든 항목을 차례대로 검색하는 등 연속적인 주사(successive scanning)를 하여 정보를 인출해 내며, 통제과정은 단기기억내의 정보처리뿐만이 아닌, 단기기억[16] 안으로나 밖으로의 지식이동을 통제한다. 단기기억의 통제과정은 목표 지향적이고 수동적으로 단순한 정보를 담고 있는 것이 아닌, 능동적인 정신 작업을 하는 활성화된 기억(active memory)이라고 부른다. 작업기억은 암산, 기하유추, 그리고 글에 대한 질문에 답하기 등 다양한 유형의 문제를 해결하는 사용된다.

(4) 장기기억(LTM)

장기기억은 다소간 영속적이며 우리가 "알고 있는" 모든 것에 대응하는 도식화된 기억부분이다. 용량이 무제한이며, 장기기억에 한번 저장된 기억은 쉽게 망각되지 않는다. 주로 어의적 부호(semantic)로 저장되어 단기기억 등과 구분된다(의미기억). 장기기억의 정보는 연합적 구조로 표상된다. 즉, 인접이나 빈도가 많을 수록 활성화가 잘된다. 인간의 기억은 내용주소(content-address)로 되어 있다. 같은 토픽의 정보는 같이 저장되어 있고, 따라서 어떤 내용을 기억해내야 하는지를 알면 그 내용의 정보가 기억될 것이다. 기억이 여러 가지에 관련되어 저장되는 것으로, 여러 영역에 걸쳐 관련된 지식은 어느 영역에서라도 접근할 수 있게 전후 참조적(cross-referenced)으로 저장된다. 개인적인 것으로서 생생하고 풍부할 수도 있고 일반적이고 비개인적일 수도 있다. 최근 장기기억의 두뇌영상 연구들은 부호화할 때 활동하는 대부분의 두뇌영역은 좌반구에 있으며 인출할 때 활동하는 대부분의 영역은 우반구에 있다는 사실을 보고하고 있다. 장기기억 망각의 많은 사례들은 인출실패에 따른 것이지만, 몇몇 망각은 저장된 정보의 상실에 따른 것이며, 특히 해마와 주변피질 등에서 새로운 기억

---

15) Miller(1956)는 단어, 철자, 숫자 또는 공통적인 표현 등과 같은 유의미한 단어를 항목으로 제시하였고, 정보들을 결집(chunking)시키면(정보들을 유의미한 것으로 묶으면), 파지할 수 있는 정보량을 증대시킬 수 있다(정보의 집단화, 조직화)고 주장하였다.

16) Baddeley와 Hitch(1976)는 단기기억은 작업 기억이라는 더 큰 체제의 한 구성성분이라고 보고 작업 기억(Working memory)은 모든 형태의 활성화된 정보들을 유지시키며, 또한 그런 정보를 조작하는 데 필요한 실행(통제)과정들도 같이 유지시킨다고 주장하였다.

을 몇주간에 걸친 응고화시키는 과정이 와해될 때 나타나고 이러한 인출과정은 정서적 요인에 의해서도 와해될 수 있다.

절차적 기억 (procedural memory)		절차기억은 반복을 통해 습득된 기억을 가리킨다. 운동, 기술, 악기 연주 따위와 같이 운동피질이 관여하고 기저핵과 소뇌의 작용으로 몸으로 익혀 기억하는 것 등을 이른다. 절차기억은 정서기억과 함께 암묵적 기억(implicit memory)을 보여주는 장기기억(long-term memory)의 주요한 시냅스 작용으로 잘 알려져 있다.
서술기억	어의적 기억 (semantic memory)	의미기억이라고도 하며, 일반적 사실(fact)과 정보를 저장하고 있는 장기기억의 부분이다. 세상에 관한 일반적이고 조직화된 지식으로, 단어에 관한 지식뿐 아니라 단어로서는 쉽게 표현할 수 없는 것도 포함한다. 예를 들면, 3+8=11, 한국의 수도는 서울 등의 시공간적 맥락정보가 없는 기억이다.
	삽화적 기억 (episodic memory)	일화기억이라고도 하며, 개인적인 의미를 가지고 있고 보다 구체적인 사건(event)정보를 저장하고 있는 장기기억의 부분이다. 개인의 일상적 경험, 즉 자전적 사건에 관한 기억으로, 시간을 기초로 하여 조직화된다. 어의적 기억보다 조직이 느슨하며, 덜 중복적이고 내용이 덜 풍부하다. 예를 들면, 지난 주말에 어떤 친구와 어디에서 몇 시에 만나 저녁을 먹었는지 등에 관한 기억이다.

❖ 기억기제에서 정보의 흐름 ❖

	감각기억	단기기억	장기기억
필수	→ 주의(attention)	→ 시연(rehearsal)	
용량	대량 또는 무제한	7±2 chunk	무제한(성인의 경우 약 10억 bit)
부호화 수단	시각적 및 청각적 등록	시각적 및 특히 청각적 수용	의미파악, 정교화시연
저장	없음	없음	위계나 범위와 같은 논리적 구조
인출 수단	등록된 정보의 재고려	기계적 또는 정교화 시연	조직화된 정보에 관련되어 있는 인출단서
양상	정확한 감각형태	되풀이, 울림	조직화 및 유의미화
지속	순간적(시각정보 0.5초)	일시적(시각정보 1.8초)	영구적
소멸	시간에 따라 소멸	치환, 리허설 실패 시	인출실패 혹은 간섭, 붕괴
특징	기억자가 통제 불가능한 수동적 기억이다.	오래 머물게 하기 위해 기억전략을 많이 사용한다.	이곳에 저장된 것은 그 사람의 지식이라고 할 수 있다.

요약하면, 장기기억은 여러 가지 형태로 구성되어 있다. 외현기억은 과거 경험들에 대한 의식적인 인출의 집합인 반면, 암묵기억은 절차기억과 점화와 같이 이후 행동과 수행에 과거 경험들에 미치는 무의시적 영향을 말한다. 절차기억은 연습의 결과로 기술을 습득하는 것과 관련이 있고, 점화는 과거에 자극에 노출된 결과로 단어나 사물을 식별하고 인식하는 능력에서의 변화와 관련이 있다. 기억상실에 걸린 사람은 절차기억과 점화를 포함한 암묵기억을 가지고 있을 수는 있지만, 외현기억은 부족하다. 일화기억은 특정장소와 경험에서 오는 개인적 경험의 집합인 반면, 의미기억은 연결되어 있고, 일반적인 그리고 비개인적인 사실, 연합, 개념들이다(민경환외, 2011 : 236).

3 망 각

망각이 반드시 나쁜 것은 아니다. 예를 들어, 과거에 성폭행을 당한 경험 등과 같이 원치 않는 기억(집요함 : persistence)이 집요하게 떠오르는 경우에는 오히려 불행할 수 있다. 그래서 부정적인 기억들은 빨리 망각하는 것이 인간을 더 행복하게 만든다. 그러나 수많은 기억들 중에 우리가 기억해야 할 것을 끄집어내는데 실패함으로 인하여 겪는 불편도 있다. 이렇게 기억이 실패하는 이유를 보면(Daniel Schacter, 1999), 세부사항에 주의를 기울이지 못하여 부호화에 실패하거나(방심 absent-mindedness : 자동차 열쇠를 어디엔가 내려놓으면서 마음은 다른 곳에 가 있는 경우), 시간이 경과함에 따라 저장된 기억이 소멸되거나(일시성 transience : 우연히 친구소개로 잠시 본 사람에 대한 기억), 저장된 정보에 접속할 수 없거나(차단 blocking : 20년 만에 만난 친구의 이름이 알듯 모르듯 혀끝을 맴도는 설단현상), 정보의 원천을 혼동하거나(오귀인 misattribution : 영화의 한 장면을 실제 경험한 것으로 기억하는 것, 오재인 false recognition : 전에 경험한 적이 없는 것에 대하여 친숙함을 느끼는 것) 잘못된 정보가 계속해서 영향을 미치거나(피암시성 suggestibility : "의붓아버지가 네 잠지를 만졌니?"라는 유도질문이 나중에 어린 아동에게 거짓기억으로 저장된 경우처럼 개인의 기억에 외부출처에서 온 잘못된 정보들을 통합하는 경향), 신념으로 채색된 회상(편향 bias[17]) 때문이다. 반대로 기억이 강화되는 경우(집착 persistence : 섬광기억처럼 잊고 싶어하는 사건에 대한 침투적 회상)도 있다. 그렇다면 망각을 설명하는 이론들을 살펴보자.

(1) 붕괴이론

쇠잔(Decay)이론이라고도 하는 것으로, 사용하지 않은 정보는 통상기간이 경과할수록 잃어버릴 확률이 높은 망각과 파지기간의 관계에 주목한 이론이다. 즉, 모든 기억은 시간이 지남에 따라 자발적으로 상실된다. 이는 약호화나 인출단계가 아닌 저장단계에서 일어난다.

---

[17] 편향(bias)은 이전 경험의 회상에서 현재의 지식과 신념, 감정 등의 왜곡된 영향의 문제를 예증해준다. 편향이 기억에 영향을 줄 수 있는 3가지 방식은 과거를 현재에 맞게 대체하는 것(일관성 편향-현재 알고 있거나 믿고 있는 것과 일치시키려고 과거를 재구성하는 성향), 과거와 현재의 차이를 과장하는 것(전환 편향-실제 평가에서는 사랑의 강도가 높아지지 않은 연인관계에서도 데이트경력이 오래된 연인들일수록 사랑의 강도가 더 증가했다고 말하는 경향), 그리고 우리를 더 낫게 보이도록 과거를 왜곡하는 것(자기중심적 편향-과거 대학에서 받은 학점중에서 A학점받은 과목은 잘 기억하는데, C학점을 받은 과목은 잘 기억못하는 것처럼 자기에게 유리한 쪽으로 기억하는 경향)이다.

(2) 간섭이론

일단 학습하고 난 뒤 그것을 완전히 망각하는 일은 없고, 망각은 경쟁적인 내용이 원래의 학습을 간섭하기 때문에 일어난다. 즉, 기억자체보다 기억으로부터 정보를 인출하는 것이 망각과 관련이 높다.

역행간섭 (retroactive interference)	새로 학습한 것이 이전에 학습했던 것을 기억하기 어렵게 간섭하는 것이다. 즉, 더 이전의 기억은 상실되지 아니하는 데도 사고나 상처에 바로 선행하는 사건에 대하여서는 재생하지 못하는 것을 말한다.
순행간섭 (proactive interference)	기억에 이미 있는 오래된 재료가 새로운 정보를 간섭하는 과정이다. 즉, 전에 학습했던 것이 새로운 학습을 어렵게 만드는 것을 말한다.

(3) 기 타

① 단서의존 망각

기억흔적[18]이 온전한가와 적절한 인출단서를 가지고 있는가에 달려있다. 정보를 인출해 내는 데 도움이 되는 단서가 없어서 망각이 일어난다.

② 억압설(Postman & Stack, 1969)

나중에 재생해야할 것이라고 생각하는 정보를 적극적으로 기억하려고 노력하는데, 기억하려고 노력하는 정보 때문에 다른 정보는 억압하고 이로 인해 망각이 발생한다.

③ 견고화 이론(Muller & Pilzecker, 1900)

기억처리체제의 용량은 제한되어 있다. 다른 과제에 용량을 할당함으로써 체제가 과잉부하되면 기억하려는 정보의 견고화가 약해지고, 따라서 인출하고자 하는 정보에 접근불가능할 수 있다. 즉, 기억은 완전하게 남아있지만 그 정보에 접근할 수 없기 때문에 망각이 일어난 것이다.

④ 간섭의 선택성과 부호화 특수성 원리

간섭의 선택성 (McGeoch)	기억부호의 형태에 따라 간섭은 선택적이다. 기억체제에 있는 정보의 기억부호는 시각적 부호일수도 있고 어의적 부호일수도 있는데, 어떤 정보가 이미 표상되어있는 부호와 동일한 형태의 것일 때 간섭이 더 잘 일어난다(ex. 주로 어의적 부호로 기억되어 있는데, 새 정보가 시각적 부호로 표상된 것이라면 간섭은 별로 일어나지 않을 것이다).

---

[18] Karl Lashley(1950)는 물리적 기억표상에 대한 탐색이라고 할 수 있는 기억흔적(engram)에 대한 실험을 하였는데, 쥐에게 미로를 학습시키고 다양한 크기의 피질 부위를 제거한 후 미로에 대한 기억을 재검사하였다. 그 결과 손상된 피질이 많을수록 기억장애가 더 컸고 기억흔적이 어떤 국소 영역에 존재하는 것이 아니라 전체 뇌에 걸쳐 폭넓게 분포되어 있다고 결론지었다.

부호화 특수성 원리 (Craik & Tulving, 1975)	어떤 조건에서는 어떤 인출단서가 다른 인출단서보다 더 효과적(기억흔적의 종류에 따라 어떤 인출단서가 효과적인지가 달라진다)이다. 부호화조건(습득시의 조건)과 인출조건이 동일하거나 유사할수록 기억(인출)이 효과적이다.

4 거짓 기억

(1) 개 요

우리는 의식적으로 받아들이기에는 너무 고통스러운 기억이 수년간 혹은 수십 년간 흔적도 없이 무의식 속에 묻혀 있다가 어느 순간에 고스란히 의식 위로 떠오르기도 하는데 이를 '**억압된 기억**'이라고 한다. 이러한 억압된 기억은 정신치료 중이나 최면 시 환자가 경험했다고 믿는 아픈 기억이나 갈등, 특히 신체적 내지 성적 폭행을 당했던 기억을 해내는 수가 있다. 이때 당시의 분노나 슬픔 등 고통스러웠던 감정을 표현하기도 하는데 이를 '**회복된 기억**'이라고 한다. 그러나 기억해 냈다는 사건이 실제로 일어난 일이 아닐 수도 있다. 이를 '거짓 기억 증후군(False Memory Syndrome)'이라고 한다. **거짓 기억**[19]은 주로 정신치료나 상담을 받던 사람들이 실제로 겪지 않았던 경험들을 기억해 내게 되는 현상으로 의원성 질환으로 보기도 한다. 즉 해로운 의료행위나 치료행위로 인해 발생한 부작용적 증상이다.

(2) 거짓기억 실험

① 킴벌리 웨이드의 '어린 시절의 추억'과 관련된 실험

실험방법은 피험자에게 다양한 추억이 실려 있는 세장의 진짜 사진과 한 장의 가짜 사진을 보여준다. 2주 동안 3번에 걸쳐 실험자들과 인터뷰를 하였고, 그때마다 피험자들은 3장의 진짜 사진과 한 장의 가짜 사진을 보며 당시 경험한 일들에 대해 설명하게 한다.

실험결과 첫 번째 인터뷰에서 거의 모든 피험자들은 진짜 사진과 관련된 기억들을 떠올렸고, 대략 3분의 1은 실제로 타지도 않은 열기

킴벌리 웨이드의 가짜 기억 실험에 사용된 진짜 사진과 가짜 사진

---

19) 거짓기억(false memory)은 실패경험을 왜곡한 것이거나 혹은 상상한 것을 '작화(confabulation)'한 것을 말한다. 많은 거짓기억은 착각과 여러 기억된 사건의 조각을 혼동하는 것으로 이러한 기억의 일부는 다른 시기에 일어난 것을 같은 시기에 일어난 것으로 혼동한 것이다. 많은 거짓기억은 원천기억(source memory)의 실수가 관련되어 있다. 출처기억상실(출처오귀인, source amnesia)이란 경험하거나 들었거나 읽었거나 아니면 상상하였던 사건을 엉뚱한 출처에 귀인시키는 것으로, 출처기억상실은 오정보 효과와 함께 많은 거짓기억의 핵심을 이룬다. 오도하는 정보를 사건에 대한 기억에 합병시키는 것을 오정보효과라고 한다.

구를 탔다고 말하기도 했다. 그런데 세 번째 인터뷰에서는 반 정도의 피험자들이 열기구를 탔던 일을 기억해 냈고 그 중 상당수는 그 일을 자세히 묘사하기도 했다.

그 중 첫 번째 인터뷰 때는 열기구를 타본 적이 없다고 했던 한 피험자는 세 번째 인터뷰에서 이렇게 말했다. "초등학교 1학년 때였던 것 같아요. 10달러 정도만 내면 열기구를 타고 대략 20미터 정도 올라갈 수 있었어요. 토요일이었던 것 같고… 그리고 엄마가 밑에서 사진을 찍어주었던 것 같습니다."라고 구체적으로 진술하였다.

② 엘리자베스 로프터스의 실험

실험방법은 피험자들에게 교차로 앞에 '정지' 표지판이 세워져 있는 자동차 사고장면이 담긴 비디오테이프를 보여준다. 연구자들은 피험자들에게 아주 은밀하게 거짓 정보를 주입한다. 즉 연구자들은 '서행' 표지판을 무시하고 달린 자동차의 색깔은 무엇인지를 질문했다. 그리고 나서 피험자들에게 정지표지판이 세워진 교차로와 서행표지판이 세워진 교차로의 사진을 보여주고 원래 비디오테이프에서 본 것이 무엇인지 물었다. 그 결과 대다수의 피험자들은 '서행' 표지판이 세워진 교차로라고 자신 있게 대답하였다.

사례1 아동심리학자 장 피아제는 그의 최초의 기억은 1~2살 때 유괴될뻔한 것이라고 주장했다. 그는 자기가 유모차 속에서 유모가 유괴범에게서 몸을 지키는 행동들과 그 유모의 얼굴에 난 상처, 그리고 키가 작고 망토를 걸치고 흰 경찰봉을 지닌 경찰관이 유괴범을 쫓아가는 것을 기억해낸 것이다. 이 이야기는 유모와 가족, 그리고 이러한 이야기를 들은 사람들에 의해 강화되었다. 그러나 이 유괴미수사건은 13년 후 유모가 전부 꾸며낸 이야기라는 것을 고백하면서 진실이 밝혀진다. 후에 피아제는 "나는 어린 마음속에서 이 사건의 전말을 듣고 시각적 기억이라는 모양으로 과거에 짜맞추었다. 이것은 기억의 기억이다. 그런데 사실이 아니었다."라고 말했다.

사례2 1990년 미국에서 29세의 여성 에일린 프랭클린이 본인의 아버지를 살인범으로 고소한 사건이 있었다. 20년 전 자신의 친구를 아버지가 성폭행한 후 살해했다고 주장했으며, 당시 아버지의 협박으로 진실을 말할 수 없었다고 진술하면서 이제야 진실을 말하게 되었다고 하였다. 이로 인해 그의 아버지는 살인에 대한 최고형인 종신형을 선고받고 교도소에서 복역하던 6년이 지난 후, 에일린의 언니 제니스가 법정에서 다시 동생의 증언이 거짓이라고 반박하게 되었다. 제니스의 진술에 의하면, 동생은 당시 최면치료를 받고 있었다고 하며, 최면에 의해 유발된 증언은 신빙성이 없다는 것이 증명되었고, 여기에 심리학자가 에일린의 기억이 '거짓 기억'이라는 것을 증명했다. 즉 에일린은 신문기사의 내용을 읽고 알게 된 것을 최면치료를 받던 중 본인이 겪은 일처럼 기억하게 되었다는 것이다. 결국 에일린의 아버지는 6년을 복역한 후 무죄로 석방되었다.

사례3 곤돌프라는 여자는 여섯 살 때 삼촌에게 강간당한 기억을 잊지 못한 채 성장 후에 섭식장애[20]로 고생하던 중 카운슬러의 도움을 받게 된다. 카운슬러는 그녀의 성추행 경험을 알아냈고, 치료사는 린의 부모쪽으로 성추행사실을 계속해서 주목했다. 처음에 린은 "부모님은 날 건드리지 않았어요!"라고 말하는 단호한 태도시간이 지날수록 린은 부모의 성추행 사실을 기억해 냈고 그 후 다섯 차례의 자살을 시도했다. 또 다른 사례로 처음에는 성추행(근친상간)의 기억이 없었던 엘리자베스, 파멜라(가명), 멜로디, 로라, 에린 다섯 명의 여자들은 장기간에 걸친 집단치료 및 개인치료, 트랜스 훈련을 받았다. 이들은 처음에는 자신들을 성추행한 사람이 대개 아버지나 어머니, 혹은 오빠만을 지목했지만, 나중에는 삼촌, 숙모, 사촌, 조부모, 목사, 친구, 이웃들까지 등장했으며, 성추행의 내용 또한 점점 그 정도가 심해졌다.

데자뷔(deja vu) 현상

최초의 경험임에도 불구하고 이미 본 적이 있거나 경험한 적이 있다는 이상한 느낌이나 환상을 말한다. 프랑스어로 deja vu는 '이미 보았다(Already seen ; 既視感).'는 의미이다. 1900년 프랑스의 의학자 플로랑스 아르노(Florance Arnaud)가 처음 이 현상을 규정하였고, 이후 초능력 현상에 강한 관심을 갖고 있던 에밀 보아락(Emile Boirac)이 이를 데자뷔라고 명칭하였다. 그는 이 현상의 원인을 과거의 망각한 경험이나 무의식에서 비롯된 기억의 재현이 아니라 그 자체로 이상하다고 느끼는 뇌의 신경화학적 요인에 의한 것이라고 해석했다. 데자뷔현상이 나타나는 원인 중 유력한 가설은 양쪽 눈이 본 물체가 뇌까지 도달하는 데 걸리는 시간이 다르기 때문이라는 것이다. 무언가를 보고 있을 때 오른쪽 눈으로 들어온 물체가 시신경을 따라 먼저 뇌에 도착하고 그 다음에 왼쪽 눈이 뇌에 도달했다고 하면 이미 뇌에서는 오른쪽 눈을 통해 먼저 봤기 때문에 "어 이거 이미 본건데…"라고 인식을 한다. 즉 도달하는 속도가 차이가 나게 되면 뇌에서는 한 물체를 두 번 보게 되므로 과거에 한번 본 것 같다는 생각이 드는 것이다. 이러한 데자뷔는 주로 청소년시기에 많이 발생하게 되는 심리적 현상으로 심리적으로 불안하거나 걱정이 많고 예민해지는 시기에 나타나는 불안심리로 볼 수 있다. 한편 도플갱어(double gore)라는 현상은 같은 공간과 시간에서 자신과 똑같은 대상(환영)을 보는 현상이다. 즉 double gore는 독일어로 '이중으로 돌아다니는 사람'이라는 뜻인데, 우리말로는 '분신·생령·복제' 등의 용어로 쓰이지만 자신과 똑같은 환영을 본다는 뜻에서는 차이가 없다. 무협소설을 자주 읽는 사람은 날아다니면서 검을 휘두르는 자신의 환영을 보기도 한다. 또한 데자뷔는 예지몽과도 차이가 있는데, 예지몽은 앞으로 일어날 일에 대한 선명한 지각적 느낌을 말하지만 데자뷔는 처음 경험했음에도 과거 어느 시점에서 있었던 것으로 생각되는 것이다. 한편 '자메뷰'란 기억의 오류의 특수한 형태로 잘 알고 있고 익숙했던 것들이 어느 순간 생소하게 느껴지는 현상을 말한다. 즉 겪었던 일도 생소하게 느껴지고 이전에 가봤던 장소도 처음 방문한 것처럼 느껴지는 현상을 말한다.

---

20) 섭식장애는 여성이 90% 이상을 차지하며, 섭식장애 중 신경성 식욕부진은 체중증가에 대한 강한 두려움, 왜곡된 신체상, 정상적인 체중유지에 대한 거부 및 체중감소를 위한 위험한 방법을 포함하며, 신경성 폭식증은 스스로 유도한 구토, 단식, 하제와 이뇨제 남용 및 과도한 운동과 같은 건강하지 못한 보상적 노력이 수반되는 통제할 수 없는 과식을 습관적으로 하는 것을 포함한다. 둘다 체중 증가에 대한 병적인 두려움을 반영한다.

5 기억에 작용하는 요인

(1) 전문지식

배경지식이 전문적인 사람일수록 그 분야의 기억을 더 잘한다. 전문지식은 선행조직자(advance organizer)를 제공하기 때문에 기억을 촉진시킨다(Ausubel, 1968).

(2) 맥락효과

맥락의존기억(context dependent memory)이라고 하는 것으로, 기억이 형성되었을 때와 같은 맥락 안에 놓였을 경우 더 기억이 쉽게 나는 것을 말한다. 사람들은 예전에 살았던 곳이나 예전에 다녔던 학교에 가면, 인출단서가 많아서 많은 기억들이 떠오른다. 그래서 대학생들은 자신이 수업 받은 강의실에서 시험을 보면 더 잘 기억하게 된다. 즉 데자뷔가 유발된다. 실제로 스쿠버 다이버들을 대상으로 한 실험에서 수중에서 들었던 단어들은 수중에서 가장 잘 회상되며, 지상에서 들었던 단어들은 지상에서 가장 잘 회상된다는 결과가 나왔다.

(3) 날씨효과

날씨가 흐리면 기분이 가라앉고 의기소침해지고 우울해지기도 쉽다. 그런데 이렇게 날씨가 흐릴 때 뇌활동이 증진되어 오히려 기억력이 더 좋다는 연구결과가 있다. 호주의 Joe Forgas 박사(2009)는 "일반적인 생각과는 정반대의 결과지만, 때로는 약간의 우울이나 슬픔이 도움이 될 때가 있다."면서 "흐린 날씨 때문에 부정적인 기분을 느낄 때 사람들은 더 향상된 기억력을 보였다."고 밝혔다. 연구팀은 시드니의 한 쇼핑센터 계산대에 10개의 작은 장식품을 진열해 놓은 뒤 무작위로 피실험대상을 골랐다. 이후 날씨가 맑은 날과 흐린 날 10개의 장식품 중 몇 개를 기억하는지 조사했다. 그 결과 흐린 날씨로 인해 우울함을 느끼는 사람들이 기억하  는 장식품의 개수는 그렇지 않은 사람에 비해 3배가량 더 많은 것으로 나타났다. 또 우울함을 느끼는 사람들이 그렇지 않은 사람들보다 더 높은 분별력과 식별력을 보여주는 것으로 밝혀졌다. 포가스 박사는 "흐린 날씨가 주는 우울한 기분은 사람들이 그들의 주위에 있는 것들로부터 오는 집중력을 향상시켜 주는 반면 행복하고

밝은 기분은 편안함과 건망증을 증가 시킨다."면서 "밝은 날씨에서 오는 행복한 기분은 주의력을 저하 시키는데 영향을 준다."고 밝혔다. 이어 "날씨가 흐린 날, 좋지 않은 기분을 느끼면서 평소와는 다른 것을 느끼거나 주의력이 높아지는 것은 이 같은 이유 때문"이라며 "흐린 날씨는 주변의 사소한 것들을 더욱 잘 기억하게 한다."고 덧붙였다.

(4) 정서상태

① 정서가(affective value)를 달리하는 단어의 기억

재인검사를 통한 정의가에 따른 기억이다. 유쾌한 정보항목이 부정적이거나 중립적인 항목보다 더 효과적으로 그리고 더 정확히 처리된다(Pollyanna 원리).

② 기분의 일치(mood congruence)

학습해야 하는 정보가 진행 중인 기분과 일치할 때 훨씬 잘 기억된다. Bower(1981)는 '유쾌한 기분-유쾌한 정보', '불쾌한 기분-불쾌한 정보'가 더 잘 학습된다고 했다. 즉 우울한 사람은 부정적인 정보를 더 잘 재생하고 일반적인 사람은 긍정적인 정보를 더 잘 재생한다. 예를 들면, 자신을 쳐다보는 어떤 사람의 시선도 기분 좋을 때는 나에 대한 관심으로 보다가 기분 나쁠 때는 깔보는 시선으로 인식하기도 한다.

③ 상태의존(affective state dependence)

학습할 때와 인출할 때의 신체상태가 유사할수록 장기기억의 인출이 잘된다. 즉, 정보의 정의적 성질이 문제가 아니라 학습재료를 부호화할 때의 기분과 재생해 낼 때의 기분이 어떻게, 얼마나 일치하는가가 중요한 변인이다. 예를 들면, 술 취했을 때 배우자 몰래 돈을 숨긴 사람은 다시 술이 취하기 전까지는 돈 숨긴 장소를 망각한다.

(5) 기 타

① Zeigarnik 효과

왜 첫사랑은 오래 기억되는 것일까? 이루어지지 못했기 때문이다. 이처럼 이루어지지 않은 첫사랑이 오랫동안 기억되는 현상을 심리학적으로는 '자이가르닉 효과'라고 한다. 이는 러시아의 심리학자인 자이가르닉(Zeigarnik Bluma)이 1927년에 발표한 이론으로, 예컨대 어떤 일을 할 때에 사람들은 그 일을 중간에 그만두게 되면 계속해서 머릿속에선 남아 있는 일을 하려고 하는 동기가 작용하기 때문에 아무래도 기억을 잘하게 된다. 그렇지만 일단 일을 마치게 되면 그 일과 관련된 기억들이 쉽게 사라지게 되는 그러한 현상

을 말한다. 좀 더 부연하자면, 어떤 일에 접했을 때 사람들은 그것에 적응하기 전에 인지적으로 불평형 상태(Disequili-brium State)가 된다. 말하자면 긴장을 하게 되는 것이다.

그런 긴장상태는 그 일을 해결할 될 때까지 계속되고, 문제가 해결되지 않으면 그러한 긴장 상태가 지속되니까 그것과 관련된 기억이 생생하게 남게 되는 것이라고 한다.

자이가르닉 효과는 박사가 레스토랑에서 식사를 할 때, 웨이터들이 주문받은 내용을 기억하는 것은 그 음식이 모두 서빙될 때까지이고 일단 음식이 나가고 나면 웨이터들은 그 내용에 대해서 잊어버린다는 데서 이 이론은 출발하였다. 자이가르닉 박사(1927)는 이를 증명하기 위하여 그림맞추기 퍼즐실험을 했다. 한 집단의 피험자들에게는 주어진 시간 내에 퍼즐을 완성하도록 했더니 그들은 퍼즐에 나타난 그림을 잘 기억하지 못했다(완성업무집단). 다른 집단의 피험자들에게는 퍼즐을 완성하지 못하게 유도했더니 그들은 자신이 형태를 만들려고 노력했던 그림들을 생생하게 기억해냈다(미완성업무집단). 이는 미완성업무 집단의 피험자들이 그림을 완성하려는 심리적 압박을 받았기 때문이다. 그런 심리적 압박은 미완성 업무와 관련된 기억을 유지하도록 하는 동기가 되었던 것이다.

자이가르닉 효과를 이용한 성공사례를 보면, 스타벅스의 회장은 평소 직원들에게 자신이 판매하는 제품에 대해 보다 잘 알아야 한다는 강박관념을 갖게 해 브랜드 파워의 가치를 높였던 것이나, 젊었을 때 집안이 가난해서 공부를 하고 싶어도 하지 못해 그 쓰라린 경험을 잊지 못하고 성인이 되어서 주경야독으로 큰 성공을 한 경우 등이다. 누군가를 설득하고 싶다면 여운을 남기거나 미완성 자료를 활용하는 것 등도 자이가르닉 효과로 볼 수 있다.

② 점화 효과

Meyer와 Schvaneveldt(1971)에 의해 처음 제기되었으며, 어떤 단어나 텍스트의 배치 순서에 의해 주목되고, 기억에 영향을 미치는 효과로 '기억없는 기억'이라고도 한다. 즉 특정한 정서와 관련된 정보들이 그물망처럼 서로 연결되어 있어서 한가지 정보가 자극을 받으면 관련된 기억들이 함께 떠오르는 현상을 점화효과(priming effect)라고 한다. 점화효과는 암묵기억(intrinsic memory)에 저장되어 있던 심리적 요소들이 연관 자극에 의해 촉발되어 무의식적으로 작동되는 것이다. 점화효과를 가장 잘 설명해 줄 수 있는 '활성화의 확산이론'에 의하면, 어떤 사건에 대한 기억재생이 의미적인 요소들 간의 관계로서 구성된다는 관점이다. 즉 구조적으로 개인의 감정, 생각, 과거의 기억들은 연상적 통로에 의해 연결되는 네트워크에서의 마디들이라고 여긴다. 따라서 특정정보의 한 부분이 제시되면 어떠한 사건이 생각나게 될 가능성이 높아진다.

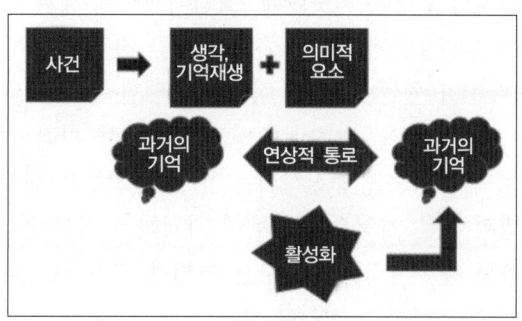

Iyengar과 Kinder(1987)는 '실업'에 관한 뉴스를 보았던 미국시민이 '레이건 대통령'의 일반적인 평가보다 실업문제의 해결능력 평가에 더 관심을 갖음을 발견하였다. 또한 1980년, 미국 대통령선거 당시, 미국 언론은 '이란 인질사태'를 중점적으로 보도함으로써 미국 시민들에게 '카터 대통령'의 외교능력에 대한 부정적 평가를 점화시켰기 때문에 카터가 레이건에게 참패하는 결과를 초래했다고 분석하였다. 이들의 이러한 평가는 언론과 점화효과와의 관계에 관심을 갖음으로써 언론이 점화효과를 의도적으로 발생시킬 수 있는가, 즉 점화효과의 발생을 예측·통제하는 것이 가능한가와 관련된 논쟁을 불러왔다. 이러한 점화효과는 뉴스 수용자의 머릿속에서 개념들 간의 '의미점화(semantic priming)'가 발생하지 않는다면 일어날 수 없는 효과이다.

Bargh, Chen, Burrows(1996)는 한 그룹에는 무질서한 낱말을 주고 문장을 재구성 하도록 하였다. 예를 들면, '떠났다 / 그 / 해변으로 / 는 → 그는 해변으로 떠났다.' 그리고 다른 그룹에는 그 중 단어 하나가 노화(老化)를 떠올리게 하는 단어를 포함시켰다. 그러고 나서 피험자들이 문장재구성을 마치면 나가도 좋다고 했는데, 그때 실험자들은 걸어나가는 피험자들의 걸음속도를 측정했더니 노화를 연상시키는 단어가 제시된 그룹의 사람들이 일정한 거리를 가는 데 걸리는 시간이 비교적 오래 걸리는 것을 발견하였다.

Brendl 등(2003)은 이름이 6개의 철자로 구성된 두 종류의 차를 참가자들에게 맛보게 하였다. 실험자가 먼저 차를 소개할 때, 하나는 피험자 이름의 처음 세 철자와 같은 이름으로 차를 소개하고 시음하였으며, 시음 후 실험자는 참가자들에게 그 두 개의 차 중, 하나를 샘플로 가져가도 된다고 하였다. 그 결과 실험참여자들은 대부분 자신의 이름과 비슷한 이름이 붙은 차를 선택하였다. 이는 자신의 이름자체가 자신의 행동에 영향을 미치는 유인체로 점화효과를 가질 수 있다고 할 수 있다. 차 이외에 과자나 사탕, 게다가 대통령 선거 캠페인 당시 선거 기부자들을 세밀히 분석한 결과에도 자신의 이름 첫 철자와 같은 철자로 시작하는 것을 선호함을 알 수 있었다.

6 기억의 발달

(1) 저장 공간 크기의 확장

감각기억과 장기기억의 용량은 비슷한데, 작업기억이 문제가 된다. 기억의 정보처리 활성화가 잘 되면 작업기억의 할당에너지는 줄고 그만큼 저장 공간이 확장된다. 아래 저장공간의 크기를 보면, A보다 B가 훨씬 더 많은 정보를 기억할 수 있다. 작업기억의 용량을 증가시킬 수는 없지만 재부호화 기법을 사용하여 청크의 크기를 확장시킴으로써 기억폭을 증가시킬 수 있다. 또한 부호화와 인출을 증진시키는 한 가지 방법은 심상을 사용하는 것인데, 심상은 장소법과 핵단어법과 같은 기억술 시스템에 기저하는 기본 원리이다. 부호화를 증진시키는 (따라서 후속 인출도 증진시키는) 또 다른 방법은 부호화할 때 항목의 의미를 정교화하고 자료를 위계적으로 체제화하는 것이다.

❖ 저장공간의 크기 ❖

A	조작(작업기억공간)		저장(장기기억)
B	조작(작업기억공간)	저장(장기기억)	

(2) 전략의 발달

시 연	반복학습, 즉 되뇌기하는 것으로 집중학습보다 분산학습에서 시연할 기회가 많다.
조직화	공통된 것끼리 함께 묶는 것이다.
정교화	학습내용을 서로 연결하여 의미 있는 것으로 만든다.
인출전략	기억이 인출맥락과 약호화 맥락의 일치성 정도에 의존(약호의 특수화)하며, 지각된 것에 수행된 특정 약호화 조작들은 무엇이 저장되는가를 결정하며, 저장된 것은 저장된 것에 접근하는 데 효과적인 인출단서가 무엇인가를 결정한다(Tulving & Thompson, 1973). 인출단서의 변화로 초기 아동기의 기억상실증과 같은 현상이 나타난다. 즉 성인이 된 후 자신의 3세 전까지의 생활을 기억 못하는 것은 해마가 가장 늦게 성숙되기 때문이며, 유아들의 단어수준이 외현기억을 설명할 수 없기 때문이다.

(3) 상위기억의 발달

기억에 대한 기억으로, 기억하는 방법에 대한 좀 더 상위의 개념이다. 상위기억이 발달할수록 기억책략이 발달한다.

(4) 기억의 증진을 위한 방법

P (Preview) 사전 검토	주요 주제 및 아이디어를 얻기 위한 과제 검토로서, 시작부분의 내용 목차와 장을 전체적으로 훑어본 후, 주요 절들과 하위 절들에 대한 제목에 주목하고 그림과 예시를 살펴본다. 이 단계에서 가장 중요한 것은 끝 부분에 있는 요약을 주의깊게 읽는 것이다. 사전 검토단계는 그 장에서 취급된 주제와 그것이 어떻게 조직되어 있는가에 대한 하나의 전반적 개관을 제공해준다.
Q (Question) 질문	보통 교과서의 전형적인 장에는 5~8개의 주요 절들을 포함하고 있다. 다음 절로 가기 전에 각 절에 Q, R 및 S단계를 적용시키면서 한 번에 한 절씩 공부해 나가라. 한 절의 세부내용을 읽기 이전에 절의 제목과 하위 절들의 제목을 읽어라. 그 다음 주제의 제목들이나 요약들에 기초하여 궁금한 점들을 그대로 질문으로 만들어라. 예를 들어, "PQRST란 무엇인가?"등과 같은 질문을 만든다. 이 과정은 호기심 있는 심적 자세를 유지시키면서, 장과 절의 요점들에 초점을 두게 만든다.

R (Read) 독서	절을 읽으면서, 당신이 Q단계에서 만들었던 질문에 답변하려고 노력하라. 그리고 새로운 질문을 제시하고, 그에 답변하도록 노력하라. 당신이 읽고 있는 내용을 숙지하고, 이미 알고 있는 것들과 연결 지으려고 노력하라. 교과서에 나온 중요 용어들, 구절들 또는 문장들을 골라서 표시하거나 밑줄을 긋고, 노트는 전체의 절을 모두 읽고 나서 중요 내용을 파악할 때까지 연기하는 것이 좋을 것이다.
S (Self-Recitation) 자기 암송	절을 읽는 것을 마친 후, 주요 아이디어들을 회상하고 정보를 암송하려고 노력한다. 자기암송은 재료들을 자신의 기억 속에 고정시키는 하나의 강력한 방법이다. 당신이 읽었던 아이디어들을 문장으로 전환시키고, 이것을 자기 자신이나 어떤 친구에게 설명해 주는 식으로, 앞에서 제시된 질문에 답하는 식으로 암송하라. 그리고 이것은 큰 목소리로 하라. 자기암송은 당신 지식의 결함을 드러내 줄 것이며, 또한 당신이 마음속에 있는 정보를 조직화시키고 응고시키는 것을 도와줄 것이다. 이런 식으로 장의 한 절을 끝마친 뒤, 다음 절로 들어가고 또 다시 Q, R 및 S단계를 적용한다. 이 방식은 모든 절을 마칠 때까지 계속 진행하라.
T (Test) 검사	장을 읽는 것을 끝마쳤을 때, 모든 재료들을 검사하고 재검토해야 한다. 책이나 노트의 중요성을 훑어보고, 요약을 다시 하고, 주요 사실들에 대한 자신의 회상을 검사(시험)하라. 여러 사실들이 서로 어떻게 관련되어 있으며, 이것들이 그 장에서 어떻게 조직화되어 있었는지를 이해하기 위한 노력을 하라. 검사단계는 당신이 중요 사실들과 아이디어들을 점검하기 위해 장을 다시 넘겨보는 것을 요할 수 있다. 이번에도 장의 요약을 다시 읽어야만 한다. 이렇게 함으로써 요약의 각 문장을 부수적인 세부사항을 지니고 있는 몇 개의 문장으로 상세화 시킬 수 있다.

기억을 향상시킬 수 있는 방법들이 제안되고 있다. 먼저 장소법(method of loci)은 이름이나 사물의 목록, 또는 연설자의 경우에는 긴 연설의 개별 부분들의 순서를 기억하는 수단으로서, 기억하고자 하는 것들을 친숙한 일련의 장소들과 연합시킨다. 식료품 목록을 이거하기 위해 집에서 학교까지 가는 길을 따라 순차적으로 각 항목을 정신적으로 배치시킬 수 있다. 후에 그 목록을 기억해내기 위해 정신적으로 그 길을 따라가면서 각 장소와 연합된 항목을 찾아낸다. 쐐기단어법은 장소법과 비슷하지만, 목록의 항목들을 익숙한 장소가 아니라 일련의 단서들과 연합시킨다는 점이 다른데, 전형적으로 숫자를 단어에 연합시킨다. 예를들어 역사 교수가 여러분에게 로마제국의 지배자들을 순서대로 기억하도록 요구했다면, 여러분은 Augustus가 한 접시의 롤빵을 먹도록 하고, Tiberius가 사이즈가 큰 신발을 신도록 하며, Caligula가 나무에 앉아 있도록 할 수 있다는 식으로 정보를 부호화하는 것이다. 메타기억은 이미 자신의 뇌속에 정보를 가지고 있다고 생각할 때 최선의 노력을 다하여 떠올리는 것이지만, 기억에 저장된 정보를 갖고 있다는 주관적 감각이 정확한지에 대한 기지감(feelings of knowing)이 중요하다(이종한 외, 심리학과 삶, 2013 : 184).

06 동기와 정서

제1절 동기 심리학
제2절 정서 심리학

Chapter 06 동기와 정서

제1절 동기 심리학

1 개요

동기(힘과 방향)란 기아, 갈증[1] 또는 성취 등과 같은 구체적인 욕구, 욕망 또는 소망으로서 이들은 목표지향적 행동에 활력을 넣고 방향을 정한다. 한편 정서는 두려움, 기쁨 또는 경이 등과 같은 감정으로서 이들은 외현적 행동을 활성화시키고 방향을 잡는다. 이러한 동기(motivation)와 정서(emotion)의 공통점은 인간의 행동이 일정한 방향(욕구충족 혹은 쾌감을 갖도록)으로 지향하도록 활성화시킨다는 것이며, 차이점은 동기는 내부로부터 활성화되는 반면, 정서는 많은 경우 외부로부터 촉발된다는 것이다.

2 동기의 기초

(1) 동기의 기본적 속성
① 인간 행동을 활성화시키는 측면
  일정한 방식으로 행동하도록 촉발시키는 개인 내의 활성적인 힘(추동 및 각성차원)이 동기이다. 최적의 각성수준이란 정서적 긴장이 심하지도 너무 없지도 않은 적절한 상태를 말한다.
② 인간행동의 방향을 설정 또는 목표를 지향하게 하는 통로화
  행동이 어떤 목표를 지향하여 이뤄지는 현상을 가리키며, 이 측면은 동기가 지니는 방향성(direction)이나 목표(goal)의 차원이다.
③ 인간행동을 유지시키거나 지속시키는 측면
  추동의 강도와 에너지 방향을 지닌 행동을 계속해서 유지시키려는 힘, 동기가 지니는 지속성 또는 행동적 차원을 말한다.

---

[1] 갈증은 세포외액과 세포내액과 같은 두가지 조절변인에 의해 작용하는 다른 항상성 동기이다. 세포외액의 상실은 혈압의 강하에 반응하는 주요 혈관과 신체기관에 있는 뉴런인 혈압감지기에 의해 탐지된다. 세포내액의 상실은 탈수에 대해 반응하는 시상하부의 뉴런인 삼투압감지기에 의해 탐지된다.

(2) 동기 개념의 발전

본능설 (Darwin)	동기란 어떤 목표를 향해 행동을 시작하도록 하는 내적 과정으로, 배고픔, 성동기 뿐만이 아닌 공격·사랑·성취동기 등의 사회적 동기도 생득적이라고 보는 관점으로 동물행동학(ethology)[2]으로 이어진다. 또한 진화론적 설명으로, 동기를 타고난 그리고 목표지향적인 행동으로서 유기체의 생존을 위한 생득적 특성으로 보는 관점이 있는데, 즉 지적 호기심에 대한 본능적 욕구를 만족시키기 위해서 동기가 생긴다고 본다. 그러나 순환론적 모순에 의해 유력한 이론으로 간주되지 않으며, 본능(종별로 뚜렷하고 학습되지 않은 복합적 행동)만으로 인간의 동기를 설명할 수 없지만, 유전인자들이 종 특유의 행동들을 야기하는 경향이 있다는 가정은 확고하다.
쾌락설 (Young)	유인가이론이라고도 하는 것으로, 인간의 의식적이고 합리적인 의사결정은 쾌락을 극대화시키고 괴로움을 극소화시키는 선택적 행동을 하게 한다. 이는 외부자극이나 사상들에 의해 동기가 유발되는 과정에 초점을 맞추며, 유인가는 쾌감을 주어 그것을 추구하도록 하는 자극의 성격이다. 인간은 쾌감이나 보상을 주는 자극 또는 불쾌감을 덜어주는 사상들을 지향하도록 동기화 된다. 일차적 강화란 외부상황은 학습되지 않아도 보상의 성격을 갖는 것이며, 이차적 강화란 학습이나 경험을 통해 보상의 성질을 갖게 되는 것이다. 추동이론과 유인가 이론은 갈등적이라기보다는 동기의 원천이 다른 면을 강조한 것이다. 따라서 동기는 서로 상호작용하여 일어나는 것이다.
추동감소론 (Woodworth)	동기는 목표를 추구하는 긴장상태로서 긴장을 해소하는 행동을 하게 한다고 보면서, 추동에 의하여 촉발된 긴장상태가 바로 동기라고 본다. 동기형성적 행동은 유기체를 각성의 방향으로 움직여서 균형상태로 되돌아가려는 시도로 본다. 예를 들면, 배가 고프면 무언가를 먹으려고 하는 것이다. Drive와 Motive를 같게 보는 학자들이 많고, 거의 따로 구분하지 않는다. Need → Drive → Motive → 행동활성화 음식/물에 대한 기본적인 요구 → 음식/물 결핍 → 음식/물에 대한 생리적 요구발생 → 각성 강도로 추동 조절

---
[2] 어떤 행동들은 종족의 생존에 도움이 되기 때문에 진화과정에서 살아남은 종족 특유의 행동을 한다. 일정한 고정화된 행동패턴으로 나타나며 선천적으로 결정된 자극들에 의해 유발되어진다. 각인행동(imprinting)은 생후 처음 보는 움직이는 물체를 쫓아다니는 행동(Lorenz)이 본능이론의 증거, 본능적 동기에 의해 생존에 도움이 되기 때문에 나타나는 행동이다.

제6장 동기와 정서

	특히 Hell(1943)은 일차적 추동(식욕, 성욕, 호의호식 등의 생리적 욕구)과 획득된 추동(사랑, 돈, 명예 등의 사회적 욕구)으로 구분하고, 획득된 추동은 연합법칙에 의해 일차적 추동과 연결(고차원적 조건형성)되어 있다고 보았다. 예들면 긴장을 유발하는 '성공'이라는 획득된 추동을 해소하기 위하여 열심히 공부하는 행동이 나타나는 것인데, 이러한 공부는 다양한 학습기제에 의해 일차적 추동 등과 연합되어 있다.
각성이론 (Yerkes-Dodson)	Yerkes-Dodson 법칙은 주의와 각성, 업무수행 간의 관계를 설명하고 최적의 상태를 설명하는 법칙이다. 이들은 어떤 종류의 과제에 대해 최적 각성 수준이 있으며, 각성이 너무 높거나 너무 낮을 때 저조한 수행이 초래된다고 주장한다. 예컨대, 어려운 과목의 시험을 보는 것에 대해 매우 불안해 하는 학생들은 높은 각성수준 때문에 능력을 제대로 발휘할 수 없는 경우가 많다. 또한 완전히 다른 분야로 야구선수는 높은 각성 수준에서 타격이 저조하지만 낮은 각성 수준에서 타격이 향상된다.
대립과정설 (Solomon, Corbit)	반대과정이론이라고도 하는 것으로, 사람들이 표면적으로는 거의 이득이 없는 행동에 대해 강력한 동기를 가지는 이유를 잘 설명해준다. 그러한 행동을 수행하려는 동기를 유지시키는 것은 흔히 최초의 반응이 아니라 대립과정때문이라고 본다. 강한 동기에 의한 행동이 자극에 반복노출되면서 오히려 반대가 되는 감정을 경험하게 하는 현상의 생리적 토대인 신경계의 대립반응을 설명한다. 즉 처음에는 무섭던 개가 자주 접촉하니까 점차 좋아지는 경우, 또는 약물에 중독된 경우 처음에 느낀 강도만큼의 쾌감을 얻기 위해서 약물의 복용량을 늘려야 하고, 약물을 끊었을때 심한 금단현상이 일어나 중독상태에서 벗어나기 힘들다고 설명한다.
정신분석론 (Freud)	인간의 동기는 무의식적인 것이다. 특히 성적·공격적 충동이 개인의 심리적 기능에 미치는 영향에 초점을 둔다.
행동주의론	동기는 특정한 상황에서 긍정적 보상을 받은 경험에 의해 결정된다. 학력이 높아지면 보수가 증가하고(보상추구), 주변 사람들의 무시하는 시선으로부터 벗어날 수 있어서(처벌회피) 행하는 것이다.
인본주의론	인간은 자아실현을 하려는 잠재적 동기를 가지고 있는데, 이 욕구충족을 위해서 다양한 행동에 개입한다. 그래서 인간은 소속감도 느끼고 새로운 사람을 사귀고(애정과 소속감), 더 나아가 자존감을 높일 수 있어서(자존감의 동기) 행하는 것이다.
인지주의론 (Plato, Aristotle)	자신의 행동이나 결과를 어떻게 인지하고 추론하는가에 따라 동기가 결정된다. 행동을 결정하는 것은 자극이 아니라 자극에 대한 지각내용과 결과에 대한 인간의 예견이다. 즉 새로운 성취상황에서의 성공적인 경험을 통해 효능감을 느끼고 싶어서 동기가 생긴다고 본다.

(3) 생리적 동기의 종류

① 체온조절의 동기

체온의 높고 낮음을 신체는 어떻게 알아서 반응(체온상승 : 땀분비, 말초혈관확장/체온하강 : 닭살(소름), 말초혈관수축)하는 것일까? 이는 시상하부 및 시상전(前) 영역의 체내온도계와 자동온도조절기의 역할 때문이다. 예를 들면, 쥐를 대상으로 한 실험에서 시상하부 및 시상전(前) 영역에 미세U자관을 삽입하고 찬 액체를 흘러보내면, 실내의 온도가 높음에도 불구하고 쥐는 계속해서 방의 온도를 높이려는 동질정체적(homeostasis)3) 행동을 한다.

② 섭식동기

섭식4)동기는 뇌의 시상하부의 복내측부위와 외측부위의 작용과 관련되며, 그 밖에 음식 자체의 속성, 사회심리적 동기, 식습관이나 문화에도 영향을 받는다. 기본적으로 배고픔 동기는 동질정체적이다. 신체세포들이 활동을 위해 포도당이나 지방 및 아미노산 등의 영양소들을 필요로 하고, 그것들이 결핍되면 배고픔 동기과정이 활성화되어 영양소를 포함한 음식을 찾는 행동으로 나타난다. 배고픔의 동기과정은 동질정체적이 아닌 복잡한 요인에 영향을 받는다.

㉠ 배고픔 동기 조절 뇌기제 : 배고픔이나 포만감에 대한 뇌 중추는 '시상하부'인데, 외측부 시상하부(lateral hypothalamus, LH)는 배고픔을 느껴 먹게 하는 행동과 관련되며, 복내측 시상하부(ventromedial hypothalamus, VMH)는 포만감을 느껴 음식섭취를 중단하게 하는 행동과 관련된다. 시상하부를 손상당했을 경우, 먹거나 섭취를 중단하는 행위에 이상이 발생한다. 즉, LH와 VMH는 단순히 배고픔과 포만감을 조절하는 것이 아닌 장기적인 체중조절체제를 담당하는 것이다.

❖ VMH가 손상된 쥐 ❖

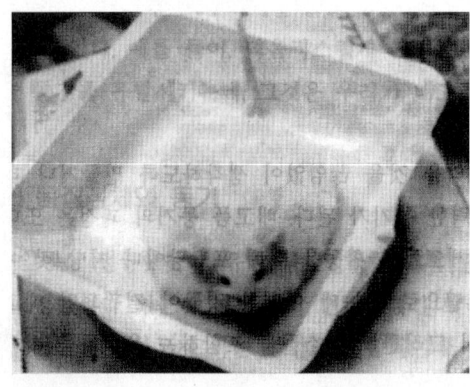

---

3) 유기체의 내부상태를 일정하게 균형상태로 유지시키려는 생물학적 경향성으로, 시상하부가 그 기능을 담당한다. 유기체의 현재 상태가 균형 상태에서 벗어나면 이를 회복하고자 하는 방향으로 움직이게 된다. 동질정체의 원리에 의해 갈증이나 배고픔 등의 기본 동기과정이 활성화되며, 체온조절과정에 가장 잘 나타난다.
4) 식욕관련 호르몬으로, 먼저 인슐린은 췌장에서 분비되는 호르몬으로 혈당을 통제하며, 오렉신은 시상하부에서 분비되는 기아유발 호르몬이고, 그렐린은 빈 위에서 분비되는 호르몬으로 뇌에 배고픔을 알리는 메시지를 전달하고, 렙틴은 배고픔 약화 호르몬이며, PYY는 식도호르몬으로 뇌에 배고프지 않다는 것을 전달한다.

❖ 강제로 먹이는 것과 굶기는 것이 VMH가 손상된 쥐 체중에 미치는 영향 ❖

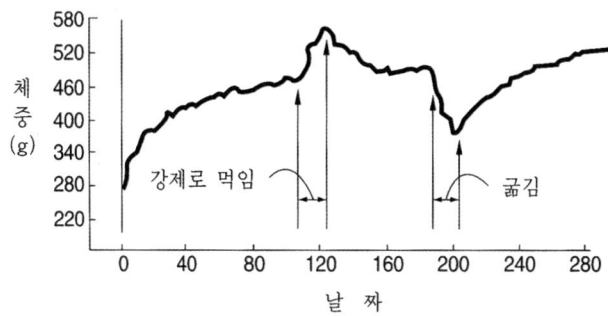

ⓛ 폭식증과 거식증

폭식증	폭식증은 비정상적으로 많이 먹고 식사량을 조절하지 못하는 상황이 되풀이되는 식사장애 질환이다. 폭식은 폭식과 이에 따라오는 구토와 설사에 의한 지나친 음식섭취의 제거의 순환적 에피소드로 특징지어진다. 이는 긴  기간에 걸쳐 습관적으로 굳어지기 때문에 한번 걸리면 평균 14.4년정도 계속되는 것으로 알려져 있다. 폭식 등으로 인한 비만은 사회적으로 느리고 게으르고 엉성하다는 평가와 관련된다. 비만은 사회생활에서 부정적 이미지로 차별을 받는데, 이러한 체중차별은 인종과 성별보다 더 심하다. 비만5)의 원인은 지방세포의 크기와 수가 많기 때문이거나 세트포인트(개인의 체중조절장치가 가정한 체중치)가 보통사람들보다 높은 경우 또는 유전적 요인 등에 있다. 대체로 남성들은 40~49세, 여성은 40~59세에서 비만이 발생하고 교육수준이 높을수록 비만율이 높다. 비만은 에너지 보존이라는 장점이 있지만, 각종 성인병을 유발한다.
거식증	거식증은 먹는 것에 대한 두려움과 거부감을 가진 병을 말한다. 신경성 식욕부진은 극단적이고 스스로 실천하는 체중감소로 특징지어진다. 남성보다 여성한테서 더 많이 나타나고, 약 40% 정도는 15세~19세의 소녀들이며, 월경이 중단되고 극단적인 경우 목숨을 잃게 된다. 사회경제적 하층보다는 중상류층에 더 많이 나타나며, 그 원인은 문화적 변형6)이나 왜곡된 여성들의 신체이미지와 관련된다. 거식증환 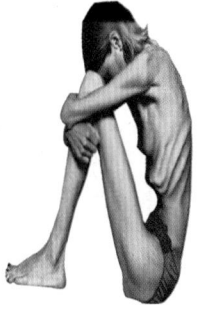

---

5) 비만치료에서 극단적인 다이어트는 박탈이 추후의 과식을 초래하고 신진대사율을 낮추기 때문에 비효과적인 것처럼 보인다. 가장 효과적인 것처럼 보이는 것은 새롭고 영속적인 섭식습관을 형성하고 운동 프로그램을 실천하는 것이다.
6) 거식증은 토실한 신체가 미인으로 간주되었던 농업사회보다는 비현실적으로 마른 체형의 모델이나 영화스타들이 여성의 이상형으로 묘사되는 산업화된 사회에서 훨씬 더 많고(Hsu, 1990), 중동지방이나 아시아계 여성이 서구에 유학오거나 이주해 온 경우 거식의 가능성이 증가한다는 점(Mumlford, Whitehouse, & Platts, 1991; Nasser, 1986)에서 주목받는다.

	는 실제와는 달리 자신들이 지나치게 뚱뚱하다고 느끼는 왜곡된 신체이미지 때문에 체중증가의 필요성을 부인하여 먹기를 거부한다.

ⓒ 올바른 섭식행동 : 서구인들의 비만은 매우 심각한 문제이다. 그런데 이는 프랑스인들보다는 미국인들에게 더 높은데, 그 이유는 미국인들이 프랑스인들보다 평균 식사량이 훨씬 더 많고 활동량은 훨씬 적기 때문으로 알려져 있다. 그래서 다이어트를 시도하는 사람들이 많지만, 스트레스7)하에서의 다이어트는 실패할 확률이 매우 높다. 오히려 다이어트보다는 정상체중을 유지하기 위한 영양식이요법이 더욱 효과적으로 알려져 있으며, 음식량을 줄이는 것보다는 활동량을 늘리는 것이, 즉 무엇을 하지 않는 것보다 무엇을 하는 것에 초점을 둘 경우 자기규제(Self-regulation)가 더 효과적이기 때문이다.

③ 성 동기

ⓐ 개요 : 성은 DNA의 생존에 필수적인 것으로 진화는 성에 대한 건강한 욕망이 모든 포유류의 두뇌 속에 깊이 내장되어 있도록 했다. 사람들의 성 동기는 다양하다. Hill(1997)은 파트너에게 가치있다는 느낌을 들게 하거나, 파트너에게 가치를 보여주거나, 스트레스 해소를 위해서거나, 파트너에게 보살핌을 제공하려는 의도이거나, 개인적 권력감을 강화하기 위해서이거나, 파트너의 힘을 체험하려는 의도이거나, 쾌락을 경험하려는 것이거나, 생식을 위해서 성 동기를 갖는다고 보았다. C.H.Harlow는 원숭이 실험을 통해서 인간의 성교능력을 학습경험에 따라 차이가 있다고 보았는데, 즉 사회적으로 박탈된 새끼 원숭이가 사회생활 불능과 자폐적 행동 이외에도 교미행동을 수행하지 못하는 것으로 성립되는 비정상적 행동장애를 드러내고 있다는 것을 관찰했다.

ⓑ 요인

생리적 요인	태내의 호르몬은 성적 발달에 기여한다. 태아의 성선이 안드로겐 호르몬을 충분히 생산하면, 태아는 남성형의 생식기와 뇌 발달을 보일 것이며, 안드로겐이 너무 낮거나 또는 없다면 태아는 여성형의 생식기와 뇌 발달을 보일 것이다. 성 행동은 성호르몬의 영향을 받는다(성호르몬이 성적 감정과 성행동에 영향). 성호르몬의 차단이 일부 남성만 성욕을 잃게 하고, 여성은 폐경 후에도 성 동기는 줄지 않는다. 사춘기는 시상하부(뇌하수체 → 생식선 자극물질 생산하게 함)의 영향을 받으며, 인간의 성행동은 다른 종들의 성행동에 비해 성호르몬의 영향을 덜 받는다. 즉 성호르몬의 영향보다는 영장류와 인간에게는 어린 시절의 부모와 또래에 대한 사회적 경험들, 그리고 문화적 규범이 성인의 성욕에 더 큰 영향을 미친다. 최근에는 생물적, 유전적, 호르몬 또는 신경적 요인들이 어떤

---

7) 임신이나 성취 혹은 휴가와 같이 적응이 필요한 생활의 변화도 스트레스로 작용할 수 있고 스트레스는 일상적인 소소한 사건때문에도 발생하며, 통제할 수 없는 상황에 노출될 때도 발생한다. 그러나 통제가 불가능하더라도 결과를 예측할 수 있다면 스트레스가 완화될 수 있다.

개인이 이성애자가 되는가 또는 동성애자가 되는가를 부분적으로 결정한다는 주장을 제시하지만 그 증거는 확실하지 않고 생물적 요인들이 성적 지향에 직접적 또는 간접적으로 영향을 주는가도 분명하지 않다.

ⓒ 성차이 : 여성과 남성의 성 활동과 성에 대한 의식과 태도에 차이가 발생한다. 남성은 여성보다 일반적으로 더 많은 수의 이성과 성경험을 갖는다.

	여성	남성
성활동과 사랑과의 관계	둘을 결부시킴	둘을 별개의 것으로 생각함
이성의 질투[8]감정 유발요인	심리적·감정적 불성실	상대방의 성적 불성실

ⓓ 건전한 성생활 : 성병에 대한 위험을 알면서도 수많은 남녀들이 여전히 위험한 성행동을 한다. 이들이 위험을 감수하는 것은 나만은 그런 성병에 걸리지 않을 것이라는 불사조같은 착각에 빠지기 때문으로 알려져 있다. 위험한 성행동은 긴박한 정서에 대한 충동적 결과로 볼 수 있는데, 따라서 위험한 성행동을 줄이기 위해서 청소년기부터 올바른 성교육을 제공하여야 하며, 이는 효과적인 것으로 나타났다(American Psychological Association, 2005).

(4) 여러 가지 동기

① 호기심 동기

대부분 동기는 생리적인 요구가 높아지는 긴장상태(각성, arousal)를 피하고자 동기화되어 있지만, 모험과 긴장을 추구하여 번지점프 같은 위험스러운 운동을 즐기기도 하는데, 이를 호기심 동기라고 한다. 호기심(curiosity)은 도전적인 기회에서 새로운 정보, 지식, 경험을 얻고자 추구하는 적극적인 인식과 탐색, 조절을 의미한다. 호기심은 유아기부터 시작되는데, 특히 환경과의 상호작용을 통해 촉진되며 양육자와의 신뢰형성여부 등에 따라 개인차가 있다. 대체로 호기심이 많은 학생들은 교사와도 좋은 관계를 맺고, 수업 중에도 질문을 많이 하며, 자신이 성공할 것이라 믿고, 다양한 영역에 학습 흥미를 가지고 있다. 그러나 자존감이 낮고 대인관계가 부정적인 사람들은 호기심이 오히려 충동성, 적대감, 폭력성, 성문제 등 바람직하지 않은 결과를 야기할 수 있다. 한편 자극추구성향도 호기심과 관련된다. 인간은 감각이 박탈된 상황에서 오래 견디지 못하고 어떤 자극이라도 추구하게 되며, 자극추구 성향은 과제수행의 효율성과 관련된다(흥분이 너무 없거나 각성된 상태는 과제수행의 효율성을 저하시키며, 중간정도의 각성수준이 최적). 최적 흥분수준은 과제의 난이도나 성격에 따라 달라진다(과제가 어려울수록 최적 각성수준은 낮아짐).

---

8) 질투란 자신이 좋아하는 이성이 다른 이성을 좋아하는 것을 지나치게 시기하거나, 자신보다 앞서서 좋은 위치에 있는 것을 시기하여 미워하며 깎아내리는 것을 말한다. 질투는 인류가 오랜 시간에 걸쳐 적응하는 과정에서 보존되어온 가치다. 즉 인류는 종족번식을 위해서 경쟁자를 제거하기 위하여 자연스럽게 '질투 유전자'를 재생산해온 것이다.

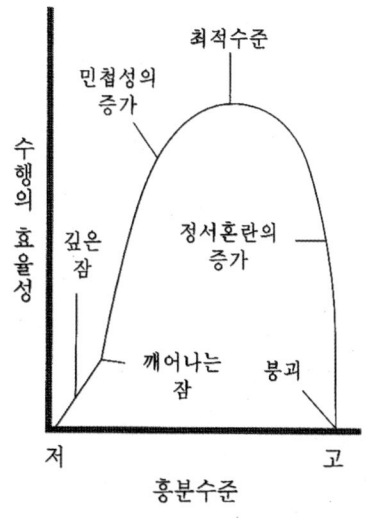

❖ 흥분수준과 과제수행(Hebb, 1972) ❖

② 사회적 동기

사회적 동기란 다른 사람과의 관계와 결합되어 있으며 거기에는 유친욕구, 성취욕구 및 권력욕구 등이 포함된다. 이러한 사회적 동기에는 사회적 비교동기, 군집동기, 인지불협동기, 공격동기 등이 있다. 그 중 공격동기를 설명하는 좌절공격설은 욕구좌절(좌절과 같은 불쾌한 감정을 일으키는 경우)로 인하여 살기 위해 다른 걸 공격하는 것을 동기로 제시하며, 사회적 공격설은 사회비교에 의한 동기로 상대적 결핍, 합법적 실망에 의하여 공격동기가 생긴다고 본다.

③ 성취동기

사회적 동기의 하나로 성취동기는 타고나는 것이 아니라 누구나 강하게 훈련될 수 있는 학습된 동기로, 자신이 하는 일에 성공하고자 도전할만한 일거리를 찾아 도전하는 동기이다. 예를 들면, 탁월해지려 하고 장애를 극복하려는 욕구가 이에 해당한다. 일을 완수했을 때 주어지는 보상이 클수록, 일의 성공이 개개인에게 매우 중요한 의미를 지닐수록 성취동기가 높아진다. 이제 어느 정도 경제적으로 안정되었고 무언가 새로운 일에 도전하고 성취해보고 싶어서 행하는 것이다. 예를 들면, 사회적 약자들에 대한 자원봉사 참여 또는 정치적 도전 등이다. 업무의 난이도와 성취동기와의 관계를 보면, 업무난도가 매우 낮을 경우에는 성공의 가치가 높지 않으며, 매우 높은 경우에는 실패할 가능성이 높다. 성취동기가 높은 사람[9]은 난도가 매우 높거나 낮은 과제들을 피해 중간 정도의 난도를 가진 과제를 택하며, 성취동기가 낮은 사람은 난도가 지나치게 낮거나 높은 과제를 선택한다. McClelland는 Murray가 개발한 주제통각검사(TAT)를 통해 성취동기가 개인의 핵

---

[9] 성취동기가 높은 사람들이 성취상황에서 보여주는 특징(McClelland, 1962)은 과업지향성, 모험성, 성취가능성에 대한 자신감, 정력적·혁신적 활동, 책임감, 행동결과에 대한 지식, 미래 지향성 등이다.

심적이고 안정된 성격특질이라고 주장하였다. 그리고 한 개인의 성취동기의 강도는 성공기대, 특정한 성공의 유인가, 성공에 대한 개인적 책임감의 지각, 성취해낼 수 있다는 자신감 등에 의해 결정된다고 보았다.[10]

④ 내재적·외재적 동기

내재적 동기란 그 일의 성취나 완수 자체가 의미있고 즐겁기 때문에 스스로 원하는 동기로, 자기결정에 의하여 어떤 일을 할 수 있는 능력이 있어 그 일을 안하고는 못배기는 상태인 역능감과 관련된다. 외재적 동기는 그 일 자체의 완수 가치나 의미 때문이 아닌, 다른 무엇을 얻기 위해 하는 동기이다. 외재적 동기에 의한 행동은 외부 유인물이 주어지는 동안만 지속되고 내면화되기가 상대적으로 어렵다. Deci와 Ryan(2000)는 행동이 개인의 고유한 흥미와 가치 등 내재적 동기에 의해 선택적, 자의적, 자율적으로 행해지는 것을 자율적 행동조절로, 행동이 외부의 압력이나 보상 등 다른 목적이나 수단에 의해 행해지는 것을 통제된 행동조절로 보았다.

	무동기 (amotivation)	자기조절이 되지 않는 상태로, 행위의 의도나 의지가 없으며 행위에 가치나 의미를 두지 않는 것이다.
외재적 동기	외적 조절 (external regulation)	보상을 얻거나 처벌을 회피하기 위해 혹은 요구에 복종하기 위한 행동으로 강요나 압력에 의해 통제되는 느낌을 갖는 것이다.
	투입된 조절 (introjected regulation)	자기가치감을 유지하기 위해 동기화되는 것으로, 자존감을 유지하거나 다른 사람들로부터 인정을 받기 위해 혹은 죄책감이나 불안을 피하기 위해 행동하는 것이다. 이는 많은 스트레스, 불안 및 자기불구화 등 부정적 결과와 관련된다.
	동일시된 조절 (identified regulation)	개인이 중요성을 인식하고 가치를 두고 하는 행동조절양식이다.
	통합된 조절 (integrated regulation)	가치있고 의미가 충만하며 자기와 동화(assimilation)되어 기존의 가치나 목표와 조화되는 행동조절 양식이다. 통합된 자기조절을 하기 위해서는 그 행위의 의미를 알고 그 의미를 자신의 목표나 가치와 통합해야 한다.
	내재된 조절(동기) (intrinsic regulation)	즐거움이나 흥미때문에 하는 행위로 많은 긍정적 결과와 관련된다.

출처: Deci & Ryan(2000)/김교헌외 (2012 : 88)재인용

---

[10] 성취목표는 두 가지 차원에서 4가지 유형으로 구분되는데, 첫 번째 차원은 성과-정복이고, 두 번째 차원은 접근-회피이다. 성과-접근형은 다른 사람보다 우수하다는 것을 호가인하고 싶어하는 유형이고, 성과-회피형은 다른 사람들보다 못한 것으로 보이지만 않으면 된다고 생각하는 유형이며, 정복-접근형은 스스로의 실력을 향상시키는 일에만 집중하는 유형이고 정복-회피형은 과거에 성취했던 것보다 못하지 말아야 한다는 방어적 태도를 가진 유형이다.

위 표에서 외적 조절과 내사된 조절은 통제된 동기로, 동일시된 조절, 통합된 조절 및 내재적 조절을 자율적 동기로 보았다. 따라서 자율적 동기에 관련된 내재적 동기가 중요함을 알 수 있다. 즉 외재적 동기에 의한 노동이 아니라 한 개인이나 사회 및 조직에 있어서나 놀이처럼 일할 수 있는 내재적 동기를 높이는 것이 개인과 조직 발전 및 정신건강에 도움이 된다. 개인의 흥미로 시작했던 일(내재적 동기에 의한 행동)에 대해 외적 보상이 주어지기 시작하면 내재적 동기를 잃어버릴 가능성이 있다(일에 대한 의미상실)[11]. 그 이유는 자기행동을 외부적 요인에 의한 행동으로 해석하여 내재적 요인의 중요성을 깎아내리게 되기 때문이다.

⑤ 자아존중의 동기

개인이 경험한 정서적 지지와 사회적 인정수준, 성취경험, 가족이나 부모와의 애착관계 및 가정환경에 직접적인 영향을 받는 자존감(self-esteem)은 한 사람으로서 자기의 가치에 대한 자신의 전반적 평가의 구성요소이다. 그래서 자존감은 자기개념의 평가적 차원에 해당한다. 사람들은 긍정적인 자아정체를 갖기를 원하며, 자아존중의 정도에는 개인적 차이가 있지만 일반적으로 자존감을 높이고 유지시키는 방향으로 사고·행동하고자 하는 동기가 있다.

❖ **자존감의 수준** ❖

낮은 자존감	높은 자존감
나는 다른 사람들로부터 인정과 사랑을 받기를 원한다.	나는 나 자신과 다른 사람들로부터 인정과 사랑을 받는다.
• 비일치적 의사소통 방식 • 나는 다른 사람의 인정을 받기 위해 무엇이든지 하겠다(회유). • 나는 잘못이 없고, 다른 사람들이 문제의 원인이다(비난). • 나에게 인간관계는 별로 중요하지 않다. • 단지 상황이 옳으냐 그르냐 하는 것이 중요할 뿐이다(초이성). • 나는 현실을 부정한다(산만).	• 일차적 의사소통 방식 • 나는 적절하게 행동한다. • 나는 다른 사람의 차이점을 존중한다. • 나는 다른 사람들을 수용한다. • 나는 주어진 상황을 받아들인다.
경직되거나 공격적이거나 또는 비굴하거나 방어적이거나 산만한 태도를 취한다.	자신감 있고 적절하며 능률적인 태도를 취한다.
상황에 반사적으로 반응한다.	상황에 주도적으로 반응한다.

---

11) **과잉정당화효과**(overjustification) : 행동유발이나 조작을 위해 주어지는 보상이 내재적 동기를 손상시키는 효과로, 보상이 능력이나 숙련을 칭찬하기 위해 주어지는 경우는 내면화를 손상시키지 않고 향상시킬 수 있다.

규칙과 의무감에 매여 자신이 바라는 대로 살지 못한다.	자신의 삶에 대해 스스로 선택하고 책임지며 산다.
행동 기준의 잣대가 외부에 있다.	행동기준의 잣대가 자기에게 있다.
방어적이다.	정직하며 신뢰감을 준다.
감정을 억압한다.	감정을 수용하며 전인성을 추구한다.
안전하고 익숙한 것을 선택한다.	새로운 것을 시도한다.
과거지향적-현재 상태를 유지하고자 한다.	현재 및 미래지향적-변화를 시도한다.

출처 : 김창민 (2011 : 64)

사람들은 자존감을 유지·고양시키고자 자기보다 하위에 있는 자와 비교하는 경향이 있는데(Tesser, 1988), Deeck(2008)는 자존감은 가치 있는 것을 위해 진심으로 노력하고 능력을 발휘할 때 자기 자신에 대해 느끼는 감정으로 단지 자신의 특성을 유리하게 보이거나 자신이 타인보다 낫다는 것을 보여주는 것은 아니라고 지적하였다. 대체로 자존감이 높을수록 합리적이고 주도적인 의사결정과 진로결정을 한다.

자기존중감과 구분해야 할 개념으로 자기효능감(sense of self-efficacy)이란 단순한 자신감이 아니라 자신의 능력(직접수행, 언어적 설득, 대리경험, 생리적 각성 등)에 대한 신념으로 스스로의 수행에 의해 자신이 바라는 효과를 산출할 수 있다고 믿는 것을 말한다. 효능신념은 목표설정에 영향을 미치고 어떤 결과를 기대하는지 목표성취에 얼마나 많은 노력을 투자할지 장애물이나 실패경험에 부딪힐 때 얼마나 버틸지에 영향을 미친다. McKay와 Fanning(2000) 등은 자기 효능감을 높이기 위해서는 자기상을 자신이 스스로 통제한다는 사실을 인식해야 하고, 자신에 관해서 더 많은 것을 알기 위해 노력해야 하며, 자신의 목표를 타인들이 설정하지 않도록 해야 하고, 자신을 최고의 유명인이나 최고의 부자 등과 비교해서 판단하는 비현실적인 목표를 수정하며, 취업실패 등을 자신의 무능력으로 판단하는 부정적인 독백을 중단하고, 자신의 장점을 강조하고 긍정적 시각으로 타인들에게 접근하는 태도를 가질 것을 제시하였다.

자존감과 또 다른 개념으로 자기수용(self-acceptance)은 자기 자신을 있는 그대로 만족스럽게 받아들이고 인정하는 것을 말한다. 있는 그대로 자기를 수용한다는 것은 이상적인 자기를 실현할 수 없다고 하더라도 행복하고 창조적으로 삶을 개척해갈 수 있다. Macinnes (2006)는 자존감은 우울, 불안과 같은 특정한 정서적 개념과 관련이 되지만, 자기수용은 일반적인 심리적 건강과 관련된다고 하였다. 즉 무조건적 자기수용을 하는 사람들은 자신에 대한 평가가 보다 객관적이고 자신에 대한 타인의 비판에 덜 방어적이며, 자신의 수행에 대해 부정적 평가를 한 사람들을 덜 비난하기 때문에 우울과 불안수준이 낮고 행복감과 삶의 만족이 높다(Chamberlain & Haaga, 2001). 그러나 자기수용이 낮은 사람들은 자신의 부정적인 모습을 숨기고 은폐하려 들기 때문에 가식적으로 행동하게 되며, 따라서 자신에 대하여 부정적으로 왜곡하여 인식하거나 몰이해하는 문제가 발생하게 된다.

⑥ 친애동기

유친동기라고도 하는 것으로 대등한 위치에 있거나 유사한 상황에 처한 다른 사람들과 같이 있으려는 욕구이다. 즉 남과 관계를 맺고 친구가 되고자 하는 동기로, 자신보다 강하고 높은 위치에 있는 사람에 대해 의지하려는 의존동기와는 다르다. 친애동기가 높은 사람은 낮은 사람보다 친구가 많고 자신감이 있으며, 매력적인 이성과 더 오래 대화를 나눈다. 최근에는 친애동기가 다른 사람과 함께 있음으로 얻으리라고 예상되는 이득의 정도에 달려있다고 주장한다.

❖ Hill에 의한 친애동기의 유형 ❖

사회비교 친애동기	불확실성을 줄이고 자신에 대한 정보를 얻기 위해 남과 어울리고자 하는 형태로, 남과 비교하여 내가 얼마나 잘하고 있는가 등이다.
긍정적 자극유형	타인과의 접촉과 관계 자체가 흥미롭고 재미있고 호기심을 충족시키는 경험이 되기 때문에 어울리고자 하는 유형이다.
정서적 지지유형	타인으로부터 정서적 지지를 얻기 위해 어울리고자 하는 유형이다.
주의(attention) 유형	타인으로부터 칭찬과 주목을 얻기 위해 동기화된 유형이다.

⑦ 갈등동기

인간은 쾌락은 추구하지만 고통은 피하고 싶은 욕구를 가지고 있다. 이는 긍정적 결과를 경험하고자 하는 접근동기(approach motivation)와 부정적 결과를 경험하지 않고자 하는 회피동기(avoidance motivation)에 해당한다. 모든 것이 동일한 경우 회피 동기는 접근 동기보다 더 강력한 힘을 발휘한다. 그러나 성취욕구가 강한 사람은 성공에의 희망에 의해 약간 더 많이 동기화되고 반면, 성취욕구가 약한 사람은 실패에의 두려움에 의해 약간 더 많이 동기화되는 것을 볼 때, 회피동기가 접근동기보다 더 강한 것은 모든 사람들에게 적용되는 것이 아님을 알 수 있다.

❖ 갈등의 종류 ❖

Neal Miller (1959)	접근-접근 갈등	2가지의 매력적인 목표 사이에서 선택을 해야 하는 것으로, 가장 적은 스트레스를 주는 것이다. 그러나 2가지가 중요한 주제들일 경우에는 많은 스트레스를 경험할 수 있다.
	회피-회피 갈등	2개의 마음에 들지 않는 목표사이에서 선택을 해야 하는 것으로, 가장 많은 스트레스를 주는 것이다. 즉 진퇴양난에 빠진 경우이다.
	접근-회피 갈등	매력적인 측면과 매력적이지 않은 측면을 동시에 갖고 있는 하나의 목표를 추구할 것인지 말 것인지를 선택하는 것이다.
	이중 접근-회피 갈등	접근-회피 갈등이 두가지 대상에 동시에 적용되어 선택해야 하는 경우이다.

Verderber 등 (2001)	유사갈등	거짓갈등이라고 한다. 즉 한 쪽이 권력을 잡기 위해 일부러 시비를 걸 때, 주도권을 쥐겠다는 속셈으로 권력적임을 속이는 갈등이 이에 해당한다.
	사실갈등	사람들이 사실적 쟁점에 대해 불일치할 때 일어나는 갈등이다. 사실갈등을 다루기 위해서는 누가 옳고 그른지를 따지지 말고 사실을 점검하는 것이 좋다.
	정책갈등	사람들이 특정 상황을 다루는 방식에 관해 불일치할 때 발생한다. 정책갈등의 성공적인 해결은 그 문제와 두 사람의 감정에 역점을 둔 해결책을 찾는 데 있다.
	가치갈등	개인적 가치의 차이로 발생하는 갈등으로 친밀한 관계에서 특히 문제된다. 가치갈등을 줄이기 위해서는 유사한 가치를 가지고 있는 사람과 짝을 이루는 것이 최선이다.
	자아갈등	통상 내용에 기초한 쟁점이나 혹은 가치에 기초한 쟁점에 대해 논의하는 과정에서 부정적인 개인적 판단이 개입될 때 일어난다. 자아갈등을 줄이기 위해서는 이를 재빨리 인식하고 그 갈등을 내용수준으로 바꾸는 것이다.

❖ 갈등대처방법 ❖

회피/철회	자시과 타인에 대한 낮은 관심을 나타내는 사람이 보이는 방식으로, 갈등을 회피하여 겉으로는 안정적으로 보이지만 사실은 서로에게 해가 되는 갈등대처 방식이다.
조정	자신에 대한 관심은 낮으며 타인에 대한 관심이 높은 사람이 보이는 방식으로, 상대방의 주장을 수용하는 형태로 갈등을 해소하려고 한다. 즉 자신에게는 해가되고 상대에게는 득이 되는 방식이기 때문에 자칫 관계에서 불균형이 생길 수 있다.
경쟁/강요	자신에 대해서는 관심이 높고 타인에 대해서는 관심이 낮은 사람이 보이는 방식으로, 상대의 주장을 무시하고 자신의 주장을 관철하는 식으로 해결하려고 하기 때문에 결국 친밀한 관계에 손상이 올 수 있다.
타협	나에 대한 관심과 타인에 대한 관심이 적당한 사람이 서로 간의 욕구 차이를 인정할 때 사용하는 방식으로, 서로간에 부분적으로 만족할 수 있는 부분으로 갈등을 해소하려고 한다.
협력	자신과 타인에 대한 관심이 매우 높은 사람이 채택하는 방식으로, 갈등을 서로 함께 해결해야할 공동의 문제로 보고, 서로 양보하고 포기해야 할 부분보다는 서로에게 가장 좋은 방법을 찾기 위해 노력하는 것이다.

⑧ 작업동기

　㉠ 욕구위계 이론 : 하위단계부터 먼저 지속적으로 욕구12)가 충족이 되어야 한다. 전 단계가 충족되어야 다음 단계로 넘어가며, 하위욕구에서 상위 욕구로 올라가면서 자신의 욕구를 체계적으로 충족시켜 나간다.

　　ⓐ Maslow의 욕구이론 : Maslow(1906~1970)는 인본주의 심리학자로 인간의 자아실현 욕구가 인간의 본유적 욕구라고 주장했다. 인간은 충족되지 못한 욕구들을 만족시키기 위해 동기화 되어있는 동물이고, 인간에게 공통으로 존재하는 낮은 수준의 욕구가 일단 충족되면, 한 번에 하나의 상의 계층식으로 상승하여 바로 다음 수준의 욕구를 충족시키려고 동기화된다는 것을 전제한다.

✤ Maslow의 욕구위계 ✤

생리적 욕구 (Physiological needs)	인간이 태어나서 동기의 최초 시발점이 되는 욕구로, 모든 욕구 중 가장 강력한 욕구이다. 생리욕구를 충족시키지 못한 사람은 다른 어떤 욕구보다 이 욕구가 행동의 중요한 원동력이 되며, 굶주림, 갈증, 성, 수면 등이 포함된다. 생리욕구들이 일단 충족되면 이보다 높은 위계의 욕구에 의해 지배받는다.
안전의 욕구 (Safety needs)	일반적으로 안전을 추구하는 도구로써 기능하기 위해 행동을 조직하는 역할을 한다. 이 욕구에 극단적으로 지배되는 경우에 안전 자체만을 위해 살게 된다. 안정된 사회에서는 맹수, 극한 추위나 더위, 범죄, 폭행, 살해, 학대 등의 위협으로부터 안전감을 느낀다.
애정·사랑13)·소속의 욕구(Love·affection·belongingness needs)	타인과 다정한 관계를 형성하고자 하는 욕구로, 사회가 발전되면 정상 성인들이 이 욕구를 적절히 충족할 수 있고, 이 욕구가 충족되지 못한 경우란 사회상황에 적응하지 못하는 사람이거나 심한 정신병리학적 사례에서 볼 수 있다14).

---

12) **욕구 등 상호작용을 지배하는 원리** : 우위성의 원리(많은 욕구들 중에서 가장 강한 욕구가 먼저 나타남), 융합의 원리(한 행동에 하나의 욕구가 있는 것이 아닌, 다양한 욕구가 융해되어 표출되어 있음), 종속의 욕구(다른 욕구나 최종 목표의 충족을 위한 부수적 역할 내지는 종속을 하는 경우), 갈등의 원리(회피-회피 갈등, 접근-접근 갈등, 접근-회피 갈등) 등이다.

13) 『The Psychology of Love』를 저술한 Robert Sternberg(1988)는 완벽에 가까운 사랑을 하기 위해서는 사랑의 3가지 요소가 항상 균형을 이루어야 한다고 하였다. 사랑은 성적인 감정의 표현만이 아니고 상대방에 대한 배려와 친밀한 관계, 책임과 열정이 조화를 이루어야 한다. 반면에 열정만 존재하면 열정적 사랑이며, 친밀감만 있으면 그냥 좋아하는 것이고 헌신(책임)만 있으면 비어있는 사랑이다. 친밀감과 헌신만 있는 것은 동료적 사랑이고 친밀감과 열정만 있으면 낭만적 사랑이며, 열정과 헌신만 있으면 불완전한 사랑이다.

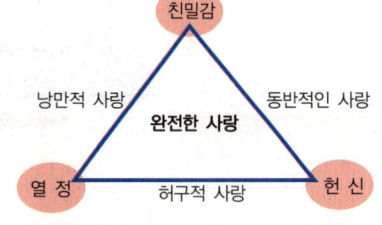

14) 인간은 사회적 동물로 사회적 연결은 인간의 생존율을 상승시킨다. 인간이 다른 사람들과 관계를 형성하고 또는 서로 사랑할 때 느끼는 기쁨처럼 소속의 욕구도 우리의 사고와 정서를 특징있게 한다. 소속감은 사회적 수용과 어울림을 의미한다. 실제로 애정결핍의 고아들은 공포심이 많고 현실성이 떨어지며, 말의 수가 적다. 왕따를 당하는 사람은 자기를 모독한 사람들에게 공격적인 반사회적 행동을 하기 쉽고, 기혼자보다 미혼자들이 우울증, 자살 또는 조기사망률이 높다. 이러한 증거는 인간은 근본적으로 모든 면에서 소속욕구의 영향을 받는다는 것을 입증한다.

존중감의 욕구 (Esteem needs)	사회생활을 통해 지속적으로 자신을 높이 평가하고 존중하며, 자존심을 지니고 타인으로부터 존경받기를 바라는 욕구, 타인을 존중하려는 욕구들을 추구하게 된다. 자존감의 욕구의 두 측면은 자신이 강하다는 느낌, 성취감, 적당감, 실생활에서 느끼는 자신감, 독립과 자유에 대한 갈망, 그리고 타인들이 자신에게 부여하는 명성 혹은 위엄, 인정, 주의 끌기, 중요한 인물로 대우 받기 등이다. 이 욕구들이 충족되지 못하면 열등감, 무력감 등이 유발된다.
자아실현의 욕구 (Self-actualization needs)	위의 모든 욕구들이 충족되더라도 자신에게 적합한 일을 하지 못하고 있는 한 새로운 불만과 불안이 생긴다. 즉, 인간으로서 실현할 수 있는 최상의 인간이 되고자 하는 욕구이다. 이는 외부 보상요인이 아니라 내적 만족요인들이 있을 경우에만 적절히 충족될 수 있다.

Maslow는 자아실현적 활동에 완전히 몰입할 때 절정경험(peak experience)을 한다는 것을 관찰했는데, 이 경험은 의식의 상태를 바꾸어 놓는 것으로, 이 상태에서 사람들은 시간감각을 잃어버리고 고차원적인 인간의 실존을 접하는 느낌을 갖게 된다는 것이다. Mihaly Csikszentmihalyi(1990)는 자신의 능력에 꼭 맞는 과제를 할 때 사람들은 활력이 집중되는 심적 상태에 이르게 되는데 이는 Maslow가 지적한 절정경험, 즉 몰입(flow)상태에 이르게 된다고 보았다. Csikszentmihalyi는 이를 적정경험(optimal experience)이라고 표현했고, 인생의 마치 물흐르듯 몸을 맡기는 것처럼 순간 순간에 충분히 몰입(flow)을 하고 있을 때만 행복이 오는 것이라고 말했다.

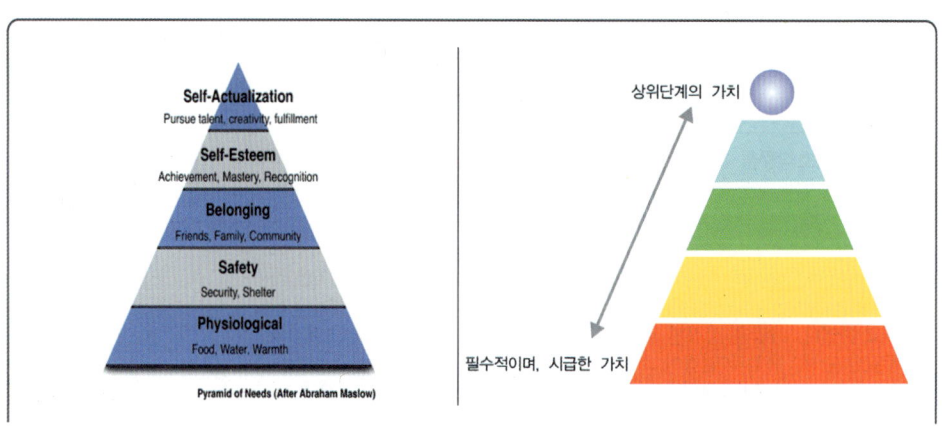

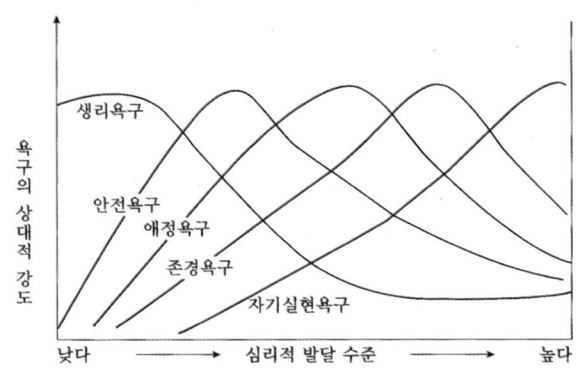

Abraham H. Maslow(1908~1970)는 1908년 4월 1일 뉴욕의 브루클린에서 출생하였다. 그의 부모는 러시아에서 이주한 교육을 받지 못한 유대인이었고, 마슬로우는 이런 가정의 7남매 중 장남으로 태어났다. 부모님은 새로운 세상에서 그들의 자녀들이 최고가 되기를 희망하고 마슬로우가 대학에서 성공할 수 있도록 강하게 밀어 붙였다. 그는 미국의 인본주의 심리학자로 "인간 욕구 단계설"제안으로 유명하다. 그는 인도주의 운동의 형성에 도움을 준 참가자였으며, 또한 심리학에서는 제3세력으로 알려졌다. 개인의 성장을 위해 힘쓰는 인간의 핵심 부분인 "진실한 자아"의 애정어린 보살핌을 주장했다. 환자를 대할 때 병리학 관점을 남용하는 주류 심리학을 비판했다. 대표저서로 「존재의 심리학」, 「인간의 성격에 대한 심층접근」 등이 있다.

ⓑ Alderfer의 욕구이론 : 이는 E·R·G이론이라고도 하는 것으로, Maslow(1954)의 욕구위계이론에서 영향을 받아 조직의 현장연구에서 얻어 독특하고 중요한 의미를 지닌다. Maslow 이론의 수정제안이라고 볼 수도 있지만 욕구의 작용과정에 대한 다른 관점을 제시한다. 질문지법을 사용하는 상관연구법으로 욕구체계를 실증적으로 연구하였고, 연구결과를 토대로 Maslow의 5단계 욕구위계를 3단계로 축소·수정하여 제시하였다[15].

---

15) Alderfer의 욕구위계이론의 구분 : ⓐ 욕구위계에서 고등한 욕구로 진전되는 과정뿐 아니라 낮은 욕구로 퇴행하는 과정도 있다고 가정한다. ⓑ Maslow의 주장처럼, 우세한 욕구가 지배적으로 작동한다고 주장하고, 다른 욕구들이 전혀 영향을 못 미치는 것은 아니지만, 우세한 욕구의 강력한 기능을 강조하며, 일정한 시점에서 세 욕구들의 강도가 서로 다르지만 하나 이상의 욕구가 동시에 작용하여 활성화될 수 있다고 주장한다. ⓒ 욕구는 의식이 되어서 인식될 수 있다. 특히 우세한 욕구를 자신이 잘 인식한다. 세 번째 가정에 의거, 질문지나 면접 등 연구방법을 사용하여 욕구를 연구한다.

❖ Alderfer의 욕구위계 ❖

생존욕구 (Existence needs)	구체성이 높아서 인간이 지니는 가장 덜 모호한 욕망들로, 여러 유형의 물질 및 생리적 욕망들이 포함된다. 굶주림, 갈증, 봉급, 물리적 작업환경 등이 포함된다. 인간이 생존을 유지하기 위해 필요로 하는 욕구로서, 이 욕구들이 충족되지 못하면 인간 생존에 위협을 받게 된다.
관계욕구 (Relatedness needs)	모든 사람이 인간답게 살기 위해 타인과 관계를 맺고자 하는 욕구이다. 타인과 맺은 인간관계에서 자신의 정서나 지각을 드러내 놓고 검토함으로써 사회현실에 대한 일체감을 타인과 공유한다. 자신을 둘러싸고 있는 사회 환경과 인간관계에 초점을 두기 때문에 사회관계 및 대인관계 등이 포함된다. 이 욕구의 충족은 서로 생각과 감정을 공유할 수 있는 인간관계를 맺을 수 있는지에 따라 달라진다.
성장욕구 (Growth needs)	개인이 가장 중요하게 생각하는 능력이나 잠재능력을 발전시키는 방향으로 환경과 상호작용하는 욕구들로, 성장[16]욕구가 충족된다면 개인의 능력이 근본적으로 변화됨을 의미한다. 이 욕구는 대인관계에서 타인과 비교를 통해 얻는 자존심이 아니라 스스로 얻는 자신감의 욕구 등이 포함된다.

❖ Maslow와 Alderfer의 욕구위계 비교 ❖

Maslow	Alderfer
생리적 욕구	생 존 (Existence ; E)
물리적 안전의 욕구	
대인관계의 안전	관 계 (Relatedness ; R)
애정(소속감)	
대인관계의 자존심	
자기 확신의 자존심	성 장 (Growth ; G)
자기실현	

ⓒ **William Glasser의 욕구이론**: 생존(생리)의 욕구(살고자 하고 생식을 통한 자기확장을 하고자 하는 욕구), 소속과 사랑의 욕구(사랑하고 나누고 협력하려는 욕구), 힘(Power)의 욕구(경쟁하고 성취하고 중요한 존재이고 싶은 욕구), 재미의 욕구(Fun need, 많은 새로운 것을 배우고 놀이를 통해 즐기려는 욕구), 자유의 욕구(Freedom need, 이동하고 마음대로 선택할 수 있는 욕구)가 있다.

---

16) 심리학자 Jourard는 성장을 3가지 단계로 구분하는데, 첫 번째는 항상 변하고 있다는 것을 인정하는 것이고 둘째는 실패나 좌절을 인정함으로써 성공의 발판으로 삼는 것이 필요하며, 셋째는 기존의 방식에서 벗어나 태도나 가치 등을 변화시키는 것으로 경험의 재조직을 말한다.

ⓒ 기타 이론

형평이론	개인이 다른 사람과 비교하여 자신을 어떻게 지각하는지에 따라 동기가 결정된다고 주장하며, 개인, 타인, 투입, 성과개념의 중요성을 강조한다. 불형평을 줄이는 방식으로, 먼저 행동적 방식은 투입의 변화, 성과의 변화, 타인이 투입이나 성과를 변화시키도록 하고, 보다 형평한 직무를 찾기 위해 직무를 그만둔다. 인지적 방식은 자신의 투입이나 성과를 왜곡 또는 타인의 투입이나 성과를 왜곡시키거나, 비교 대상을 변경한다.
기대이론	사람을 자기가 바라는 보상을 얻을 수 있는 활동에 노력을 기울이는 합리적 의사결정자로 보며, 직무성과, 유인가, 도구성(instrumentality), 기대, 힘의 중요성을 강조한다.
강화이론	자극, 반응, 보상과 관련하여 작업동기를 설명한다.
목표설정 이론 (Locke & Latham)	목표는 동기의 기초이며 특정한 방향으로 행동을 이끈다. 목표는 적당히 어려운 목표여야 하며, 구체성을 띠어야 한다.

제2절 정서 심리학

1 정서의 기초

(1) 정서의 정의

어떤 대상이나 상황을 지각하고 그에 따른 생리적인 변화와 행동적인 변화, 그리고 정서의 의식적 측면인 감정들을 포함하는 상위개념으로 변연계가 담당한다. 정서의 표현으로 서로의 요구와 기대, 의도를 이해하고 전달하므로 적응과 밀접하게 관련된다(Oatley & Jenkins, 1992). 신체가 관련된 마음의 과정으로, 정서 중 주관적이라고 느끼는 부분을 '감정'이라고 할 수 있다. 정서는 주관적 경험, 생리적 반응, 행동적 반응이 수반되어야 한다.

(2) 정서의 종류와 차원

Tomkins(1962)는 기쁨, 슬픔, 분노, 놀람, 공포, 혐오, 흥미 및 수치심을 인간의 기본정서로 제시하였고, Paul Ekman(1994)은 행복, 놀람, 노여움, 혐오감, 두려움, 슬픔, 경멸을 기본 정서라고 하였다. 기본 정서는 선천적 반응양식으로 범문화적이고 보편적으로 나타난다. 정서상태17)는 긍정성과 각성의 정도로, 분노는 부정적 정서이고 높은 각성이며, 슬픔은 부정적 정서이고 낮은 각성이고, 기쁨은 긍정적이면서 높은 각성이며, 흡족함은 긍정적이면서 낮은 각성을 수반한다.

(3) 정서를 담당하는 뇌

변연계는 정서를 담당하는데, 이는 시상하부의 통제를 받으며, 편도체는 자극의 정서적 의미를 파악하는 뇌의 정서 컴퓨터에 해당한다. 시상과 편도핵을 연결해주는 회로는 위협상황에서 빠르게 대처하도록 해주고, 시상-피질-편도핵 회로는 감각정보의 상세한 분석을 위해 느리게 작동한다.

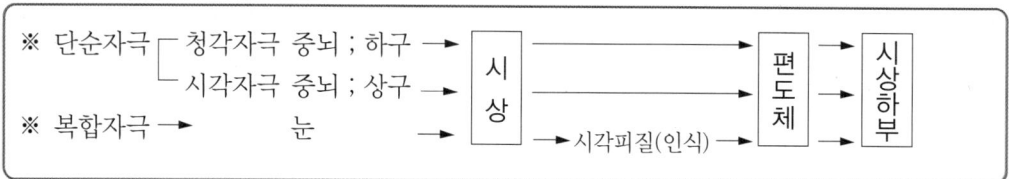

(4) 정서다루기

일반적으로 여성이 남성보다 정서적 신호를 읽는데 더 뛰어나다. 실제로 여성들은 사진속 인물들에 대한 상관을 더 잘 파악하고, 남녀커플의 사랑깊이를 더 잘 파악한다. 영화를 볼때도 여성은 남성보다 더 뚜렷한 감정표현을 하고, 대화를 할 때도 여성은 남성보다 더 많이 감정이입을 해서 전달한다. 일반적으로 사람들은 기뻐하는 얼굴보다 화난 얼굴을 더 빠르게 탐지하며, 공포와 분노는 눈을 통해 그리고 행복은 입을 통해 파악된다.

정서를 잘 다루기 위해서는 평소에 자신의 정서를 적절히 그리고 더 자주 표현하고, 자신의 감정을 타인과 함께 나누거나(이해, 공감력형성, 편안함과 안정감 느낌). 전달법을 사용(I-message)18) 하거나, 또는 비언어적 표현전달법(비언어적 표현은 언어보다 더 강력한 전달력을 가짐)을 활용한다.

2 정서의 원인

(1) 정서와 신체반응

① James-Lange 말초이론

이들은 상이한 정서경험마다 각각의 독특한 자율신경계 반응이 존재한다고 보고, 신체적

---

17) 행동피드백가설 : 어떤 정서를 경험할 때와 마찬가지로 신체를 움직이게 되면, 어느 정도는 그러한 정서를 느끼게 될 가능성이 있다고 가정함.
18) 나 전달법의 종류에는 직면적(직접 대면하여 속상할 때만 사용), 개방적(서로 문제가 없을 때 서로의 관계 증진을 위한 목적으로 사용), 예방적(앞으로 일어날 부작용의 감정전달), 주도적(거절할 때 사연을 동반하여 미안함을 표시) 충격 이완화, 긍정적(칭찬+격려+감사, 여기에는 평가가 들어가지 않고 간단하며 정직해야 함. 너무 길거나 과장될 경우, 역효과를 가져옴) 방법이 있다.

반응은 감정경험에 선행한다고 말한다. 즉 외부 자극이나 사상이 먼저 특정 신체반응(내장기관)을 일으키고, 그 특정패턴의 신체반응이 대뇌에 전달되어 정서를 경험하게 된다. 예를 들면, 몸의 반응을 인지, "맞았기 때문에 화가 난다", "우니까 슬프다.", "몸을 떨기 때문에 두려워 한다.", "곰을 보고 무서워서 도망가는 것이 아니라, 도망가기 때문에 무서움을 느낀다."처럼 신체적 반응이 선행한 후에 정서를 경험하게 된다.

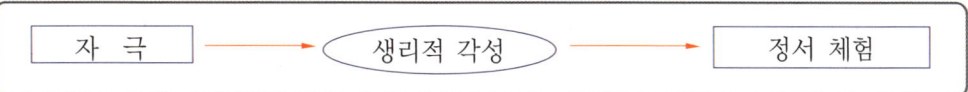

이 이론의 문제점은 신체반응이 어떤 정서 상황에서 즉각적으로 갖게 되는 정서체험의 원천이 되기에 그 움직임이 너무 느리며, 아드레날린 등으로 인위적인 신체반응을 일으키는 경우에 정서체험은 일어나지 않고, 서로 다른 정서체험을 보고하고 있는 사람들에게서 보이는 신체변화는 특정 신체변화의 패턴들이 아니라 일반적인 흥분의 증가 때문에 발생한다는 것이다. 예를 들면, 어떤 남학생이 강의실에 들어서자 많은 여학생들이 갑자기 일어나 환호의 박수를 보낼 때 그 남학생은 당황스러움을 경험하게 되고 약 30초가 지난 후 얼굴 붉힘 증상이 나타나는 것은 James-Lange이론으로 설명할 수 없다.

② Cannon-Bard 피질간뇌이론

이들은 충격이 대뇌피질부와 말초신경계에 동시적으로 보내지고, 자극에 대한 반응(신체변화)과 정서(감정경험)는 같은 시간에, 그러나 독립적으로 경험하게 된다고 주장한다. 즉 정서적 경험과 생리적 반응은 동시에 일어난다. 신체흥분의 강도가 정서의 강도와 관련되고, 강한 정서 상태시 자율신경계의 반응이 나타나며(심장박동이 빨라지고 호흡이 가빠지며 땀이 나고 동공이 확장, 피부온도의 변화), 정서를 통제하는 주요 신경계는 자율신경계의 흥분을 관장하는 시상하부로, 정서의 강도가 강할수록 자율신경계의 반응이 증가된다. 그러나 이 이론은 많은 신체반응의 특정패턴을 밝히지 못하며, 정서체험에는 신체 반응 이외의 외부자극 등 다른 요인이 필요하다는 점에서 비판받는다.

(2) 정서와 인지

① Schachter-Singer 인지평가이론(정서의 이요인설)

정서의 이요인(two-factor theory of emotion)에는 일반적 신체흥분(정서의 강도를 결정)과 평가와 해석(정서의 질을 결정)이 있다. 이는 정서우선의 입장인 Zajonc의 주장과는 달리 정서체험은 신체흥분 자체뿐만이 아닌 그 신체흥분 혹은 정서상황이나 자극에 대한 인지적 평가에 의해 영향을 받는다고 주장하는 것으로 이는 James-Lange이론을 부분적으로 지지한다. 이들은 피험자에게 에피네프린을 투여한 후 그 약효에 대하여 서로 다른 정보를 주는 실험을 통해 정서가 비교적 비특정적 생리적 각성과 환경으로부터 얻어지는 단서에 기초하여 각성을 명명함으로써 결정된다는 정서의 인지적 관점을 지지하였다.

```
자극 → 일반적 신체각성 → 각성에 대한 평가 → 정서체험
```

이 이론의 한계는 실제로 좋아하거나 싫어하는 것 그리고 공포와 같은 정서들은 의식적인 사고를 수반하지 않는다는 것을 설명할 수 없다. 예를 들면, 뱀을 보고 즉각적으로 공포를 느끼고 도망가게 되는 경우 등과 같이 생리적 각성에 대한 인지적 평가(의식적 자각이 없이도 발생할 수 있으며, 뇌연구는 편도체를 자동적 평가에 관여하는 구조로 봄)를 가정하기 어려운 상황 등은 정서체험의 인지이론을 지지하지 않는다. 또한 적용하기 부적절한 정서 치료에 적용(신체각성에 대한 인지적 평가에 의해 정서의 질이 결정된다는 사실 이용)될 수 있으며, 오귀인효과(misattribution effect)[19]가 나타난다. 즉 불안이나 공포 등의 부적절한 정서를 중립적인 자극에 의한 것으로 오귀인하게 유도함으로써 부적절한 정서를 감소시키고 오귀인에 의한 정서변화의 효과는 제한된 상황에서만 나타난다는 점에서 한계가 있다.

닷튼(D.G.Dutton)과 아론(Aron)의 흔들다리 실험

피험자인 남성에게 협곡 위 75m에 설치된 흔들다리를 건너게 한 후 예쁜 여학생이 인터뷰를 한다. 인터뷰 후 더 궁금한 것이 있으면 자기에게 전화를 달라고 전화번호를 준다. 그러면 남성실험자가 피험자에게 전화번호를 주는 것 보다 4~5배 이상 많은 전화가 걸려온다는 결과이다. 비교를 위해 지상 3m 위의 튼튼한 다리를 사용하여 동일한 실험을 해보면, 인터뷰한 사람이 예쁜 여학생이라도 전화한 사람은 거의 없었다. 요약하면, 75m의 높이의 협곡에 있는 흔들다리를 건너왔을 때에는, 떨리는 등의 생리적 상태에 있게 되는데, 이것을 피험자는 '자신이 이 여성에 대해 이렇게 설레고 있다.'라고 잘못된 이유를 갖다 붙이게 된다. 이것을 '귀인오류(attribution error)'라고 한다.

그런데 흥분상태에 있는 사람에게 연애감정을 발생시키기 위해서는 어느 정도의 신체적 매력도 필요하다. 또 신체의 생리적인 반응을 느끼고 이에 대한 해석으로서 감정이 성립하기도 한다. 흔들다리처럼 공포스러운 상황의 경험이 이성에 대한 애정정도가 증가시킨다는 주장도 있는데(Dutton & Aron, 1974), 특히 남성들의 경우 불안을 느끼는 위기상황에서 오히려 이성에 대한 성적 욕구가 높아지는 것도 이와 관련된다.

---

19) **오귀인효과** : 신체흥분을 그것의 원래 원천이 아닌 보다 중립적인 원천에 의한 것으로 평가하도록 함으로써 정서가 변화될 수 있는 효과를 말한다.

② 평가이론(appraisal theory)

정서체험에 필요한 요소는 상황이나 자극(각성이 아닌)에 대한 평가라고 보는 견해로, 정서체험 시 신체적 각성은 필요하지 않다. 어떤 상황적 평가가 어떤 정서를 야기시키는지를 규정하고자 한다. 상황평가의 차원을 규정하고, 그 평가차원 상에서 변화되는 상황평가의 조합이 어떤 정서를 야기시키는지를 구체적으로 규정하고자 하는 시도를 한다.

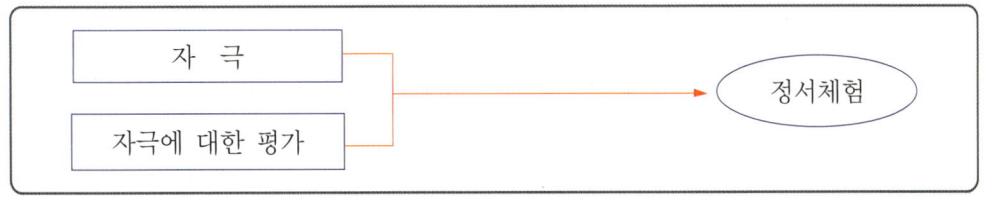

(3) 정서와 얼굴표정

얼굴표정은 진화과정에서 종족 생존과 번식에 도움이 되기 때문에 보존된 특질이다(Darwin, 1872). 인위적으로 얼굴표정을 짓는 것도 정서에 영향을 주고 얼굴표정은 적응에 도움이 되며, 원만한 사회생활에도 영향을 미친다. 얼굴표정의 표현규칙(overt rule)에 따라 문화적인 차이가 나타나기는 하지만[20], 기쁨, 분노, 공포, 경악 및 혐오[21], 흥미, 수치심, 고뇌, 슬픔 등의 기본정서의 얼굴표현은 전 세계적으로 공통적[22]으로 나타나고 판독된다. 차별적 정서이론(differential emotions theory)을 주장한 Izard는 각각의 상이한 정서들은 개별적인 각성패턴을 가지고 상이한 목적으로 유발된다면서 소수의 기본 정서는 선천적이고 문화보편적이라고 하였고 기본정서와 행동과의 관계는 출생 초기에 형성되며, 시간이 경과하면서 안정된다고 하였다. 한편 얼굴 근육의 특정 움직임이 대뇌에 전달되어 정서체험이 일어난다[23]. 그리고 우리가 일상적으로 경험하는 혼합정서인 시기심은 상대방에 대한 혐오와 더불어 자신에 대한 분노와 수치심이 깔려 있는 것이다.

---

20) 표현규칙은 문화마다 얼굴표정의 조절이나 통제에 대한 고유의 규칙이 적용되는 것을 말한다. 이러한 정서표현규칙은 Ekman의 뉴기니아의 포어족의 얼굴표정처럼 일부 정서에서는 문화보편성도 있으나, 동양문화권에서의 자랑이나 분노감정의 억제처럼 상대성을 갖기도 한다. 따라서 집단주의 문화에서는 개인의 정서표현이 짧고 숨기는 반면에, 개인주의 문화에서는 정서표현이 강하고 길다. 이처럼 문화에 따라 정서표현도 달라진다. 또한 중국사람들은 근심이 있거나 실망스러울 때 손바닥을 치는 행동을 하며, 미국사람들의 엄지손가락을 치켜들기는 일종의 자부심이나 힘을 표시하지만, 이 행동은 브라질에서는 이성 등에게 "섹스하자."는 신호로 인식된다.
21) Paul Rozin(1999)에 의하면, 혐오는 사람의 몸에 불쾌한 물질(쥐, 바퀴벌레, 구토물, 똥, 피, 개사료 등)을 집어넣는 상상에 의해 생성되는 것으로, 혐오는 부적당한 물질이 우리 몸속으로 들어오지 않는 것을 분명히 하기 위한 일종의 방어반응이다. 이러한 혐오는 전염과 유사성이라고 하는 아주 비이성적인 규칙을 따른다. 예를 들면, 집에서 사용하던 파리채를 깨끗이 씻어서 놓았을 때 거기에 떨어진 건포도를 다시 주워서 맛있게 못 먹는 이유는 전염의 우려때문이고, 실제로는 사탕인데 그 모양이 개똥처럼 생긴 경우 성인들은 이것을 먹기를 거부하는 것은 유사성 때문이다.
22) 얼굴표정이 정서표현에 보편적이라는 사실이 안면피드백 가설(facial feedback hypothesis ; Tomkins, 1962)의 근거가 되는데, 안면근육의 피드백에 의해 감정의 농도가 달라진다는 주장으로, 정서의 질이 얼굴근육의 다른 조합에 의해 결정되며 얼굴표정에 따라 감정상태가 달라진다는 이론이다. 따라서 '행복해서 웃는 것'이 아니라 '웃으니까 행복한 것'이라는 논리이다. 반면에 행동피드백 가설은 만일 우리가 어떤 정서를 경험할 때 마찬가지로 신체를 움직이게 되면, 어느 정도는 그러한 정서를 느끼게 될 가능성이 있다고 가정하는 것이다.
23) James-Lange이론은 내장근의 움직임을 정서의 원천으로 중시하고, 안면피드백가설은 얼굴근육을 정서의 원천으로 본다.

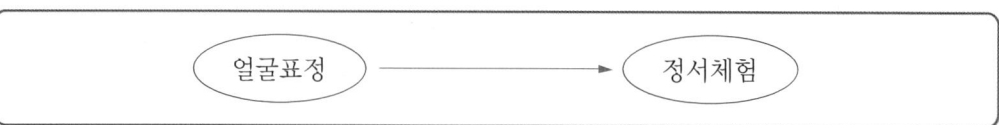

(4) 정서와 신체·생리적 변화

특정정서를 경험할 때 나타나는 혈압/맥박, 호흡률 등의 생리적 변화는 다양한데, 거짓말탐지기가 이 원리를 이용한 것이다. 강한 부적 정서는 자율신경계 중 교감신경계의 활성화에 의해 초래된 생리적 각성을 포함하며, 정적 정서는 잔존하는 부적 정서 각성에 대해 복원효과를 갖는 것처럼 보인다. 척수손상을 가진 사람들은 자율신경계로부터 피드백이 제한되는데, 이는 정서를 약하게 경험하는 것으로 보고한다. 다른 연구들도 내장지각이 정서의 강도에 기여한다고 제안한다.

피부	기모반응(기쁠 때 이완, 분노/공포 시 임모근이 반사적으로 수축), 한선[24]의 분비변화(Polygraph[25] 적용), 피부온도의 변화 등이다.
순환기	놀라거나 즐거움(심장이 빠르고 강하게 뛰어 가슴이 두근거림), 화남(체표면 혈관의 확장으로 혈량이 증가하여 안면에 홍조를 띰), 놀람·공포(혈관이 수축하여 얼굴이 창백해짐) 등이다.
소화기계	흥분 시, 소화기 타액선 분비 변화로 인해 입 안이 마르는 것과 같은 반응을 보인다.
내분비계	강한 스트레스 경험 시 뇌하수체 등 내분비계의 활동으로 인한 각종 증상들이 나타난다.

3 정서가 인지과정과 행동에 미치는 영향

(1) 정서 상태는 기억에 영향을 미친다.

일반적으로 부적 정서는 정적 정서보다 기억을 저하시키며, 부호화시 정서와 인출시의 정서가 일치할 때 기억이 잘 되고(상태의존기억), 기분과 일치하는 자극에 더 많은 주의를 기울이게 한다(좋은 기분-긍정 자극, 나쁜 기분-부적 자극).

(2) 정서 상태는 판단에 영향을 미친다.

정적 기분의 사람들은 빠르고 쉽게 판단을 내리고, 슬프거나 우울한 기분의 사람은 보다 신중하고 노력하여 판단하는 경향이 있다.

---

24) 한선은 수분분비와 노폐물배설, 체온조절 등의 역할을 하며, 열운동 또는 감정상태나 약에 의해 활동이 증가된다. 아포크린선은 큰 땀샘으로 반드시 모발에 부속되고, 에크린선은 작은 땀샘으로 진피의 하층에 모발과 관계없이 존재하고 주로 얼굴, 손바닥, 발바닥 등에 분포되어 있다.
25) 폴리그래프 : 미국의 심리학자 H.Keeler가 개발한 것으로 일반적으로 거짓말을 탐지하는 데 사용되는 기계이다. 정서에 수반되는 여러 생리적 반응들(발한, 호흡, 심박수, 혈압, 맥박 등)을 전기피부반응의 측정값을 종합해서 진위를 가려내는 것이다.

(3) 정적 정서와 부적 정서가 인지과정에 영향을 미치는 일관성이 비대칭적이다.

정적 정서가 인지과정에 미치는 영향은 비교적 일관되고, 부적 정서가 인지과정에 미치는 영향은 비일관되게 나타난다. 그 이유는 부적 정서는 부적 정보에 주의를 더 많이 기울이게 하면서 이런 정보를 회피하도록 하는 효과를 함께 갖고 있기 때문이다. 부적 기분과 일치하는 정보로 주의를 가지고, 기분을 통제하여 부적 기분에서 벗어나려는 노력으로 부적 정보는 회피하려고 한다.

(4) 정서는 사회적 정보처리와 행동에 영향을 미친다.

① 사회적 정보처리

정서상태에 수반되는 생리적 각성은 인지능력을 제한시켜 사람들에 대한 정보처리 시 고정관념에 의존하게 한다(Bodenhausen, 1993). 신체흥분상태에서 인지능력이 제한되게 되면 정보자체를 꼼꼼히 처리할 능력이 감소되어 기존의 지식이나 고정관념에 의존하여 쉽게 정보처리를 한다. 강한 정서 상태에서는 고정관념적 정보처리와 판단이 더욱 강하게 나타난다.

② 도움행동

강한 정서상태는 도움행동에 영향을 미친다(Isen, 1984). '부정적인 정서-도움행동'은 대체로 "비일관적"으로 발생한다.

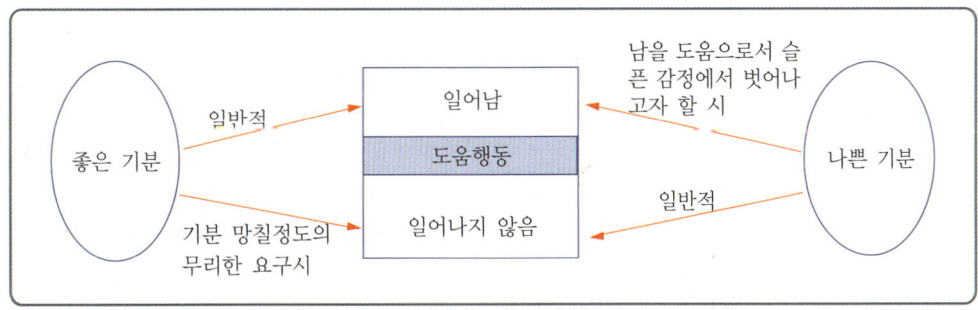

발달심리학

제1절 발달의 개요
제2절 발달의 구분

Chapter 07 발달심리학

제1절 발달의 개요

1 발달의 정의

(1) 개념의 구분

유기체와 환경 간의 조절과 동화의 과정을 **적응**(Adaptation)이라고 하면, **발달**(Development)은 개체가 환경에 적응해나가는 과정 또는 연령에 따른 유기체의 변화과정, 그리고 수정에서 사망에 이르기까지 개체의 심신구조나 기능상에 일어나는 점진적이고 연쇄적인 변화를 의미하며, 연령변화에 따른 분화와 통합의 과정으로 볼 수 있다. 이처럼 인간발달은 질서정연한 순서에 따라서, 즉 먼저 초보적인 능력발달이 있어야 보다 발달된 능력들이 출현할 수 있다. 발달과 관련된 개념으로 성장(growth), 성숙(maturation), 학습(learning)을 들 수 있다. 성장과 성숙은 발달적 규준[1])에 맞게 나타나는 변화를 지칭하는 의미이지만, 성장(growth)은 신체적인 측면의 양적 변화를 의미하고, 성숙(maturation)은 생래적이고 유전적인 요인에 의해 발달과정이 통제되어지는 것으로 신체적 측면의 변화와 심리적 측면의 변화를 포함하여 사용한다. 즉, 성장은 신체, 체중, 골격 등이 자라는 외적 증가를 의미한다면, 성숙은 미리 짜여진 유전적 요인에 의해 나타나는 '2차 성징(음모, 변성, 월경)'과 같은 것으로 성숙에 기인한 것이다. 그리고 학습(Learning)은 경험이나 연습 또는 훈련에 의해 나타나는 행동의 변화를 말한다. 예를 들면 외국어 습득을 학습된 행동이라고 할 수 있는데 한국의 아동은 한국어를, 미국의 아동은 영어를 문화상대적으로 학습하게 된다[2]).

(2) 양적 변화와 질적 변화

양적 변화	수량의 변화를 말하고 행동이 점진적이고 효율적으로 되는 변화(비단계적 변화, 연속적 변화)를 말한다. 즉 아동의 사고능력의 변화는 생각하는 방식의 완전한 재구조화의 결과로 생기는 것이 아니라 점진적인 기억능력의 증가에 의한 것이다.

---

1) 발달적 규준이란 평균의 아동이 여러 가지 발달표준에 도달하는 연령을 나타내는 성숙의 기준이다. 정상적인 발달은 일정한 연령의 범위 내에서 일어날 수 있으며, 따라서 이 규준은 오직 일반적인 지침일 뿐이다(장동환외, 1994 : 463).
2) 발달에 있어서 준비성(readiness)이 중요한데, 특정한 내용을 학습하기 위해서는 그 내용을 학습할 수 있는 유전적 조건이 우선 준비되어야 한다. 준비성이 갖추어지지 않은 상태에서의 학습은 오히려 역효과를 초래할 위험성이 높다. 예를 들면, 외국어를 학습할 준비를 갖추지 못한 아동에 대하여 조기유학을 보내거나, 준비가 안 된 아동을 대상으로 영재성을 키우기 위해 조기교육을 시키는 것 등이다.

질적 변화	알에서 올챙이가 되고 다시 개구리가 되듯이 이전의 상태로 되돌아갈 수 없는 새로운 현상이나 특성이 나타나는 변화(단계적 변화, 비연속적 변화)를 말한다. 즉 아동은 행동과 능력이 최소한의 변화를 겪게 되는 비교적 안정된 시기를 거쳐 한 단계에서 다음 단계를 거치는 격심한 전환기를 거치게 된다.

❖ 단계적 발달과 연속적 발달의 비교 ❖

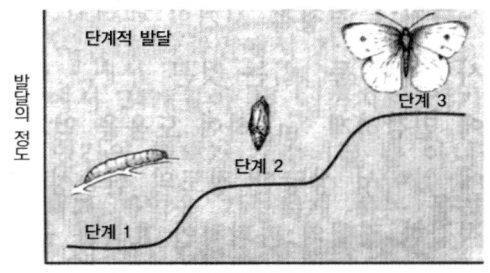 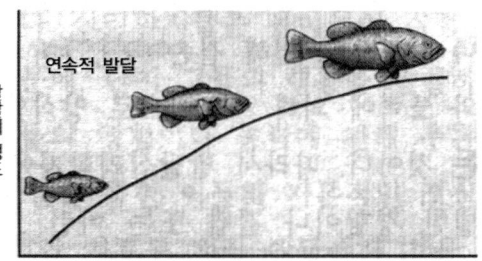

(3) 유전과 환경

인간의 발달이 유전적이냐, 환경적이냐 하는 질문에 대한 답은 인간변화와 발달의 결과에 대해 중요한 의미를 포함한다. 오늘날 유전과 환경의 영향에 대한 문제는 어느 것(환경 vs 유전)이 특정한 상황에서 결정적인가를 물어보던 일방적인 위치에서 벗어나, 각 요인들이 발달에 어떻게 어느 정도 기여하는지에 관한 의문을 제시하는 것으로 변화되어왔다. 인간은 신체적·사회적·정서적 성장과 같은 많은 영역에서 사회문화적인 맥락에 의해 영향을 받는다.

유전의 우위설	Scarr는 유전을 수동적, 유발적, 적극적 유전으로 구분하였다. 먼저 **수동적 유전**은 환경도 부모의 유전인자에 의해 결정되는 것을 말한다(ex. 운동을 좋아하는 유전자를 부모로부터 물려받을 뿐만 아니라 유전자를 제공한 부모의 경우, 자녀양육에 있어 운동을 좋아할 수 있는 환경도 제공해주게 된다. 따라서 유전이 환경도 결정하게 한다). **유발적 유전**은 유아의 유전자가 자신의 유전자에 맞는 환경을 유도하게 하는 것을 말한다(ex. 미소짓기나 옹알이를 잘하는 것처럼 사교적인 유전자를 가진 유아는 그렇지 못한 유아에 비해 주위 사람들의 관심과 애정(환경)을 유도하게 되며, 이로 인해 이 유아는 보다 사교성을 발달시킨다). **적극적 유전**은 아동의 유전자가 자신의 유전자에 맞는 환경을 적극적으로 구성하게 된다(ex. 사교적 유전자를 지닌 아동은 사교를 좋아하게 되고 그 결과 친구들을 자신의 집으로 초대하여 즐거운 시간을 보낼 수 있는 환경을 적극적으로 구성하려고 한다).
유전과 환경의 상호작용론	Gottesman은 유전이 환경의 범위를 결정해준다는 이론을 제기하여 특성발달에 있어 유전과 환경의 상대적 기여도가 중요하다고 보았다. 즉 유전은 지능이 발달할 수 있는 범위만을 정해주고, 환경에서의 경험이 그 범위 중 어느 수준에 IQ가 결정될 것인지 정해준다.

2 발달의 과학적 설명

(1) 과학적인 발달심리

발달심리학은 전생애에 걸쳐 정신과정과 행동에서 일어나는 연령과 관련된 변화에 관심을 둔다. 발달심리학의 영역은 어린이뿐만이 아닌 모든 연령의 사람에게 관심을 두고, 사람뿐만이 아닌 동물도 관심의 대상이 된다. 심리적 발달을 유전과 환경의 영향이라는 변인으로 기술, 설명, 예언한다는 점에서 발달심리도 과학으로 볼 수 있으며, 연령에 따라 변화하는 인간의 행동, 능력과 심리특성을 발달적 변화라는 여러 차원에 걸친 행동이나 심리특성들이 조직화되고 구조화되는 것(Flavell, 1977)이다.

(2) 발달심리의 연구방법

발달심리학은 일생을 거쳐 일어나는 심리적, 신체적 변화를 연구한다. 먼저 종단적 방법(longitudinal study)은 한 고정된 집단의 사람을 장기간에 걸쳐, 정해진 간격으로 연구하는 것을 말한다. 예를 들면, 취학 전 아동집단을 선정하여 그 시기의 기억량을 측정하고, 이 아동들이 취학한 후에 기억량을 측정하여 취학 전 기억량과 취학 이후 기억량을 비교하는 연구 등이다. 이러한 종단연구(추세연구, 동류집단연구, 패널연구 등)는 장기간에 걸쳐 조사대상자의 상황의 변화 또는 특정한 경향을 연구할 수 있으나, 횡단연구에 비해 상대적으로 시간, 비용이 많이 든다. 횡단적 방법(cross sectional study)은 한 시점에서 서로 다른 연령의 사람들을 비교하는 것을 말한다. 예를 들면, 취학전 아동집단과 취학아동집단의 기억량의 차이를 비교하는 연구 등이다. 이러한 횡단연구는 종단연구에 비해 상대적으로 시간, 비용이 적게 들지만 어떤 현상의 진행과정이나 변화를 측정하지 못한다.

제2절 발달의 구분

1 지각발달(perceptual development)

출생한 신생아는 단순한 반사운동만을 할 수 있다. 신체적으로 머리에서 신체하부로, 신체의 중심부에서 말초부분으로 발달한다. 생후 약 한 달이 되면 신생아는 어깨를 들기 시작한다. 생후 4~6개월경에 기기 시작하며, 생후 9개월경에는 혼자서 앉을 수 있다. 10개월경에는 바로 설 수 있고, 13개월경에는 걷기 시작한다. 신생아도 아직 충분하지는 않지만 자극에 감각적으로 반응할 수 있으며, 그 중 가장 많이 연구된 것이 시각이다. 신생아는 시력이 좋지 않지만 2살 정도 되면 성인만큼 시력이 좋아지고, 소리에 주목하게 되며, 출생직후 서로 다른 맛과 냄새를 구분할 줄 알게 된다. 태어나는 순간부터 학습할 수 있고, 3개월경까지는 잘 기억할 수 있음을 볼 수 있다. 또한 미소와 같은 일부 초기의 사회행동은 맹인 영아도 포함되며, 모든 영아들에게서 거의 같은 시기에 나타나는 선천적 반응이다.

(1) 영아의 주요 반사행동

반 사	행 동 묘 사
찾기 (rooting)	신생아를 들어올렸을 때 젖꼭지를 찾으려고 머리를 돌리는 반사로, 유아의 뺨에 뭔가 닿으면 그쪽으로 고개를 돌리고 뭔가 빨 것을 찾는 행동을 보인다.
빨기 (sucking)	가용한 어떤 것이나 빨려하는 반사로, 유아의 입주위에 빨 만한 것을 빤다.
잡기 (grasping)	어떠한 물체든 잡히는 것을 강하게 잡는 신생아의 반사이다.
삼키기 (swallowing)	이 반사는 출생 시에 존재하나, 처음에는 호흡과 잘 결합되지 않는다.
모로 (moro)	놀라기 반사(startle reflex), 큰 소리나 신체적 충격을 받았을 때 유아가 양팔을 벌리고 등을 활처럼 휜다.
바빈스키 (Babinsky)	유아의 발바닥을 쓰다듬으면 발끝을 바깥쪽으로 벌렸다가 안쪽으로 움츠린다. 출생 후 2~3개월이 지나면 사라진다.
파악 (grasping)	손바닥에 뭔가 닿으면 손가락을 그 물건 주위로 오므린다.
걷기 (stepping)	갓난아기를 들어올려 발을 바닥에 닿게 하면 발을 번갈아 짚으며 걷는 것과 유사한 움직임을 나타낸다.

John Bowlby(1969)에 의하면, 어린 오리는 출생즉시 움직이는 것에 가까이 있어야 된다는 가인 현상 때문에 생존할 수 있지만, 인간의 아기는 출생즉시 양육자와 밀착할 수 없기 때문에, 울거나 미소짓거나 눈을 맞추는 등의 신호를 통해 양육자를 가까이 두는 방향으로 진화해왔다고 설명한다. 아기는 처음 6개월간은 아무에게나 신호를 보내지만, 그동안 자신이 보낸 신호에 가장 잘 반응해주는 반응자(일차양육자)에게 깊은 애착을 형성한다.

(2) 형태재인(pattern recognition)

① 개 요

유아는 점차 정교화된 능력들을 지속적으로 발달시켜 나간다. 두 개의 인접하는 선들을 하나의 물체로 보려는 경향은 선천적인 것이 아니라 생후 6주 후 정도부터 발생(Cohen, Younger, 1984)한다. 주(主)는 눈과 두뇌 세포의 지속적인 성숙이고, 부분(部分)은 경험으로부터 얻어지는 유아의 지식 증가이다.

② 격차원리(discrepancy principle)

유아들은 익숙해진 것들과는 다른 무언가의 대상에 더 많은 흥미를 가지며(Cohen, Younger, 1984), 자신이 지닌 도식을 확장시킬 수 있는 대상들에게 흥미를 느끼는데, 이를 Kagan(1984)은 격차원리라 하였다.

③ 높이지각의 능력

생후 1년 후반기부터 비사회적 대상, 상황자극에 대한 정서반응이 시작된다. 고소공포증 발달은 지각능력뿐만 아니라 정서발달을 의미하며, 시각절벽(visual cliff)에도 반응한다. 이러한 영아의 깊이지각 능력도 일찍부터 발달하나 시각절벽(visual cliff)에 대한 공포도 기기 시작할 무렵에 나타난다고 할 수 있다.

2 Piaget의 인지발달

(1) 개 요

인지발달(cognitive development)은 세상을 이해하는 능력의 출현을 의미한다. 어른과 아이가 다른 방식으로 생각하듯이 인지발달이란 아동의 연령이 증가함에 따라 세상에 대해 생각하는 방식에 있어서의 변화를 말한다. 어른과 아이는 지식의 양적 측면에서의 차이가 아니라 지식을 얻는 방식에 있어서 질적으로 차이가 있는데, 즉 인지발달은 양적 변화가 아닌 바로 질적 변화를 의미한다.

(2) 인지발달의 이해

Jean Piaget(1896~1980)[3]는 모든 행동을 환경에 대한 인간의 적응으로 보고, 모든 아동이 거쳐야만 하는 일련의 단계들로 이루어진 인지발달의 이론을 개발했다. 그는 조직과 적응의 과정을 통해 새롭게 생기는 인지구조는 기존의 구조와 질적으로 상이하다는 가정 아래, 인지구조의 질적인 변화를 크게 묶어 인지발달 단계를 제안하였다. 그는 행동과 지식과의 관계를 강조하며, 유아는 행동을 통해 지식을 얻을 뿐만 아니라 행동자체가 지식이라고 보았다. 인지발달단계의 순서는 유전적으로 결정되어 있으나, 각 단계에 도달하는 시기는 아동의 경험에 따라 조금씩 차이가 날 수 있다. 따라서 아동은 스스로가 능동적으로 자신의 인지발달을 촉진하는 능동자이다.

① 인지구조의 제개념

도식 (Schema)	정보를 조직하여 해석하는 개념 또는 준거를 말한다. 즉 개인이 지니는 반복될 수 있는 행동의 유형이나 인지구조이다.
조작 (Operation)	논리적인 정신과정을 통한 수행 행위이다. 즉 환경에 적응하려는 내적인 정신활동이다.
조직 (Organization)	유기체가 일관성 있는 체계를 형성하도록 통합하는 기능이다(예 내가 물건을 잡아당기면 인형은 가까이 온다.).

---

3) Piaget는 발생적(어떤 것의 기원과 발달에 관한 것), 인식론(인간지식의 구조에 대한 연구)으로 인간의 정신을 구성하는 지식 구조의 기원과 발달을 연구하는 발생인식론자이다.

적응 (Adaptation)	동화 (Assimilation)	새로운 경험을 기존의 도식으로 해석하는 것이다. 즉 자신의 도식을 가지고 대상(환경)을 받아들이는 것이다.
	조절 (Accommodation)	새로운 경험을 통합하기 위해서 현재의 도식을 바꾸는 것이다. 즉 자신의 도식과 새로운 정보가 맞지 않을 때, 대상(환경)에 맞도록 기존의 도식을 변형시키는 것이다. (예 아하! 내가 잡아당길때 살아있는 강아지는 도망하고 가까이 오지 않는다.)
평형 (Equilibrium)		현재의 인지구조와 새로운 정보 간의 균형을 회복하는 과정이다.

② Piaget의 인지발달단계

아이들이 단계를 거쳐 가는 순서는 동일하다. 각 단계는 이전 단계보다 질적으로 다르고 더 높은 수준이며, 그 이전 단계의 구조들이 통합되어 나타난다.

㉠ 감각운동기(sensorimotor period) : 언어 이전 단계인 생의 초반기(0~2세)로 새로운 정보를 얻기 위해 자신의 감각을 사용한다. 새로운 경험을 찾기 위해 운동능력을 사용하고자 애쓰는 시기이다. 이 때 자신을 포함하는 모든 대상들이 독립적인 실체로 존재하며, 엄마가 아동의 눈에 보이지 않아도 어딘가에 분명히 있고 곧 내게 돌아올 것이라고 믿는 것처럼, 대상이 한 곳에서 다른 곳으로 옮겨지거나 시야에서 사라지더라도 그 대상은 계속 존재한다고 믿는 대상영속성(object permanence)이 발달한다.

1단계	2단계	3단계	4단계	5단계	6단계
출생~한달	1개월 ~4개월	4개월 ~8개월	8개월 ~12개월	12개월 ~18개월	18개월 ~24개월
타고난 반사행동의 활성화	1차 순환 반응기	2차 순환 반응기	2차 순환 반응기의 협응	3차 순환 반응기	표상단계

빨기, 울기	기본적, 도전적인 도식화의 정교화	인간관계의 법칙 발견	대상영속성의 개념 획득	조직 활동 활발	사고가 시작됨	
빨기반사를 통해 물체에 대한 정보동화 노력	의도적인 듣기, 보기의 시작	물체를 따라 눈이 움직임	눈앞에 있던 물체가 보이지 않아도 찾게 됨	새로운 것들에 대한 관심	현존하지 않는 사람이나 대상에 대한 이미지 형성	

ⓒ **전조작기**(preoperational period) : 이 시기(2~7세)에는 개념들을 형성하고, 의사소통을 돕기 위해 언어와 같은 상징들을 갖는다. 즉 환경의 여러 가지 측면을 표상하기 위해 상징(symbol)을 사용하기 시작하고, 표상적 사고력(representational thought)이 생기게 된다. 그리고 무생물에도 생명이 있다고 믿거나 꿈과 현실을 혼동해서 꿈을 현실로 생각한다. 언어가 급격히 발달하는 시기이다. 이 시기의 아동은 자기가 좋아하는 것을 엄마도 좋아할 것이라고 생각하는 자아중심성이 발달하고 아주 단순한 수준에서만 정신적인 조작이 가능하고, 논리적인 추리보다는 비논리적인 직관적 추리(판단)를 한다. 이 시기의 아동은 엄마를 돕다가 5개의 컵을 깬 아동이, 장난치다가 1개의 컵을 깬 아동보다 더 도덕적으로 나쁘다고 생각을 하는 것처럼 도덕적 판단에 있어서 행위의 의도보다는 결과를 중요시하고, 도덕이나 법은 권위적 인물이 요구하기 때문에 절대적으로 복종해야 하며 상황에 상관없이 일률적으로 적용되어야 한다고 믿는다. 또한 사물 및 상황의 한 가지 차원이나 세부사항에만 초점을 두기 때문에 조작(operation)이 이루어지지 않아, 형태가 변하거나 담는 그릇이 달라지더라도 질량이나 부피와 같은 물리적인 문제는 변하지 않는다는 **보존개념**이 형성되지 못하고, 외갓집에 가는 길을 알게 되더라도 이 사실을 통해 오는 길을 스스로 알게 되는 **가역적인 사고**를 하지 못한다.

중심화 (centration)	대상 혹은 상황의 한 가지 측면에만 주의를 두고 다른 중요한 특성들은 무시한다.
직관적 사고 (intuitive thinking)	대상의 현저한 지각적인 특성에 의해 그 대상의 특성을 파악하는 사고이다. 따라서 외양이 바뀌어도 그 속성이 변하지 않는다는 보존개념, 전체와 부분이나 상위유목 간의 관계를 이해하는 목목포함, 사물을 순서대로 나열하는 서열화 개념이 발달하지 않은 상태이다. 아래 실험에서 물이 따라지는 과정을 지켜봤음에도 그 과정은 무시하고 처음과 마지막 상태에만 주의를 둔다.

마음이론	전조작기의 아동들은 이때부터 사람들이 기계적인 인형과 달리 마음이 있다고 생각한다. 3세 반 된 아동과 4세의 아동은 다른 아동도 다른 생각을 할 수 있다고 체험한다. Jenkins 등(1996)은 아동들에게 약품상자를 보여주고 상자를 열었을 때 약품이 연필로 되어 있음을 보고 놀라는 것을 발견했다. 이는 인간의 행동은 정신적 표상의 안내를 받는다는 생각으로 세상은 항상 보이는 것과 같지 않으며 사람에 따라서 다르게 본다는 것을 알아 차리게 한다.
자아중심성 (egocentrism)	모든 사람들의 생각, 감정, 지각, 관점 등이 자신과 동일하다고 생각하여 타인의 관점을 이해할 수 없는 것으로[4], 나의 생각과 타인의 생각은 다르다는 것을 이해할 수 없는 시기이다. 이 시기의 아동은 타인이 듣거나 반응하는 것과 상관없이 자신이 하고 싶은 말을 반복하는 자아중심적인 언어를 사용한다. 이는 세-산 모형실험에서 확인할 수 있다. ✤ Piaget의 세-산 모형 실험위치 ✤ • 아이들은 앉은 위치에 따라 크기가 서로 다른 세-산 모형의 모습을 위에서 보도록 한다. • 다른 쪽에 앉아 있는 아이가 보는 산의 모습이 어떤지를 고르게 하였다. ex. 내 앞에 앉은 철수가 보는 산은 어떤 모습일까? 그 결과 대부분의 4~5세 아동은 정확한 그림을 선택하지 못했다.

---

4) 전조작기 아동이 엄마의 생일선물로 장난감 자동차를 선물하는 경우가 있다. 이 때 어른들이 '자기가 갖고 싶으니까 엄마한테 선물해서~'라고 한마디 할 경우 아이들이 억울해하는 경우가 있다. 왜냐하면 이 아동이 엄마에게 장난감 자동차를 선물한 것은 '엄마한테는 필요 없는 장난감을 선물해서 자기가 갖고자' 하는 것이 아닌, 그 아이의 생각(사고)으로는 '이 세상에서 가장 좋은 선물은 장난감 자동차'이기 때문에 '자신이 가장 좋아하는 엄마에게 가장 좋은 선물'을 하는 것이라고 생각하고 즐거운 마음으로 선물하는 것이기 때문이다. 반면, 아이들과는 반대로 가역적인 사고가 가능한 어른들의 행위는 이와 똑같이 해석되기 어렵다.

대상의 다요소적 특성 분류 불가	두 가지 이상의 특성으로 동시에 대상을 분류할 수 없다. 예를 들면, 화장실에서 선생님을 만난 경우, '선생님도 사람', '사람은 화장실을 간다'는 것에 둘 이상의 특성을 통합하지 못하기 때문에 충격을 받게 될 수 있다.
전인과성(precausality)의 사고 소유	예를 들면, '묘지는 죽은 사람들이 가는 곳이다. 따라서 묘지에 가면 죽는다'거나 '날마다 규칙적으로 낮잠을 자는 아이가 "아직 내가 낮잠을 안 자서 낮이 아니다"라고 생각하는 경우 "낮잠"이 "낮"을 규정하는 원인으로 추리'하는 사고의 특징이라고 볼 수 있다.

ⓒ 구체적 조작기(concrete operational period, 7세~11세) : 체계적이고 논리적인 사고체계를 가지고 구체적인 문제에 적용이 가능하고, 지각적 현상을 기준으로 판단을 하는 것이 아닌 논리적인 조작을 사용하여 판단한다. 가역성의 개념획득으로 보존과제를 성공적으로 수행할 수 있다.

이 시기에는 '물의 양이 더 붓거나 부어 버리지 않았으므로 물의 양은 같다.'고 대답하며(동일성의 원리), '이 컵은 여기가 더 길지만, 저 컵은 여기가 더 넓다. 따라서 물의 양은 같다.'라고 말한다(보상성의 원리). 또한 '이것을 전에 있던 컵에다 그대로 다시 부을 수 있기 때문에 두 컵의 양은 같다.'라고 말한다(가역성의 논리).

보존개념 획득순서는 수 → 질량 → 무게 → 부피 순으로 발달한다. 동일한 가역성의 원리에 기초를 두면서도 과제 형태에 따라 조작의 습득시기가 달라지는 현상인 수평적 격차(horizontal decalage)가 나타난다. 유목을 포함하여 조작의 분류가 가능하고, 하나의 속성(크기, 무게 등)을 순서대로 배열하는 서열(seriation)조작이 가능하다.

자기 또래와의 상호작용을 통해서 자기중심적 경향이 줄어들고 서로 다른 사람의 입장에서 바라보기 시작하는 탈중심적인 사고를 하며, 사회지향적인 특성을 지닌 의사소통을 보인다. 엄마를 도우려다 5개의 컵을 깬 아동에 비해 장난치다가 1개의 컵을 깬 아동이 나쁘다고 이야기하는 것처럼 행위의 결과뿐만 아니라 행위의 의도도 중요시하게 되며, 도덕이나 규칙이란 권위자에 의한 것이 아니라 또래들 간의 관계처럼 평등하고 대등한 입장에서 서로 자율적으로 정할 수 있으며, 상황에 따라 규칙의 적용은 달라질 수 있다고 생각한다. 또한 초등학교 때 여러 가지 구체적인 기준(부모의 직업, 성씨, 아파트 평수, 피부색 등)에 따라 편가르기(범주화)를 하고, 자기들에게 속한 것(누가 더 피부가 하얀지, 어느 성씨가 가장 좋은지 등)이 더 좋다고 생각하는 서열화하기를 시작하는데, 이는 Erikson의 '근면성 대 열등감' 발달과 밀접한 관련이 있다.

그러나 구체적 조작기 아동의 사고는 아직 성인들의 사고와는 다르다. 또한 개념형성과 문제해결은 가능하지만, 논리적 조작이 개인적 경험과 밀접하게 관련되어 있어서 대상 및 상황이 자신에게 친숙한 경우에만 가능하다.

㉣ 형식적 조작기(Formal operational period) : 이 시기(11세 이후)의 아동들은 구체적인 대상을 넘어서 추상적인 개념들을 포함하여 모두에 대해 논리적인 해결을 탐구할 수 있다. 즉 이전 단계에서는 하나 하나의 사실을 토대로 생각하나, 이 시기 이후부터는 여러 사실을 조직하고 통합하여 하나의 추상적 이론과 원리를 형성하여 문제를 해결하고자 한다. 사춘기(신체적인 발달을 동반하는 성적 성숙의 시기)에 접어들면서 사고가 성인의 유형으로 발달하는 시기이다.

추상적 대상에 대한 이론과 원리를 구성하는 조작이 가능하고 추상적인 이상세계와 가상세계에 대한 관심이 증가하며, 자신의 여러 가지 경험을 토대로 하나의 원리를 세우고 그 원리를 근거로 해서 특정 사실을 설명하고 예측할 수 있는 연역적 사고가 가능해진다. 즉 '지금 여기'의 상황뿐만이 아닌 그 이상의 '가능성'까지 논리적으로 추론이 가능하다. 가설연역적 추리(hypothetico-deductive reasoning)가 가능하고, 명제(proposition)를 통해 사고할 수 있으며, 조합적인 추리(combinational reasoning)를 할 수 있다.

❖ Piaget의 인지발달단계 요약 ❖

단 계	연 령	중심 특징
감각 운동기	0~2세	• 유아가 세계를 감각적 상과 운동으로 이해하는 단계이다. • 모방, 기억, 사고의 시작기로 대상영속성을 인식한다. • 단순 반사행동에서 목적을 가진 행동으로 발전한다.
전조작기	2~7세	• 언어가 점차적으로 발달, 상징적인 형태로 사고를 한다. • 일방적인 관점에서 사고할 수 있다(단, 성인과는 다름). • 사고와 언어가 자아중심적이다.
구체적 조작기	7~11세	• 논리적으로 구체적인 문제를 해결할 수 있다. • 보존개념을 이해하고 유목화와 서열화가 가능하다. • 가역성을 습득한다.
형식적 조작기	11~15세	• 논리적으로 추상적인 문제를 해결할 수 있다. • 사고가 점차 과학적이게 된다. • 복잡한 언어 과제나 가설적인 문제해결이 가능하다.

❖ 아동기와 청소년기 사고의 비교 ❖

	아동기	청소년기
사 고	• '지금, 여기'로 제한됨 • 구체적 대상과 상황에 제한 • 사고초점 : 자기 조망에 맞춰짐	• '가능성'까지 확장 • 구체적 현실+가능한 아이디어까지로 확장 • 사고초점 : 타인조망까지 확대
문제해결	• 문제의 세부적인 것에 의해 지시	• 계획된 가설검증에 의해 관리

③ Piaget 이론의 비판

단계에 따른 질적 차이에 대한 명확한 증거가 부족하며, 보존개념 등은 갑자기 나타나는 것이 아닌 수년간에 걸쳐 점진적으로 발달하는 것이고, 자아중심성 검사 역시 타인관점 조망은 특정과제가 좌우한다. 즉, 세-산 모형실험은 어른이라도 정확히 맞히기 쉽지 않은 난도의 문제라는 것이다. 또한 형식적 추론이란 구체적인 추론과 질적으로 다르지 않으며, 변화과정의 불명확성은 도식(Schema)와 행동의 불명확한 연결을 시사하는데, 도식(Schema)와 행동관계를 강조(아동이 물리적 환경에서 사물을 직접 조작해 봄으로써 지식을 획득)하지만 팔·다리가 없는 유아라도 정상적인 인지능력을 발달시킨다는 것과 Piaget가 제시한 스키마라는 개념은 너무 의미적인(추상적인) 심리 구성체로서, 보다 명확하고 구체적일 필요가 있다. 마지막으로 인간의 발달은 생득적인 요인에 의한 것 외에 사회·문화적 요인에 의한 영향을 받는데, Piaget는 이를 무시했다.

3 애착과 사회성발달

(1) 각인(Imprinting)

각인이란 일부 동물들이 생후초기의 한정된 시간 내에 처음 접촉하는 움직이는 대상(대부분의 경우 엄마가 됨)에 대하여 어떠한 강한 유대의 빠른 학습을 형성하는 것을 말한다. 생물학자인 Konrad Lorenz(1935)는 갓 태어난 거위새끼들이 각인한 자신을 따라다니는 것을 보고 거위새끼들이 첫 번째 접촉하는 움직이는 대상에 매우 강한 유대를 형성한다는 것을 발견하였다. 그러나 아동은 거위새끼와는 달리 각인되지 않고, 자기가 익숙한 것에 애착한다.

(2) 애착(Attachment)

유아가 그들의 주 보호자(주로 엄마)5)와 형성하는 지속적이고 장기적인 정서적 또는 사회적인 유대를 애착이라고 한다. J. Bowlby(1988)와 Bretherton(1990)은 인생초기에 부모-자녀 간의 상호작용에 의해 형성된 애착의 질은 전 생애에 걸쳐 정서적으로 친밀한 관계를 형성하는데 영향을 미친다고 주장하였고, Erik Erikson(1902~1994)은 안정된 애착
아동은 생에 대해서 기본적으로 신뢰감을 갖고 접근한다고 주장하면서 조기에 어떻게 애착되는가는 성장해서 성인기 대인관계의 기초가 된다고 보았다. 과거에는 애착(친숙한 접촉)이 수유나 음식물로서, 즉 잘먹이고 깨끗한 환경을 만들어 주는 것이 아기에 대한 애착이라는

---

5) 그동안 애착연구는 주로 아동과 모와의 관계를 중심으로 연구되어 왔으나, 최근에는 부와 아동 간의 사랑과 허용성이 아동의 건강과 행복의 예측에서 모의 사랑과 대등했다는 연구결과도 있다.

1차적인 요소만 생각했었다. 그러나 Shaffer(1993)가 지적했듯이 애착은 '근접성을 유지하려는 욕구와 상호간의 애정으로 특징지을 수 있는 두 사람 사이의 강한 정서적 관계'이다. 즉 어린 아동에게는 자신들의 물리적 필요뿐 아니라, 정서적 필요에 민감하게 반응해주는 한 두 명의 성인과의 의존적인 관계형성이 중요하다. H. Harlow는 어린 원숭이 실험을 통해 신체접촉의 중요성을 과학적인 방법으로 발견(접촉위안)하였다.

❖ Harry Harlow의 실험 ❖

- 실험 : 새끼원숭이들을 어미로부터 떼어내어 각기 다른 우리에 한 마리씩 넣고 길렀다. 각 어린 원숭이에게는 철사로 만들어져 있으나 젖꼭지가 있는 인형(먹이보상)과 두터운 담요로 만들어져 있으나 젖꼭지가 없는 대리엄마(접촉위안)를 인형으로 만들어 주었다. 이 실험의 목적은 어린 원숭이가 대리엄마에게 애착이 된다면 둘 중 어느 특성에 더 효과적일 것인가를 살피는 것인데, 그 결과 모든 새끼원숭이들은 젖꼭지를 가지고 있는 철사 인형에 비해 더 많은 시간을 담요로 된 인형에 매달려 있었다. 특히 낯선 물체가 나타났을 때 더욱 담요인형으로 매달렸고, 담요인형과 같이 있을 때는 좀 더 용감하게 익숙하지 않은 장소를 더 잘 탐색했다. 어린 원숭이가 어미에게서 형성하는 애착에 더 중요한 변수는 먹이가 아닌 접촉위안이라고 결론을 내렸다.

- 평가 : 인간이 원숭이와 동일한 애착과정을 갖는다는 견해에 대한 비판으로, 인간에게 있어서 애착과정은 훨씬 더 천천히 진행되며, 원숭이에게 있어서 생후 며칠은 인간에게 있어서 생후 6개월 이상의 시간이 필요하고 약 70%의 유아만이 1세경에 안정적으로 성인과 애착되는 것으로 보여지고 있다. 즉 양육자에게 분명한 애착을 보이는 것은 대략 7, 8개월경부터 시작되고 애착행동의 출현은 유아가 세상에 대한 이해를 발달시키는 것이다. 새끼원숭이에게 그와 같은 실험을 한다는 것에 대한 윤리적 차원의 비판이 있음에도 불구하고, 이 실험은 자신의 자녀를 가질 수 없는 양육자가 효능적인 부모가 될 수 있다는 낙관을 가져다주었다.

한편 Bowlby(1969)는 주양육자와 아기를 밀접한 관계로 묶어주는 강한 애정적 유대감을 애착(attachment)이라고 하였는 데 이러한 애착은 영아기 사회성발달과 개인의 성격발달에 큰 영향을 미친다고 보았다. 그러나 Bowlby의 이론은 발달단계에 따른 애착의 형성에 초점을 맞추고 있기 때문에, 동일한 연령집단 내에서의 개인차는 간과하고 있다. 이점에 착안하여 애착의 질을 측정하기 위해 가장 보편적으로 사용되는 방법이 Ainsworth 등이 개발한 '낯선상황(strange situation) 실험'이다. Ainsworth 등은 아래와 같은 낯선 상황 실험을 통해 애착형성을 안정애착과 불안정 애착으로 구분하였고, 네 가지 유형으로 제시하였다.

❖ Mary Ainsworth 등의 낯선 상황실험 ❖

※ 설정 : 친숙하지 않는 상황

| 엄마 또는 다른 친숙한 보호자가 있는 상황 | 엄마나 다른 친숙한 보호자가 없는 상황 |
| 낯선 이가 들어왔을 때 | 낯선 이가 나갔을 때 |

그 결과 안정 애착된 아동은 낯선 상황에서도 엄마가 같이 있을 때 활발하게 놀았으며, 적극적으로 탐색하였으나, 엄마가 없거나 낯선 사람이 같이 있을 때 약간 놀라면서 탐색이 줄어들었다. 다시 엄마가 돌아오면 적극적으로 엄마에게 접근하여 접촉을 시도하였다. 반면에 불안정애착된 아동은 엄마가 같이 있더라도 낯선 상황에서 더 놀라고, 엄마가 돌아왔을 때 적극적으로 접촉시도를 하지도 않고 심지어 거부반응까지 보였다. 따라서 아기의 신호에 민감한 어머니가 덜 민감한 어머니보다 안전 애착자녀를 가질 가능성이 거의 2배다(van Ijzendoorn & Sagi, 1999). 이러한 애착은 문화에 따라 다소 차이가 나기는 하지만 거의 모든 나라의 아동들에게서 안전 애착이 가장 많이 발견된다.

❖ 애착의 유형 ❖

구분		자기모델	
		긍정	부정
타인모델	긍정	안정애착	불안정애착(저항)
	부정	불안정애착(회피)	불안정애착(혼란)

❖ Mary Ainsworth 등의 낯선 상황검사를 통한 애착유형 ❖

안정애착	엄마의 반응	아기의 요구에 엄마가 따뜻하게 민감히 반응하고 혼자(스스로) 노는 것을 충분히 허용한다.
	아기의 반응	엄마가 있을 때 두려움 없이 낯선 상황 탐색, 낯선 장난감에 대한 호기심을 보이며, 엄마가 잠시 떠나도 큰 격리불안이 없으며, 낯선 상황에서도 엄마와 유쾌히 얘기하고 엄마와의 신체적 접촉과 상호작용의 양이 많다.
	아동시 태도	불안정 애착형성이 된 아동보다 또래관계의 상관에서도 애정이나 관심이 많다. 놀이장면에서도 주도권(협동적 주도권)을 갖고, 또래와 상호작용이 많고, 덜 공격적이다. 교사나 학교 상담교사의 평가에서도 자존감이 높고, 공감적이며 사회적 유능감이 있고 친구들이 많고 인기가 많으며, 성인에 덜 의존하는 아동이라고 보고된다. 긍정적인 자아인지를 보이며, 자기 한계를 수용하고 인정한다. 인지발달에서도 어머니를 안전기지로 삼음으로 낯설거나 복잡한 대상에 대해서도 적극적인 탐색행동과 인지적 호기심을 나타내어, 초등학교 시기에도 전반적으로 성적이 높다.

안정애착	성인시 태도	이들은 자신이 타인들과 가까워지기가 비교적 쉽고 버림받게 되는 것을 걱정하는 일이 드물다. 자신의 가장 중요한 애정관계를 특히 행복하고 친근하고 신뢰성있다고 믿고 있으며, 파트너와 자신의 생각과 감정을 함께 나누는 경향이 있다. 따라서 이들은 이성과의 만남에 있어서 더 높은 수준의 친밀함, 즐거움 및 긍정적 정서를 보이고, 남자는 여성파트너가 불안해하면 더 많은 지원을 제공하고 여자는 남성파트너에게 더 의지하는 경향을 보고했다. 또한 자기부모를 긍정적 측면들 즉, 배려해주고 공정하고 애정있고 훌륭한 결혼생활을 하고 있다고 생각한다.
불안정회피애착	엄마의 반응	아기의 요구에 무감각하고 냉담하며, 아기와 신체접촉이 거의 없다. 그래서 화가 나 있거나 초조하며, 아이를 거부하듯 다룬다.
	아기의 반응	엄마가 떠나도 별 동요 없고 엄마가 들어와도 다가가지 않고 무시하며, 엄마를 쳐다보거나 말 거는 일이 극히 적고, 엄마와 상호작용도 제한적이고 극단적이며, 엄마와 가능한 한 떨어져 장난감을 갖고 논다.
	아동시 태도	전반적으로 자신을 완벽하게 보이려는 경향이 높거나 독점적 주도권을 갖으려는 경향성이 나타난다. 지적 호기심이 낮고 문제 해결력이나 과제 몰입정도가 낮으며, 지속적이지 못하고 즐거워하지도 않는다. 애착형성시기에 애착대상의 장기출타·입원 등으로 애착대상이 떨어지거나 간헐적으로 낯선 사람에게 맡겨진 유아는 정상적으로 성장한 유아에 비해 낯선 상황에서 보다 높은 불안을 갖는다. 이는 성장 후 대인불안으로 지속될 가능성이 크다.
	성인시 태도	이들은 타인들과 가까워지거나 애정상대를 완전히 신뢰하는 것에 다소 불편해 한다. 자신의 가장 중요한 애정관계는 정서적 격변, 질투 및 친밀함에 두려움이 있고 자신의 애착욕구를 부정하고 애성관계의 종식이 중요치 않다고 보며, 일에 더 많은 초점을 두는 경향이 있다. 이들은 파트너에게 개인적으로 덜 드러내놓으며, 젊은 시절에 단기적인 성적 경험을 추구하는 경향이 있고, 이성과의 만남에서 안정애착된 사람들보다 더 적은 친밀감과 즐거움을 보이고, 남자는 여성파트너가 불안해하면 더 적은 지원을 제공하고 여자는 남성파트너와 정서적 및 신체적으로 더 후퇴하는 경향을 보고했다. 또한 자신의 부모에 대하여 다소 비평적이고 애정이 없다고 생각을 한다.
불안정저항애착	엄마의 반응	아기의 요구에 무감각하고 아기 다루는 방식이 어색하며, 화가 나 있거나 아기를 거부하는 느낌은 없다.
	아기의 반응	엄마의 접촉시도에 저항하고 엄마가 있어도 잘 울고 보채며, 엄마 떠나면 극심한 불안함을 나타낸다. 그러나 엄마가 돌아오면 화내지만, 엄마 곁에 있으려고만 하며, 엄마와의 접촉에 관심 없거나 다가서서 안겼다가 이내 화낸 듯 밀쳐내는 양극적 반응을 보인다. 행동과 음성에서 엄마에 대한 친근함·의존욕구를 과장하는 경향이 나타나고, 엄마 무릎을 베고 눕지만 몸은 불편하게 움츠린다(신체접촉욕구와 저항이 양극적으로 존재). 때로는 미묘하게 적개심을 드러내기도 한다.

	아동시 태도	전반적으로 자신을 완벽하게 보이려는 경향이 높거나 독점적 주도권을 갖으려는 경향성이 나타난다. 지적 호기심이 낮고 문제 해결력이나 과제 몰입정도가 낮으며, 지속적이지 못하고 즐거워하지도 않는다. 성장 후 정서적으로 불안하고 공격적인 성향을 보일 것으로 예상되며, 격리불안과 낯선 사람에 대한 불안도 지속적으로 갖는다. 애착형성시기에 애착대상의 장기출타, 입원 등으로 애착대상이 떨어지거나 간헐적으로 낯선 사람에게 맡겨진 유아는 정상적으로 성장한 유아에 비해 낯선 상황에서 보다 높은 불안을 갖으며, 이는 성장 후 대인불안으로 지속될 가능성이 크다.
	성인시 태도	이들도 친근감을 추구하기는 하지만, 타인들이 애정을 되돌려 주지 않을 것이며 자기와 오래 사귀지 않을 것이라고 걱정한다. 이들은 자기의 가장 중요한 애정관계를 강박성, 상호 주고 받음과 결합에 대한 욕망, 정서적 격변 및 극도의 성적 매력과 질투를 포함하고 있다. 이들은 자기의 부모를 더 침입적이고 요구적이며, 자기부모의 결혼생활이 불행하다고 생각하는 경향이 있다.
불안정혼돈애착	엄마의 반응	양가감정적이고 일관적이지 못하게 다정하다가도 때로는 그렇지 않은 반응을 한다. 확실히 아기를 사랑하고 있지만 방식이 일정치 않다.
	아기의 반응	일관적이지 못한 반응을 보인다. 즉 회피와 저항이 복합된 반응을 보이며, 엄마가 돌아오면 처음에는 다가가 안겼다가 이내 화난 듯 밀어내거나 떠나는 양극적 반응을 보인다. 엄마와의 접촉욕구는 강하나 무시하는 태도를 보이는데, 이는 구박받은 공포가 함께 공존하기 때문으로 해석되며, 자신이 부모역할을 하려는 행동을 보이기도 하고 부모를 당황하게 만드는 등 처벌적인 행동, 부모와의 재회에 과도히 반가움을 보이거나 부모를 위안하는 것과 같이 과도한 명랑, 보호적인 행동을 통해 부모를 통제하려는 시도를 보이기도 한다.
	아동시 태도	애착불안적인 유아와 모의 관계로 떨어져 있을 때 강한 저항을 보이면서 한 편으로는 부모와의 접촉을 요구하는 성향이 있는데, 특히 떨어져 있고 난 후에 더욱 그러한 태도를 보인다.
	성인시 태도	타인은 내가 원하는 만큼 더 친밀하게 다가오기를 꺼려한다고 느끼며, 때론 애인이 진정으로 나를 사랑하는지 혹은 나와 같이 있고 싶지 않은지를 걱정한다. 타인과 완벽히 융합하고자 하는 이런 욕망 때문에 사람들을 놀라 도망가게 한다.

Hazan과 Shaver(1987)는 성인기에 경험하는 낭만적 사랑의 특성을 성인애착의 개념으로 설명한 이후, 연인이나 부부 등의 친밀한 관계에서 이루어지는 성인기 애착과정, 관계만족 및 적응에 대한 연구가 활발하게 진행되고 있다. Bartholomew(1990)는 성인애착이 결혼관계에 미치는 영향을 연구한 결과 애착 유형은 배우자선택에 있어 유의한 영향을 미치며 애착유형과 결혼적응과의 관계에서 배우자의 회피애착유형은 배우자의 부정적 반응을 유도하게 되고, 이는 결국 결혼불만족의 주원인이 된다고 주장하였다. 또한 Kobak과 Hazan(1991)은 애

착과 결혼관계의 질을 살펴보는 연구에서 안정애착의 배우자는 불안정애착의 배우자보다 두 사람의 관계에서 더 높은 만족감을 보였고, 안정애착의 남편은 갈등해결과정에서 더 지지적이고 협조적이었으며 안정애착 부인 역시 남편과 마찬가지로 거부하는 반응을 덜 나타냈다. 또한 파트너의 갈등해결행동과 관련해서는 두 부부가 모두 안정애착 유형인 경우 위축되거나 언어적 공격을 덜 사용한 것으로 나타났다. 부부를 대상으로 성인애착 유형과 결혼만족도를 살핀 김광은(2005)의 연구에서도 안정형 부부가 불안정형 부부보다 결혼불만족 수준이 낮게 나타났다.

(3) 기질과 성격형성

기질은 각 개인에게서 분명히 구분되며, 특징적으로 나타나는 정서반응이다. 정서적 표현양식과 환경자극에 대한 반응양상의 차이를 통해 식별할 수 있는 영아 성격의 개인차가 있다. 기질은 선천적으로 타고나는 것으로 가정되며, 생물적 또는 생리적 특성으로 먼저 구분된다.

❖ 뉴욕 종단적 연구모형을 통한 기질 집단(Thomas, Chess & Birch 1968, 1984, 1986) ❖

	순한 아동 (easy child)	까다로운 아동 (difficult child)	더딘 아동 (slow to warm up child)
생활습관 (수면, 음식섭취, 배설 등)	• 대체로 규칙적	• 불규칙(순한 아동과 반대) • 예측이 어려움	• 까다로운 아동과 순한 아동의 중간
환경변화에의 적응력	• 높음	• 늦음	• 낮음
환경자극·반응강도	• 보통	• 반응강도 강함	• 활동 적고, 반응강도 약함
낯선 대상의 접근	• 잘 접근함	• 낯선이에게 의심보임	• 부정적인 반응
정 서	• 평온하고 행복한 정서 지배적	• 강한 정서 자주 나타남 • 부정적 정서도 자주 보임	
분 포	• 약 40% 정도	• 약 10 % 정도	• 약 15 % 정도

4 발달에서 사회화 영향

(1) 부모의 양육태도

부모의 양육태도가 수용적·허용적이며, 애정 있고 합리적·민주적일 때 아동은 바람직한 특성을 형성하고, 거부적·방임적·과보호 또는 과잉기대일 때, 불건전한 행동적 특성을 형성한다.

민주적 부모 (Democratic parents)	자녀 활동을 합리적으로 이끌고 대화를 충분히 한다. 자녀지도에 자신감이 있고, 자녀의 의견이나 독특성, 독립적인 결정을 존중한다. 애정을 표시하지만 한정된 범위 내에서 벌을 주기도 하고, 지속적인 기준을 갖고 일관성 있게 지켜나간다. 통제와 격려를 조화롭게 사용, 이 자녀들은 사랑받고 있고 자신에게 요구되어지는 것이 무엇인지 알고 안정감을 느끼며, 이 상황 하의 자녀는 자신감과 자제심, 확고함, 탐구심과 만족감을 지니게 된다.
독재적 부모 (Authoritarian parents)	자녀의 행동·태도를 통제하려고 하나 합리적이지 못하고 강압적이다. 절대적 기준이나 정해진 틀에 의해 자녀를 끼워 맞추려고 한다. 절대적인 복종에 가치를 두고 자녀가 부모의 기대에 어긋났을 때 강하게 벌을 준다. 자녀에게 온정적·애정적·동정적인 면을 적게 보이며, 이들 자녀는 자신을 다소 신뢰하나 불만이 많고, 위축적이며 불신하는 경향이 생긴다.
허용적 부모 (Permissive parents)	요구를 거의 하지 않고 자녀들이 가능한 스스로 활동해 나가는 것을 허용한다. 가정을 이끄는 데 조직적이거나 효과적인 면이 없고, 훈육과 보상에도 일관성이 없고, 아동에게 성숙한 행동을 요구하지도 않고 독립성이나 자기신뢰 훈련에도 관심이 없다. 이 자녀들은 유아원에서도 미성숙하고 독립성, 탐구성, 자기신뢰, 자기통제가 결여되어 있다.

자녀에게 완벽한 부모는 존재하지 않는다. 그러나 성숙한 부모는 자녀양육에 많은 관심을 가지고 있고, 일관성있게 가정내 규칙을 자녀에게 적용하여야 하며, 부모의 입장이 아니라 자녀의 입장에서 마음을 읽어주는 것이 필요하고, 부모가 맡은 일에 최선을 다하는 모습을 보고 자녀들이 성장한다는 것을 잊지 않으며, 사이좋은 부모의 모습을 자녀들에게 더 많이 보여주는 부모가 좋은 부모이다.

(2) 학 교

기본적인 학습능력 배양 및 아동의 사회화에 중요한 역할을 담당하며, 학교의 형식적인 교과과정 자체보다 잠재적 교과과정(교칙준수, 타인과의 관계) 학습이 중요하다. 특히 학교에서의 품성교육은 공감능력과 자기극기를 함양시켜줄 수 있는 것이어야 한다. 먼저 공감능력은 타인의 감정을 이해할 수 있는 능력을 의미하며, 자기극기는 후에 더 큰 만족과 보상을 위해서 지금의 작은 만족을 참을 수 있는 인내심을 말한다. 학생들에게 자기극기의 힘을 키워주기 위하여 어릴 때부터 각종 봉사활동에 실질적으로 참여시키는 것이 좋은 방안이 될 수 있는데, 이를 통해 학생들에게 책임감과 유능감을 고양시킬 수 있다. 이런 학생들은 결석률과 낙오율도 적고 학교생활에서 적응력도 높다.

5 도덕성 발달

(1) Piaget의 도덕성 발달단계

단계	특 성
1	◎ 전(前)도덕단계 • 아직 규칙을 이해하지 못하며, 따라서 규칙위반에 대해 판단하지 못하는 단계이다.
2	◎ 타율적 도덕성(6세경 시작) • 규칙에 대한 일방적인 존중을 나타내며, 규칙은 절대적이고 고정된 것이며 바뀔 수 없는 것으로 생각하는 도덕적 실재론이 나타난다. • 의도보다는 결과에 의해 도덕성을 판단하는 객관적 책임의 특성이 나타난다. • 규칙을 깨뜨리면 부모나 교사 또는 신으로부터 반드시 처벌이 뒤따른다는 내재적 정의개념을 갖고 있다. • 처벌에 대해서는 속죄의 벌을 공정한 것으로 생각하며, 잘못한 일에 대해 처벌을 받았던 아이가 잘못한 점에 대한 설명을 들었던 아이보다 더 행동을 고칠 것이라고 생각한다. • 성인에 대한 거짓말은 나쁘다고 생각하지만, 아동 상호 간의 거짓말은 그다지 나쁘지 않다고 생각한다. • 처음에는 공정성에 대한 개념이 없고, 권위의 명령에 복종하는 것이 공정한 것이라고 생각하다가 평등을 권위의 명령보다 중시하는 단계로 발달한다.
3	◎ 자율적 도덕성(9세경 시작) • 규칙은 상호 협의에 의해 고칠 수도 있다고 생각하며, 결과보다는 의도를 고려하여 도덕 판단하는 주관적 책임의 특성을 갖는다. • 내재적 정의 개념에서 벗어나 처벌에 대한 객관적인 관점을 갖게 된다. • 처벌에 대해서는 상응하는 벌 쪽을 택하며, 잘못을 처벌하는 것보다 잘못에 대해 설명한 경우 행동교정이 더 잘 이루어진다고 믿는다. • 거짓말은 성인에 대한 것이든, 아동에 대한 것이든 나쁘다고 생각한다. • 평등을 가장 우선으로 생각하는 단계에서부터 각 개인이 처한 상황을 고려하여 권위의 명령에 따를지의 여부를 결정하는 형평성을 중시하는 단계로 발달한다.

(2) Köhlberg 도덕성 발달

Piaget의 이론을 발전시킨 Köhlberg는 더욱 세밀한 도덕추리 발달이론을 제공한다. 그는 다음과 같은 도덕적 딜레마에 대한 사람들의 반응에 기초하여 이론을 세웠다.

 **Heinze Dilemma를 통한 도덕성 수준 제시**

유럽에서 한 여인이 특별한 종류의 암에 걸려 죽음 직전에 와 있었다. 의사들은 그녀를 살릴 수 있을 것으로 생각하는 한 가지 약이 있었다. 그것은 같은 도시에 있는 약사가 최근에 발견한 것으로 라듐의 한 형태였다. 그 약을 제조하는 데 비용이 많이 들기는 했지만, 약사는 약값으로 제조 비용의 10배를 불렀다. 그는 라듐 구입에 200불을 지불하고, 그 약의 소량 처방에 2,000불을 요구했다. 환자의 남편 하인즈는 돈을 꾸기 위해 아는 사람을 모두 찾아 다녀봤지만 약값의 반인 1,000불밖에 구하지 못했다. 그는 그 약사에게 자기 아내가 죽어가고 있다는 것을 말하고 약을 좀 싸게 팔거나 아니면 약값을 나중에 갚도록 해달라고 부탁했다. 그러나 약사는 "안돼요, 내가 그 약을 개발했고, 나는 그걸로 돈을 벌려고 합니다."라고 말했다. 그래서 하인즈는 절망했고, 아내를 위해 그 약을 훔치려고 약사의 가게를 부수고 침입했다. 하인즈는 약을 훔쳐야만 했을까? 그 이유는?

전인습적 단계

- 외적 기준(대개 부모의 판단기준)에 의한 도덕 판단으로, 처벌을 피하고 보상을 얻기 위해 권위의 인물이 부여한 규칙에 따른다.
- 9세 이전의 대다수 아동과 일부 청소년, 범법 청년 및 성인들의 수준이다.

1	처벌 및 복종지향 (처벌받지 않을 행동)	• 자신에게 돌아올 직접적인 결과에 초점 • 옳고 그름은 행위결과에 의해 판단. 처벌을 피하기 위해 권위의 명령에 복종, 진정한 의미의 규칙에 대한 개념은 없으며, 위반행위의 중대성은 결과 크기(처벌의 양, 객관적 손상정도)에 따라 결정 -찬성 : 훔친 값이 실제로는 200불밖에 안 될지 몰라, 그러니 벌을 안 받을 수도 있어. -반대 : 남의 것을 훔치는 것은 죄다. 약이 비싼 만큼 큰 죄를 받을 것이다.
2	자기 이익 중심의 교환	• 자신에게 당장 이익이 있을 때 규칙에 따른다. 보상받을 일들은 하고 처벌받을 일은 피한다. • 즐거운 결과를 가져오는 것이 선이다. 평등한 교환, 거래, 협약은 공정한 것이 정의이며, '만일 네가 나를 도와준다면 나도 너를 도와줄 것이다'라는 것이 기본 철학 -찬성 : 자신의 아내를 살릴 수만 있다면 감옥에 가는 것은 그리 중요하지 않다. -반대 : 약사가 돈을 받고 파는 것은 당연하다. 그것은 장사이므로 이익을 내는 것이 당연하다.

인습적 단계

- 법과 사회규범에 맞는 선한 행동 또는 사회질서 유지로 칭찬과 인정을 받기 위해 부모, 또래, 사회집단으로부터 규칙에 따르려고 애쓴다.
- 대부분의 청년과 성인들의 수준이다.

3	대인간의 조화 및 순종	• 자기에게 가까운 사람들의 역할기대에 따라 행동하는 것이 도덕적인 행위이다.
		• 선한 동기를 가지고 타인에 대한 관심을 보이는 것이 선이며, 신뢰·충성, 존경, 감사, 상호관계 유지 등을 존중한다.
		  -찬성 : 훔치는 것은 나쁘지만, 아내를 사랑하는 남편으로서는 당연한 행동이며, 오히려 아내를 살리려고 하지 않는다면 비난받을 것이다.
		  -반대 : 주위 모든 사람들이 그를 도둑놈이라 여길 것이며, 그렇다면 얼굴들고 살기 어려울 것이다.

4	법과 질서의 도덕성 단계	• 스스로 동의한 현실적 의무를 준수하는 것이 선이며, 확고한 사회적 의무와 갈등을 일으키는 극단적인 경우를 제외하고는 법은 준수되어야 한다.
		• 사회, 집단, 제도에 공헌하는 것 역시 선이다.
		  -찬성 : 사람이 죽어가는 데 약사 잘못이다. 아내를 살리는 것이 의무이며, 약값은 반드시 갚고 훔친 데에 대한 처벌도 받아야 한다.
		  -반대 : 아내를 살리려는 것은 당연하나 훔치는 것은 나쁘다. 자신의 감정이나 상황에 관계없이 규칙은 지켜져야 한다. 그렇지 않다면 법이 존재할 이유가 없다.

후인습적 단계

- 도덕적 기준이 내면화되어 자신의 것이 된다[6]. 자신을 권위 또는 권위의 일부로 본다.
- 소수의 성인들만 도달하며, 대개 20세가 넘어야 도달한다.

5	사회계약, 공리성과 개인 권리	• 사람은 다양한 가치와 의견을 갖고 있고, 대부분의 가치와 규칙들은 집단에 따라 상대적임을 안다.
		• 사회 질서를 유지하기 위해 법과 규칙이 준수되어야 하지만, 그 법과 규칙은 바뀔 수 있다.
		• 생명과 자유와 같은 비상대적인 가치는 어떤 사회에서도 또 다른 의견과 상관없이 지켜져야 한다.
		  -찬성 : 전체적인 상황을 고려해 봤을 때, 약을 훔치는 것이 정말 옳지는 않다. 그러나 법이 이런 상황에 대해 다 잘 마련된 것은 아니다. 따라서 이 행동이 정당화 될 수는 있다.
		  -반대 : 약을 훔친 결과 아내를 살릴 수 있지만 목적이 수단을 정당화 시키지는 못한다. 하인즈의 행동을 전적으로 나쁘다고 할 수는 없지만 상황이 그렇다고 그의 행동이 옳은 것이 될 수는 없다.

6	보편적이고 윤리적인 원칙 (양심에 의한 도덕성)	• 스스로 선택한 윤리적 원칙을 따르고 그 원칙에 의해 정의를 판단한다. • 법이 보통 윤리적 원칙에 일치하지만 만약 충돌할 경우, 자신의 원리에 따라 행동한다. • 보편적인 원리, 인권평등이나 인격체로서의 인간의 존엄성 등을 존중한다. 　－찬성 : 법의 준수와 생명을 구하는 것 사이에 선택을 해야한다면, 약을 훔치더라도 생명을 구하는 것이 더 높은 수준의 원칙이다 　－반대 : 암은 많이 발생하며 약은 귀하므로 모든 사람에게 돌아갈 수는 없다. 이 경우 모든 사람에게 보편적으로 옳다고 생각되는 행동을 따라야 한다. 감정이나 법에 따라 행동할 것이 아니라, 한 인간으로서 무엇이 이성적인가를 생각했어야 한다.

(3) Gilligan의 도덕추론설

Köhlberg이론에 대한 반박으로, 이는 남녀의 습관적 도덕적 문제에 대한 논리적 추론능력의 차이를 의미하는 것이지 실제 도덕행동과의 관계가 없다는 주장이다. Gilligan은 남·여 성별에 따른 추론행동의 차이에 대하여 설명하였는데, 그는 청소년이나 성인들에게 그들의 일상생활에서 경험하고 있는 도덕적 딜레마에 대한 인터뷰를 통해 도덕적 추론을 연구하였다. 두 가지 다른 방식으로 도덕적 딜레마를 추론했는데, 이는 정의(옳고 그름의 원칙)와 타인에 대한 애정(행동이 가져올 구체적인 사람들의 감정과 결과)이다. 그는 교사의 부당한 규칙 준수에 반항하는 학생의 경우를 들어, '정의'의 목소리로 왜 그 규칙이 정당하지 못한가를 설명했고, '타인에 대한 애정'의 목소리로 규칙이 학생을 얼마나 화나게 했는지 설명했다. 그 결과 남자의 경우에는 정의의 목소리가 강하게 표현되었고, 여자의 경우에는 타인에 대한 애정의 소리가 강하게 표현되었다. 이는 이러한 딜레마가 가상적이기 보다 개인적이고 실제 문제일 때는 정의의 목소리가 비교적 약하게 나타남을 밝히는 데 기여한 것이다. 그러나 다른 연구에서는 성별에 따른 도덕적 추론의 일관적인 차이를 발견하지 못하였다.

단계	도덕성 내용
1	자기이익수준 • 자신의 이익과 생존에 자기중심적으로 몰두 • 이행 : 욕구와 책임을 구별, 이기심에서 책임감으로
2	배려, 책임, 자기희생 지향 • 자기욕구억제, 타인에 대한 배려와 책임감, 자기희생, 선(善) • 이행 : 자신의 욕구와 타인에 대한 배려와 책임 재고
3	자기권리와 타인에 대한 배려의 조화 • 자기 주장과 타인에 대한 이해와 책임의 균형 • 비폭력, 박애, 평화가 도덕성의 주요 지표

---

6) 이러한 후인습적 단계는 주로 개인주의가 활발한 유럽과 북미의 교육받은 중산층에서 뚜렷하게 나타난다. 따라서 이 단계는 사회주의 사람들의 도덕적 추리에는 맞지 않고, 심지어 대부분의 서구 여성들에게도 맞지 않는 면이 있다.

(4) Eisenberg의 친사회적 추론 모델

Köhlberg의 도덕적 갈등상황이 모두 잘못된 행동, 훔치기나 처벌, 위법에 관한 것임을 제한적이라고 비판하고 다른 아이를 돕는 행동을 통해 제시하였다.

단계	추론 유형
1	◎ 쾌락 주의적, 자기집중 경향 • 유아 및 학령기 초기 아동의 특징이다. • 도덕적 고려보다 자기 지향적인 결과에 더 관심을 가진다. "그 아이가 다음에 나를 도와줄 거니까, 나도 도울 거야." "파티를 놓치게 될 것이기 때문에 나는 돕지 않을 거야."
2	◎ 욕구 중심 지향 • 다소의 유아 및 대다수의 초등학교 아동의 특징이다. • 자신의 욕구와 갈등을 일으키더라도 다른 사람의 욕구에 직접적으로 관심을 표시한다. "그 아이가 다쳤다.", "내가 도와준다면 그 아이가 나아질 것이다."
3	◎ 승인 및 인간 상호관계 지향 또는 정형화된 지향 • 다소의 초등학교 및 중·고등학교 학생들의 특징이다. • 자신이 좋은 일을 하면 다른 사람들이 자신을 좋아할 것이기 때문에, 자신이 좋은 일을 하리라고 다른 사람들이 기대하기 때문에, 사회적 규칙이기 때문에 좋은 일을 한다. "내가 돕는다면 사람들이 나를 좋아할 것이다." "돕는 일은 좋은 일이다."
4a	◎ 자기반성적 감정이입 지향 • 고등학교 이상의 연령에서 나타난다. • 공감적 반응을 보이거나 역할수행을 나타낸다. "나는 그 아이가 안됐다고 느낄 것이다." "나는 나 자신을 그 아이의 입장이 되어보려고 노력하고 있다."
4b	◎ 변환 단계 • 다소의 고등학교 학생 및 성인의 독립이다. • 아직 강력하게 표현되지는 않지만, 내적 규범·의무·책임감 등에 근거하여 좋은 일을 하거나 남을 돕는 데 대한 정당화가 이뤄진다. "돕는다면 내 기분이 좋아질 것이다."
5	◎ 강력히 내면화된 단계 • 고등학교 학생 중에는 극히 드물고 성인에게 나타난다. • 자기존중, 존엄성에 대한 믿음, 개인의 권리유지 등과 같은 분명한 가치관에 의해 남을 돕는 것을 정당화한다. "나는 가치관 때문에 남을 도울 책임감을 느끼게 될 것이다." "서로가 돕는다면 사회가 훨씬 좋아질 것이다."

6 성인기 이후의 문제

일찍이 공자는 '나는 열다섯 살에 학문에 뜻을 두었고, 서른 살에 독립했고, 마흔 살에 현혹되지 않았고, 쉰 살에 천명을 알았고, 예순 살에 남의 말을 들어도 귀에 거슬림이 없었고, 일흔 살에 마음 내키는 대로 좇아도 법도를 넘어서지 않았다'고 하였다. 이는 성인기 이후에도 인생의 주기에 따라 발달해가는 인간을 설명한 것이다. Riegel(1976)은 인간은 성인기에 여러 가지 상황이나 대상에 대한 모순을 인식하고, 그 인식의 한계와 문제점을 알아차릴 수 있는 변증법적 추론이 가능해진다고 하였다. Levinson은 인간의 전 생애적 발달과정에서 나타나는 변화와 안정, 성장, 순환과정을 밝힌 생애주기모형을 제시하였다.

(1) Levinson(1978)의 성인남자의 생애주기모형

단 계	연 령	중심 특징
성인세계로의 시작	22~28세	사회적 시계가 가동되는 시기로, 여러 가지 가용한 선택들을 탐색하고 안정된 생애구조를 건설하는 것 간의 갈등을 해결한다. ex. "나는 나의 선택지들을 개방해 둘 것이다."
나이-30…위기	28~33세	시험적인 실행과 생애목표들을 재검토하고 의문을 갖는다. ex. "나는 옳은 선택을 했나?"
정착하고 자기자신이 되는 것	33~40세	안정성, 보장, 안락을 이루고 적극적으로 사회에서의 적소를 찾는다. ex. "이 세상에서 내가 있을 곳을 마련하고자 한다."
중년전환	40~45세	업적들을 평가하고 다른 생애구조를 전개해나간다. ex. "내가 정말 원하는 것은 무엇인가?"
중년	45~50세	자신의 운명을 받아들인다. ex. "내가 이룩한 것은 좋은 것이다."
나이-50…전환과 중년의 정점	50~60세	보장과 자기 인정을 한다. ex. "내가 된 것은 좋은 것이다."
후기성인전환	60세 이후	만족스런 인생관을 이룬다. ex. "나의 인생은 좋은 것이었으며, 계속 좋을 것이다."

❖ 노화의 점진적인 변화 ❖

생리적 변화	흰머리와 주름 등 외모의 변화, 시력감퇴 등 감각의 변화, 신경학적으로 치매 등의 증상이 나타나고 호르몬의 변화로 폐경기 등에 있으며, 신체적으로 신체골격, 내장기관을 장기간 사용해서 마모되고, 면역기능에 이상이 생기며, 세포의 퇴화 등으로 인하여 노쇠현상이 생기는데, 이 때문에 노인들은 스스로를 과소평가하고 결국에는 능력의 저하를 초래하여 사회에서 부여하는 노인[7]에 대한 편견에 알맞게 무기력하게 되는 사회적 와해현상(social breakdown syndrome)이 생긴다.

인지적 변화	나이가 들면 주의의 초점을 좁히는 능력이나 문제해결속도가 다소 감소하고 장기기억보다는 단기기억에서, 의미론적 기억보다 특정한 과거 사건과 같은 일화적 기억에서, 과거 정보를 접했는지를 아는 능력인 재인보다는 정보를 찾는 능력인 인출에서 더 뚜렷한 쇠퇴를 보인다. 결정화된 지능(단어, 상식 등 한 개인의 누적된 지식과 언어기술)은 60세 이후에도 향상이 가능하다. 그런데 나이가 들수록 부정적인 정보나 정서보다는 긍정적인 정보나 정서에 더 민감하게 반응한다. 그리고 나이가 들수록 긍정적인 정서를 유지하고 부정적인 정서를 줄이는 능력이 높아진다. 이것은 노인들이 나이를 먹을수록 더 행복하다고 말하는 것과도 관련이 된다.
성격 및 행동특성의 변화	노화가 되면 신체에 대한 민감한 반응, 시간전망의 변화, 직업인의 경우 전문가로서의 자신감인 중심성경향이 나타나고, 여성의 경우 폐경기에는 '텅 빈 둥지 시기(the empty nest period)'로 우울증에 시달린다. 노년기에는 우울증과 내향성과 수동성, 그리고 경직성이 증가한다.

(2) 죽음과 임종

죽음은 생명활동이 정지되어 다시 원상태로 돌아오지 않는 생물의 상태로서 삶의 종말을 의미한다. WHO 세계보건기구는 '소생할 수 없는 삶의 영원한 종말'로, 한국의 대한의학협회는 뇌사를 포함하여 '심장, 폐, 기능의 불가역적 정지 또는 뇌간을 포함한 전 뇌기능의 불가역적 손실'을 죽음으로 정의하고 있다. 죽음에 대하여 심리학적으로는 인간의 삶에 대한 위협, 위기상황, 스트레스원으로 간주하여 특정 연령집단이 다양한 상황 하에서 삶의 위협을 어떻게 받아들이고 적응하며, 어떠한 태도와 가치를 가지는지를 연구하고 죽음불안, 공포, 죽음에 대한 태도 등이 관심영역이 된다. 철학적으로는 죽음의 문제를 죽음 그 자체가 무엇인가를 규명하기보다는 죽음을 인식하는 방식, 혹은 죽음이 사유되는 근거에 초점을 둔다. 종교적으로는 죽음에 대해 보통사람들이 가지고 있는 두려움과 편견을 극복하여 이 세상에서의 삶을 보다 건강하고 의미있게 살려는 목적을 가지고 있다(장연집 외, 2011 : 373-375).

❖ 연령대별 죽음의 이해 ❖

유아동기	5세미만은 죽음이 생을 종말임을 이해하지 못하기 때문에 사체를 보고 단순히 꿈을 꾸듯 잠을 잔다고 생각한다. 5~9세는 죽음을 인간의 현실세계와 분리된 새로운 세계로 떠나는 것을 의미한다. 9~10세는 인간은 누구나 반드시 죽는다고 생각하게 된다.

---

7) 노인의 경우 신체면역체계의 약화로 생명위협질병에 더 잘 걸리는 반면에, 일생동안 경험한 항체들의 누적으로 노인은 유행성 감기 등의 단기 질병은 잘 걸리지 않는다.

청소년기	죽음에 대해 충분히 이해하고 있는 시기이지만 죽음은 노인의 문제로 취급한다. 그러나 이 시기에 자살의 충동을 가장 많이 느낀다는 점에서 죽음과 삶의 의미에 대한 교육이 필요하다.
성인기	성년초기에는 청소년기와는 달리 죽음에 대해서 안정적인 태도를 취하지만 죽음에 직면하게 되면 지극히 감정적이고 비일관적인 정서적 반응을 보인다. 중년기에는 주변에서 죽음을 자주 경험하게 되는데, 사회적 지위나 대인관계의 수준에 따라 다르게 반응한다. 지위나 수준이 높은 사람들은 생활상 좌절이 적기 때문에 죽음에 대한 공포나 불안이 적다고 한다.
노년기	노년기에는 예상되는 죽음에 대한 두려움이나 불안이 오히려 젊은 성인이나 중년들보다 적다. 그 이유는 충분히 살았기 때문이고 타인들의 죽음을 통해서 자신의 죽음도 사회화과정으로 수용하고 있기 때문이며, 자신의 생명이 젊은이의 생명보다 가치가 덜하다고 생각하기 때문이라고 한다(Kalish, 1985). 노인들은 적절한 수명으로 자연사하는 것, 무병사하는 것, 자손이나 배우자보다 먼저 죽는 것, 자손들에게 폐끼치지 않고 죽는 것, 가족들이 다 있는 앞에서 죽는 것, 자손들이 다 잘사는 것을 보고 죽는 것을 좋은 죽음이라고 생각한다(한나영, 2002).

최근에는 죽음의 권리에 대해 관심이 많고 관련 용어로 호스피스나 존엄사와 같은 용어가 논의된다. 호스피스(hospice)란 임종환자들의 삶의 질을 높여주고 임종시까지 위안과 안락을 얻을 수 있도록 하는 특수 병원 같은 물리적 시설이나, 죽음을 앞둔 환자가 평안한 임종을 맞도록 위안과 안락을 베푸는 일을 하는 사람을 일컫는 말이다. 존엄사는 안락사와는 달리 본인의 죽음에 대하여 원하는 것을 사전에 선언으로 기록하여 임종환자의 뜻대로 집행한다는 것이다.

존엄한 죽음을 위한 선언서(Living Will)

제가 병에 걸려 치료가 불가능하고 죽음이 임박할 경우를 대비하여 저의 가족, 친척, 그리고 저의 치료를 맡고 있는 분들에게 다음과 같은 저의 희망을 밝혀두고자 합니다. 이 선언서는 저의 정신이 아직 온전한 상태에 있을 때 적어놓은 것입니다. 따라서 저의 정신이 온전할 때에는 이 선언서를 파기할 수도 있지만, 철회하겠다는 문서를 재차 작성하지 않는 한 유효합니다.

(1) 저의 병이 현대의학으로 치료할 수 없고, 곧 죽음이 임박하리라는 진단을 받은 경우, 죽는 시간을 뒤로 미루기 위한 연명조치는 일체 거부합니다.
(2) 다만 그런 경우 저의 고통을 완화하기 위한 조치는 최대한 취해주시기 바랍니다. 이로 인한 부작용으로 죽음을 일찍 맞는다 해도 상관없습니다.
(3) 제가 오랫동안 혼수상태에 빠졌을 때는 생명을 인위적으로 유지하기 위한 연명조치를 중단해 주시기 바랍니다.

이와 같은 저의 선언서를 통해 제가 바라는 사항을 충실하게 실행해 주신 분들에게 깊은 감사를 드립니다. 아울러 저의 요청에 따라 진행된 모든 행위의 책임은 저 자신에게 있음을 분명히 밝히고자 합니다.

　　　　　년　　　　월　　　　일

　　　　　　　　　　　　　　본　인　　　　　　서명
　　　　　　　　　　　　　　가　족　　　　　　서명
　　　　　　　　　　　　　　공증인　　　　　　서명

① Elisabeth Kubler-Ross(1969)의 죽음[8]의 단계

단계		중심 특징
1	거부 (denial)	죽음에 대한 예측을 거부하고, 죽음이 다가오고 있다는 것을 믿으려 하지 않는다. 어떤 착오가 일어난 것이라고 주장하면서 보다 인정할 수 있는 진단을 요구한다.
2	분노 (anger)	진단의 정확성과 상황의 현실성을 인정한다. 자신의 계획과 꿈을 충족시킬 수 있는 사람들에 대해 분노와 질투를 한다. 이 단계에서는 다른 사람들의 인내와 이해가 특히 중요하다.
3	타협 (bargaining)	필사적으로 시간을 벌려고 하며, 의사, 가족, 목사 및 신과의 대화를 통해 죽음에 대한 실체와 현실에 대처하기 위한 건전한 시도를 탐색한다.
4	침울 (depression)	타협하려는 노력이 실패하고 시간이 임박해 짐에 따라, 재시도하려 하기 보다는 죽음을 예상하고, 우울해지며, 한탄에 빠지게 된다.
5	수용 (acceptance)	지치고, 약하고, 비정서적인 사람들은 전형적으로 자신의 운명을 받아들이는 묵묵한 기다림의 상태로 들어간다.

---

[8] 통상 배우자의 사망이 가장 큰 고통을 준다. 이러한 고통은 여성이 남성보다 5배나 더 크다. 그러나 죽음이 기대되는 노령기에 배우자가 사망하면 슬픔의 기간이 짧다. 가족 등의 사망 시 강렬한 슬픔을 표출하는 사람들은 더 오랫동안 슬픔을 갖고 산다. 그런데 죽음을 차분하게 수용하는 사람들은 인생을 선하고 의미 있게 살아온 자들로 Erikson은 이를 통합감을 느끼는 사람으로 보았다.

② John Bowlby(1980)의 사별 후 비탄의 단계

	단 계	중심 특징
1	무감각 (numbness)	초기단계로 생존자들은 전형적으로 멍해지고 어리둥절해 하며, 신체적으로 가슴이나 목구멍이 메스껍거나 답답해지는 등의 반응이 수 주 동안 지속될 수 있다.
2	그리움 (yearning)	생존자들은 죽은 사람을 보았다고 말하기도 하며, 사별한 자를 찾아 헤매기도 하고, 종종 좌절과 분노와 죄책감을 느끼기도 하며, 식욕감퇴와 불면증에 시달린다.
3	분열과 절망 (disorganization and despair)	생존자들은 상실이 현실임을 수용하고 사랑한 사람을 찾는 것은 중지하지만, 무력감과 절망감 또는 우울증을 호소하거나 종종 극심한 피로를 경험하고 평소보다 더 많은 수면이 필요하기도 한다.
4	재조직 (reorganization)	부정적인 신체적 증상이 회복되고 가정과 직장에서 정상적인 생활로 다시 돌아가는 단계이다. 간혹 사랑했던 사람에 대한 그리움으로 슬픔을 경험하지만, 이런 감정이 일상생활을 무너지게 할 정도로 압도적이지는 못하게 된다.

성격심리학

제1절 성격의 기초
제2절 성격이론의 구분
재3절 심리평가

Chapter 08 성격심리학

제1절 성격의 기초

1 개 요

성격의 어원인 Persona는 고대 희랍시대 연극에서 배우들이 사용한 '가면이나 탈'을 의미한다. 따라서 Persona는 개인의 진실된 모습이라기 보다는 그 사람이 자신에게 주어진 환경에 적응하기 위해 선택한 수단적인 모습이지만, Persona로서의 성격이 위선된 모습을 의미하는 것은 아니다. 이러한 성격이란 시간과 상황 등에 걸쳐서 지속되는 개인의 독특한 사고, 감정 및 행동양식을 말한다. 즉 성격[1]은 드러난 특징적 행동과 감춰진 행동을 결정하고, 한 개인을 다른 사람들로부터 지속적으로 구별지어주는 개인의 독특한 심리학적 특징을 말하며, 환경에 적응해 나가는 방법을 결정해주는 사고방식이나 독특한 행동양식으로, 성격은 독특성(uniqueness), 안정성(stability) 또는 일관성(consistency)을 갖는다.

독특성	성격은 개성(individuality)과 유사한 의미로 개인차를 말하며, 다른 사람들과는 구별되는 특징이다.
일관성 (안정성)	여러 상황에 걸쳐 독특한 특성이 동일하게 나타나는 것으로, 여러 다른 상황에서도 그 사람의 행동을 관찰했을 때만 가지게 된다. 즉 다른 사람과 구별되는 개인만의 특성이 변하지 않는 것으로, 오랫동안 관찰했을 때만이 얻을 수 있다.

2 성격의 요인

성격을 형성하는 각종 요인들을 심리학자들이 연구하는 것은 이를 통해 인간의 재탄생, 즉 과거의 옷(방어기제나 성격)을 버리고 새로운 옷으로 갈아입는 경험을 하려는 것이므로 재활의 의미가 있으며, 사회의 기대나 규범으로 인해 만들어진 내가 아닌 자신의 정신내면의 진정한 모습을 발견하고 추구하는 것이다.

---

[1] **성격**(personlity)이란 한 개인이 환경과 상호작용하면서 나타내는 독특하고 일관성이 있으며 안정된 인지적, 정동적 및 행동적 양식이라 할 수 있다. **기질**(temperament)은 생물학적 환경 속에서 나타난 인지적, 정동적, 외현적 행동특질의 일부 특성으로 선천적으로 타고난 것이다. **인격**(character)은 성격 중에서 개인이 타고난 생물학적 구조를 더 강조한 용어로 성격을 결정하는 요인이며, 그가 속해 있는 사회의 가치나 관습과 관련 있는 특성이고, 개인 행동의 도덕적인 측면을 반영하는 것이다.

(1) 생물적 요인

성격을 유전인자 또는 체형·기질, 성차 등에 근거하여 분류하는 것이다. Carver와 Scheier(2000)는 성격은 심리적 개념이지만 생리적인 측면과 밀접하게 관련되어 있다고 주장했다. 먼저 성격을 유전인자의 영향으로 보는 것은 쌍생아연구에서 일란성쌍생아가 이란성쌍생아보다 성격의 일치율이 더 높다는 주장에 기인한다. 쌍생아연구를 하는 학자들은 같은 유전인자를 더 많이 가질수록 그 사람과 성격이 유사할 가능성이 더 높다고 보는데, 최근 연구에서는 성격에서 유전적 성분의 영향은 평균 .40~.60의 범위에 해당한다. 한편 Kretschmer는 세장형(조현병에 걸릴 성향이 높다), 비만형(조울증에 걸릴 성향이 높다), 투사형(조울증이나 조현병이 많다), 이상발육형(신체발달이 불균형적이다)으로 구분하였고, Seldon은 내배엽형(내장근육 잘 발달, 이완되어 있고 편안함을 좋아하며 사교적), 중배엽형(근육이 잘 발달, 활동적, 자기 주장적, 정력적 기질), 외배엽형(근육섬세·약함, 수줍어하고 내성적)으로 구분하여 설명하고 있다. 또한 성차로 볼 때, 여성은 남성에 비해 언어표현이 더 활발하고 비언어적 단서에 더 민감하고 남을 더 잘 돌본다. 남성은 여성에 비해 신체적으로 더 공격적이지만 여성은 남성에 비해 사회적 관계에서 더 공격적(예 사람을 무시함)인 것으로 나타났다(Eagly & Steffen, 1986). 최근에는 성격이 신체건강에 미치는 영향에 관한 연구들이 많은데, 예를 들면, 학교가기 싫은 아이들이 배가 아프다고 호소하거나 비판적인 직장상사를 만나고 나면 두통이 생기거나 근심과 걱정이 많은 사람은 위궤양에 걸리기 쉽고, 불안하거나 강박적인 사람들에게서 천식이 많이 발견되며, 성급하고 화를 잘내는 사람은 심장병에 잘 걸린다는 것이다.

(2) 환경적 요인

학습이론의 맥락에서 이해가 가능(고전적·도구적·조작적 조건화, 대리학습)한데, 성격은 유기체가 선천적으로 가지는 것은 아니다. 성격은 인지적, 정동적, 행동적 반응을 획득하는 것으로, 반응이 어떻게 획득되는지 아는 것이 성격 이해에 도움이 된다. Walter Mischel의 인지적-정서적 성격이론은 사람들이 환경과 상호작용 시 능동적으로 인지적 조직화에 참여한다고 강조한다. 이 이론의 개인 변인들을 보면, 부호화(자신, 타인, 상황에 대한 정보를 범주화하는 방식), 기대와 신념(사회적 체계와 특정 상황에서 어떤 행위에 따라 나오기 쉬운 결과에의 신념, 자신의 성과를 가져올 것에 대한 믿음), 감정(생리적 반응을 포함한 자신의 감정과 정서), 목표와 가치(자신의 목표와 인생계획, 가치를 둔 성과의 감정 상태), 능력과 자기조절 계획(달성할 수 있는 행동들과 인지적 행동적 성과를 낼 계획들)이 있다.

Barnum effect

사람들이 보편적으로 가지고 있는 성격이나 심리적 특징을 자신만의 특성으로 여기는 심리적 경향을 말한다. 19세기 말 곡예단에서 사람들의 성격 및 특징 등을 맞추던 P.T. Barnum이라는 사람 이름에서 유래하였다. 이후 심리학자 Bertram Forer가 자신의 학생들을 상

1. 당신은 타인이 당신을 좋아하고, 자신이 존경받고 싶어하는 욕구를 갖고 있습니다만, 아직 당신은 자신에게는 비판적인 경향이 있습니다.
2. 성격에 약점은 있습니다만, 일반적으로는 이러한 결점을 극복할 수 있습니다.
3. 당신에게는, 당신이 아직 그것을 강점으로 이용하지 않는 숨겨진 훌륭한 재능이 있습니다.
4. 겉으로 보기엔 당신은 잘 절제할 수 있고 자기 억제도 되어 있습니다만, 내면적으로는 걱정도 있고 불안정한 점이 있습니다.

대로 실험을 하여 그 효과를 입증하였고 이를 '포러 효과'라고도 한다. 즉 일반적인 특성을 자신만의 독특한 특성이라고 믿는 경향은 자신에게 유리하거나 좋은 것일수록 강해져 이처럼 착각에 의해 주관적으로 끌어다 붙이거나 정당화하는 경향을 말한다. 이를 두고 P. T. Barnum은 서커스에서 사람의 성격을 맞추면서 "대중들은 매 순간마다 바보가 된다(We have something for everyone)." 라는 말을 남겼다. 포러교수는 사람들의 일반적인 특성을 기술한 10문항의 글을 학생들에게 나누어 주었다. 그리고 나서 각 문항별로 자신의 성격에 잘 맞는지 안 맞는지를 0점부터 5점까지 표기하게 하였다. 그 결과 학생들의 평균치는 4.26으로 이 문항의 내용은 대부분의 사람이 가지고 있는 보편적인 특성인데도, 학생들은 그 보편적 특성을 개개인의 성격에 맞는 것으로 수용한다는 것을 실험을 통해 Barnum effect를 증명하였다.

5. 때로는, 올바른 결단을 한 것인가, 올바른 행동을 한 것일까 하고 깊이 고민하기도 합니다.
6. 어느 정도 변화와 다양성을 좋아하고, 규칙이나 규제와 같은 굴레에 둘러 싸이는 것을 싫어합니다.
7. 자기 자신을, 다른 사람들의 주장에 대해서 충분한 근거가 없다면 받아들이지 않을 수 있는 독자적인 사고를 하는 사람으로 자랑스러워하고 있습니다.
8. 그러나 당신은 당신을 다른 사람에게 보이는 것이 현명하지 않을 수도 있다는 것을 알고 있습니다.
9. 종종 당신은 외향적이고 붙임성이 있으며 사회성이 좋지만 가끔은, 내향적이고 주의 깊고, 과묵한 때도 있습니다.
10. 당신의 희망 중의 일부는 좀 비현실적이기도 합니다.

총점(   ) ÷ 10 = (   )

제2절 성격이론의 구분

1 성격이론의 개요

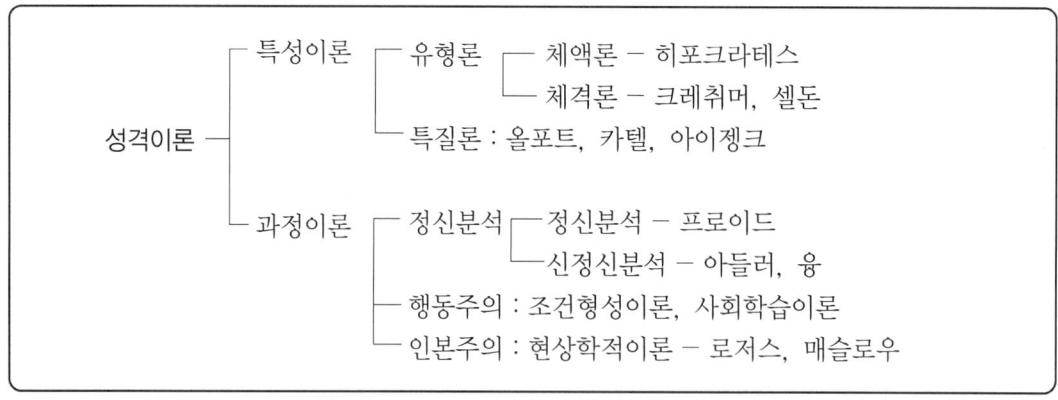

2 특성이론

(1) 개 요

완전히 동일한 두 사람이란 없고, 따라서 어떤 두 사람도 같은 심리적 상황이나 자극에 동일하게 반응하지 않는다는 것을 전제한다. 개인의 특유성(어떤 사람의 지속적이고 일관된 행동양식)은 자기 자신 나름으로 일관되지만, 다른 사람들과는 다르게 행동한다. 성격에 대한 특성이론적 접근에서는 사람들의 행동이나 사고의 '개인차이'를 기본 특성에서의 차이로 보고 있다. 특성이란 사람들로 하여금 각각 서로 다르게 행동하고 사고하도록 하게 하는 각 개인 내의 지속적 성향이며, 특성이론에서 가장 중요한 연구과제는 인간행동의 다양성을 설명할 수 있는 기본적인 성격의 단위, 특성들의 내용과 종류를 알아내는 것이다. 이러한 특질론에 기반한 성격이론들은 상황요인을 무시한다는 비판을 받기도 한다.

(2) Allport의 특성이론

① 정 의

성격	환경에 대한 독특한 적응을 결정하는 개인 내의 심리·신체적 체계들의 역동적 조직화(1937, Allport)이며, 성격은 심리적·신경적 요소들로 하나의 통일성을 이루는 실재 현상이다. 신경생리학이 더 발전하면 성격의 신경적 구성요소들을 발견할 수 있을 것이다. 성격이 적응을 결정한다는 것은 단지 행동을 설명하기 위해 고안된 개념이 아닌 개인의 행동에서 능동적 역할을 하는 부분으로 심리적·신경적 체계들의 역동적 조직화로서 항상 변하면서도 부분들이 서로 유기적으로 관계를 맺는 안정된 조직을 일컫는다.
특질	사람들을 구별시켜 주는 지속적 특징들로 '성격'처럼 행동들로부터 추리되는 가설적 구성개념이다. 이는 많은 자극들을 기능적 등가물로 만들고 적응 및 표현행동의 등가적 형태들을 시발하고 이끌 수 있는 역량을 가진 신경심리적 구조이다. 단지 한 구성개념이 아니라 객관적 실체이며, 신경심리적인 구조로 인간의 특질은 인지된 동일성을 기초로 하여 결합되고 표현된다.

② 기본 개념

'평균인'에 대한 자료가 아무리 많아도 개별 인간에 관해 그의 무한한 복잡성과 저변에 깔려있는 일관성을 알 수 없기 때문에 각자의 독특한 개성을 개별 기술적으로 연구하여야 한다. 정상-비정상, 아동-성인, 동물-인간 사이의 연속성을 부정하고 기능적 자율 개념을 통해 성숙한 성인은 과거가 아니라 현재와 미래 속에서 산다. 과거의 사건이나 무의식적 동기보다는 현재의 자기상, 미래 계획 등이 더 중요하기 때문에 신경증환자의 모델로 정상적이고 건강한 사람의 성격을 설명할 수 없다. 이러한 Allport의 성격개념은 Freud의 무의식적 동기와는 달리 모두 의식적 동기화(motivation)와 관계된다. 한 사람의 활동의 흐름에서 변하는 부분과 변하지 않는 부분 즉, 항상적 부분을 'Trait 개념'으로 가변부분을 '기능적 자율'로 설명한다.

③ Trait의 분류

Allport의 특질이론은 행동의 의식적 결정요인을 강조하였기 때문에 투사법 같은 간접적인 방법이 아닌 동기를 직접 측정하는 방법으로 성격연구를 했다. 성격은 환경에 대한 독특한 적응을 결정하는 개인 내의 심리·신체적 체계들의 역동적 조직화로, 일반적 특징은 한 문화에서 대부분의 사람들을 비교할 수 있는 성향을 말하며, 개인적 특징은 한 개인에게 나타나는 독특한 성향을 말한다. 적용범위는 영향력의 보편성에 따라 기본, 중심, 이차적으로 나뉘며, 한 인간의 삶에서 어느 정도로 영향을 주고 지배적이냐에 따라 어느 정도 중복된다.

주특성	• 한 특질의 영향력이 매우 커서 그 사람 행동 전반에 영향력이 측정되는 특질이다. • 많은 인간이 갖고있는 특성이 아닌, 극히 일부 사람이 갖고 있는 특성이다. • 전인생을 한 두 마디의 특성으로 설명할 수 있는 강한 영향력을 행사하는 주특성이다. • 우리 생활에 광범위한 영향을 미치는 대단히 강렬한 동기나 열정이다.
중심특성	• 주특성보다 영향 범위가 제한되고 영향력은 덜하나 그 사람의 행동과 사고에 넓은 영향력을 갖는 일관적이며 지속적인 특징(소위 성격의 건축용 돌이라고 불림)이다. • 인상형성에서 다른 특질에 비해 영향이 큰 특질에 해당하며, 중심특질이 부정적인가 긍정적인가에 따라 다른 특성에 대한 평가에 영향을 미친다. 비교적 두드러지는 행동의 특징으로 주위사람들 눈에 쉽게 띈다. • 개방적, 감성적, 주의 깊은, 사교적, 쾌활함 등 추천서에 쓰이는 성격속성 같은 것이다.
이차특성	• 별로 뚜렷하게 나타나지 않고 덜 일반적이고 일관성이 적고 성격의 정의에 덜 적절한 소질이다. • 상황에 따라 쉽게 변할 수 있는 특성이다. • 중심특성보다 훨씬 국한된 상황에 대한 행동성향으로 특정대상·상황에서 적용되는 성향이다.
공통특질	• 한 문화 안에 속한 대부분의 사람을 합리적으로 비교할 수 있는 일반화된 소질이다. • 한 주어진 문화의 구성원은 비슷한 사회적 영향과 진화의 영향을 받게 된다. 따라서 같은 문화 속의 사람들은 대개 비슷한 적응의 양식을 발달시킨다. • 숙련된 언어의 사용, 정치적 또는 사회적 태도, 가치 경향성, 불안, 순응성 등을 포함한다.
개인특질	• 개인적 소질 혹은 형태론적 특질은 개인 간에 서로 비교할 수 없는 개인의 독특한 특질이다. • 세세한 적응행동을 인도하고 방향 짓고 동기화하는 것이 바로 순수한 신경정신적 단위이다. • 늘 각 개인 안에서 나름의 독특한 방법으로 작용하는 범주의 특질은 어떤 개인의 성격구조, 인생의 조직된(organized) 초점을 나타낸다. • 참된 성격은 오직 그 개인의 특질을 조사할 때만 나타나는데, 이를 위해 개인사·일기·편지, 그 밖의 개인적 기록 같은 자료를 사용한다.

④ Trait의 특징

- 특질은 명목상의 존재 이상의 것이다. 성격특질은 가공의 것이 아닌 우리 존재의 실질적인 주요부분이다. 인간에게 내재되어 있는 '일반화된 행동경향성'의 본질을 밝혀내는 것이다.

- 특질은 습관보다 더 일반화된 것이다. 특질은 상황을 초월하며, 영구적이고 지속적이며 일반적인 인간의 행동 특성을 나타낸다. 습관은 지속적이기는 하나 좀 더 좁고 한정된 형태를 가지며 습관을 유발시키는 상황이나 습관이 야기하는 반응의 측면에서 볼 때 덜 일반화되었다.

- 특질은 역동적이거나 적어도 행동 결정적이다. 특질은 행동 속에 내재되어 있으며 행동의 원인이 된다. 행동을 야기시키므로 특질은 유도된 동기로 간주될 수 있다.

- 특질의 존재는 경험적으로 정립될 수 있다. 특질은 직접 관찰할 수는 없지만, 과학적으로 입증될 수 있어야 한다. 특질의 존재에 대한 증거는 피험자의 반복되는 행동관찰이나 사례기록·전기·분리된 반응 속에서 일관성 정도를 나타내주는 통계적 기술을 통해 얻을 수 있다.

- 한 특질은 다른 특질과 상대적인 의미에서 독립적이다. 특질들 간에는 서로를 구분하는 뚜렷한 경계가 없다. 성격은 오직 상대적인 의미에서만 독립적인, 서로 겹쳐지는 특질의 망으로 구성되어 있다.

- 특질은 도덕적 혹은 사회적 판단과 동일하지 않다. 많은 특질(성실성, 충성심, 탐욕 등)이 관례적인 사회적 판단을 받게 됨에도 불구하고 이것은 여전히 진정한 성격특질이다. 인격(character)과 성격(personality)과는 다르다.

- 특질은 그것을 포함하고 있는 성격이나 혹은 광범위한 인구 속에서의 특질의 분포라는 관점에서 보아야 한다.

- 어떤 특질이 행동이나 습관과 일치하지 않는다고 해서 그것을 특질이 존재하지 않는다는 증거로 삼을 수 없다.

G.W.Allport는 미국의 사회심리학자로 '인격심리학'의 권위자이다. 그는 1897년 11월 인디애나 몬테주마에서 탄생하였고, 1915년에 하버드대학에 입학하여 심리학과 사회윤리를 전공하였다. 1922년에 하버드대학에서 심리학박사학위를 받았다. 1924년 하버드대학교 사회과학 강사로 임명되었으며, 1930년부터 1942년까지 하버드대학 심리학교수로 재직하였다. 그는 독일 심리학의 영향을 받아 학맥이 다소 이론적·조직적인 경향이 있다. 평화를 위한 사회과학자의 성명을 발표하는 등 사회심리학의 실제적 응용면에서도 활약한 바 있는데, 개인의 독특성에 커다란 관심을 가지고 개별 기술적인 연구방법을 선호하였다. 주요저서로는 1935년 《The Psychology of Radio》, 1937년 《Personality-a Psychological Interpretation》, 1947년 《The Psychology of Rumor》 등이 있다.

(3) Cattell의 특성이론

성격을 다양한 범주들에 속하는 Trait들의 복합적 구조라고 하며, Trait란 관찰된 행동의 일관성을 설명하기 위해 추리된 심리구조로서 성격의 구조와 역동을 모두 설명한다. 여러 가지 자료를 통계적으로 요인분석(factorial analysis)하여 성격을 구성하는 기본특성을 연구하였다. Cattell은 지능을 성격에 속한다고 보았고, Eysenck는 지능을 성격에 속하지 않는다고 보았다.

표면특성	• 함께 공존하는 것처럼 보이는 외현적인 혹은 드러난 특징적 요소들의 묶음 • 겉으로 보이는 구체적인 행동 중 일관성·규칙성을 보이는 특성 • 통계상관에 의해 확인(35개의 표면특성 제시)
근원특성	• 성격의 기본구조를 형성하고 행동의 기저에 있는 보다 안정적인 특성 • 표면에 나타난 여러 행동이나 표면특성들을 결정하는데 원인으로 작용하는 기저 변이 • 행동을 설명하는 역할을 함(근원특성이 상호작용하여 표면특성을 산출함) • 요인분석에 의해 확인(16개 근원특성 제시)

❖ 16PF를 통한 이차요인 중 한국판 성격요인 검사의 6가지 이차요인 ❖

내향성(Introversion)	외향성(Extroversion)
약한 불안(Low Anxiety)	강한 불안(High Anxiety)
유약성(Emotional Sensitivity)	강정성(Tough Poise)
종속성(Subduedness)	자립성(Independence)
약한 초자아(Low Superego)	강한 초자아(High Superego)
낮은 창의력(Low Creativity)	높은 창의력(High Creativity)

(4) Eysenck의 3요인 이론

Eysenck는 개인은 지속적이고 측정 가능한 특질을 가진 존재이며, 특질에 대한 생물학적 접근을 환경과의 상호작용 관점까지 발전시켰다. 그는 요인분석을 통한 행동분류가 측정에 선행되어야 한다고 보고, 질문지 또는 자기평정, 타인평정을 포함하여 체격평가, 생리적 측정 등 다양한 자료를 사용하여 3요인을 제시하였다. 성격을 구성하는 행위와 성향들은 서열적으로 조직화되어 있다. 성격은 불연속적 범주가 아닌 하나의 넓은 차원을 이루며, 연속적인 차원 상에 놓인 유형의 수준에서 외-내향성, 신경증성향, 정신병성향의 차원을 제안하여 그것을 측정하는 검사를 개발하였다. 뇌와 중추신경계가 환경자극에 반응하고 자극을 처리하는 방식에서 유전적으로 개인차가 있고, 이 차이가 사람들의 성격과 관계가 있다고 보았다.

❖ 성격 서열의 한 예 ❖

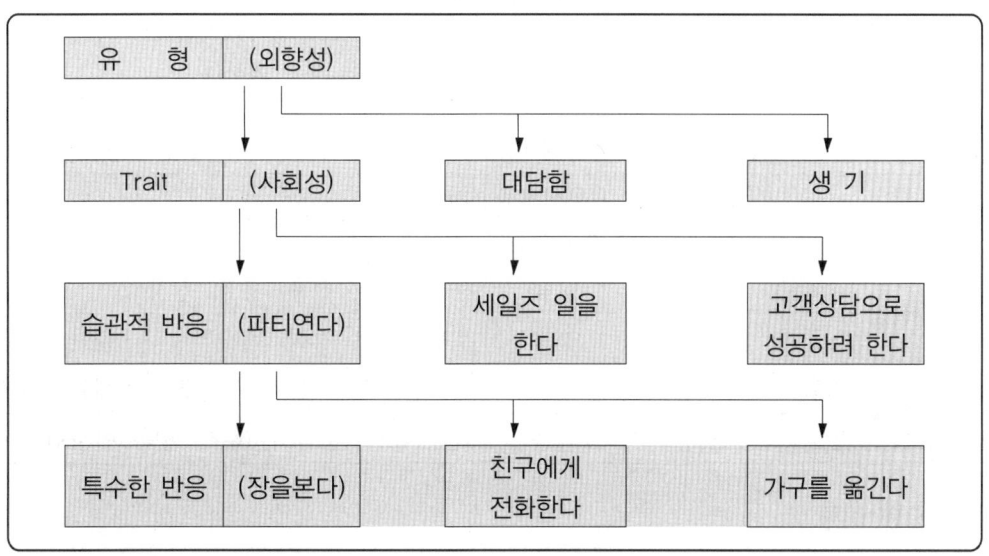

외향성 - 내향성	외향성	활발하고 충동적이며 남과 어울리기를 좋아한다. 대뇌의 망상계(reticular formation)가 쉽게 자극(흥분)되지 않아서 강한 자극을 추구하게 되므로, 조건형성이 쉽게 되지 않는다.
	내향성	진지하고 내성적이고 혼자 있기를 좋아한다. 대뇌의 망상계(reticular formation)가 흥분수준이 일반적으로 높기 때문에 자극을 피하고 약한 자극을 받아도 흥분되기 때문에 조건형성이 쉽게 된다.
신경증성향 (Neuroticism)		Horney[2]는 이를 정서적 문제들을 처리하고 불안을 최소화하는 불합리한 책략들이라고 하였다. 이는 자율신경계 반응성과 관계되고, 정서적 통제가 안 되며, 사고와 행동이 느리고 피암시성이 강하다. 반응성이 높은 사람은 자극들에 정서적으로 반응하기 때문에 환경조건이 맞을 때 신경증 장애를 발달시킨다. 정상인에게는 '정서성'이라는 용어 쓰기를 권한다.
	응종유형	주로 존경과 복종으로 다른 사람들과 사회적 관계를 갖는 개인
	공격유형	다른 사람들과 보통 공격적으로 사회적 관계를 갖는 개인
	이탈유형	기본적으로 이탈하는 방식으로 다른 사람들과 사회적 관계를 갖는 개인

---

[2] Horney(1932)는 저서 〈여성심리학〉에서 "여성은 유아적이고 정서적 피조물이며 책임감과 독립심이 부족하다는 견해는 여성의 자존심을 굴복시키려는 남성경향성의 작품이다."라고 말한 바 있다.

정신병성향 (Psychoticism)	집중·기억을 잘 못하며, 남들을 배려하지 않고 잔인하며 위험과 인습을 무시한다. 정상인에게는 정신병적이라기보다 '강인'하거나 '초자아 통제가 약하다'고 표현할 것을 권한다.

❖ 내 - 외향성, 정상 - 신경증에 따른 생리적 특성과 성격 Trait, 정신병리 ❖

구 분		대뇌흥분 수준	자율신경계 반응수준	성격 Trait들	정신병리 예
내향성	정상	높음	낮음	사려, 자제, 신용, 냉정, 침착	
	신경증	높음	높음	우울, 불안, 경직, 비관적	불안신경증
외향성	정상	낮음	낮음	리더십, 태평, 활기, 반응적	체험 개방성
	신경증	낮음	높음	과민, 초조, 공격적, 흥분, 변덕	반사회적 성격

(5) 5요인 이론

① 개 요

성격의 특성요인에 대하여 많은 학자들은 5요인설을 지지한다. 5가지 특성은 신경증성향(근심하는-평온한, 불안전한-안전한, 불쌍한-자족하는), 외향성(사교적인-수줍어하는, 재미있는-진지한, 다정다감한-말이없는), 체험 개방성(상상력이 풍부한-실제적인, 다양한-일정한, 독립적인-동조적인), 호의성(온화한-무자비한, 신뢰하는-의심하는, 도움이 되는-비협조적인), 성실성(체계적인-비체계적인, 조심성 있는-조심성없는, 자제력있는-의지가 약한)이다. 이 5요인은 선행연구들을 기초로 하여 중복을 피하고 균형잡힌 특성들이라는 것이 수많은 연구에서 확인되었고 이 5요인이 세계 모든 문화권에서 발견된다는 점에서 보면, 문화보편적이라고도 할 수 있다.

② Digman의 이론

Digman(1990)의 성격 5요인은 Cattell이나 Eysenck의 요인들과 상당히 겹친다. 5개의 상위적 개념들로 충분히 성격의 개인차를 기술할 수 있으나, 개념들의 해석에 관해서는 의견차이가 있다. Eysenck의 정신병 성향은 호의성(A)요인+양심성(C)요인이므로 Digman(1990)은 정신병리(psychopathy)라고 부르는 편이 낫다고 제안하였다. 5요인은 지금까지의 Trait 모델을 통합하는 개인차들을 측정하는 매우 넓은 차원들의 유용한 세트로 평가된다.

신경증성향 (N, Neuroticism)	• 정서적 적응과 불안정의 만성적 수준이다. • 비현실적 생각들, 충동대로 행동하지 못하는 데서 오는 좌절을 견디는 데 어려움, 부적응적 대처반응들을 포함한다. • 불안, 분노한 적대감, 우울, 자의식, 충동성, 취약성 등을 측정하는 척도들을 포함한다.

외향성 (E, Extraversion)	• 선호되는 대인적 상호작용들, 활동수준, 자극욕구, 기쁨 능력 등이다. • E 높은 사람 : 사교적, 활동적, 말이 많고, 사람 지향적이며, 낙관적이고 재미를 찾는 다정한 경향이 있다. • E 낮은 사람 : 냉정하고 독립적이고 조용한 경향, 불행하거나 비관적인 사람들은 아니지만 활기가 넘치지는 않는다.
체험개방성 (O, Openness to experience)	• 개인이 지지하는 신념, 계획, 목표에 반대되는 증거들을 적극적으로 찾으려고 하고, 그것이 적절한 것이라면 기꺼이 수용하려는 열린 마음을 말한다. • 지성(Intellect) 등 다른 이름으로도 해석되기도 하는 개방성은 능력, 지능과 다르고 체험들 그 자체를 위해 능동적으로 찾고 즐기는 것을 포함한다. • 열린 사람들 : 호기심과 상상력이 있으며, 새로운 생각들과 비습관적 가치들을 기꺼이 받아들이며, 닫힌 사람들보다 다양한 정서를 더 생생히 체험한다. • 닫힌 사람들 : 신념과 태도가 인습적이고 취향이 보수적·독단적이고 신념들이 경직되어 있으며, 행동양식이 정해져 있고 정서적 반응을 잘 하지 않는다.
호의성 (A, Agreeableness)	• 자비에서 적대에 이르는 연속선에서 선호하는 상호작용의 종류이다. Digman은 친절·적대(Friendliness·Hostility)로 명명하였다. • A 높은 사람 : 부드럽고 착하고 신뢰하고 잘 돕고 용서하고 이타적인 경향으로, 남을 돕고 싶어 하므로 반응을 잘 보이고 감정이입적이며 남들도 대부분 같은 식으로 행동하기를 원하고 또 그렇게 할 것이라고 믿는 경향이 있다. • A 낮은 사람 : 냉소적이며, 거칠거나 사납고 의심이 많고 비협조적이고 흥분 잘하고 남을 조종하려 들고 복수심이 있고 냉혹할 수 있다.
성실성 (C, Conscientiousness)	• 조직, 지구력, 통제, 목표지향성 등의 정도를 평가한다. Digman은 '양심성'이란 이름은 부적절하며, 이 차원은 교육성취와 연결되므로 성취의미(Will to Achieve)/의지라고 부를 것을 제안하였다. • C 높은 사람 : 조직적이며, 믿을 수 있고 열심히 일하고 솔선하고 시간을 잘 지키고 빈틈이 없고 야심적이고 지구력이 있다. • C 낮은 사람 : 목표가 없고 믿기 어렵고 게으르고 부주의하고 느슨하고 무심하고 쾌락주의적인 경향이 있다.

③ McCrae와 Costa(1997)의 이론

McCrae와 Costa(1997)는 성격을 5개의 상위차원, 즉 신경증성향(부정적 정서성), 호감성, 성실성(억제성), 외향성(긍정적 정서성), 경험 개방성 등 5대 특성으로 구분하였는데, 5요인이론은 현대 심리학에서 성격의 지배적인 개념이 되고 있다(John & Srivastave, 1999).

신경증성향	부정적 정서성이라고도 하는 것으로 신경증성향은 평소 걱정이 많고 적대적이며, 자의식이 많고 불안정하며, 상처받기 쉬운 경향이 있다.
외향성	긍정적 정서성이라고도 하는 것으로 외향적인 사람은 개방적이고 사교적이며, 낙관적이고 친밀하며, 강인하고 어울리기를 좋아한다.
경험 개방성	개방성은 호기심, 유연성, 생생한 공상, 풍부한 상상, 예술적인 미, 감성, 그리고 비인습적인 태도 등과 관계된다.
조화성	조화성있는 사람은 타인들에 대하여 동정적이고 잘 믿으며 협동적이고 겸손하고 솔직한 경향이 있다.
성실성	성실한 사람은 근면하고 규율적이고 잘 조직화되어 있고 시간을 잘 지키고 신뢰할 수 있는 경향이 있다.

3 정신분석 이론

(1) 무의식과 성충동

Freud에 의하면, 정신현상 자체는 의식되지 않으며, 의식되는 감정・사고・욕망은 전체의 일부에 지나지 않고, 의식세계는 빙산의 일각이며 물속에 보이지 않는 무의식의 세계가 훨씬 크다. 도덕관념, 종교 같은 고차원적인 삶에도 성적 욕구와 갈등이 영향을 미친다. 성적 충동은 정신 병리를 일으킬 뿐만 아니라 인간정신이 이룩한 문화, 예술, 종교 등 최고의 창조물들에도 공헌하는 것이다. 반면에 한 손의 마비는 자기 성기의 접촉에 대한 공포로 생기는 현상이고 맹(盲)과 농(聾)은 강력한 불안을 야기하는 어떤 것을 보는 것과 듣는 것을 원하지 않음에서 생긴다고 주장한다.

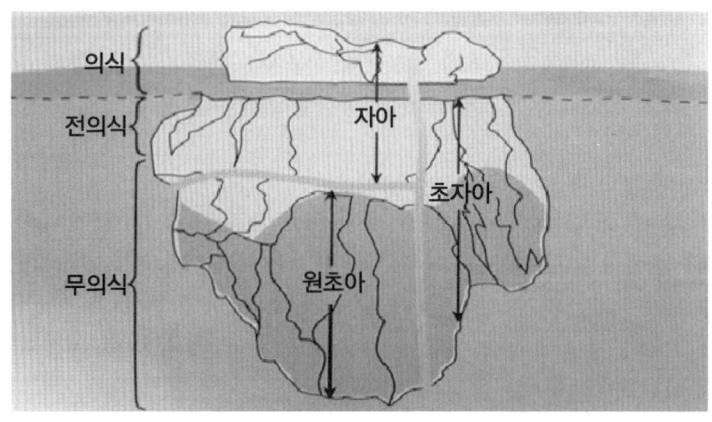

① 무의식의 중요성

무의식이란 우리가 정상적으로 인식하지 못하고, 인식할 수 없는 모든 관념, 사고 및 감정을 말한다. 인간은 자신의 행동을 이해, 예측하거나 통제할 수 없는 존재이다. 사랑이나 애증 등 사람들의 중요한 감정과 행동, 흡연 등의 버릇은 자신이 모르는 원인에 의해 지배되며 그 원인을 통찰해야 통제된다.

② 성적 충동

정신분석이론은 Freud의 히스테리 환자들의 증상 이해에서부터 시작한다. 성적 욕구와 충동의 억압이 신경증의 원인이며, 그 억압의 뿌리는 어릴 때의 욕망과 좌절, 갈등에 있다. 성추동(sexual drive)과 생식추동(genital drive)은 구분되는데, 성추동은 출생 직후부터 나타나고, 성은 몸의 부위들로부터 즐거움을 얻는 것이다. 생식추동은 사춘기에 성적 성숙과 함께 생겨나고, 번식에의 봉사는 이차적이다. 성충동을 에로스 또는 리비도(Libido)라는 에너지의 개념으로 본다.

 리비도(Libido)

Freud(1856~1939)에 의하면, 리비도는 성적 자극이나 흥분을 유발하도록 조건지우는 어떤 물리적이며 구체적인 힘이라고 규정하게 된다. 리비도는 성적인 원동력(sex energy)으로 심리적으로나 생리적인 의미의 에너지, 활동력, 생명력을 의미하는데, 이는 본능(id)중 성적 본능에 해당하는 것이다. 이러한 리비도는 우리 삶의 거의 모든 영역(문화, 예술, 체육 등)에서 나타날 수 있다. 문학작품이나 광고, 그림, 그리고 일상생활에서도 우리는 리비도를 느끼며 살아간다 본능적으로 가지고 태어난 리비도를 숨기는 것보다는 리비도를 어떻게 표현하는 것이 좋은지 지혜를 가져볼 필요가 있다.

③ 죽음의 본능

삶과 사랑 뿐 아니라 죽음과 파괴도 인간의 본질적인 부분이다. 파괴추동의 궁극적인 목표는 살아있는 것을 무기물상태로 가져가는 것이다. 삶(배고픔, 자기보존 및 성)과 죽음(파괴, 공격)의 기본추동은 같이 나타난다. 먹는 행위는 생명유지의 목표를 가지고 객체(음식물)를 파괴하는 것이며, 성행위는 가장 친밀한 통일을 위한 공격이고, 강한 사랑에도 파괴추동이 섞이며 극한적 공격에도 에로스가 섞인다. 파괴의 원천인 죽음의 에너지를 타나토스(thanatos)라고 한다.

(2) 성격의 구조

① 사고의 과정

1차 과정 사고는 원초아가 꿈, 백일몽과 같은 정신적 심상을 통해서 즉각적이고 부분적인 본능만족을 획득하는 과정이고, 2차 과정 사고는 자아가 현실세계에서 원초아 본능을 만족시키는 안전하고 효과적인 방법을 찾기 위해 지적인 추리를 사용하는 과정이다.

② 마음의 구조

자아는 의식적인데, 일부는 무의식적이며, 감각을 통해 외부세계의 지식을 획득한다. 초자아도 또한 일부는 의식적이고 일부는 무의식적이다. 그러나 원초아는 완전히 무의식적이며 무한하다. 인간 마음에 대하여 Freud는 의식·전의식·무의식을 전제하고 id·ego·super-ego를 제시하였다. 원초아, 자아, 초자아의 관계를 보면, 세 구조가 각기 고정되어 있는 것이 아니라 어느 것이 강해지면 다른 것이 약해지는 관계이다.

Id (원초아)	원초적 자아, 자아의 원초로, 쾌락원칙을 따르며 일차 과정적으로 기능한다. 일차 과정으로 욕구충족의 방식이면서 사고의 양식이며, 즉각적인 대신 대상이나 방법이 유동적이다. 일차 과정적 사고양식은 비합리적이고 시각적 심상에 의존하며 시간의식이 없다. 예를 들면, 꿈, 사고가 일차 과정적 사고양식이다.	• 성격의 생물학적 구성요소로 심리적 에너지의 최초의 원천이며 본능이 있는 곳이다. • 성격의 다른 두 가지는 원초아로부터 파생된다. • 쾌락의 추구와 고통의 회피에 따라 작동한다. • 즉각적이고, 전체적인 방출을 찾는다.
Ego (자아)	보고 들으며 기억하고, 감정을 느끼며 판단을 내린다. 성격의 집행자이며, 자아는 너무 강한 자극을 피하고 적당한 자극들을 찾아내며, 바깥세계를 유리한 쪽으로 변화시키기를 배운다. 현실을 상대하는 구조로, 원초아의 추동요구들을 지배하며, 원초아의 요구들을 충족시킬지 말지를 결정하고 이 충족을 적당한 시간 및 상황으로 미루거나 흥분을 아예 억누른다. 현실원칙을 따르며, 이차 과정적으로 기능한다. 이차 과정은 욕구충족을 뒤로 미룰 수 있고 특정한 대상과 방법을 고집한다. 언어적, 논리적으로 사고하고 추리할 수 있어야 한다.	• 성격의 심리적 구성요소로, 현실이라는 외부세계와 접촉하여 정신적 심상과 외부세계의 사물을 구분한다. • 성격을 지배하고 통제하며 조절하는 실행자로서, 원초아와 초자아, 외부세계에 대한 조절자로서의 역할 수행을 한다. • 현실원리에 의해 지배된다.
Super Ego (초자아)	옳고 그름에 대한 부모의 규범들을 내면화한 것으로, 부모가 좋아하는 행동은 '자아 이상'의 형태로, 부모가 싫어하는 행동은 '양심'의 형태로 내면화된다. 즉 도덕원칙에 따라 실제의 부모가 모범으로 보여준 것보다 더 엄격하게 우리 속	• 성격의 사회적 구성요소로, 행위의 선악을 구분하는 판사와 같은 측면이라 할 수 있다. • 현실보다는 이상을 나타내며, 쾌락보다는 완벽을 추구한다.

Super Ego (초자아)	에서 부모가 행사한 기능을 계속하여 '나'를 감시하고 명령을 내리고 판결하고, 칭찬하거나 처벌로 위협한다. 자신이 의식하지 못하는 '나쁜' 생각에 대해 스스로를 비난하여 죄책감에 시달린다. 죄책감이란 사실은 부모의 애정상실에 대한 두려움이다.	• 부모의 규칙과 훈계가 내재화된 것이다.

③ 마음의 작용

원초아가 지극히 강한 사람은 어린애 같이 원하는 것은 즉시 가져야 하며, 현실이나 도덕도 무시하는 사람이다. 자아가 지극히 강한 사람은 현실논리만 따지며, 지극히 이성적이고 계산적인 사람이다. 초자아가 지극히 강한 사람은 옳고 그름만 따지며, 욕망이나 자기이익도 초월한 사람이다. 세 구조 중 집행자는 '자아'이므로 원초아와 초자아의 요구들을 현실 속에서 적절히 조절해야 한다. 즉 정신분석이론에서 말하는 잘 적응된 성격이란 성격의 세 요소간의 갈등을 잘 조절하여 환경에 효과적으로 적응하는 것이다.

④ 불안

현실의 요구들이 감당하기 어려울 때 자아는 불안으로 반응하는데, 위험의 출처에 따라 원초아 불안(신경증적 불안), 초자아불안(죄책감, 도덕적 불안), 현실불안(공포)으로 나뉜다. 개인이 사용할 수 있는 정신적 에너지에 대한 id, ego, super-ego 사이에서의 갈등이 통제를 넘어설 때 생긴다. 억제된 성적 충동과 해소되지 못한 흥분으로 생긴 증가된 긴장상태가 불안 신경증으로 변화되어 나타난다. 불안은 각 개인에게 반격하거나 피해야만 하는 절박한 위험의 원천을 알려주는 자아의 기능이라고 볼 때, 불안은 개인으로 하여금 위급한 상황에 적합한 방법으로 반응하도록 해준다. 이러한 무의식적인 불안을 문화심리적으로 보면, 동양문화에서는 '집단구성원간의 관계'를 중요시하는 집단주의 문화적 가치를 지니는 반면, 서구문화의 경우 '개인의 성취'를 강조하는 개인주의 문화적 가치를 지니고 있다. 따라서 서구문화의 심리학이론인 정신분석학에서의 무의식개념은 한국문화에서는 다르게 나타날 수 있다.

현실적 불안	외부환경에서 실제로 위험을 객관적으로 지각하여 야기된 정서적 반응으로 실제 위험정도에 비례한다. 현실적으로 자신을 불편하게 하는 대상, 즉 존재함으로 생기는 불안으로 현실적 불안은 두려움과 같은 뜻이며 개인이 위험에 효과적으로 대처할 수 있는 능력을 약화시킨다. 위협의 원인이 감퇴되면 줄어들고 이러한 불안은 자아보존을 기여하는 데 도움을 준다(ex. 시험불안 등).
신경증적 불안	id 충동이 의식화될 것이라는 위협을 받고 생긴 정서반응 즉, 이드 본능 중 성적·공격적 본능을 자아가 조절할 수 없을 것이라는 두려움이 원인이다. 통제할 수 없는 본능적 욕구에 자아가 위협받을 때 겪는 정서적 공포반응으로, 현실적으로 불안을 일으키는 대상이 존재하는 것이 아니라 자신이 스스로 만들

신경증적 불안	어내서 느끼는 불안이다. id나 super-ego의 갈등이 지나치게 심하고 ego가 제 기능을 발휘하지 못할 때 생기는 불안으로, 어린이들은 그들의 성적 충동이나 파괴적인 충동을 적극적으로 방출할 때 부모나 다른 사회적 대리인들로부터 배척당하는 위험에 직면하게 된다는 것을 배운다. 벌은 근본적으로 외적인 힘에 의해 초래되기 때문에 이런 이유로 신경증적 불안은 처음에는 현실 불안으로 경험하게 된다. 아동의 id충동을 억제하기 위해 불안형태로 방어기제(defensse mechamism)를 작동하게 된다(ex. 성적 본능-노처녀 히스테리, 공격 본능-지하철내 추행).
도덕적 불안	자아가 초자아로부터 처벌위협을 받아 생긴 개인이 느끼는 수치심 및 죄책감과 같은 정서반응으로, id가 비도덕적 생각이나 행동을 적극 표현하려고 애쓸 때, 초자아가 수치, 죄악감과 자기 저주 감정으로 반응하여 도덕적 불안이 발생한다. 이는 자신이 저지른 잘못에 대해 벌 받을 것에 대한 두려움이며, 초자아의 완벽한 명령을 어기는 어떤 것을 행하거나 생각할 경우, 부모로부터 벌을 받으리라는 객관적인 두려움에 기인한다. 초자아의 불안은 죽음에 대한 두려움과 개인의 죄에 대한 내세의 심판으로까지 연장된다고 믿는다. 도덕적 불안은 자기 양심에 알맞은 방향으로 개인의 행동을 나아가게 하며, 초자아의 차후 발달은 사회적 불안을 발생시키며 사회적 불안은 자신의 태도나 행동이 동료 집단성원으로부터 거부당해 그 집단에서 소외감을 느낄 때 나타난다(ex. 대인 공포증, 사이비종교 등).

⑤ 방어기제(Defense Mechamnism)
  ㉠ 개요 : 불안에 처해서 우리가 취하게 되는 중요한 심리역동적 기능은 받아들일 수 없는 본능적 충동을 의식하지 못하도록 도와주며, 충동이 간접적으로 만족되도록 해주는 것으로 압도되는 불안으로부터 개인을 보호함은 물론 이런 기능을 수행하도록 돕는다. id 충동의 공개적 표현과 이와 대립되는 초자아의 압력으로부터 개인을 보호하기 위한 전략이며, 합리적이고 직접적인 방법으로 불안을 통제할 수 없을 때, 불안을 극복하고 불안에 압도당하지 않도록 자아를 보호하는 기능으로 무의식적이고 자기기만적이며, 불안(대상)에 대해 회피하는 방식이다(두려움이나 불안에 대해 조절력이 있는 경우는 직면한다). 원초아가 현실을 무시한 채 무리한 성적·공격적 요구를 할 때 '나(자아)'는 불안해지면서 전체 유기체의 안전을 위협받지 않는 한도 내에서 그 요구를 들어주고자 한다. 방어기제는 id 충동이 의식으로 뚫고 나타나려는 위협에 대해 자아가 반응하는 방법으로, 충동이 의식적 행동으로 표현되는 것을 봉쇄하는 방법이며, 충동을 왜곡시켜 원래의 강도를 현저히 감소시키거나 빗나가게 하는 방법이다. 대체로 인간은 한 가지 방어기제에 의존하지 않고 여러 가지를 사용한다. Freud에 의하면, 의식이나 성격의 구조처럼 문화권에 상관없이 모든 사람에게 보편적으로 나타나는 것(문화보편론)과는 달리, 방어기제는 불안에 대처하고 방어하는 방식으로 문화나 사람에 따라 다르게 나타날 수 있다(문화상대론).

ⓛ 구 분

억압 (repression)	• 위험한 요구들을 의식에서 밀어내는 기제이며, 가장 기본적인 방어기제로서 더 정교한 방어기제의 수단이 될 뿐 아니라, 불안을 가장 직접적으로 회피하므로 일차적인 방어기제로 본다. • 선택적 망각으로 묘사되는 억압은 무의식적인 성적·공격적 충동의 표현을 완전히 차단하여 충동이 불쾌한 것으로 남아있는 한 이를 의식하지 못하게 한다. • 외부표출을 시도하는 억압된 충동은 꿈·농담·말의 실수나 '일상생활의 정신병리학'이라고 불리는 증거들을 통해 일시적인 만족을 얻게 될 수도 있다. • 억압은 모든 신경증적 행동·정신신체장애·성 심리적 장애의 근본 원인이 된다. 억압의 결과로 각 개인은 불안을 유발하는 갈등을 스스로 의식하지 못하며, 정서적으로 충격을 준 과거 사건도 잘 기억 못하여, 무서운 실패를 경험한 사람은 억압 때문에 그 실패의 경험을 기억하지 않을 수 있다. 그러나 어릴 적에 한쪽 부모의 살인을 목격한 아동들은 성장해서 단 한명도 그러한 기억을 억압하지 않았고 나치수용소의 생존자들의 대부분은 나치군의 잔혹한 행위들을 생생하게 기억하고 있었다.
합리화 (rationalization)	• 자아가 좌절과 불안을 극복하는 시도의 또 다른 방법은 현실을 왜곡하고 자존심을 보호하는 것이다. • 합리화는 비이성적 행동(실수, 잘못된 판단, 실패 등)이 타인과 자기 자신에게 합리적이고 정당한 것처럼 보이게 하기 위해 잘못 제시한다는 점에서 "불합리한 추리"이다. • 합리화는 자신의 행동, 판단력, 노력 등을 높이 사서 자기 자신을 만족시키는 심리적 경향으로, 손에 넣지 못한 대상은 이렇다 할 가치가 없고, 손에 넣은 대상은 대단한 가치를 지녔다고 생각하는 것이다.
투사 (projection)	• 이론적 중요성으로 볼 때 억압 다음에 오는 것으로, 사람들이 스스로 받아들일 수 없는 충동·태도·행동을 무의식적으로 타인이나 환경 탓으로 돌리는 과정이다. • 자신이 갖는 생각을 밖으로 밀어내는 기제로, 자신의 결점을 어떤 사람이나 사물을 통해 비난한다.
주지화 (intellectualization)	• 스트레스를 주는 상황을 추상적이고 지적인 용어로 다룸으로써 그 상황으로부터 멀어지려는 시도를 말한다. • 이 방어기제는 주로 생사를 다루는 의사들에게 필요한 것일 수도 있는데, 너무 많은 주지화의 사용은 개인에게 모든 정서적 경험을 차단할 때는 문제가 된다.

내사 (introjection)	• 투사와는 반대개념으로 타인이 갖고 있는 특성을 자신의 것으로 받아들이는 것이다. 타인의 가치나 생각을 아무런 비판없이 그대로 받아들임으로써 마치 자신의 가치나 생각인 것처럼 여기는 것을 말한다. 내사는 동일시가 일어나는 시기보다 더 이전에 자기와 대상을 구별하지 못하는 시기에 발생된다. 반면 동일시는 자기와 대상을 구별할 수 있을 때 생기게 된다. • 긍정적인 내사는 인간의 사회화나 적응에 필수적이지만, 병적 내사는 내것이 아닌 것을 내것인 것처럼 통째로 삼키는 것과 같아서 심리적 부작용이 많아진다.
동일시 (identification)	• 더 힘이 있어 보이거나 난관을 더 잘 극복할 수 있을 것 같아 보이는 다른 사람의 특성을 무의식적으로 자신의 것으로 채택함으로써 위협이나 불안감정 처리를 도와주는 방어기제이다. • 때로는 공격자에 대한 동일시라고 하는데, 이것은 위협을 가하는 사람과 같아짐으로써 불안을 감소시키는 것이다. 자신을 힘들게 만들고 심하게 처벌하는 부모를 둔 아동은 나중에 자신의 부모의 성격을 닮고, 다른 아이들을 괴롭히게 된다.
부정 (denial)	• 부모의 죽음이 없었다고 믿으면서 편안히 지낸다. • 억압이 내적 욕망이나 충동, 생각을 "없다"고 눌러버리는 것이라면, 부정은 외적 위협을 "안 보인다"고 부인해 버리는 것이다.
반동형성 (reaction formation)	• 반동형성은 자신이 지닌 욕구나 감정을 정반대의 형태로 표출함으로써 자신의 불안에서 도망치려고 하는 체계를 말하며, 지나치게 억압하다보면 공격욕구가 자기 자신에게 향하기도 한다. 그래서 스스로 자신이 한 짓을 용서할 수 없다며 자책하거나 타인에 대한 적의를 자기 자신에게 푸는 등 신경증의 증상이 나타나기도 한다. • 자신에게 불행을 가져다 준 원인으로 여겨지는 사람에게 오히려 역으로 잘 해주는 행동이다. 억압으로 안심이 되지 않을 때, 즉 억누르는 데도 자꾸 그 생각이나 욕망이 의식 밖으로 솟아나오려고 할 때 반동형성이라는 방어기제는 효과적으로 사용된다. • 반대행동을 통해 오히려 금지된 충동이 표출되는 것으로부터 자신을 조절하거나 방어한다. 첫 번째 단계는 받아들여질 수 없는 충동을 억압하는 단계이며, 두 번째 단계는 그 반대적 행동이 의식적 차원에서 표현되는 것이다. 사회적으로 허용된 것이나 강박적이고 과장되고, 엄격한 특징을 가진 행동 중에서 잘 나타난다.

전위 (displacement)	• 전위는 본능적 충동의 표현을 재조정해서 위협을 많이 주는 사람이나 대상에서 덜 위협을 주는 것으로 방향을 전환하게 만드는 것이다. 즉 위험한 욕구나 충동을 표현하되 다른 대상으로 '위치를 바꾸어 표현'하는 것이다. • 전위의 특수한 형태는 자기로의 방향전환(turning against the self)으로, 타인에게 향한 적대적 충동을 자기 자신에게 돌리는 것으로 우울증과 자기멸시의 원인이 된다. • 한편 인간은 특정욕구를 채울 수 없을 때 그 대신 만족감을 느낄 수 있는 어떤 대상을 찾는 대상행위도 전위의 형태로 볼 수 있다.
승화 (sublimation)	• 가장 긍정적인 자아방어기제로, 많은 불안을 사회에서 인정하는 방향으로 표현한다. • 각 개인이 충동을 사회적으로 용납된 생각이나 행동으로 표현함으로써 적절하게 전환시키는 자아기능이다. • 자아로 하여금 충동의 표현을 억제하지 않고 충동의 목적이나 대상(혹은 둘 다)을 변화시키기 때문에 문제가 있는 충동을 유일하게 건전하고 건설적인 방법으로 다루는 전략이다. • 본능적 힘은 사회적으로 용납될 수 있는 다른 표현방법으로 전환되기도 하며, 성본능의 승화가 서구 문화와 학문 발전에 원동력이 되었다. 성동기의 승화는 문화발전에 분명한 특징이 된다. • 승화는 우리들의 문명생활에 중요한 역할을 하는 과학·예술·이념 활동을 열심히 하도록 해준다(Cohen, 1969). ⇒ 성적 본능이 누드예술가로, 공격본능이 운동선수로 승화된 것이다.
도피 (escape)	• 도피는 무의식적으로 싫어하는 일에서 도망치려는 경향을 말하는데, 공상세계나 질병으로 도피도 있으며 퇴행도 이에 속한다. • 퇴행(hysteria)[3]은 심리성욕발달기의 초기단계로 되돌아가거나 더욱 단순한 또는 유아기적 표현(화 내기, 입 내밀기, 뾰루퉁해지는 행위, 말 안하기, 어린아이처럼 말하기, 물건을 파괴하기, 권위에 도전하기, 무모하게 빨리 운전하는 것, 어린애 같은 행위 등)을 하는 것으로, 안전하고 즐거웠던 인생의 이전 단계로 후퇴함으로써 불안을 완화시키는 방법으로, 일시적으로는 불안을 감소시키지만 근본적인 원인을 해결하지 못한다. 위기를 회피하거나 모면할 때 신체적인 증상을 나타내는 것으로 꾀병과는 다른 것이다.

---

[3] hysteria는 '자궁'을 의미하는 라틴어 hyster에서 유래한 것이다. 과거에는 '방황하는 자궁'에 의해 유발되는 것으로 오직 여성들만이 히스테리를 앓는다고 생각했다.

ⓒ 특징 : 방어기제는 내적·외적 긴장으로부터 그 자체를 보호하는 방법을 나타내는 것으로 누구나 자아방어를 하며 산다. 단지 정도에 차이가 있을 뿐이다. 어떤 경우에나 심리적인 에너지는 방어를 하는 데 쓰이며, 따라서 자아의 융통성과 힘을 약화시킨다. 방어기제가 효과적으로 작용하는 한 방어는 우리의 요구·두려움·포부를 왜곡시킨다. 이론적으로 방어기제는 심리적으로 건강한 사람들에게서 발견할 수 있지만 지나칠 정도로 사용되면 심각한 심리적 문제가 된다. 방어기제를 건강하고 융통성있게 사용할 수 있는 자아의 능력은 생의 초기에 돌보아 준 양육자의 유형, 사용한 방어기제의 유형, 생물학적 및 기질적 요인 등에 의해 좌우된다(McWilliams, 1994).

(3) 성격의 발달

① Freud의 심리성적 발달 단계

인간의 성격은 생후 첫 5~6세에 심리성적 단계(psychosexual stages)[4]를 통해 형성된다고 주장한다. 성적 욕구인 Libido가 신체의 어느 부위를 통하여 만족 혹은 좌절하느냐의 여부가 그의 성격형성에 결정적인 역할을 하게 된다. 그러나 Freud는 그 성인 환자를 대상으로 했기 때문에 방법론상 과학적이지 못하고 일반인에게까지 일반화하기 곤란하다는 비판이 있다.

단 계	연 령	중심 특징
구강기 (Oral stage)	0~1.5세	이 시기의 유아는 그의 생존을 전적으로 타인에게 의존하며 본능적인 만족을 얻는 유일한 수단이다. 구강은 생물학적인 충동과 동시에 유쾌한 감각을 해소시키는 신체의 일부이며, 유아는 젖을 통해 영양을 공급받고, 배고픔의 충동을 만족시키며 동시에 입을 움직여 기쁨을 얻는다. 이런 이유로 구강부(입술, 혀와 기타 연관된 구조)는 유아의 활동과 관심의 초점이 된다. 구강 의존시기의 유아의 중심 과업은 다른 사람과 관련하여 의존, 신뢰, 신용, 독립심 등의 일반적인 태도를 확립하게 된다. 아기의 삶은 입으로 하는 활동이 중심이 되는 시기로서, 먹기와 무관하게 즐거움을 위해서도 하므로 '성적' 즐거움이라고 한다. 지나친 만족이나 박탈은 이 단계에 아이가 고착되는 결과를 가져온다. 구강적 고착(oral fixation)은 성인에게 구강적 애정표현(입맞춤 등), 음주와 흡연, 식탐, 수다, 욕설 등을 즐기는 것으로 나타나지만, 반동형성기제를 통해 구강적 활동의 혐오로 나타나기도 한다.

---

4) 심리성적 단계란 아동이 신체의 특정부위에서 성적 쾌락을 경험하고, 양육자가 이 쾌락을 수정하고 간섭하는 가운데 성격이 형성되게 하는 생애의 초기 기간에 나타나는 구분되는 여러 단계들을 말한다.

구강기 (Oral stage)	0~1.5세	과도하거나 불충분한 양의 자극이 주어질 경우에, 구강 수동적(oral-passive)인 성격의 소유자는 세상에 낙관적이고 타인과 신뢰·의존적인 관계를 가지며 타인이 자신의 어머니가 되어주길 바라며, 모든 것을 희생하더라도 인정을 받으려고 한다. 심리적으로 적응해가는 양식은 수동적이고 미숙하며 과도한 의타심과 잘 속는 등의 특징을 갖는다. 그리고 구강공격적(oral aggressive), 구강가학적(oral sadistic)인 성격의 유아는 이가 생기기 시작하면 물어뜯거나 씹음으로써 어머니의 부재나 만족의 지연으로 생긴 불만을 표현한다. 침뱉기와 같은 공격적인 행동을 취하여 구강의 만족을 성취한다. 성인이 갖는 구강 가학적 단계의 고착은 논쟁적이고 신랄하게 비꼬며, 주위의 사물들에 의해 비꼬는 양상으로 나타나며, 이런 성격을 가진 사람은 자신에게 필요할 때까지 타인을 이용하거나 지배한다. • 습득하는 성격특징 : 믿음 / 의존성 ☞ 고착 : 자폐, 우울, 알코올, 지나친 흡연, 병적인 수다와 같은 모습으로 고착될 가능성이 있음
항문기 (Anal stage)	1.5~3세	2~3세 사이에 리비도 에너지의 초점이 구강에서 항문으로 옮겨지고 대변의 배출과 보유에서 상당한 만족을 얻으며, 점차로 대장운동을 지연시켜 만족을 증진시키는 방법을 알게 된다. 대소변가리기의 시작과 함께 아이들은 id의 요구(즉각적인 배변에서 오는 기쁨)와 부모에 의해 부과되는 사회적인 제지(배출 욕구에 대한 자기 조절)를 분간하는 것을 배워야 한다(변을 참거나 내보내는 배설과 관계된 활동들이 즐거움을 주는 동시에 공격의 무기가 됨). 부모가 대소변가리기에서 필연적으로 생기는 욕구불만을 다루는 두 가지 방법으로, 먼저 부모가 거칠거나 강압적일 경우에 아이들은 대변을 참게 되어 변비가 되며 이런 억제 경향이 심해지면 다른 행동에까지 일반화되어 항문 보유(anal-retentive)성격이 되며, 성인이 된 경우에 고집이 세고 인색하고 복종적이고 시간을 엄수하며 지나치게 청결하거나 혹은 지나치게 불결한 경향이 나타난다. • 대소변 가리는 시기 : 통제력, 인내심, 자율성과 독립심 성취 • 지나치게 엄격할 때 : 강박, 의존적이 될 수 있음 ☞ 고착 : 구두쇠, 수집광

남근기[5] (Phallic stage)	3~6세	4~5세 사이에 리비도적인 관심이 생식기로 옮겨간다. 이 단계의 아동은 자신의 성기를 자세히 관찰하고 자위행위를 하며, 출생과 성에 대한 관심을 나타낸다. 남아가 부친을 증오하고 모에 대해서 품는 무의식적인 성적 애착인 오이디푸스 콤플렉스(oedipus complex)와 여아가 부에게 애정을 품고 모를 경쟁자로 인식하여 반감을 갖는 엘렉트라 콤플렉스(electra complex)는 남근기단계에서 일어나는 과정으로 어린이는 이성부모와의 성적 접촉을 바라며, 동성부모에게서 위협받는 것처럼 느끼는 것이다. 그러나 결국 동성부모와의 동일시를 통하여 이 갈등을 해소한다. 아동은 이성부모에게 성애적 감정을, 동성부모에게는 미움과 질투의 감정을 갖는다. 5~7세 사이에 어린이는 어머니에 대한 성적 욕망을 억압하고 아버지와 동일시하기 시작함으로써 오이디푸스 갈등은 해결된다. 아버지와의 동일시과정은 '공격자와의 동일시'라고 하며, 아동은 동일시를 통해 가치관, 도덕, 태도나 성에 관련된 행동 등 남자란 어떤 것이라는 것을 묘사하는 모든 것을 배우게 된다. 사회적 규범의 측면에서 볼 때 아동이 오이디푸스를 해소했다는 것보다는 아동이 그의 부모의 행동기준과 도덕적 금기를 자신의 것으로 내면화했다는 것이 중요하다. 이는 여아보다는 거세불안을 경험한 남아에게서 더 강하게 나타난다. 남근적 고착시에 자신이 남자 또는 여자라는 사실을, 이성의 성적 관심 또는 결핍을 예민하게 의식한다. 이 고착은 바람기, 정력이나 매력의 과시로 나타날 수 있는데 이성을 유혹하는 것 같이 보여도 이들은 본격적인 성적 관계는 두려워 한다. 경솔하고 과장되며 야심적이다. 남자들은 성공하려고 아주 노력하여(노력은 이성의 부모에 대한 승리를 의미한다), 항상 그들의 강함과 남자다움을 나타내고자 한다. 여자들은 지나친 정숙함(이성애 회피), 이성에 대한 공포, 무시나 무관심으로 표현한다. 남성의 남근적 성격은 자신의 아름다움과 비범함에 도취하여 남들로부터 이를 끊임없이 인정받아야 좋아한다. 이때 지지를 받으면 기고만장해지지만 남들이 별로 좋아하지 않으면 자기가 무가치하다고 생각한다. 남근적 성격은 허영, 자부심과 만용, 명랑함, 자기증오, 겸손, 슬픔 등이다.

---

5) 첫 세 단계(구강기-항문기-남근기)에 고착되어 나타난 성격들은 성숙하지 못하다는 공통점(의존, 과시, 강박성)을 갖고 있으나, 여기서 나타나는 성격은 용기는 있으나 남근기적 무자비함이 없고 자신에게 만족하나 남근기의 자만과 허영심이 없고, 이성을 사랑하는 구강기적 의존심이 없고, 근면하고 효율적으로 일하나 항문기적 강박성이 없고, 이타적이고 관대하나 항문기적 성자스러움이 없다(maddi, 1972). 즉 본능충족을 극대화하면서도 처벌과 죄책은 최소이다.

단계	연령	설명
남근기 (Phallic stage)	3~6세	여성이 남근기에 고착된 경우에는 성관계에 있어서는 순진하고 결백해 보이지만 난잡하고 유혹적이며 경박한 기질을 갖는다. 어떤 여성들은 이런 기질 대신 아주 자기주장적이어서 남성을 능가하고자 노력한다. 미해결된 오이디푸스 문제는 나중에 신경증의 근원이 된다. 남성의 성적 무기력과 여성 불감증의 근원이 된다. • 초자아가 형성되고 발달하는 시기, 성에 관한 정체감 생김 ☞ 고착 : 오이디푸스 콤플렉스
잠재기 (Latency stage)	6~12세	6~7세 사이와 청년기가 시작하는 시기에 아동은 성적인 수면상태에 속한다. 이 시기에 리비도는 승화되어 무성적 활동인 지적인 관심, 운동, 친구간의 우정으로 전환된다. 남근기 시기가 너무 격정적이고 고통스러웠기 때문에 그 결과 성적·공격적 충동들이 억압되게 된다. 대부분 문화에서 잠복기는 학령기와 겹친다. 잠재기는 마지막 심리성욕단계에서 일어나게 될 중요한 성장을 준비하는 시기로, 성적 관심의 저하는 순전히 생리학적 현상으로 간주된다. • 비교적 성적 충동이 조용한 시기로서 성적 관심들이 외부활동으로 승화됨. • 성기기 이전의 자기애적 혹은 내적이고 자기 중심적인 집착기 • 중기 아동기 동안 외부를 향하고 타인과의 관계를 형성하는 사회화의 시기
생식기 (Genital stage)	12세~	사춘기 발달과 함께 이성에 대한 관심과 인식이 증가되며, 성적·공격적 충동이 다시 나타난다. 생식기의 첫 단계는 유기체의 생화학적이며 심리적인 변화에 의해 초래된다. 생식기는 성적인 충동의 가장 완전한 만족을 추구하려는 특징이 있다. 사춘기 초기에 "동성애(homosexual)"에서 오이디푸스 갈등의 해결에서와 같은 방법으로 일어난다(명백한 동성애 행위가 모든 사람이 경험하는 것은 아니지만, 소년기에는 동성인 친구와 다니기를 더 좋아한다). 점차 성적 에너지 대상이 이성으로 옮겨가고 구애가 시작되며, 사회-성적(social-sexual) 인간관계가 원만하고 책임감이 잘 발달되었기 때문에 이성과의 사랑이 만족스럽다. 이상적인 생식기적 성격을 획득하려면 사랑과 안전이 자유롭게 제공되어 보답이 요구되지 않는 아동기 초기의 수동성을 버려야 한다. 그러기 위해서 일하기를 배우고 만족지연을 시켜야 하고, 책임감이 있어야 하며 무엇보다 적극적인 활동을 해서 생활문제를 해결해나가야 한다. 아동기 초기에 심한 외상적 경험을 갖게 되어 성적 에너지의 고착이 있게 되면, 이 단계에서의 적절한 적응이 어렵다. 일과 사랑의 능력은 성숙(생식적 성격)의 지표로 본다. 이전 단계에 고착되었다는 것은 자기성애(auto-eroticism)

생식기 (Genital stage)	12세~	와 가족연애를 벗어나지 못했음을 의미한다. 일을 일 자체로 사랑받거나 지배하는 수단으로써가 아니라 즐길 수도 없거니와 이성에게서 자기를 사랑해줄 부·모를 찾느라 타인을 그 자체로서 사랑할 수도, 나를 주고 상대를 받는 진정한 성적 즐거움도 누릴 수 없다. 남근(phallus)은 '남성의 상징'으로 기껏해야 자위 또는 선망의 대상이 된다. • 자기 정체성 확립, 이성에 대한 사랑을 갈구함

② Erikson의 심리사회적 성격발달

Freud가 성격발달의 기초로 성적인 에너지를 강조한 것과 달리 에릭슨은 인간의 성격발달을 내적 본능과 사회문화적 요구 간의 상호작용으로 발달이 이루어진다고 보았다. 프로이드가 성격발달에 부모의 중요성만을 강조한 반면 에릭슨은 가족, 친구, 사회, 문화배경 등 사회·문화적 환경에 주목하므로서 발달의 사회적 맥락을 강조하였고 주요개념은 자아정체감의 발달이다. 에릭슨은 전체 생애를 통한 8단계 발달은 연속·축적되어 성격의 중심적 구조로 자아를 설정하고, 인간관계의 경험이 자아의 기능을 요구하므로, 자아는 사회화 과정, 사회와의 관련성을 전제로 한다. 개인의 심리적 발달(성격 및 가치관)과 개인이 만든 사회적 관계들이 병행하여 성장해 나가는 이중적 과정을 발달이라고 한다. 각 단계마다 개인의 생리적 성숙(유전적 요인 등)과 더불어 개인에게 부과된 사회적 요구(발달과업)가 따르고, 이 요구는 하나의 위기(crisis)로 이것의 해결여부가 개인에게 인생전환점이 되며, 성공적으로 극복한 경우 성숙하고, 그렇지 못한 경우 성장의 왜곡이 나타난다. 성격발달은 성인기 이후까지 계속되는 발달과업이며, 점진적으로 형성된다. 즉 개인과 사회의 역할을 동등하게 중요시 여겼다.

단 계	특징	결과
유아기 (출생-1.5세)	어머니 등의 양육자와의 신뢰로운 관계형성을 통한 자기, 타인 및 세상에 대한 기본적인 신뢰감을 형성한다. 양육자의 적절한 욕구충족(음식제공 등)과 고통해소(기저귀갈기 등), 그리고 일관성 있는 양육방식과 양육자의 자신감이 중요하다.	신뢰감 vs 불신감
걸음마 (1.5-3세)	이 단계의 중요과업은 자기통제인데, 배변훈련에 있어 자신의 욕구와 부모의 기대사이의 갈등을 경험하며, '응', '예'와 같은 긍정보다는 '싫어', '아니' 등의 부정을 주로 사용한다. 아동에게 새로운 것들을 탐색할 기회가 주어지고 독립심이 조장되면 건전한 자율감이 발달하게 된다.	자율감 vs 수치심과 회의감
학령전기 (3~6세)	목표와 계획을 세우고 이를 추진해나가는 주도성 발달을 위해 미운 4살처럼 침입행동(공격적 언사나 행동)이 나타나고, 경쟁적 태도를 보이며, 성과 공격성에 대한 관심이 증가한다. 이런 상황에 대해 지나치게 엄격한 도덕적 기준을 적용하는 경우 아동발달에 있어 주도성과 창의성이 손상된다.	주도성 vs 죄책감

학령기 (6~12세)	이웃이나 학교 등 외부 사회생활에 필요한 기본적 지식과 기술을 습득하고 또래친구들을 통해 대인관계능력이 발달하며, '내가 이런 것은 잘할 수 있다'는 근면성을 얻지 못하는 경우 열등감이 빠지기 쉽기 때문에 교사의 역할이 중요하다.	근면성 vs 열등감
청년기 (13~20세)	청년기의 가장 중요한 발달과업은 자아정체성의 확립이다. 정체감 탐색에 실패한 청년은 정체감 혼미를 경험하게 된다. 정체감 혼미(identity diffusion)는 가장 낮은 단계로 정체성 몰입의 능력이 없는 지위이다. 정체성 유실(identity foreclosure)은 사회적 안전욕구가 가장 강한 지위로, 자신이 선택하기보다는 타인이 제공한 정체감을 수용하는 것이다. 정체성 유예(identity moratorium)는 가장 적극적으로 정체성을 탐색하는 단계로 정체성 성취에 도달하기 위해 필요한 과도기적 지위에 해당한다. 정체성 성취(identity achievement)는 가장 높은 지위로 개인적 정체감을 확고하게 갖게 되고 현실적인 대인관계를 안정적으로 유지하고 자존감이 높다(Marcia, 1991).	정체감 vs 혼미감
성인기 (20~40세)	성인기가 시작되는 단계로 자아정체감 형성에 따른 진정한 의미의 친밀감 형성이 가능한 시기로 이를 위해서 각자의 독립된 세계를 인정할 수 있게 된다. 그러나 나이 어리고 미숙한 부모처럼 자녀학대를 하거나 이혼율이 증가하는 것은 친밀감 형성에 문제가 있음을 의미한다.	친밀감 vs 고립감
중년기 (40~62대)	생산성은 성숙한 성인이 다음 세대를 구축하고 이끄는데 관심을 갖는 것으로 자녀를 낳아 기르는 것, 직업에서 생산적이고 후세대를 양성하는 것을 말한다. 즉 자녀나 부하사원 등에 대한 배려와 사회에 대한 관심이 증가되는 시기로 다양한 봉사활동에 참여하며, 노동의 분담과 가사를 공동부담한다. 생산성을 통해 중년기 성인들은 다음 세대를 인도하고, 침체성은 다음 세대를 위해서 자신이 한 일이 아무것도 없다는 것을 깨닫는 것이다.	생산성 vs 침체성
노년기 (62세~)	신체적 노쇠와 사회적 상실에 대한 심리적 적응기로 자신의 인생에서 행복한 일과 불행한 일을 있는 그대로 회고하고 인정하면서 자신의 불행했던 일이나 실수를 행복했던 삶과 함께 자신의 삶으로 받아들이겠다는 태도인 자아통합과 감정의 앙금(emotional residue)을 정리하기 시작한다. 지나온 생을 회고하고 자신의 삶을 의미있고 만족스러운 것으로 인식하고 후회없이 받아들이면 자아통합을 이룬다. 그렇지 못할 경우에 인생에 대한 회의와 절망감에 빠지게 된다.	통합감 vs 절망감

❖ Freud와 Erikson의 비교 ❖

• 발달단계

단계	Freud	Erikson
1	구강기	유아기
2	항문기	걸음마
3	남근기	학령전기
4	잠재기	학령기
5	성기기	청년기
6		성인초기
7		중년기
8		노년기

• 세부내용

구분	Freud	Erikson
배경	고대의 희랍신화의 영향	시, 민속 등 일상생활의 지혜
강조	• id 강조	• ego 강조
관심사항	아동의 성적 성격발달에 주는 영향과 부정적인 면에 관심	아동의 자아가 형성되는 심리역사적 환경과 긍정적인 면에 관심
성격형성	초기 아동기의 경험(남근기 이후 설명없음)	인간의 전생애에 걸쳐 변화
인간관계 초점	• 모-아동-부의 갈등적 삼각관계 • 적응상의 문제는 오이디푸스 콤플렉스에서 찾음	• 인간이 사회 속에서 맺게 되는 사회적 관계
단계	• 성격은 생후 5세 전후로 형성되며, 변형은 사춘기까지 정상적으로 발달 • 발달은 성적 에너지에 의해 좌우되며, 가족관계 속에서 성격발달 • 발달 단계를 총 5단계로 구분, 성인은 발달이 완료된 상태	• 성격은 생후 1~2세에 형성되며, 변형은 생의 끝까지 정상 혹은 병리적으로 발달 • 발달은 대인관계의 질에 좌우되며, 결정적 시기에 성격발달 • 전생애를 통한 발달, 성인도 발달 과정의 한 형태
심리성욕 갈등의 양성과 해결책	정신생활의 무의식적 작용과 존재를 해명하고 초기 외상이 성인기에 어떻게 정신 병리를 야기하는가를 설명	생활에서 오는 정신사회적 위험을 갖고 인간의 삶을 더 잘 이해할 수 있다고 설명
유사점	에릭슨의 이론은 프로이드의 정신분석학이론에서 출발을 했고, 둘 다 어머니와의 초기 경험이 중요하다는 점을 중시하고, 성격의 단계가 미리 예정되고 그 순서가 불변한 것으로 본 점은 유사하다.	

③ 소결

인간발달의 중요한 요소는 성적 충동으로, 이것은 초기 발달시에 여러 성적 부위를 거쳐 가며 진행한다는 것을 의미한다. 어떤 특정한 발달 단계시기에 신체의 어떤 부위는 유쾌한 긴장을 가져다 줄 어떤 대상이나 활동을 추구하게 된다. 심리성적 발달(psychosexual development)은 생물학적으로 결정된 발달단계이며, 그 발달순서와 특징은 모든 사람에게 공통적으로 나타난다. 각 단계에서 개인이 어떤 사회적 경험을 하느냐 하는 것은 그가 그 단계에서 얻는 태도와 특성·가치관의 형식으로 영원한 흔적을 남긴다.

심리성적 발달에 영향을 미치는 두 요소	좌절 (frustration)[6]	아동의 심리성욕욕구(젖을 빠는 것, 물어뜯는 것, 씹는 것)가 양육자에 의해 방해받게 되어 바로 만족할 수 없게 되는 것이다.
	방임 (overindulge)	부모가 아동에게 내적 기능을 이겨나가도록 하는 훈련을 거의 시키지 않아서 의존심과 열등감을 조장시키는 것이다.

좌절과 방임의 결과 성인기에 나타나는 잔여행동	퇴행 (regression)	심리성욕발달의 초기단계로 되돌아가는 것으로, 개인이 곤경에 처했을 때 좀 더 안전하고 즐거웠던 초기 발달단계로 후퇴하거나 미성숙한 반응을 하는 방어기제이다.
	고착 (fixation)	과도한 욕구불만이나 방종으로 인해 개인의 발달이 초기 심리성욕단계의 어느 한 단계에 저지되어 있는 것, 어떤 발달단계에 있었던 문제가 잘 해결되지 못했던 것을 반영한다.

(4) 신프로이드 학파의 견해

신프로이드학파에 속하는 학자들은 프로이드 이론을 추종하지만, Freud와 달리 경험의 해석과 환경의 처리에서 의식적 마음의 역할을 더 강조했고, Freud가 강조한 성과 공격이 유일한 동기라는 것에 의문을 제기하면서, 더 숭고한 동기들과 사회적 상호작용을 강조하는 경향이 있다.

① Adler

사회적 충동·무의식적 사고를 중요시하였으며, 심리적 열등감·고통스런 감정을 감소시키기 위한 보상(상상된 혹은 실제의 개인적 허약을 극복하려는 개인적 노력)추구로 관심을 옮긴 것이 특징이다. 인간이 심리적 열등감·고통스러운 감정을 극복하려고 시도하는 노력이 생활양식(style of life-각 개인의 특정한 의미와 신념의 발달)의 일부를 형성하고, 특징적인 성격기능의 한 면을 이룬다. 즉 생물학적 측면보다 사회적 측면을 더 강조했다.

우월에 대한 추구(striving of superiority)에 대하여 초기에는 권력에 대한 의지(will to power)를 강조하였고, 이 추구가 신경증적이 되면 권력에 대한 바람·타인에 대한 통제로 표현되며, 건강한 경우 타인의 행복에 공헌하기 위해 자신의 우월목표를 포기하고 사회적 관심을 가지는 것으로 생각했다. 성격 발달은 부모·아동 간에 주고받는 사랑, 가족, 형제관계, 출생순위에 영향을 받는다(형제서열이론).

❖ 출생순위 및 형제 간 경쟁이론 ❖

첫째 아이	생애초기에 가족과 친족들의 애정과 관심을 독차지하게 된다. 그러나 동생이 출생함으로써 "폐위된 왕"의 위치로 전락하게 된다. 첫째 아동은 동생에게 빼앗긴 사랑을 되찾기 위해 노력을 하지만, 그것이 쓸모없음을 알게 된다. 이를 통해 독립적이고 자율적 성격 또는 자아중심적 성격, 독단적 성격으로 자라나게 된다.

---

6) 좌절이나 방임의 결과는 리비도의 과투자로 나타나고, 과투자의 강도에 따라 성인기에 이 경험이 발생한 심리성욕단계와 연관되어 잔여행동으로 나타난다.

둘째 아이	바로 위에 힘있고 능력있는 형이 있음을 알게 된다. 따라서 둘째는 부모님의 사랑을 차지하기 위해 형보다 나아야 된다고 생각하며 경쟁하게 되는데 그 결과 첫째에 비해서 말을 하거나 걷는 시기가 빠르게 된다. 소위 "전속력으로 달리는 아이"라고 표현된다. 두뇌나 재능이 우수하고 경쟁적인 성격이 형성된다.
셋째 아이 - 막내	출생하면서 경쟁해야 될 형이 위에 둘이 있음을 알게된다. 다른 형제들에 비해 사랑을 동생에게 빼앗기는 경험을 하지 않게 된다는 특징을 지닌다. 따라서 막내의 경우 2가지 측면의 극단적인 성격을 형성할 수 있다. 한편으로는 경쟁을 포기하고 부모나 형들에게 전적으로 의존하게 되는 성격이 되거나, 정반대로 위의 두 형을 경쟁자로 보고 극복하려는 노력 속에 야망이 강하고 성취욕이 강한 성격으로 나타나게 된다.
독자	형제가 없기에 부모가 경쟁자가 된다고 본다. 기본적인 특성은 막내와 비슷(사랑을 독차지하면서 다른 형제에게 사랑을 빼앗기는 경험을 하지 못함)하다. 따라서 의존적인 성격을 주로 형성하게 된다. 독자의 경우에는 또래관계를 형성할 필요가 있는데, 그 이유는 자아중심적이고 의존적인 성격에서 탈피하는데 도움이 되기 때문이다.

카인 콤플렉스

부모의 사랑을 더 차지하기 위해 형제자매간에 나타나는 심리적 갈등이나 적대감, 경쟁심 등이 나타나는 것을 말한다. 그래서 동생이 태어났을 때 형이 받는 스트레스는 부모님이 사망했을 때 받는 충격 또는 첩이 집안에 들어올 때 본처가 받는 스트레스와 유사하다고 한다. 카인콤플렉스는 아담과 이브의 장남 카인과 차남 아벨의 이야기에서 유래한 것이다. 카인은 농사를 지어 땅에서 경작한 작물을 동생은 양을 길러 첫 새끼와 양에서 얻은 기름을 각각 야훼신께 제물로 바쳤는데, 야훼신이 동생 아벨의 제물만 받고 카인의 것은 받지 않았다. 이에 카인은 동생에 대한 질투와 자신의
정성을 무시한 야훼신에 대한 원망을 갖게 되고 결국 동생을 살해하게 되어 인류 최초의 살인자가 된다. 흔히 가정 내에서 부모님에게 한번쯤은 "넌 왜 이렇게 덜렁대니, 형은 얼마나 점잖은데…", "누나는 할 거 다하고 TV보는데 너는 어떻게 놀 생각만 하니", "오빠가 돼서 동생한테 양보도 못해줘?", "네 동생은 사달라고 떼 한번 안 쓰잖니", "동생도 가만히 있는데 뭘 잘했다고 큰 소리야", "누나 공부해야 되니까 네가 좀 하렴", "언니 반만이라도 닮아봐라", "오빠는 시키지 않아도 잘하잖아" 등이다.

Alfred Adler는 1870년 2월 7일, 오스트리아 빈의 유대계 6남매 중 둘째로 출생했다. 1895년 26세에 빈 의과대학에서 학위를 취득하고 1897년 28세에 러시아 여자인 아리사 에프쉬타인과 결혼하고 1898년 29세에 처녀작 〈재단사를 위한 건강서 : Health Book for the Tailor Trade〉를 출간하였다. 1912년 〈신경질적 성격 : The Neurotic Constitution〉, 1917년 〈동성애의 문제 : The Problem of Homosexuality〉, 1919년 〈다른 견해 : The Other Side〉, 1920년 〈개인심리학의 실행과 이론 : Practice and Theory of Individual Psychology〉, 1927년 〈인간성의 이해 : Understanding Human Nature〉, 1928년 〈개인심리학의 기술 : The Technique of Individual Psychology〉, 1929년 〈미스 R의 예 : The case of Miss R〉, 〈학교에서의 개인 심리학 : Individual Psychology in School〉, 〈생활의 과학 : The Science of Living〉, 〈신경증의 문제 : Problems of Neurosis〉, 1930년 〈어린이들의 교육 : The Education of Children〉, 〈어린이 지도 : Guiding the Child〉, 〈삶의 양식 : The Pattern of Life〉, 1931년 〈삶의 심리학 : What life Should Mean to You〉, 〈A부인의 예 : The Case of Mrs. A〉, 1932년 〈인류에의 도전 : A Challenge to Mankind〉, 〈종교와 개인심리학 : Religion and Individual Psychology〉 등을 출간하였고, 향년 68세의 나이로 사망하였다.

② Jung

분석 심리학자로 Freud의 성욕에 대한 지나친 강조에 대하여 반대하였다. 그러나 그는 Freud와 마찬가지로 성격의 구성요소로 사회적 요인들을 덜 강조하고 무의식(집단/개인)에 동의하고, 인간의 양심성을 강조하며, 자아를 제시하였다.

콤플렉스 (complex)	심리적 복합체의 의미를 갖고 있으며, 엄마나 아빠 콤플렉스, 외할머니콤플렉스, 돈 콤플렉스 등 다양한 내용으로 존재한다. 일상생활에서는 '내가 남보다 못하다'는 열등감을 의미한다. 그래서 다른 사람들이 진심으로 칭찬하더라도 그런 사실을 있는 그대로 받아들이지 못하고 '그저 내게 듣기 좋게 하는 아부성 발언이야', '속으로는 나를 무시하고 있을 거야'라는 식으로 칭찬의 의미를 왜곡시켜 버린다[7].	
집단적 무의식 (collective unconsciousness)	집단적 무의식은 모든 종족 성원들에게 이어지며 그리고 공통적인 무의식의 한 부분이다. 과거세대의 누적된 경험이 저장된 것으로 모든 인간에게 공유, 사고하고 느끼는 방식, 인생·세계를 인식하는 방법이다. ⇒ 남자, 여자, 아버지, 어머니, 신 등에 대한 인류조상들의 경험에 따라 형성된 심리적 내용들	
	원형 (archetype)	집단 무의식으로 전해진 모든 인간들에게 공통인 사고 형태들을 말한다. 즉 인간의 다양한 경험들이 유전암호가 되어 다음세대로 전달되어 공통적인 사고의 형태를 갖게 된다. 이는 집단 무의식의 중요한 구조적 요소로, 보편적 심상이나 상징이다.

집단적 무의식 (collective unconsciousness)	페르조나 (persona)	이는 우리의 공적인 가치, 우리 자신을 다른 사람에게 나타내기 위해 알리는 가면을 말한다. 즉 타인에게 제시하는 얼굴, 인습적 역할을 대표한다. 그러나 진정한 자기에게는 은폐시키려고 하기에 자기와 갈등을 일으킨다. 지나친 강조는 자기감 상실을 의미한다. ⇒ 여자로서의 도리, 학생의 본분, 국민의 도리 등이나 누구의 아들, 누구의 아내, 누구의 아버지, 어디 출신, 무슨 직위, 무슨 대학 출신 등이다.
	아니마 (anima)	남성이 갖는 여성적 측면으로 주로 감성으로 나타난다. 남성이 자신의 아니마를 거부하면 냉담, 감정에 무디게 된다. ⇒ 남자답다고 평가받는 사람이 위기상황에서 감성적인 불안으로 안절부절못하거나 집에 들어와서는 잔소리가 많고 짜증부리고 소심하고 때로 감성적인 기분에 사로 잡히는 현상 내지는 중년기 이후 남성의 여성화 현상 등이다.
	아니무스 (animus)	여성이 갖는 남성적 측면으로 주로 이성적으로 나타난다. 여성이 자신의 아니무스를 거부하면 지나친 모성애에 빠진다. ⇒ 여자다운 여자가 위기상황에서 이성적인 현명한 판단을 통해 위기를 극복하거나 느닷없이 흥분하여 심하게 야단치거나 심한 욕설을 퍼붓는 현상 내지는 중년기 이후의 여성의 남성화 현상 등이다.
	그림자 (shadow)	페르조나의 반대적 속성으로 인간의 어둡고 사악한 동물적인 측면이다. 사람들이 세계와 관계 맺는 방식이 두 가지라고 가정한다. 하나는 사회적으로 바람직하고 선한 '나'를 주장하면 할수록 악한 것이 그 뒤에서 짙게 도사리게 되면, 선한 의지를 그림자가 뚫고 나올 때 느닷없이 악한 충동의 재물이 되게 하여 사회적 물의를 일으키게 된다. ⇒ 도덕적 결백을 주장하는 사람의 성적 금전적 스캔들 등(지킬박사와 하이드, 파우스트와 메피스토펠레스, 흥부와 놀부, 그리스도와 마귀 등) 또 하나는 주로 자신과 유사한 대상에 투사되어 나타난 그림자의 모습이다. 특히 자신의 추하고 악한 특성을 억압했다가 그런 특성을 특정 사람이나 대상에 투사하여 징벌하는 희생양현상도 그림자의 투사와 관련된다. ⇒ 같은 성의 친구사이, 형제자매간, 시누이와 올케사이 등에서 간혹 볼 수 있다.

---

7) 콤플렉스 상태에서는 의식적이든 무의식적이든 자극이 되면 얼굴이 굳어진다든지, 창백해진다든지, 벌겋게 상기된다든지, 목소리가 떨린다든지, 말문이 막히거나 더듬거리거나 갑자기 횡설수설하는 등 감정적으로 동요되거나 흥분하는 여러 가지 현상을 보이게 된다.

집단적 무의식 (collective unconsciousness)	자기(self)	인간의 내면정신세계의 중심에 있는 집단무의식으로서 개인의 진정한 성숙과 발달을 가져오게 하는 창조적인 자율적 정신내용이다. '진실된 나, 진정한 자기'를 의미한다. 여러 가지 상반된 원형이나 성격요소들이 조화를 이루거나 통합될 수 있도록 하는 요소이며, 여러 성격 측면과 자기와의 통합은 일생동안 일어난 투쟁이며, 중년 후부터 균형을 찾는다고 한다.
	개인적 무의식	개인적 무의식은 개인의 억압된 사고들, 잊혀진 경험들 및 미개발된 관념들로 이루어져 있다. 그 재료가 억압되거나 망각된 것으로, 많은 노력을 들이지 않아도 의식가능하며 Freud의 전의식과 유사하다.
	자아	개인이 의식하는 모든 가정, 생각, 기억 등으로 구성되며, 구성욕구뿐만 아니라 창조적 힘도 갖고 있다.
심리유형		우리는 같아야 한다는 막연한 기대로 인하여 인간의 상처와 갈등은 깊어진다. 즉 부부는 일심동체가 아니라 진정한 부부가 되기 위해서는 이심이체가 되어야 한다. 서로 다름을 인정할 때 비로소 진정한 일치가 가능하다.
	일반적 태도	사람들의 일반적인 삶의 태도는 외향성과 내향성으로 구분할 수 있다. 외향적인 태도를 가진 사람은 관심을 외부세계의 사람이나 사물에다 쏟는다. 내향적인 태도를 가진 사람은 외부세계에서 벗어나 자기 자신안으로 몰입한다.
	정신의 4가지 기능	합리적 기능 : '사고와 감정'에 의한 기능으로 어떤 인식된 내용들을 토대로 논리나 추론 등의 이성적인 과정을 통해 결론과 판단에 도달하게 하는 정신기능(인식과 정보수집을 통한 맞다-틀리다, 좋다-싫다와 같은 판단의 방식)을 의미한다. 비합리적 기능 : '직관과 감각'에 의한 기능으로 주로 현상이나 대상에 대한 인식과 관련된 특성이다. 논리나 추론과 같은 이성적인 과정이 포함되지 않는 정신기능(외부대상에 대한 정보수집과 인식의 방식)을 의미한다.

Carl Gustav Jung(1875. 7. 26~1961. 6. 6)은 스위스의 정신의학자로 분석심리학의 개척자이다. 목사의 아들로 태어나 가문의 전통을 이어받지 않고 바젤대학교와 취리히대학교에서 의학을 공부하여 정신과의사가 되었다. 부르크휠츨리 정신병원에서 일하면서 병원장이었던 오이겐 블로일러의 연구를 응용해 심리연구를 하기 시작하였으며, 이전 연구자들이 시작한 연상검사를 응용하면서 자극어에 대한 단어연상을 연구하였다. 또한 프로이트와 함께 정신분석학연구를 하기도 했지만 프로이트의 성욕중심설을 비판하고 독자적으로 연구하여 분석심리학설을 수립하였다. 그 후 취리히 연방과학기술전문대학의 심리학 교수, 바젤대학교의 의학심리학 교수로 재직하였다. 그는 85세의 나이로 세상을 떠났다.

③ Erich Fromm

진정한 개인 이해는 다른 사람과 개인의 관계를 파악하는 것이다. 인간은 사회적 존재이다. 따라서 성격특성은 다른 사람들과의 경험에서 발달한다. 개인이 파괴적인 생리적 동기와 연합하는 것이 아니라 별도의 동기로 존재하는 사회적 동기인 진리, 자유, 정의를 추구해야 한다. 즉, 좋은 사회를 만드려는 욕구가 사람들에게 있고, 그것은 문화를 만드는 힘이다. 성격이란 사회적 조건에 대한 수동적인 적응의 결과가 아니라 역동적인 적응이다. 사람들 특성의 성격이 그 사회의 특징을 결정한다. 따라서 그런 방식으로 사람들이 행동하게 한다.

Erich Pinchas Fromm(1900~1980)은 1900년 3월 23일, 프랑크푸르트에서 출생하였다. 1918년 프랑크푸르트 대학입학, 1925년 박사학위 취득, 1926년 결혼 후 정신분석 연구, 1930년 남부정신분석연구소 설립, 1933년 미국으로 망명, 1934년 콜롬비아사회연구소에 근무하면서 1941년 '자유로의 도피' 출간, 1947년 '윤리심리학의탐구' 출간, 1956년 '사랑의 기술' 출간, 1963년 멕시코 정신분석연구소 개설, 1973년 '인간 파괴성의 분석' 출간, 1976년 '소유냐 존재냐' 출간하였다. 프롬의 사상의 특징은 프로이드 이후의 정신분석 이론을 사회정세전반에 적용한 것에 있다. 그래서 그를 신프로이드주의의 주도적 제안자로 평가한다. 그의 대표작인 《자유로부터의 도피》에서는 파시즘의 심리학적 기원을 밝혀, 민주주의 사회가 나아갈 방향을 밝히고 있다. 프롬에 따르면 인간은 자신의 생물학적 성장이나 자아 실현이 방해될 때에, 일종의 위기 상태에 빠진다. 이러한 위기는 인간에 대한 공격성이나 새디즘[8], 매저키즘 및 권위에 대한 복종 또는 자신의 자유를 부정하는 권위주의로 빠지게 된다. 이런 위기에서 벗어나기 위해 프롬은 자아를 실현하는 생활이 그 수단이 될 수 있다고 한다. 신경증이나 권위주의, 새디즘, 매저키즘 등은 인간성이 개화되지 않을 때에 일어나고 이것을 프롬은 인간적인 파탄이라고 했다.

---

8) 새디즘이란 일반적으로 다른 사람에게 고통을 가함으로써 성적 만족을 얻는 행위들과 관련된 용어이다. 새디즘은 오스트리아의 저명한 성과학자인 리하르트 폰 크라프트 에빙이 처음으로 사용한 용어로 무자비하고 잔혹한 성행위를 즐겼던 18세기 작가 사드 후작의 성(姓)에서 따온 것이다. 매저키즘은 새디즘의 반대이다.

④ Erik Erikson

인생발달을 8단계(인간의 변화와 진화는 죽을 때까지 계속된다)로 제시하여, 인생의 초기 경험이 인간 성격을 결정짓는다고 주장(심리성적 발달 이론)한 Freud와 견해를 달리했다. 각 단계마다 사회가 요구하는 과업들이 있고, 또한 사회적 요구와 개인 사이의 갈등이 있다 (인생과업→사회적 과제). 그는 양극이론에서 사회적 과제를 잘 수행하면 좋은 방향의 성격이 표출되고, 사회적 과제를 잘못 수행하면 나쁜 방향의 성격이 표출된다고 하였다.

❖ 심리사회적 발달 단계 ❖

발달단계	사회심리갈등	덕목	악덕목	영향을 주는 관계
구강-감각(~1세)	신뢰감 vs 불신감	희망	탐식	어머니
근육-항문(~2세)	자율감 vs 수치심	의지	분노	부모
운동-생식(3세~5세)	주도성 vs 죄의식	목표	탐욕	가족
잠재기(초등학교)	근면성 vs 열등감	능력	시기	학교
사춘기	정체감 vs 역할혼미	충실	자만심	동료그룹
초기성인기	친밀감 vs 고립감	사랑	정욕	애인, 친구들
성인기 및 중년기	생산감 vs 자기침체	돌봄	무관심	자녀, 젊은이
노년기	통합감 vs 절망감	지혜	우울	살아있는 전통

(5) 대상관계이론

개인이 살아가는 데 있어서 중요한 건 타인이다. '자기'는 '관계적 자기'이다. 따라서 인간의 "사회적 측면"을 강조하는 이론이다. Freud는 자기 내면의 욕구 갈등 방식을 중요시한 반면에, 대상관계이론은 자기가 어떤 관계를 이루는지에 초점을 둔다. 양자는 초기의 인간 경험이 중요하다고 본 점에서 공통점이 있으나, 프로이드는 본능적 욕구를 강조하고, 대상관계이론은 신뢰에 따른 경험을 중요시 여긴다(ex. 한 인간에게 가장 중요한 대상인 어머니와의 관계 속에서 세상과의 관계를 습득한다고 함)는 점에서 차이가 있다.

Good vs Bad (좋음 대 나쁨)	양극 차원의 분리로 양극을 형성(bipolar representations)하고, 이 구분이 처음에는 모호한데, 어머니와 부대끼며 좋고 나쁨을 알아가며, 이것이 성격을 형성하는 것이다.
사랑, 쾌 vs 미움, 불쾌	인간관계의 핵심 갈등이다. 자기가 사랑받고 있을 때 세상을 사랑하게 된다. 따라서 어머니의 사랑이 중요하다.

Heinz Kohut는 인간의 문제는 자신에게 감정이입(empathic mirroring)을 해주는 사람이 없기 때문에 발생하므로 '밀착'이 중요하다고 했다. 오이디푸스 콤플렉스 시기는 성적 문제가 아니라 밀착 문제이다. 즉 이성부모는 비공감적이며 동성부모는 경쟁적일 때 아이는 문제가 생긴다. 불안 이유에 대하여 Freud는 성적으로 해석했지만, Heinz Kohut는 내가 좋아하는 사람으로부터 인간적 공감을 얻지 못해서라고 보았다. 내게 중요한 자리를 차지하는 사람과의 공감은 심리적 산소(psychological oxygen)와 같은 것이며, 나를 알아주는 사람이 없으면 문제가 생기는데 이를 현대인의 불행이라고 하였다. 인간과 인간 사이에 정서적 관여(친근성)가 있어야 하며, 건전한 Self는 자기 자신에 대해 심리적 안정을 누리는 사람, 통합감을 누리는 사람, 부모로부터 자신에 대한 공감을 받은 사람이라고 하였다.

(6) 교류분석이론

개인의 성장과 변화를 위한 체계적인 심리치료기법으로 TA의 발달은 에릭 번(Eric Berne, 1910-1970)에 의해 개발되었다. Transactional Analysiss는 인간의 성격이 P(부모자아), A(어른자아), C(어린이자아) 세 가지 자아상태로 구성되었으며 TA는 긍정성, 자율성, 변화가능성을 철학으로 내세우고 있다.

① 자아상태의 기능분석

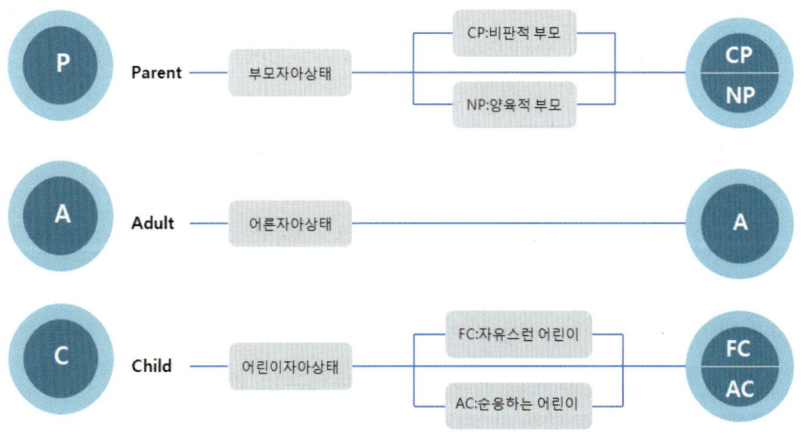

출처 : 한국교류분석 상담학회

② 통제적 부모와 양육적 부모

P는 기능적으로 통제적 부모 CP(controlling parent)와 양육적 부모 NP(nurturing parent)로 구분한다. A는 정신적으로 성숙한 인간상으로 보고 객관적이고 합리적으로 일처리를 한다.

③ 자유로운 어린이(FC)와 순응하는 어린이(AC)

자유로운 어린이는 감정적 본능적, 자기중심적, 적극적이며 호기심과 창조성의 원천이다. 일반적으로 유머가 풍부하며 밝고 명량하고 천진난만하다. 부정적 FC가 높으면 감정 조절을 하지 못해 경솔한 언동을 하는 경향이 있고 적용을 잘하면 주위 사람들에게 즐거움과 매력을 느끼게 한다. 순응하는 어린이는 자발성이 결여되고 타인에게 의존하는 경향이 있다. 또한 AC는 순종적이고 참을성이 있어 인간관계를 원만하게 잘 하고 있는 것처럼 보이지만 스트레스 상황의 경우 열등감에 사로잡히거나 우울증에 빠지든지, 지나친 반항이나 분노를 표출하는 경향이 있다.

4 기타 이론들

(1) 행동주의론

① 행동주의에서 보는 "성격"

인간의 안정적이고 일관성 있는 행동경향성들의 개인차 역시 강화원칙으로 설명한다[9]. 학습으로 성격개인차를 설명하기 위해서는 Trait 용어에 머물지 말고, 구체적 행동의 언어로 표현되어야 한다. 강화에 따라 '소극적' 행동 혹은 '적극적' 행동 등이 학습된다. 한 번 형성된 행동의 유지를 위해 항상 같은 강화를 필요로 하지는 않는다. 자기 의견 없이도 남의 뜻을 따름으로서 행동이 금방 소거되지는 않는다. 일단 어떤 행동이 학습되고 다른 행동을 하면 어떤 강화가 오는지를 학습할 기회를 스스로 박탈당한다. 조건형성의 원리에 의해 설명은 가능하나 성격이론이 되기는 힘들다.

② 행동주의에 대한 비판

사회학습이론의 관점에서는 인간행동의 발달과 유지는 학습 원리들로 충분히 설명이 가능하지만 생각하고 판단하는 인간의 인지능력 때문에 인간의 학습과 행동은 동물의 학습, 행동과 같을 수 없다고 믿는다. 같은 강화가 누구에게나 똑같은 효과를 가져오는 것이 아니라 개인적으로 해석되어 받아들여진다. 즉 사회학습이론가들의 연구로 쓰인 쥐나 비둘기는 혼자 돌아다니지만, 인간의 많은 행동은 사회적 맥락에서 발생하며, 꼭 스스로 강화를 체험하지 않아도 남의 행동과 그에 따른 결과의 관찰만으로도 학습이 일어난다.

(2) 사회인지론[10]

Bandura는 성격은 타인들과의 "상호작용"을 포함하기 때문에 적절한 성격이론[11]은 그 속에서 행동이 원래 획득되고 유지되는 사회적 맥락을 고려해야 하며, 인간이 환경의 영향에만

---

9) Skinner는 성격 같은 개념은 심리학에서 필요가 없다고 믿고 인간행동의 이해·예측·통제가 목적인 심리학은 환경의 관찰 가능한 선행조건 및 사건과 행동의 관계를 이해하는 것 이상이 필요하지 않다고 보았다. 따라서 성격·동기·욕구·의도·인지 같은 가설적 구성개념들 없이도 행동을 이해하고 예측·통제할 수 있다고 주장하였다.
10) *사회-인지적 조망(Bandura) : 사람과 환경의 상호작용(호혜적 결정론) 강조
*호혜적 결정론 - ①서로 다른 사람들은 서로 다른 환경을 선택한다. ②성격은 사건을 해석하고 그 사건에 반응하는 방식을 조성한다. ③성격은 우리가 반응할 환경을 만드는데 일조한다. (⇒행동은 외적 영향과 내적 영향의 상호작용에서 출현한다.)
11) Bandura의 사회인지이론에서는 상호결정론(reciprocal determinism)을 언급하는데, 이는 개인의 경험, 개인의 인지와 행동, 그리고 외부 환경 모두가 서로 영향을 주고 받으며 변화를 일으킬 수 있다고 본다.

좌우되지 않고 스스로 생각하고 자신의 행동을 조절한다고 보았다. 그는 자기조절력, 자기성찰을 강조함으로써 인간이 객관적 환경을 초월하여 자신의 모습을 원하는 대로 형성해 나갈 수 있다고 보았다. 또한 인간은 환경조건들을 적절하게 배치·조성한다면, 얼마든지 바람직한 쪽으로 변화해 갈 수 있다고 주장하였다. 인간은 상징을 사용하는 능력 때문에 환경을 이해(정신과정의 중요성)하고 다스릴 수 있으며, 인간이 지닌 많은 근본적 역량들이 이 능력에 의존한다. Bandura는 대리적(vicarious)·자기조절(self-regulatory)·자기성찰(self-reflective)의 역량을 강조하였다.

대리역량	직접 경험으로 학습되는 모든 현상이 행동관찰에 의해 대리로 발생할 수 있으며, 모델의 행동관찰을 통해 무시행(no-trial learning) 학습이 가능하다. 행동모방의 모델은 함께 생활하는 '의미 있는 타인'에 국한되지 않고, 가치·사고방식·행동패턴에 관한 많은 정보가 대중매체에 등장하는 인물을 통해 얻어진다(⇨ 상징적 모델링, Bandura).
자기조절	사람은 정보를 받아들이고 행동을 수행할 뿐 아니라, 자신의 생각과 행동을 스스로 조절하는 존재이고, 인간은 자신의 행동을 관찰하며, 내적 표준들에 따라 또는 남들의 행동과 비교하여 판단·평가하는 능력이 있다. 관찰·판단의 결과를 토대로 자신을 좋게 혹은 나쁘게 평가하여 자기 자신에게 보상이나 처벌을 내린다. 결과기대(outcome expectation)나 자신의 행동을 평가하는 내적 표준들을 통해 동기·정동·행동을 스스로 조절한다. 즉 더 큰 만족을 위한 작은 만족의 지연이다. 행동에 대한 기대의 결과들은 물리적·사회적 효과일 수도 있고 자기평가일 수도 있다. 중요한 목표를 세우면 목표실현으로 자기만족을 추구하고, 표준에 못 미치면 불안하여 노력을 배가한다. 자기 조절의 핵심 측면은 자기 효능감[12]이다. 자기 효능감은 숙달경험, 대리적 경험, 설득 및 정서적 흥분에 대한 긍정적 해석을 통해서 학습될 수 있다.

---

[12] 자기효능감(sense of self-efficacy)은 단순한 자신감이 아니라 자신의 능력(직접수행, 언어적 설득, 대리경험, 생리적 각성 등)에 대한 신념으로 스스로의 수행에 의해 자신이 바라는 효과를 산출할 수 있다고 믿는 것을 말한다. 효능신념은 목표설정에 영향을 미치고 어떤 결과를 기대하는지 목표성취에 얼마나 많은 노력을 투자할지 장애물이나 실패경험에 부딪힐 때 얼마나 버틸지에 영향을 미친다. McKay와 Fanning (2000) 등은 자기 효능감을 높이기 위해서는 자기상을 자신이 스스로 통제한다는 사실을 인식해야 하고, 자신에 관해서 더 많은 것을 알기 위해 노력해야 하며, 자신의 목표를 타인들이 설정하지 않도록 해야 하고, 자신을 최고의 유명인이나 최고의 부자 등과 비교해서 판단하는 비현실적인 목표를 수정하며, 취업실패 등을 자신의 무능력으로 판단하는 부정적인 독백을 중단하고, 자신의 장점을 강조하고 긍정적 시각으로 타인들에게 접근하는 태도를 가질 것을 제시하였다.

❖ 행동의 자기조절 과정들(Bandura, 1978) ❖

자기관찰	판단과정	자기반응
• 수행차원들 　질 　속도 　양 　독창성 　진실성 　필연성 　일탈성 　윤리성	• 개인적 표준들 　모델링 출처들 　강화 출처들 • 참조적 수행들 　표준적 규준들 　사회적 비교 　개인적 비교 　집합적 비교 • 활동의 가치 　높은 평가 　중립적 　가치절하 • 수행귀인 　개인적 　외적	• 자기 평가적 반응들 　긍정적 　부정적 • 자기 스스로 적용하는 결과들 　보상 　처벌 • 자기반응 없음

(3) 인본주의론

이들은 종전 심리학자들의 부정적 인간관을 비판하고, 성장과 자기실현의 내적 잠재력을 가진 긍정적 인간관을 제시한다. 즉 건전한 인간의 자발적 결정과 개인적 성장욕구, 그리고 자기실현을 하려는 동기들을 강조했다. Maslow와 Rogers는 성격의 핵심적 특징으로 개인의 자기개념(Self-Concept)을 들고, 자기개념이 정적이면 정적으로 행동하고 지각하며, 부적이면 불만과 불평을 느낀다고 주장하였다. Rogers는 이상적 자기와 실제적 자기가 거의 동일하면 자기개념이 정적이라고 했다. Higgins(1989)는 현실적 자기(당신과 다른 사람들이 당신이 실제로 소유하고 있다고 생각하는 성질들), 이상적 자기(당신이나 혹은 타인들이 당신이 갖기를 바라는 특징들), 당위적 자기(당신이나 혹은 타인들이 당신이 소유해야 한다고 생각하는 특성들)로 구분하고 현실적 자기와 이상적 자기가 불일치할 때 낙담관련(슬픔, 실망) 정서가 촉발되며, 현실적 자기와 당위적 자기가 불일치할 때 초조관련(불안, 죄책감 등) 정서를 경험하게 될 것이라고 주장하였다. 이러한 인본주의 관점은 개념이 애매하고 주관적이며, 이들이 강조하는 개인주의는 자칫 이기주의로 변질될 수 있으며, 현존하는 인간의 악적 요소를 경시한 낙관주의라는 비판을 받는다.

(4) 진화심리학

인간이 여러 세대를 거치면서 자연선택으로, 한 종의 구성원들이 가지는 적응적 가치에 의해서 인간의 마음과 행동과정들을 검토한다. '모두 같은' 인간행동, 인간 본성을 설명하는 분야로, 인간 본성의 기원 및 이유에 관하여 관심을 표명하며, 우리의 종이 수백 년 만에 걸쳐 직면해 온 적응문제들에 대하여 진화된 해결책들(Buss, 1991)과 적응문제를 개체생김, 번식 등으로 설명한다. 인간행동과 성격을 인간역사에 걸쳐 생존과 재생산에 유리한 특성의 적응력을 고려하여 설명하고 진화과정을 통한 남녀의 성적 책략이 다르다고 주장한다.

(5) 행동유전학

지능·성격 특질의 '유전적 건축'이 어떻게 관련되는지 그리고 특질이 환경과 어떻게 관련되는지 연구한다. 지능의 유전, 기질과 그에 대한 적응, 유전형과 환경의 상관을 다룬다. 최근 분자유전학에서는 행동에 영향을 미치는 유전자를 찾기 위하여 유전자들의 분자구조와 기능을 연구하기도 한다.

(6) 상호결정론

성격이 생물적인가 환경적인가에 대한 해답은 여전히 불분명하고, 무엇이 더 중요한지도 불분명하다[13]. 환경/문화결정론적 입장은 행동주의, 사회인지이론이며, 유전/생물학결정론적 입장은 정신분석, 진화심리학, 행동유전학이다. 최근에는 생물학 결정론과 문화/환경 결정론에 대한 대안으로 Rose, Lewontin, Kamin은 변증법적 설명을 제시한다. 변증법적 견해에 의하면, 부분과 전체의 성질은 상호간에 결정하는 것이 된다. 그 밖에 Wachtel은 순환적 관점으로 정신분석과 인지-행동적 관점을 통합할 수 있다고 보았는데, 즉 정신분석은 순환의 출발에 관심을, 행동주의나 사회학습 이론가는 순환의 유지를 더 잘 설명한다. 그러나 변증법적 설명은 경험적 연구를 하기 어렵다는 단점이 있다. 그나마 개인 행동의 결정에 환경/문화+유전/생물학의 기여도는 100%로 보는 시각들이 우세하다. 이러한 상호결정론은 환경·행동·개인특성을 분리해서 생각할 수 없다고 주장한다. 즉 행동(B)은 개인(P)의 요인과 상황 또는 외적 환경(E)요인 둘 다의 상호작용에 의해 결정된다[B=f(P, E)]. 사람은 내적 역동에 의해서 움직이지도 않고 환경에 의해 자동적으로 형성·통제되지도 않으며, 서로 서로 상호작용하는 영향력들의 조직망 안에서 동기·행동이 결정된다.

제3절 심리평가

1 서 설

(1) 심리검사의 정의

심리검사는 인간적 성취, 체험과 행동영역에서 나타나는 개인차를 측정하여 기술(description)하고, 또 원인을 진단하는 심리적 방법과 원칙에 관한 이론과 방법론을 말한다. 이는 인간의 성격, 능력 및 그 밖에 그 사람이 갖고 있는 심리적 특성의 내용과 그 정도를 밝힐 목적으로 일정한 조건하에 이미 마련한 문제나 혹은 작업을 제시한 다음, 그 사람의 행동 또는 행동의

---

13) Rosenzweig(1987)와 David Krech의 실험에 의하면, 경험이 두뇌발달에 영향을 준다는 증거가 있다. 이들은 쥐들을 놀잇감이 아무것도 없는 환경에서 홀로 키우거나 매일 같이 변하는 놀잇감들로 가득 찬 환경에서 다른 쥐들과 함께 키웠다. 16차례 수행된 기초실험 중 14차례 실험에서 풍요로운 환경에서 성장한 쥐들의 대뇌피질이 황폐한 환경에서 성장한 쥐들에 비해서 유의하게 많이 발달했다는 것을 발견하였다.

결과를 어떤 가정의 표준적 관점에 비춰 질적 혹은 양적으로 기술하는 조직적인 절차이다. 두 사람 이상의 행동을 비교하는 조직적 절차로 행동의 표본을 표준화된 절차로 측정·진단하는 방법이며, 표준화된 조건하에서 특수기술 및 행동 혹은 일련의 성격특징을 진단하려는 객관적이고 조직적이며 통계학적으로 정련된 도구 또는 방법이다. 즉 심리검사는 인간행동 표본(지능, 성격 등)에 대한 표준화된 측정도구이다.

(2) 심리검사의 목적

심리검사는 개인 내, 개인 간 비교를 통해 개인의 행동이나 성격을 이해하고 이를 바탕으로 하여 개인의 문제해결에 도움을 주고자 하는 것이다(박영숙, 1998). 심리검사를 통해 얻은 결과는 임상진단 / (산업심리) 지능, 진로, 적성, 흥미파악, 자아기능평가, 치료전략을 평가하는데 활용된다.

(3) 심리평가(Psychological assessment) 정의

개인의 심리적 특성을 이해하기 위한 일련의 전문적 과정으로 심리검사, 면담, 행동관찰, 다양한 기록 등 여러 다양한 방법에 의해 심리평가가 이뤄진다(Goldstein 등).

2 검사 기본의 이해

(1) 검사가 반드시 갖춰야 할 사항

① 신뢰도

검사가 '측정하고자 하는 대상을 일관성 있게 측정하는지'를 보는 개념으로, 측정도구가 일관적이어야만 검사의 일관성을 확보할 수 있으며, 오늘 사용하든 내일 사용하든, 서울에서 사용하든 부산에서 사용하든, 사용자가 누군지에 관계없이 동일한 측정결과를 산출하는 것(ex. 자, 저울 등)이어야 한다. 따라서 신뢰도는 안정성, 신뢰성, 예민성 및 정확성을 의미한다.

검사-재검사 신뢰도	동일한 검사를 동일한 피검사자에게 반복 시행했을 때 그 결과가 동일하게 나오는 정도로 두 검사점수 간의 상관을 구해서 신뢰도로 사용한다. 즉 측정하고자 하는 특성이 얼마나 안정적인가를 나타낸다(안정도계수, coefficient of stability). 검사-재검사 신뢰도가 높으면 하나의 검사를 가지고 두 시점에서 얻은 검사점수가 유사할 것이며, 이는 검사가 실시 상황에서의 일시적인 스트레스, 아픔이나 정신착란 등에 좌우되지 않음을 의미한다. 이월효과[14]에

---

[14] 예를 들면, A가 금요일에 지능검사를 하고, 토요일에 같은 검사를 다시 실시했다고 하자. 이렇게 짧은 시간 간격이 있을 때의 유사한 점수는 첫 번째 검사를 치를 때 자신의 답을 기억하고 있어서 그럴 수도 있다. 이를 이월효과라고 한다.

검사-재검사 신뢰도	민감하지 않고 시간 간격에 비교적 안정된 특성을 측정하는 속도검사 등에 적합하다. 통상 검사와 재검사의 실시간격은 보통 3개월 이상으로 잡는다. 주의할 점은 두 시점에서 유사한 점수가 나왔다고 해서 항상 검사-재검사 신뢰도가 높음을 의미하지는 않는다.
반분신뢰도	하나의 검사에서 측정내용이 유사한 문항을 동일한 수로 나누어 측정을 한 뒤 상관을 구해서 신뢰도로 사용한다. 예를 들면, 행복감을 측정하는 20개의 문항으로 된 심리검사가 있다고 가정하자. 그러면 이 20개의 문항을 10개씩 2개 하위검사로 나누어서 2개의 하위검사 간의 점수에 대한 상관을 구하고, 그 값이 1.00에 근접할수록 신뢰로운 검사가 된다.
동형검사 신뢰도	검사·재검사 신뢰도의 문제를 피하는 대안적 방법이다. 동일한 개념을 재는 상이한 형태의 검사(두 평행검사 관찰 점수 간 상관)로 문항은 다르지만 같은 특성을 같은 형식으로 측정하도록 제작된 검사이다. 하나의 검사에 대한 두 개의 상이한 도구나 방식(동형검사)을 동시에 실시하며, 검사의 두 양식은 아주 닮을수록(검사이론 용어로 '평행하다'고 함) 바람직하다[15]. 예를 들면, 행복감을 측정하는 20개의 문항으로 된 심리검사와 유사한 20개 문항의 행복감측정심리검사를 만들어 2개의 검사 모두를 실시한 뒤 그 검사들 간의 상관을 구한다. 이 방법은 검사-재검사 신뢰도의 단점(실시 기간이 짧을 경우 특정한 문항을 기억함으로써 검사의 신뢰도가 높아짐)을 피할 수 있으나, 동일한 개념의 상이한 형태의 문항(평행한 두 검사)을 만들기가 어렵다는 한계가 있다.
내적 일관성 신뢰도 (동질성 계수)	검사를 1회 실시한 결과에서 검사 내 상이한 부분(혹은 문항)들에 대해 동일한 결과가 나오는 정도를 말하며, 검사를 구성하고 있는 문항 간의 내적 일관성 및 합치도 정도를 나타내는 지수로 검사문항의 동질성 지수, 문항반응과 전체 검사점수와의 상관도를 나타낸다. 예를 들면, 행복감을 측정하는 20개 문항의 검사가 있다고 할 때 1번 문항에서부터 20번 문항까지 두 문항간의 모든 상관계수들의 조합을 구해서 평균을 낸다. 총 190개(20×19/2×1)의 문항 간 상관계수가 나오게 되고 이 상관계수들의 평균을 구하면 내적 합치도 계수가 나오게 된다.

② 타당도

한 검사가 측정하고자 하는 속성을 어느 정도로 정확히 측정하는지를 보는 개념으로, 얼마나 충실히 목적하고자 하는 바를 재는지의 개념이다. 검사점수에 기초한 추론의 적절성·의미성 및 유용성으로 볼 수 있다. 즉, 잘 만들고 잘 실시되고 올바르게 채점 및 해석되어 피검사자나 응답자에게 의미 있고 유용하게 적용될 때 타당도가 있다고 할 수 있다.

---

15) 동형검사신뢰도와 유사한 것으로 평정자간신뢰도(interrater reliability)가 있다. 이는 여러 대상에 대해 상이한 평정자 간에 측정한 결과가 같은 정도를 의미한다.

따라서 타당도는 측정하고자 한 것 외의 것을 재지 않는 순수성의 정도를 의미하며, 한 검사에 실용적 가치를 부여한다.

내용 (표면) 타당도		검사가 실제로 측정하는 속성의 전체범위에서 대표적인 표본을 뽑는 정도로, 즉 중요한 목표나 내용을 측정도구가 빠뜨리지 않고 포괄하고 있는가의 정도이다. 검사가 재고자하는 구성개념의 영역(domain)을 문항들이 얼마나 잘 대표하는가의 정도(측정도구가 측정하고자 하는 내용이나 개념을 어느 정도 충실히 측정하는지의 정도)이다. 타당도 결정은 수량적이지 못하고 다분히 판단에 의존한다. 이 경우 내용분야의 전문가에게 검사를 보이거나 누군가에 의해 검사 내용이 전체 내용에서 뽑힌, 만족할 만한 정도의 표본인지를 판정받으면 내용타당도가 있다고 본다. 능력이나 숙달정도에 대한 검사의 경우 내용타당도 확보가 비교적 용이하지만, 성격·적성 등을 재는 검사의 경우 성격이나 적성의 전체내용이 무엇인지 기술하는 것조차가 어려운 일이므로 내용타당도에 대한 수량적 접근은 쉽지 않다.
	논리적 표집타당도 (logical sampling validity)	검사도구의 유형 중 '구조화된 과제'의 경우이다. 예를 들면, 역사에 대한 성취도 검사 실시의 경우, '역사'라는 내용을 논리적으로 세분하여 가중치를 두어 분류한 뒤, 이가중치를 근거로 문항수를 다르게 하거나 문항수가 같을 경우 채점 시의 점수할당기준을 부분별로 다르게 적용하는 것이다.
	안면타당도 (face validity)	검사의 제목, 지시사항, 문항, 용어사용 또는 외관 등이 겉보기에 '응답자나 일반대중에게 그럴 듯한 검사처럼 보이느냐' 하는 것이다. 안면타당도를 내용타당도의 일종으로 분류하는 경우도 있으나 대체로 내용타당도와 분리해서 언급되며, 엄밀한 의미에서는 타당도라고 볼 수 없다. 안면타당도는 다른 타당도처럼 수량화 내지 깊은 개념적 의미가 있는 것은 아니지만, 실제 응용면에서 검사를 받는 사람들에게 "검사"로서 받아들여지지 못한 경우 검사로서 기능할 수 없다는 것을 상기시켜주는 데 의미가 있다. 즉, 안면타당도가 떨어지는 검사는 응답자·피험자의 감정을 자극시키거나 검사실시에 대한 협조를 거부당할 수 있기 때문이다.
준거 타당도		어떤 검사가 그 검사를 실시한 결과를 통해 알고자 하는 특정의 목표변수, 즉 준거변수와 가지는 상관의 정도를 말한다. 예를 들면, 취직시험이 입사 후 업무수행에 영향을 미치는가, 대학수능시험이 대학수학능력에 영향을 미치는 가 등이다. 준거타당도에서 언급되는 준거변수는 현재 검사가 실시되는 시점에 비해 미래·현재에 또는 과거에 발생할 수 있다. 검사시점에 비해 준거변수가 미래인 경우를 예측타당도, 검사시점에 비해 준거변수가 현재인 경우를 현측타당도(동시타당도, 공시타당도, 일치타당도), 그 밖에 과측타당도(postdictive validity) 등이 있다.

	예측타당도 (predictive validity)	검사의 목적이 미래 업무수행이나 학업수행을 예측하기 위한 것이라면 내용타당도만 가지고는 부족하고 예측타당도가 필요하다. 예측타당도를 확보하기 위해서는 준거변수가 미래 발생할 때까지 기다려야 하므로 어려울 수가 많지만 일단 예측타당도가 확보될 경우 매우 가치 있는 것이 된다. 검사의 사용자는 이 검사가 무엇을 예측하는지를 정확히 이해해야 한다.
	현측타당도 (concurrent validity)	검사점수가 검사와 동시에 구해지는 또는 현재 접근가능한 준거변수와 크게 상관되어 있을 경우 현측타당도가 높다고 할 수 있다. 예를 들면, 의사가 환자와의 장시간 면접 및 검토를 거쳐 산출하는 진단 대신 간단한 몇 개의 질문으로 구성된 단축형 진단으로 대체하고자 할 때, 단축형 진단은 현측타당도를 가진 것이어야 한다. 검사점수와 외적 준거사이의 관계를 실증적으로 연구하여 검사가 준거행동의 수행능력을 어느 정도 잘 예언하고 있는지 계량적으로 나타내는 것이며, 실제적 외적 준거에 관련시켜 해석한다.
구성 (개념) 타당도		어떤 검사가 재고자 하는 구성개념(construct)[16]을 재고 있느냐 하는 정도, 즉 검사가 측정하려고 하는 이론적 구성이나 특성을 측정하는 것으로, 통계적 방법인 요인분석이 여기에 해당한다. 이에는 수렴타당도(서로 다른 방법으로 동일한 개념을 측정했을 경우 각 측정결과 간 상관관계의 높고 낮음을 분석하는 방법), 판별타당도(상이한 개념이라면 같은 방법으로 측정했을 경우 각 측정결과 간 상관관계가 낮게 나오는 것을 이용하는 방법), 이해타당도(이론을 통해 만들어진 측정항목 개념끼리의 관계가 실제 조사를 진행했을시에도 체계적으로 나타나는지 분석하는 방법)가 있다.

③ 타당도와 신뢰도의 관계

타당도 있는 검사는 어느 정도의 신뢰도를 보여야만 하며, 타당도 있는 검사는 항상 신뢰도를 필수로 가지고 있지만, 신뢰도 있는 검사라고 항상 타당도가 확보되는 것은 아니다.

④ 표준화 및 규준 작성

㉠ 표준화 : 심리검사는 '표준화된 측정'이라고 하는데 이때 표준화는 "실시 및 채점의 일관성(Annastasi, 1988)"을 의미한다. 같은 검사를 여러 사람에게 실시할 때 응답자·피검사자는 달라도 검사의 실시·채점의 조건이 같다면 산출된 점수를 서로 비교할 수 있다는 조건이 필요하며, 개발자가 그 검사의 실시 및 채점에 대한 상세한 지시사항을

---

[16] 구성개념(construct) : 자연과학분야에서 쓰이는 물리적 대상개념과 대비되는 개념으로 심리학을 비롯한 인간행동과학 및 사회과학에서 오랜 기간 동안 과학자 공동체 내에서 빈번히 사용하는 의미가 뭉쳐지고 명시적·암묵적으로 약속되면서 구성된 개념이다.

매뉴얼(manual)에 기재해야 한다. 검사자들은 매뉴얼에 맞게 올바른 검사자료의 사용, 시간제한 엄수, 구두지시이행, 검사의 본문에 들어가기 전 피검사자에게 예시 또는 연습기회 부여, 검사 중 질의에 대한 응답 등에 있어 일관성 있는 수행을 해야 한다.

ⓛ **규준설정** : 표준화를 위해서는 규준설정이 필요하다. 규준[17]이 있어야 산출된 점수를 그에 비춰 비교할 수 있다. 규준이란 검사를 치른 사람들의 정상적·전형적인 수행(결과·성적)이다(Anastasi, 1988). 규준은 어떤 개인의 점수가 상대적으로 어느 위치에 있는지를 알려주는 비교정보를 제공하며, 검사점수들이 어떤 빈도를 보이는가에 대한 요약이나 표(table)를 말한다. 어떤 검사를 적용받는 모집단이 되는 사람들 가운데 크고 대표적인 집단, 즉 규준집단에게 검사를 실시해서 얻은 점수를 가지고 만들어진다. 예를 들면, 50점 만점으로 되어 있는 공격성검사를 모두 100명에게 실시했다고 가정해보자. A의 점수는 50점 만점 중 35점이라고 가정하고 A의 35점 아래에는 100명 중 75명이 있다고 하자. 이런 경우 A의 백분위점수는 75점이 된다.

ⓒ **표준점수 등** : 규준 제작 시 가장 널리 쓰이는 방식은 원점수를 백분위(percentile)점수 또는 표준점수(standard score)로 바꾸어 최고점에서 최저점까지 분포를 표로 만들어 내는 방식이다. 표준점수란 원점수가 평균으로부터 표준편차의 몇 배만큼 떨어졌는지를 나타낸 점수이다. 표준점수는 아래의 공식처럼 먼저 Z점수를 구하고 다음 공식에 대입하여 표준점수를 산출한다.

$$※\ Z점수 = \frac{(원점수 - 점수평균)}{표준편차}$$

$$※\ T점수 = Z점수 \times 해당영역의\ 표준편차 + 평균$$

원점수에는 만점이 있으나 표준점수에는 만점이 없다. 왜냐하면 원점수 만점에 해당하는 표준점수의 최고점은 원점수의 분포에 따라 달라지기 때문이다.

그리고 백분위란 한 집단에서 개인의 상대적 서열을 나타내는 지수로 한 개인보다 낮은 점수를 받은 다른 개인의 백분율을 의미한다. 백분위를 구하는 공식은 다음과 같다.

$$※\ 백분위 = \frac{한\ 학생의\ 점수보다\ 낮은\ 점수의\ 다른\ 학생의\ 수 + \frac{동점자수}{2}}{전체\ 학생의\ 수} \times 100$$

---

[17] **규준**(norm)은 피검사자 집단의 구성원들 서로와 비교하여 피검사자가 상대적으로 어떤 위치에 있는가를 나타내는 표준화된 점수자료이며, **준거**(criterion)는 피검사자가 검사 내용으로 볼 때 피검사자 자신의 기준점과 관련하여 어떤 위치에 있는가를 나타내는 것이다.

3 심리평가 발전사

(1) 1920년대 이전 : 최초 심리검사가 제작된 시기

Galton(영국)	지능의 유전 가능성과 능력의 측정에 관심을 가지고, 간단한 감각-운동검사를 개발하여 개인차를 연구하고자 하였다.
Cattell(미국)	감각 반응시간과 감각변별력을 측정하는 간단한 정신검사를 개발하였다. 그는 지능을 유동지능과 결정지능으로 구분하였으며, 그 중 유동지능이란, 주로 비언어적이며 비교적 특정문화에 영향을 받지 않고 선천적으로 타고난 학습능력이나 문제해결능력을 의미한다.
Binet(프랑스)	Simon과 함께 학습 지진아를 판별하기 위해 최초의 체계적 아동용 지능검사를 개발하였다.

(2) 1920년대 전후 : 제1차 세계대전이라는 사회적 요청에 따라 심리검사가 집단용 검사로 활용

Army alpha test, Army beta test	새로운 군대 징집자들의 정신능력과 직업적성을 평가하기 위한 집단용 심리검사이다.
Personal Data Sheet	최초의 성격검사로, 군대 징집자들의 성격진단에 사용된다.
적성검사 및 집단용 심리검사의 활용	개인의 특정한 능력을 평가하는 적성검사가 개발·사용되었으며, 이후 이런 집단용 심리검사가 교육현장에서 활발하게 사용되고 있다.

(3) 1920~1950년대 : 투사적 검사와 객관적 검사가 개인용 평가목적으로 활용

미국 임상심리학회가 1917년 결성된 후 1920년대부터 임상심리학자들의 활동영역이 아동병원, 성인정신병원, 교정시설 등으로 확대되었고 지능·적성·흥미·성격검사들의 표준화가 급속히 발전하였다. 그러한 검사로는 Rorchach Ink-blot Test(1921), Thematic Apperception Test(1935), Wechsler Test(1939), Minnesota Multiphasic Personality Inventory(1940) 등이다.

(4) 1960년대~현재

투사적 기법의 타당도와 실용도에 대한 의문이 제기되면서, 심리검사가 실제로 치료장면이나 문제해결장면에 어느 정도로 직접적으로 기여할 수 있는가에 대한 의문이 제기되었고, 현재 이에 대한 해답을 제시하기 위한 노력이 시도되고 있다. 현재는 컴퓨터를 이용한 심리검사의 활용이 확대되고 있는 추세이다. 유용한 정보를 신속하고 효율적으로 제공하기 위해 기존의 바테리 형태의 심리검사보다는 특정한 객관적 검사를 사용하는 경향이 있으며, 뇌와 행동 간의 관계에 대한 연구가 발전함에 따라 신경심리검사를 보다 확대적으로 사용하는 경향을 보이고 있다(Talbott, 1988).

4 심리검사의 분류

(1) 개 요

① 측정방법에 의한 분류

기구검사	커다란 기계부터 극히 간단한 기구를 사용하는 등 여러 가지가 있으며, 기구를 사용하는 검사는 적성검사 등에서 많이 찾아볼 수 있고 지능검사에서도 동작검사는 기구를 사용하는 것이 있다. 통상 기구검사로 불리는, 책상 위에 둘 수 있을 정도의 간단한 기구를 가리키며, 그 중 형태판에 나무조각을 끼워 맞추게 하여 공간지각의 빠르기나 정확성을 측정하거나 눈 또는 손의 협응 동작을 시험하기 위한 손가락 작업 검사 등이 포함된다.
지필검사	기구검사에 비해 지필검사는 비용이 저렴하고 사용이 간편하기 때문에 보다 활용도가 높다.

② 목적·용도에 의한 분류

심리검사의 목적은 교육, 임상의학, 카운슬링, 가이던스, 산업, 범죄·분류심사·교정 등에서 활용하기 위함이며, 용도는 문제발견·진단용, 선발, 승진·배치용, 예측·예언용, 교육훈련용, 교육·심리연구용 등이다.

(2) 지능검사

지능이란 개인의 지적 능력을 포괄적으로 지칭하는 용어로, 어떤 목적을 향하여 행동하고 합리적으로 사고하며 환경을 효과적으로 다루는 개인의 총체적이고 전체적인 능력을 의미한다. 대체로 만 7~8세 정도가 되면 지능은 안정적으로 되어 지능을 통해 성인기의 학업이나 직업적 성공에 많은 영향을 미칠 수 있다[18]. 이러한 지능은 IQ=정신연령/생활연령×100으로 표시된다. IQ점수가 70 미만이면 지적 장애(mental retardation)에 해당한다. 최초의 성공적인 지능검사는 정신연령개념을 도입한 프랑스 심리학자 Alfred Binet에 의해 개발되었다.

---

[18] 지적 장애는 여러 가지 유전적 요인과 환경적 요인에 의해 일어날 수 있는데, 다운증후군은 21번째 염색체에 가외유전 물질이 존재함으로써 일어나고, 페닐케톤 뇨증(PKU)은 IQ에 잠재적으로 부정적 영향을 줄 수 있지만 영아기에 진단이 되기만 한다면 특별한 식이요법을 엄격하게 고수함으로써 PKU의 부정적 효과를 조절할 수 있다. 특히 IQ에 중대한 영향을 미치는 것은 모의 임신중 홍역이나 매독같은 질병, 약물의존이나 남용한다.

❖ 지적 장애의 수준 ❖

수준	개략적 지능점수	지적 장애 백분율	생활적응 정도
경미	50~70	85%	초등학교 6학년 수준까지 학업이 가능하며, 어른은 도움을 받으면 스스로 생활할 수 있는 사회적 기술과 직업기술을 획득할 수 있다.
중간	35~50	10%	초등학교 2학년 수준까지 학업이 가능하며, 비숙련 또는 반숙련 직업을 통해서 자립할 수도 있다.
심각	20~35	3~4%	말을 배우고 철저한 감독 하에서 단순작업을 수행할 수 있지만 직업훈련의 도움을 받기 어렵다.
극심	20이하	1~2%	지속적인 도움과 감독이 필요하다.

지능검사의 결과를 보면, 성별로 차이가 있다. 남아보다 여아가 철자법에서 보다 우수하며, 언어적으로 보다 유창하고 보다 많은 단어를 기억할 수 있고, 사물의 위치를 보다 잘 파악하며, 촉각, 미각, 색깔에 더 민감하고, 수학계산도 더 잘하며, 정서를 보다 더 용이하게 탐지한다. 반면에 여아보다 남아는 수학의 도형 등에서 문제해결을 더 잘하고, 공간지각도 더 잘한다. 한편 Greenberg 등(1992)에 의하면[19], 남성이 여성보다 우수한 능력영역은 신체적 크기, 수학적 능력(산수능력제외), 시각 및 공간능력, 대근육 운동이고, 여성이 남성보다 우수한 능력영역은 언어능력, 질병에의 저항능력, 촉각의 민감성, 소근육운동(손재주)이다. 그러나 지능 및 창의성, 기계적-학습능력, 분석력(남성이 공간적 능력이 포함된 분석력은 높음)에는 성별 차이가 없다고 주장하였다. 횡단적 연구에서는 성인기 이후 연령증가에 따라 지능이 저하되는 것으로 나타났다. 특히 30세 이후 언어성 지능이 감소하는 것으로 나온다.

지능검사에는 지적 능력의 각 요소를 요인별로 세부적으로 나눠보는 것(Thurston의 PMAT 기본정신 능력검사), 언어적인 것과 비언어적인 것(α형/β형), 언어성과 동작성으로 나누는 것(WISC/WAIS) 혹은 세부적으로 나누지 않고 일반 지적 능력을 보는 것(Binet식 지능검사) 등이 있다. 그 밖에도 학년 단계나 발달단계에 따라 세부적으로 나누어 그 단계에 대응된 검사를 실시하는 것이 있고(Anderson식), 문화적 배경에 따라 지능지수에 차가 발생하는 불공평을 최소화하기 위한 Culture Fair Test(Cattell의 Culture Free Test, Daris-Eells Games, Raven의 Progressive Matrics Test)도 구안되어 있는데, 이들 대부분은 비언어적이다. 그러나 지능검사 측정 시 불안정도가 검사점수에 영향을 미칠 수 있으며, 학업이나 직업적 성공을 예언하는 데 있어 지능보다 동기와 적성이 보다 큰 영향을 미칠 수 있고, 유사한 직업집단(법조인)

---

19) Greenberg와 Bruess, Mullen(1992)은 남녀간에 심리적 특질에도 차이가 있음을 제시하였는데, 남성은 공격성, 활동성(남아가 거친 놀이에 더 적극적이며, 여아의 활동은 조용함)에서 더 강하고, 여성은 양육성(비록 양육성 측정의 어려움이 있으나 많은 학자들은 여성이 선천적으로 양육적인 행동특질을 타고나기 때문에 남성들보다 쉽게 습득할 수 있다고 함), 사회성, 감정이입 등에서 더 강하다. 그러나 지배성, 주장성, 정서성, 수동성, 경쟁성, 동조성, 수줍음, 자존감, 성취지향성, 피암시성, 성적인 반응에 있어서는 성별로 차이가 없다고 주장하였다.

의 경우 지능이 서로 비슷하게 몰려 있는 것처럼 낮은 변산으로 인한 예언력의 감소와 같은 통계상의 문제가 있으며, 지능은 기초학습능력을 측정하기 때문에 응용이나 실제 사회능력을 예언하기 어렵고, 지능이 일정수준 이상이 되면 지능과 창의성은 서로 독립된 관계가 된다. 즉 지능은 수렴적 사고과정인 반면 창의성은 확산적 사고이기 때문에 측정하는 특성이 서로 다르다. 지능검사에는 Wechsler-Bellevue Intelligence Scale(1939), Wechsler-Bellevue Intelligence Scale for Children(WISC, 1949), Wechsler Adult Intelligence Scale(WAIS, 1955), Wechsler Preschool and Primary Scale of Intelligence(WPPSI, 1967) 등이 있으며, 한국에서는 이를 재표준화한 K-WAIS-IV(성인), K-WISC-IV(아동청소년), K-WIPPSI-IV(유아) 검사 등이 있다.

> **Alfred Binet**(1857. 7. 8~1911. 10. 18)는 프랑스 니스(Nice) 출생으로 소르본 대학교에서 생리-심리학 연구소장(1895-1911)을 지냈고, 프랑스 최초의 심리학 전문잡지인 L'Année Psychologique를 창간(1895)하였으며, Binet-Simon Scale을 발표(1905)한 바 있다. 어릴 때 부모의 이혼으로 어머니의 손에 의해 키워진 비네는 법관이 되기 위해 파리대학에 입학했지만  곧 의학으로 전과하였고, 26살이 되던 1880년에 J. S. Mill, Bain, Sully 등의 저서에 감명받아 La Salpetriere 연구소에서 최면, 히스테리, 비정상적 심리 활동 등에 관한 심리학연구를 시작하였다. 27살에 College de France의 발생학자 E. G. Balbiani의 딸 Laure Balbiani와 결혼하는데 장인의 연구실에서 일하면서 비교심리학에 관심을 가지게 되었다. 여기서 그는 박사학위를 위한 논문을 쓰면서 곤충들의 행동학, 생리학, 조직학, 해부학에 대해 상세히 기술하였고, 1886년 〈동물 자력〉, 〈추리의 심리〉, 1888년 〈원생동물의 심적 생활에 대한 연구〉를 발표하는데, 이것들은 최면술을 사용하여 고등 정신작용을 연구한 것이 있다. 그러나 그는 최면술을 단지 실험의 수단으로 여기었다. 그 밖에도 피아제(Piaget)의 아동심리학에도 관심을 가지면서 두 딸을 조직적으로 관찰하고 1903년 〈지능의 실험적 연구〉를 발표하였다.

✤ 지능이론의 구분 ✤

스피어만 일반지능	지능을 일반지능과 특수지능으로 구분하였다. 그는 기본지능이 다양한 학문분야에서의 능력을 예언할 수 있다고 주장하였는데, 이는 언어능력과 공간능력과 같은 상이한 능력이 상관을 보이는 장점이 있다. 그러나 인간의 능력은 너무나 다양해서 단일 일반지능 요인으로 묶을 수 없다는 비판이 있다.
서스톤 일차적 정신능력	지능이 단어유창성, 언어이해, 공간능력, 지각속도, 수학능력, 귀납추론, 기억 등 7개 요인으로 분할되는데, 단일 g 점수는 7개 일차적 정신능력 점수만큼 정보적이지 못하다는 점에서 장점이 있으나, 서스톤의 7가지 일차적 정신능력들도 군집되는 경향성을 보이기 때문에 기저의 g 요인을 시사한다.

가드너 다중지능	Howard Gardner(1999)는 다중지능을 언어, 논리-수학, 음악, 공간, 신체운동, 대인관계(자신), 대인관계(타인), 자연으로 구분하였다. 이는 전통적인 학업을 넘어서는 광범위한 능력(문제해결능력, 사회문화적 상황에서 산물을 참조하는 능력 등)이 포함되며, 지능이 단지 언어능력과 수리능력에 머무르는 것이 아니고 다른 능력들도 적응에 똑같이 중요하다는 것을 시사해주지만, 우리의 모든 능력들을 지능으로 간주해야 하는지 의문스럽다는 지적이 있다.
스턴버그 삼원지능	지능은 실세계의 성공을 예언하는 세 영역(분석적 지능, 창의적 지능, 실용적 지능)[20]으로 상호 독립적인 과정을 강조하며, 삼원지능이론은 3가지 하위지능이 있는데 그것은 성분적 지능, 경험적 지능, 상황적 지능이다. 그 중 경험적 지능은 창의적 능력과 관련된 이론이다. 이러한 세 가지 측면의 지능은 신뢰롭게 측정될 수 있는 장점이 있으나, 세 지능은 스턴버그가 생각한 것보다 덜 독립적이며, 실제로는 기저에 g 요인을 공유하고 있을 수가 있으며, 이 지능들이 성공을 신뢰롭게 예언하는 것인지를 결정하려면 추가적인 검증이 필요하다는 지적이 있다.

(3) 정서지능검사

한국문화처럼 '정'과 같은 감정적인 측면이나 사회적 성공에 있어 대인관계적 측면을 강조하는 문화에서는 지능에 못지않게 정서지능(EQ)도 중요하다. 정서지능이란 사람의 감정을 지각하고 이해하는 능력과 삶을 풍요롭게 하는 방향으로 감정을 조절(통제)하면서 사용할 수 있는 능력을 말한다. 정서지능은 유전적 영향도 있으나 지능과 마찬가지로 환경조건도 중요하다. 정서지능은 자기감성에 대한 이해[21], 자신과 타인의 정서조절[22], 자기동기부여, 타인 정서에 대한 인식(공감능력), 타인과 원만한 관계유지를 속성으로 한다. 그러나 정서지능의 비판자들은 지능의 아이디어를 정서에 적용할 만큼 확장할 수 있는 것인지의 여부를 문제로 제기한다. 다른 사람들과의 관계에서 친밀감과 신뢰감을 형성하고 그들에게 영향력을 행사할 수 있는 개인적 능력을 의미하는 사회지능도 정서지능과 비슷하다. 일반적으로 남성보다

---

20) -분석적(학업문제해결) 지능 : 하나의 정답을 갖는 잘 정의된 문제를 제시하는 지능검사로 평가
   -창의적 지능 : 새로운 상황에 적응적으로 반응하고 새로운 아이디어를 생성.
   -실용적 지능 : 잘 정의되지 못하고 다중 해법을 갖기 십상인 일상의 과제에 필요한 지능.
21) 자기감성을 이해하는 것과 더불어 감정적 예보(affective forecasting)능력도 중요하다. 감정적 예보란 사람들이 미래 사건에 대해 자신의 정서적인 반응들을 예측하는 과정을 말하는데, 대체로 사람들은 어떤 사건들을 경험한 후에 그들이 어떻게 느낄 것인지를 예측하는 데에 특히 능숙하지 않다(Wilson & Gilbert, 2003). 대부분의 사람들은 여러 상황에서 자기들이 얼마나 행복할 것인지를 예측할 수 있을 만큼, 혹은 자신을 가장 행복하게 만들 상황을 고를 수 있을 만큼 자신의 정서본질에 대해 충분히 알지 못한다(Gilbert, 2006).
22) 정서조절이란 자기 자신의 정서 경험에 영향을 주기 위해 사람들이 쓰는 인지적 및 행동적 전략들을 말한다. 10명중 9명은 적어도 하루에 한 번 자신의 정서경험을 조절하려고 한다(Gross, 1998). 정서조절에서 가장 효과적인 전략은 재평정(reappraisal)인데, 이것은 정서를 유발하는 자극의 의미를 변화시킴으로써 자신의 정서경험을 바꾸는 것을 말한다. 즉 어떻게 생각하느냐에 따라 정서는 달라지는 것이다.

여성의 사회지능수준이 높고, 나이와 경험의 축적에 따라 사회지능은 더 성숙해진다. 정서지능이 탁월한 사람들은 삶에 대한 판단력이 우수하며 사회적 기능이 유연하고 적응적이다.

❖ 정서지능(Golman, 1995) ❖

자기인식	정서지능의 초석, 자기 감정을 알아차리고 인식·지각하는 능력
자기조절	자신의 정서 다루기(처리, 변화시키기), Zillman의 분노 조절 연구 – 분노완화정보, 소일거리, 태풍의 눈을 탈출할 수 있는 능력
자기동기화	만족을 지연하고 낙관, 희망 등을 할 수 있는 능력
감정이입	공감(타인의 감정을 느끼고 읽어내기)할 수 있는 능력
대인관계기술	대처와 적절한 정서표현력, 사회적 기술, 인간관계 능력

(4) 학력·적성·흥미검사

① 학력검사

표준화절차에 의해 작성된 학력검사(achievement of proficiency test)는 대부분 객관식이고 결과표시법도 표준점수방식에 의한 것이 많다. 이러한 학력검사는 학교에서 가르치는 과목에서 개인이 성취한 지식이 어느 정도인지 평가하기 위해 제작되었다. 학력검사는 교과내용이 전국적으로 공통되거나 또는 그 범위 내에서 가능하며, 규준은 학년별, 학기별 또는 성별, 지역별 규준 점수가 마련되거나 교과별 규준 등이 제시될 수 있다.

② 적성검사

1926년 이래 대학에 입학하여 대학교육을 충분히 받을 수 있는지 혹은 없는지를 예측하기 위한 적성검사(Scholastic Aptitude Test, SAT)가 만들어졌다. 이는 교육 가능성을 알아보기 위한 지적 능력 검사이다. 1946년 산업계에서 미국 고용서비스 연구소가 요인분석과 작업분석에 관계하는 연구결과를 토대로 한 '일반적성검사바테리(General Aptitude Test Battery, GATB)'를 발표하였고, 1947년 고등학교 진로상담용으로 학생들의 여러 능력이나 적성을 다양하게 측정하기 위한 '차이적성 검사(Differential Aptitude Test, DAT)'를 제작하였다. 이것들은 어느 것이나 인간의 능력이나 적성을 다면적으로 측정하고자 하는 요구로부터 나온 것이다. 그래서 최근에는 기업에서도 필기시험 대신 지원자의 잠재력을 평가하려는 의도로 적성검사가 더 선호되고 있다. 또한 면접도 심리검사의 일종으로 보고 있다. 학력검사가 특정 교과목의 이수달성 정도를 측정하는 데 목적이 있는 반면, 적성검사는 앞으로 이수하고자 하는 교과목에 달성 가능성을 알아보는 데 목적이 있다. 그러나 적성검사와 학력검사/특수기능 습득에 대한 검사 등과의 차이를 엄밀히 따지면 그리 명확하지 않아서 적성검사의 대부분은 사용목적에 따라 명칭을 고려한다.

③ 흥미검사

자기의 직업·교과목 혹은 일의 유형 등에 대한 흥미의 방향을 알아보는 것으로 어느 것이 맞고 어느 것이 틀리는지를 판정하는 것이 아니므로 inventory/record라는 용어가 사용되며, 진로상담이나 직업선택 지도상 유효한 정보를 제공한다.

(5) 성격검사

성격검사의 목적은 상담과 심리치료 과정에서 성격적 문제를 가지고 있는 사람들을 진단하거나 기업체에서 적절한 사람을 선발하고 배치하는 인사업무를 돕는 데 이용된다.

① 질문지법

질문지법에 있어 피검사자는 대개 '예·아니요·잘 모르겠다(어느 쪽도 아니다)'로 답하게 되어 있고, 이런 질문지법 형태의 성격검사를 자기보고식 검사라고 한다. 관찰방법으로 얻기 어려운 성격에 대한 정보를 질문지법으로 얻을 수 있다. 1880년대에 Galton이 정신적인 심상 연구를 위해 표준화된 절차의 방법으로써 최초의 질문지를 사용하였다. 또한 Hall도 성인발달연구를 위해 질문지를 사용하였다.

본격적인 질문지방법을 택한 첫 성격검사로 1차 대전 때 신병의 정신적인 질환을 대량으로 조사 확인하기 위해 R. S. Woodworth(1917)는 「Woodworth 성격검사법(Woodworth Personal Data Sheet, WPDS)」를 제작하였고, 여기서 얻어낸 자료는 설문지 응답자가 나타내 보인 정신병리적인 증상의 수에 해당되는 점수 합계치였다. 한편 1927년에는 E. K. Strong이 400항목 이상의 질문항목을 통해 남성 47종, 여성 27종의 직업별 채점기준을 마련한 직업 흥미질문표(Strong Vocational Interest Blank, SVIB)를 제작하였다. 그 밖에 1934년 Tuder가 흥미기록(Kuder Preference Record, KPR)을 제작하였으며, 1949년 Guilford, Zimmerman의 기질검사 등이 있다. 현재 많이 사용되는 질문지법 검사는 다음과 같다.

| MMPI (The Minnesota Multiphasic Personality Inventory) | • 자기보고식 성격검사 중 세계적으로 가장 널리 사용되는 검사로, 1940년대 미네소타 대학교의 Hathaway와 McKinley에 의해 10여 년간 연구를 거쳐 제작 표준화된 성격검사이다. 이 검사가 나온 후 성격진단 및 상담치료의 상황에서 많이 활용되고 이에 관한 연구가 활발하다. 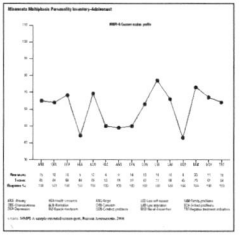
• 이 검사의 목적은 피검사자의 개인적·사회적 적응을 좌우하는 주요 성격특징을 객관적으로 측정진단하려는 것으로, 이 검사에서의 진단의 대상인 성격특징은 일단 형성된 후 쉽사리 변하기 어려운 비교적 항구적인 성격특성들이 아니라, 치료에 따라 변화될 수 있는 정신신경증적 경향, 정신병적 징후 또는 증후군·반사회적 이상성격이나 행동장애 등의 성격특질을 대상으로 한다. 따라서 이 검사의 목적은 이런 경향, 징후, 비정상성 또는 이상성을 |

	정확히 진단·포착하여 심리치료에 기여하고자 하는 것이고 아울러 비정상적이고 불건전한 방향으로 진전될 가능성을 미리 알아내어 미연방지의 선도책을 강구하고자 함이다. • MMPI 척도는 경험적 접근방식에 따라 문항이 분석되고 구성되었다. 즉 검사제작자의 이론적 배경에 따라 문항이 선택된 것이 아니고 정신장애군과 정상성인군을 변별해주는 문항들의 통계적 결과에 따라 선택된 것이다. 즉 두 집단을 변별하는 기능을 지니고 있는 문항들이 통계적 검증을 거쳐서 각 척도의 문항으로 선정된 것이다.
CPI (California Psychological Inventory)	Gough가 1957년 제작한 18개 척도와 480문항으로 구성된 성격검사로, MMPI와 같은 방법으로 구성된다. MMPI는 심한 성격장애의 진단을 위해 제작된 것이지만 CPI는 정상인의 성격진단을 위해 만들어졌으며, 주로 자기통제성, 우월성, 사교성, 자기 수용성 및 책임감과 같은 특징을 측정한다. 규준집단과 통제집단의 반응을 비교하기 위해 고교생과 대학생을 피험자로 해서 작성되었다.
Cattell의 16성격요인 검사 (The Sixteen Personality Factor Qustionnaire, 16PF)	Cattell에 의해 1966년도에 제작된 성격검사로, 서로 다른 성격특질을 동시에 측정하여 그것을 프로파일에 나타낸 것으로 개인의 성격특성을 평가한다. 각 문항에 따라 '예·아니요'로 표시하면 요인별 점수가 나오며, 이 검사는 정상 성인을 대상으로 생활기록자료(Life record data, L자료)와 질문지 자료(Questionnair data, Q자료)에서 요인분석에 의해 원천특성(Q자료에서 23개, L자료에서 15개)을 추출한 것을 바탕으로 만들어졌다.
MBTI 검사 (Myers-Briggs Type Indicator Test)	일반적인 성격유형을 알아보는 검사로서 융의 심리유형론에 근거하여 만들어졌다. 외향(Extraversion) / 내향(Introversion), 감각(Sensing) / 직관(iNtuition), 사고(Thinking) / 감정(Feeling), 판단(Judging) / 인식(Perceiving)에 따라 성격유형은 ISTJ에서 ENFP에 이르기까지 총 16개의 유형이 나오며, 각 유형별로 장점과 아울러 개선해야 할 점이 나오게 된다. 예를 들면, 다음 단어 중 자신에게 가까운 단어는 실제적, 이론적 등이다.
NEO 검사 (Revesed NEO Personality Inventory)	NEO-PI-R은 1992년 코스타와 맥크레이(Costa & McCrae)에 의해 개발된 것으로, CPI, MMPI, MBTI 등의 성격검사들을 결합요인분석(joint factor analysis)하여 공통적으로 추출되는 요인을 발견하고자 한 결과의 산물이다. "5대 성격요인"이라는 용어는 골드버그(Goldberg, 1981)가 "개인차를 구조화하기 위한 모델은 Big Five 차원을 어느 수준에서건 포함해야 할 것"이라고 제안하면서 사용되기 시작했으며, 코스타와 맥크레이(Costa & McCrae)는 처음에는 신

제8장 성격심리학

		경증(N : Neuroticism), 외향성(E : Extraversion), 개방성(O : Openness)-NEO-에 초점을 맞추어서 "새성격검사"(NEO-PI) - Big Five 모델을 취하여 호의성(A : Agreeableness), 성실성(C : Conscientiousness)을 추가하여 NEO-PI-R(개정판)이 나왔다. 5대 요인은 각각 6개의 하위 척도로 구분되며, 각 척도당 8문항씩 모두 240문항으로 구성되어 있다. 척도별 점수가 높을수록 가능성이 높다. 〈Big Five 요인의 6개 하위척도〉 • 신경증(Neuroticism) : 근심, 적개심, 우울, 자의식, 충동, 취약성 • 외향성(Extroversion) : 동정심, 사교성, 독단성, 활동성, 흥분성, 긍정적 감정 • 개방성(Openness) : 공상, 심미, 느낌, 행동, 사고, 가치 • 호의성(Agreeableness) : 신뢰, 정직성, 이타주의, 순종, 겸손, 연약한 마음 • 성실성(Conscientiousness) : 능력, 질서, 착실성, 성취, 투쟁, 자기훈련, 신중함
Eysenck의 MPI와 EPQ	MPI (Mauddsley Personality Inventory)	Eysenck가 '내향성-외향성'의 경향성과 '신경증적 경향성' 두 차원의 성격을 측정하기 위해 양 요인의 각 24항목으로 구성한 검사로, 단시간 내 응답을 얻을 수 있는 것이 특징이다. 외향성은 충동성과 사교성을, 내향성은 신중성과 비사교성을 나타내며, 신경증 경향은 정서가 불안정하고 정신적 스트레스에 대해 신경증적 좌절에 빠지기 쉬운 경향을 나타낸다.
	EPQ (Eysenck Personality Questionnaire)	특성이론을 보강한 Wundt, Jung, Krestchmer의 차원론적 성격유형의 이론을 계승하여 발전시킨 이론을 모체로 한 성격검사로, 이 이론을 뒷받침할만한 경험적 자료를 수집하여 규준분석에 의한 요인분석을 통해 '외향성-내향성 차원', '신경증적 경향성 차원', '정신병적 경향성 차원'과 '허위성 차원'을 추출하였다. 이는 외향성요인(E), 정서성요인(N), 강인성요인(P), 사회적 욕망성요인(L)을 측정한다. 이 검사는 성인용은 90문항, 아동용은 81문항으로 구성되어 있다.
Spielberg의 상황특성 불안검사(State Trait Anxiety Inventory, STAI)		1980년에 Vogg, Barker, Dohnam 등과 같이 Spielberg가 만든 검사로, 일시적인 상황불안과 지속적인 특성불안을 측정하기 위한 목적으로 제작되었으며, 두 척도가 별도로 각각 20개씩의 문항으로 구성, 각 문항은 4단계의 평정을 요구하는 내용으로 진술된다.

② 투사법
  ㉠ 목적 : 투사법은 개인의 성격에 대한 통찰을 얻고자 한다. 목적에 있어서는 질문에 대한 답이 개인의 성격을 이해하는 데 필요한 자료를 제공한다는 가정 하에서 발달된 성격목록법(inventory type)과 같지만, 성격을 연구하는 방법에 있어서 투사법은 다른 성격검사와는 다르다.
  ㉡ 특징 : 투사법(projective techniques)이란 투영/투사라는 개념에서 따온 것으로 투사의 개념은 Freud에 의해 처음으로 사용되었다. 투사의 과정은 무의식적인 것이며, 투사법은 피검사자가 무의식적인 충동·감정·생각 및 태도를 외부에 전가함으로써 자기 자신의 긴장을 해소하는 원리를 이용한 것이다.
  ㉢ 방법 : 투사법은 피검사자에게 막연한 또는 부분적으로 막연한 자극을 제시하는 데 있고, 피검사자로 하여금 그 자극에 대한 반응을 의식적으로 통제하지 못하게 하여 자기의 개인적 특성을 실제 그대로 나타내는 반응을 유발시키고자 한다. 따라서 임상에서 실용적일 수 있도록 충분히 간결하게 조직화된 개인적 행동의 표본을 작성하고 개인적 행동을 일으키는 것과 관련된 광범위한 자극들의 표본을 떠보기 위해 개인 반응의 독자성을 강조하며, 해석에 있어서도 표준화된 기준에서 얼마나 이탈되었는지 가까운지를 반응들로 분류할 뿐이지 기준을 중요시하지는 않는다.
  한편 투사법은 행동을 일으킨 성격과 함께 그 행동도 기록하여 조직적·전체적 고찰을 강조한다. 이 점이 통계적·양적인 분석을 쉽게 이루지 못하게 하는 이유가 되며, 전체 행동으로서 기록된 내용 중 어떤 특정항목은 그것이 전체에 내포 또는 전체로부터 분화되는 방법에 따라 여러 가지 의미를 갖게 된다. 즉, 공통적인 의미를 가려내기 전에 여러 가지 행동들의 상호관련성이 한 가지 행동에 영향을 주는 가능성을 판정하자는 것이다. 성격은 표면적인 것이 아니고 표면으로 나타난 것은 그 중의 한 층에 불과한 심층구조를 가지고 있으며, 성격의 어떤 특성은 관찰할 수 있으나 그 외의 것은 외부에서 뿐만 아니라 개인 자신으로부터도 감추어진다. 즉, 성격에 있는 무의식적 영역을 탐구하는 것이다. 그러나 투사법에 대한 반응을 통계적으로 처리한다는 것은 곤란하며, 방법의 타당성이나 신뢰도를 측정하기 어렵다는 단점이 있다.
  ㉣ 종류 : 오늘날 임상심리학자나 상담심리학자 및 카운슬러에게 가장 널리 알려지고 많이 활용되는 투사법은 Rorschach, TAT, DAP와 BGT를 들 수 있다.

Rorschach의 Ink-Blots Test (Rorschach Technique)	투사법 가운데 가장 대표적인 심리진단 도구의 하나로, 1912년 H. Rorschach가「심리진단학(psychodiagnoik)」을 통해 공식적으로 발표하였다. 이 검사의 개발은 개인의 지각과 성격이 관계가 있다는 기본 가정에서 출발하였다. 개인은 자기지각을 형성함에 있어, 자기의 심리적 기능의 기본적 측면을 반영하여 잉크반점을 조직화 또는 구조화하였으며, 잉크반점은 비교적 추상적이고 '비구성적'이므로 자극자료로서 적합하다. 즉 학습된 특정 반응을 일으키는 것이 아니라 가능한 여러 가지 반응을 용이하게 한다. 성격 진단검사는 문화적 수준에 의해 영향을 적게 받는 비교적 단순한 검사방법이어야 한다는 입장에서 성격검사도구로서의 유용성이 높이 평가된다. 이 검사는 인간의 사고 및 태도에 있어서의 비언어적 특성까지도 추론할 수 있는 장점이 있으며, 주로 검사반응의 위치, 내용, 결정요인 등에 따라 채점된다. 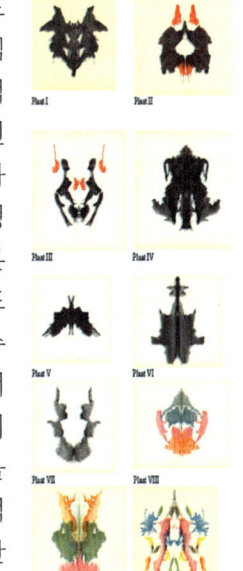
Murray의 TAT (Thematic Apperception Test)	H. A. Murray와 C. D. Morgan의 공동연구로 1935년에 완성되었으며, 개인이 갖고 있는 욕구·압력 단계를 비롯한 여러 가지 심리적 역동관계를 분석·진단·해석하고자 한다. 다른 투사법과 더불어 임상장면에서의 임상진단과 치료뿐만이 아니라 교육·사회·산업장면까지 폭넓게 활용되는 검사이다. Murray가 Freud의 이론을 도입하고 개념들을 더 정교화시켜 개발한 TAT는 주로 개인의 성격 연구나 부적응자와 이상성격자의 임상적 연구에 적용되고 있으나, 활용범위는 넓다. 치료장면에 대한 환자의 태도, 심리치료 효과의 측정, 성취동기의 측정 및 인간관계의 진단에 이르기까지 상담활동에서도 중요한 위치를 차지하게 된다.

Bender의 BGT (Bender Gestalt Test)	원 명칭은 Bender Visual Gestalt Test 로, Bender가 1938년 미국 예방정신의학 협회의 「시각-운동 형태검사 및 그 임상적 활용」이라는 주제를 발표하면서 알려졌다. 이 검사의 이론적 근거는 형태심리학(Gestalt Psychology)의 개념에 의거하고, 검사 자료도 Wertheimer(1932)가 지각의 형태 심리학적 법칙을 설명하기 위해 고안한 도형에서 가져온 것이다. 이 검사는 시각적 기억이나 상상력을 측정하려는 것이 아니라 지각과 운동 기능의 검사로, BGT는 피검사자가 무엇을 어떻게 지각하고 있는가 하는 점을 고려할 뿐만 아니라 지각이 어떻게 이용되는지의 방법도 아울러 평가한다. 이 검사는 모든 투사법의 기본개념과 일치하고 있어서 개인의 성격기술과 임상진단적 도구로서의 효용성도 지닌다. 적용범위로는 기질적 뇌장애, 조현병, 정서장애, 신경증, 조울증 및 정신박약증 등이다.
회화욕구좌절 진단검사 (P-F Study, Picture Frustration Study)	1944년, S. Rosenzweig가 고안한 것으로 회화욕구불만검사라고도 한다. 그림과 같은 선화에 의해 욕구불만의 장면을 표시하고 이에 대한 반응을 기입하여 그 반응을 분석함으로써 개인의 성격을 판단하고자 한다. 분석은 장면 전체에 걸쳐 공격의 방향(타인에 의한 벌, 자책, 무벌) 및 반응형태(장애 우위형, 자아 방위형, 요구 고집형)의 두 가지 차원분석을 통해 욕구불만장면의 인물에 투사된 개인의 성격이 역동적으로 해석된다. 검사 시간도 비교적 짧고(약 20분), 결과의 정리도 비교적 쉬우면서 객관화시킨 부분도 있어서 임상장면 등에 이용되는 수가 많다.
단어연상검사 (word association test)	피검사자에게 일련의 자극어를 제시하고 첫 번째 연상어를 반응시키는 검사로 Jung은 최초로 정신과 환자의 콤플렉스의 진단 가능성을 연구하고자 100개 자극어 검사를 만들었다. Jung, Kent와 Rosanoff가 제시한 단어목록을 임상적으로 많이 이용하였다. 특정 피검사자의 정동적 관념을 연상시킬 때는 다른 자극어들이 선택될 수 있으며, 의미 있는 반응은 반응시간이 매우 긴 것이나 짧은 것, 무반응, 곤란을 보이는 자극어, 반복되는 반응, 음향연상, 재검사에서의 다른 반응, 자극어의 오해 등이다. 최근 단어연상검사 이용은 다소 감소하는 추세이지만, 연구용으로는 가치가 있다.

문장완성검사 (SCT, Sentence Completion Test)	연상검사(association test)를 응용한 것으로 Galton이 처음 자유연상법을 연구하였고 Wundt와 Cattell에 의해 단어연상법으로 발전했으며, Kraepelin과 Jung의 임상적 연구와 Rapaport와 동료들에 의해 단어연상법이 투사법으로의 성격진단의 유효한 방법으로 확립되었다. 그 후 단어연상법은 문장완성법으로 더욱 발전되었다. 가장 대표적인 검사는 WUSCT(Washington University Sentence Completion Test)이다. 미완성의 비교적 짧은 문장을 제시하여 공백부분을 연상하되 자기 자신의 이야기로 자유롭게 써 넣어 하나의 문장으로 완성시키는 검사법이다. 해석은 성격적 요인으로서 지적 능력 측면·정의적 측면·가치 지향적 측면·정신역동적 측면에 대해 분석하고, 결정적 요인으로 신체적 요인·가정적/성장적 요인·대인적/사회적 요인에 대해 분석되며, 그 분석들을 통해 개인의 성격이나 적응상태 등을 이해한다. 반응시간제한은 없으며, 심리진단은 개인의 프로토콜(protocol)에서 강한 정동적 반응, 반복적 반응, 비평범 반응, 정보제공적 반응 등에 유의하고 부정이 작용한 생략문항 또는 유머적 반응에서도 의미를 찾고자 한다. SCT는 다른 투사법보다 신뢰도는 낮지만 초보자가 추리하는 훈련에는 더 적합하다.
인물화성격검사 (DAP, Draw a Person)	이는 Machover의 「인물화에 나타난 성격투사」(1949)에 소개된 후 세계적으로 보급되었다. 검사재료로 지우개가 있는 연필과 백지를 피검사자에게 주고 사람을 그려보라는 지시를 하며, 검사자는 그리는 순서와 평가를 기록하고 다  그린 후에 먼저와 다른 이성을 그리게 한다. DAP에서 신체상은 곧 자아상을 반영한다는 입장, 그림에서 강조된 기관은 의사소통수단, 관념화, 욕구체계, 성적 능력, 갈등, 좌절경험, 성장력 등을 반영한다고 본다. 아동과 성인에게 개별적 또는 집단적으로 실시할 수 있고 간편하면서 유익하며, 임상적으로 기질적 장애를 보기 위한 목적으로도 많이 이용된다.

③ 양 검사의 비교

구 분	질문지법	투사법
구 성	엄밀한 통계적 조사에 의해 선택된 여러 가지 문항으로 구성된다.	잉크반점이나 그림 등의 외적 자극으로 구성된다.
응 답	질문내용이 자기에게 해당되는 지의 여부를 판단하여, 대개 '예·아니요·잘 모르겠다(어느 쪽도 아니다)'로 보고하게 되어있다.	피검사자가 잉크반점이나 그림 등의 외적 자극을 보고 자신이 느끼는 대로 대답한다.
응답을 위한 조건	• 판단의 순간에 질문에 답하기 위해 자신 성찰·이해하고 있어야 한다. • 자기의 결점을 적시할 수 있는 용기와 솔직성이 필요하다.	• 대답을 위해 내성이란 과정을 필요로 하지 않는다. • 외부자극에 몰입됨으로써 자기 방어적이 아닌 입장에서 반응이 가능하다. • 질문지법에 비해 허위반응의 가능성이 적다. • 자기보고식 판단을 필요로 하지 않는다.
장 점	보통 집단검사로 비용과 시간이 절약되어 경제적이다.	자기보고식 검사와는 달리 자극이 애매모호할 뿐만 아니라 정답이 없어서 피검사자가 검사의 의도를 알 수 없기 때문에 거짓반응을 하기가 어렵다.
단 점	피검사자가 문항의 의도를 알고 거짓반응할 수 있으며, 특히 성격장애자들은 다른 사람들의 관점을 보지 못하고 자신의 관점만 고집하기 때문에 자신의 문제를 잘 인정하지 않는 경향이 있다. 그래서 자기의 이상성을 발견하지 못하거나 자기를 잘 알지 못하는 경우에는 질문지법은 행동상의 특성을 진단하는 데 문제의 여지가 있다.	반응에 대한 해석은 특수한 훈련을 받은 전문가가 해석을 해야 하는 등 질문시법 검사보다 검사가 간편하지 않고 비경제적이다. 또한 평가결과를 표준화하기 어렵기 때문에 타당도와 신뢰도가 낮으며, 객관성이 검증되지 않았다.

5 심리검사시 숙지할 점

(1) 전문가에 의한 심리검사 실시 및 채점

심리평가는 일회적인 시행으로 개인에 대한 다양한 정보를 객관적·심층적으로 제공할 수 있다는 장점을 지니고 있다. 그러나 이런 심리평가의 장점이 온전히 발휘되려면 심리평가의 실시, 채점, 해석과정이 철저하게 전문적이어야만 한다. 심리평가의 목적은 한 인간의 복잡한 심리적 체계를 이해하고 보다 건강하고 행복한 삶을 살아갈 수 있도록 돕고자 하는 것이다. 심리평가는 피검사자를 돕기 위한 과정에서 시행되는 전문적인 작업이므로 이런 목적에만 심리평가 결과가 사용되어야 한다. 심리평가의 결과는 하나의 가설일 수 있기 때문에 항상 자신의 평가에 대해 스스로 의문을 제시하면서 현실을 바탕으로 하여 진정한 해답을 발견하려는 겸허한 자세를 지녀야 한다.

심리검사란 기계적인 절차를 간단하게 밟으면 이용할 수 있는 도구이며, 따라서 심리검사를 시행하는 과정은 단순하고 기계적인 작업에 불과하다. 그러나 심리검사를 시행, 해석하고 문제해결에 도움을 주는 과정은 고도의 전문적인 역할이다. 따라서 심리검사에 대한 기본이론 및 심리검사의 실제적인 사용과 해석은 물론 정상적·비정상적 행동에 대한 이론과 실제에 대한 전문적인 지식과 전문적인 훈련이 필요하다.

(2) 피검사자에게 유익하게 사용

심리검사를 실시한다는 것은 피검사자가 스스로 자신을 방어하고 지키고자 하는 개인적 영역을 침범하게 되는 것이고 이러한 과정이 긍정적으로나 부정적으로 반드시 영향을 미치게 된다. 그러므로 심리검사를 시행하는 과정은 그럴만한 합리적인 이유가 있을 때, 심리검사가 의뢰되어야 하며, 검사의뢰를 받은 검사자는 내담자에게 이익이 될 수 있는 방향으로 전체적인 과정을 이끌어 가야 한다. 특히 의뢰자가 부모이고 내담자가 청소년 혹은 아동인 경우 내담자가 청소년임을 잊지 않도록 한다.

(3) 표준화된 검사도구의 활용

표준화된 심리검사도구를 이용하되, 최근에는 의뢰된 문제의 성질에 따라 적절한 검사가 선정되고 실시되는 것이 바람직하다는 견해가 지배적이다.

(4) 심리검사 시행 시 유의점

① 라포형성의 중요성

검사 시행과정에서 검사자와 피검사자 간 라포형성에 주의를 기울여야 한다. 심리검사 시행과정에서 라포형성은 심리검사에 대한 피검사자의 관심을 불러일으키고 협조적 태도를 강화시키며 피검사자가 표준 검사지시에 따르고 있음을 알려주는 검사자의 개입으로 이루어진다(Anastasi, 1982). 능력검사 시 주어진 과제에 피검사자가 최대한 집중해서 자신의 능력을 발휘하도록 지시하고 지지하며, 성격검사 시 피검사자가 일상적 행동을 있는 그대로 솔직하게 응답하도록 요구한다. 투사적 검사에서는 피검사자가 그의 반응을 검열하거나 삭제함이 없이 연상되는 반응을 그대로 응답하도록 격려해주어야 한다.

② 심리검사의 반응

심리검사의 반응은 피검사자의 특성에 따라서만 결정되어야 하는 것이 이상적이나, 실제로는 검사실시 조건, 검사시행 방법, 검사자의 제반특징, 검사자의 태도, 검사자와 피검사자의 상호관계, 피검사자의 신체적 심리적 상태, 동기 등에 따라서도 검사반응이 영향을 받는다.

(5) 심리검사자 및 상담자의 윤리

심리검사자 또는 상담자는 시민으로서의 의무나 윤리를 지켜야 하며(자연인으로 그 사람의 행동이 사회적 상식에 맞는 행동을 하는 사람인지, 예를 들어 살인자 은닉 등은 문제가 됨), 내담자의 비밀보장(사생활 보장), 내담자와 이중관계 금지(연애나 금전관계 등), 전문영역 밖의 일은 하지 않을 것(정서전문가가 인지전문가 영역에 개입하는 것 등) 등이 요구된다. 특히 정신질환을 가진 사람을 치료하는 심리학자들은 미국 심리학회(2002)가 제시하는 윤리적 기준을 준수해야 한다. 심리학자는 ① 내담자에게 도움이 되고 해를 끼치지 않기 ② 내담자와 신뢰관계 구축 ③ 정확성, 정직성, 신뢰성의 증진 ④ 치료에서 공정하고 편견이 없는 치료제공 ⑤ 모든 사람들의 존엄과 가치를 존중해야 한다.

09 건강이상치료

제1절 건강이상
제2절 이상심리
제3절 심리치료

Chapter 09 건강이상치료

제1절 건강심리

1 개 요

건강은 단순히 신체적으로 병이 없는 상태만을 의미하기 보다는 신체, 심리, 사회, 영적인 수준에서 최적의 균형 상태를 유지하고 회복할 수 있는 능력을 의미한다. 따라서 건강심리학은 심리학의 지식을 통해서 건강과 질병의 예방과 치료 및 건강 정책의 개선을 도모하려 한다. 최근에는 건강과 질병이 개인의 생활양식과 심리적 상태에 의해 크게 좌우되는 상황이 건강심리학의 수요를 증가시키고 있다.

정신건강의 출발점이 된 서양에서는 정신을 물질현상의 하나로 보아 주로 과학적 관점에서 정신건강을 해치는 원인과 문제를 밝혀 치료하는 것에 초점을 두었다. 반면에 동양에서는 정신은 보이지 않는 것으로 질적인 측면에서 정신의 가치를 고양시키고 고취시키는 것에 초점을 두었다. 정신건강은 소극적 측면에서는 치료와 예방차원에서 정신장애의 증상을 파악하고 이해하여 정신장애를 감소시키는 임상활동에 초점을 두지만, 적극적 측면에서는 정신건강의 유지 및 증진의 차원에서 정신적인 적응을 증대시키고 정신건강문제에 대해 올바른 이해와 자세를 갖도록 지도하고 안내하는 교육적 활동이 초점이다.

Keyes(2005)는 진정한 정신건강이란 '정신장애로부터 자유로운 동시에 정신적 웰빙을 경험하는 상태'라고 정의하였고, '정신적 웰빙'은 개인이 자신의 정서상태와 심리적 및 사회적 기능이라는 관점에서 자신의 삶을 지각하고 평가하는 것을 의미하므로, 이는 개인적 차원의 정신건강을 강조한 것이다. 한편 조직차원에서 정신건강에 초점을 둔 근로자지원프로그램을 EAP(Employee Assistance Program)라고 하는데, 이는 서구 선진 기업에서 근로의욕을 향상시키기 위해 정신건강 관리에 초점을 두고 시행하는 각종 지원프로그램을 말한다. 이는 일차적으로 임직원의 성향과 욕구를 파악한 뒤 심층상담 및 심리검사를 거쳐 진로설정, 경력관리, 대인관계 설정, 스트레스 관리요령을 컨설팅해주는 것이 주요내용이다.

❖ 건강한 성격의 특성 ❖

정신분석	타인을 사랑하고 생산적인 일을 할 수 있는 능력, 자아강도가 강한 사람, 잠재력을 발달 시킬 수 있는 창조적인 자기, 탁월한 인간관계를 통해 열등감에 대한 보상, 발달과업을 잘 수행한 자
행동주의	풍부한 관찰학습 기회를 가진 자, 삶을 향상시킬 수 있는 유능성을 학습한 자, 사건을 정확하고 생산적으로 인식하는 자, 정확한 기대와 긍정적인 자기효능감을 가진 자, 주관적 가치를 아는 자, 효율적으로 자기조절이 가능한 자
인본주의	과거나 미래가 아니라 지금-여기에 충실한 자, 새로운 경험에 개방적 태도를 가진 자, 자신의 감정과 생각을 솔직하게 표현할 수 있는 자, 자신의 직관을 신뢰하는 자, 의미있는 활동에 참여하는 자, 인생에서의 중요한 변화를 시도할 수 있는 능력이 있는 자, 자신만의 독특성이 있는 자
초개인주의	자신에 대해 책임을 지는 능력이 있는 자, 스스로 자기치유를 할 수 있는 자, 독립된 개체로서 자기를 초월할 수 있는 자

정신건강은 정신이나 심리적 상태와 기능에 초점을 맞춰 건강을 설명하는 개념으로, 삶이 얼마나 활기차고 상쾌한 지(신체적 수준), 얼마나 즐거운 지(정서적 수준), 얼마나 적극적인지(심리사회적 수준), 얼마나 의미가 있는지(사회적 또는 영적 수준)와 관련된다.

❖ 심리적 안녕의 구성요소 ❖

환경통제	주변 환경에서 발생하는 문제를 잘 처리하는 능력과 이에 대한 통제감을 지닌다. 자신의 환경조건을 효과적으로 활용한다. 자신의 가치와 욕구에 적합한 환경을 선택하고 창출한다.
타인과의 긍정적 관계	타인과 따뜻하고 신뢰할 수 있는 관계를 형성한다. 타인의 행복에 관심을 갖는다. 공감적이고 애정이 있는 친밀한 관계를 형성하는 능력을 지닌다. 인간관계의 상호 교환적 속성을 잘 이해한다.
자율성	독립적이며 자율적인 결정능력이 있다. 자신을 특정한 방향으로 생각하거나 행동하도록 요구하는 사회적 압력에 맞설 수 있는 능력이 있다. 내면적 기준에 의해 자기행동을 결정한다. 외적 기준보다 자신의 내적인 기준에 따라 자신을 평가한다.
개인적 성장	자신이 지속적으로 성장하고 있다는 느낌을 지닌다. 자신이 발전하고 확장되고 있으며, 자신의 잠재력이 실현되고 있다는 느낌을 갖는다. 새로운 경험에 대해 개방적이다. 자신의 발전과 성장을 위해 계속 노력한다.
삶의 목적	인생의 목적과 방향성을 지니고 있다. 현재와 과거의 삶에 의미가 있다고 느낀다. 인생에 의미를 부여하는 신념체계를 지니고 있다. 삶에 대해 일관성 있는 목적과 목표를 가지고 있다.

자기수용	자신에 대해 긍정적인 태도를 지닌다. 긍정적 특성과 부정적 특성을 모두 포함하여 자신의 다양한 특성들을 인정하고 수용한다. 과거의 삶에 대해 긍정적으로 느낀다.

출처 : Ryff & Keyes(1989; 김교헌 외, 2012 : 43에서 재인용)

2 스트레스

(1) 개 요

스트레스는 '팽팽하게 죄다'라는 라틴어에서 유래된 말로 17세기에는 환경에서 오는 어려움, 경제적 곤란 등을 의미하였으나, 18세기에 이르러 물리학과 공학에서는 '어떤 고형의 물체가 외부적 힘에 의해 물체 표면의 연속성을 잃게 된 상태'로 정의되어 사용되다가, 20세기 들어 Hans Selye(1976)가 '외부에서 가해지는 상해나 자극 등에 대해 신체내에서 일어나는 비특이적 생물학적 반응'이라는 의학적인 개념으로 사용하면서 보다 많은 사람들이 스트레스라는 단어를 사용하게 되었고, 현대적 의미에서 스트레스라는 용어를 처음으로 사용한 사람은 Cannon(1914)이다. 그는 스트레스 반응을 추위나 산소의 결핍 등의 조건에서 항상성(Homeostasis) 유지에 장애가 왔을 때 경험하는 것으로 '통합되지 않은 마음과 신체 체계의 부분'이라고 보았다.

스트레스 개념의 변천사를 보면, 스트레스원의 객관적 속성을 강조하던 관점에서 스트레스원에 대한 인지적 평가의 중요성을 강조하는 방향으로 이동했음을 알 수 있다. 이는 스트레스 경험에 두 속성이 모두 관여하고 있음을 의미한다. 이를 측정하려는 노력과 건강에 미친 효과를 확인하려는 시도가 많았는데, 최근에는 인지적 평가가 포함된 주관적 속성의 중요성이 강조되고 있다.

오늘날 스트레스는 위협을 주는 상황과 이러한 상황에서 경험되는 과잉부담(행동에 박차를 가하고, 격렬하게 하거나 또는 변경시켜야만 한다거나, 더 높은 수행표준을 따라야만 한다는 개인의 느낌), 좌절(개인의 목표달성이 막힐 때 일어나는 정서적인 반응), 갈등(양립할 수 없는 요구, 기회, 욕구 혹은 목표에 의해 유발되는 긴장), 삶의 변화, 감각이나 자극의 결핍으로 인한 스트레스(deprivational stress), 압력(자기부과적 압력, 수행과 관련된 압력, 동조를 요구하는 압력) 및 불안에 대한 정서적, 신체적 반응을 말한다. 즉 개인과 환경 간의 특별한 관계로서 자신의 자원에 부담이 되거나 자신의 안녕을 위협하는 것으로 평가되는 관계성(Lazarus & Folkman, 1984) 내지는 자신에게 바람직하지 않은 상태가 발생하거나 발생할 것으로 예견되고, 그러한 상태를 해결하기 어려울 때 경험하는 상태(전겸구, 김교헌, 1996)로 정의된다. 스트레스원의 효과는 시간이 지날수록 누적되는 것으로 여겨진다. 그러나 이러한 스트레스원을 통제할 수 있는 사람은 질병 등에 시달리지 않는다. 일반적으로 사회경제적으로 유리한 지위에 있는 사람들이 그렇지 않은 사람들보다 통제력이 더 강해 오래 장수한다는 보고가 많다. 그리고 염세주의자들보다 낙관주의자들이 더 오래 살며, 지혜로운 사람일수록 스트레스 경험으로부터 의미를 발견하고 자기성장으로 통합시키는 자아탄력성(ego-resilience)이 높기 때문에 스트레스에 유연하고 효과적으로 적응한다.

(2) 스트레스원

인간의 스트레스는 대참사, 중요한 생활변화, 그리고 일상적 사건에서 많이 발생한다. 전쟁, 자연재해 등의 대참사로 인해 인간이 위협을 경험하고, 그 경험이 많은 사람들에게 우울증이나 불안 등과 같은 심리장애를 겪게 하며, 가족의 죽음 등과 같은 개인생활의 변화도 심리적 장애를 유발한다. 특히 성인초기에 해당하는 사람들이 생활의 변화에 예민하게 반응한다. 또한 교통체증 등과 같은 일상적인 소소한 사건도 인간의 건강과 행복에 영향을 미친다.

❖ 사고 스트레스 반응 ❖

급성기 (사고 후 3-7일 이내)	이 단계에서는 신체적 도움이 최우선시되고 심리적인 피해는 아직 파악되기 어렵다. 그러나 망연자실하여 판단력이나 현실감을 잃는 등 급성 스트레스를 일으키기도 하지만, 그다지 정신보건상의 문제를 심각하게 수용하기 어려운 단계이다.
아급성기 (사고 후 1-3개월 이내)	이 단계에서는 PTSD나 비탄반응이라는 정신보건상의 문제가 현실화된다. 피해자는 수면장애를 호소하거나 사소한 자극에도 민감하게 반응하고 불안감을 갖게 된다. 이때 사고에 대한 언론의 지나친 관심으로 2차 피해를 당하기도 하며, 신체회복을 이유로 조속히 사회복귀할 것을 주변인들로부터 압력을 받게 되어 오히려 심리적으로 커다란 좌절감과 불신감이 형성되기도 한다.
만성기 (사고 후 3개월 이후)	피해자가 초조와 불안, 쉽게 화를 내는 증상을 보이고 스스로 조절이 잘되지 않는다. 피해자는 잘 회복되지 않는 것에 대한 분노감, 죄책감, 우울증상이나 피폐감이 강해진다. 특히 주변사람들은 피해자의 회복이 늦어지는 것을 잘 이해하지 못하고 오히려 사고로 인한 증상이라기 보다는 피해자의 성격적 문제로 취급하여 피해자를 불신하고 고립시키게 만든다. 따라서 피해자는 알코올 의존이나 진통제 또는 항불안제 등에 의존하는 문제를 갖게 된다.

(3) 학자들의 견해

① Hans Selye의 이론

40여 년간 스트레스를 연구한 Selye(1974)는 스트레스 원천이 긍정적으로 작용할 수도 부정적으로 작용할 수도 있음을 지적하였으며, 스트레스원(stressor)은 유기체의 적응수준에 따라 불편한 스트레스(distress)와 기분 좋은 스트레스(eustress)로 나타날 수 있다. 당면하게 되는 외부자극이나 상황이 유쾌하게 될지 아니면 불쾌하게 될지가 중요한 것이 아니라, 적응과 순응에 대한 요구의 강도가 중요하다.

② Homles와 Rahe 이론
   ㉠ 개요 : 이들은 Selye의 동물대상 연구에 반박, 인간이라는 종(種)의 차이로 인한 스트레스 경험이나 저항력이 다르다는 것을 연구(사회학적 관점)하였는데, 여기서 사회 재적응 평정 척도(SRRS : Social Readjustment Rating Scale)[1]를 제시하여, 인간이 실제생활에서 경험하는 스트레스를 손쉽게 측정할 수 있게 하였다. 연구의 핵심적인 주제는 생활스트레스와 질병 발생 간의 연관성이며, 연구의 가정은 생활사건(life-events)이 개인에게 변화를 초래하고, 이런 변화는 재적응을 요구하며, 재적응 에너지는 한정되므로 과도한 생활스트레스는 질병이 될 수 있다는 것이다.
   ㉡ 가정 검증을 위한 접근법 : 약 5,000명 정도의 환자의 병력을 관찰하여 대표적인 생활사건을 추출하는 임상적 사례연구를 하였고, 임상적 사례를 통해 얻어진 연관성을 실험적인 방법으로 확인하였으며, 시애틀 시를 4지역(빈민가, 노동자, 사무원, 상류 지역)으로 구분한 후 폐결핵 사망률과의 상관을 산출하는 사회학적 조사를 하였다.
   ㉢ 결과 : 질병발생과 연관이 있는 것으로 가정되는 43가지의 대표적인 생활사건을 구성하고, 재적응 정도를 측정하기 위해 수량화 작업으로 얻어진 결과인 생활변화단위(life change unit)를 산출하여 지난 한 해 생활변화단위가 300이상 될 경우 그 다음해 발병할 확률이 80%정도, 150~299에 속할 경우 그 다음해 발병할 확률이 50% 정도, 150 이하인 경우 발병 확률이 30% 정도라고 발표하였다. 즉, 일정한 기간동안 생활스트레스를 많이 경험할수록 다양한 질병에 걸릴 확률이 높아진다.

③ Lazarus 이론
   ㉠ 개요 : Selye은 생물학적 관점, Homles와 Rahe가 사회학적 관점을 강조한데 반해, Lazarus이론은 심리학적 관점을 강조하였다. 단순 자극이나 반응 대신 환경에서의 자극을 개인이 어떻게 인지적으로 평가하는가, 즉 개인의 스트레스는 객관적인 스트레스 자극 자체가 아닌 유기체가 그 자극을 어떻게 평가하는가에 따라 달라짐을 의미한다. 인지적인 평가를 할 수 없는 동물들은 일반적응증후군에서 가정하는 신체적 손상이 나타나지 않았다. 의식 상실상태나 마취상태에서는 심리적 스트레스에 의한 부신의 확대(일반적응증후군)가 나타나지 않았다.

---

[1] Homles 등은 생활스트레스가 질병에 선행되며, 이 스트레스들의 강도의 합이 질병의 심한 정도 및 기간과 상관성이 있는 것으로 보아 일상생활에서 부딪히는 대표적인 스트레스 상황들을 생활변화량으로 정의하여 계산하는 척도를 개발한 것이다. 이러한 척도는 지난 1년간 경험한 각 항목의 회수에 점수를 곱하여 전체점수를 합산해내는 방법으로 총점 200점이상이면 질병을 일으킬 확률이 아주 높다. 이러한 평가척도는 절대적인 것은 아니며, 각 개인의 환경적, 성격적 특징에 따라 그 비중이 달라질 수 있다.

ⓛ 인지평가 구분

1차 평가 (primary appraisal)	자신의 안녕과 관련된 평가로 발생한 사건이 자신의 안녕과의 관련 유무에 따라 평가를 달리한다.		
	무관한 평가 (irrelavant)	사건을 자신의 안녕과의 관련이 없다고 평가되는 경우이다.	
	이로운 평가 (beneign-positive)	사건이 자신의 안녕에 유익한 경우이다.	
	스트레스적인 평가 (stressful)	상해 또는 상실 (harm/loss)	초점이 현재 또는 과거에 놓이고, 부정적인 의미를 함축한다.
		위협(threat)	초점이 미래에 놓여 있고, 부정적인 의미를 함축한다. 즉 어린 시절에 심한 아동학대를 받은 경우 훗날 만성적인 질병에 시달리는 것이다.
		도전(challenge)	초점이 미래에 놓여 있고, 각성과 동기화를 일으켜 긍정적인 효과를 가져 온다. 즉 성공한 연예인들 중에는 수많은 역경을 이겨내고 훗날 인정을 받은 경우가 많다.
2차 평가 (secondary appraisal)	스트레스 사건에 대한 대처 차원의 평가로 내가 스트레스 사건에 대해 무엇을 할 수 있을까에 초점이 놓인다.		
재평가 (reappraisal)	발생한 문제가 해결될 때까지 개인과 환경간의 교섭관계에 대한 평가가 반복되는 것이다.		

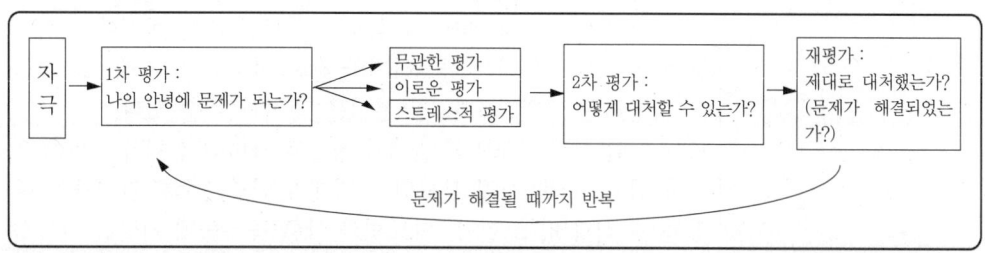

(4) 스트레스 반응

잠재적으로 스트레스를 주는 객관적인 사건들은 개인에게 그 사건에 대한 친숙성, 통제가능성, 예측가능성 등을 고려하게 하고(주관적 인지적 평가), 그 사건이 불안이나 위협, 또는 좌절로 간주된다면, 그 스트레스에 대해 정서적, 생리적, 행동적인 반응을 일으키기 시작할 것이다. Hans Selye(1936)는 매우 다양한 스트레스원들이 유사한 생리적 변화를 초래한다는 점에 주목하여, 스트레스원과 상관없이 일어나는 3단계(경고 → 저항 → 탈진)의 생리적 스트레스 반응을 일반적응증후군(GAS, General Adaptation Syndrome)이라고 지칭하였다.

긍정적 영향		스트레스는 개인에게 자극과 도전에 대한 욕구를 만족시키도록 돕고 개인의 성장 또는 자기향상을 촉진시킬 수 있으며, 과거와 현재의 스트레스는 미래의 스트레스에 더 적응적으로 만들 수 있다는 긍정적인 영향이 있다(Sutherland, 2000 ; Calhoun & Tedeschi, 2001).
생리적 반응	일반 적응 증후군[2]	**일반**(general) : 이러한 반응이 신체 전신에 걸쳐 영향을 미치는 자극(추위, 더위, 전기쇼크 등)에 의해서만 발생한다. **적응**(adaptation) : 스트레스를 경험할 때 나타나는 다양한 반응은 우리의 방어체계를 자극하고 신체를 단련시킴으로써 생명을 유지시키는 적응적인 반응이다. **증후군**(syndrome) : 각 반응이 연관되어 있고, 심지어 한 가지 이상의 반응이 늘 의존적으로 경험된다는 의미이다.
		스트레스는 심장병, 뇌졸중, 결핵, 다발성 경화증, 관절염, 당뇨, 백혈병, 암, 다양한 전염병 및 많은 다른 유형의 질병들의 발병과 경과에 영향을 미칠 수 있다(Dougall & Baum, 2001). 인간의 면역체계는 바이러스 등의 병원균을 파괴하고 고립시켜 신체를 보호하는 감시체계이다. 스트레스를 받으면 면역체계가 오작동해서 면역기능이 약화되고 결국 병균의 침입을 막지 못하게 된다. 이러한 스트레스는 HIV(인체면역결핍바이러스 ; Human Immunodeficiency Virus)에서 AIDS(후천성면역결핍증 ; Acquired Immune Deficiency Syndrome)로 진전시키는 데 약 70% 이상의 상관이 있고, 암의 진전속도에도 영향을 준다. 그러나 스트레스가 신체질병에 미치는 유일한 심리적 요인은 아니다. 고전적 조건형성도 신체질병에 영향을 줄 수 있다. 예를 들어, 꽃가루 알레르기가 있는 사람은 조화를 보고도 재채기를 한다. 따라서 심리적인 모든 것은 동시에 생리적인 것으로 볼 수 있다. 우리는 향긋하지만 강한 신맛을 지닌 레몬 조각을 깨문다고 상상하는 것만으로도 침 분비를 촉진시킬 수 있다. 또한 어린 시절 부모와의 관계가 성장후 자녀의 신체적 질환에 영향을 주기도 한다. 어린 시절 부모와의 관계가 안좋을수록 자녀들이 중년이 되었을 때 심장병, 고혈압, 당뇨병과 각종 중독들에 시달릴 가능성이 높다는 것이다(Graves, 1991 ; Russ다 & Schwartz).

---

[2] 그러나 Goldstein(1990)은 '모든 스트레스 반응이 스트레스원에 따라 달라질 수 있다'고 주장하여 일반적응증후군의 모형을 비판한 바 있다. 즉 우리가 투쟁의 경우와 도피의 경우에 주관적으로 경험하는 정서는 확연히 차이가 있다고 할 수 있다.

스트레스의 3단계		경고반응 단계 (alarm reaction stage)	충격기(shock stage)는 스트레스 자극에 대해 유기체가 일시적으로 위축되는 시기이고, 역충격기(counter-shock stage)는 스트레스 자극에 대해 유기체가 갖는 적응에너지를 사용하여 반격이 시도되는 기간이다. 단기적 스트레스의 경우에서처럼 방어체계가 성공적으로 작동하면 신체는 정상 수준으로 돌아간다. 따라서 대부분의 단기적 스트레스는 첫 단계에서 종료된다.
		저항단계 (resistance stage)	경보반응단계에서 스트레스 상황에 대한 대처가 실패한 경우 이 단계로 넘어온다. 유기체가 스트레스 자극에 대해 나름대로 적절한 대처를 하게 됨에 따라 신체적으로 특별한 반응상태가 나타나지 않으며 겉으로 보기에는 유기체가 스트레스 상황에 잘 적응하고 있는 것처럼 보인다. 이 단계에서는 새로운 스트레스원에 대한 저항력이 낮아진다.
		탈진단계 (exhaustion stage)	지속적인 작업과 관련된 스트레스가 누적되어 신체적-정서적 소진(탈진의 핵심으로 만성적인 피로, 허약함, 낮은 에너지를 포함), 냉소주의 및 낮은 자기 효능감의 증세를 보이는 경우를 탈진(burn out)이라고 한다. 탈진 상태에 빠진 사람들은 동료의 실패를 즐기거나 동료의 성공을 무시하는 불만 많은 고용인이 되는 경향이 있다(Buunk et al, 2001). 에너지 탈진의 마지막 단계인 질병과 사망은 대체로 이 단계에서 나타난다.

	뇌-신체 경로	스트레스시 투쟁 또는 도피는 위협에 대한 생리적 반응으로 적을 만났을 때 공격하거나 아니면 도망가기 위하여 자율신경계(ANS)의 교감신경계(sympathetic division)에 의해서 조절되는 신체적인 상태를 동원하는 반응이 나타난다. 스트레스를 받으면 뇌의 시상하부에서 뇌하수체와 자율신경계로 신호를 보내는데, 자율신경계의 교감신경부분이 활성화되면 부신수질이 자극되어 혈액 내에 많은 양의 카테콜라민(catecholamine)이 분비되어 심장박동과 혈류가 증가하고 뇌와 근육에 더 많은 혈액이 흐르며, 호흡이 가파르게 되고 산소 소비량이 증가하며 경계태세를 촉진하게 된다. 또한 만성적으로 스트레스를 받으면 글루코코르티코이드(glucocorticoids) 호르몬이 지속적으로 분출되고 이것은 신체와 뇌의 손상을 초래하기 때문에 탈진상태에 빠진다. 글루코코르티코이드(glucocorticoids)는 일부 백혈구의 생산을 방해하여 면역체계를 손상시키고 예방접종효과를 낮추며, 감염과 종양 성장에 대한 민감성을 증가시키고 쥐실험에서는 해마뉴런들이 퇴행되어 기억상실이 일어나는 것으로 밝혀졌다.
심리적 반응		만성적 스트레스는 불면증 등 수면장애, 낮은 학업수행, 성기능장애, 물질남용 등을 유발할 수 있으며, 우울증, 조현병, 불안장애 및 섭식장애와도 관련이 된다(Vgontzas, Bixler, & Kales, 2000 ; Colder, 2001).
	정서적 반응	짜증, 분노, 불안, 두려움, 낙담, 슬픔, 죄의식, 수치심, 질투, 혐오감 등의 반응을 말한다.
	인지 기능의 혼란	강한 정서적 각성이 주의력과 기억력을 방해할 수 있고, 판단력과 결단력을 손상시킬 수 있다(Janis, 1993 ; Mandler, 1993 ; Valent, 2000 ; Brand, Hanson, & Godaert, 2000 ; Kellog, Hopko, & Ashcraft, 1999 ; Weisaeth, 1993 ; Keinnan, 1987).
	과제 수행의 손상	스트레스는 어떤 과제를 수행하는데 방해요소가 된다. Baumeister(1984)에 의하면, 스트레스로 고양된 자의식은 마음을 혼란시켜 작업수행에 집중하는 것을 방해할 수 있으며, 거의 자동적으로 수행할 수 있는 숙달된 작업일 때에도 자의식적인 사람은 과제에 너무 지나치게 주의를 집중할 수도 있다.
행동적 반응		스트레스에 대한 행동적 반응은 대처(coping)를 포함하는데, 이는 스트레스에 의해 야기된 욕구들을 다스리거나 감소시키거나 견디어내고자 하는 적극적인 노력들을 말한다. 생활 속에서 누구나 스트레스를 경험하며, 그 스트레스의 효과적인 대처 유무가 인간 적응에 질을 결정하기 때문에, 중요한 것은 "스트레스 원 자체가 아니라, 그것을 대처하는 능력"이다. 먼

	저 문제-중심적 대처(problem-focused)는 스트레스 문제 자체에 대한 대처이며, 정서-중심적 대처(emotion-focused)는 문제 상황 자체보다 문제 상황과 관련해서 일어날 수 있는 정서 상태를 조절함에 의해 대처한다[3]. 대처의 효과는 일반적으로 문제-중심적 대처가 효율적이나, 문제 상황에 따라 다르게 나타난다.
	<table><tr><td></td><td>통제 가능한 문제상황</td><td>통제 불가능한 문제상황</td></tr><tr><td>효율성</td><td>문제-중심적 대처</td><td>정서-중심적 대처</td></tr></table>
외상 후 스트레스 장애	외상 후 스트레스장애(Posttraumatic Stress Disorders ; PTSD)는 중요한 외상사건의 경험으로 인한 지속적인 심리적 혼란을 포함한다. 즉 전쟁, 고문, 자연재해 등의 심각한 사건을 경험한 후 그 사건에 공포감을 느끼고 사건 후에도 계속적인 재경험을 통해 고통을 느끼며 거기서 벗어나기 위해 에너지를 소비하는 질환을 말한다. 사람들은 외상적 사건이 비교적 드물게 일어난다고 생각하는 경향이 있지만, Stein 등(1997)에 의하면, 우니페크에서 1,000명 이상의 사람들을 면담한 결과, 74.2%의 여성들과 81.3%의 남성들이 적어도 한 번 이상 심각한 외상적 사건을 경험했다는 것은 외상적 사건이 흔히 직접 또는 간접적으로 접할 수 있는 보편성이 있다는 증거이다. 외상 후 스트레스 장애가 있는 경우에는 환청 등의 지각 이상을 경험하기도 하고 공격적 성향을 보이기도 하며, 집중력 및 기억력 저하 등의 인지기능의 문제가 발생할 수 있다.

(5) 외상후 스트레스 장애

① 개요

PTSD는 사람의 생명을 위협할 정도의 극심한 스트레스를 경험한 후 일어나는 심리적 반응으로, 그런 외상이 없어짐에도 불구하고 계속해서 그 당시의 충격적인 기억들이 반복적으로 떠오르며 그 외상을 회상시키는 활동이나 장소를 피하고 또 신경이 날카로워지며 잠을 잘 자지 못하고 집중을 하지 못하는 상태를 말한다.

② 특징

PTSD는 침습, 회피와 무감각, 과도한 각성이라는 세가지 증상이 상호작용하여 나타난다.

---

[3] 예를 들면, 상사와의 문제에 있어서, 상사와의 대화를 통해 문제를 해결하거나 상사의 요구를 이행함으로 대처(문제-중심적 대처)하거나, 상사와의 갈등장면에서 발생하는 불안, 분노 등을 감소시키기 위해 술을 마시거나 친구들과 수다를 떠는 등으로 대처(정서-중심적인 대처)할 수 있다.

침습	외상후 사건에 대한 기억이 반복적으로 떠올라 고통스럽거나 꿈에 사건이 나타나거나, 외상적 사건이 다시 일어나는 것처럼 행동하고 느끼거나 그 사건이 회상되면 심리적으로 매우 고통스럽거나 사건이 회상되면 심장이 뛰고 땀이 나는 생리적 반응이 나타는 경우를 말한다.
회피와 무감각	이는 불쾌한 기억과 감정을 차단하기 위해 나타나는데, 외상과 연관된 생각, 느낌, 대화를 피하려하거나 외상을 다시 생각나게 하는 활동, 장소, 사람들을 피하려 하고, 외상의 중요한 부분을 회상할 수 없거나, 중요한 활동에 대한 관심이 현저히 감소하거나 그 활동에의 참여가 현저히 줄어들고, 다른 사람과 거리감이 생기거나, 감정표현과 정서적 반응을 억제하거나 미래에 대해 불길한 생각이 드는 증상이다.
과도한 각성	심한 외상을 경험한 사람들은 항상 위험에 처한 것처럼 느껴 조마조마하고 항상 경계를 하게 되는데, 그래서 잠이 들거나 잠을 유지하기가 힘들고 신경이 날카로워지거나 화를 내며, 집중하기가 어렵고 위험하지 않을까 지나치게 살피고 아주 잘 놀랜다.

외상적 스트레스가 어떤 특성을 지녔느냐에 따라 PTSD로 발전할 가능성은 다르다. 특성적인 스트레스일 경우(심하고 예측할 수 없으며 지속이고 고의적이며 반복적인 경우, 자신이나 사랑하는 사람의 신체적 통합을 위협하는 경우, 고립시키고 품위를 떨어뜨리며 자아상과 갈등을 일으키는 경우), 특히 심하지 않은 외상에서 중요한 위험요인으로는 개인적인 취약성(정신과적 병력이 있거나 과거에 외상 병력이 있거나 지능이 낮거나 사회적 지지가 부족하거나 아동기때 부모가 별거·이혼한 경우, 가족 중 주요 우울증이나 불안장애의 병력이 있는 경우)을 들 수 있고, 외상적 사건이 있는 동안 아니면 직후에 해리증상이 있는 경우 또는 초기에 증상이 심하면 나중에 더 심한 증상이 올 수 있다.

③ 평가

심리적 외상은 일상생활에서 생기는 사소한 일로 생기는 작은 심리적 외상(small trauma)과 커다란 사고로 인하여 충격을 받아 생기는 큰 심리적 외상(big trauma)으로 구분한다. 작든 크든 심리적 외상은 자신과 세상 모두에 대해 제한된 믿음이나 잘못된 믿음을 갖게 하는 모든 경험이라고 볼 수 있다. 또한 증상들이 처음 한 달 동안 임상적으로 현저한 지장을 주면 '급성 스트레스 장애'라 하고, 그 이상 계속해서 지장을 준다면 'PTSD'라 한다. 이 증상이 3개월 내에 사라지면 '급성PTSD'라 하고 3개월 후에도 지속되면 '만성 PTSD'라고 한다.

외상평가도구로는 구조화된 임상적 면담(SCID : DSM-Ⅳ에 대한 구조화된 임상적 면담, CAPS : 임상가 시행용 외상후 스트레스 장애 척도, PTSD-Interview : 외상후 스트레스 장애 면담도구, CIDI : 복합적인 국제 진단적 면담 , DIS-Ⅳ : 진단적 면담계획), 설문지평가척도(PCL : 외상후 스트레스장애일람표, PSS : 외상후 스트레스장애증상척도, MMPI-2의 PK척도, IES-R : 사건후충격척도, M-외상후 스트레스장애, TSC-40 : 외상증상일람표-40/CPTS-RI : 아동용 외상후 반응지표, CRTES : 아동의 외상적 사건반응 척도, TSCC : 아동용증상일람표), 정신생리적 측정법, 치료자의 임상적인 결정 등이다.

④ **치료**

외상 후 겪는 해리현상 등의 급성스트레스를 적시에 치료하지 않으면, PTSD로 발전된다는 것은 수많은 연구에서 입증되었다. 그러나 생활적으로 불안정한 환자를 대상으로 조급한 치료를 시도하는 것은 오히려 환자에게 해가 될 수 있다. 또한 치료에 임하더라도 외상성 사건에 대하여 말하지 않거나 조절력을 잃은 것처럼 너무 장황하게 늘어놓는 경우가 있다. PTSD치료에는 전통적 기법(집단치료, 최면, 부부 및 가족치료, 정신사회재활치료 등)이 있고, 최근에는 인지행동치료(노출치료, 체계적 둔감법, 불안관리훈련, 바이오피드백과 이완훈련, 인지처리치료, 인지치료, 자기주장훈련, EMDR 등)가 많이 시행된다.

전통적 기법	집단치료	집단치료는 지지적, 정신역동적, 인지행동요법으로 구분되는데, 먼저 지지적 집단치료는 외상적 경험 자체에 대해서는 별 초점을 두지 않고 감정을 다뤄서 과도각성과 관련된 극단적 감정을 흩어지게 하여 대인관계의 편안함과 전이를 낮추는 것이다. 정신역동적 집단치료는 외상에 노출된 과거나 자신이 반응한 방식이 어떤 의미인지를 새로 이해하게 하고 계속되는 문제들을 직면하게 도와주는 것이다. 반면에 인지행동치료는 PTSD 자체를 줄이거나 각 구성원들이 증상을 조절하는 것을 향상시키는 것이다.
	최면	최면자체가 PTSD의 치료에 효과적이라고 보기는 어렵고, 치료를 용이하게 하고 치료기간을 단축할 수 있는 보조요법으로 볼 수 있다. 최면에 부적합한 대상은 피암시성이 낮은 환자, 최면자체를 싫어하는 환자, 혈압이 낮거나 잠에 잘드는 환자 등이다.
	부부 및 가족치료	주로 성인 외상 환자의 치료로 추천되지만 다른 치료의 보조적인 성격이 강하다. 크게 두가지로 구분할 수 있는데, 하나는 부부나 가족의 붕괴를 치료하는 체계적 접근이고, 다른 하나는 환자의 가족을 도와 가족이 외상후 스트레스 장애 환자를 잘 지지하도록 하는 지지적 접근이다.
	정신 사회재활	PTSD의 치료의 보조적 기법으로, 환자에게 건강교육 및 정신교육적 기법, 자기관리/독립적 생활기술훈련, 주거지지, 가족기술훈련, 사회기술훈련, 직업재활, 증례관리 등이 있다.
	노출치료	PTSD의 치료에 있어서 노출치료는 전쟁에 참가했던 재향군인들의 치료 사례들을 통하여 처음으로 증명되었다. 외상과 연관된 상상을 통한 홍수기법(마치 홍수가 날 때처럼 한꺼번에 많은 양의 자극들을 환자에게 직면하도록 하는 기법)이나 실제 상황노출기법 등이 있다.

인지 행동치료	체계적 둔감법	Wolpe가 개발한 것으로 환자에게 이완하는 방법을 가르쳐주고 나서 환자에게 점진적으로 외상을 불러일으키는 자극들을 가장 덜 불안을 일으키는 것으로 시작해서 가장 두렵게 만드는 것까지 위계에 따라서 제시한다.
	불안 관리훈련	환자에게 불안을 조절하는 기술을 가르치는 과정으로, 스트레스 접종훈련이 여기에 해당한다. 이는 환자들에게 많은 다양한 상황에서 불안을 감소시키는 기술을 가르쳐서 회피하는 경향을 막고 불안을 감소시키게 하는 목적을 가진 것이다.
	바이오 피드백과 이완훈련	둘 다 불안관리기법으로, 이완훈련은 온몸(팔, 다리, 배, 가슴, 어깨, 목, 얼굴 등)의 근육군을 16단계로 나누어 긴장시키고 다시 이완시키는 훈련을 통해 점차 익숙해지면 8단계, 4단계로 근육군을 연습하는 것이다. 바이오피드백은 컴퓨터에 각종 생체신호를 감지할 수 있는 센서를 부착하고 그 신호를 증폭시켜 이완상태시의 생체신호상태를 보고 피드백에 따라 이완을 유도하는 것이다.
	인지 처리치료	1992년 Resick과 Schnicke가 개발한 것으로, 특히 강간과 연관된 PTSD를 치료하는데, 피해자가 잘못 생각하고 있는 것들("내가 좀 더 강하게 저항해야만 했어", "그런 위험이 있는 곳에 간 것 자체가 내 잘못이야", "내 옷차림이 야해서 그런 일이 벌어질 빌미를 제공한 거야", "내 마음속에는 그런 행위를 원하는 사악한 생각이 숨어 있을지도 몰라")에 대하여 환자가 과잉반응하고 있음을 알게 해줌으로써 왜곡된 사고를 바로 잡는 것이다.
	인지치료	1976년 Beck이 개발한 것으로, 사건 자체보다는 사건을 어떻게 해석하느냐에 따라 기분이 좌우된다는 것을 전제한다. 즉 어떤 상황에서 심사숙고하지 않고 자동적인 사고를 할 때, 왜곡된 해석으로 부정적인 기분상태에 빠진다. 인지치료는 PTSD도 부적응적 과잉반응에서 일어나는 것으로 보고 왜곡된 사고를 확인하고 수정해주는 것이다.
	자기 주장훈련	이는 환자 개개인의 평가를 통하여 자기주장기술의 정도를 파악하고 그에 맞는 훈련을 고안한다. 상황구성, 시범보이기, 역할연기, 피드백주기 등의 행동치료적 기법들이 다양하게 사용된다.
	EMDR	Shapiro(1987)가 개발한 안구운동민감소실 및 재처리요법(Eye Move- ment Desensitization and Reprocessing)은 연속적으로 빠르고 반복적인 안구운동을 시켜서 인지적 변화와 불안감소의 효과를 얻는 것이다. 이 원리는 여러 가지 감각들을 통해 충격적인 외상적 기억을 되살려낸 후 이제까지 비활성화된 흔적을 소화해 내지 못했던 변연계 등의 정보처리적응기제를 자극하여 그 상황

을 이해하고 재정비하도록 도와줌으로써 심리적 외상의 충격에서 벗어나게 된다는 것이다. 치료방법은 외상과 관련된 부정적 감정, 기억, 인지 등을 상기한 후 안구가 20초가량 좌우 혹은 아래위로 왔다 갔다 움직일 수 있도록 한다. 직후 안구운동 중에 경험한 이미지나 감정을 보고하게 한다. 이 과정은 외상적 기억과 감정이 최소화될 때까지 진행된다. 1회당 소요시간은 90분이며 3회에서 12회까지 실시하는 것이 일반적이다. 안구운동대신 다른 자극도 시도되어 동일한 효과를 발생시킨다는 것이 알려졌는데, 손가락 두드리기(촉각), 청각, 반짝이는 불 등이다. 한편 EMDR은 심리적 외상이 아닌 우울증, 강박증, 치매증상에는 권장하지 않는다.

한편 PTSD는 신경전달물질계, 신경내분비계의 변화에 따라 공포 및 무력감을 겪게 되고, 편도, 해마 등의 두뇌 기능상의 변화에 따라 외상적 기억이 나타나면서 이들이 연결되어 PTSD로 발현하는 것으로 이해할 수 있다. 따라서 생리작용에 변화를 줄 수 있는 약물치료가 시도되고 있다. PTSD에 사용하는 약물들로는 노르에피네프린, 도파민, 세로토닌계 항우울제, 오피오이드 길항제, 라튬 등의 기분안정제, 벤조디아제핀, 교감신경억제제 등이 사용된다. 이런 약물들은 외상후 스트레스 장애 증상을 완화시키고 스트레스에 대한 저항성을 증가시키며 삶의 질을 호전시키고 장해를 감소시키며 공존질환의 문제를 해결하는 효과를 거두는 것을 목표로 한다.

(6) 외상후 성장

① 개요

PTSD와는 반대되는 개념으로 외상후 성장(posttrauma growth)이란 심각하게 위협해오는 삶의 위기들 때문에 흔들린 세상에 대한 신념을 새롭게 구성해가는 인지적 처리과정을 거쳐서 오랜기간의 투쟁속에서 얻어내는 긍정적 변화를 의미한다. 통상 PTSD로 인식되어질 사람들 중에서도 오히려 외상후 성장을 보이는 사람들이 발견된다.

② 특징

외상후 성장은 기존의 적응 수준보다 훨씬 강한 힘을 가진 질적인 변화로, 외상경험후 알게된 자신의 역량이나 새로운 가능성을 인식하고 역경을 함께 치러낸 사람들에 대한 깊은 유대감, 삶에 대한 더 큰 감사와 영적 성숙함, 통찰 등이 나타난다. 그러나 외상후 성장을 보이는 사람들에게도 역시 외상 경험은 고통스러운 것이며, 따라서 정서적 고통이 없어지거나 반추적 사고, 의구심 등이 완전히 사라지는 것은 아니다(Yalom, 2008).

③ 영역

외상후 성장을 구성하는 요소들(Tedeschi & Calhoun, 2004)에는 아주 사소한 것에도 삶에 대한 더 큰 감사를 느끼거나, 예전에는 돈과 명예처럼 외적 성취를 중시했지만 외상후에는 마음 속에서 원하는 내적 성취에 더 우선순위를 두는 변화를 경험하거나, 외상후 도움을 준 사람들과 좀 더 친밀하고 의미있는 대인관계를 형성하기 위해서 노력하거나, 개인의 역량에 대한 느낌이 증가하거나, 자신의 삶에 대한 새로운 가능성과 방향[4])에 대하여 재인식하게 되거나, 절대적 존재인 신에게 의지하는 영적인 활동이 증가[5])하는 것 등이다.

④ 주요개념

㉠ **사후가정사고** : 외상경험 후 사람들은 실제 상황을 가상의 상황으로 바꾸어 보기도 하는 것을 말한다. 예를들면 '만약 …했다면, … 했을텐데…'식이다. 상향식은 이미 일어난 사실보다 더 주관적으로 좋게 평가되는 대안적 사고를 상상하는 것이고, 반대로 하향식은 이미 일어난 사실보다 더 주관적으로 나쁘게 평가되는 대안적 사고를 상상하는 것이다. 상향식은 후회 등 부정적인 정서를 경험하지만 미래준비기능을 수행하고, 하향식은 나쁜 감정을 완화시키고 좋은 감정을 증대시키는 정서적 기능을 수행한다. Butler(2007)는 외상을 경험한 개인이 부정적 영향을 부인하거나 혹은 그것을 최소화시키는 맥락내에서 긍정적인 변화(성장)을 보고하는 것은 어쩌면 방어적인 술책일 수 있으며, 오히려 긍정적인 경험(하향식)과 부정적인 경험(상향식)이 함께 공존하는 도식적 복잡성이 더 진정한 성장의 증거를 나타낸다고 주장했다.

㉡ **자아탄력성** : 자아탄력성은 고위험상황과 만성적인 스트레스, 지속되거나 심각한 외상에도 불구하고 성공적으로 적응하며 긍정적으로 기능하는 능력으로 정의된다(Egeland, Carlson, & Sroufe, 1993). 탄력성은 역경과 외상을 겪을 때 건강하고 생산적인 방식으로 반응하는 능력이기 때문에, 이는 일상적인 삶의 스트레스를 관리하는데 필수적이다(Rreivich & Shatte, 2002). 따라서 위기가 만들어내는 혼란과 그 후 위기에서 깨어났을 때 이루는 재조직화 때문에 개인적 성장을 촉진할 수 있다(Schaefer & Moos, 1992).

⑤ 과정과 요소

외상 후 주변인들은 고통스러운 일은 빨리 잊으라고 조언을 하지만, 그것은 현실을 회피하거나 부인하는 것으로 근본적 해결책이 아니다. 오히려 그 고통에 직면하는 것이 외상 후 성장의 출발점이 된다. 외상사건을 지속적으로 반추(해당 사건과 관련하여 이해하기, 문제해결하기, 회상하기 및 예측하기 등을 포함한 다양한 반복적 사고)하여 그 의미를 인지적으로 재처리하는 과정이 외상후 성장을 위한 최고의 원동력이 된다. 또한 타인들의 사회적 지

---

[4]) Lipowski(1970)는 삶의 의미가 질병과 같은 부정적인 사건들에 대한 정서적이고 동기적인 반응에 영향을 주는 주요 요인이라고 했으며, Davis 등(2000)은 부정적 사건이후 의미를 찾는 것은 건강한 기능으로 돌아오는 것을 촉진하며 의미를 찾는 것은 강력한 대처기술이라고 하였다. Ryff와 Singer(2000)은 삶에서 피할 수 없는 부정적 감정을 어떻게 다루느냐가 안녕감에 중요하다고 보았다. 따라서 긍정적 정서, 개인적 성장과 심리적 힘에 초점을 두었을 때, 의미는 결정적인 요소 혹은 개인의 잠재력을 최대화할 수 있는 결과로써 중요해지며, 의미는 행복을 되살아날 수 있게 하는 여건을 제공해줄 수 있는 성장관련 변인중 하나가 된다.

[5]) Calhoun과 Tedeschi(1999)에 의하면, 외상사건으로 인한 스트레스가 크며 클수록 실존적, 영적 변화를 이끌어 낼 기회가 커진다고 한다. 즉 외상 이전에는 막연하게만 생각했던 삶과 죽음, 인생의 의미를 외상이후 "왜 나에게 이런 일이 일어났는가?"와 같은 보다 근본적인 의문을 통해서 충분히 곱씹어봄으로써 인생의 유한성 혹은 죽음의 필연성을 인정하게 되고, 동시에 무엇을 위해 살아야 할지 답을 찾아 내면서 결국 삶에 대한 영적, 철학적 변화를 겪게 된다는 것이다.

지, 그리고 자신에 관한 사적인 정보를 타인에게 전달하는 자기노출은 우울을 감소시키고 외상후 성장에 중요한 요소가 된다. 이러한 자기노출은 정교한 반추에 도움이 되고 사회적 지지를 받을 수 있는 계기가 되기도 한다. 또한 외상은 남들에게 들려줄 자신의 인생스토리를 발달시켜주고 자신과 타인들이 이런 외상을 더 이상 겪지 않도록 필요한 지혜를 제공해줄 수 있다. 개인의 외상경험이 사회적 변혁에 영향을 주기도 한다. 전쟁이나 재난, 경제적 위기 등과 같은 외상경험은 사회구성원들의 의식변화에 도움을 준다. 즉 '성장'은 과거 개인이 지녔던 적응수준 및 심리적 기능 혹은 삶에 대한 인식수준을 넘어선 발달로 가정되며(Zoellner & Maercker, 2006), 3가지 차원으로 구분된다.

❖ 성장의 3단계 ❖

자기지각의 변화	외상을 극복하는 과정에서 자기 내면의 강점과 삶의 새로운 가능성을 발견한다는 의미이다. 즉, 외상 경험을 통해 개인은 자신의 취약성과 한계점을 인식하고 수용하는 동시에 이를 극복함으로써 외상 이전에는 느껴보지 못했던 자신감과 통제감의 상승을 경험하게 되고, 그로 인해 한층 더 강해진 자신의 면모를 확인하게 된다.
대인관계의 변화	외상후 타인에 대한 친밀감, 신뢰, 연민, 친사회적 행동 혹은 자기노출이 증가한다는 것이다. 예를들어 성폭력피해 경험이 있는 여성이 자신의 충격적인 경험과 관련하여 주변 사람들과 함께 이야기하면서 정서적 공감과 지지를 얻고, 주변사람들의 도움으로 문제해결의 방법을 찾는 과정에서 친밀감과 고마움을 느끼며 타인의 중요성이 커졌다고 보고하거나(신선영, 2009), 희귀질환을 앓고 있는 아동의 부모들이 힘겨운 삶에도 불구하고 서로를 더욱 이해하고 보살피는 모습 등을 들 수 있다.
인생관의 변화	삶에 대한 감사와 실존적인 자각이 증가하고 삶의 우선순위가 돈이나 외적 성취지향에서 친밀한 관계 등으로 바뀌며, 종교나 영적인 세계에 관심이 높아진다는 것이다.

3 성격과 건강

(1) 개 요

현대적인 의미에서 성격과 질병과의 관계에 대하여 Alexanger(1939)를 비롯한 초기 심리학자들이 정신분석적 입장에서 성격과 특정 질병과의 관계성을 가정하였다. 예를 들면, 십이지장궤양 환자는 자신의 권리가 박탈당한다고 느끼고 상대방에게 보복하려는 성격의 소유자로 가정하기도 한다. 그러나 아직은 성격과 질병과의 관계성이 과학적으로 확립되었다고 볼 수는 없다. 그 밖에 성별로는 심장질환은 여성보다 남성에게 많고, 인종별로 천식은 흑인이 아시아인이나 백인보다 더 잘 걸리는 것으로 알려져 있다.

❖ 건강에 좋은 VIA 성격분류 ❖

1. 지혜와 지식(Wisdom & Knowledge) : 더 나은 삶을 위해서 지식을 획득하고 사용하는 것과 관련된 인지적 강점들

창의성 (creativity)	새롭고 기발한 방식으로 생산적인 방법을 생각해내는 능력, 예술적 성취도 포함하나, 그것에만 국한되지는 않는다.
호기심 (curiosity)	일어나는 모든 경험에 대해 흥미를 가지는 능력, 관심을 불러 일으키는 모든 주제나 화제를 찾아내는 것, 탐구하기와 발견하기 등이다.
개방성 (open-mindedness)	사물이나 현상을 다양한 측면에서 철저하게 생각하고 검토하는 능력, 결론으로 바로 건너뛰지 않고 증거에 비추어 자신의 생각을 변화시키는 능력, 모든 증거에 공정한 무게를 두고 새로운 증거에 따라 신념을 수정하는 태도이다.
학구열 (love of learning)	독학 또는 정식 과정을 통해 새로운 기술, 주제, 지식체계(bodies of knowledge)를 배우고 숙달하려는 동기와 능력, 호기심이라는 강점과 관련되지만, 호기심을 넘어 자신이 알고 있는 것에 새로운 것을 체계적으로 추가해 가는 경향성이다.
지혜(wisdom) 또는 통찰(prospective)	사물이나 현상을 전체적인 관점에서 생각하고 다른 사람들에게 지혜로운 조언을 제공할 수 있는 능력, 자기 자신과 다른 사람들의 도리에 맞게 세상을 보는 방법을 갖는 것이다.

2. 인간애(humanity) : 타인을 돌보고 친밀하게 지내는 능력을 포함한 대인관계적 강점들

사랑(love)	타인, 특히 상호 호혜적으로 공유하고 돌보아 주는 사람들과의 친한 관계를 소중하게 여기는 것, 타인과 친해지기 등이다.
친절성(kindness)	타인에게 호혜와 선을 베푸는 것, 타인을 돌보고 도우며 소중히 여기기 등이다.
사회지능 (social intelligence)	자신과 타인의 동기와 감정을 인식하는 능력, 다양한 사회적 상황에서 적절한 것이 무엇인지 아는 것, 사람을 움직이게 하는 동기가 무엇인지 아는 것이다.

3. 용기(courage) : 외부적 또는 내부적 난관에 직면했을 때 자신의 목적을 성취하기 위해 그것을 달성하는 실행능력을 포함한 정서적 강점들

용감성 (bravery)	위협이나 도전, 어려움, 고통으로부터 물러서지 않고 이를 극복하는 능력, 누군가와 대립하게 되더라도 무엇이 옳은 것인가를 말하는 것, 좋지 않은 평판을 받더라도 신념에 따라 행동하기, 신체적 용기를 포함하지만 그것에 국한되지는 않는다.
인내 (persistence)	시작한 것은 끝을 내는 것, 방해나 난관에도 불구하고 필요한 과정을 지속하기, 해야 할 일을 시작하고 과업을 완수하는 과정에서 즐거움을 느끼는 것이다.

진실성 (authenticity)	진실을 말하고 자신을 진실한 방법으로 명백하게 두루 드러내는 능력, 가식이나 거짓이 없는 것, 자신의 감정이나 행동을 책임지는 것이다.
활력 (vitality)	삶에 흥미진진함과 에너지를 부여하는 능력, 생기와 활력을 느끼기, 삶을 동전적으로 사는 것을 포함한다.

4. 정의(justice) : 건강한 공동체 삶의 기초가 되는 사회시민적 강점들

시민의식 (citizenship)	집단의 구성원으로서 자신에게 주어진 임무와 역할을 잘 수행해 내는 것, 자신이 속한 집단에 충실하고 자신의 것을 공유하는 마음가짐이다.
공정성 (fairness)	공평하고 정의로운 의도로 모든 사람을 동일하게 대하는 태도, 타인에 대해 개인적 감정으로 편향된 의사결정을 하지 않는 것, 모든 사람에게 공정한 기회를 주는 것 등이다.
리더십 (leadership)	자신이 구성원으로 속해 있는 집단이 일을 해낼 수 있도록 동기를 부여하고 사기를 고무시키며 집단 내에 좋은 관계가 형성되도록 이끄는 것이다.

5. 절제(temperance) : 무절제나 지나침으로부터 보호하는 강점들

용서 (forgiveness)	용서는 심리적 및 신체적으로 상처받은 피해자가 당연히 생기는 분노나 복수의 감정을 버리고, 받을 자격도 없는 가해자에게 공감과 자비 그리고 도덕적 사랑을 베풀려고 노력하는 심리적 실천과정을 말한다.
겸손 (modesty)	정숙하고 자신의 성취를 떠벌리지 않으며 그 업적 스스로가 성과를 드러나게 하는 태도, 세인의 관심을 추구하지 않고 자신을 다른 사람들보다 더 특별하게 여기거나 자만하지 않는 것을 말한다.
신중성 (prudence)	선택이나 결정을 신중히 함으로써 불필요한 위험을 초래하지 않는 것, 나중에 후회할만한 언행을 하지 않는 것을 말한다.
자기조절 (self-regulation)	자신의 다양한 감정, 욕구, 행동 등을 조절하는 능력을 말한다.

6. 초월성(transcendence) : 보다 큰 세계인 우주와의 연결을 형성하고 의미를 부여하는 영적 강점들

심미안 (appreciation of beauty and excellence)	자연, 예술, 수학, 과학 또는 일상의 경험에 이르기까지 삶의 모든 영역에서 아름다움과 탁월함, 숙련도를 인식하고 인정하는 능력, 경외하는 태도 등을 말한다.
감사 (gratitude)	한국사람들은 감사와 미안함을 표현하는 것에 서툰 면이 있는데, 감사는 좋은 일을 인식하고 그에 대해 고마움을 느끼고 표현하는 것이다.
희망 (hope)	최상의 것을 기대하고 그것을 성취하기 위해 노력하는 것, 낙관적인 태도를 갖는 것이다.

쾌활성 (playfulness)	웃고 장난치는 것을 좋아하며 다른 사람들에게 웃음을 주는 능력, 상황에 적절한 농담을 하는 능력 등이다.
영성 (spirituality)	개개인의 마음속에 자리하고 있는 신성, 인생의 고차원적인 목적과 의미에 관해 확고한 신념을 갖기, 현재의 삶이 인생의 궁극적인 목적에 적합한지 숙고하는 태도, 바른 처신과 안정감을 돕는 삶의 의미에 대한 신념을 갖는 것이다.

출처 : Peterson & Seligman(2004/20098), 김교헌외 (2012) 재인용

위 성격요소들은 시대와 문화에 걸쳐 보편성을 갖는 요소들이다. 학자들의 연구에 의하면, 인간애 덕성은 남성들보다 여성들의 점수가 높고, 쾌활성은 젊은 성인이 나이든 성인보다 더 높은 점수를 보이며, 용서는 결혼 중인 사람들이 이혼한 사람들보다 더 점수가 높았다. 영성은 정치적으로 보수적인 사람들이 자유적인 사람들보다 점수가 높았다.

(2) 행동유형

① 개요

A유형	주로 유능한 지도자나 영업사원에 많은 A유형은 사회성, 경영능력, 지도력이 우수하고 적응력이 뛰어나서 인간관계에서 실수가 적은 편이지만, 반대로 "보다 적은 시간에 보다 많은 성취를 하려고 끊임없이 투쟁에 적극적으로 개입되어 있는 사람"이다. Friedman과 Rosenman(1974)은 「A유형 행동과 당신의 심장(Type A behavior and your heart)」이라는 저서에서 A유형의 13가지 특성6)을 기술한 뒤, 이들은 극도로 경쟁적이고 성취지향적이며, 항상 시간에 쫓기며, 여유라고는 갖지 못하고 일이 지체되거나 무능해보이는 사람을 보면 참지 못하고 화를 내는데, 이 특성들이 '조급성(hurry sickness)'으로 수렴된다고 정리하였다. 그러나 Glasser(1977)는 A유형의 특성으로 "공격성, 시간 급박성 및 경쟁성"을 지적하였다. 이들은 여가활동에 있어서 라이브콘서트, 경쟁게임, 옥외여가, 헬스, 가족/직업과 관련된 여가활동을 즐긴다.

---

6) A유형의 행동양식을 보면, 두 가지 이상의 일을 생각하고 행하며, 점점 더 짧은 시간에 점점 더 많은 일을 하려고 계획하거나 자연 환경이나 아름다운 것들에 대한 관심을 잃어버리고 남이 말할 때 빨리 말하라고 재촉하거나 줄을 서서 기다릴 때나 자기 생각에 느리게 간다고 생각하는 차 뒤에서 화를 내고 초조해하며, 뭔가를 잘 해내려면 스스로 해야만 한다고 생각하고 말할 때 손짓 발짓을 하며, 다리를 떨거나 손가락을 가만 놔두지 못하고, 폭발적으로 말을 쏟아 붓거나 음담패설을 자주 하며, 시간을 강박적으로 지키려 하고, 가만 앉아 있지 못하며, 게임을 할 때면 심지어 어린이들과 하더라도 꼭 이기려고 들며, 자신과 남들의 성공을 숫자로만 판단하려고 하며, 말을 할때 자주 혀를 차고 머리를 까딱거리고 주먹을 불끈 쥐거나 테이블을 톡톡 치고 숨을 헐떡이며, 남이 무엇인가를 할때 자기가 더 잘 할 수 있거나 빨리 할 수 있다고 생각되면 초조해서 견디지 못하거나 눈을 심하게 깜빡거리고 눈썹을 치켜 올리는 행동을 한다.

B유형	죄책감을 느끼지 않고도 휴식을 취하며 일할 때도 조급해 하지 않으며, 행동에 여유 있고 느긋하고 편안하며 차분하고 인내심이 많은 특성을 보인다. 이들은 여가활동에 있어서 음악이나 명상 등 조용한 여가활동을 즐긴다. 그래서 B유형은 상대나 상황에 영향을 받지 않고 자신의 신념이나 의견에 따라 행동하기 때문에 자칫 집단에 적응해서 행동하는 데 서투른 면이 있다. 이러한 B유형은 A유형과 C유형의 중간에 해당하는 성격유형으로 볼 수 있다.
C유형	모든 것을 자기 탓으로 돌리는 사람들을 말하는데, 지극히 내성적인 사람들이고 두려움이나 분노감정을 잘 억제하기 때문에 남들에게는 온화하고 부드럽게 보이며, 스트레스를 주는 환경에 대해 절망적이고 무기력한 태도를 보이고 우울증에 잘 빠지며 암발생율이 높다.

② 성격형성

부모와 자녀(특히 남성)의 행동유형점수가 유의하게 연관성이 있다. 부분적으로 부모의 행동이 아동들에게 사회학습적으로 학습되거나 조건화될 수 있음을 암시하였고, 부모로부터 성취와 경쟁이 강조되고, 지속적으로 더욱 훌륭한 수행을 요구받는 자녀일수록 A유형을 나타내는 경향이 있다.

③ 신체건강

A유형은 심장병 전문가인 Friedman과 Rosenman(1974)에 의해 개념화되었다. 그가 A유형을 연구하게 된 배경은 전통적인 관상동맥질환의 위험요인(흡연, 고혈압, 콜레스테롤의 과다, 음식, 운동부족, 당뇨, 나이, 가족력)만으로는 관상동맥질환의 발생을 충분히 설명하지 못했기 때문이다. 이에 이들은 A유형과 전통적인 위험요인을 함께 관찰한 결과, 다른 위험요인 이상으로 A유형이 관상동맥질환을 더 잘 예언한다는 사실을 발견하였다. 이는 서구의 고전적인 합작집단연구(WCGS)의 구조화된 질문지를 이용한 연구(대상 3,524명, 1960~1961)였는데, 이런 양상은 전통적인 위험요인을 통계적으로 통제한 후에도 2배 정도 높게 나타난다.

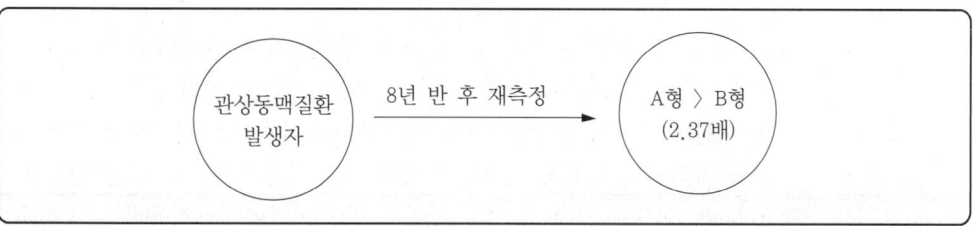

④ 질병발생

A유형 자체가 아닌, A유형의 하위요소 중 시간의식과 경쟁심 자체는 질병에 영향을 미치지 않지만, '분노 또는 적개심'이 질병발생의 중요한 변수이며, 이들은 다른 사람들보다 사회적인 지지가 적다(Brummett 등, 2001). A유형의 하위요소 가운데 '분노-억제와 잠재

적 적개심'이 관상동맥경화증과 유의한 관련성을 보인다. 분노는 신체에 직접적으로 해로운 효과를 발생시키는데, 혈관수축, 심박출량 증가, 콜레스테롤 수준 증가로 인한 심혈관계 질환의 위험률을 증가시킨다(Niaura et al, 2002). 분노는 대인관계를 악화시키는데, 부적절한 대인관계가 스트레스를 경험하게 하고, 건강을 손상시킨다. 분노는 음주와 흡연 같은 불건강한 행동을 증가시킴으로 결국 건강을 해치게 만든다.

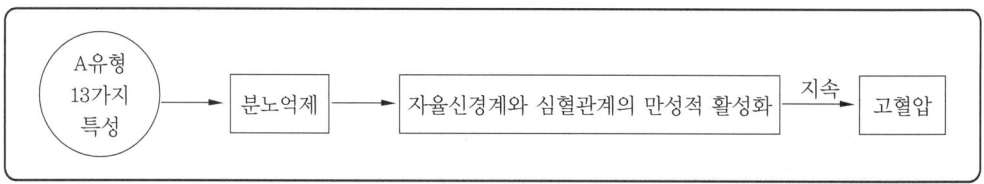

즉 스트레스에 취약한 특성 중 하나인 A유형 성격소유자에 대한 설명을 정리하면, [독립변인 : A유형 성격소유자]-[종속변인 : 심혈관계 질환]라는 인과관계를 설명하기는 어렵지만, [A유형 성격 중 분노-억제, 적개심]-[심혈관계 질환]과의 상관관계는 높다는 것을 알 수 있다.

4 스트레스와 건강

(1) 스트레스 내성

스트레스의 강도에 영향을 주는 요인들을 보면, 먼저 그 스트레스가 일을 사전에 충분히 예측할 수 있는가이다. 충분히 예측할 수 있는 경우에는 사전에 충분히 대비할 수 있기 때문에 스트레스가 적으며, 둘째 약속된 시간에 도착하지 못하는 것이 갑작스러운 교통체증과 같이 통제불가능한 상태인 경우에 스트레스의 강도가 강해지며, 스트레스 상황을 어떻게 인지적으로 평가하는 것에 따라 다르게 나타나고, 자아개념이 긍정적인가 부정적인가에 따라서도 스트레스 강도는 달라진다. 또한 스트레스 상황에서 주변인들에게 사회적 지지를 받을 수 있는가도 영향을 미치게 된다.

사회적 지지	스트레스 상황에서도 주변에 가족이나 친구들의 지지를 받을 수 있는 사람은 스트레스에 잘 적응할 수 있다. Wills와 Fagan(2001) 등의 연구에서도 알 수 있듯이 개인의 사회적 관계망의 구성원으로부터 제공되는 다양한 형태의 도움과 원조를 가리키는 사회적 지지는 신체적 또는 정신적으로도 좋은 영향을 미친다.
강인함	Kobasa(1979)는 변화에 대해 신축적이고 변화에 잘 적응하는 경향을 강인성(hardiness)으로 명명하였다. 이런 특성을 지닌 사람은 상당한 스트레스를 경험했음에도 불구하고 혈압이 낮고 병으로 인한 결근이 적으며, 심리적 불편감을 적게 나타내고 행복해 보인다. 스트레스에 강인한 성격적 특성은 다음과 같다.

	몰입성 (commitment)	삶과 대인관계에서 목적과 의미를 충만히 느끼며, 삶에서 적극적으로 관여하는 경향성이다.
	통제성 (control)	삶을 주도적으로 영위하는 느낌, 통제성이 높은 개인은 자신보다 높은 수준에서 내려진 결정에 대해서도 최종적으로는 자신의 결정이 영향을 미치게 된다고 믿는 경향이 있다.
	도전성 (challenge)	어려운 상황이 도래하더라도 그런 변화를 긍정적으로 수용하는 경향성이 있다.
낙천주의와 성실성		긍정적인 결과를 기대하는 경향성인 낙천주의는 신체건강과 상관이 있으며, 효과적인 면역기능과도 관련이 있다(Peterson & Bossio, 2001 ; Gillham, 2001). 또한 근면하고 정확하고 믿을 수 있는 경향인 성실성을 갖고 있는 사람도 스트레스에 잘 적응하는 것으로 나타났다.

(2) 스트레스의 대처

① 개 요

스트레스 대처(coping)란 환경 및 내적인 요구와 요구들 간의 갈등을 다루는 광범위한 노력을 의미한다(Lazarus, 1996). 사람마다 스트레스의 대처방식에는 차이가 있다. 각 개인의 대처능력의 차이는 그 사람의 인격발달과 밀접한 관련이 있다. 따라서 심리반응을 정신역동적으로 이해하기 위해서는 우선 개인의 인격발달과정 및 인격의 성숙정도를 파악해야 한다. 특히 재난스트레스를 아동기때 경험한 경우에는 정서적 발달이 정지되고, 성인기때 경험한 경우에는 정서적 퇴행을 보이는 경향이 있다.

스트레스에 자기파괴적으로 대처하는 것(포기하기, 회피하기, 타인에게 표출하기, 쾌락추구하기, 자신을 탓하기 등)은 성격적 결함의 형태로 나타나고 원만한 대인관계를 유지할 수 없게 된다. 심지어 PTSD반응을 보이는 환자들 중에는 스스로 스트레스를 주는 사건을 반복경험하기도 하는데, 이를 외상기호증(traumaphilia)이라고 한다.

스트레스에 잘 대처하게 되면, 스트레스 이전보다 더 용기와 힘에 대한 인식을 갖게 되고 사고의 폭과 세상을 보는 관점이 확장된다. 스트레스에 잘 대처하려면 스트레스를 인생의 불가피한 일부분으로 받아들여야 하고 어떠한 스트레스라도 해결할 수 있는 문제로 인식하며, 스트레스를 성장을 위한 도전으로 받아들이고 자신의 스트레스를 잘 파악하고 이해할 필요가 있으며, 비효과적인 대처습관을 버리고 효과적인 대처방식으로 바꾸려는 마음의 의지가 있어서 한다.

건설적인 대처는 직접적으로 문제에 직면하여 개입하고, 그것의 초점은 과제관련적이고 행동지향적이어야 한다. 이는 자신의 스트레스와 대처차원에 대한 합리적이고 현실적인 평가에 근거하며, 스트레스에 대한 잠재적이며 파괴적인 정서반응을 인식하는 것을 포함하여 잠재된 해로운 혹은 파괴적인 습관적 행동에 대하여 어느 정도 통제하는 것을 배우는 것을 포함한다.

❖ 건설적 대처전략 ❖

평가중심대처	공황적 사고의 원인인 비합리적인 가정을 찾아내어 그것을 줄이는 방법을 고안한 Ellis의 제안에 의해 촉진되었다. 부정적 자기 진술을 파악해서 없애고 합리적으로 사고하며, 긍정적으로 재해석하고 상황에서 유머를 찾으려고 노력하며, 종교에 의지하는 등의 대처이다.
문제중심대처	잠재적 가치가 있는 다른 문제중심의 대처전략은 적극적이고 계획적으로 문제를 해결하는 것으로 사회적 지지를 구하고 체계적으로 목표를 정하고 시간관리를 잘하려고 노력하며, 자기 통제력을 높이고 좀 더 주장적으로 되는 등의 대처이다. 체계적인 문제해결은 먼저 문제를 명확하게 하고 행동의 대안적인 경로를 산출하며, 대안을 평가해보고 활동방향을 선택하고 융통성 있게 행동을 취하는 4단계를 따르는 것이다.
정서중심대처	외상적 사건이나 민감한 주제에 대하여 쓰거나 말하는 것은 건강을 증진시키는 것과 연합되며, 억눌린 감정을 노출하여 풀고 기분을 전환하며, 적대적 감정을 다루는 습관을 들이고, 명상, 호흡훈련, 심상시각화훈련, 점진적 근육이완요법, 용서와 감사기법, 자율훈련법, 바이오피드백 또는 운동을 통한 대처이다.

② 심리적 대처

어떤 스트레스도 마음먹기에 달렸다. 즉 스트레스원을 무시하거나 스트레스원에 대해 생각하거나 혹은 새로운 방법으로 스트레스원을 생각하도록 노력하면 효과적으로 대처할 수 있다. 그러한 방법들로는 스트레스 사건을 상기시키는 상황이나 생각을 회피하고 인위적으로 긍정적 입장을 유지하는 억압적 대처(repressive coping), 스트레스원에 당면하고 이를 극복하기 위해 노력하는 합리적 대처(rational coping)[7], 그리고 스트레스원의 위협을 감소시킬 수 있는 새롭거나 창의적인 방법을 찾는 재구성(reframing)[8] 등이 있다.

---

[7] 합리적 대처는 스트레스원의 장기적인 부정적 영향을 감소시키기 위해서 스트레스원을 회피하기 보다 그것에 맞서는 것을 요구하는데, 3단계로 진행된다. 먼저 스트레스원이 존재하고 당분간 없어지지 않을 것이라고 인식하는 수용(acceptance)단계, 스트레스원에 주의를 주고 그것에 대해 생각하며 심지어 그것을 찾아내려고 하는 노출(exposure)단계, 스트레스원이 자신의 삶에 어떤 의미를 가지는가를 발견하고자 노력하는 이해(understanding)단계이다.

[8] 재구성의 방법으로, 개인으로 하여금 스트레스 상황을 긍정적으로 생각하게 함으로써 이 상황에 대처하도록 도움을 제공하는 스트레스접종훈련(stress inoculation training)이나 자기내면의 생각이나 감정을 글쓰기를 통해 노출하는 방법이 있다. 글쓰기를 통한 자기노출이 면역 기능을 향상시키는 반면 정서를 억압하는 것이 면역기능을 약화시킨다(Pennebaker et al, 1990;Petrie et al, 1998). 한편 면역체계의 강화에 도움을 주는 성격으로는 ACE(심신을 통해 들어오는 감각과 신호에 주의-attend-하고, 육체와 정신을 연결-connect-하며, 적절한 방식으로 표현-express-하는 것), 부정적 정서를 억압하지 말고 자기노출이나 편지쓰기 등을 통해 털어 놓을 수 있는 능력, 도전, 참여 및 통제로 이루어진 강인성, 부당한 대우에 저항하고 자신의 권리를 주장하는 자기주장성, 타인을 돕는 것에 몰입하는 이타성, 무조건인 사랑 그리고 다양한 자기를 의미하는 자기복잡성이다. 이러한 성격특성을 가지고 있는 사람은 면역력이 강하다고 한다(Dreher, 1995).

③ 신체적 대처

신체 기능에 관한 정보를 얻고 신체 기능을 통제하기 위해 외적 모니터링 도구를 사용하는 바이오피드백(biofeedback) 또는 신체근육을 의식적으로 이완하여 긴장을 감소시키는 이완훈련(relaxation therapy)을 통해 불안을 인지하고 해소하는 방식을 배움으로써 신체적 반응을 통제하거나, 일정시간 동안 심장박동률을 증가시키고 산소흡입량을 증가시키는 에어로빅 같은 운동도 스트레스 해소에 효과적이다. Ajzen의 계획된 행동이론에 의하면, 건강한 운동습관은 반복된 행동을 통해 형성되며, 행동은 대상행동에 대한 긍정적 태도와 긍정적인 주관적 규범(예, 주변에서 그 행동을 긍정적으로 평가하는 것)을 가질수록, 그리고 그 행동에 대한 내적 통제력의 수준이 높을수록 증가한다. 예를 들면, 부모가 운동하는 모습을 자주 보여주고 운동은 꼭 필요한 것이라고 자주 말해주는 것이 자녀행동에 영향을 미친다.

④ 상황적 대처

스트레스를 해소하기 위하여 상황을 관리하는 방법에는 사회적 지지를 추구하는 것과 생활에서 유머를 발견하는 것 등이 있다. 먼저 사회적 지지(social support)는 다른 사람들과의 상호작용을 통하여 도움을 받는 것을 의미한다. 사회적 유대가 약한 외로운 사람들은 더 많은 스트레스로 우울하며 면역기능도 낮아서 쉽게 질병에 걸린다. 다음으로 유머는 스트레스 사건을 경험한 후 진정되는데 걸리는 시간을 감소시킬 수 있다. 그런데 유머가 있는 사람들이 오히려 더 빨리 사망하는 경향이 있다. 이는 유머가 스트레스 해소에 단기적인 효과가 있지만 장기적으로는 효과적인 스트레스 치료법이 아니라는 것을 의미한다.

⑤ 재해시 대처

재해가 발생할 때 어떻게 대처하는가에 따라 수많은 피해자를 줄일 수 있다. 재해로 인하여 받은 스트레스에 대한 대처로 먼저 재해후 초기 4주간에는 재산상의 손실 등 현실적인 피해에 대한 고통과 불안한 감정에 대하여 상담사가 개입하여야 한다. 재해는 보통 수많은 피해자를 양산하므로 피해자들 중에서 정신건강상 심각도를 선별하는 검사를 실시하고 급성스트레스를 보이는 피해자들에게 심리적 응급처치가 주어져야 한다. 재해 3주일 이후가 되면 증상이 어느정도 고정되므로 의학적 선별검사를 실시하여 급성스트레스장애(ASD, Acute Stress Disorder)를 보이는 고위험군(강한 충격을 체험한 사람, 가족이 사망한 사람, 심각한 생활기반의 파괴를 경험한 사람, 재해전에 사고로 가족을 잃는 등 충격체험이 있던 사람 등)을 선별해 개입하여야 한다. 그러나 ASD로 진단되더라도 1~2개월 내에 50%정도는 자연회복된다. 재해를 당한 사람에게는 안전, 안심, 안면의 환경을 제공하여야 심리적 고통이 감소하게 된다.

재해현장에서 수많은 피해자와 구조자들은 위기상황으로 인해 급성 스트레스를 받게 되는데, 이를 해소하기 위한 스트레스 해소법(CISD, Critical Incidence Stress Debriefing)이 있다. 이는 4단계로 구성되는데, 개인중재, 집단진정(demobilization), 스트레스분산

(defusion), 해소(debriefing)로 구성된다. 1단계 개인중재는 위기에 처한 대상자에게 동료나 전문가가 실시하는 개인적 위기중재 프로그램을 말하며, 2단계 집단진정은 대형 재해시 임무 교대할 때 신속히 정보(10분)와 휴식(20분)을 제공하고 추가로 도움이 필요한 사람을 조기에 발견하며, 임무교대직후 다시 투입되기 직전에 적용하는 프로그램이다. 3단계 스트레스 분산은 현장투입 후 복귀 직전에 시행하는데 사건 종료후 8시간 이내에 제공하며 6-8명의 소그룹 단위로 진행하고 소요시간은 20분~45분이다. 4단계 해소는 전문가가 개입하여 경험자들의 생각과 감정을 중심으로 이야기할 기회를 제공하는 구조화된 모임을 말한다.

제2절 이상심리

1 이상심리의 개념적 이해

(1) 인간행동의 정의

건강한 행동	자신이 처한 주변 현실을 정확히 파악하고 인식할 수 있으며, 자신의 능력과 심리적 상태를 자각하고 인식할 수 있다. 자신의 행동을 스스로 조절하고 통제할 수 있으며, 있는 그대로의 자기 자신을 수용하여 존중한다. 다른 사람과 원만한 인간관계를 이룰 수 있고 자신의 능력을 생산적이고 효율적으로 발휘할 수 있다.
이상한 행동	일반적인 심리(정신)장애로 자신이나 타인의 건강, 발달 및 행복한 삶을 저해하는 일탈된 행동이나 비정상적인 행동을 말한다. 통상 사이코, 또라이, 변태 등으로 지칭되는 행위를 말한다.

(2) 이상행동의 기준

이상행동의 기준은 시간과 장소에 따라 변하는 상대적 개념으로 문화에 따라 차이가 난다. 우울증과 조현병은 문화보편적으로 발생하지만, 화병[9]은 한국에서, 검은 마술의 공포증세로 알려진 Susto는 라틴 아메리카에서, 자기외관에 대한 공포와 눈 맞추기 공포증세인

---
[9] 화병(火病)은 일종의 분노증후군으로 분노의 억제에 기인하는 심리적 문제라고 할 수 있으며, 울화병이라고도 한다. 화병은 상복부에 덩어리가 맺힌 느낌 등의 신체화증상을 수반하는 것으로, 우울증, 불안장애의 증상이 혼합되어 나타나는 장애이다. 일반인구의 약 4.2%정도 발병할 만큼 매우 흔한 만성적 질병으로, 주로 중년이후의 여성이나 사회경제적 약자들에게 많이 나타난다. 한편 신병(神病)은 초기 단계에 주로 불안과 신체적 증상을 호소하고 조상의 영혼에 의해 빙의되거나 해리 증세를 보이면서 조상신으로부터 무당이 되어야 한다는 메시지를 받게 되는데, 과거에 비하여 최근에는 발병율이 급격히 감소하는 추세이다.

Taijin-Kyofusho는 일본에서, 남근이 몸속으로 들어가서 죽게 될지 모른다는 갑작스럽고 강렬한 불안 공포증후군인 Koro는 동남아시아에서, 아동을 질투하고 쳐다볼 때 생긴다는 시기심 공포증후군인 Mai de ojo는 지중해문화권 사람들에게서 나타난다. 또한 같은 스트레스라도 문화에 따라 반응에 차이가 날 수 있는데, 서구사회에서는 스트레스가 우울과 불안 반응으로 표현되지만, 중국에서는 스트레스가 피로나 허약 그 외 다른 신체 질병과 같이 신체적 문제로 나타날 가능성이 크다(Kleinman, 1988).

통계적 기준	대부분의 사람들은 보편적이고 평균적이지 않은 행동을 이상행동이라고 정의 내린다. 통상 가장 많이 적용되는 정상의 범위는 ±1 표준편차로, 전체 사례 수의 약 68%이다. 이러한 통계적 기준은 측정 가능한 심리적 특성에서 분포상 정규분포를 벗어난 경우라든가 객관적이고 정확하나 경계성이 이론적·경험적 근거가 없는 전문가들이 세운 편의적 경계이다. 방향성에서 평균에서의 이탈 중 양방향 극단치 해석이 문제시 될 수 있기 때문에 통계적 기준은 반드시 다른 기준을 필요로 한다.
사회규범적 기준	한 사회 규범에 적응하지 못하고 일탈된 행동을 하는 경우(통계적 기준 전제)의 기준이고 사회적·문화적 상대성 때문에 한 사회에서의 '적응'을 전제로 한다. 따라서 문화나 사회 또는 시대에 따라 기준이 달라질 수 있다. 또한 사회 규범 자체가 바람직하지 못하다면 문제가 될 수 있다.
발달적 기준	인간은 연령대에 맞는 발달과업이 있는데, 이를 정상적으로 수행하지 못해서 나타나는 것을 이상으로 본다. 연령대에 맞지 않게 발달지연, 발달적 퇴행, 행동의 빈도가 극단적으로 높거나 낮음, 행동의 강도가 극단적으로 높거나 낮음, 행동상의 문제가 일정시간 지속됨, 행동의 급작스런 변화, 상황에 부적절한 행동, 여러 가지 복합적인 행동들, 정상과는 질적으로 다른 행동들이 기준이 된다.
주관적 고통 기준	인간 특성 가운데 어떤 특성으로 인해 본인 스스로 불편하고 괴로울 때 또는 자신의 만족감과 행복보다는 오히려 자기패배적인 불행감을 유발하는 행동을 할 때 이상행동으로 본다. 그러나 개인의 행동이 자신과 사회에 해로운 결과를 가져오고 사회적·경제적·심리적 생활에서 부적응이 초래될 때, 자신을 손상시키거나 다른 사람에게 손상을 입히는 부적응적 행동을 하거나 정신질환처럼 심리적 장애를 경험하는 사람들은 대부분 자각증상(불안, 우울, 공포 등)을 느끼지만, 심리적 고통을 느낀다고 해서 모두 심리장애로 간주하기는 어렵다.
역기능적 기준	특정한 행동이나 반응이 대인관계에서 역기능을 초래하거나 직업적인 역기능을 초래하는 경우이다. 예를 들면, 타인을 위험에 빠뜨리는 행동, 불안정되고 피상적인 대인관계, 타인들로부터 심한 거부감을 초래하는 행동 등이다.

이상판단의 기준	이상행동은 한 가지 기준이나 요소에 의해 정의하지 못하고 위 기준을 모두 적용하거나 두 개 이상의 기준을 가지고 결정한다. 진단체계에 따라서도 '이상 여부'를 판단하는 기준이 달라진다.

(3) 이상행동에 대한 역사적 견해

원시사회	귀신론 또는 초자연적인 견해로 과학적 치료법이 나오기 전에 신의 처벌이나 귀신의 욕구와 통제에 의해 이상행동을 보인다는 견해이다. 즉 도덕적 보상과 처벌의 입장이다. ex. 신의 계시나 저주, 빙의 등과 같은 초자연적 현상이나 월식, 풍수 등과 같은 자연적 현상에 미신적 의미를 부여함으로써 정신장애와 이상행동을 설명하려고 했다.
고대사회	신체적 원인론 또는 생물학적 원인론의 관점으로 정신장애를 신체기관이나 기능의 불균형으로 설명하려고 한다. ex. 서양에서는 히포크라테스의 체액론(다혈질, 흑담즙질, 황담즙질, 점액질), 체질론(외배엽형, 중배엽형, 내배엽형) 등이 이에 해당한다.
중세사회	종교적 원인론의 관점으로 하나님의 처벌이나 마귀의 사주에 의해 정신장애를 설명한다. ex. 이들에 대한 마녀사냥, 고문기구 등을 통한 정신장애자에 대한 잔혹한 처벌과 대우가 이에 해당한다.
근대사회	생리학적 원인론 또는 심리학적 원인론의 관점으로 크레펠린은 대뇌의 기질적 원인에 따른 정신장애를 설명했고, 프로이드는 무의식과 관련된 심리적 원인에 의해 정신장애를 설명하였다.

(4) 이상심리에 대한 이론적 입장

① 생물학·의학적 입장

정신장애는 신체기능상의 문제, 특히 뇌와 뇌세포, 신경전달물질과 같은 호르몬의 손상이나 기능이상에 의해 발생한다는 관점이다. 즉 이상행동은 생화학적인 혹은 생리학적인 기초를 가진다는 견해로 심리적 장애를 병으로 보는 입장인 의학적 모형이다. 정신질환의 원인을 병균의 침입이나 생리적 변화와 같은 생물학적인 신체적 원인으로 보며, 최근에는 뇌신경화학과 뇌손상 역할에 관심을 갖는다. 이 입장에서는 심리장애라는 용어 대신에 정신질환이라는 용어를 사용한다. 조현병의 치료에는 클로르프로마진을 투약하고 우울증치료에는 프로작(prozac)[10]을 투약한다.

---

10) 프로작은 신경전달물질 세로토닌의 재흡수를 봉쇄하는 효능을 가지므로 선택적 세로토닌 재흡수 억제제(selective serotonin reuptake inhibitors : SSRIs)의 일부이다. 따라서 뇌의 세로토닌 수준이 낮은 우울증환자에게는 프로작이 재흡수를 봉쇄함으로써 좀 더 많은 신경전달물질이 시냅스에 머물게 되어 세로토닌 수용기의 활성화를 증가시켜서 우울 증상을 완화시키는 효과가 나타난다.

② 정신분석적 입장

이상행동 역시 무의식적인 내적 갈등의 결과라고 본다. 출생 시 타고나는 성적·공격적 욕구와 이들의 방출을 억제하는 사회적 규범간의 끊임없는 갈등으로 해석한다. 원초아(id)와 초자아(super-ego) 갈등이 불안을 일으키고 불안에 대한 방어기제가 부적절하거나 지나치게 엄격할 경우 심리적 장애가 발생한다[11]. 정신분석적 입장은 심리적인 이론이면서 의학입장과 마찬가지로 이상행동을 정신질환으로 보는 경향이 있다.

예를 들면, 어릴 때 시장에서 인형을 사달라고 엄마에게 졸랐으나 오히려 혼난 경우, 이런 정신적 상처가 무의식에 남아 있다가 그때 그 시장이나 그와 유사한 시간에 광장공포증 등을 경험하게 되는데, 이에 대한 치료는 과거로 돌아가 자기를 미워해서 엄마가 사주지 못한 것이 아니라는 것을 재경험 시켜줌으로써 무의식적 상처를 치료하는 것이다. 즉 마음 속 어두운 한 구석에 '울고 있는 어린 아이'를 찾아 그 깊은 슬픔을 위로하고 이제 자유롭게 떠나보내는 과정이라고 생각하면 된다.

③ 행동주의적 입장

유전적, 선천적 요인이 아닌 출생 이후 환경조건(특정 행동에 대한 보상과 처벌)에 근거하여 정신장애를 설명한다. 즉 이상행동도 정상행동과 마찬가지로 학습된 것으로 보며, 심리적 장애원인은 환경이나 잘못된 학습의 결과로 본다.

④ 인지주의적 입장

비합리적 사고나 신념이 정신장애를 일으킨다. 즉 심리적 장애는 우리가 경험한 사건의 부적응적 사고방식의 결과이다. 이상행동에 선행하여 부정적 사건이 있지만, 그 사건 자체가 이상행동을 유발하는 것이 아니라 그 사건을 어떻게 받아들이고 해석하는지에 대한 그 사람의 신념체계에 따라 이상행동이 유발된다. 따라서 치료는 비합리적 사고나 신념을 논리적인 논박을 통해 변화시키는 데 있다.

예를 들면, Beck의 우울과 관련된 비합리적 사고 유형 중 "개인화(자신과 무관한 사건을 자신과 연계시켜 생각하려고 하는 사고)"처럼 동창회에 늦었는데 동창생들이 웃고 있다가 자기를 보고 웃음이 멎은 경우에 동창들이 자기에 대하여 험담을 하다가 멎은 걸로 생각하려고 하는 사고가 이에 해당한다. 또는 자신을 무능력하게 생각하거나 실패자로 생각하는 등의 비합리적이고 부정적인 핵심신념도 이에 해당한다.

⑤ 인본주의적 입장

선천적으로 타고난 자아실현적 경향성은 사회에서의 기대(조건적 사랑과 존중)에 의해 상실되고 자신에 대한 조직화된 신념의 집합체(자기개념)는 왜곡되어 정신적 고통을 경험하게 된다고 보는 것이다. 즉 심리장애란 자기실현 봉쇄의 결과이며, 현실적 자기와 이상적

---

[11] 무의식적 욕구 중심인 원초아와 사회적 규범의 대변자인 초자아 간의 긴장관계를 자아가 잘 조절·관리하면 건강한 상태를 유지하지만, 자아가 너무 약하거나 혹은 원초아/초자아의 세력이 지나치게 커서 자아가 이들 사이를 잘 조절하지 못하면 심리적 장애가 발생한다.

자기 사이의 심한 괴리가 생길 경우, 현실을 부정하거나 왜곡하게 된다. 따라서 치료는 공감적 수용, 무조건적 긍정적 존중과 적극적 경청 등을 통해 그에 왜곡되고 부정적인 자기개념을 수정하여 궁극적으로 자아실현적 경향성을 찾아 실현할 수 있게 도와주는 것이다.

⑥ 취약성 – 스트레스 입장

심리적 장애에 대한 단일 입장이 아닌 통합입장으로, 심리적 장애는 개인의 취약성(병적 소질)과 그가 경험하는 스트레스 간의 상호작용에 의해 발생한다. 즉 어떤 사람은 스트레스에 의해 유발되기 전까지는 몰랐던 특정 정신장애에 걸리기 쉽다는 것을 의미한다.

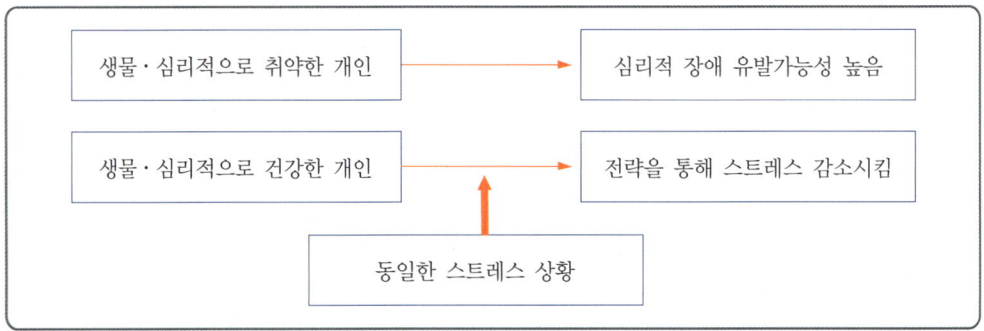

⑦ 사회 문화적 입장

사회적 존재로 살아가는 과정에서 그 사회의 고유한 특성이 심리장애를 유발시킨다. 사회적 지지망이 견고한 사람과 낮은 사람의 차이를 비교하면, 낮은 사람이 스트레스성 질병에 걸릴 비율이 더 높다. 하위문화, 성차별, 사회적 불평등이 심한 사회에서 심리적 장애가 발생한다.

2 이상심리의 구체적 이해

(1) 이상진단의 타당성

미국 스탠포드대학의 교수인 데이비드 로젠한(David L. Rosenhan)은 '정신과 의사들은 과연 어떤 사람이 진짜 정신질환자인지 아닌지 제대로 가려낼 수 있을까'에 의문을 가지고 실험을 하였다. 그는 그 결과를 〈Nature〉라는 학술지에 1973년 '정신병원에서 제정신으로 지내기(On Being Sane in Insane Places)'라는 논문을 발표하면서 알려진 학자이다. 그는 자신과 친구 7명을  전국의 정신병원으로 흩어져 정신과의사에게 똑같은 거짓증상을 호소하고 입원을 하도록 시켰다. 이들은 19일의 입원기간 동안 정상인으로 행동했으나, 정신과의사는 이들 중 7명은 조현병, 그리고 1명에게는 조울증의 진단을 내렸다. 이 결과를 논문으로 발표하자 정신과 의사들은 크게 반발을 하고 어떤 정신병원에서는 진짜 환자와 가짜 환자를 구분해내겠다며,

로젠한 교수에게 가짜환자를 보내라고 요구하였다. 이에 로젠한 교수는 100명의 환자를 정신과의사들에게 보냈다. 3개월 후 병원측은 가짜 환자 91명을 찾아냈다고 발표를 했다. 그러나 로젠한 교수는 실제로 정신과적 문제가 있는 100명을 정신과의사들에게 보낸 것이었다. 즉 단 한명의 가짜 환자도 보내지 않았다.

이러한 실험결과에 대하여 로젠한 교수는 "어쩌면 우리는 정상과 비정상의 경계를 분명하게 그을 수 있다고 지나치게 확신하고 있는지도 모른다. 정작 우리에게는 그 확신을 증명할 증거가 없다."고 말하였다. 그리고 사회심리학자인 토머스 길로비치는 정신과의사들이 보여준 태도에 대하여 '자신의 신념을 확증해주는 것들을 쉽게 발견하거나 찾고자 하는 경향이 있고 그와 반대되는 것은 무시하고 덜 찾아보게 되는 경향'이 편견에 기반하고 있을 경우에 더욱 현저해지는데 이를 '확증편향(가설검증과 같은 귀납추리에서 가설을 지지하는 경우만을 탐색하는 경향)'이라고 표현했다.

그러나 로젠한의 실험에도 문제는 있다. 예를 들면, 대부분의 의사들은 환자의 말이 거짓일 것이라고 생각하지 않으며, 특히나 신체적 이상을 전제하지 않은 정신적 영역에서 내려진 의학진단은 잘못 붙여진 꼬리표로 볼 수 있다는 것이다. 또한 가짜 환자들이 병원에서 한 행동이 '정상적인 것'으로 볼 수 없다는 것인데, 즉 "전 미친 행동과 말로 정신병원에 들어갈 수 있는지를 알아보려고 하는 정상인입니다. 저의 작전은 성공을 거두어 병원에 무사히 들어갈 수 있었지요. 하지만 이제는 병원에서 나가고 싶습니다."라고 이야기 했어야 하는 것이다. 이러한 로젠한의 실험은 당대의 학계에서 일종의 신념처럼 받아들여지고 있던 주류의 지식체계를 공격함으로써 '확증편향'의 문제를 부각시켰으며, 정신분석학이 더욱 실질적으로 발전할 수 있는 반성과 엄격한 정신진단기준과 진단의 타당성을 확보하기 위하여 DSM (Diagnostic and Statistic Manual in mental disorders)이라는 기준을 만드는 계기가 되었다.

(2) 이상심리 및 심리장애의 분류

국제질병 분류체계인 ICD-10(세계보건기구)과 정신장애의 진단 및 통계편람인 DSM-5 (Diagnostic and Statistical Mental Disorders-V, 미국정신의학회)가 주로 사용된다. 정신장애는 "현실검증능력"의 유무에 따라 정신병과 신경증으로 분류된다.

❖ 진단과 치료절차

초기접수면접	내담자의 정신적 상태(mental status)를 파악하기 위한 기본 정보의 확인 단계인데, 대부분 정신장애로 진단된다는 것을 개인의 나약함의 지표이거나 나쁜 행동의 결과라고 믿기 때문에 부담을 갖게 된다. 이러한 부담은 정신장애자를 위험하다고 믿는 잘못된 시각에서 비롯된다. 따라서 정신장애로 진단되었음에도 약 70%가 치료를 거부하기도 한다.
심리검사실시	투사적 검사법이나 질문지법 등을 통해 내담자의 객관적인 정신상태를 파악하게 된다.

치 료	내담자가 살아온 문화적 배경을 이해하는 것이 치료에 효과적이다. 정신과에서는 심리검사결과를 통한 진단을 강조하고 심리상담에서는 진단결과보다는 상담과정을 강조한다.

(3) 정신장애의 분류

일생동안 약 30~40%의 사람들이 여러 유형의 정신장애를 경험하게 되는데, 건강, 생산력과 행복에 막대한 대가를 지불하게 된다. 신체질병에 대한 마음의 민감성이 정신장애를 유발하기도 하며, 심장혈관질환 다음으로 인간의 건강한 삶을 파괴하는 요인이 바로 정신장애이다. 이러한 정신장애는 행동, 생각, 그리고 감정상 장해가 되는 증상을 수반하는데, 이 증상들은 심각한 개인적 고통이나 결함과 연관되어 있고 내적인 장해로부터 생겨난다.

❖ 한국인이 나타내는 정신장애의 평생유병율과 1년 유병율 ❖

진단	남자유병율(%)		여자유병율(%)		전체유병율(%)	
	평생	1년	평생	1년	평생	1년
알코올의존·남용	25.2	11.0	6.3	2.6	15.9	6.8
알코올의존	12.1	6.9	3.9	1.7	8.1	4.3
알코올남용	13.1	4.1	2.4	0.9	7.8	2.5
니코틴의존·금단	18.7	12.1	1.6	1.1	10.3	6.7
니코틴의존	17.1	10.8	1.5	1.0	9.4	6.0
니코틴금단	4.3	2.8	0.4	0.1	2.4	1.5
불안장애	4.6	2.8	13.1	9.5	8.8	6.1
범불안장애	1.1	0.5	3.3	1.5	2.2	1.0
특정공포증	2.2	1.7	7.5	6.5	4.8	4.1
사회공포증	0.2	0.2	0.4	0.3	0.3	0.2
광장공포증	0.3	0.2	0.3	0.3	0.3	0.2
공황장애	0.1	0.1	0.5	0.3	0.3	0.2
강박장애	0.5	0.3	1.0	0.7	0.8	0.5
PTSD	0.7	0.2	2.4	1.1	1.6	0.6
기분장애	2.2	0.9	7.1	3.6	4.6	2.2
주요우울장애	2.0	0.7	6.2	2.9	4.0	1.8
지속성 우울장애	0.2	0.1	0.9	0.6	0.5	0.4
양극성장애	0.1	0.1	0.2	0.2	0.2	0.2
정신증적 장애	0.8	0.3	1.4	0.7	1.1	0.5
조현병	0.1	0.1	0.2	0.2	0.2	0.2
조현형장애	0.1	0.1	0.1	0.1	0.1	0.1
단기정신증적 장애	0.6	0.2	1.0	0.4	0.8	0.3

신체증상 장애	0.4	0.3	1.1	0.7	0.7	0.5
신체화장애	-	-	0.0	0.0	0.0	0.0
전환장애	0.0	0.0	0.4	0.3	0.2	0.1
통증장애	0.1	0.1	0.4	0.3	0.3	0.2
질병불안장애	0.2	0.1	0.4	0.3	0.3	0.2
섭식장애	0.1	0.1	0.2	0.1	0.1	0.1
신경성 식욕부진증	0.1	0.1	0.0	-	0.0	0.0
신경성 폭식증	-	-	0.1	0.1	0.1	0.0
모든 정신장애	38.4	22.8	23.1	15.2	30.9	19.0
모든 정신장애 (니코틴 사용장애 제외)	28.9	14.2	22.6	14.5	25.8	14.4
모든 정신장애 (니코틴 및 알코올 사용장애 제외)	6.8	4.1	18.8	12.9	12.7	8.4

* 출처 : 한국교육포럼21 한국행동과학연구소 (2012 : 59)

(4) 조현병 스펙트럼 장애

① 조현병

조현병(schizophrenia)이란 용어는 '분열된, 분리된'을 뜻하는 schizo와 마음의 정신 phrenia의 합성어이다.

㉠ 특징 : 인지·동기·정서 등 심리과정의 결함이 심각하고 비현실적 증상 때문에 사회적 기능의 손상을 드러낸다. 인지 장애 가운데에도 '사고 장애'가 뚜렷하고 환자 중 반 이상은 '주의력 장애'를 호소한다. 심리적 기능의 손상정도가 매우 심한 심리적 장애로 사회적으로 고립되고 인지적 기능이 점진적으로 와해되는 것이 특징이다.

㉡ 발병률 : 전세계적으로 평생 유병률이 인구의 약 1%정도로 흔한 정신병의 하나이며, 유병률과 발생률이 동·서양, 선진국·개발도상국 등 지역, 인구 및 문화적 특성에 관계없이 대체로 유사하게 나타나고 남녀 발생율도 비슷하다. 1년 유병률은 0.2~0.4%, 1년 발생률은 0.01~0.05%이고, 발병률이 가장 높은 연령은 남성 15~24세(평균 21.4세), 여성 25~34세(평균 26.8세)이고, 청년기에 많이 발생하며, 정신병원 입원환자의 40~50% 정도를 차지한다.

ⓒ 유발요인

유전적·생리화학적·신경생리학적 입장	유전적 원인	쌍생아 연구결과, 한 쪽이 조현병 시 다른 한 쪽이 조현병일 경우에 일란성 35~58%, 이란성 9~27%로 발병한다. 일반적인 조현병 발생률을 고려할 때, 유전적 요소가 조현병 발생에 영향을 많이 준다.
	생리화학적 원인	조현병이 도파민 활동과 관련되어 있다는 것으로(dopamine hypothesis), 이를 치료하는 데 사용되는 약은 도파민 수용기를 차단하는 작용을 한다. 뇌에서 도파민의 수준을 증가시키는 암페타민과 같은 약물은 정상인에게서도 조현병을 일으킬 수 있다. 실제로 L-dopa를 사용한 파킨슨씨병 환자 중에는 조현병 증상을 보이는 경우가 있다. L-dopa는 파킨슨씨병을 치료하기 위해 뇌의 도파민수준을 높이는 데 사용되는 약이다.
	신경생리적 요인	뇌실이 다른 사람보다 더 크고 전두엽과 측두엽에서 낮은 대사 수준, 두개골의 기저부위에서 높은 흐름을 보인다. 정신생리적 이상으로 피부전도반응, 뇌파, 심전도 등의 기법을 통해 연구되었으며, 정상인보다 전두엽에 느린 뇌파가 많다.
심리학적 입장	정신분석학적 접근	어머니에 대한 의존을 극복하지 못하고 구강기에 고착되어 있기 때문에 퇴행적인 행동을 하는 것으로 본다. 약화된 자아기능은 무의식적인 원초아적 충동과 외부스트레스에 의해 야기되는 불안에 대해 자신을 방어하지 못한다. 불안은 환상, 어리석은 행동, 모순된 말, 비합리적인 사고와 같은 구강기 행동적 특성에 호소함으로 대처한다. 정서표현이 많은 부모 중 아이를 비난하고 적대적이며 아이에 대해 정서적으로 지나치게 몰두하는 부모가 특히 위험하다.
	행동주의적 접근	기괴한 방식으로 어떤 행동을 할 경우 이에 대한 보상을 받아왔음을 강조하며, 기괴한 행동을 하는 사람은 타인으로부터 사회적 거부를 유발하는데, 이는 조현병의 특징인 사회적 철수와 타인에 대한 의심을 가져온다고 본다.
	인지주의적 접근	이중언어의 사용과 같은 혼란스럽고 비합리적인 방식으로 의사소통하는 부모에 노출된 아이들이 조현병의 특징인 비합리적인 사고패턴으로 발전할 소인이 있다. 부모의 부부 관계가 편파적 유형으로 부부 분열형이거나, 불분명한 의사소통 내지는 단편화된 의사소통 등 가족 간의 의사소통 장애가 있는 경우, 그리고 감정의 노출이 심한 경우 등이다.
사회학적 입장		사회원인가설, 사회선택이론 등이 있다.

ㄹ) **주요증상** : 조현병의 주요증상은 분명히 잘못된 믿음체계로 정상에서 벗어나고 과장되며 비논리적임에도 지속적으로 유지되는 '망상(delusion)', 실제 자극이 없음에도 불구하고 진짜 있는 것처럼 느끼게 하는 지각경험인 '환각(hallucination)', 하나의 주제에서 관련없는 다른 주제로 생각이 빠르고 모순되게 전환하는 의사소통상의 심각한 손상인 '와해된 언어(disorganized speech)', 상황에 매우 부적절하거나 목적 달성에 비효과적이고 특정 운동이상을 수반하는 행동인 '심각하게 와해된 행동(grossly disorganized behavior)', 모든 운동의 현격한 감소 혹은 근육경직성이나 과잉활동의 증가를 보이는 '긴장행동(catatonic behavior)', 정서적 사회적 철회나 무감각 또는 언어표현력의 제한 그리고 다른 정상적인 행동과 동기 및 정서의 부족을 의미하는 '음성 증상(negative symptoms)'이 있다(민건환 외, 2011 : 648-650).

양성 증상		비현실적인 생각, 신념, 감각과 같은 증상을 통틀어 말하며, 환청이나 망상이 가장 흔하게 나타난다(치료-약물치료 등).
	환각	실제로 지각하지 않는 것을 지각 ex. 환청, 환시, 환촉 등
	망상	합당한 근거가 없는 비정상적인 잘못된 믿음 ex. 자신이 예수나 부처, 광개토대왕, 대통령 등이라고 믿는 것
음성 증상		에너지가 부족하게 느껴지거나 의욕이 없어지는 상태로 일상적인 일이나 주변에 관심이 없어진다(치료-사회기술훈련 등).
	둔한 감정 (정서적 둔마)	감정을 느끼거나 잘 표현하지 못한다.
	사고내용의 빈곤화 (무논리증)	생각이 잘 안나서 이야기가 잘 정리되지 않는다.
	의욕감퇴(무욕증)	의욕이 줄어들어 학업이나 일을 계속하지 못한다.
	사회적 위축	주변 일에 관심이 없고 다른 사람과 대화하고 싶지 않다.
	주의집중의 장애	산만해지고 주의집중을 오래하지 못한다.

② **망상장애**

㉠ **개념** : 편집증 장애라고도 불리는 망상장애(delusional disorders)는 현재 적어도 1개월 동안 한 개 또는 그 이상의 기괴하지 않은 망상을 보인다. 망상체계가 기괴한지, 기괴하지 않은지에 대한 판단은 망상장애와 조현병을 결정하는 데 특히 중요하게 고려된다. 또한, 망상장애는 조현병, 편집증 성격장애, 우울증 등

을 동반하기 때문에 분명한 경계성을 가지고 있지 않다. 모든 망상장애의 필수적인 특징은 망상체계가 있다는 것인데, 이는 자신을 위협하는 스파이가 있다거나 자신을 속이고 음모를 꾸미고 괴롭히고 원한을 갖고 있다는 믿음을 가장 빈번하게 포함

하고 있다.
ⓒ 구분

색정망상	자신이 누군가에게 사랑받고 있다는 것으로 다른 말로 드크레람볼트 증후군(de Clérambault's syndrome)[12]이라고 불린다. 이 망상은 대체로 이상적 낭만적인 내용이 많으며, 상대방은 보통 높은 신분으로 유명한 사람 또는 직장의 상사일 때가 많고 상대방은 환자를 전혀 모를 수 있다.
과대망상	자신이 위대한 힘을 가진 사람이거나 신비한 통찰력을 지녔다고 믿는다. 또는 자신이 신적인 존재이고 대통령도 자신과 특별한 관계를 가지고 있으며, 자신이 정부의 주요 직책을 맡았다거나 종교적 집단의 지도자가 된다는 등의 망상이다.
질투망상	배우자나 연인을 정당한 이유 없이 믿지 못하거나 부정을 하고 있다고 믿는 증상이다. 오셀로증후군, 결혼편집증으로 불리기도 하며, 소위 의처증, 의부증이 이에 해당한다.
박해망상	자신이 푸대접을 받고 있다고 믿거나, 누군가 자신을 해하려는 음모를 꾸미고 있다고 믿는 망상이다. 이런 부류의 사람들이 불평과 소송을 남발하고, 때로는 폭력을 행사한다.
신체망상	자신이 어떤 신체적으로 잘못되었거나, 나쁜 냄새가 난다거나, 피부에 벌레가 기어 다니거나 몸속에 기생충이 많다는 식 등의 망상이다.
혼합망상	위에서 언급한 망상을 2개 이상 가지고 있을 경우에 진단한다.

ⓒ 특징 : 이 장애의 중요한 특징은 망상이 기괴하거나 큰 해체가 필요 없다는 것이다. 일반적으로 피해망상은 분노, 원한, 때로는 폭력들과 함께 나타난다. 이때 의심은 한 개인이나 그 이상의 사람들에게 막연하게 나타나거나, 직접적으로 나타나는 것이 일반적이다. 망상의 주된

---

12) 드크레람볼트증후군이란 1942년 프랑스의 심리학자 가에탕 카티앙 드 크레랑보(1872-1934)에 의해 처음 연구된 것으로 자신보다 높은 수준의 능력있는 이성이 자신을 좋아해주었으면 하는 꿈을 갖고 있지만 동시에 그런 꿈을 이룰 수 없을 것이라는 심리적 고통을 받게되고, 이 고통이 심해지면 그 고통을 견디다 못해 무의식적으로 '내가 그 사람을 좋아하는 것이 아니라 그 사람이 나를 좋아한다'고 생각을 바꿈으로써 그 고통에서 벗어나게 되고 행복감을 느끼게 되고 그런 생각에 더 집착하게 되는 것을 말한다. 예를 들면, "한 여성이 길을 가다가 자신을 도와준 한 남성를 만나게 됩니다. 그 이후로 자꾸 마주치게 되고 그가 본인을 쳐다보고 있는 느낌이 들고, 그는 그녀에게 언제나 친절했습니다. 그래서 여성은 그가 그녀에게 관심이 있다고 생각하게 됩니다. 결국 그녀는 주변의 심한 반대에도 불구하고 그 남성과 연애를 하고 결혼까지 성공하여 예쁜 아기까지 얻게 됩니다. 그러던 어느날, 여성의 남편과 아이는 감쪽같이 사라집니다. 여성은 울며불며 남편과 아이를 찾으러 다닙니다. 하지만 남편과 아이는 사라지지 않았습니다. 아예 처음부터 존재하지 않았던 것이었습니다."

증상은 현실과는 다른 잘못된 강한 믿음으로 특히, 피해망상은 폭력적인 범죄행동과 가장 밀접한 관련이 있다. 또한, 의처증이나 의부증이 있는 환자는 배우자를 살해하는 범죄행동을 나타낼 수 있다.
ㄹ) 주요 증상 : 일반적으로 망상장애 환자들은 피해망상 또는 과대망상에 빠져있고, 중대 범죄사건을 일으키기까지 오랫동안 숨겨져 있다가 공격적인 범죄행위를 일으키는 것으로 알려져 있다. 그들은 초기단계 또는 경증일 때는 인식하기가 어렵기 때문에 매우 위험시되기도 한다. 망상장애 환자는 인격이 비교적 잘 유지되어 황폐까지 이르는 경우가 많지 않고, 범죄자의 경우 심신미약을 인정하여 치료감호로 처분되지만 망상이 기이하지 않기 때문에 정상으로 오인되거나 증세보다 장애정도가 낮게 판단될 수 있다. 이 때문에 치료감호기간이 짧아 교도소에서 남은 형기를 채우는 경우가 많다. 이에 대한 증명사실로 법무부 치료감호소의 통계에서 다른 증세의 합병을 제외하고, 망상장애만으로 치료감호소에 수용된 범법인원은 현재 증가추세에 있긴 하지만, 전체의 1%에 불과하다(최상섭 외, 1998).

(5) 기분장애

정서적인 기분의 비정상적인 변화를 주된 특징으로 하며, 기분의 변화는 양상에 따라 조증상태와 울증상태로 구분된다. 조증상태는 적어도 1주일 이상 기분이 비정상적으로 고양된 상태이고, 울증상태는 최소한 2주일 이상 현저하게 우울한 기분을 보이는 상태이다. 기분장애 중 양극성 장애는 조증과 울증 상태가 주기적으로 반복되는 장애(흔히 조울증으로 알려진 장애)로, 양극성장애Ⅰ, 양극성장애Ⅱ, 순환성장애가 있다. 기분장애 중 슬픔 이상을 의미하는 우울장애는 조증 상태없이 울증상태만 나타내는 장애로 주요우울장애(단극성 우울증), 지속성 우울장애가 있다. 주요우울장애와 기분저하증은 남성보다는 여성들에게 많고, 양극성 장애는 성별로 차이가 없다.

① 개요
   ㉠ 유발요인

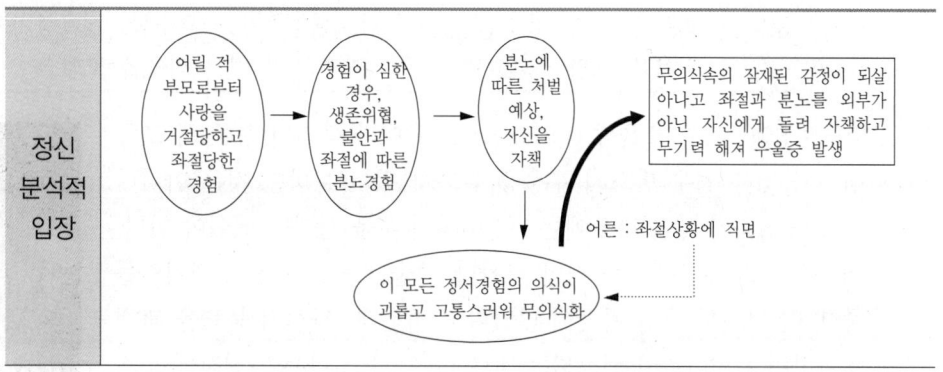

행동 주의적 입장	사랑하는 사람의 죽음/실직 =보상받을 원천의 상실 → 행동 위축 →시간경과→ 행동위축 심해짐 → 의욕상실, 우울상태 초기 : 주위 동정 사회적 보상 감소	
인지 주의적 입장	자신이나 세상을 어떻게 보느냐가 자신의 행동이나 정서상태를 결정하며, 우울증을 일으키기 쉬운 사람들은 자신을 부정적으로 보는 경향이 뚜렷하다. 성공을 과소평가하는 반면, 실패를 과대평가하고 원인을 자기 자신으로 돌리는 경향을 보인다.	
생물· 의학적 입장	기분장애는 유전적 소인을 갖고 있다는 입장으로 쌍생아연구에서 일란성은 한 쪽이 주요우울장애일 경우, 다른 한 쪽이 주요우울장애를 앓을 확률 40%, 이란성은 한 쪽이 주요우울장애일 경우, 다른 한 쪽이 주요우울장애를 앓을 확률 10%라는 주장이 있으며, 기분장애 환자에게 신경전달물질의 이상이 발견되기도 하는데, 세로토닌이나 노르에피네프린 양이 비정상적으로 낮다는 것이다. 우울상태에서는 세로토닌과 노르에피네프린 수준이 모두 낮고 조증상태에서는 세로토닌 수준은 낮고 노르에피네프린 수준은 높게 유지된다.	

ⓒ 우울 삽화와 조증 삽화

구 분	우울 삽화	조증 삽화
정서적	침울한, 절망적인, 사회적으로 위축된, 안절부절못하는	고양된, 행복한, 매우 사교적, 어떤 방해에도 참을 수 없는
인지적	사고 과정의 저하, 강박적인 근심, 결정을 내리는 것에 대한 무능력, 부적 자기상, 자기-비하 및 죄책감과 병에 대한 망상으로 특징지어짐	경주하듯 사고, 사고비약, 활동에 대한 바람 및 충동적 행동으로 특징지어짐, 말이 많은, 자기확신, 과대망상을 보임
운동	덜 활동적인, 피곤한, 수면하는데 어려움을 경험, 감소된 성욕과 감소된 식욕을 보임	과활동, 지치지 않음, 보통보다 적은 수면을 요구함, 성욕증가와 변동성이 있는 식욕을 보임

② **양극성장애** : 과거 조울증(bipolar disorder)이라 불리던 장애로, 조증 삽화가 있을 경우 반드시 우울증 삽화가 있어야 하는 것은 아니나 경조증 삽화가 있을 경우에는 1회 이상의 우울 삽화가 있어야 한다. 역사적으로 유명한 창의적인 작가나 예술가들이나 유명 정치인들 중에 이 장애를 가진 자들이 많았다고 하는데, 자신의 능력을 과대 평가하여 무엇이든지 생각하는 대로 다 할 수 있다는 자신감에 도취되기도 한다. 별 이유 없이 기분이 고양되고 기쁨에 넘쳐 옆에 있는

사람도 즐거움이 전염될 정도가 되기도 한다. 조울증은 다양한 정신장애 중 가장 유전율이 높은 장애로, 걸린 사람의 90%는 일생동안 여러번의 에피소드로 고생할만큼 재발율이 높다.

양극성 장애I	한 번의 조증삽화가 있는 경우이다.
양극성 장애II	한 번 또는 그 이상의 주요우울증 삽화가 있고 조증삽화 없이 경조증삽화만 있는 경우이다.
순환성 장애	• 양극성 장애에서도 기분부전처럼 증상의 정도가 가벼우면서도 고양된 기분과 우울이 교차하는 기분장애이다. • 경조증상태에서는 초조하고 정력적이고 오래 일을 해도 지칠 줄 모르고 잠도 적게 잔다. • 조증 환자의 경우처럼 사회생활의 장애를 보이거나 직장생활을 못할 만큼 혼란되지 않는다. • 우울상태로 바뀌면 하던 일도 마무리 못하고 무기력해지고 사회생활에도 지장이 된다.

③ 우울장애

주요 우울장애 (major depressive disorder)	적어도 2개월 이상 우울한 기분, 심한 절망감, 무기력감, 무가치감이 지속되며, 모든 것에 흥미를 잃게 되고 행동이 지체되며 말이 적어지는 등의 증상이 평균적으로 적어도 6개월 이상 나타난다. 생물학적으로는 33~45%정도 유전된다고 하며(Wallace, Schneider & McGuffin 2002), 심리학적으로는 우울증을 겪기 쉬운 사람들은 자동직으로 부정적인 경험을 내적(예 자신의 실수), 안정적(예 변화하기 어려운), 전반적(예 만연한)인 것으로 귀인한다는 무기력이론(helplessness theory)이 있다. 주요우울장애를 보이는 사람은 자살하기 쉬우며, 남성보다 여성의 자살시도가 3-4배 더 많지만 자살성공률은 남성이 여성보다 3~4배 높다. 여성에게 이 증상이 많은 이유는 사회경제적 수준이 낮기 때문이기도 하며, 우울증에 영향을 주는 에스트로겐, 안드로겐과 프로게스테론이 여성에게 많은 것도 이유가 된다(민경환 외, 2011 : 642).
지속성 우울장애 (dysthymia)	뚜렷한 환경적 스트레스 때문에 생기는 장애로 기분저하증이라고도 하고, 정도는 심하지 않으며 우울증상이 언제부터 시작되었는지 분명하지 않게 적어도 2년 이상 장기간 지속되는 경우가 있다. 언제나 우울한 상태를 호소하고 직장이나 사회생활에 어려움을 겪기도 하며, 일반적으로 아동기나 청소년기에 시작되는 것이 보통이어서, 이런 우울증을 다분히 성격적 특성으로 보기도 한다.

월경전 불쾌감 장애 (premenstrual dysphoric disorder, PMDD)	불안정한 기분, 과민성, 불쾌감 그리고 불안증상을 필수로 보이며 이러한 증상은 반복적으로 월경주기 전에 시작되고 월경 시작 또는 직후 사라진다. 이러한 증상은 전년도 대부분의 월경주기에 존재해야 하고 직업적·사회적 생활에 악영향을 미쳐야 한다.
계절성 우울증 (seasonal affective disorder)	어떤 사람들은 계절에 따라 반복적인 우울 에피소드를 경험한다. 대부분 가을이나 겨울에 시작되어 봄에 없어지지만, 간혹 여름 우울증을 겪는 사람도 있다. 또한 겨울 우울증은 위도가 높은 지역에 사는 사람들에게 많다.

베르테르(Werther) 효과

통상 동조자살 또는 모방자살이라고 하는 것으로, 독일의 문호 괴테가 1774년 출간한 소설 〈젊은 베르테르의 슬픔〉에서 유래한 것으로 1974년 미국의 사회학자 David Phillips가 붙인 명칭이다. 소설의 주인공 베르테르가 여인과 헤어진 후 자살을 택하는 내용이 그려지는데 책이 출간된 후 당시 유럽에서 이를 모방한 자살이 급증하면서 붙여진 이름이다. 자살의 전염효과는 특히 청소년들에게서 많이 나타난다. 자살의 원인은 심각한 소외감, 참을 수 없는 심리적·신체적 고통, 절망에서의 탈출, 그리고 도움요청 등이 제시된다. 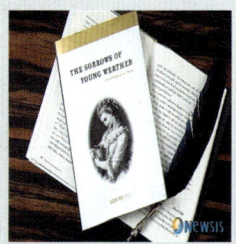 자살하는 사람 중 유서를 남기는 경우는 30%내외인데, 유서를 남기는 경우는 어떤 일로 자살할 수밖에 없었다는 이유를 들고 남은 사람들에게 고마움과 미안함을 표시하면서 도움을 요청하는 형태로 남긴다. 현재는 유명인의 자살이 대중에게 미치는 영향으로 해석되기도 한다. 자살의 동기는 매우 다양하지만, 크게 구분하면 인생의 무의미함을 느끼고 삶을 포기하는 순수자살, 자살을 통해 어떤 목적을 달성하고 증오심을 표현하려는 의도적 자살이 있다. 대체로 두가지 동기 모두 '미래에 대한 부정적 기대와 절망감'이라는 심리상태와 연관되는데, 노인들은 순수자살, 청소년들은 의도적 자살이 많다.

▶ 자살의 징후 ◀
1. 자살시도를 하려는 사람의 90%가 평소 자살에 대하여 주변사람들에게 더 자주 말을 한다.
2. 오랫동안 우울증을 보이던 사람이 갑자기 기분이 좋아진 듯 보이는 경우가 가장 위험한 시기이다. 이미 자살을 결심했기 때문에 오히려 자살로 모든 고통이 끝날 것이라는 기대가 반영된 것이기 때문이다.
3. 헤어짐이나 죽음으로 인한 사랑하는 사람의 상실, 결별, 이루지 못한 사랑, 수치스럽고 굴욕적인 아주 극심한 스트레스 사건, 부모 등 가족의 자살이 영향을 준다.
4. 생각없이 하는 것으로 보이는 무모하고 위험한 행동, 학교나 직장에서 이유없는 수행감소, 친구나 가족 등과의 일상 활동으로부터 철회, 술이나 약품 사용의 증가, 탈출구가 없는 것처럼 갇혀 있다는 느낌의 표현 등도 자살의 징후이다.

(6) 불안장애

불안할 이유가 없는데도 불안해지거나 불안이 과도하게 심하여 사회생활에 있어 적응이 어려워지고 일상생활이 어려운 경우로, 가장 흔히 발생하는 심리적 장애이다. 불안시 교감신경계의 활동증가로 땀이 나고, 심장박동이 빨라지며 숨이 차는 등 신체적 증상과 함께 근심,

걱정, 두려움이 수반된다. 정신이론적 접근에서는 무의식에 억압된 충동/동기가 불안을 유발한다고 주장하며, 행동주의적 접근에서는 고전적 조건형성에 의해 습득되거나 조작적 조건형성에 의해 불안이 유지된다고 주장한다.

① 범불안 장애(generalized anxiety disorder) : 이유를 설명할 수 없는 지속적인 긴장과 불편감의 경험을 말한다. 일상적인 삶 속에서 만성적이고 지속적으로 불안해하는 사람들로서, 여러 가지 사건이나 활동에 대해 지나친 불안이나 걱정을 한다. 남성보다는 여성에게 2배이상 많은 장애로 불안상황이 어떤 특정상황이 아닌 생활전반에 너무 만연되어 있다. 때때로 이들이 느끼는 불안은 유동불안(free-floating anxiety)이라고 불린다. 증상은 신체증상(땀나고 얼굴 붉어짐, 심장이 두근거리고 손이 차가움), 근육의 긴장과 통증, 안절부절못함, 쉽게 피로해짐, 과민하여 쉽게 화를 냄, 주의집중 곤란, 수면장애 등을 동반하며 6개월 이상 지속된다.

② 공황장애(panic disorder) : 갑작스럽게 심한 불안에 휩싸여 금방 죽을 것 같은 위급함을 경험하는 장애로, 공황발작(panic attack)을 경험하는 사람은 때로 자기가 평소의 자기가 아닌 것 같은 유체이탈의 느낌(탈개인화 depersonalization), 진짜 현실임에도 현실이 아닌 것처럼 느끼기도 한다(비현실화 derealization). 증상은 현기증, 떨림, 식은땀, 빠른 심장박동, 숨 가쁨, 죽을 것 같은 공포, 미칠 것 같은 공포 등이 수반된다. 공황발작은 10여 분 전후의 짧은 기간 지속되지만, 너무 고통스러워서 다른 심리적 장애에 비해 치료받고자 하는 사람이 많다. 공황발작은 자주, 일주일에 1회 이상 일어나서 통상 몇 십 분간 지속되는 것이 보통이며, 몇 시간에 이르지는 않는다. 공황장애의 가장 일반적인 합병증은 광장 공포증이다.

공 황 장 애	공황장애 체크리스트

원인
• 뇌의 생화학적 이상
  -세로토닌 이상
  -GABA 이상
• 대사장애
• 심리적 원인
 	
변연계
뇌간
 	
증상
• 강한 공포
• 호흡곤란
• 손발저림
• 현기증
• 가슴통증
• 실신
	1 맥박이 빨라지거나 심장이 마구 뛴다 ☐
	2 땀이 많이 난다 ☐
	3 떨리고 전율감이 느껴진다 ☐
	4 숨이 가쁜 느낌이나 숨이 막히는 느낌이 든다 ☐
	5 질식할 것 같다 ☐
	6 답답하거나 통증을 느낀다 ☐
	7 토할 것 같고 복부가 묵직하다 ☐
	8 현기증이 나고 머리가 띵하다 ☐
	9 비현실감이나 내가 아닌 다른 사람인 것 같은 느낌이 있다 ☐
	10 자제력을 잃게 되거나 미쳐 버릴까 두렵다 ☐
	11 죽을 것 같아 두렵다 ☐
	12 마비감이나 찌릿찌릿한 느낌 등의 감각 이상이 있다 ☐
	13 오한이 나거나 얼굴이 화끈 달아오른다 ☐

* 공황장애 체크리스트에서 4개 이상이고 한 달 이상 지속되면 공황장애로 판단

③ 공포장애(phobia) : 심한 공포증과 강박적인 회피행동으로 특징지어지는 상태를 말한다. 즉 전혀 두려워할 이유도 없고 그렇게 하는 것이 비합리적이라는 것을 알면서도 어떤 대상이나 장소에 대해 통제할 수 없는 심한 공포를 느낄 때가 있다. 또한 그럴 필요가 없다고 설득해도 소용이 없는 경우가 있는데 이런 경우를 공포장애라고 한다. 이러한 공포증은 진화적으로 인간이 위협을 느끼게 되는 자극에 연관되어 있다. 대체로 광장공포증, 사회적 공포증, 동물들에 대한 특정공포증 등은 대부분 여성들에게 많이 나타나고 먼지 등 친숙한 대상이나 질병-상해 공포증은 성차가 없으나, 어린 시절 과도한 수줍음과 억제를 보이는 아이들이 성장해서 공포행동을 보일 위험이 크다(Chavira & Jang, 2001).

광장공포증 (agora phobia)	혼자 있는 것에 대한 과도한 두려움, 심한 사례에서는 집을 떠나는 것 및 개방된 장소에 대한 과도한 두려움 등이다. 즉 예기치 않은 일이 일어났을 때 다른 사람의 도움을 구할 수 없거나 혼자서 대처 혹은 도피할 수 없을 것 같은 상황을 두려워하여 피하는 증상으로, 광장공포증을 동반하는 공황장애와 공황장애의 과거력이 없는 광장공포증으로 구분된다.
특수공포증 (specific phobia)	단순 공포증이라고도 하는 이것은 특정 대상(동물들, 먼지, 폭풍, 고소, 폐쇄공간, 어둠, 질병-상해 등)이나 상황에 대해 강렬하고 비합리적인 공포를 느끼는 경우로, 이들은 자신이 두려워하는 대상이나 상황을 피하기 위해 매우 애쓴다. 증상은 인식할 수 있는 명확한 대상이나 상황에 대한 현저하고도 지속적인 두려움이나, 두려운 자극에 노출되면 예외 없이 즉각적인 공포반응이 유발된다.
사회공포증 (social phobia)	다른 사람들과 함께 있는 것에 대한 두려움을 중심으로 한 공포증이다. 즉 사람을 만나거나 사람들 앞에서 어떤 수행을 할 때 평가받는 것이 심히 두려워 이를 회피하는 경우로, 다른 사람의 존재와 관련된 지속적이고 비합리적인 공포이다. 증상은 극도로 무기력하게 만들 수 있고, 특정 상황을 회피하려고 노력하며 불안 증세를 나타내거나 상대방을 당황하게 만드는 행동을 한다. 사회공포증 환자들은 광장 공포증 환자보다 도움을 구하는 경우가 훨씬 적으며, 남성들보다 여성들이 다소 많이 치료를 받으러 온다. 사회공포증은 두려워하거나 회피하는 상황의 범위에 따라 일반화될 수도 있고 특정화될 수도 있다. 일반화된 유형의 사회공포를 지닌 사람들은 비교적 발병연령이 보다 빠르며 더 우울해하거나 알코올 남용에 빠지기 쉽다. 이러한 사회공포증은 다른 장애와 공병률이 높고, 일반화된 불안장애, 특정 공포장애, 회피성 성격장애와 함께 나타날 정도로 흔하다.

(7) 강박장애(obsessive-compulsive disorder)

반복적인 강박적 사고나 강박행동으로서, 이들 증상은 개인으로 하여금 많은 시간을 소모하게 하거나 현저한 고통이나 지장을 초래할 만큼 심각한 것이 보통이다. 강박관념(obsession)이란 본인도 불합리하다는 것을 알지만 통제할 수 없는 생각이나 심상이 반복적이고 침투적이며, 지속적으로 떠오르는 것을 말한다. 흔한 강박관념은 감염, 공격, 죽음, 성, 질병, 질서정연, 결점에 대한 것이다. 강박행동(compulsive)은 어떤 의식적(ritualistic) 행동이나 정신적 활동을 몇 번이고 되풀이하여 반복하려는 억제할 수 없는 충동에 따른 행동으로서 강박관념에 대한 반응으로 나타나며, 강박행동은 고통을 예방하거나 감소하고 두려운 사건으로 상황을 방치하거나 완화하려는 시도로서 나타난다. 흔한 강박행동은 닦기, 반복점검, 정리/배열, 그리고 계수하는 형태를 취한다(Diwnie & Swinson, 1998).

(8) 해리 장애

기억상실증이나 중다성격에서와 같이 성격의 어떤 측면이 나머지와 분리되는 것으로 보이는 장애이다. 즉 의식, 기억, 자기정체감 및 환경지각 등이 심각하게 와해되고 평소와는 달리 급격하게 분열된 인지과정으로 변화하는 장애를 말한다.

해리성 기억상실증 (dissociative fugue)	어떤 계기로 개인에게 의미있는 특정한 기간의 기억이나 특정한 사건의 기억을 갑자기 상실하는 경우이다. 기억 상실은 일반적으로 외상을 주었던 특별한 사건으로 일시적이지만, 때론 장기적일 수 있다. DSM-5에서는 해리성 기억상실의 하위 유형으로 해리성 둔주가 포함되었다. 갑작스런 가출과 새로운 정체감의 출현을 수반하는 개인사에 대한 갑작스러운 기억상실로 스트레스와 연관된다. 짧게 혹은 상당기간 오래 자신의 이름이나 직장 등 자기 자신을 잃은 채 생활한다. 자신의 과거에 대하여 회상하지 못하고 일부 혹은 완전히 새로운 주체성을 가지는 것이다.
해리성 정체감장애 (dissociative identity disorder)	개인에게 여러 개의 서로 다른 성격이 존재하는 것을 말한다. 각 성격들이 명백히 달라 그 자체의 걸음걸이, 말하기, 쓰기를 가질 수도 있다. 어떤 경우 각 성격은 다른 성격의 존재를 전혀 알지 못하기도 하며, 이 장애를 보이는 사람은 거의 모두가 아동학대와 같은 외상적 경험을 갖고 있다. 이를 예전에는 중다성격(multiple personality)으로 분류하기도 하였는데, 이 장애의 원인은 과거의 충격적 사건, 질환발생에 대한 개인적인 취약성, 환경적인 요소, 외부지원 기능의 부재 등으로 대부분 유년시절에 받은 충격적인 기억으로부터 자신을 보호하기 위해서 현실을 도피하고자 새로운 인격을 만들어 자아를 보호하려는 것으로 해석한다.

이인증 (Depersonalization disorder)	비현실감 장애라고도 하며, 자신이 낯설게 느껴지거나 자신과 분리된 느낌을 경험하는 것으로 자기지각에 이상에 생긴 상태를 말한다. 자신이 기계처럼 느껴지거나 꿈이나 영화 속에서 사는 것처럼 느껴진다. 비현실감이 동반될 수 있으며 익숙한 사람이나 사물이 낯설게 보이고 세상이 생소하거나 비현실적인 것으로 지각한다.

(9) 신체증상 및 관련장애

이 장애에는 신체증상장애, 질병불안장애, 전환장애(기능성 신경학적 증상장애), 기타 의학적 상태에 영향을 미치는 심리적 요인, 인위성장애, 달리 명시된 신체증상 및 관련 장애, 그리고 명시되지 않는 신체증상 및 관련장애의 진단들을 포함한다(권준수 외역, 2015 : 331-351).

신체 증상 장애 (somatic symptom disorder)	아무런 내과적 이상이 없이 다양한 신체증상을 반복적으로 호소하는 질환을 말한다. 브리케 신드롬(Briquet's syndrome)이라고도 불리었다. 신체화 증후군은 수 년에 걸쳐서 다양한 신체 증상을 반복적으로 호소하지만 실제 내과적으로는 아무런 이상이 없으며 신체질환이 아닌 심리적 요인이나 갈등에 의하여 나타난 것으로 판단되는 증후군이다.
질병불안장애 (illness anxiety disorder)	건강염려증이라고도 하는 것으로, 신체 질환이 없거나 또는 의미있는 신체증상에 대한 적절치 못한 판단으로 자신의 몸 상태에 대해 실제보다 지나치거나 비관적으로 해석하여 스스로 질병에 걸려있다고 생각하게 되는 정신적 증상의 하나이다.
전환장애 (conversion disorder)	기능적 신경 증상 장애(Functional neurologic symptom disorder)라고 하는 것으로, 이는 마비, 실명, 감각과 같은 운동성 또는 감각적 신경 증상이 있는 환자에게 적용된다.
인위성장애 (factitious disorder)	이는 분명한 속임수와 관련되어 자신이나 타인의 의학적 혹은 심리학적인 징후와 증상을 허위로 꾸며내는 것이다. 질병위조 방법으로는 과장, 위조, 모방, 유도가 있다.

(10) 물질관련장애(substance-related disorder)

물질사용장애	물질사용장애의 필수적인 특징은 중요한 물질관련 문제들이 있음에도 불구하고 개인이 지속적으로 물질을 사용하고 있음을 나타내는 인지적, 행동적 그리고 생리적 증상군이다(카페인 제외). 물질사용장애의 중요한 특징은 뇌 회로의 기저변화인데, 이는 특히 심한 장애가 있는 경우 해독기간을 지나도 지속된다. 뇌 회로의 변화로 인한 행동 결과는 반복되는 재발 또는 약물 관련 자극에 노출되었을 때 유발되는 강한 갈망감으로 표현된다. 전반적으로 물질사용장애 진단은 물질사용과 관련된 병적인 행동양식(조절능력손상, 사회적 손상, 위험한 사용, 약물학적 증상)에 기초한다.

물질 사용 장애	물질 의존 (substance dependence)	물질 의존13)의 필수 증상은 물질 사용과 관련되는 중요한 문제가 있음에도 불구하고 개인이 물질을 지속적으로 사용하고 있음을 나타내는 인지적·행동적·신체적 증상군이다. 반복적인 자가 복용 양상은 내성14)이나 금단15) 증상을 일으키고, 강박적으로 약물을 추구하는 행동을 초래한다. 물질 의존의 진단은 카페인을 제외한 모든 종류의 물질에 적용된다. 의존 증상은 다양한 종류의 물질들 간에 서로 유사하지만, 어떤 물질은 증상이 그렇게 현저하지 않고, 일부 물질은 모든 증상이 다 적용되지 않는다. 예를 들면, 환각제 의존에서는 금단 증상이 특징적으로 나타나지 않는다. 진단 기준으로 특별히 열거되어 있지는 않지만 '갈망'(물질을 사용하고자 하는 강렬한 욕구)은 물질 의존이 있는 대부분의 개인들(모든 개인들은 아니지만)이 경험한다.
	물질 남용 (substance abuse)	물질 남용의 필수 증상은 부적응적인 물질 사용 양상으로서, 반복적인 물질 사용과 관련되는(또는 재발되는) 심각한 해로운 결과로 나타난다. 중요한 임무를 반복적으로 수행하지 못하고, 신체적으로 해롭고, 여러 법적 문제를 일으키고, 되풀이하여 사회적 문제나 대인관계 문제를 일으키는 상황에서도 계속 물질을 사용한다. 이러한 문제들이 12개월 사이에 반복적으로 발생되어야 한다. 물질 의존의 진단 기준과는 달리, 물질 남용의 진단기준은 내성, 금단, 강박적인 물질 사용의 특징을 포함하지 않으며, 반복적인 물질 사용으로 인한 해로운 결과만을 포함하고 있다. 만약 개인의 물질 사용 양식이 그 물질에 대한 의존의 진단기준을 충족시킨 적이 있었다면 물질 남용보다는 물질 의존으로 우선 진단된다. 물질 남용의 진단은 최근에 물질을 사용하기 시작한 개인에게 더 흔하지만, 어떤 개인은 물질 의존으로 발전되지는 않는 상태에서 물질과 연관되어 사회적으로 해로운 결과를 나타내는 경우도 있다. 물질 남용의 범주에 카페인과 니코틴은 적용되지 않는다.
	물질 중독 (substance intoxication)	물질 중독의 필수 양상은 최근의 물질 섭취(또는 노출)로 인해 가역적인 물질 특이적 증후군이 발생하는 것이다. 중독과 연관된 임상적으로 심각한 부적응적 행동 변화나 심리적 변화(예 호전성, 기분의 동요, 인지 장해, 판단 장해, 사회적·직업적 기능 장해)는 물질이 중추신경계에 작용해서 생긴 직접적인 생리적 효과로 인한 것이며16), 물질 사용 중이나 물질 사용

---

13) 여기서 말하는 물질이란 물체의 본바탕 등과 같은 사전적 의미가 아니라 뇌에 영향을 주어 의식이나 마음을 변화시키는 물질을 말하고, 의존에는 생리적 의존(physiological dependence)인 내성과 금단에 심리적 의존이 결부되면 의존성 질환(dependent disorder)으로 판단하게 된다. 또한 공동의존(co-dependence)은 가족 구성원 중 한 명이 중독되었을 때, 다른 가족이 심각하게 영향을 받는 행동양상을 말한다.
14) 내성은 중독상태에 들어가기 위해(또는 원하는 효과를 얻기 위해) 물질의 용량을 증가시켜야 하거나, 동일 용량의 물질을 사용할 때 그 효과가 현저하게 감소되는 상태이다.
15) 금단은 지속적으로 과다하게 물질을 사용해 온 개인에게서 혈액이나 조직 내 농도가 저하되었을 때 나타나는 현상으로, 생리적·인지적 기능 장해를 동반하는 부적응적 행동 변화이다.

	직후에 나타난다. 이러한 증상들은 일반적인 의학적 상태로 인한 것이 아니며, 다른 정신장애로 잘 설명되지 않는다. 물질 중독은 흔히 물질 남용이나 물질 의존과 연관이 있다. 이 진단 범주에 니코틴은 적용되지 않는다. 최근에 물질을 섭취한 증거는 과거력, 신체검사(예 호흡 중 알코올 냄새) 또는 체액(예 소변이나 혈액)의 독성 분석을 통하여 알 수 있다.
물질 금단 (substance withdrawal)	물질 금단의 필수 증상은 과도하게 장기간 사용해 온 물질 중단이나 감소로 인해 생리적, 인지적 장해와 더불어 물질 특유의 부적응적 행동 변화가 나타나는 것이다. 이러한 물질 특유의 증후군은 사회적, 직업적, 또는 다른 중요한 기능 영역에서 임상적으로 심각한 고통이나 장해를 일으킨다. 이러한 증상들은 일반적인 의학적 상태로 인한 것이 아니고, 다른 정신장애로 잘 설명되지 않는다. 금단은 항상 그런 것은 아니지만 통상적으로 물질 의존과 연관이 있다. 금단증이 있는 거의 대부분의 사람들은 금단 증상을 완화하기 위해 물질을 다시 사용하려는 갈망을 지니고 있다. 금단의 진단은 알코올, 암페타민과 기타 유사물질, 코카인, 니코틴, 아편류, 그리고 진정제, 수면제, 항불안제 등의 물질군에서 내려진다. 금단의 징후와 증상은 사용되는 물질에 따라 다양하며, 대부분은 동일 물질의 중독에서 보이는 것과는 정반대되는 증상을 보인다. 사용량 및 사용 기간과 부가적인 질환의 유무 등 다른 요인들이 금단 증상에 영향을 미친다. 금단증은 용량이 감소되거나 중단될 때 발생되며, 이에 반해 중독의 징후와 증상은 물질이 중단된 후 호전된다(때론 점진적으로 호전).

출처 : DSM-Ⅳ

❖ 음주유형 ❖

실험형	호기심에서 한두번 시험삼아 마셔본 경우로, 주로 대학신입생, 사회초년생들이 많으나 조기음주추세를 감안하면 아마도 사춘기 청소년들중에도 이 유형에 속하는 경우가 많을 것이다.
사교형	동료나 친구들과 어울리는 방편으로 주로 사교모임을 통해서 가끔 술을 마시는 사람들로, 대학생활에서 동아리활동, 선후배들과의 만남, 각종 학교행사를 통해 자연스럽게 술자리를 갖게 된다.
약물형	긴장이나 불안을 완화시키기 위해, 혹은 음주행위 자체를 즐기면서 습관적으로 술을 마시는 사람들로, 이 경우는 친구들과 어울려 마신다기보다는 주로 혼자서 마시게 되는데, 여기에 스트레스에서 벗어나고 싶은 심리가 반영되어 있다.

---

16) ALDH 효소 : 알코올 분해과정에는 ADH(alcohol dehydrogenase)와 ALDH(aldehyde dehydrogenase)라는 두 효소가 관여하는데, 동양인의 약 30~50%는 알코올의 완전분해에 필요한 ALDH가 부족해서 음주후 홍조, 두근거림, 구토 등의 신체 증상이 나타나는데, 이것이 알코올 중독에 대한 보호요인으로 작용한다. 유전적으로 알코올릭한 사람들은 이런 신체적 증상이 잘 안나타나고 오히려 뇌의 α파가 증가하여 편안함을 느끼기 때문에 음주량과 음주빈도가 증가하게 되지만, 차츰 나이가 들면서 ALDH 효소가 감소하여 젊은 시절 음주를 잘하던 사람도 중년이후에는 술에 약해진 것을 체감하게 된다.

중독형	심리적·신체적 만족을 얻기 위해 술에 의존해서 사는 경우로, 마치 술병을 옆구리에 차고 다니는 것처럼 강박적으로 술을 마셔대는 사람이다. 중독형인 사람들은 알코올릭 가계의 유전적 취약성을 가지고 심리·사회적인 허약요인을 가지고 있다.

* Jellinek(1972) / 김애순 (2010 : 404)에서 재인용

알코올 관련 장애는 유전적인 요인에 의한 경우가 많은데, 알코올관련장애를 가진 사람의 일차 친척에서 알코올 중독이 3-4배 높으며, 가족력이 있는 경우는 조기 발병한다. 이렇게 유전적으로 위험도가 높은 아이들은 뇌기능의 손상이 보고 되기도 하며, 20대부터 알코올을 마셔도 상대적으로 덜 취하고 ADHD, 품행장애(conduct disorder), 반사회적 인격장애가 있을 수 있다. 알코올 중독 발생 위험도에 있어 유전학적인 요인이 60%, 환경적 요인이 40%정도 영향을 미친다. 만성적인 음주의 경우 내성, 금단, 집착, 강박적 사용, 기타 정신적 질환(수면장애, 우울증, 불안증, 기억장애 등)이 나타나게 된다. 알코올 치료는 상담, 교육, 인지기법이 주류를 이루고 있지만, 근래에는 약물요법이 사용되기도 한다. 알코올치료는 해독치료가 최우선이며, 재활 프로그램에 참여하는 경우 중등도의 알코올 중독자들 중 60% 이상 최소한 1년 이상 금주를 유지하며, 상당수는 평생 단주를 하기도 한다. 한국이 다른 나라들보다 알코올 사용장애의 유병률이 높은 이유는 명확하지는 않지만, 허용적인 음주문화, 청소년 시기의 이른 음주노출, 빈번한 폭주, 높은 사회적 스트레스 수준, 유전적인 특성 등 다양한 측면에서 해석할 수 있다(조근호 외, 2011 : 22-24).

(11) 성격장애(personality disorder)

비교적 오랫동안 지속되는 행동경향이나 특질이 미숙하고 융통성이 없으며, 이런 성격특성으로 인해 사회생활이나 직업 활동에서 자기 능력을 발휘하지 못하고 부적응을 나타내는 경우이다. 성격장애는 10가지 하위유형으로 나누어지며, 증상의 유사성에 따라 A군(편집성, 조현성, 조현형), B군(반사회성, 경계성, 연극성, 자기애성), C군(강박성, 회피성, 의존성)으로 분류(DSM)된다. 성별로 보면, 편집성, 반사회성, 자기애성, 조현형은 남성들에게 더 많이 나타나고 경계성, 연극성, 의존성은 여성들에게 더 많이 나타난다. 한편 회피성은 남녀 모두에게 비슷한 발병률을 보인다.

㉠ A군 : 생각이나 행동에서 일반인들과는 동떨어지고 기이한 특징을 보이는 집단으로 기괴하고 특이한 행동을 주된 특징으로 하며 괴상하거나 엉뚱하다.

❖ 편집성 성격장애(paranoid personality disorder) ❖

임상적 특징	일반인구 중 0.5~2.5%정도로 발병한다. 타인 전반에 대한 근거없는 의심과 불신, 지나친 과민의 특징을 보이며, 화를 잘 내고 타인에게 적대적이며 조소나 기만, 배신 같은 것에 지나치게 분노하는 경향이다. 타인을 못 믿기 때문에 자기 통제력을 상실할 수도 있다고 생각되는 밀접한 관계는 맺지 않으려 한다. 항상 속임과 공격에 과민해져 사소한 것에도 많은 신경을 쓰기 때문에 스스로도 고통스러울 뿐 아니라 대인관계에서 많은 어려움을 야기한다.
행동양상	늘 자신을 방어하고 주변을 경계하며, 실제 위험(혹은 위협)이 있든 없든 지나치게 과민한 반응을 한다. 타인에게 의지하는 것은 약하고 열등한 것이라고 여길 뿐만 아니라 아무도 신뢰하지 않기 때문에 어느 누구에게도 의지하지 않으며, 외부의 영향과 통제에 완강히 저항한다.
인지양식	회의적인 것이 특징이고, 의심과 의혹이 많고 냉소적이며, 평범한 사건을 자기비판으로 받아들여 타인의 동기를 의심하고 때로는 피해망상을 갖기도 한다. 신뢰부족은 지각, 인지, 기억 등 모든 면에 영향을 끼쳐 자신의 생각과 다른 어떤 증거도 받아들이지 않는 편집증적인 상태에 이른다. 누구의 말도 믿지 않으려는 고집스러움으로 타인과 어울리지 못하고 자신의 생각이나 태도를 공유하지 않는다.
정서표현	까다롭고 화를 잘 내며, 냉소하고 사소한 것도 의심하며 유머란 찾아보기 힘들다. 자신이 이용당할지 모른다는 생각으로 늘 불안해하고, 자신의 삶을 스스로 통제하지 못할까봐 두려워한다. 타인이 자신을 배반하지 않을까하는 생각에 그 증거를 찾느라 지나치게 예민하고 긴장되어 있다.
자기지각	자신의 잘못이나 실패를 받아들일 수 없기 때문에 투사과정을 통해 자신의 단점을 다른 사람에게 전가시킴으로 자존감을 유지하며, 타인의 사소한 결점이라도 쉽게 알아내는 재주를 갖고 있고, 늘 시기하고 적대적이다. 이런 이유로 편집성 성격장애는 얕잡아볼 수 없고 불의를 용납하지 않는 사람으로 자신을 지각한다.
주요방어기제	투사(projection)를 주로 사용한다.
치료전략	치료에 대해서도 불신하는 경향이 있기 때문에 치료가 용이하지 않다. 인지적이고 체계화된 심리치료를 제공하는 것이 바람직하다. 상담자와 내담자간에 라포(친밀한 신뢰관계)가 형성되면 환자의 두려움이나 확신 또는 원한관계 등을 체계적으로 탐색해서 대안적인 설명을 제시하는 방향으로 나아갈 수 있다. 가족치료도 도움이 된다.

❖ 조현성 성격장애(schizoid personality disorder) ❖

임상적 특징	사회생활에서 드러나지 않고 조용히 자신의 일을 하며, 타인과의 관계에서도 좀처럼 주의를 끌려고 하지 않으며, 타인으로부터 방해받지 않는 삶을 살고 싶어 하며, 사회적 관계에서 보상을 기대하지 않으므로 타인과의 접촉이 요구되지 않는 분야에서는 재능을 나타낼 수도 있다. 비사교적이고, 대인관계에 무관심하고, 정서적으로 냉담하며, 외부 자극에 잘 반응하지 않고, 과도한 백일몽이나 정교한 환상을 갖는다.
행동양상	행동은 무기력하고 거의 활동하지 않으며, 활기가 없고 에너지가 부족하며, 행동도 활발하지 못하다. 말은 느리고 단조로우며, 의사표현도 거의 없다.
대인관계	타인에 대해 무관심하며 타인과 동떨어져 있으며, '최소한의 인간'에게만 관심을 갖고 친구들이 거의 없으며 타인의 행동이나 감정에 거의 반응하지 않는다. 타인에의 소극성이 적대감이나 거부로 해석되기도 하지만, 실제로 이들은 타인의 기분이나 욕구를 지각하는 데 무능하고, 사회적 활동에서는 아주 피상적인 수준으로 참여한다.
인지양식	실존적 사고나 정서를 경험할 능력이 없어서 자기평가가 제대로 이뤄질 수 없으므로 거의 내성(內省)을 하지 않으며, 인지적으로 빈곤하며 고차적이고, 의미 있는 인지능력은 거의 없다. 사고과정은 모호하고 사고와 대화패턴은 산만하기 때문에 쉽게 탈선한다.
정시표현	정서적 표현에 광범위한 결함이 나타나며, 정서표현이 단조롭고 황폐하기까지 힌다. 행복, 슬픔, 깊은 분노조차 경험힐 수 없이 징시직으로 냉담하고 불만도 없으며 타인에 대한 온정도 부족하다.
자기지각	스스로를 편안하고 내향적이라고 여기며, 자신의 생활에 만족해하고 사람들과 동떨어져 지내는 것에 별로 불만스러워하지 않는다. 사회적 야심이나 경쟁에 무관심하다.
주요방어기제	이지화(intellectualization)를 주요방어기제로 사용한다. 이지화는 정서와 대인경험을 지극히 사실적인 용어로 기술하려는 경향이다.
치료전략	어떻게 자신의 문제를 경험할 수 있는 지에 대해 인식 시켜줄 필요가 있다. 환경에 대한 좀 더 적극적인 태도 육성과 격려가 필요하며, 가능한 한 혼자서 할 수 있는 직업을 선택하게 해주는 방법도 좋다.

❖ 조현형 성격장애(schizotypal personality disorder) ❖

임상적 특징	일반인구 중에서 약 3%정도 발병한다. 조현성 또는 회피성 성격장애가 악화된 형태로 보며, 조현성이나 회피성보다 더 심각하고 퇴화된 증후를 보인다. 조현성과 회피성장애의 동일한 특성을 포함하면서, 강도와 심각성이 더한 상태라 할 수 있다.
행동양상	행동은 일탈되고 이상하고 괴이하며, 학교와 직장을 자주 그만두고, 여기저기 옮겨 다니며, 기혼자의 경우 종종 별거하거나 이혼하기도 한다. 사회적 고립을 선호하고 때로는 타인에게 별나게 보이게 행동하며, 매우 기이하며 색다른 언어패턴이 나타나기도 하는데, 중심에서 벗어난 엉뚱한 이야기를 하거나 은유적인 표현을 많이 쓴다. 언어표현이 독특하고 개념은 불분명하며 단어를 이상하게 쓰기는 하지만 조현병에서 보이는 연상의 이완(loosening of association)이나 지리멸렬(incoherence)까지는 아니다.
대인관계	최소한의 대인접촉과 의무를 하면서 고립된 생활을 하며, 피상적이고 지엽적인 사회적·직업적 역할을 하기는 하나, 실제로는 가까운 친구도 없고 직접적으로 대면해야하는 관계를 어려워한다. 대수롭지 않은 대인관계 문제에도 강렬한 불안을 경험하고, 이런 이유로 타인으로부터 동떨어져 은둔적이고 심하면 접근조차 불가능해진다.
인지양식	반추적이고 자폐적이며, 심한 경우 혼란스러운 경향을 보인다. 일탈이나 간섭으로 인한 논리적 사고의 전개가 어렵다. 때때로 마술적 사고를 보이고 환각을 경험하기도 하며, 정신병적인 사고가 일시적으로 나타나기는 하나 조현병 진단에는 맞지 않는다.
정서표현	정서표현은 무감동하고 둔화되어 있으며(조현성적 특성에서 비롯됨), 불안하고 혼란되어 있으며 지나친 흥분을 보이기도 한다(회피성적 특성에서 비롯됨).
자기지각	자신을 고독하고 인생에서 의미를 찾지 못하고 공허한 사람으로 보며, 소외감을 자주 느끼며, 이인화와 해리를 경험하기도 한다.
주요방어기제	취소(undoing)를 주요방어기제로 사용한다. 취소는 자기 정화적 기제로서 바람직하지 않은 행동이나 악한 동기를 참회하려는 시도이다.
치료전략	약물치료와의 병행이 효과적이다. 자신의 행동이 얼마나 이상한지를 이해시키고 세상을 다루어나갈 수 있는 대안적인 방법을 제시하기 위해 현실에 대한 명확한 인식을 부여할 필요가 있다.

ⓒ B군 : 대인관계나 일의 진행에 있어 감정의 기복이 심한 것이 특징이다. 즉 정서적·감정적이고 연극적이며 변덕스러운 특징을 지닌다.

❖ 연극성 장애/히스테리성 성격장애(histrionic personality disorder) ❖

임상적 특징	일반인구 중에서 약 2~3%정도 발병한다. 타인으로부터 강화를 적극적으로 찾으며 이를 얻기 위해 매력적·사교적·유혹적으로 행동하며, 사람들과 이야기하고 쉽게 잘 어울리지만 심한 경우 극적인 행동과 과장되고 변덕스러운 정서를 보이며, 공공연히 남을 이용하는 행동이 나타난다. 이 장애는 여성에게서 더 많이 나타나고 흔히 가족력이 발견된다.
행동양상	자기의 감정이나 사고를 쉽게 극적으로 표현하는 능력, 주위의 관심대상이 되는 천부적인 능력이 있으며, 여성의 경우 유혹적이고 남성의 경우 매력적으로 보인다. 변덕스럽고 끊임없이 새로운 자극을 추구하여 때로는 무모한 모험을 시도하기도 하며, 첫인상은 세련되고 사교적이어서 호감이 가는 인상이지만 곧 깊이가 없고 타인을 이용하려는 경향이 드러난다. 과시적이면서 동시에 의존적이다.
대인관계	타인에게 쉽게 다가가며 때로는 유혹하는 행동을 보이기도 하며, 타인으로부터 칭찬·보살핌·지지를 얻기 위해 남과 잘 어울리고 비위를 잘 맞추지만 때로는 교묘히 타인을 이용하기도 한다. 인정과 지지를 받고자하여 타인의 감정이나 생각에 매우 예민하면서도 행동은 자기중심적이고 피상적이다.
인지양식	즉흥적이고, 전체적이며 인상적이다. 세부적인 것을 주의 깊게 보지 못하고 피상적인 인지처리를 하고, 이런 습관 때문에 깊이 생각하고 탐구하는 것은 싫어하며, 복잡한 과제에는 더욱 집중하지 못하고 호기심도 부족하다. 자신에 대해 제대로 알려고 하지 않으며, 대인관계에서도 깊게 관여하려 하지 않으며, 자신의 피상적인 대처를 위협하는 사람·사건이나 내적 사상들도 완전히 배제시킨다.
정서표현	불안정하고 때로는 격렬하다. 단기간의 극적이고 피상적인 기분변화를 보이는데, 열광했다가 이내 지루해하고 즐거워했다가 곧 화를 내고, 보다 심한 경우는 주의를 끌기 위한 의상이나 직접적인 행동표현을 통해 자기극화(self-dramatization)를 보이기도 한다.
자기지각	특성상 자기통찰이 결여되어 있으며, 자신의 불안정한 정서·유약함·우울·적대감을 인식하지 못하거나 인정하지 않으려 하면서 자신을 친화적·사교적이라고 인식한다. 외부세계 및 외부에서 얻어지는 보상에 집착하여 정체감을 잃고 있다.
주요방어기제	해리(dissociation)를 주요방어기제로 쓴다. 해리는 다른 사람들이 자신의 실제 모습을 보지 못하게 하는 기제이며, 불유쾌한 사고와 감정을 드러내거나 반추하지 못하게 하는 자기 분산적 과정이다.

치료전략	성적 유혹경향성으로 인해 이성치료자보다는 동성치료자가 바람직한 편이다. 집단치료를 통해서 집단치료구성원들의 관심을 어떻게 끌려고 하는지를 관찰할 수 있고 통찰하게 할 수 있다.

❖ 자기애성 성격장애(narcissistic personality disorder) ❖

임상적 특징	일반인구 중에서 약 1%미만으로 발병한다. 이들은 "존재하는 것" 자체가 강화이며, '자기애성'이란 명칭은 단순한 자기중심성 이상의 의미가 내포되어 있다. 자신의 가치를 과대평가하고 애정을 다른 사람이 아닌 자신에게만 쏟으며, 주목받고자 하는 지속적인 욕구, 자신은 특별한 권리를 지녔고 그 권리를 위해 다른 사람을 이용하는 것이 마땅하다는 것에 대한 믿음, 자신의 중요성에 대한 과장된 느낌을 지닌다.
행동양상	건방지고 거만하게 보이며, 스스로를 우월하다고 믿고 그에 따라 행동한다. 자만에 가득 차 있고 허풍이 심하며 제멋대로인 경우가 많으며, 선천적으로 우월하다는 비합리적 믿음에 따라 생활하고 심한 경우, '우주의 중심에 내가 존재한다.'는 식의 망상을 지니고 있다.
대인관계	자신의 욕구만족을 위해 타인을 이용하는 대인관계 패턴을 보이며, 타인의 권리를 무시하는 것에 대한 부끄러움을 느끼지 못한다. 대인관계에서 공감할 줄 모르고 상호 호혜적이어야 할 필요를 전혀 느끼지 못하며, 받을 준비만 되어 있을 뿐 되돌려 줘야 할 이유를 알지 못한다.
인지양식	과대적이고 미숙하며, 자신이 우월하다는 미숙한 환상에 제한을 두지 않고 극단적인 경우 백일몽이 정교화된 환상이나 망상으로까지 향하는 경우도 있다.
정서표현	대체로 무관심하고 냉정하며, 경우에 따라서 변덕스러운 변화를 보이기도 한다. 자기 가치에 대한 믿음으로 전반적으로 안녕감을 경험하나 때로 확신이 흔들릴 때, 분노감·수치감·공허감·우울 등을 나타내기도 하지만 이런 경우는 일시적으로 나타난다.
자기지각	스스로를 존경할만한 위대한 사람으로 여기며, 자기개념은 확고하여 이에 의문을 가지는 경우는 거의 없고, 이런 개념에 도전하는 경우는 경멸과 모욕으로 간주한다. 극단적인 경우, 자신이 독특하며 모든 사람에게 모든 것이 될 수 있는 능력이 있을 만큼 위대하다고 생각하여 자신은 어떤 규율이나 윤리·관습을 초월한다고 여긴다.
주요방어기제	합리화(rationalization)를 주요방어기제로 사용한다. 합리화란 실패나 상실을 변명함으로써 쫓으려는 방어기제이다. 그래서 어떤 특수한 행동을 정당화하고 실망감에서 생긴 상처를 완화한다.
치료전략	자신에 대한 과장과 지나친 몰두에서 벗어난 자기개념에 대한 객관적 인식과 통찰을 지향하며, 공감적 이해능력을 육성시켜줘야 한다.

나르시시즘

자기를 사랑의 대상으로 삼는 자기애를 의미한다. 타인을 존중하고 겸손하며 현실적인 자기평가에 근거한 건강한 자존감인 정상적인 자기애와는 달리, 타인의 평가에 매우 민감하며 타인의 찬사에 지나치게 집착하는 일종의 성도착의 하나로 자기 육체에서 성적 흥분을 느끼는 현상이다. 물에 비친 자기 모습에 반해 물에 빠져 죽은 그리스 신화의 미소년 나르키소스(Narcissus)와 연관해 독일의 정신건강의학 의사 네케가 만든 용어이다. Freud는 이 개념을 정신분석 개념으로 확립하여 리비도가 자기 자신에게 향해진 상태, 즉 자기 자신이 관심의 대상이 되어 있는 상태로 규정했다. 나르시시즘은 소위 '공주병', '왕자병'이라 부르기도 하고 '도끼병'이라고도 한다. Kohut(1968)는 치료자가 내담자의 과거의 좌절된 욕구를 충분히 공감하고 이해하게 되면 어린 시절에 받은 자존감의 상처를 회복할 수 있게 되므로 자기애성 성격특성을 완화시킬 수 있다고 제안한 바 있다.

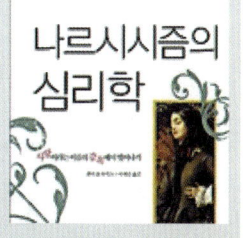

✤ 경계선 성격장애(borderline personality disorder) ✤

임상적 특징	일반인구 중에서 약 2%정도 발병한다. 의존성 또는 히스테리성 성격장애의 악화유형으로 대인관계·행동·기분·자아상을 포함하여 여러 영역에서 불안정성을 보인다. 행동이 변덕스럽고 기분이 쉽게 변하는 것이 핵심이다.
행동양상	돌발적이고 무모하고 혼란스러우며, 갑자기 예기치 않게 화를 내고, 빈번히 사고를 저지르고 싸우며, 자해를 하는 자살시늉을 하는 등 자기손상적 행동(self-damaging behavior)을 한다. 과식을 하고 도박이나 지나친 성행동에 집착하거나 가게에서 물건을 훔치는 등의 자기파괴적 행동(self-defeating behavior)을 하기도 한다.
대인관계	반항적이고 변덕스러우며 모순된 행동을 보이고, 타인에게 관심과 애정을 요구하지만 행동은 충동적이고 타인을 조종하려는 경향이 있다. 자신들이 필요로 하는 지지를 얻기보다 타인으로부터 거부를 당하며, 타인에게 과도하게 의존적이면서 동시에 타인으로부터 구속당하는 것에 극도로 예민하기 때문에 사람들과 더불어 지내고자 하면서도 동시에 이를 부담스러워하며 혼자 있고 싶어하는 모습을 보인다.
인지양식	일관성이 없고 변덕스러우며 통합력이 결여되어 있고, 과대이상화와 평가절하의 양극단 사이를 반복하는 사고양상을 보인다. 사고의 비일관성이 타인을 혼란스럽게 한다.
정서표현	기분이 잘 변하는 정서적 불안정성과 기본 정서는 만성적 공허감과 권태감이다.

자기지각	자신이 누구이며 어디를 향해 가고 있는지를 알지 못하여 자기지각은 불안정하고 불확실하며 모순적이다. 또한 성정체감, 진로결정, 가치관과 관련된 문제에 당면하면 이를 해결할만한 힘과 안정성이 부족하다.
주요방어기제	정서적으로 불안정하며 특히 스트레스에 취약하기 때문에 압박과 고통을 피하는 기제인 퇴행(regression)을 주로 사용한다. 퇴행이란 스트레스 하에서 이전의 발달단계로 돌아가는 것으로, 성인기의 불안과 스트레스에 대처할 수 없는 사람이 이전 단계(삶이 그다지 복잡하거나 힘들지 않을 때)보다 미성숙한 기능수준으로 돌아가는 것을 말한다.
치료전략	동반하는 증상인 우울, 성적 방종, 충동성 문제 그리고 약물중독 경향성을 치료한다. 인지행동치료를 통해 자신의 버림받음과 무가치감에 대한 합리적 신념형성 및 이분법적이고 극단적인 세계관의 변화에 초점을 맞춘다.

❖ **반사회성 성격장애(antisocial personality disorder)** ❖

임상적 특징	일반인구 중에서 남성은 약 3%정도, 여성은 약1%정도 발병한다. 적극적으로 자신에게 강화를 추구하며, 정상적인 원기왕성한 성격의 병리적 형태로 야심 있고, 고집스러우며, 공격적이고, 환경을 통제하고자 하는 욕구를 드러내며 좀처럼 타인의 능력을 믿지 않으려 한다.
행동양상	두려움이 없으며 심하면 무모하기까지 하다. 충동적이고 폭력적인 경향이 있고 처벌을 두려워하여 행동을 자제하는 경우는 좀처럼 없으며, 모험을 즐기는 특성이 있다. 이런 행동이 그들에게는 활력을 주지만 타인의 권리는 고려하지 않기 때문에 공격적이고 무책임하게 보인다. 극단의 경우, 타인의 권리와 안녕을 개의치 않고 사회적 규칙과 관습을 무시하며 법에 저촉되는 행위와 같은 무모한 행동을 보인다.
대인관계	거칠고 냉담하며 적대적이다. 타인에게 무관심한 것처럼 보이나 실제로는 민감하며 의도적으로 그런 모습을 보이는 것이며, 공격적인 면을 보이는 것의 이면에는 내재되어있는 의존과 사랑에 대한 욕구를 방어하려는 기제가 작용한다. 극단의 경우 호전적인 태도를 보이는데, 이는 대부분 아동기에 학대받은 경험에 뿌리를 두고 있으며, 권위에 매우 반항적이라 행동교정에 효과가 없다.
인지양식	경직되고 융통성이 없고 외부 지향적인 인지패턴을 보이며, 약한 경우 고집이 매우 세고 지나치게 현실적이나 극단의 경우 편협하고 완고한 인지양식을 보인다. 외부환경을 위협적인 것으로 보아 공격적인 태도를 지니며, 자신의 적대감과 원한을 타인의 행동에 귀인하며 자기방어의 명분에 따라 행동한다.

정서표현	타인이 보여주는 동정심과 이타심을 의심하고 따뜻함·친밀함은 나약함을 드러내는 것이라고 생각하고, 이런 감정 부인은 아동기의 고통스러운 기억을 방어하려는 것이다. 좌절 내구력이 매우 낮아 타인을 쉽게 공격하고 모욕·지배하려는 경향을 보이고 이런 행동에 대해 조금도 후회를 나타내지 않는다.
자기지각	자신을 경쟁적·정력적·독립적이고 고집이 세다고 지각하고 이런 것을 가치 있는 것으로 본다. 경쟁에 가치를 두고 권력 지향적이며 법이나 규칙 위에 군림하려 하여 사람만이 아닌 사건 등 환경 전체를 자기통제 하에 두려고 한다.
주요방어기제	행동화(acting-out)를 주요방어기제로 사용한다. 행동화는 공격적인 사고, 감정 및 외현적인 행동들을 충동적으로 표출하려는 경향이다.
치료전략	유일하고 효과적인 치료는 시간이 흐르는 것이다. 중년이후 온화해지고 덜 충동적으로 되는 경향성을 지닌다. 치료에서 반사회적 성격장애를 직접적으로 치료하기 보다는 반사회적 성격장애자들이 함께 지니기 쉬운 정신장애증상인 약물남용이나 알코올중독 등을 치료하면서 간접적으로 치료하는 것이 바람직하다.

ⓒ C군 : 신경쇠약처럼 쉽게 불안해하고 억제된 근심이 많고 두려움·무서움을 잘 느끼는 특성을 갖는다.

✤ 회피성 성격장애(avoidant personality disorder) ✤

임상적 특징	일반인구 중에서 0.5~1%정도 발병한다. 세상과 동떨어져 은둔하고 살려는 사람들이며17), 소외감과 외로움을 느끼는 것이 주된 특징이다. 모욕과 거절·거부당할 것에 대한 두려움 때문에 대인관계를 회피하며, 자존감이 매우 낮아 대인관계를 맺고 싶은 소망은 있으나 거부당할 것이라는 두려움 때문에 피해버리는 것이 특징이다.
행동양상	수줍음과 걱정이 많으며 늘 조심스러워하고 불안해하여 사회적 상황에서 어색해하고 불편해할 뿐 아니라 대인관계에서 위축되며, 말은 느리고 어색하며 사고의 흐름이 자주 끊어지고 때로는 주제에서 벗어난 엉뚱한 이야기를 하기도 한다. 안절부절못하거나 불안정한 움직임을 보이기도 하지만 대체로 경직되고 소극적인 행동을 한다.

---

17) 이들을 히키코모리(引き籠もり, 引きこもり, ひきこもり, Social withdrawal)라고 한다. 히키코모리는 방이나 집 등의 특정 공간에서 나가지 못하거나 나가지 않는 사람과 그러한 현상 모두를 일컫는 일본어이다. '토지코모리'(閉じこもり)라고도 하며, 2채널 등의 일본 인터넷 사이트에서는 '힉키'(ヒッキー)라고 줄여 부르기도 한다. 일본의 문화의존증후군의 하나로, 히키코모리는 질병이나 장애가 아니며 다양한 개인적·사회적 요인으로부터 비롯된 상태로 본다. 한국에서는 폐쇄은둔족 또는 은둔형 외톨이로 알려진 용어이다.

대인관계	대인관계를 아주 싫어하거나 심하면 아예 사람들과의 접촉을 끊어버리며, 만성적으로 외롭고 회피적인 사람으로 타인에게 거부당하거나 창피를 당할지도 모를 상황에서는 자신을 노출시키지 않는다.
인지양식	산만하고 이해하기 어려우며, 환경에 대한 지나친 과민성으로 인지과정이 간섭을 받아 직접 관련되지 않은 정보들로 홍수를 이루며 정서적 부조화로 그 복잡함이 더해진다. 인지적 간섭은 이들이 지각적으로 과민해지는 사회적 상황에서 더욱 두드러지며, 이들의 정신 내적 조직은 매우 허약하여 붕괴되기 쉽고 일단 붕괴되고 나면 퇴행적인 모습이 나타나기도 한다.
정서표현	우울함이 기본 정서인데, 그것이 괴로워하거나 지나치게 긴장된 형태로 나타나며, 지나치게 긴장함으로써 타인에게 비웃음과 경시를 받는다. 감정은 밖으로 표현하기보다는 쌓아두었다가 풍부한 환상과 상상의 내적 세계에 발산하여, 애정이나 대인관계의 욕구를 타인이 알 수 없는 시나 일기, 음악의 형식으로 표출한다.
자기지각	극히 내성적이고 자의식적인 경향이 있어 스스로 다른 사람과 다르다고 지각하지만 자신의 정체성이나 자기 가치감에 확신을 갖지는 못한다. 전반적으로 자존감이 부족하고 자신의 성취를 평가 절하하며, 스스로를 소외되고 불행하고 공허한 사람으로 여기며 이인감을 경험하기도 한다.
주요방어기제	환상(fantasy)을 주요방어기제로 사용한다. 환상은 현실에서 충족시킬 수 없는 욕구와 소망을 만족시켜 주는 상상의 반의식적 과정으로, 현실에서 성취하기 어려운 애정욕구·공격성·기타의 충동들을 방출시키는 안전한 매개체 역할을 한다.
치료전략	자신에게 두려움을 일으키는 원천에 대한 통찰을 얻도록 도울 필요가 있다. 예를 들면, 과거에 지나치게 엄격한 처벌위주의 가정교육으로 인하여 자책감과 자기비난과 열등감이 높아진 경우 통찰을 통해 문제를 해결할 수 있다.

 은둔형 외톨이(Social Withdrawal)

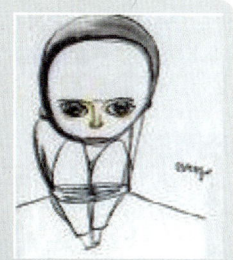

은둔형 외톨이란 사회참여를 하지 않는 사람들을 일컫는다. 은둔기간이 3개월 이상일 때부터 은둔형 외톨이라고 이야기 하며, 6개월~15년까지 은둔기간은 다양하나 보통 6개월~1년까지가 가장 많이 보이고 있다. 은둔형 외톨이들은 친구가 없거나 가족간의 대화가 단절되어 있으며, 식사도 혼자서 하고, 일상생활의 대부분 TV를 보거나 인터넷에 몰두하여 밤낮이 뒤바뀐 생활을 하고 있으며, 정신적으로 우울증상을 보이기도 한다. 또한 퇴행적 행동과 공격성향을 보이며, 모든 문제를 나, 우리가족, 우리세대의 문제로 파편화된다. 좌절감을 열등감으로, 열등감을 죄책감으로 돌리는 악순환에 시달리며, 스스로 은둔형 외톨이가 되고 사소한 학교부적응 등으로 학교를 한 두번 빠지기 시작하다가 아예 등교를 거부하거나 집에서 부모의 잔소리를 듣기 싫어서 부모를 피하고 부모가 말을 걸면 화부터 내고 욕설이나 폭행을 행사하기도 한다. 유사형태로는 가정에서의 과잉보호나 지나친 간섭, 명령, 기대 따위로 행동의 자유가 억압되어 병적으로 학교에 가는 것을 거부하는 아동인 등교거부아, 심리적으로 현실과 동떨어진 자기 내면세계에 틀어박히는 조현병세인 자폐증, 반사회적 성격장애, 다른 사람과의 만남에 대한 불안과 두려움 때문에 사회적 상황을 회피하는 회피성 성격장애 등이 있다.

❖ 의존성 성격장애(dependent personality disorder) ❖

임상적 특징	발병빈도가 가장 높은 성격장애에 해당한다. 유순하고 무력감, 지지와 인정에 대한 추구를 특징으로 하며, 자기 비하적이고 스스로를 열등하다고 느끼며 자기책임이나 자기 통제를 기꺼이 다른 사람의 손에 맡긴다. 외로움이나 버림받는 것을 피하기 위해 어떤 위협도 감수하며, 혼자 남겨지면 제대로 생활하지 못할 것이라고 생각하고 아주 사소한 결정조차도 다른 사람의 조언을 구하거나 결정을 유보한다. 남성보다는 여성에게서 자주 진단된다(APA).
행동양상	무능력해 보이고 동정을 자아낼 만큼 무기력해 보이며, 자세나 전반적인 행동에서 자신감의 결여가 드러난다. 대부분의 사람들이 간단하게 여기는 사회적 기술조차도 부족한 무능력한 모습을 보이며, 자기 주장도 부족하고 요구되는 책임도 회피하는 수동적인 태도를 보인다. 심각한 경우는 홀로 남겨지는 것에 대한 두려움 때문에 자기는 없어지고 다른 사람의 요구만을 쫓아서 행동하고 늘 쇠잔한 상태로 만성적인 피로감을 경험하는 경우가 많으며, 무언가 노력하는 행동은 너무 피곤할 것이라고 염려하여 대부분의 활동에 대한 흥미와 동기도 저하되어 있다.
대인관계	대개 자신의 후원자를 찾고 자신이 의지할만한 파트너를 찾았을 때 더 잘 기능하며, 타인에게 과도하게 매달리고 복종하는 경향이 드러난다. 타인에게 호의적이고 관대한 태도를 보이지만 동시에 지나치게 동조적이고 순종적이며, 자신이 원하는 애정과 보호를 빼앗기게 되면 크게 낙심하여 우울함에 빠져 사회적으로 철수된다.

인지양식	자기나 타인에 대한 인식이 제한되어 있으며, 세상에 대해 극단적인 낙관적 태도를 취하고 일어날 수 있는 어려움을 최소화하여 지각한다. 극단적인 낙관적 태도를 지닌 반면 삶의 기쁨은 부족하며, 자신의 세계를 축소시키고 통찰력과 비판력이 없다. 인지양식이 불충분하고 분화되지 않고 다양성이 부족하며, 고지식하여 쉽게 이용당하는 경향이 있으며, 의존대상이 없으면 비관, 낙담, 슬픔을 경험한다.
정서표현	정서적으로 온화하고 소심하며, 온화한 측면은 유순하고 비경쟁적인 행동으로 나타나고 소심한 면은 대인관계에서 소극적이고 회피적인 태도를 통해 드러난다.
자기지각	외현적으로는 사려 깊고 신중하고 협력적인 자아상을 가진 것으로 보이나, 스스로 부적절하고 어리석은 사람으로 여기며, 기본적으로 불안정하여 자신의 실패와 부적절성은 극대화하고 성공은 최소화한다. 객관적으로 비난받을 일이 없음에도 불구하고 타인이 표현하는 불만이나 불평을 자신에 대한 비난으로 여긴다.
주요방어기제	내사(introjection)를 주요방어기제로 사용한다. 내사는 의존적인 사람들이 의미 있는 타자에게 전적으로 헌신하려는 경향으로 단순한 동일시나 의존을 의미하는 것은 아니다.
치료전략	행동치료를 통한 자기주장성훈련이 중요하다(상대방에 대한 낮은 요구수준에서부터 점진적으로 훈련). 이를 통해 독립성과 자율성을 형성시킨다.

❖ 강박적 성격장애(obsessive-compulsive personality disorder) ❖

임상적 특징	사고와 감정이 일치되지 않아, 한편으로는 주장적이고 자율적으로 행동하고자 하지만 또 한편으로는 지지와 편안함을 얻고자 순응하는 행동을 보이며, 따뜻하고 부드러운 감정을 표시하는 데 인색하며, 매사가 형식적이고 메마르며, 지나치게 양심적이고 윤리적이다.
행동양상	근면하고 유능해보이나 융통성과 자발성이 부족하여 때때로 고집스럽고 창조력과 상상력이 부족해 보이며, 익숙하지 않은 상황이나 예기치 못한 사건, 일반적인 기분에서 벗어나는 일 등에서 불안이나 공황발작을 보이기도 한다. 세부적인 것과 조직화에 몰두하고 규칙과 절차에 경직되어 있으며 꾸물거리고 우유부단하다.
대인관계	공손하고 정형화된 방식으로 행동하나 상대하는 사람의 계층이나 지위에 따라 다르게 행동하며, 항상 윗사람의 인정을 추구해서 인정받지 못할 때에는 심한 좌절과 불안·긴장을 경험하기도 한다.
인지양식	인지적으로 경직되어 생소하거나 예기치 못한 상황에 취약하고, 편협하고 독단적이어서 새로운 사상이나 방법을 수용하지 못하며, 자기 통제가 가장 중요한 문제로서 욕구만족을 극단적으로 통제하고 금지된 충동을 억압한다.

정서표현	진지하고 엄숙하며, 냉담하고 활기 없고 과도하게 심각하다. 정서를 표현하는 것은 미숙하고 무책임한 것으로 여기며, 정서가 배제된 객관성을 추구하고 너무 억제되어 있어서 정서적 경험을 할 수 없으며, 타인의 정서적 표현도 좀처럼 이해하지 못한다.
자기지각	자신을 양심적이고 근면하고 유능하다고 생각하며, 무의식적 충동과 외현적인 행동 사이의 모순을 피하고자 노력한다. 내성(introspection)을 미숙하고 자기 탐닉적이라 경멸하면서 의미 있는 내성을 피하고 오판이나 실수를 두려워하여 양심적인 행동을 과도하게 추구한다.
주요방어기제	반동형성(reaction-formation)을 주요방어기제로 사용한다. 반동형성이란 위협적인 충동에 대처하기 위해 적극적으로 그런 충동에 반대되는 행동을 하는 것을 말한다. 이것은 자신의 무의식적인 소망에 정반대되는 행동을 하는 것으로 자신의 감정이 위협을 받을 때 이런 감정을 부인하기 위해 정반대되는 행동을 함으로써 혼란스런 충동을 은폐하려는 것이다.
치료전략	도덕적인 측면을 내면화한 초자아가 지나치게 강한 것이 문제의 원인이다. 따라서 자신 스스로에 대해서 이제는 보다 친근하고 편안하게 느끼게 하는 방향으로 초점을 맞춘다. 완벽주의가 실제 효율성이나 생산성에 미치는 부정적 효과에 대해 인식을 시킨다.

(12) 아동·청소년기의 장애

아동·청소년기에 나타나는 심리적 장애들은 특성과 의미가 다르기 때문에 성인기에 나타나는 심리적 장애와 구별되어 따로 분류된다.

① **지적 장애**: 지적 장애(mental retardation)란 표준화된 지능검사로 측정된 IQ가 70미만인 현저히 낮은 지능으로, 전체인구의 약 3% 정도가 이에 해당한다. 지적 장애자들은 자기 관리, 학업적응, 직업적 기술습득 등 일상생활 적응에 장애가 뒤따른다. 지적 장애의 원인으로 비교적 경미한 지적 장애의 경우에는 유전적 소인과 환경적 자극의 결핍에서, 심한 지적 장애는 염색체이상·선천적 신진대사 기능의 이상·태내감염·출생 시의 뇌 손상·질병사고에 의한 대뇌손상 등에서 비롯된다.

② **발달상 장애**

특수발달장애 (Specific Developmental Disorders)	언어나 학습 등 특정 영역에 장애가 있는 경우이다. 학습장애(learning disorders)는 특수발달장애 중 하나로 정상지능에 정서적 문제가 없음에도 불구하고 지능수준에 비하여 현저한 학습부진을 보이는 경우이며, 읽기, 쓰기, 산수 등 기초적 학습능력과 관련된 심리적 과정에 장애가 있기 때문에 정상적인 지능에도 불구하고 학습의 어려움이 나타난다.

자폐스펙트럼 장애 (Autism Spectrum Disorders)	여러 방면의 기본적인 발달과정의 장애로 자폐장애(autistic disorder), 아스퍼거장애가 있다. 이들은 인지, 언어, 정서를 포함한 발달 전반에 걸쳐 심한 장애를 나타내며, 대부분 어려서부터 타인과의 사회적 관계형성에 어려움이 있고 언어능력의 발달이 지연되거나 발달되더라도 그 언어행동이 특이한 형태를 보이는 경우가 많다. 주위환경의 사소한 변화에도 지극히 민감하여 쉽게 받아들이지 못하고 거부가 크며, 똑같은 동작을 반복하기도 한다. 유아기자폐증이 생후 30개월 이전에 나타났을 때는 자폐아 중 정상지능 혹은 그 이상인 경우도 있지만 상당수는 지적 장애에 해당하는 지능수준을 보인다. 언어와 사회적 기능에서의 심각한 장애로 정상적인 사회생활을 하기 어려운 경우가 많으며, 일찍부터 체계적인 행동치료를 통해 적극적으로 훈련시켜 정상아들과 거의 다름없이 성장하도록 할 수 있다.

③ 행동 장애

품행장애 (conduct disorder)	난폭한 행동·절도·거짓말 등 타인의 권리를 침해하거나 타인에게 불안감을 주는 사회적으로 용납될 수 없는 행위를 습관적으로 범한 경우로, 주요인은 부모의 일관성 없는 양육태도나 지나치게 가혹한 혹은 과잉보호적 훈육방법이다. 
적대적 반항장애 (oppositional defiant disorder)	권위 인물에 대해 반복되는 거부적 도전적 불복종적 적대적 행동이 적어도 6개월 이상 지속된다. 이 장애 아동은 화내기, 어른과 논쟁, 요구나 규칙을 무시 혹은 거절, 고의적으로 타인을 무시하기, 잘못된 행동을 남의 탓으로 돌리기, 신경질내기, 화내고 타인 원망하기, 앙심품기 등과 같은 행동이 4가지 이상에 해당하면 반항성 장애로 진단한다. 
주의력 결손/ 과잉행동 장애 (attention-deficit /hyperactivity disorder)	주어진 환경에서 자신의 행동을 적절히 통제하는 데 어려움이 있으며, 주의집중이 극히 어려운 경우에 진단된다. 같은 연령 아동에 비해 지나치게 활동적이며, 안절부절못하고 충동적으로 행동하는 경향이 있어 가정이나 학교생활 적응에 지장이 있으며, 많은 주의력장애 아동이 학습장애를 함께 보이고 품행장애도 흔히 나타난다. 과잉행동증상은 나이가 들면서 흔히 감소되지만, 주의집중의 어려움이나 학습 및 정서적 문제는 사춘기까지 계속되는 경향이 있다. 주의력결핍/과잉행동장애는 남성아동이 여성아동에 비해 4~10배 정도 높은 빈도를 보이며, 과거에는 가벼운 뇌기능장애를 원인으로 봤으나 최근에는 중추신경계의 각성 기제에 이상이 있다는 주장이 제기되고 있으며, 부모의 자녀 양육방식도 주의력결핍/과잉행동장애의 증상형성에 큰 영향을 미친다.

④ 정서 장애

현실 지각 및 판단 능력은 이상이 없지만 불안, 우울, 공포 같은 정서상태에 이상이 있는 경우이다.

분리불안 장애 (separation anxiety disorder)	어머니 등의 애착대상과 떨어지는 데 심한 불안감을 표시하는 장애이다. 보울비(1979)에 의하면, 생후 9개월까지의 애착경험이 평생 동안의 사회적 유대, 타인과의 관계를 결정하며, 5세 이전에 부모와 6개월 이상 떨어진 경험이 정상소년(5%)보다 비행청소년(39%)이 더 많았다고 하면서 상습범죄인은 애착관계형성능력이 부족하고 불안정한 애착을 한 자들이라고 주장한다.
반응성 애착장애 (reactive attachment disorder)	안정적인 애착을 형성하지 못해 언어나 학습, 정서조절 등의 문제를 보이는 것으로 낯선 타인과의 접촉을 회피하며, 사회성 발달에 어려움을 나타내는 장애이다. 심한 경우 자폐나 지적 장애로까지 발전할 수 있는 소아 질환이다.
성인의 신경증과의 비교	공통점: 증상이 비슷하다. 차이점: 성인의 경우에는 여성이 남성에 비해 많으나, 아동의 경우에는 남녀 비슷한 빈도로 발생한다.

⑤ 습관적 기능장애

배설장애 (elimination disorder)	대소변을 가릴 충분한 연령임에도 불구하고 이를 가리지 못하는 경우로 유뇨증(enuresis)과 유분증(encorpresis)이 있다.
섭식장애 (feeding and eating disorder)	먹을 수 없는 것을 먹는 행동(pica)과 음식을 삼키지 않고 입에서 우물거리는 행동(rumination disorder)을 포함한다.
뚜렛장애 (Tourette disorder)	얼굴근육이나 신체 일부를 갑작스럽게 불수의적으로 움직이는 행동을 반복하거나 소리를 내는 행동이다. 즉 다양한 운동틱, 음성틱, 외화증, 반향언어증이 나타나는 증후군이다. 그중 음성틱은 입에서 무엇을 뱉으려는 소리, 쿵쿵거리는 소리 같은 폭발적이고 반복적인 발성을 동반한 다발성이며, 외설스런 어구를 쓰는 경우가 흔하다.

제3절 심리치료

1 서 설

오늘날 심리적 요법은 심리학적 방법을 적용하여 심리적 장애를 고치거나 치료하는 것으로 치료자(전문가)가 내담자(문제를 갖고 도움을 요청하는 사람)에게 충고·교육·지지·격려나 도움을 주어 장애를 교정하거나 삶의 문제를 보다 효과적으로 대처하도록 하는 심리적 방법을 적용한 교육이라고 정의할 수 있다. 심리치료 또는 심리상담, 심리교육이나 행동치료 등의 용어로 사용되며, 모든 작업의 전제조건으로 치료적 관계/상담관계(Rapport)를 잘 형성하는 것이다. 따라서 치료자의 성격적 자질이 무엇보다도 중요하다.

2 정신분석적 치료

(1) 기본가정 - 심리적 결정론

인간의 모든 행동은 어린 시절의 정신적인 사건에 의해 유발되거나 결정된다. 환자의 이해 불가능한 행동도 과거의 심리적 사건에 의해 형성된 것으로 정신적인 결정요인을 밝혀 이를 제거 및 수정하는 것이 목표가 된다. 심리 내적인 힘(intra-psychic forces)의 역동은 다분히 무의식적이고 인생의 초기에 이뤄지며, 행동을 변화시키려면 이런 무의식적 욕구나 갈등의 요소들을 의식화하고 이해하는 작업을 해야 한다.

(2) 원 인

원초아와 초자아의 요구들, 자아의 대처능력, 외적 요구의 불균형이 문제되며, 억압된 성적 충동들 때문에 신경증이 발생한다.

(3) 치 료

무의식화되어 있는 여러 가지 갈등과 좌절 요소 등을 바로 깨닫고 의식화하는 작업이 치료이다. 정신분석치료를 받기 위해서는 자아가 원초아 등의 공격에도 불구하고 버티는 힘과 현실 요구들에 대한 어느 정도 통찰력을 갖고 있어야 한다. 따라서 정신병의 경우처럼 자아가 약한 경우 정신분석이 불가능하다. 미성숙한 기제인 방어를 걷어내고 자기 자신의 참모습을 인식하게 되는 작업으로, 목표는 무의식적 동기를 깨닫는 데서 머무르는 것이 아니고, 이런 동기가 한 개인의 삶을 어떻게 지배하고 있는지를 하나하나 검토하여 더 이상 그런 비합리적이고 무의식적 동기에 의해 지배되지 않도록 하는데 있다. 무의식의 동기를 아는 방법은 자유연상, 꿈의 해석, 저항의 분석, 전이, 훈습(working-through) 등이 있다.

❖ 치료방법 ❖

자유연상	마음에 떠오르는 모든 생각, 기억들을 아무리 말하기 불편하거나 시시해도 다 이야기하게 하는 것이다. 간혹 내담자는 잘 포장된 방어기제와 불쾌한 무의식적 사건들을 맞닥뜨리는 것이 두려워서 무의식이 의식화되는 것을 방해하는 저항(resistance)을 하게 되는데, 저항은 치료에 대한 협조와 자유연상 과정을 어렵게 만든다.
꿈의 분석	꿈은 무의식적 갈등 혹은 갈망을 상징하는 비유라고 간주하는 정신분석가들은 꿈을 통해 내담자를 이해할 수 있는 단서를 찾는다고 말한다. 내담자가 자기의 꿈에 대하여 자유롭게 이야기하도록 한 후, 내담자를 해석에 동참시키고 분석가는 내담자가 연상하는 꿈의 내용보다는 그 속에 잠재되어 있는 내용을 탐색한다. 이처럼 내담자와 분석가가 함께 해석에 참여하는 것은 내담자의 과거와 미래의 관계에 대해 보여 줄 수 있기 때문에 정신분석의 최종목표인 통찰을 향상시킬 수 있다(Andersen &Berk, 1998).
전이 · 역전이	내담자가 분석가에게 강한 감정을 발달시키게 되는 데(때로는 분석가를 사모하거나 경멸·증오하기도 함), 이런 감정들이 분석가의 행동에 대한 납득할 만한 반응이 아니라면 그 현상은 전이(transference)라고 볼 수 있다. 즉, 내담자가 분석가를 어린 시절 중요했던 인물로 여기고 그 인물에게 향했던 감정과 반응들을 분석가에게 옮기는 것(전이는 일상생활에서도 일어난다)이다. 그러나 역전이는 전이의 역전된 형태로, 분석가가 내담자를 자신의 중요한 인물로 여기고 내담자를 바라보는 것이다. 분석가는 역전이를 잘 다루어야 한다.

3 행동치료

(1) 개 요

행동치료의 전제는 모든 행동(정상, 비정상)은 학습된 것으로 보며, 장애원인 및 치료는 연합학습의 원리를 적용한다. 따라서 심리적 장애원인은 환경이나 잘못된 학습에서 비롯된다. 행동치료를 통해 생떼부리는 아이의 버릇을 고치는 것처럼 원하지 않는 행동을 제거하거나(혐오조건형성치료), 바람직한 행동에 인센티브를 주어서 바람직한 행동을 증가시키거나(토큰경제), 아니면 특정공포증이 있는 환자의 두려움을 제거하는 것처럼 원하지 않는 감정반응을 줄일 수 있다(체계적 둔감법, 노출치료).

(2) 혐오조건 형성치료(aversion therapy)

원하지 않는 행동을 제거하기 위하여 역조건화를 통해 치료하는 것으로, 공포제거가 목적이 아닌 유해환경 회피에 목적이 있다. 부적절한 행동의 빈도를 줄이기 위해서 정적 처벌을 사용한다. 바람직하지 못한 습관과 고통자극과의 연합을 통해 바람직하지 못한 습관을 멈추게 한다. 알코올이나 금연치료에 메스꺼운 약물 등을 짝짓는 방법이 대표적이다. 그러나 처음에는 효과적이나 치료가 끝나면 원상태로 되돌아가는 문제가 발생할 수 있다. 알코올중독이나 줄담배를 피우는 장애 행동을 치료할 때 흔히 사용되며, 알코올(없애고자 하는 행동)과 무조건 혐오자극을 짝지어줌으로써 알코올에 대한 조건회피반응을 학습하도록 하는 방법이다. 알코올 및 담배 끊기, 동성애 치료에 상당히 효과가 있지만 치료가 끝나면 재발될 가능성이 높다.

(3) 행동조성

조작적 조건형성원리를 적용하여 부적절한 행동을 없애고 바람직한 행동을 형성하게 하는 기법으로 없애고자 하는 행동을 할 때는 무시를 하고 우연히 나타났더라도 최종목표를 향한 행동을 할 때는 강화를 주어 바람직한 행동을 강화시켜가면서 나쁜 행동을 대체시킨다. 좋지 않은 습관이나 행동교정에 효과적이다. 일종의 인센티브제 또는 토큰경제(token economy)라고도 하는데, 예를 들면 바람직한 행동에 대해 나중에 보상으로 교환이 가능한 동전을 주고, 후에 동전을 이용해서 특별식사권, 영화관람권, 특별휴가권을 동전과 교환해주는 것이다.

(4) 체계적 둔감법, 탈조건형성(deconditioning)

Albert의 공포학습(Watson and Rayner, 1920)을 통해 밝혀진 것으로, 조건화된 공포의 탈학습, 소거(extinction), 제거하는 역조건화 방법을 시사하였다. 초기 **Wolpe**의 노출치료(exposure therapy)는 감정을 유발하는 자극을 직접적으로 그리고 반복적으로 직면하는 것으로 점차 감정반응을 줄이는 것인데, 이를 후에 Wolpe는 체계적 둔감법(systematic desensitization)이라고 불렀다. 체계적 둔감법은 먼저 불안위계를 작성하고 이완훈련을 시켜서 불안위계에 따른 점차적인 이완을 통해 불안을 낮추게 하는 방법인데, 불안증이나 비행공포증이 있는 내담자에 대한 가상현실치료도 이에 해당한다. 한편 노출치료는 반드시 이완이 포함되는 것이 아니라는 점에서 체계적 둔감법과 차이가 있다. 노출치료는 감염에 대한 불안으로 과도하게 손을 씻는 강박적인 행동의 치료에 효과적이다.

4 인지치료

(1) 개 요

정신분석적 치료와 행동치료의 한계를 극복하기 위해 1950년대 이후 발전한 심리기법이다. 즉 정신분석은 이론적 개념이 모호하여 과학적 검증이 어려우며 치료기간이 장기화되는 경향이 있을 뿐만 아니라 치료효과에 대한 비판이 제기되었고, 행동치료는 인간의 내면적인 사고과정을 소홀히 하여 효과적으로 치료할 수 있는 심리적 장애가 매우 제한적이다. 인지치료는 사고나 신념과 인지적인 요인이 감정 및 행동에 영향을 미치고 심리적 장애는 인지적 요인에 의해 매개되어 발생하며, 인지의 변화를 통해 감정 및 행동의 변화를 가져올 수 있다고 가정한다. 정상적인 행동뿐만이 아니라 이상행동을 이해하고 설명하는 데 사람의 의식적인 인지과정을 중요시 한다. 치료방법은 내담자에게 부정적 감정을 유발하는 자동사고, 가정과 예측에 대해 스스로 질문하게 가르치고 이 부정사고를 보다 현실적인 긍정적인 믿음으로 바꿀 수 있게 돕는 인지적 재구조화(cognitive restructuring)를 하는 것이다. 결국 인지치료는 내담자가 자신과 타인 그리고 세상에 대한 왜곡된 사고를 인식하고 수정하는데 초점을 맞춘다.

(2) 인지정서행동치료(Rational Emotive Behavior Therapy, REBT)

인지주의 심리학적 입장에서 정서적 및 행동적 문제와 장애를 해결하고 삶의 질을 높일 수 있게 하는 포괄적이고 적극적인 지침으로, 철학적 및 경험적 근거를 가지는 심리요법이다. REBT는 인지행동치료(CBT)의 한 형태로써 1950년대 중반에 처음으로 엘리스(Albert Ellis)에 의해 설명되었다. 심리적 장애는 스트레스를 유발하는 선행사건 자체보다 그 의미를 해석하는 인지적 과정에서 발생한다. 내담자가 가지고 있는 치료는 잘못된 신념에 대한 논박(dispute)으로 신념을 수정하고 새로운 철학을 받아들이도록 한다. 내담자가 가지고 있는 인지왜곡을 찾아내고, 어떤 기준을 적용하고 있는지 확인하며, 그렇게 생각하는 증거가 무엇인지 살펴보고, 다른 가능한 해석은 무엇인지 찾아보며, 그렇게 생각하는 것이 사실인지 확인해보고, 얻는 것과 잃는 것 중 어느 쪽이 더 많은지 비교해보며, 만일 그것이 사실이라면 내담자가 어떻게 되는지 직시하고, 어떤 활동들이 내담자를 성장시킬 수 있는지 실천토록 하는 것을 말한다.

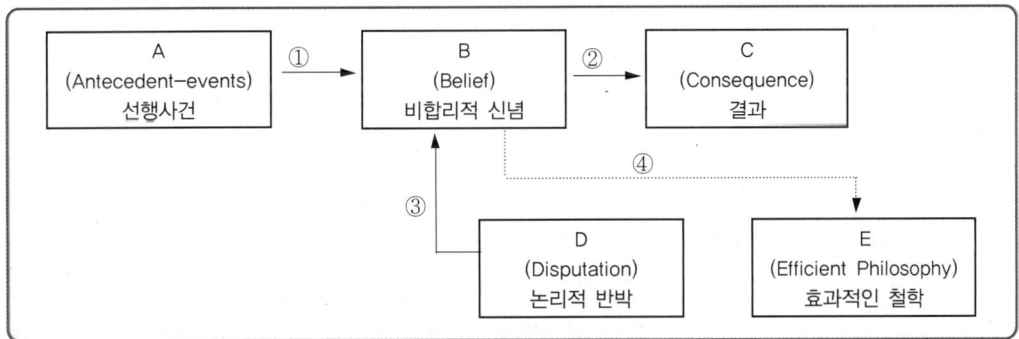

(3) Beck의 인지치료법

① 개 요

최근 임상분야에서는 본인에 의해 잘 의식되지 않고 환경자극에 의해 자동적으로 촉발되는 자동적 사고(automatic thought)[18]가 문제되며, 심리적 장애를 가진 사람은 환경자극

---

[18] 자동적 사고는 자기 자신, 자신의 미래, 주변 환경에 대한 비판적이고 부정적인 사고내용을 가지게 하며, 이런 사고내용은 환경자극의 의미를 비현실적으로 왜곡한 것이 많다. 예를 들면, 평소 성적이 우수한 우등생이 어느날 사정이 생겨 10분을 늦게 등교하다가 하필 그날따라 기분이 좋지 않은 선생님에게 걸렸을 때, "일찍와서 공부를 준비하지 않는 학생치고 공부 잘하는 학생 못보았다."고 하면 우등생이 하루아침에 열등생 딱지가 붙는 것이다. 간혹 엄마들이 학생인 딸을 꾸짖다가 "네가 뭘 생각하는지 다 알고 있거든, 너 지금 속으로 엄마 욕하고 있었지?"라는 식의 독심술을 발휘하는 것도 인지적 왜곡인 자동적 사고이다.

을 체계적으로 왜곡하는 경향을 지닌다.

② 인지왜곡(cognitive error)을 가져오는 사고

흑백논리적 사고 또는 이분법적 사고	어떤 사건이든지 흑 아니면 백으로 보는 성향이다. 어떤 행동도 선이 아니면 악이고 중간은 허용하지 않으며, 일을 하는 데도 완전하지 않으면 모두 실패로 본다.
임의적 추론 혹은 제멋대로 결론 내리기	자기들이 경험한 한 가지 사건만 가지고 뚜렷한 증거도 없으면서 부정적 결론을 내린다. 즉, 상대방이나 상황의 고려는 전혀 하지 않고 자기 멋대로 부정적으로 극단적인 결론을 내리는 경향이 있다.
선택적 여과	우리가 경험하는 전반적인 상황을 보지 못하고 어떤 특정한 부정적 사건에 집중하여 이를 토대로 판단하는 것이다.
과잉일반화	특정한 생활사건에서 실패나 좌절경험을 했을 경우 이를 특정한 상황에 국한시키지 못하고 자기가 좌절한 상황과 약간만 비슷해도 실패할 것이라고 생각해 버린다. 한 가지 부정적 경험을 근거 없이 모든 상황에 확대하는 경향을 말한다.
극대화 또는 극소화	부정적 사건은 지나치게 과장하는 반면, 긍정적인 사건에 대해서는 그 영향을 극소화하는 경향이다.
개인화	다른 사람의 문제나 행동에 대해서 마치 자기의 책임인 양 받아들이고 괴로워하는 것이다.

③ 치료방법

인지적 오류의 원인은 부정적인 인지 도식 또는 역기능적 신념 때문이므로, 심리적 장애를 가진 사람의 부적응적인 인지를 변화시키도록 돕는 작업으로 구성된다. 심리적 장애를 가진 사람이 내면적으로 소지하고 있는 부정적인 자동적 사고나 역기능적 신념을 자각하게 도와주며, 부적응적인 사고와 관련된 인지적 오류를 현실성·논리성·유용성의 측면에서 함께 논의한다. 위의 결과로서 보다 적응적인 현실적 사고와 신념으로 대체하도록 돕는다.

(4) 인지행동치료

불안과 우울을 다루는 치료자는 주로 인지적 방법과 행동적 방법을 섞어 사용하는데 이를 인지행동치료(cognitive behavior therapy)라 한다. 이는 역기능적 사고(dysfunctional thought)와 부적응적인 행동에 관심을 가지며, 특정문제에 초점을 맞추는 문제중심적이고 문제를 내담자 스스로 알아서 해결하도록 보조하는 것처럼 활동중심적이며, 각 회기별로 안건을 정하고 숙제를 점검하는 것처럼 구조적인 동시에 개별 또는 집단으로 회기의 빈도도 다양하다는 융통성이 있다(민경환 외, 2011 : 684-686).

5 인간중심치료와 게슈탈트치료

(1) 인간중심치료

① 기본가정

인간은 누구나 스스로 자기를 유지하고 향상시킬 수 있는 능력(자기실현 경향성 ; self-realization)을 갖고 있다. 자기실현 경향성은 목표 지향적이어서 자기통제, 자율과 독립, 사회화를 지향한다. 자기(self)는 중요한 타인(일반적으로 부모)과의 상호작용의 결과로 자기구조가 형성된다. 대표자인 Rogers의 이론은 비지시적 상담에서 내담자중심이론으로 그리고 인간중심이론으로 발전하였다.

② 심리장애의 발생

부모가 아동을 무조건적으로 수용하지 못할 경우, 아동의 유기체적인 욕구와 부모의 요구 사이에 갈등이 생긴다. 아동은 부모의 애정을 얻기 위해 부모의 무조건적인 가치를 받아들이고 자신의 경험은 거부하거나 부정하게 된다. 즉, 자신의 경험과 부모의 요구에 의해 형성된 자기 사이에 불일치가 생기면, 자신의 경험은 부정하고 왜곡하며 경직된 양상을 보이게 되어 자기실현의 장애를 일으킨다. 이렇게 자기실현의 장애가 심해지면 심리적 장애를 일으킨다.

③ 심리치료전략

㉠ 개요 : 자기구조의 위협이 없는 상황에서 자신의 유기체적 경험을 있는 그대로 지각하고 검토해서 이를 자기구조에 통합하는 것(즉, 왜곡되어 있던 자기 모습을 되찾고 스스로 자기 성취 능력을 회복하도록 돕는 것)을 목표로 하며, 치료는 내담자가 치료자의 도움을 받아 "스스로 자신의 문제를 해결해 나가는 것"이다.

㉡ 방법 : 부모가 제공했던 평가적이고 조건적인 가치적 관계가 아닌 새로운 관계양상을 치료자와의 관계에서 경험시킨다. 치료자는 내담자에게 치료가 어떤 것인지를 설명해 주고 내담자가 자신의 감정을 자유롭게 표현할 수 있도록 따뜻하고 수용적인 태도를 보인다. 여기서 가장 중요한 것은 경청인데, 경청은 온 몸으로 듣는 것으로 단지 언어만이 아니라 비언어적인 것(얼굴표정, 제스처 등)을 포함하여 내담자의 진실한 내면을 들여다보는 것이다.

수동적 경청	내담자가 말할 때 침묵하면서 조용히 이야기를 들어주는 것으로, 상담자가 "으흠", "오 그래", "그랬구나!" 등의 짧은 말이나 고개를 끄덕여 주는 반응을 보이면 내담자는 자신의 속마음을 털어 놓고 싶은 욕구를 가지게 된다.
적극적 경청	내담자가 표출하는 말의 내용이나 감정을 간략하게 요약해서 응대해주는 것으로, 내담자의 생각과 기분에 보다 효율적으로 반응해주는 것이다.

반영적 경청	내담자가 말할 때 이야기 내용은 물론 그의 표정이나 제스처에 귀를 기울인 후 그 사람의 심정이 어떠한지를 정확하게 파악하여 이를 다시 확인해보는 것이다.

내담자의 부정적인 감정도 표현될 수 있는데, 치료자가 이를 수용하고 명료화해주면, 내담자는 부정적인 감정을 표현하고 난 다음에 긍정적인 감정과 충동을 표현할 수 있게 된다. 내담자는 좀 더 긍정적인 감정과 충동을 표현할 수 있게 된다. 치료자는 내담자의 긍정적인 감정도 수용하고 명료화해준다. 중요한 것은 야단을 치거나 판단·칭찬을 하지 않고 부정적·긍정적 감정 모두를 "있는 그대로" 받아준다는 것이다. 이런 과정에서 통찰(insight)을 얻어 내담자는 점차 자신을 이해하고 수용할 수 있게 된다.

ⓒ 치료자의 태도

무조건적 수용	내담자를 하나의 인격체로서 깊고 진실하게 돌보는 것으로, 돌본다는 것은 내담자의 감정이나 생각, 행위의 좋고 나쁨의 평가와 판단에 의해 영향 받지 않는다는 점에서 무조건적이다. 치료자는 내담자를 수용함에 있어 규정을 정하지 않고 무조건 존중하고 따뜻하게 받아들인다. 이는 "나는 당신을 어떤 때만 받아들이겠다."라는 조건적 수용이 아닌, "나는 당신을 있는 그대로 받아들이겠다."라는 무조건적 수용을 의미한다. 수용은 "감정을 가진 내담자의 권리"를 인정해주는 것이지, "모든 행동"을 다 인정해 주는 것은 아니다. 모든 표출된 행동이 다 인정되거나 수용될 필요는 없기 때문이다.		
공감적 이해	내담자의 주관적인 경험, 특히 감정을 민감하고 정확하게 이해하는 것으로 내담자의 주관적인 경험, 특히 "지금-여기"의 경험을 이해하도록 한다. 공감적 이해의 목적은 내담자가 자신에게 더욱 밀접히 다가가게 하고 더욱 깊고 강한 감정을 경험하게 하여, 내담자 내부에 존재하는 불일치성을 인식하여 해결하도록 격려하는 데 있다. 치료자가 위의 목적을 잃지 않으면서 마치 자신이 내담자인 것처럼 내담자의 감정을 느끼는 것을 의미하며, 공감은 내담자를 깊이 있고 주관적으로 이해하는 것으로 내담자와의 일체감이다.		
	공감형식	"당신은 …라고(하게) 느끼는군요(느끼겠군요), … 하다니 … 하겠어요"식으로 이야기하는 것이다.	
	표면공감	상대방의 이야기에 대해 겉으로 드러나는 감정상태를 이해해주는 것이다.	
	심층공감	상대방이 진정으로 말하고 싶지만 쉽게 표현하지 못했던 속마음을 읽어주는 것이다.	
일치감/ 진실성	치료자가 개방적이고 진실하다는 뜻으로 치료자를 완전히 신뢰할 만하다는 것이다. 치료자가 모든 수준에서 같은 메시지로 의사소통할 것을 강조한다. 치료자는 거짓된 태도가 없고 그의 내적 경험과 외적 표현을 일치시켜 내담자와의 관계에서 일어나는 감정이나 태도를 솔직하게 표현해야 한다.		

(2) 게슈탈트치료

실존주의치료라고도 하는 것으로, 이 치료는 내담자의 생각과 느낌, 행동과 경험을 스스로 잘 인식하도록 인도해서 자신에 대해 책임감을 가지거나 책임을 지게 만드는 것을 목표로 한다. 치료자들은 인간중심치료와 같이 내담자를 정성스럽게 대하는 면에서 공통점이 있다. 예를 들면 '빈의자기법'이 실존주의 치료에 해당한다.

6 그룹치료

(1) 기본가정

심리적 장애는 사회생활 속에서 발생한다. 개인 심리치료는 구체적인 사회문제나 가족문제를 다루지 못했다.

(2) 집단치료

① 개 요

생생한 사회집단이나 가족 속에서 개인의 문제를 이해하고 치료하는 방법으로 집단은 개개인의 단순한 집합체가 아닌, 상호작용을 통해 변화를 추구하는 역동적 집단이며, 각 집단원은 공동치료자의 역할도 하는 것이다.

② 집단치료가 개인치료보다 선호되는 조건

우리의 생활문제는 일반적으로 집단 속에서 발생하며, 집단 속에서 더 생생하게 드러나게 된다. 심리치료에서 개인의 문제에 초점이 집중되면 그것 자체가 긴장의 요인이 되는데, 집단치료는 치료의 초점이 분산되기 때문에 긴장을 견디기 쉽다. 집단 속에서는 다른 사람의 문제를 객관적으로 볼 수 있고 각자의 의사소통 방식을 검토할 수 있으며, 더 효과적인 방식을 새롭게 학습할 수 있다.

③ 집단치료의 가치

집단을 사회의 축소된 형태로 볼 때, 집단에서의 개인행동을 분석함으로써 개개인이 일상생활에서 어떻게 행동하는가를 이해할 수 있다. 자신이 겪고 있는 고통이 자신에게만 발생하는 독특한 것이 아님을 알고 힘을 얻게 되며, 사람들이 스스로 생각하고 이해하도록 함으로써 스스로의 행동을 해석하게 된다.

④ 집단상담에서 치료자의 역할

집단을 효과적으로 이끌어 가기 위해 민주적, 집단중심적, 비지시적이어야 하며, 집단 내 다른 구성원들의 복지에 공헌하는 정도까지 각자를 끌어들인다. 목표, 방향, 절차를 수립하는 데 있어 집단과 협동으로 하여 지도자와 구성원이 책임을 서로 나누어 가지게 하며, 스스로를 모든 해답에 대한 전문가로 보지 않고 인간 발전 과정을 촉진시킬 수 있는 사람의 역할을 한다.

(3) 가족치료

① 개 요

가족원 가운데 심리적 장애가 생긴 그 개인만 치료하는 것이 아닌 온 가족이 모두 참여하여 개인의 문제를 해결하려는 방식이다. 어떤 개인이 장애를 일으켰더라도 이를 치료하기 위해 가족 전체가 참여하는 것이 효과적이고 타당하다. 가족 구성원이 '왜 그렇게 행동하는가'에 보다, '어떻게 상호작용하는 가'에 관심을 가진다. 핵심은 행동의 변화(즉 궁극적으로 행동·상호작용의 변화)이며, 궁극적 목표는 가족성원 모두가 더 바람직한 적응을 하도록 가족관계를 재정립하는 것이다.

② 가족체계의 변화를 위한 단계

가족을 한 개의 시스템으로 간주하는 치료이다. 한 가족의 원치 않는 행동은 나머지 가족들의 영향이라고 간주한다. 가족 전부를 긍정적 가족관계와 바람직한 의사전달 수준으로 향상시킨다. 이러한 가족치료는 예방적인 정신건강 책략이 되는 경우가 많다. 치료자는 가족원들에게 서로간의 관계방식이 문제를 생성한다는 것을 이해하도록 돕는다. 가족체계의 구조를 분석하여 그 체계 안에서 각 가족구성원의 역할을 확인하고, 가족 중에 개인의 변화가 아니고 그 체계 내에서 가족구성원이 보이는 행동을 가족원들 간의 관계와 상호작용을 변화시킨다.

(4) 자조치료

① 개 요

공통의 문제를 가진 사람들이 모여서 서로의 감정과 경험을 토론이나 채팅을 통해 공유하면서 스스로 심리적 안정을 찾는 것이다. 예를 들면 알코올중독자들의 금주동맹, 살인피해자가족들의 모임, 자폐아 부모들의 모임 등이다. 장점은 저비용이고 같은 문제를 가진 사람에게 위안을 주고 서로 지지할 수 있는 기회를 제공할 수 있다. 단점은 전문가의 개입이 없는 경우 간혹 자기파괴적이거나 부정적인 집단으로 변질될 위험이 있다.

② 자조그룹사례

세계적으로 가장 유명한 자조그룹은 AA(Alcoholics Anonymous)이다. AA는 1935년 오하이오 주의 아크론(Akron)이라는 지방에서 빌 더블유와 밥 박사에 의해 처음 시작되었다. 두 남자는 알코올중독으로 고생하고 있었고, 빌 더블유가 지역출장 중에 금주를 하는데 도움을 줄 수 있는 다른 중독자를 찾으면서 만났다. 두 사람은 자신들의 음주문제를 성공적으로 극복할 수 있었다. 오늘날 미국에서 AA 집단에 참가한 사람은 2억명이 넘고, 전 세계에 약 185,000개의 집단 미팅이 진행되고 있다(Mack, Franklin, & Frances, 2003). AA의 철학 안에는 여러 가지 가정이 있다. AA에서는 구성원들이 알코올중독을 자신들이 통제할 수 없는 만성질환으로 보도록 가르친다. 자기비난은 못하게 하며 대신 충분한 힘을 가지고 자신을 극복할 수 있게 돕는다. AA는 어떤 특정 종교집단과 연결되어 있지 않지만, 종교와 영혼은 프로그램에서 중요한 주제이다. 성원들은 생애에 걸쳐 금주라는 목표를 달성할 수 있게 '12단계'를 따르도록 고무되는데, 이 단계들은 절대적인 힘을 믿고, 기도와 명상을 하며, 타인에게 해가 되지 않게 하는 것을 포함한다. 거의 모든 성원은 한 주 여러 번 있는 집단미팅에 참석하며, 미팅 사이에 자신의 조력자로부터 부가적인 지지를 받는다. AA는 사람들이 수용과 이해의 장에서 자신들의 문제에 대해 이야기할 수 있는 안전한 장소를 제공한다. AA는 알코올 사용장애의 집중적인 치료의 한 요소가 되기도 하지만, 많은 사람들에게 유일한 치료가 되기도 한다(민경환 외, 2011 : 692).

7 생의학치료

(1) 약물요법

일반적인 생의학치료는 약물치료이다. 이렇게 약물을 통해 환자의 심리적 상태와 증상의 변화를 연구하는 학문을 정신약물학(psychopharmacology)라고 한다. 정신장애가 있는 사람에게 약물을 투입하는 것은 뇌에 영향을 주려는 것이다. 심각한 정신장애에 대한 약물치료는 콧물에 대한 치료법에서 시작되었다. 알러지로 인한 콧물을 멈추기 위해 먹는 안티히스타민은 환자를 졸림과 처짐상태로 만들어 환자를 진정시키는 효과가 있다. 오늘날 향정신성약이 도파민 수용기를 차단하여 조현병과 유사한 효과를 나타내거나 자낙스 또는 발륨 같은 항불안제가 중추신경체계의 활용을 억제하며, 다수의 항우울제는 흥분과 기분을 상승시키는 신경전달물질인 노르에피네프린 또는 세로토닌을 통해서 작동한다. 프로작도 우울증환자와 강박충동장애한자에게 처방된다. 향정신성 약물로 도파민 수용기를 막아서 정저 증상을 줄일 수 있지만, 무감정 및 사회적 위축과 같은 부적 증상은 뇌의 중피질 영역의 도파민 저활성화와 관련되므로 시냅스에 도파민의 양을 증가시키는 약을 필요로 한다.

(2) 전기충격요법

1초미만동안 환자의 두개골에 충격을 주어 우울증을 치료하기도 하는데, 마취와 근육이완 처치를 받은 후 전기충격을 준다. 부작용으로 명백한 뇌손상은 없으나 약간의 기억상실이 나타날 수 있다. 따라서 정신과의사들을 전기충격요법(electro convulsive therapy : ECT)을 심한 우울증 치료에 국한해서 실시한다.

(3) 두개골간 자기자극법

두개골 간 자기 자극법(transcranial magnetic stimulation : TMS)은 강력한 자석을 사람의 머리에 꽂고 뇌의 신경활동을 바꾸는 치료법으로, 우울증치료에 이용된다. TMS는 비침투적이고 ECT보다 부작용이 적고 마취가 필요없으며, 기억이나 주의집중에 영향을 주지 않지만, 약한 두통과 약한 간질발작이 있을 수 있다.

(4) 광선치료

밝은 빛에 반복적인 노출을 하는 광선치료(phototherapy)는 빛의 부족으로 오직 겨울에만 우울증을 경험하는 계절성 기분장애(seasonal affective disorder : SAD)를 가진 사람들의 치료에 이용된다. 일주일 동안 매일 아침 하루 2시간씩 전등을 이용해 치료를 받는데, 적어도 단기적으로는 매우 효과적이다(Terman et al, 1989).

(5) 정신외과술

생의학적 치료 중 가장 위험한 치료인 정신외과는 행동을 변화시키려고 뇌조직을 제거하거나 파괴하는 수술을 말한다. 동물 뇌의 특정부위를 절제하면 차분하게 만들 수 있다는 것에 힌트를 얻은 1930년대 포르투갈의 의사인 Egas Moniz가 뇌전두엽절제술을 개발했는데, 즉 감정을 담당하는 시상하부와 전두엽의 연결을 끊는 시술이다. 그의 의도는 정서와 사고의 분리였으나, 그의 수술을 받은 사람들은 로봇이 되었음에도, 그 공로로 그는 노벨의학상을 수여받았다. 그래서 최근에는 뇌전두엽절제술은 거의 시행하지 않으며, 극단적인 경우에만 이용되고 보통 진정제를 활용한다.

(6) 대체의학법

대체의학은 질병을 예방하고 치료하며 건강과 웰빙을 증진시키는데 목적을 두는 것으로(미국국립보건원, 1995), 그 영역은 매우 넓고 다양하여 관련의 치료법만 해도 철학적 치료법(요가, 전통중국의학, 무속치유), 자연치료법(수도요법, 마사지, 접골), 의료법(한약, 비타민, 식이, 영양), 생물에너지(자기술, 기공, 촉수), 심신술(마음챙김, 명상, 최면, 자조, 바이오피드백, 기도, 영적 치유) 등 매우 다양하다(Cohen, 2000/장연집 외, 2011 : 301 재인용).

8 기타 심리치료

(1) NLP

NLP는 1970년대 중반에 미국 캘리포니아 대학의 언어학 교수인 존 그린더와 심리학자이며 컴퓨터 전문가인 리차드 밴들러에 의해 창시되었다. 이들은 컴퓨터공학과 언어학을 종합함으로써 새로운 "변화의 언어"를 개발하면서 기존의 뛰어난 치료효과를 내고 있던 버지니아 새티어의 가족치료, 프릿츠 펄스의 형태주의 또는 게슈탈트(Gestalt) 심리치료, 밀턴 에릭슨의 최면치료, 그레고리 베잇슨의 의사소통이론 및 체제이론 등 당대 최고의 심리 및 치료 이론들의 장점을 종합하여 이론적 체계를 세웠다. 그리하여 NLP심리치료는 기존의 다른 어떤 심리학 이론이나 심리치료 기법이 설명해주지 않는 새로운 차원의 인간의 심리세계와 행동의 원리를 체계적으로 가르쳐주고 있으며, 다른 어떤 기법들 보다 빠른 시간 내에 효과적으로 그래서 때때로 '극적'이라고 할 정도로 강력한 변화를 제공해준다. 그것은 NLP가 특히

'무의식'이나 '잠재의식'의 무한한 가능성에 기초하여 이루어지기 때문이다. 인간은 외부세계를 시각, 청각, 미각, 후각, 촉각이라는 신경(Neuro)의 작용을 통해 인식하고, 언어를 통해(Linguistic) 조직화하며, 의미부여가 이루어지고 패턴화되고 체계적으로 되어(Programming) 행동으로 드러난다. 결국 인간은 언어로 설명되거나 규정되는 세상을 다섯 개의 감각기관을 통해 경험하며, 의식적이든 무의식적이든 외부의 정보를 특정한 방식으로 인식(감각)한 후에야 비로소 구체적인 행동으로 옮긴다고 할 수 있다. 그렇기에 NLP를 통해서 부정적인 감각과 언어를 바꾸면 행동이나 마음을 변화시킬 수 있고 긍정적이며 성공적인 새로운 행동과 마음을 형성하도록 도와줄 수 있다고 믿는다.

(2) 자가치유법

프랑스 정신의학자인 다비드 세르방-슈레베르(2004)는 인간의 뇌와 정신에 이미 존재하고 있는 자가치유 메커니즘을 최대한 활용하는 치료접근법으로, 그 효율성이 모두 엄격한 의학적 평가를 받은 새로운 치료법을 소개했다. 자연스러우면서도 뚜렷한 효과를 보이는 최첨단의 치료법으로, 모두 감정뇌를 자극하는 치료법인 안구운동 민감소실 및 재처리과정(Eye Movement Desensitization & Reprocessing), 호흡이 중요시되는 정상심장박동훈련, 새벽 시뮬레이션을 통한 생체시계조절 등이 있다(장연집 외, 2011 : 300).

(3) 동기강화상담

Rogers의 인본주의에 기초한 동기강화상담(motivational interviewing)은 관계중심적이면서 내담자 중심적인, 변화를 위한 체계적 접근으로 정신건강심리사가 다양한 기법과 관계적 기술을 사용하면서 내담자의 변화과정을 돕도록 하는 접근을 말한다. 따라서 상담이론이라기보다는 변화과정에 있어서 내담자의 내적 변화를 이끌어내고 증진하도록 도울 수 있는 태도와 의사소통 기법을 조합한 초이론적 접근이라고 할 수 있다. 이는 공감표현하기, 불일치 발전시키기, 저항과 함께 구르기, 자기효능감 지지하기의 원리를 사용하며, 변화의 단계는 전숙고(precontemplation), 숙고(contemplation), 준비(preparation), 실행(action), 유지(maintenance)로 구성되어 있다.

(4) 긍정심리상담

Martin Seligman(1998)이 주장한 이론으로, 제2차 세계대전 이후 심리학의 관심은 생계에 도움이 되는 심리적 병질에 초점을 두게 된다. 그래서 치료자들은 내담자의 강점과 덕목, 웰빙 영역보다는 약점과 병리, 결손에 초점을 두는 질병 모형을 채택하게 되고, 이는 DSM이나 ICD 등을 통해 더욱 공고해진다. 그러나 Seligman의 주장 이후 긍정심리상담의 영역이 넓어지게 되었는데, 그들의 이론으로는 강점이론과 긍정정서의 확장(확장가설, 수립가설, 복원가설, 탄력성가설, 번영가설) 등이 있다. 이러한 긍정심리학은 교육, 사업, 조직자문, 결혼, 대인관계, 양육, 운동, 코칭 등 다양한 영역에 응용되고 있으며, 특히 상담 및 치료분야에서

효과적으로 작동할 수 있다. 다시 말해서 내담자의 상처를 진행성이고 난치성으로 볼 것이 아니라, 변화와 호전 가능한 것으로 인식하고 접근할 때 치료의 효과를 더 많이 거둘 수 있다고 본다.

(5) 현실치료

William Glasser(1925-현재)가 창시한 것으로 행동의 선택이론에 바탕을 두고 있다. 인간은 기본적 욕구(생존, 사랑, 성취, 자유, 재미)를 충족시킬 수 있는 내면적인 가상세계인 좋은 세상을 발달시키고 이를 획득하기 위해서 전체행동을 선택하는 하나의 통제시스템이라고 보았다. 성공적인 치료를 위해서는 내담자가 안전하게 느낄 수 있는 치료적 환경을 조성하는 것이 중요하고, 내담자의 행동변화를 이끌어내기 위해서 내담자가 원하는 소망(Wants)을 질문하여 명료화하고 그러한 소망을 실현하기 위해 현재 어떤 행동(Doing)을 선택하고 있는지 물은 후 그러한 행동이 소망을 잘 충족시키고 있는지 평가(Evaluate)하고 그렇지 못하다면 좀 더 효과적인 행동을 선택하여 실천할 수 있는 계획(Plan)을 세우는 것이다. R. Wubbolding은 실천계획의 효율적 달성을 위해서 간단하고 달성가능하며 측정가능하고 즉각적이며 계획자에 의해 통제되고 참여하며, 계속적으로 실천하는 요소가 있어야 한다고 하였다(조현춘 외, 2011 : 347).

9 치료의 평가

(1) 착오적 치료

통상 환자는 의사의 약처방을 받아 복용 후 치료가 되었다고 믿는다. 그러나 많은 경우 치료효과는 다른 요인들의 작용일 수 있다. 예를 들면, 자연치유, 비특정적 치료요소, 재구조화된 기억으로 인한 착각이다.

자연치유는 극도로 허약해진 심신이 자동조절기능에 의하여 다시 평균수준으로 자연스럽게 회귀한 것인데, 보통 내담자들은 극심할 때 치료나 약을 찾기 때문에 자연치유기능이 아니라 마치 약효과 때문에 치료된 것으로 착각한다.

비특정적 치료요소는 실제 치료요소가 아닌 요소에 의하여 회복된 것으로 생각하는 것을 말하는데, 예를 들면, 치료자 또는 내담자가 좋은 관계를 맺고 있으면서 약처방 후 건강회복이 되었을 때 사실은 두사람의 좋은 관계 때문에 호전효과를 보인 것임에도 약효과때문이라고 귀인하는 경우, 우울증상이 있는 내담자가 의사의 약처방을 받고 치료의지를 강하게 갖기 위해서 금주를 하는 행동을 했을 때 실제 치료효과는 약물이 아니라 금주행동에서 비롯될 수 있음에도 약효과로 착각하는 경우, 또는 위약효과처럼 단순히 치료를 받는다는 것을 아는 것도 호전효과를 낼 수 있다.

재구조화된 기억으로 인한 착각이란 치료에서 성공에 대한 기대가 큰 내담자는 과거 증상이나 문제를 더 나쁘게 기억하여 치료가 보다 효과적이었다고 생각함으로써 전혀 도움이 안 되었던 치료조차 효과가 있었다고 믿게 되는 것을 말한다.

따라서 치료효과는 명백한 추론을 가능하게 하는 이중은폐법과 위약통제집단과 같은 연구방법을 사용하면서, 치료결과와 과정 모두에 초점을 두어 검증하여야 한다(민경환 외, 2011 : 707-713).

(2) 효과적 치료

1995년 미국 심리학회(American Psychological Association)가 발표한 증상별 효과적인 심리치료기법을 보면 다음과 같다.

매우 효과적인 심리치료		아마도 효과적인 심리치료	
인지행동치료	공황장애	행동치료	코카인 중독
인지치료	우울	단기 심리역동치료	아편 중독
인지치료	폭식증	인지행동치료	아편 중독
대인관계치료	우울	단기 심리역동치료	우울
행동치료	강박증	대인관계치료	폭식증
행동치료	아동기 유뇨증	행동치료	공격적인 성생활
행동치료	결혼문제		

(3) 위험한 치료

정신장애를 치료하는 방법으로 먼저 약물치료는 심한 내성으로 인한 중독과 중단으로 인한 금단증상이 발생할 수 있는 부작용, 약물간 상호작용 가능성, 그리고 합병증에 대하여 주의하여야 한다. 다음으로 심리치료도 위험성은 있다. 예를들어 내담자에게 없는 질병을 심리학자가 있는 것으로 착오하는 경우에 의원성 질병(iatrogenic illness, 의학적 혹은 심리치료의 결과로 발생하는 증상이나 장애)이 발생한다.

10 사회심리학

제1절 타인 및 사회적 사건의 이해
제2절 대인관계

Chapter 10 사회심리학

제1절 타인 및 사회적 사건의 이해

1 사회 심리학의 정의

사회 장면에서의 인간 행동과 심리과정을 연구하는 학문으로, 사회 장면(사회자극들로 구성된 환경) 속에서의 개체의 반응(사회행동/그것의 심리과정)을 연구하는 분야이다. 통상 사회학에서 사회심리학은 분석단위가 집단(개체들의 모임)이다. 현재 사회장면이 개인행동에 미치는 영향을 가장 중시한다. 따라서 사회행동의 원인을 현재의 상황에 작용하고 있는 요인들에서 찾고자 한다. 그러나 심리학에서 사회심리학은 개체의 현상적 세계를 강조하고 사회자극의 실체보다는 그 사회 자극이 개인에게 무엇으로 지각/해석되느냐를 더 중요시한다. Kelly에 의하면 개인은 세계가 어떻게 구성되고 작동하는가에 대한 견해를 구성해서 예측하려는 욕구가 있으며, 이것을 '개인적 구성개념'이라고 하였다.

2 사물지각과 대인지각

타인에 대한 이해가 이뤄지는 것이 대인지각의 문제인데, 이런 타인이라는 사회적 자극에 대한 지각의 문제는 물리적 자극에 대한 사물지각 문제와는 다르게 평가된다.

구 분	사물지각	대인지각
사회적 자극에 대한 주된 관심	보이는 형태로서 무생물로 지각, 즉 겉으로 드러난 자극의 물리적 속성의 지각	외모 등 물리적 속성과 함께 성격, 의도나 동기 등 내적 특성을 갖고 있는 원인행위자로 지각, 즉 겉으로 드러나지 않는 타인의 내적 특성을 지각[1]
지각자와 지각대상	지각자는 사람이지만 지각대상은 사물	지각자와 대상자 모두 사람
상호성여부	지각자가 사물에 대하여 일방적으로 평가하고 수용함	지각자와 지각대상의 관계가 상호작용적이어서 서로 간에 영향을 주고받음

---

[1] 대인지각의 핵심주제는 효율성(적은 시간으로 타인에게 알아야 할 필요성에서만 대인지각), 선택성(사람들이 자신이 보고자 기대하는 것만 보는 대인지각), 일관성(초두효과 등의 대인지각)이다. 사람지각의 과정은 매우 주관적이지만, 사람들은 타인들을 비교적 정확하게 지각하며, 특히 그들이 일정하게 상호작용을 할 경우 더욱 그렇다.

3 인상형성

인상형성은 대인지각의 대표적 분야로서 첫 만남에서 몇 가지 단편적인 정보(옷차림, 자세, 말투, 생김새 등)를 토대로 해서 상대방에 대한 인상을 평가하고 형성하게 된다. 즉 인상형성은 타인의 진정한 특성을 이해하려는 노력에서 여러 상황에 걸쳐 나타나는 행위들 속에서 일관성을 찾아 내려는 노력이다.

(1) 인상형성의 차원

인상형성에 있어 가장 중요한 차원은 평가적 차원이고 인상형성의 목적이나 상황에 따라 중요시되는 차원이 달라질 수 있다. 예를 들면, 사무관리능력은 역능감 차원, 영업사원은 활동성 차원, 그 밖의 다른 차원을 사용할 수도 있는데, 지적 차원과 감성적(도덕적) 차원이 있다.

평가차원 (evaluation dimension)	타인에 대해 형성되는 인상은 얼마나 '좋은 사람-나쁜 사람'인지, '좋아할 만한 사람-싫어할 만한 사람'인지의 평가적인 내용의 것이며, 타인의 인상 형성시 가장 중심적인 차원이다. 일단 어떤 사람에 대해 '좋은 사람-나쁜 사람'이라는 평가차원으로 인상을 형성하면, 그에 대한 역능차원이나 활동성차원의 인상은 평가차원에 묻히거나 자동적으로 추론되는 경향이 있다.
역능차원 (potency dimension)	Osgood, Suci, Tennenbaum의 분석(1957)에 의하면, 타인에 대해 '강한 사람-약한 사람', '능력이 있다-능력이 없다' 등도 능력 여부나 정도와 관련된 인상형성에 중요한 차원이다.
활동차원 (activity dimension)	Osgood, Suci, Tennenbaum의 분석(1957)에 의하면, 타인에 대해 '빠른 사람-느린 사람', '활동적이다-활동적이지 못하다' 등도 활동성 여부나 정도와 관련된 인상형성에 중요한 차원이다.

인상조작의 방법으로, 먼저 상대에게 긍정적인 인상을 줌으로써 자신이 의도한 대로 상대를 움직이는데 목적이 있는 획득적 인상조작이 있고, 일이 제대로 진행되지 않았거나 실패했을 때 피해를 최소한으로 줄여 자신을 지키려는 데 목적을 둔 방어적 인상조작이 있다. 전자에는 유사성을 강조하는 도입, 자신의 능력과 장점을 강조하는 자기선전, 속내는 칭찬을 원하면서도 겸손한 자세를 취하는 것이 있다. 후자에는 자신이 무서운 존재라는 것을 알리는 위협, 자신의 약점을 강조해 상대의 마음을 움직이는 애원 등이 있다.

> **에론슨과 린다의 실험**
>
> 이들은 미네소타대학교의 여학생 80명에게 남들이(실험보조자) 자신에(실험대상자) 대해 이야기 하는 것을 엿듣게 했다. 이들은 인상에 대한 평가유형을 4가지로 구분한 후 실험을 하였다. 그리고 나서 자신(실험대상자)을 평가했던 사람(실험보조자)에 대한 호감도를 조사하였다.
>
> | 유형 | | 초기 평가 | 후기 평가 |
> |---|---|---|---|
> | 자 | 1 | 긍정
(지적이고 말솜씨가 좋고 호감이 간다) | → 긍정
(지적이고 말솜씨가 좋고 호감이 간다) |

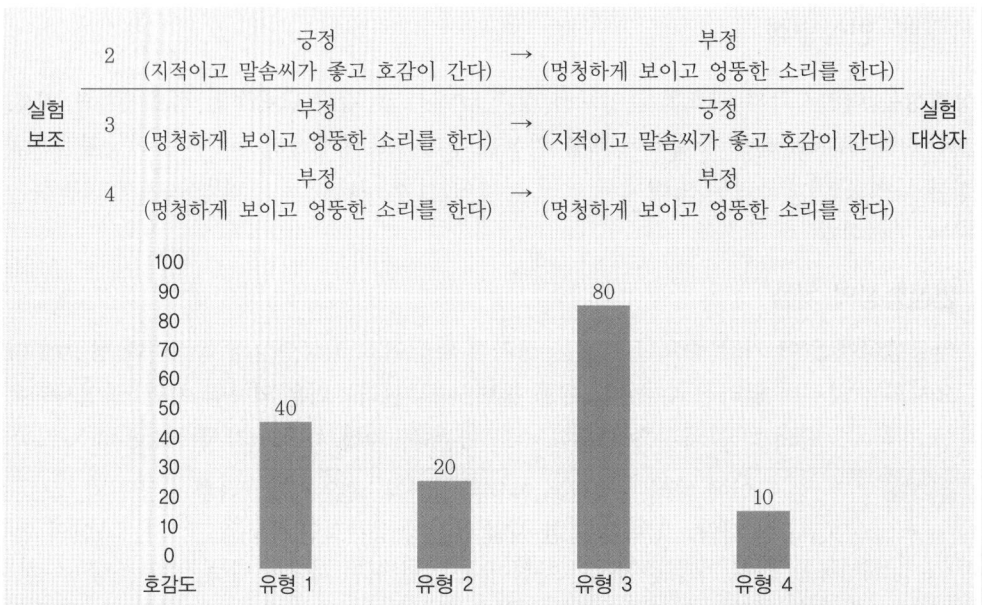

실험보조	2	긍정 (지적이고 말솜씨가 좋고 호감이 간다)	→	부정 (멍청하게 보이고 엉뚱한 소리를 한다)	실험대상자
	3	부정 (멍청하게 보이고 엉뚱한 소리를 한다)	→	긍정 (지적이고 말솜씨가 좋고 호감이 간다)	
	4	부정 (멍청하게 보이고 엉뚱한 소리를 한다)	→	부정 (멍청하게 보이고 엉뚱한 소리를 한다)	

그 결과 초기에 부정적이었던 사람이 후기에 긍정적인 평가를 했던 경우인 유형 3에서 상대에 대하여 가장 호감도가 높게 나타난 반면, 초기와 후기 모두 부정적인 평가를 했던 경우인 유형 4가 가장 호감도가 낮았다. 특히 유형 1의 경우를 보면, 좋은 말도 자꾸 듣다보면 식상하듯 칭찬도 반복되면 그 효과가 급격히 줄어든다는 것을 알 수 있다. 즉 칭찬만 반복하면 신빙성이 떨어져 그 사람의 말을 신뢰하지 않게 되는 것이다. 누굴 만나든 칭찬만 하는 사람에게 듣는 칭찬은 단지 그 사람의 습관으로 취급될 수 밖에 없다.

스톡홀름 증후군과 리마 증후군

스톡홀름(Stockholm) 신드롬이라고도 하는데, 인질사건에서 인질로 잡힌 사람들이 인질범들에게 정신적으로 동화되어 오히려 자신들을 볼모로 잡은 범인들에게 호감과 지지를 나타내는 심리현상을 말한다. 이 증후군에 있는 사람들은 '심리적으로 도피하려는 불안과 공포, 인질범과 일체감을 느끼는 동일시, 그리고 상호의존감과 밀착감이 생기는 감정의 전이'라는 3단계의 심리변화를 거친다. 1973년 8월 스웨덴의 스톡홀름에서 은행강도 사건이 발생했는데, 은행강도들은 여러 명을 인질로 잡고 6일 동안 경찰과 대치하였다. 6일 후 경찰작전으로 강도들을 체포하고 인질들이 풀려났는데, 인질 중 한 여성이 인질범과 사랑에 빠지고 인질들이 강도들의 편을 들어주는 이상현상에서 유래한 것이다. 이 용어는 범죄학자인 Nils Bejerot가 뉴스방송 중에 처음 사용하면서 알려졌다. 스톡홀름 증후군은 먼저 극한 상황에서 인질들이 죽음의 공포에 떨고 있을 때 범인들이 자신들을 죽이지 않는 것에 고마움을 느끼고 온정을 갖게 되는 것에서 시작하여, 인질을 구출하려는 경찰 때문에 자신들이 위험에 빠지는 것으로 인하여 경찰에 대하여

오히려 반감을 갖게 되면서 인질과 범인들이 우리라는 공감대를 갖게 되는 것이라고 볼 수 있다. 일부 매맞는 아내나 학대받는 아이들도 이와 비슷한 심리상태를 보여주기도 한다. 스톡홀름 증후군에 관련된 사례를 보면, 우리나라의 경우 지강헌 등이 교도소를 탈주하여 인질극을 벌인 적이 있으며, 1974년 2월 미국 언론재벌 허스트가의 상속녀였던 19세의 소녀인 패트리샤 허스트가 극좌 게릴라 단체인 공생해방군(SLA)에게 납치된 후 납치범들에게 감화되어 유대를 형성하고 2개월 뒤 공생해방군의 샌프란시스코 은행 습격에 적극 가담하는 일이 벌어졌다. 또한 엘리자베스 스마트라는 소녀가 정신이상자에게 납치되어 1년 이상 성적 학대를 받으면서 그와 살
게 되었는데, 그 후에는 여러 달 동안 범인과 노숙하면서 도망갈 기회가 많았음에도 도망가지 않고 계속 범인과 생활한 것이 밝혀진 바 있으며, 10년 전에 교도소에서 교도소장의 아내를 인질로 잡고 탈주한 수형자가 잡혔는데, 그동안 이 수형자와 교도소장의 아내는 닭을 키우며 함께 살고 있었던 것으로 밝혀졌고 주변에 도움을 청하거나 도망갈 기회가 많았음에도 그렇게 행동하지 않았다고 한다. 한편 리마(Lima)증후군은 인질 사건에서 범인들이 인질의 문화에 익숙해지고 정신적으로 동화되면서 자신을 인질과 동일시하고 결과적으로 공격적인 태도가 완화되는 현상을 말한다. 이러한 사례로는 1996년 12월 페루 리마에서 발생한 127일간의 일본대사관저 점거 인질사건에서 유래하였다. 당시 대사관을 점거한 페루의 반정부조직인 MRTA요원들이 페루 정부군의 기습작전으로 모두 사살되었는데, 127일 동안 14명의 범인들이 400여명의 인질들에게 동화되어 자신의 가족에게 안부편지를 보내거나 미사를 개최하고 의약품 등의 반입을 허용하였고, 인질들에게 범인들이 자신의 신상을 털어 놓는 현상을 보인 경우라든가, 1975년 네덜란드 열차 납치사건에서 범인이 인질들에게 마지막 유언을 하도록 했는데, 이를 듣고 있던 범인이 그 내용에 감동을 받아 살해의사를 접었던 경우도 이에 해당한다.

(2) 인상형성이론(게슈탈트이론 ; 형태주의적 접근)

동일한 속성이나 특성은 동일한 의미를 지니는 것이 아니라 상황에 따라서 그 속성이 지닌 의미가 변화한다. 예를 들면, '영리하다'라는 긍정적인 특성도 "대상이 누구인가"에 따라 긍정적 의미도 될 수 있고 부정적 의미도 될 수 있다. 또한 대학생 배심원들이 피고의 신체적 매력에 따라 형량판결에 차이를 보이는 것을 보면, 신체적 매력과 같은 긍정적인 속성도 상황(죄의 종류)에 따라 다른 의미로 받아들여질 수 있다는 것이다.

(3) 인상형성 특징

후광(halo) 효과	어떤 사람에 대해 일단 '좋은 사람'이라는 인상이 형성되면, '그 사람은 능력도 뛰어나고 똑똑하다.'는 등 긍정적인 특성 모두를 가진 것으로 여기며, 용모에 의해 타인의 인상을 형성하는 경우 두드러진다. 예를 들면, 예쁜 사람은 능력도 뛰어나고 성격도 좋고 미래전망도 밝은 것으로 생각하거나, 옷차림이 좋으면 다른 좋은 특성(능력 있거나 성실하거나 좋은 사람 같다는 등)도 모두 소유할 것이라고 추측하고 기대하게 된다. 흔히 '옷이 날개다'라는 말과 자동차의 크기로 중년여성을 평가하는 것 등이다. 이와 유사한 것으로 소크라테스 효과라는 것이 있는데, 이는 하나의 목표로 일관되게 태도가 순응하게 되는 효과를 말한다.

부적 효과	어떤 사람이 좋은 특성과 나쁜 특성을 똑같이 갖고 있을 때, 인상은 중립적으로 형성되는 것이 아닌 나쁜 특성 쪽으로 형성되며, 부정적 특성이 인상 통합과정에서 더 큰 영향력을 발휘하게 된다. 예를 들면, 새로운 직장동료에 대하여 "좀 건방지다.", "버르장머리 없다"라고 꼬투리부터 찾는 것에서 볼 수 있다.
정적 효과	일반적으로 우리는 타인에 대해 부정적인 평가보다는 긍정적인 평가를 하는 경향이 있다. 주로 자신과 특별한 관계가 없거나 경쟁상대가 될 가능성이 적을 때 볼 수 있다.
유사성 가정	일반적으로 사람들은 자신과 비슷하다고 판단하는 경향이 있으며, 특히 상대의 연령, 종교, 고향, 사회적 지위가 같을 때 두드러지게 나타난다. 예를 들면, 호남향우회, 해병전우회, 고려대 동문회 등이다.

(4) 자성예언

자성예언 또는 자기충족적 예언(self-fulfilling prophecy)이란 자기가 이루려는 것을 말로 만들어 마음속에 되새기면 그대로 이루어진다는 것을 의미한다. 이 용어는 원래 경기 침체 시에 은행에 예금을 찾으려고 예금자들이 몰려드는 현상을 설명하기 위하여 Merton(1948)이 만든 것이다. 즉 은행이 고객들의 예탁금을 돌려줄 수 없을 거라는 근거없는 소문이 돌면 사람들은 은행에 몰려와 예탁금을 회수하고 따라서 은행의 예금이 빠져나가게 되어 처음에 사실이 아니었던 것이 실제 현실이 되는 현상을 말한다.

미국의 심리학자인 로젠탈(R. Rosenthal)과 제이콥슨(L. F. Jacobson)은 1968년 샌프란시스코의 한 초등학교에서 전교생 650명을 대상으로 지능검사를 실시했다. 그리고 이 검사의 실제 점수와는 아무런 상관없이 무작위로 20%의 학생을 뽑아 그 명단을 해당 학교의 교사들에게 알려주면서 '지적 능력이나 학업성취의 향상 가능성이 매우 높다고 객관적으로 판명된 학생들'이라는 통보를 했다. 물론, 교사와 학생들을 속이기 위해 거짓으로 꾸민 말이었다.

8개월 후에 이들은 다시 전체 학생들의 지능검사를 실시하여 처음과 비교해 보았다. 그런데 놀라운 점이 발견되었다. 명단에 속한 학생들은 다른 일반 학생들보다 평균점수가 매우 높았을 뿐만 아니라 예전에 비하여 성적이 크게 향상된 것이다. 그것은 명단을 받아 든 교사들이 이 아이들이 지적 발달과 학업성적이 향상되리라는 기대를 가지고 정성껏 돌보고 칭찬한 결과 나타난 것이었다. 그러한 사랑을 받은 아이들은 선생님이 자신에게 관심을 보여주니까 공부하는 태도도 변하고 공부에 대한 관심도 높아져 결국 능력까지 변하게 된 것이다.

자성예언은 3단계를 통해서 이루어지는데, 먼저 타인에 관한 지각자의 인상이 형성되고 그 인상에 토대를 둔 지각자의 행동이 유도되며, 타인은 자기에게 형성된 인상에 일치하는 행동을 유발하게 된다. 그러나 지각자의 기대가 타인의 행동을 변화시킬 수 있지만 이 결과를 피할 수도 있다. 즉 자기충족적 예언은 지각자가 타인에 대한 정확한 인상을 형성하려는 동기가 있을 경우에는 작동하는 경향이 적으며, 표적인물이 타인의 신념들을 인식하고 이 신념들이 자신의 자기 견해와 모순된다면 표적인물은 지각자의 지각을 바꾸려고 노력하며 흔히 성공적이고, 표적인물이 자신의 자기 견해에 확신을 가질 때 그들은 자신의 것과 다른 지각을 가진 지각자의 영향을 덜 받는 경향이 있다는 것은 자성예언의 한계를 의미한다.

피그말리온(Pygmalion) 효과

그리스 전설에 나오는 '피그말리온'이라는 이야기를 대부분 알고 있을 것이다. 간단히 이야기하자면 피그말리온이라는 조각가가 있었는데, 그는 세상의 여자들에게 아름다움을 느끼지 못했고 아무 여자도 사랑 할 수 없다고 생각했다. 그래서 그는 자신이 사랑할 수 있을만한 아름답고 사랑스런 여인을 조각하기 시작했고 결국 아주 아름다운 조각품을 완성했다. 그런데 그 여인의 조각이 완성되고 나서 그는 그만 그 조각과 사랑에 빠지고 말았다. 그러던 어느 날 사랑의 아픔에 시달리던 피그말리온은 아프로디테 여신의 신전(神殿)을 찾아가 자신의 사랑을 이루게 해 달라고 부탁했다. 정말 터무니없는 소원이었다. 그렇게 공허한 소원을 빌고 집으로 돌아온 피그말리온은 이룰 수 없는 사랑 때문에 슬픔에 젖어서 자신이 만든 조각을 꼭 끌어안았다. 그런데 이상한 일이 일어났다. 항상 차디차게만 느껴졌던 조각이 그날은 왠지 따뜻하게 느껴졌다. 그는 너무 놀라 한걸음 뒤로 물러섰고 잠시 후 그녀의 입술에 키스를 했다. 그러자 한 가닥 따스한 기운이 그 조각의 입술을 통해 온 몸으로 스며들더니 체온이 느껴졌다. 피그말리온은 기쁨에 넘쳐 그 여인상을 꼭 끌어안았고 잠시 후에는 심장의 고동 소리가 그의 가슴에도 느껴졌다. 결국 피그말리온은 조각이었던 그 여인과 결혼해서 행복하게 살았다고 하는 이야기다.

이처럼 기대한 만큼 상대도 그 기대에 보답한다는 현상을 피그말리온 효과(Pygmalion effect)라 한다. 이러한 효과가 일어나는 이유로서 로젠탈은 사람은 상대방의 기대에 가장 민감하게 반응하기 때문이라고 설명하였다. 이 실험은 후에 그 실험내용에 문제가 있었다는 지적이 있었기 때문에[2] 이 실험결과를 그대로 믿기는 어렵겠지만, 단 한 가지 분명한 사실은 아이들에게 기대를 갖고 그 아이의 장점을 끌어주기 위한 노력을 한다면 아이도 자신에게 맞는 바람직한 방향으로 나아갈 가능성이 있다는 것이다. 아이에 대한 진정한 믿음과 기대만이 아이의 잠재능력을 이끌어낼 수 있는 방법이기 때문이다.

한편 피그말리온 효과와는 반대로 나쁜 사람이라고 부정적인 낙인이 찍히면 그 낙인에 걸맞은 행동을 한다는 낙인 효과(Stigma Effect)도 있다. 우리는 어떤 사람이 전과자고 어떤 사람이 술주정뱅이라면 왠지 모르게 색안경을 끼고 본다. 그것도 일종의 편견이다. 하지만 그런 치우친 세상 보기는 거기서 끝나지 않고 그런 사람들과 거래는 물론이고 인간적인 교류조차 하지 않으려고 한다. 이처럼 과거 경력이 현재의 인물 평가에 미치는 영향을 '낙인 효과'라고 한다.

또한 피그말리온 효과는 자기실현예언이 아닌 동조와 구분되고, 자기충족적 예언의 일종으로 흔히 위약효과로 알려진 플라시보 효과와도 차이가 있다. 위약효과란 의사가 환자의 불안

---

[2] 젠센은 〈하버드교육비평〉에서 이 실험의 문제점으로 3가지를 제시했다. 첫째는 분석단위가 교실보다는 어린이 개인이었고 만일 교실이 분석단위였다면 이 결과는 무시해도 좋을 정도의 크기에 불과했다는 점이고, 둘째는 예비검사와 사후검사에서 모두 동일한 IQ검사를 실시하였기 때문에 효과가 크게 나오게 되었던 것이며, 셋째는 집단검사와 개인별 검사의 신뢰도가 낮다는 점을 지적하였다.

감을 없애기 위해 약을 처방할 때, 사실 아무런 효과도 없는 약이지만 환자 자신의 심리적인 믿음으로 인해 실제로 신체적 효과가 나타나는 것을 말하는데, 피그말리온 효과와의 차이점을 말하자면 믿음의 대상이 다르다는 것에 있다. 즉 피그말리온 효과는 타인에 대한 자신의 기대와 믿음으로 실제 타인이 변화하는 것을 의미하고, 플라시보 효과는 자기 자신에 대한 기대와 믿음으로 인해 실제 효과가 자신에게서 발생하는 것을 지칭한다.

 플라시보(Placebo)와 노시보(Nocebo) 효과

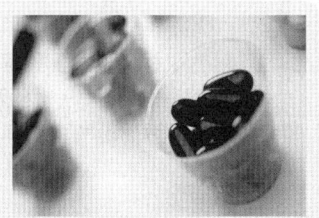

플라시보는 라틴어로 "나는 기분이 좋을 것이다."라는 뜻으로 우리말로는 위약효과 또는 가짜효과라는 뜻이다. 즉 생물학적으로는 아무런 효과가 없는 중성적인 물질이지만 그것이 효과가 있다고 믿는 사람들에게는 실제 효과가 나타나는 현상을 말한다. 위약은 불면증, 두통, 발열, 감기 등 광범위한 질병을 치료하는데 효과가 있는 것으로 알려져 있다. 광고도 일종의 플라시보 효과일 수 있는데, 예를 들면 B사 제품 엔진오일이 자동차 성능에 지대한 영향을 미친다고 광고했을 때, 운전자는 C사의 일반 엔진오일을 넣었을 때보다 B사의 엔진오일을 넣었을 때 시승감이 더 좋다고 말하는 경우라든가, 효능은 좋지만 브랜드 인지도가 낮은 A사의 화장품과 효능은 낮지만 브랜드 인지도가 높은 B사의 화장품을 비교할 때, 오히려 많은 여성들이 B사의 화장품이 더 효과가 있다고 평가하는 경우이다.

반대로 위약은 진짜 약처럼 부작용, 의존성 및 금단증상도 있다. 이를 노시보효과라 한다. 1990년대이후 알려진 노시보는 라틴어로 "당신을 해칠 것이다."라는 뜻으로, 적절한 처방이나 약도 정작 환자 본인이 믿지 않고 의구심을 가지면 약을 먹는다 해도 잘 낫지 않는다는 것을 말한다. 사람들에게 아무 작용이 없는 물질을 주고 '이것을 먹으면 머리가 아플 것입니다'라고 말하면, 이것을 먹은 사람이 진짜로 두통을 일으키는 경우이다. 이와 관련된 실험들을 보면, 34명의 대학생에게 그들의 머리로 전류가 지나가며 (실제로는 전류가 흐르지 않음) 그 전류가 두통을 일으킬 수 있다는 말을 했더니, 그중 2/3이상이 두통을 호소한 바 있으며, 심장병에 걸리기 쉽다고 믿는 여성이 그렇지 않은 여성보다 4배 이상 사망률이 높았다는 보고도 있다. 또 한 연구는 플라시보와 노시보 효과를 동시에 활용한 것인데, 수증기를 마시는 천식환자들에게 수증기에 화학자극제나 알러젠이 있다고 말했더니, 50%이상의 환자가 호흡곤란을 일으켰으며, 12명은 전형적인 천식발작이 나타났으나, 이들에게 생리식염수를 기관지확장제라고 속여서 공급하였더니 즉시 회복되었다.

4 사회인지

(1) 개 요

대인지각 과정에서 주어진 정보를 무조건적으로 수용하는 것이 아니라 그 중 주의를 끄는 특출한 자극 정보만을 선택적으로 받아들이며, 주어지는 다른 사람의 정보를 있는 그대로 받아들이지 않고 기존에 가지고 있는 지식체계 또는 신념에 근거한 외부자극대상을 범주화하여 받아들인다. 타인에 대해 얻는 정보 중 어떤 것은 왜곡하거나 첨삭하여 채워 넣는 등 능동적이고 적극적으로 주어진 정보를 탐색하고 분류·처리한다.

(2) 도 식

① 도식의 개념

대인지각 과정에서 타인에 대한 정보를 처리하는 데 영향을 미치는 구조화된 기존의 지식체계를 말한다. 즉 인간이 지닌 인지적 능력의 한계로 인해 사람들은 새로운 정보를 받아들일 때 그 정보전체를 받아들일 수 없다. 따라서 새로운 정보 중에서 현저하거나 특징적인 부분만을 받아들이게 되며, 이 부분 정보에다가 자신의 기존 지식체계를 결합하여 정보를 해석하게 된다. 이때 개인이 지닌 기존의 지식체계를 도식(schema)이라고 한다. 이는 일상생활에서도 쉽게 발견되는데, 예를 들면, 근거 없는 소문이나 추문 등이 그렇다. 즉 앞의 정보전달자가 제시할 정보내용 중 일부분만 요약해서 받아들인 뒤 상황을 과잉단순화하고 나머지 부분에 자신의 도식적 내용에 일치하는 정보만 선별적으로 포함시켜 다른 사람에게 정보를 전달하게 된다. 그 결과 비합리적인 정보처리를 하게 하고 원래 정보가 지닌 사실은 왜곡·변형될 수 있다.

> **소문의 전파실험**
>
> 소문(Rumor, 所聞)은 진실성 여부에 관계없이 사람들 사이에 우발적이며, 비조직적인 경로를 통하여 전달되는 연쇄적인 커뮤니케이션이다. 정보가 흘러가는 동안 그 출처가 흐려지고 내용도 과장되거나 왜곡되는 경향이 있으나 의외로 배후에 어떤 본질적인 것을 상징적으로 내포하는 경우도 있다.
> 미국의 사회심리학자 Gordon W. Allport와 Leo J. Postman(1945)은 제일 먼저 목격했던 정보들 또는 청취했던 정보들을 여러 번에 걸쳐서 다른 사람들에게 전달할 때 여러 가지 왜곡 현상들이 일어난다는 것을 보여주는 실험을 하였다. 이들은 첫 번째 사람에게 삽화를 보여주고 삽화 내용을 두 번째 사람에게 설명, 두 번째 사람은 세 번째 사람에게, 세 번째 사람은 네 번째 사람에게 계속 전달하는 방식으로 이루어졌다. 재구성적 기억의 정확성에 대한 Bartlett(1932)의 연구결과를 보면, 기억의 왜곡에는 3종류의 재구성 과정이 있다고 주장했는데, 그것은 이야기를 단순하게 만드는 평탄화(leveling), 특정 세부사항을 부각시키거나 지나치게 강조하는 첨예화(sharpening), 참가자 자신의 배경이나 지식에 더 잘 맞게끔 세부사항을 부각시키거나 지나치게 강조하는 첨예화(sharpening), 참가자 자신의 배경이나 지식에 더 잘 맞게끔 세부사항을 바꾸는 동화(assimilating)이다.
> 2006년 SBS의 뉴스추적에서는 '소리 없는 범죄루머'를 방영했는데, 여기서 소문의 전파실험을 하였다. 첫 번째 피험자에게 자신이 본 것을 다음 사람에게 순서대로 전달하는 식이었다. 그 결과 피험자들은 "들었을 때 가장 인상적인 것만 머리에 남고 그 나머지 걸 거의 잊어버렸어요.", "그러니까 남에게 전달할 때도 가장 인상적인 것만 전달해 줌으로써…"라고 표현했듯이 제한된 수의 세부사항만 선택적으로 지각, 기억,
> 보존하여 진술하고 전달하였다(평탄화). 그리고 진술내용이 보다 조리 있게 되고 내용이 선택적으로 첨예하게 지각된다(첨예화). 예를 들면, '3갈림길 표지판'을 들은 사람은 '3갈림길'로 전달했고, 그 다음 사람은 'Y자 길'이라고 전달했다. '액세서리 노점상'을 들은 사람은 '가게'로 전달했고, '물건을 훔치려는 보드 타는 소년'을 들은 사람은 '물건을 훔치는 소년' 또는 '보드 타는 소년'으로 분리해서 전달했다. 또한 청취자의 습관, 관심, 기대에 보다 접근되어 쉽게 이해되도록 전달되는 경향이 있었다(동화). 즉

1번 참가자는 그림을 보고 20가지 상황을 묘사했으나 여러 명을 거쳐 전달해서 들은 6번 참가자는 3가지 상황만을 묘사했다. 서울대 곽금주 교수에 의하면, 나쁜 소문은 84%, 좋은 소문은 16%의 비율로 소문이 전파된다.

② 고정관념과 편견

고정관념	고정관념(stereotype)은 보통 뚜렷한 근거가 없고 감정적인 판단에 의거하는 것으로 대상 집단에 대해 적용하는 고정적인 인지 내용 자체이다. 즉 사람들이 특정 집단의 성원들이기 때문에 어떤 특징들을 가지고 있다고 믿는 보편적 신념을 말한다. 예를 들면, 유태인들은 빈틈없고 야심적이며, 흑인은 운동이나 음악에서 특별한 능력이 있으며, 이슬람교도들은 종교적 광신도라는 신념들이다. 이러한 고정관념은 쉽게 발견되며, 인상과 관련된 추론에 영향을 준다.	 이 코끼리는 아주 어렸을 때부터 저렇게 묶여 있었는데, 그 당시 아무리 힘을 써도 떨어지지 않자 지금은 조금만 힘을 줘도 떨어지는 저 밧줄을 떼어내지 못하고 있다. 어렸을 때 '아무리 힘을 써도 떼어지지 않는 밧줄'이라는 것이 고정관념이 되어 지금은 떼어낼 생각을 안 하는 것이다.
편 견	상대방이 특정 집단의 성원이라는 이유만으로 상대방을 평가하여 지니고 있는 태도(도식)를 말한다. 즉 집단성원에 대한 부정적인 태도를 말하는데, 이는 집단성원들에게 차별적으로 불공정하게 행동하는 차별대우와는 다소 상관이 있지만 반드시 직접적 관계에 있는 것은 아니다. 편견(prejudice)은 어릴때부터 학습되는데 미국 5세 아동도 인종가치관을 지니고 있으며 예쁜 여성을 선생님으로 더 선호한다. 이러한 편견은 강한 호오(好惡)의 정서를 갖고 있는 평가의 측면이 강하다. 편견해소에는 적대적 두 집단의 간접 접촉보다는 직접 접촉이 더 효과적이다.	

③ 도식의 종류

사람 도식	일반적으로 사람들에 대해 가지고 있는 지식구조이다. 예를 들면, 의사들은 어떻고 변호사들은 어떻다 등으로 평가하는 것이다.	
	특정인물에 대한 도식	한 특정 인물에 대해 서로 낱개로 떨어져 독립적인 것이 아닌 서로 관련지어 하나의 도식으로 형성된다. 예를 들면, 안중근 의사에 대한 도식은 용감하고 충성심이 강하며 정직하다는 것 등이다.
	일반적인 사람들에 대해 가지고 있는 도식	서로 관련을 맺고 항상 함께 공존하는 것으로 받아들여지는 것으로, 내현성격이론(implicit personality theory)이란 어떤 성격들끼리는 관계가 있어 함께 공존하고 어떤 특성들은 그렇지 않다는 데 대한 추론을 의식하지 않은 상태에서 표현하는 개인의 믿음을 말한다. 예를 들면, 유머가 있는 사람은 낙천적이고 사교적이고 부드러운 사람일 것이라고 추론하거나 또는 외향적인 사람에 대해 활발하다거나 사교적이라고 추론하는 등과 같은 특성이다.

	고정관념 (stereotype)	고정관념은 같은 범주의 사람들이 공통적으로 가지고 있다고 생각하는 특성들에 대한 신념이다. 특정집단의 사람에 대해 가지고 있는 도식이다. 예를 들면, 여자들은~ 남자들은~ 흑인들은~ 유태인들은~ 전라도사람들은~ 경상도사람들은~ 등이다.
	자기도식 (self-schema)	자기 자신에 대한 도식이다.
	역할도식 (role schema)	어떤 지위에 부여된 역할에 대해 가지고 있는 도식이다.
일도식(event schema) / 대본(script)		일상생활 시에 특정 행동을 할 때 일의 진행절차나 방식에 대한 일반적인 지식체계를 말한다. 어떤 사건이나 일의 표준적 순서에 대한 도식으로 하나의 대본의 핵심은 그것의 시간적인 구획, 인과적인 흐름 및 간단하고 조리있는 지각적 단위에 있다. 대본을 구성하는 각각의 단편적 행동계열은 행동의 변화 즉, 중단점(breakpoint)에 의해 구획되어진다. 예를 들면, 축구에서 상대 골대에 공을 넣어야 한다는 방식이라든가 만남의 도식 내지는 맞선보기의 도식 등이다.

④ 도식처리의 장단점

장 점	타인에 대한 잡다한 정보를 신속하고 경제적으로 처리하도록 도와주며, 도식이 타인에 대한 정보처리를 더욱 효율적이게 하고 새로운 정보를 해석하고 의미추론에 도움을 준다. 타인에 대한 정보 중 빠진 부분을 채우도록 돕고 그에 대한 통합적인 인상을 형성하게 하며, 대상인물의 행동에 기대를 형성함으로서 미래에 대한 준비를 하게하고 대상인물에 대한 회상을 촉진시키기도 한다.
단 점	도식내용이 빈약하고 예비적인 정보에 의존해서 얻어진 것일 때 과도한 단순화의 위험이 있으며, 주어지는 정보를 세밀히 고려하지 못하게 하고 잘못된 해석이나 부정확한 기대 또는 고정된 양식의 반응을 하도록 유도할 수 있는 것이다.

5 귀 인

행동의 원인을 추론하는 과정을 귀인이라고 한다. 즉 행동의 원인을 설명하고 예언하려는 것이다.

(1) 귀인의 방향과 안정성

① Heider와 Weiner(1958)의 귀인이론

성향적(내부) 귀인 (internal attribution)	행동을 당사자의 내적 특성(성격, 능력, 동기 등)에서 원인을 찾는 것이다. 즉 사건의 이유가 행동을 한 당사자 본인에게 있다고 보는 것이다.
상황적(외부) 귀인 (external attribution)	행동을 당사자의 밖에 있는 요소(상황적인 압력, 타인, 우연 등)에서 원인을 찾는 것으로 내부귀인을 하면 행동을 한 당사자의 성격이나 능력에 대한 판단이 가능하지만 외부귀인을 할 때는 그렇지 못하다.

예를 들어, 시험성적이 나온 경우 내적 귀인(노력)이나 외적 귀인(문제의 난이도)을 할 수가 있다. 이때 내적 귀인을 한 경우에는 보다 더 노력을 하겠지만, 외적 귀인을 한 경우에는 노력을 안할 가능성이 높아진다.

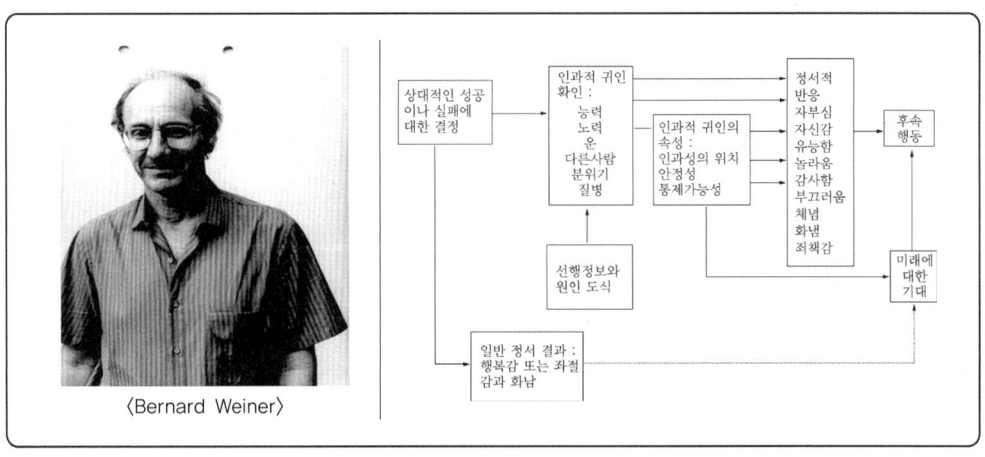

〈Bernard Weiner〉

② 귀인의 세 가지 차원

귀인들은 원인의 소재(locus of control), 안정성(stability), 통제가능성(control-ability)이라는 세 가지 차원으로 분류할 수 있으며, 이 세 차원은 모두가 동기에 중요한 시사점을 준다.

원인의 소재 (locus of control)	• 어떤 일의 성공이나 실패에 대한 책임을 내적인 요인에 두어야 하는지 외적인 요인에 두어야 하는지에 대한 것이다. • 어떠한 결과에 대한 책임을 자기 자신의 노력이나 능력으로 돌리면 이는 내적 요인으로 볼 수 있다. 이러한 경우, 성공하면 자부심과 동기 증진을 가져올 수 있지만 실패하면 수치감이 증폭된다. • 이에 비해 어떠한 결과에 대한 책임을 과제의 난이도 혹은 운으로 돌리면 이는 외적 요인으로 볼 수 있다. 이 경우에는 성공하면 외부의 힘에 감사하고 실패할 경우에는 분노를 일으키게 된다.
안정성 (stability)	• 어떠한 일의 원인이 시간의 경과나 특정한 과제에 따라 변화하는가의 여부에 따라 안정과 불안정으로 분류된다. • 안정성의 차원은 미래에 대한 기대와 관련되어 있다. 자신의 성공 또는 실패를 자신의 능력이나 시험의 난이도와 같은 안정적 요인에 귀인하면, 미래에 비슷한 과제에서도 같은 결과를 기대할 것이다. 그러나 학생들이 불안정적 요인에 귀인하면 그 결과는 예측할 수 없다.
통제가능성 (controll ability)	• 그 원인이 자신의 의지에 의해 통제되어질 수 있느냐의 여부에 따라 통제가능과 통제 불가능으로 분류된다. • 통제가능성 차원은 자신감과 미래에 대한 기대와 관련이 있다. 높은 점수를 통제가능 한 요인으로 귀인하면 자부심을 느끼면서 다음에도 비슷한 결과를 기대할 수 있다. • 반면에 통제 불가능한 요인으로 귀인하면 "정말 운이 너무 좋았어!"라는 식으로 안도하며 앞으로도 그런 행운이 계속되기만 바랄 수밖에 없다.

구 분	내 부		외 부	
	안 정	불안정	안 정	불안정
통제가능	절대 공부(노력)를 안함	그 시험을 위해 공부(노력)하지 않았음	교사가 편파적임	친구들이 도와주지 못했음
통제불가능	낮은 적성(능력)	시험 당일 몸이 아팠음	학교의 요구사항이 너무 높음 (과제의 난이도)	운이 나빴음(운)

(2) 귀인 원리

① 절감원리(discounting principle)

어떤 행동에 내부귀인을 할 수도 있고 외부귀인을 할 수도 있는 조건에서는 내부귀인을 하는 경향이 줄고 외부귀인을 하는 경향이 늘어나는 것으로, 외부 압력이 심한 상황에서의 행동, 자유선택이 아닌 강요된 행동, 기대에 상반된 행동 등에 대해서는 외부귀인을 하는 경향이 높은데 이런 외부압력이나 강요 등은 절감효과를 가져오는 상황적 조건들이다. 예를 들면, 결혼 후에 행동이 달라진 친구의 모습을 보고 내적 귀인을 하면 '친구가 장가가더니 새로운 결심을 했구나.'라고 생각하게 되고 외적 귀인을 하면 '결혼 후 아내에게 잡혀 산다.'고 귀인할 수 있는데, 이런 경우 외적 귀인으로 친구의 행동을 해석할 가능성이 높아진다. 또한 성격 좋은 여자랑 결혼하겠다고 평소에 말하던 친구의 집들이에 갔다가 친구아내의 성격이 안 좋다고 보여질 때 다른 이유(신체적 용모나 배경 등)를 찾아 귀인하게 되는 경우 등이다.

② 증대원리(augmentation principle)
증대는 현재 존재하는 외적 조건들이 어떤 행동을 억제해야 함에도 불구하고 그 행동이 존재할 때 일어난다. 어떤 행동을 억제하는 존재가 그 행동이 성향적 특성에 귀인될 가능성을 증대시킨다. 예를 들면, 집단의 결정에 반하는 의견을 말하면 미움을 받을 줄 알면서도 그렇게 하는 경우, '그 논제에 대해서 강경한 입장이 있겠구나'라고 귀인하는 경우 등이다.

③ 공변원리(covariation principle)
Kelly의 입방체 귀인모델(또는 공변모델)에서는 사람들이 인과추론을 할 때 3가지 유형의 공변관계, 즉 어떤 행동이 상황, 대상 및 행위자에 따라 어떻게 나타나는지에 주목함으로써 합리적이고 객관적으로 판단한다고 주장한다. 한 사람의 행동을 여러 번 거듭해서 관찰한 후 작용되는 귀인으로 어떤 원인이 존재할 때만 어떤 효과가 나타나서 원인과 효과가 공변하면 그 효과를 그 원인에 귀인하게 되는 것을 말한다. 예를 들면, 경호가 길을 가던 중 쓰러진 노인을 도와주고 짐을 들어 주었을 때, 타인들은 노인을 잘 도와주지 않는데(일치성↓) 경호는 평상시에도 다른 노인의 짐을 들어준 경험이 많고(일관성↑), 단지 노인들에게만 친절을 베푸는 것이 아니라 주변사람들에게 친절하다면(특이성↓), 이는 경호의 성향으로 볼 수 있기 때문에 내부귀인하기에 적합하다.

❖ **Kelly의 공변모형 3요소** ❖

행위자에 대한 <u>동의성</u> 정보 (consensus)	행위 당사자만 그런 행동을 했는가 아니면 다른 사람도 그런 행동을 했는가이다. 즉 일치성 여부이다.
자극 대상에 대한 <u>특이성</u> 정보 (distinctiveness)	행위 당사자의 행동이 그 대상에만 국한된 것인가 아니면 다른 대상에도 항상 나타나는 행동인가이다. 즉 독특성 여부이다.
상황에 대한 <u>일관성</u> 정보 (consistency)	행위 당사자가 어떤 특정한 상황에서만 그런 행동을 하는가 아니면 다른 상황에서도 그런 행동을 하는가이다. 즉 항상성 여부이다.

(3) 귀인편향(attribution bias)

Heider(1958)는 일상생활에서 사람들은 마치 과학자들이 자연현상을 관찰하여 원인을 찾아내려는 것과 같이 논리적으로 귀인을 할 것이라고 보고 일반인을 상식적 과학자(naive scientist)라고 불렀다. 즉 귀인과정이 항상 논리적으로 이루어지지 않는데, 이를 귀인편향이라 한다. 한편 부정적 사건을 경험한 후 그 사건을 내부적, 안정적 및 총체적 원인에 귀인함으로써 우울증이 지속되고 악화되는 것을 '우울생성적 귀인양식'이라고 한다.

(4) 귀인의 오류

기본적 귀인 오류	대응편향(correspondence bias)이라고도 하는 것으로, 외부 상황역할을 과소평가하는 반면, 사람의 성향적 자질에 과대평가하여 귀인하는 경향을 말한다. 즉 대체로 자신의 행동보다는 타인의 행동을 상황요인보다는 개인적 요인의 결과로 설명하는 경향이다. 이러한 보편적 심리현상을 Lee Ross(1977)는 기본적 귀인오류(Fundamental Attribution Error)라고 하였다. 기본귀인오류를 범하는 이유에 대하여 Brehm, Kassin과 Fein(2002)는 사람들이 1단계에서 자동적으로 개인적 귀인을 하면서 2단계인 상황적 요인을 무시하게 되는데, 그 이유는 2단계는 또 다른 노력이 요구되기 때문이다. 따라서 상황요인을 고려하지 못함으로써 관찰자는 행위에 있어서 개인적 요인의 역할을 과장하게 된다.
방어적 귀인	방어적 귀인(defensive attribution)[3]은 희생자의 불행에 대해 희생자를 비난하는 경향을 말하며, 이로 인해 사람들은 자신이 유사한 방식으로 희생될 가능성이 너 적다고 느끼는 것을 말한다. 예를 들면, 재난 등으로 희생을 당한 자들의 무능력, 어리석음 및 게으름과 같은 특성들이 재난 등을 자초했다고 비난하는 것이다.
행위자 – 관찰자 편향	상황적 요인의 중요성에 대한 과소평가 경향성은 타인의 행동을 이해할 때에만 나타나며, 자신이 행위자일 때 원인은 상황(외부)에 있고 관찰자일 때는 성향(내부)에 있다고 보는 차이이다. 예를 들면, 타인에 대해 자신이 가지고 있는 인상내용과 일치하는 방향으로 귀인을 하게 되는데, 즉 자신이 좋아하는 사람이 실패하면 어쩔 수 없는 상황적 압력(외부귀인)때문이라고 생각하고 자신이 싫어하는 사람의 실패는 그 사람의 무능력함(내부귀인)으로 평가하는 것이다.

---

[3] 방어적 자기존중감이라고도 하는데, 깨지기 쉽고 어떠한 대가를 치르더라도 자신을 유지하는 데에만 초점을 맞춘 이기주의의 형태를 취한다(공격적이고 반사회적인 행동과 상관관계 맺음). 한편, 이와 대조적인 안정성 자기존중감은 잘 깨지지 않으며 외부 평가에 덜 의존적이다(대인관계와 목적에서 자신을 버림).

자기 위주 편향 (self-serving attribution bias)	Miller와 Ross(1975)가 주장한 것으로, 자기의 자존심을 높이려는 자기방어적 방향으로 귀인이 이뤄지는 경향이며[4], 실패에 대한 책임은 부인하고 성공에 대한 공적은 인정받으려 하는 경향(잘되면 내탓, 잘못되면 조상탓)이다. 예를 들면, 나의 성공에 대해서는 내적 귀인(능력)을 하고 남의 성공에 대해서는 외적 귀인(남의 도움)을 하며, 나의 실패에 대해서는 외적 귀인(상황탓)을 하고 남의 실패에 대해서는 내적 귀인(무능력)하는 방식으로 자존심을 방어하려는 귀인양상이 나타날 수 있다. 자존감이 매우 낮은 사람이나 우울증환자에게는 별로 나타나지 않는다.

제2절 대인관계

1 친교행동(linking behavior)

주변에 좋아하는 사람과는 관계를 맺고 유지하려 하고 싫어하는 사람과는 관계를 끊고 형성하지 않으려 하는데, 이렇게 관계를 형성하게끔 하는 요인들과 인간의 사회행동에 대해 연구하는 사회심리학 분야가 바로 친교행동이다.

(1) 관계의 유지

관계유지는 관계의 바람직한 특성을 지지하는 행위나 활동을 포함한다. 사람들은 좋은 사람들과 가까운 관계를 유지하려고 한다. 여기서 가까운 관계란 중요하고 상호의존적이며 오래 지속하는 관계들을 말한다. 이러한 가까운 관계를 유지하기 위해서 사람들은 자신이 그(녀)에게 매력적으로 행동하려고 노력하거나(긍정성), 그(녀)가 나에게 생각과 감정을 노출하도록 격려하고(개방성), 그(녀)에 대한 나의 개입을 강조하며(확신), 내가 그(녀)의 친구 및 가족과 함께 기꺼이 일하는 것을 보이며(사회적 지지망), 해야할 필요가 있는 과제로 동등하게 돕거나(과제를 공유하기) 사귀는데 시간을 보내고(공동의 활동들), 접촉을 유지하기 위해 전자우편을 사용하거나(매개된 의사소통) 각 타인의 사생활과 혼자 있을 욕구를 존중해주고(회피) 그(녀)를 익살맞은 별칭으로 부르고(유머) 장난삼아 연애하지 않는 것처럼 친밀한 행동을 과도하게 격려하지 않는 등의 전략을 구사한다.

관계유지를 위한 또 다른 접근은 "마음쓰기(minding)"인데(Harvey & Omarzu, 1997), 이는 전

---

[4] **자기위주편향**: 자신을 호의적으로 지각하려는 경향성이다. 예를 들면, 사람들은 악행보다는 선행 그리고 실패보다는 성공의 책임을 더 잘 받아들인다. 대부분의 사람들은 자신이 평균보다 우수하다고 생각한다. 간혹 사람들은 자존감을 보호하기 위해 자기불구화전략을 사용하기도 하는데, 이는 실패를 정당화할 수 있는 구실을 미리 만들어 실패를 하더라도 자존감을 손상하지 않고, 뜻밖의 성공을 했을 때 자존감을 더욱 고양시키는 자기구실대기(self-handicapping) 전략이다. 예를 들면, 시험전날 술을 마시고는 시험을 못 보면 자기가 능력이 없어서가 아니라 술때문이라고 정당화하여 자존감을 보호하고, 행여 시험을 잘보면 자신은 술을 마셨음에도 불구하고 시험을 잘 보는 꽤 능력있는 사람으로 보이려 하는 것이다(권석만, 2012 : 73).

체적으로 관계를 지속하고 상호간의 자기노출과 관계에 도움되는 신념과 배우자에 대한 귀인 등을 포함하는 적극적인 과정이다. 즉 오랜 관계에서의 만족과 친밀성의 발달은 높은 수준의 마음쓰기에 관련되지만, 낮은 수준의 마음쓰기는 배우자의 자기 노출에 대해 관심이 부족하고 배우자의 결점을 마음에 두며, 미래의 관계에 대해 비판적인 관점을 가지게 된다.

(2) 친교대상자의 조건

자주 만나는 사람과 미운 정이나 고운 정이 들어 가까워지고(근접성과 친숙성의 효과), 따스하고 이해심 많은 다정다감한 성격이나 정직하고 성실하며, 친절(kindness)하고 사려(consideration) 깊은, 그리고 재치(humor)있으며, 유능한 것처럼 좋은 특성을 지닌 사람(성격특성, 능력, 신체적 매력 등), 태도·기호·가치관 등이 자신과 비슷한 사람(유사성효과), 자신에게 보상을 주거나 이익이 되는 사람, 내 친구가 좋아하는 사람 등이 친교대상의 조건을 갖추고 있다.

❖ 관련 요인 및 실험들 ❖

신체적 매력	사람들은 본능적으로 신체적 매력이 높을수록 호감을 갖게 되며, 더군다나 인상형성의 후광효과로 인해 신체적 매력이 높을수록 바람직한 특성을 많이 갖고 있으리라고 기대하게 된다. 그러나 결혼배우자를 찾는 경우 자신과 유사한 수준의 용모를 지닌 사람을 선택하는 경향성이 높아지는데, 그 이유는 자신보다 용모가 뛰어난 경우 자신이 거절당할 가능성이 높아지기 때문에 현실적 수준의 배우자를 선택하게 된다. 어빙 고프만(Erving Goffman)은 미네소타 대학에서 신입생을 환영하는 댄스파티를 기획하고, 신입생을 모아서 컴퓨터가 알아서 참가자에게 적합한 상대를 골라줄 것이라고 말했다. 먼저 참가를 희망하는 학생은 참가티켓을 살 때 개인정보를 묻는 질문지에 응하고 자기평가, 학업성적, 성격검사 등을 받았다. 그리고 나서 참가학생들은 여러 가지 조건을 고려해서 서로에게 적합한 데이트 상대를 컴퓨터가 정해준다고 알려주었다. 그러나 사실은 실험자가 임의로 뽑아서 파트너를 정해주었고, 실험자는 참가자의 외모[5]를 평가하고 있었다. 파티가 종료된 후 다시 참가자들에게 질문지를 배부하고 파트너에 대한 호감과 앞으로 계속 만날 것인가에 대하여 조사하였는데, 그 결과 호감과 학업성적은 아무런 관련이 없었고 성격검사의 득점도 큰 역할을 하지 못하였다. 호감과 관련이 높았던 것은 오로지 외모였고, 외모가 좋은 학생들은 파티 이후에도 계속 데이트를 하였다. 이 실험에서 알 수 있는 것은 대인 매력에서는 외모가 결정적인 역할을 한다는 것을 확인시켜준다. 시걸(A. Seagull)과 에론슨(V. Aronson)의 실험

---

[5] 미국 뉴욕타임스의 칼럼니스트 William Safire는 2000년 8월 외모주의(looism)가 부상하고 있다면서, 인종, 성별, 종교이념 등에 이어 새롭게 등장한 차별요소로 지목하였다. 외모는 마약과 술, 섹스와 마찬가지로 현대인들에게 가장 큰 압력으로 작용하는 요소이다. 우리나라 여성직장인과 여대생의 80%는 외모가 인생의 성패를 좌우한다고 답변한 바도 있다. 즉 외모는 자신에 대한 애정표현이며 삶에 대한 충실한 태도를 의미하므로, 과거처럼 외모에 초연한 것은 자신에 대한 불성실로 인식되는 시대에 우리는 살고 있다.

에서는 남학생이 여자대학원생이 기다리는 실험실로 찾아가게 하고, 여성은 남학생들에게 성격검사라는 테스트 용지를 나눠주고 그것을 완성해달라고 부탁하였다. 남학생이 다 작성 후 그 자리에서 실제의 테스트 결과와는 무관하게 절반의 남학생에게는 적응력이 뛰어나고 성실하며, 인간관계가 훌륭하다고 말하여 듣는 학생이 흐뭇해 하도록 만들었고(+조건), 나머지 절반의 남학생에게는 인격적으로 미성숙하며 성격이 가볍고 참을성이 없다고 말하여 모욕적으로 듣게 하였다(-조건). 그리고 채점자의 조건도 미인(멋있는 옷차림, 우아한 모습)과 비미인(화장X, 어울리지 않는 가발)으로 설정하였다.

	미인	비미인
플러스	3.67	1.42
마이너스	1.08	1.17

그 결과를 보면, 남성은 미인에게 칭찬을 받으면 매우 기분이 좋아지고, 미인에게 심한 말을 들으면 마음에 가장 큰 상처를 받는다는 것이 밝혀졌다. 따라서 예쁜 사람일수록 이성에게 좀 더 말조심을 해야 할 필요가 있다.

유사성 효과	태도유사성이 호감을 일으킨다는 것은 매우 잘 알려져 있다(Byrne, 1971 ; Byrne, Clore & Smeaton, 1986). 장기적인 관계에서는 비슷한 성격의 부부들은 덜 유사한 성격의 부부들보다도 더 행복하다(Caspi & Herbener, 1990). 사람들은 자신과 비슷한 사람을 좋아하게 되는데, 그 이유는 자신에 대해 일종의 타당성을 부여해주기 때문이다. 즉 상대방이 나와 유사한 생각을 갖고 있다면 내 생각이 옳다고 확신할 가능성이 높기 때문이다. 그러나 어떤 경우에는 오히려 서로 다른 점이 보이는 사람에게 더 매력을 느끼기도 하며(상보성의 원리-소수설), 사주팔자에서 말하는 겉궁합이나 속궁합의 개념을 보면, 궁합을 해석하는 데 있어 겉궁합은 유사성원리로 해석하고 동시에 속궁합은 상보성원리로 해석하기도 한다.
보상효과	먼저 상호성의 원리(형평이론원리-equity theory)에 의하면 상대방과 주고받음에 있어 균형을 이룰 때 관계가 오래 지속되고 호감이 증가한다고 보며, 일방적으로 사랑을 주는 짝사랑은 실패할 수밖에 없는 것, 또는 자신을 좋아하는 사람을 좋아하고 싫어하는 사람은 싫어하는 현상을 말한다. 그리고 득실현상(gain-loss phenomena)이론에 의하면, 계속해서 자신을 칭찬해주는 사람보다 처음에는 비판하다가 나중에 자신을 칭찬해 주는 사람을 더 좋아하고, 반대로 계속해서 자기를 비판하는 사람보다 칭찬하다가 나중에 가서 비판하는 사람을 더 싫어하게 되는 현상도 이에 해당한다.

어둠의 효과	거겐(K. Gergen)의 어둠과 사랑이 관련있는지 확인하는 실험에서 서로 모르는 남녀 6명 혹은 8명을 한 방에 들어가게 해서 1시간 정도 머무르게 했는데, 방의 크기는 3평 정도로 8명 정도라면 여유 있게 앉을 수 있는 정도의 넓이였다. 한 그룹은 밝은 방에, 다른 한 그룹은 어두운 방에 들어가게 한 후 행동을 비교하였다. 그리고 어두운 방의 경우는 적외선 카메라로 사람들의 모든 행동이 체크되고 대화 내용도 녹음된다. 실험 결과 밝은 방에 들어간 사람들은 다른 사람들과 어느 정도 거리를 유지한 채 자리에 앉았다. 곁에 앉기보다는 서로 마주보는 식으로 대화를 나누기에 적합한 자세를 취한 것이다. 나누는 대화의 내용 역시 일상적이고 사무적이었으며, 1시간 중 90%이상 대화가 계속되었으나, 신체적 접촉과 같은 친밀한 행동은 일어나지 않았다. 반면에 어두운 방에 들어간 사람들은 처음 얼마 동안 이후 눈에 띄는 변화가 관찰되었다. 30분 정도 지나자 대화가 사라지고 신체적 접촉이 두드러지게 나타나기 시작했다. 서로 자리를 바꿔 가까이 앉아 몸을 밀착시키거나 시간이 지날 수록 밀착의 정도를 넘어 서로 몸을 만지는 커플이 관찰되었으며, 그 중에는 포옹하는 커플까지 있었다. 이러한 결과는 인간은 어둠 속에서 누구나 공포를 느끼며, 그 상황에서는 옆에 앉은 사람은 심리적으로 상당한 의지가 된다. 어둠 속에 있다는 공통점이 두 사람의 심리적인 유대를 강화시켜주는 것이다. 어둠은 사람들의 심리적인 방어기제를 약화시키는데, 심리적인 방어가 무너지면서 곁에 있는 사람을 쉽게 받아들일 수 있는 심리 상태가 된다. 모든 것을 가려주는 어둠의 속성상 사람들은 타인의 시선으로부터 벗어났다는 안도감을 느끼고 자연스레 신체적 접촉으로 발전하게 된다. 한편 헤스(E.Hess)는 실험에서 5장의 사진을 보여주면서 동공의 크기를 측정했다. 그 결과 남성의 경우 여성의 누드 사진을 보여주었을 때, 동공의 크기가 가장 커졌다. 여성의 경우에는 아기나 아기를 안고 있는 여성, 남성의 누드 사진을 보여주었을 때 동공이 확대되었다. 이러한 결과로부터 헤스는 동공 크기의 변화는 흥미나 관심의 정도를 나타낸다는 결론을 내리게 되었다. 또 다른 실험에서는 한 여성을 찍은 사진 2장이 이용되었다. 한 장은 동공의 크기가 그대로인 여성사진이었고 다른 사진은 여성의 동공 크기를 확대시킨 사진이었다. 그 결과 동일한 여성임에도 불구하고 사람들은 동공의 크기가 확대된 여성의 사진에 대한 호감도가 훨씬 높았다. 남성들이 동공이 큰 눈에 매력을 느꼈던 것이다. 이는 남녀를 불문한 공통된 반응이라는 것이 확인되었다. 그러므로 여러 가지 요인들을 고려했을 때 연애를 한 단계 발전시키려면 어둠만큼 효과적인 것은 없다.

단순노출효과	빈발효과(frequency effect)라고도 한다. 한자를 모르는 미국인을 상대로 한자들 중(馬 善 惡 人)에서 한 장(惡)을 더 자주 보여주고 어느 한자가 좋은 뜻을 의미하는지 물은 결과 피험자들은 여러 번 봤던 한자인 악(惡)을 선택했다. 이러한 단순노출효과를 알아보기 위하여 Cross 등(1967)은 모차르트와 쇤베르크의 음악을 여러 번 들려주었더니 사람들은 자신들이 자주 들었던 음악을 더 좋아하는 것으로 나타났다. 즉 인지와 상관없이 노출의 반복만으로도 선호가 생겨남을 알 수 있다. Zajonc (1968)는 처음 접하는 사진을 각 대학생집단에 따라 다른 횟수(1회 사진을 본 집단에서부터 25회 사진을 본 집단)로 보여주고 그에 대한 매력도나 호감도를 평정하게 한 실험을 통해 접촉횟수(노출빈도)가 증가할수록 상대를 더욱 좋아하게 된다는 것을 증명하였다[6]. 로버트 자이언스(Robert Zajonc)는 미시간주립대학교의 졸업생들 중에서 12장의 사진을 고르고, 실험에 참가하는 학생들이 전혀 모르는 졸업한 사람의 사진을 찾아 1초당 2장 꼴로 학생들에게 보여주었다. 사진을 보여주는 횟수에 따라 0번, 2번, 5번, 10번, 25번 보여주는 5개 그룹으로 나누어 각 조건별로 2장의 사진이 할당했다. 그런 다음 차례대로 사진을 보여준 후 기억테스트라는 명목으로 사진을 얼마나 잘 기억하고 있는지를 측정하였다. 그 결과 많이 보여준 사진일수록 호감의 정도가 1.5배 높게 나왔다. 즉 단지 여러 번 보았다는 이유로 호감의 정도가 상승한 것이다. 보통 사람들은 자신의 얼굴에 대해서는 거울 이미지를 더 선호하지만, 다른 사람의 얼굴에 대해서는 사진 이미지를 더 선호하는 것도 단순노출효과로 볼 수 있다.
Heider의 균형이론 (balance theory)	사람들은 자기 주변 사람들 사이의 감정과 인지내용에 균형을 취하고자 하는 경향이 있으며, 두 사람 사이의 호감정도가 깊을수록 더 심화된 현상이 나타난다. 즉 내 친구나 내가 좋아하는 사람이 좋듯이 좋아하는 사람이 좋다고 평가하는 사람에 대해 좋은 태도를 형성한다.
Aronson의 실수효과실험	능력 있는 사람이 실수한 경우 가장 매력도가 높았고 다음은 능력이 있고 실수를 하지 않은 사람이었으며, 능력이 없는 사람이 실수를 하지 않은 경우의 순이었고 가장 매력이 없는 사람은 능력도 없는 사람이 실수를 한 경우였다.
켄릭과 구티에르의 대비효과실험	한 대학 기숙사의 남학생들에게 각기 다른 두 종류의 텔레비전 프로그램을 보여주었다. 남학생들 중 절반에게는 미녀삼총사를 보여주었고, 나머지 학생들에게는 평범한 사람들이 나오는 다큐멘터리를 보여주었다. 그런 다음 연구자들은 학생들에게 낯선 여자의 사진을 보여주고 그 여자의 외모를 평가해보라고 했다. 실험결과, 미녀삼총사를 본 학생들이 다큐멘터리를 본 학생보다 사진의 여자를 매력적으로 평가하지 않았다. 그 이유는 미녀삼총사에 나오는 여배우의 대비효과 때문에 사진의 여자가 덜 매력적으로 보였기 때문이다.

커니스와 휠러의 발산효과실험	피험자들에게 보통의 매력을 지닌 사람과 평균 이상의 매력을 지닌 두 사람을 보여주었다. 집단 A에게는 두 사람이 친구 사이라고 알려주고 집단 B에게는 두 사람이 모르는 사이라고 알려주었다. 그리고 각각의 집단에게 보통의 사람을 평가하게 하였다. 마찬가지로, 보통의 매력을 지닌 사람과 평균 이하의 매력을 지닌 두 사람을 보여주고 각각의 집단에게 보통의 사람을 평가하게 하였다. 실험결과, 먼저 친구 사이라고 알려 주었을 때는 발산효과가 나타났고, 모르는 사이라고 알려 주었을 때는 대비효과가 나타났다.

(3) 친교과정

① 사회적 침투 단계 : 친교관계가 깊어지는 과정(Altman과 Tylor, 1973)

지향단계 (orientation stage)	피상적으로 자기소개를 하는 단계, 긍정적으로 자기를 제시하려고 하며 상대방에 대한 비판은 회피하게 되는 단계이다.
탐색적 감정교환단계 (exploratory affective stage)	좀 친해져서 감정적인 교환도 있고 서로간의 말의 교환도 풍부하지만 아직 성격의 주변에만 맴도는 단계, 이 때 서로 간의 관계는 아직 공식적으로 정해진 틀 속에서 이뤄진다.
감정교환단계 (affective exchange stage)	서로 상대방 성격의 심층에 거의 접근하여 칭찬과 비판을 자유자재로 하는 단계이나, 내면 깊숙한 중심에는 아직 장벽이 있어 서로 깊은 속마음을 털어놓지 못하는 단계이다.
안정적 교환단계 (stable exchange stage)	서로 속마음도 털어놓고 서로의 소유물에 마음 놓고 접근하는 단계, '나'와 '너'가 아닌 '우리'로서 행동한다.

② 사회적 침투의 결정 요인

서로 상대방에 대해 자기를 솔직히 열어 보이는 자기개방성(self-disclosure)에 의해 촉진되며, 사회적 침투과정이 점차 진행될수록 자기개방의 폭과 깊이가 증가되지만 너무 빨리 강하게 자기개방을 할 경우 상대방이 불안을 느껴 대인장벽을 구축해 역효과를 초래한다. 상호성 규범(reciprocity norm)에 따라 상호 비슷한 수준만큼 자기개방을 할 때 사회적 침투과정이 원만히 진행된다.

---

6) 이는 아나운서들이 국회에 진출하기 쉬운 이유와도 관련이 된다. 즉 이계진, 한선교, 전여옥 등의 방송인들은 거의 매일 시청자들에게 간접적으로 반복 노출되므로 인지도나 호감도에서 다른 정치인들보다 유리한 입장이기 때문이다. 또한 프랑스 최대명물인 에펠탑의 경우를 보면, 건립당시에는 시민들이 "파리 예술에 대한 모독"이라면서 극렬하게 반대하였으나, 건립 후 자주 보게 되면서 시민들의 태도가 변하여 오늘날에는 에펠탑이 "파리 서정의 극치"라고 평가하는 것도 이와 관련된다.

❖ 자기노출모형 ❖

	자신이 아는 나의 영역	자신이 모르는 나의 영역
타인이 아는 나의 영역	개방영역	맹인영역
타인이 모르는 나의 영역	은폐영역	미지영역

미국의 심리학자 Joseph Luft와 Harry Ingham이 제시한 자기노출모형을 보면, 개방영역에 있는 사람들은 원만한 의사소통능력으로 조기에 대인관계를 형성해가지만, 지나치게 자신의 모든 부분을 노출시키면 오히려 대인관계에 부작용이 생길 수 있다. 맹인영역이 넓은 사람은 눈치가 없고 둔한 사람으로 자기주장적이거나 아니면 자존감이 낮은 사람으로 타인의 조언이나 생각을 진지하게 받아들이는 자세가 요구된다. 은폐영역이 넓은 사람들은 신중하다고 볼 수 있으나 자기 표현을 잘 하지 않기 때문에 타인이 쉽게 접근하기 어려운 사람이므로 자기노출이 필요하다. 미지영역이 넓은 사람들은 심리적으로 고민이 많고 부적응적인 삶을 사는 사람이다.

체이킨과 데이레거의 상호작용적 자기노출 실험

우리 주변에 보면 고민있는 친구들의 말을 도맡아 잘 들어주는 사람을 볼 수 있다. 그런데 의외로 그 사람에게는 절친한 친구가 없고 그 사람에게 고민거리를 말하던 친구들도 자기들끼리만 어울린다. 왜 그럴까? 그 이유는 상호작용적인 자기노출이 없기 때문이다. 여기서 상호성은 두 사람의 관계를 더 밀접한 관계로 발전시키는 밑바탕이 된다. 한 사람이 일방적으로 이끌고 다른 사람은 일방적으로 이끌리는 관계에서는 호감이 낮다. 따라서 자기노출은 상호작용적일 때 효과적이다.

구 분	내 용	결과 해석
첫 번째 실험 (체이킨과 데이레거의 상호작용적 자기 노출 실험)	4가지 조건에서 여자배우들의 대화를 듣고, 각 조건별로 대화자에 대해 얼마나 호감을 가지는지를 평가하는 호감도 평가	• 높은 수준의 자기노출(쌍방향) : 호감도 고 • 낮은 수준의 자기노출(쌍방향) : 호감도 고 • 한 쪽은 높은 수준, 한 쪽은 낮은 수준의 자기노출 : 호감도 저
두 번째 실험 (자기노출 효과에 관한 캐플란의 실험)	3가지 면접상황에서 면접평가자의 질문에 따른 면접평가자의 호감도 평가	• 높은 공식집단(매우 친밀한 질문) : 호감도 3위 • 중간 공식집단(친밀한 질문) : 호감도 1위 • 낮은 공식집단(친밀하지 않은 질문) : 호감도 1위

자기노출과 인간관계의 핵심은 자기노출, 상호성, 동일한 개방수준, 속도 및 여유이다. 여기서 자기노출은 속도와 타이밍이 중요하다. 즉 사람들은 잘 알지 못하는데도 불구하고 자기 이야기를 속속들이 다 털어놓고 고민까지 상담하는 경우가 있다. 그러나 사람들은 친하지도 않은 사람들이 지나치게 자신을 드러내는 것을 별로 좋아하지 않는다. 일반적으로 사람들은 마음을 열고 자신의 이야기를 하는 사람을 좋아하지만, 푼수처럼 자기노출을 하는 사람보다는 상황과 관계에 따라 적절하게 자기노출을 하는 사람을 더 좋아한다.

자기 노출	상호성, 동일한 개방수준	속도 및 여유
• 사람들은 친해질수록 자기를 드러냄 • 혼자의 고민을 털어놓으면 고민이 줄어드는 기분임 • 이해해주고 믿어줄 만한 사람에게 고민거리를 털어놓을 수 있다는 것에 대한 행복감 • 누군가에게 자신의 문제를 털어놓는 것만으로도 문제는 반쯤 해결된 것과 다름없음	• 자기노출은 일방적이어서는 안 됨 • 실험1의 결과처럼 동일한 개방수준에서 상호적이어야 함 • 상호성은 대인관계를 더 밀접한 관계로 발전시키는 밑바탕이 됨 • 친숙한 대인관계를 이루기 위해 상대방의 입장을 고려하여, 상호작용을 통해 자기를 드러내는 것이 중요함	• 자기노출은 상대방과 조심스럽게 속도를 맞출 경우에만 상대방에게 호감을 일으킴 • 실험2의 결과처럼 공식적 석상에서는 성급히 너무 깊은 수준의 자기노출을 요구하는 것은 호감을 떨어뜨림 • 너무 빠르고 급하게 자기를 드러내거나 자기개방을 요구하면 상대는 위협과 불안을 느끼고 경계하게 됨 • 자기노출은 충분한 여유를 가지고 이루어져야 함

(4) 도움행동과 공격행동

① 도움행동

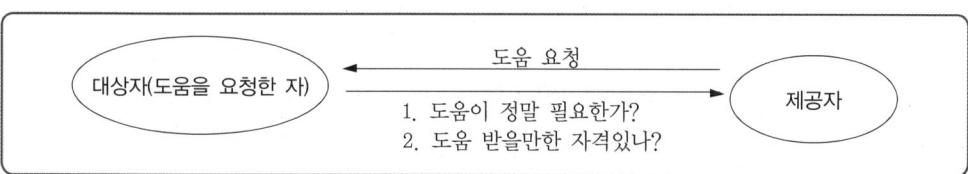

㉠ **제공자의 입장** : 도움 줄 입장의 사람이 현재 어떤 감정 및 동기 상태에 있는지가 도움행동에 영향을 미친다. 죄책감을 느끼는 사람은 그렇지 않은 사람보다 더 잘 도와주며 (긍정적 정서와 부정적 정서 중 부정적 감정일 때 도움의 증가)[7], 사람들의 사회정의감 추구의 경향으로 불형평감이 유발되면 도움행동이 나타난다(사회형평이론). 곤경에 처한 사람에 대한 공감을 느끼게 되었을 때 도움행동이 증가되며(감정이입-이타주의 가설), 개인내적 상태로 기분이 좋을 때 도움행동이 일어난다.

이기적인 시각	자기 자신의 기분을 달래기 위해 남을 돕는 것이다.
감정이입적 기쁨	다른 사람의 필요가 충족되는 것을 보았을 때 경험하는 기쁨이나 보답에 대한 기대에 의해 동기화되는 도움행동을 말한다.
감정이입-이타주의 가설	어떤 친 사회적 행동은 단순히 "그 행동 대상자의 행복을 증가시킬 목적"으로 동기화 된다.

---

[7] 일반적으로 긍정적인 정서일 때 도움행동이 증가된다. 행복한 사람은 자신의 좋은 기분을 상하게 할 그 무엇도 하기 싫어하는 것처럼 긍정적 감정일 때는 당혹감과 위험을 초래할 행동(Forest 외 1980 ; Isen & Simmonds, 1978)은 억제하고 좋은 감정은 개인적 힘(I can do it everything)을 초래하고 낯선 이의 도움을 거절하는 힘이 생긴다. 반면에 부정적 감정일 때 도움행동이 증가하는 경우는 요구된 행동이 비교적 쉽고 효과적으로 보일 때, 그 행동에 의해 나쁜 감정이 줄어들 것이라고 믿어지는 이유가 있을 때, 부정적 감정이 그리 강하지 않을 때 등이다. 부정적 감정이 매우 강할 때, 그 감정은 공격이나 회피행동으로 나타나며, 자기 불행에 주목하면 도움행동이 억제되고 타인의 불행에 주목하면 도움행동이 증가한다.

Daniel Batson(1994)는 공공의 이익을 위해 친사회적 행동의 동기가 되는 힘의 유형으로 4가지를 제시했는데, 먼저 이타주의(altruism)는 다른 이의 생명을 구한 운전자의 경우처럼 다른 이들에게 이익을 주려는 동기의 행동이고, 이기주의(egoism)는 궁극적으로 자신의 이익을 위해서 친사회적 행동을 하는 것으로, 비슷한 호의를 되돌려 받기 위해 또는 보상을 받기 위해 도와주는 행동이다. 집단주의(collectivism)는 특정 집단에게 이익을 주기 위해 친사회적 행동을 하는 것으로 자신의 가족, 사교클럽, 정치적 단체 등의 상황을 개선하기 위해 도와주는 행동이고, 원칙주의(principlism)는 도덕적 원칙을 유지하기 위해 친사회적 행동을 하는 것으로, 종교적 혹은 시민의 윤리원칙 때문에 친사회적 태도를 취하는 것이다.

ⓛ 수혜자(대상자)의 입장 : 곤경에 처한 사람이 자신이 좋아하는 사람일 때 도움행동이 증가한다. 두 사람 관계가 깊을수록 도움에 대한 기대가 더 커져서 도움을 받았을 때 고마움의 표시는 줄고 도움을 받지 못했을 때의 분개심은 늘어난다(Sears, Freedman & Peplau, 1985). 매력있고 자신과 유사성이 높은 사람에게 도움받기를 원한다. 즉, 이방인보다는 가족이나 친구에게, 신체적인 매력이 없는 사람보다는 신체적인 매력을 지닌 사람에게, 자신과 유사하지 않은 사람보다 자신과 유사하다고 생각되는 사람에게 도움을 받기를 원한다. 한편, 다양한 사건을 접하면서 사는 사람들이 도움행위를 할 때에도 귀인을 한다. 즉, 어쩔 수 없이 발생한 사건에 대해 당사자의 책임을 묻는 것은 세상을 통제 가능한 것으로 여기고 싶어하는 경향을 반영하는 것이다. 고통을 겪는 사람이 자신(도움을 줄 상황의 사람)이 지닌 가치관을 위협하는 경우에, 그가 겪는 고통을 상대방의 책임 탓으로 여기는 경향이 강하다. 곤경에 처한 사람이 도움 받을 자격이 있는가를 고려하여 도움행동이 나타난다(수혜자파악 중 희생자의 책임). 예를 들어, 신앙심이 두터운 근본주의자들도 도움행위를 선별적으로 하는데, 동성애자나 미혼모가 겪는 고통은 당사자들의 잘못된 사상과 행동 탓으로 자신이 자초한 것이라 여기고 도움행동이 덜 일어난다(Jackson & Essess, 1997). 도움을 받을 자격 여부의 결정은 개인적 통제 가능성에 대한 지각이다. 처지가 비슷한 사람이 당한 고통을 자신도 겪을 수 있다는 생각 때문에 불편해지고, 처지가 비슷한 사람이 당한 고통을 그 사람만의 행동, 생각 탓으로 귀인 할 수 있는 경우에 통제력을 회복하여 자신은 그런 고통을 당하지 않을 가능성에 안심한다(Murrell & Jones, 1993). 그러나 수혜자들은 대체로 도움에 고마움을 느끼지만, 타인의 도움을 거절하거나 도움을 베푼 사람을 미워하는 경우도 있다. 수혜자의 입장에서 볼 때, 도움이 절대적으로 필요수준을 넘어서 더 많이 주어지거나, 호의가 요청되지 않을수록, 상호보답 기회가 적을수록 수혜자는 도움이 자신에게 은혜를 주기보다 자유를 제한, 불평등 야기, 권한 침해로 간주할 수 있다.

자유의 상실에 대한 우려 (반발이론, reactance theory)	사회교환이론에 의하면, 도와준 사람과 수혜자와의 관계에서 얻을 수 있는 보상 중 하나는 권한의 증대이다. 제공자의 권한감은 도움의 상호관계를 가치있는 것으로 만들며, 수혜자 무력감의 증대는 수혜자의 손실을 의미한다. 즉 사람들은 자신들의 개인적 선택과 행동의 자유를 최대한 유지하기를 원하는데, 이런 자유가 위협을 받는다고 생각되는 상황에서는 반발하게 된다. 따라서 타인의 도움으로 자신의 자유가 상실되지 않을까 하는 우려가 생길 때 도움을 거부하게 된다.
부채에 대한 부담감 (교환이론, exchange theory)	형평(Equity) 이론에 의하면, 인간은 관계에서 자기보상을 최대화하려고 시도할 뿐 아니라 그 관계를 평형적으로 유지하려 한다. 즉, '개인 손실 / 이익 비율=상대방 손실 / 이익비율'을 고려한다. 수혜자가 도움 받은 자에게 빚을 졌다고 생각하면 오히려 부정적인 감정을 가질 수 있다. 즉 교환관계에서 부담은 될 수 있는 대로 줄이고 둘 사이의 형평을 유지하려고 한다. 따라서 도움을 받는다는 것은 둘 사이의 형평이 깨지게 되고 이렇게 되면 상대방에게 부채(indebtedness)를 지닌다는 부담감으로 거부한다. 즉 나중에 자신이 도와줄 가능성이 없을 때는 도움을 거부한다.
자존심에의 위협	귀인이론에서 사람들은 자신의 상태와 상대방의 행동의 원인을 정확히 이해하려고 보는데, 곤경에 처한 사람은 자신이 곤경에 처한 것이 외적 원인 때문인지(외부귀인), 개인적인 탓인지(내부귀인)를 알고자 할 것이다. 이 때 곤경을 외부귀인하면 도움을 받아도 자존감이 손상되지 않지만, 내부귀인할 경우 도움을 받으면 자존감이 손상되기 쉽기 때문에 도움을 거부하게 된다.

ⓒ 상황적 요인 : 곤경에 처한 사람이 어떤 상황에 놓여 있느냐에 따라8) 그 사람 주위에 여러 사람이 있을 때보다는 한 사람만 있을 때 더 잘 도와주게 된다. 즉, 잠재적으로 도움을 줄 수 있는 사람의 수가 늘어날수록 도움의 책임은 분산되어, 결과적으로 도움을 주는 경향이 줄어들며(책임분산 ; Darley & Latane, 1968), 위기상황의 개입을 인지적 선택의 결과로 설명할 수 있다(위급상황 개입의 의사결정 단계).

---

8) 192명의 사망자가 발생한 대구 지하철 참사사건을 보면, 당시 객차내로 연기가 들어오는 상황에서도 다른 사람들이 별로 동요하지 않는 상황에 지배되어 참혹한 현장에서 수많은 사람들이 저항없이 사라져 갔다. 이는 처음에는 연기가 들어오는 상황에서 위기의식을 느꼈다 하더라도 다른 사람들이 동요하지 않아 상황에 대한 자신의 판단이 틀렸다고 오판하여 생긴 결과이다. 이는 인간이 상황에 상당히 지배받는다는 증거이기도 하다.

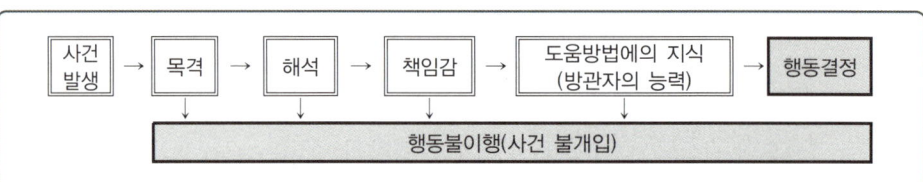

✧ 방관자 효과(Bystander Effect) ✧

목격자가 많으면 많을수록 오히려 도움을 주지 않고 방관하는 심리현상을 가리키는 말이다. 지켜보는 사람이 많기 때문에 개인이 느끼는 책임감은 줄어들어(책임감 분산) 도와주려는 행동을 하지 않는다. 이는 '책임분산효과, 주변인효과, 구경꾼효과, 대중적 무관심'으로도 불린다.

제노비스 신드롬

1964년 3월 13일 새벽 3시 20분 경 뉴욕에 있는 퀸즈라는 도시에서 28살 된 제노비스라는 여자가 일을 마치고 집으로 돌아가고 있었다. 그러나 그녀는 그녀의 집에 다시는 도착하지 못했으며, 미친 한 기계조작자에 의해서 냉혹하고 갑작스런 습격에 지속적으로 찔려 죽음에 다다르고 있었다. 그녀의 괴로운 비명소리는 30분간 지속되었고 그녀의 살인 장면은 38명이나 되는 그들의 아파트 이웃이 목격하고 있었다. 그러나 아무도 개입하지 않았으며, 그 누구도 경찰에 신고하지 않았다. 왜 그렇게 많은 사람이 지켜보고 있었는데도 아무도 그녀를 도와주지 않았는가? 어떻게 그들은 단지 창밖으로 그 냉혹하고 갑작스런 습격 장면을 지켜보고만 있었는가? 이 목격자들은 직접적인 위험에 처해 있었는가? 이것은 아주 어려운 문제이다. 당연히 위급상황에 대해 냉담한 구경꾼들에 대한 이해가 있어야 할 것이다. 'the Genovese syndrome' 사회심리학자들은 그 답을 찾으려고 해 왔다. 이 비극적인 살인은 국가의 관심을 이끌어왔고 다른 어떤 범죄의 유형보다 심리학에 대한 활발한 연구를 가능케 했다.

  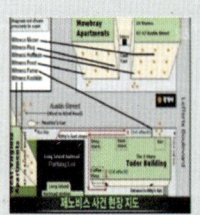 

일본에서도 이와 비슷한 사건이 있었는데, 일본에서는 노인들을 대상으로 7천5백억 원을 횡령한 도요타상사 회장인 나가노 가즈오가 연행직전 장면이 전국으로 생중계 중이었다. 그때 갑자기 2명의 남자가 그곳에 모여든 사람들에게 도요타상사 회장을 죽이러 왔다면서 그의 집에 침입하여 살해한 후 집 밖으로 나왔다. 당시 그 장소에는 기자들을 포함하여 30여 명의 사람들이 이 장면을 지켜보고만 있었다. 또한 일본 오사카행 특급열차에서는 한 치한이 옆자리에 앉은 여성을 위협하여 성추행을 하다가 열차 화장실로 끌고가 30분 간 성폭행한 사건이 발생했는데, 당시

열차 안에는 40명의 남녀 승객들이 있었지만 피해여성이 끌려가는 것을 보면서도 누구도 제지를 하지 않았을 뿐 아니라 경찰에 신고조차 하지 않았던 것으로 밝혀졌다. 중국 베이징에서는 726번 버스안에서 '마오마오'라는 여자아이가 버스안내원에게 목이 졸려 사망하는 사건이 있었는데, 당시 버스 안에 있던 승객들은 이를 보고만 있었다고 한다. 승객들은 중국전통의 '다른 사람의 일에 간섭하지 말라(少關閑事)'는 의식때문에 모두 개입하지 않았다고 한다.

이 분야에서 주목할 만한 연구는 John Darley와 Bibb Latene에 의해서 이루어졌다. 이들의 초점은 구경꾼의 수와 위급상황 사이에 얼마나 관련 있게 방관자 효과가 나타나는지였다. 그들은 구경꾼의 수가 많으면 많을수록 방관자 효과가 나타날 것이라고 예측했다. 이들의 실험대상은 여자대학생 59명과 남자대학생 13명을 대상으로 제노비스 사건과 유사한 환경설정을 위해 격리된 방에서 자신이 이야기할 때만 마이크로폰을 사용할 수 있으나 다른 사람과 의논할 수 없도록 해놓고, 집단의 크기를 자신과 간질환자로 2명, 자신과 간질환자 그리고 다른 한 명이 포함된 3명, 자신과 간질환자 그리고 다른 4명이 포함된 6명의 집단을 만들어 놓고 나서, 대학생의 도시생활도를 연구하는 것으로 가장하였다. 피험자들은 따로 격리된 방에 혼자 앉아 마이크로폰으로 2분 동안 이야기를 한다. 그 때 가짜 간질발작 환자가 발작하는 음성을 들려줄 때 피험자들이 도움을 요청하는지 지켜보았다. 그 결과 2명일 때는 85%가 도움을 요청했고, 3명일 때는 62%, 6명일 때는 31%가 도움을 요청하였다. EBS에서도 비슷한 실험이 있었다. 길을 가던 여성이 갑자기 책을 떨어뜨렸을 때 지나가던 목격자의 수에 따라 도와주는 비율을 측정했는데, 목격자가 1명이었을 때는 82%가 도움행동을 했고, 2명일 때는 38%가, 3~5명일 때는 15%가, 6명 이상일 때는 아무도 도와주지 않았다. 또한 EBS의 도움요청실험을 보면, 실험참가자들에게 간단한 퀴즈문제를 풀게 하고 15분 뒤에 제출하라고 말한다. 그 후 조사관이 설문지를 나누어 준 뒤에 옆방에서 쓰러져 다친 척 소리를 치는 등의 연기를 하고 피험자들이 어떻게 반응하지는 살펴보았다. 그 결과 피험자가 혼자였을 때는 잠시 고민하다가 모두 15초 이내로 도움행동을 했으나, 피험자가 5명이었을 때는 서로 눈치만 볼 뿐 15분이 지나도록 아무런 도움행동을 하지 않는 비율이 87%였다. 결국 이러한 실험에 의해서 알아낸 방관자 효과는 ① 자신이 도우러 갔는데 아무 일도 아니었을 경우에는 수치심만 들 것이라는 생각 등의 '평가우려(애매성)', ② 다른 사람들도 많으니 아니어도 된다는 식의 '책임감 분산', ③ 자신이 돕지 못하는 것은 평가우려 때문이지만 다른 사람이 돕지 않는 것은 이 상황이 도움이 필요한 상황이 아니기 때문일 것이라고 착각하는 다수의(다원적) 무지(pluralistic ignorance)였다. 이 실험이 시사하는 것은 만약 어떤 위험에 처했을 때 주변에 사람들이 많을 경우에는 사람들에게 자신의 상황을 정확히 알려 애매성을 깨뜨리고, 무작정 도와달라고 하기보다는 여러 사람 중에서 한 명을 지목하여 구체적인 도움을 요청해야 한다는 것이다.

2 공격행동

(1) 개 요

공격행동은 성별에 따라서도 차이가 나는데, 여성들은 희소한 자원을 차지하고 자신을 보호하기 위해서 반면에 남성들은 자기체면을 유지하고 자기영역을 확보하고 지배서열을 확립하기 위해서 타인을 해치려는 의도를 가지고 공격행동을 한다. 그런데 신체적인 공격이든 언어적인 공격이든 공격은 사회생활에서 보편적으로 관찰되는 행동임에도 불구하고 충분한 이론적 검토가 이뤄지지 않은 느낌이 있다. 그에 대한 이유는 공격에 대한 정의 자체가 혼동을 유발시키며[9], 다른 사회적 행동과 달리 분노감정 등에 의한 공격충동(aggressive impulse)이나 다른 무엇인가를 얻기 위한 수단으로 행하는 공격행동(aggressive behavior)이 항상 일치하는 것은 아니다. 어느 범주에 속하는 것인지가 상황과 분류자에 따라 다양하게 달라진다.

반사회적 공격(antisocial aggression)	사회적으로 금지된 공격행동
친사회적 공격(prosocial aggression)	사회적으로 권장되는 공격행동
묵인되는 공격 (sanctioned aggression)	권장되지는 않지만, 정당방위와 같이 사회적으로 묵인되는 공격행동

(2) 공격충동의 유발요인

① 본능적·생리적 행동으로 보는 입장

Freud가 대표적이며, 공격성[10]은 인간 본능 중의 하나로 조금씩 방출해 주지 않으면 공격충동이 내부에 쌓이게 되어, 위험수위를 넘으면 갑작스러운 폭력적 형태로 발현될 수 있다고 주장한다.

② 동물행동적 입장

Lorenz(1966)는 공격성이 본능이라는 증거는 희박하고 공격충동이란 상황적 조건에 따라 유발되는 것으로 보인다고 주장하였다. 즉 성가심과 피습(attack) 위협을 통해 공격충동이 유발되며, 욕구좌절에 고의성이 개재됐을 경우에만 공격충동이 유발된다는 것이다[11]. 이러한 공격행동은 진화과정을 통해 동족의 생존에 도움이 되기 때문에 살아남은 행동이다.

---

[9] 즉, 행동결과에 초점을 둔 정의는 '공격은 타인에게 해를 입히는 행동'으로 보기 때문에 공격행동인 것을 아니라고 하거나 공격행동이 아닌 것을 공격행동이라고 잘못 분류하는 오류가 생길 수 있다. 한편, 행동의도에 초점을 둔 정의는 '타인에게 해를 입히려고 의도된 행동'으로 보기 때문에 공격의도가 분명히 관찰 및 추론될 수 없을 수 있다는 문제점이 발생한다.

[10] 도구적 공격성은 자신에게 이익이 되는 무언가를 얻기 위해 해를 가하는 것이며, 적의적 공격성은 타인에게 고통이나 해를 가하는 것 자체가 목적이다.

[11] 욕구좌절(frustration)이란 목표획득에 간섭을 받거나 방해를 당할 때 나타나는 심리적 긴장상태를 말한다. 욕구좌절-공격가설(frustration-aggression hypothesis)은 욕구좌절 상태에서는 항상 공격충동이 유발된다(Dollard, 1939)는 이론이다. 이는 욕구좌절-공격가설에서 욕구좌절의 고의성(arbitrariness)으로 수정되었는데, 즉 상대방이 고의로 나의 목표획득을 방해했을 때만 공격충동이 유발된다는 것이다.

❖ 공격행동의 생리적 기초 ❖

하등동물	고등동물
공격행동이 생리적·유전적 기초를 가진다. 동물 중 힘이 세고 공격·지배적인 수컷이 새끼를 많이 거느린다. 얌전하던 동물도 시상하부를 자극하면 갑자기 공격행동하게 된다.	하등동물에 비하여 대뇌피질의 영향을 더 받고, 이전의 공격경험에 대한 기억에 의해 생리적 공격성이 통제받는다(생리적인 공격양식 이전의 학습경험에 의해 통제되고 조절되어 공격행동이 나타남). 즉 생리적 요인보다 후천적 학습과 경험에 의해 더 많이 영향을 받는다. 예를 들면, 지배적 원숭이의 시상하부 자극 시 더욱 공격적이 되지만 암놈을 공격하지 않는다. 그러나 부하 원숭이의 시상하부를 자극할 경우, 더욱 복종적이 된다.

③ 사회학습이론적 입장

공격행동은 학습된 행동이며, 부모의 강화와 처벌 및 모방학습에 의해 일어난다고 본다. Freud는 공격추동을 생리적 본능으로 조금씩 방출되면 줄어든다고 보았으나, 사회학습이론가들에 의하면 미디어 폭력의 시청은 모방학습을 일으켜 공격행동을 조장시킨다. 어린 시절 폭력물시청[12] 시간과 10년 후 공격행동과의 정적 상관을 보였다(Eron, 1982)고 한다. 정화(catharsis)는 공격행동의 표현 이후 공격추동을 감소시키는 현상으로, 정화는 직접 공격뿐만이 아닌 대리 공격에 의해서도 일어날 수 있으며, 미디어 폭력 시청, 권투 등 공격적 행동관찰만으로도 공격추동이 감소된다. 그러나 정화효과에 대한 연구는 매우 제한된 경우에만 나타나며(자신의 공격행동이 상대방에게 유해한 결과를 초래했음을 알게 되는 경우로만 국한), 미디어 폭력 및 타인의 공격행동 관찰은 공격추동을 감소시키기보다 오히려 공격행동을 증가시킬 수 있다.

④ 인지주의적 입장

좌절-공격가설	좌절-공격가설의 수정이론
Dollard, Doob, Miller, Mowrer와 Sears(1939)가 Freud의 본능이론을 수정, 발전시킨 것으로, 공격행동은 생리적 추동에 의해 나타나는데 추동은 좌절과 같은 외부자극에 의해 유발된다. 목표달성이 방해받으면 좌절이 일어난다.	Berkowitz(1989)가 대표적이며, 목표추구행동이 좌절된다고 항상 공격행동이 나타나는 것은 아니다. 목표달성에 대한 기대가 어떠했는지 혹은 상대 행동의 동기에 대한 지각과 해석이 무엇인가에 의해 좌절된 상황에서도 공격행동이 나타나지 않을 수 있다. 좌절이 공격을 일으키는 것은 그 좌절이 분노와 같은 불쾌한 감정을 일으키는 경우에 일어난다. 부적 자극상황에 의해 발생한 불쾌한 감정으로 공격행동이 발생하기도 한다.

---

12) 폭력물시청이 공격성을 증가시키는 구체적 과정을 보면, 폭력비디오, TV나 만화를 시청함으로써 새로운 폭력의 방법이나 수단을 구체적으로 모방하고 학습한다. 폭력에 많이 노출될수록 폭력이나 그로 인한 해로움에 점점 무감각해진다. 폭력에 많이 노출됨으로써 사회규범에 의해 억제되어있던 공격행동에 대한 반억제가 일어난다.

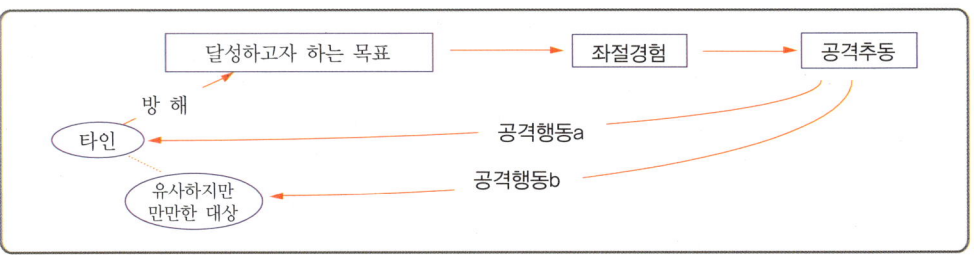

(3) 공격행동의 학습과 내용

① 학습기제

강화에 의한 학습이론에 의하면, 어려서부터 공격을 하면 피습을 받거나 처벌받게 되고 이를 통해 공격행동의 학습이 이뤄지며, Bandura(1973)는 모방을 통한 사회학습이론을 제시하여, 공격행동은 직접적인 강화에 의하지 않고 모델의 행동관찰을 통해서도 모방함으로써 학습된다는 점을 제시하였다.

② 학습내용

공격에 대한 사회적 규범	공격에 대해 사회에서 일반적으로 어떻게 생각하는가, 어떤 때 공격을 금지하고 권장하는가 등을 학습한다. 이런 학습이 이뤄진 후 공격대상, 공격상황, 공격방법 등 공격행동의 선별이 가능해진다.
공격불안 또는 공격죄책감 및 처벌과 보복에 대한 공포감	공격이란 그 자체가 나쁜 행동이므로 공격행동 자체에 대해 불안감과 죄책감을 갖게 되거나 공격을 하면 역공격(counter-aggression)으로 보복당하거나 처벌받게 될 것이라는 두려움을 갖게 된다. 이런 죄책감이나 두려움이 공격행동에 대한 억제를 가능하게 한다.

③ 공격행동 표출의 효과

정화효과 (catharsis effect)	실제로 공격행동을 하고나면 공격충동이 해소되어 가슴이 후련해지고 그 후 공격행동이 감소하는 효과이다. 이는 공격자가 실제로 화가 나 있을 때, 고의적으로 욕구좌절을 유발한 대상자에게 실제로 공격행동을 했을 때, 피공격자가 고통단서를 보여서 공격행동이 끝났을 때만 나타나는 효과이다. 한편 Aristoteles, Freud, Feshbach(1955) 등에 의하면 폭력 영화 등을 관람하면서도 정화효과가 나타나서 간접적으로 공격충동이 해소되므로 관중들의 공격행동이 줄어들 것이라는 주장이 있다.
탈억제효과 (disinhibition effect)	공격행동을 하고 난 후 기분이 언짢아지고 더 화가 나서 공격행동이 오히려 더 늘어나는 효과이다. 지금까지 억제됐던 공격행동을 착수하면 '억제력이 상실되어 공격행동이 일어나는 것'으로 해석할 수 있다. 공격자가 실제로 화가 나 있지 않은 상황에서 공격행동에 가담했을

때, 욕구좌절을 유발한 사람과는 관계없는 대상에게 공격행동을 가했을 때, 공격행동을 하는 도중에 나타나는 효과이다. 한편 Berkowitz(1965) 등에 의하면, 폭력영화의 관람에 의해 공격행동이 사회적으로 허용된다는 생각을 하게 되고 공격행동 자체와 공격방법에 대한 모방이 일어나 탈억제효과가 나타나 공격행동이 더 증가된다.

(4) 공격행동의 감소방안

좌절상황·도발상황에서 비공격적으로 반응할 때 강화를 주고, 공격적 행동을 할 때 처벌함으로써 공격행동을 감소시킬 수 있다. 그러나 공격행동에 대한 가혹한 처벌 및 체벌은 부모에 대한 혐오와 모방에 의한 역효과를 가져오므로, 도발이나 좌절에 대해 비공격적이고 평화롭게 반응하는 모델을 통해 비공격적 반응을 학습하게 하도록 한다. 좌절에 의해 유발된 부정적 감정과 양립 불가능한 긍정적 감정을 유도하여 중화시키며, 좌절상황에 대한 사고나 인지를 변화시킨다. 상대방에게 자신이 원하는 바와 같은 감정을 언어로 정확히 전달하고, 상대방의 감정을 보다 정확하게 지각하는 등의 대화기술을 증진한다면 공격행동은 감소하게 된다. 한편 분노를 다루는 최상의 방법은 생리적 각성수준이 낮아질 때까지 기다리거나 화가 난 원인을 생각해보고 운동, 도구다루기 혹은 친구와의 수다[13] 등의 방식으로 풀어서 평온을 찾는 것이다.

3 사회영향

사회영향이란, 개인이 타인 또는 집단으로부터 유형 또는 무형의 압력을 받고 이에 굴복하여 추종하거나 이에 영향을 받아 혼자 있을 때와는 다른 행동을 하게 되는 것을 말한다. 사회영향은 문화에 따라 차이가 날 수 있다. 먼저 집단주의(collectivism)는 동양권 문화라 할 수 있으며, 개개인보다 소속공동체의 욕구나 기대가 더 우선시된다. 가족이 확대된 문화로 내집단 간의 지속적이며, 밀착된 관계를 유지한다. 외집단 압력보다는 내집단 압력에 영향을 더 많이 받는다. 이 문화에서 아동양육방식은 복종, 신뢰 및 적절한 행동의 중요성을 강조한다. 반면에 개인주의(individualism)는 서양권의 문화라 할 수 있으며, 집단의 욕구나 기대보다 각 개인의 기대를 우선시하여 추구한다. 내집단 간 결속력이 집단주의보다는 약하며, 외집단 압력보다 개인의 욕

[13] 여자들이 수다를 통해 남자들보다 남의 험담을 더 많이 한다고 알려져 있는데, 실제로 여자들은 남자들보다 수다의 전문가들이면서 동시에 자기 자신에 대한 험담이나 수군거림에 더 민감하게 반응한다. Hess와 Hagen(2002)는 피험자들에게 "어떤 사람이 자기 친구와 경쟁에서 이기려고 속임수를 쓰는 현장을 목격했다"고 상상해보도록 했다. 그리고 나서 속임수를 쓴 사람이 피험자에게 "이 사실을 다른 사람들에게 절대로 말하지 말라"고 부탁하면서, 만약 이를 어기면, ⓐ 피험자는 그 속임수를 쓴 친구들에게 두들겨 맞거나 아니면 ⓑ 그 속임수를 쓴 사람과 그 친구들이 피험자에 대하여 악의적으로 나쁜 소문을 퍼뜨릴 것이라는 협박을 받게 된다는 조건을 실험을 구성했다. 실험결과 남자들은 ⓐ 조건에서 비밀을 누설하지 않겠다고 약속하는 비율이 더 높았고, 반면에 여자들은 ⓑ 조건에서 비밀을 누설하지 않겠다고 약속하는 비율이 더 높았다고 한다. 즉 남자보다 여자들은 두들겨 맞는 것보다도 자신에 대하여 나쁜 소문이 퍼져 언어적으로 명예를 더럽히는 것을 더 두려워 했다.

구, 자아실현 등이 더 많은 영향을 받는다. 이 문화에서 아동양육방식은 독립성, 자존감 및 자립심의 발달을 강조한다.

(1) 태도의 변화

① 태도(Attitude)

사람들이 대상에 대해 지니고 있는 마음의 자세와 양태를 말하며, 태도 대상과 상황에 관련된 사람들의 반응에 직접적이거나, 역동적인 영향력을 주는 심적이거나, 생리적인 준비상태로 경험을 통해 조직화된 것이다. 태도가 행동을 가장 잘 예언하는 경우는 태도가 강력하고 일관되며, 태도가 예언 대상인 행동과 구체적으로 관련되어 있고, 사람들의 직접적 경험을 통해 형성된 태도일 때, 그리고 개인이 자신의 태도에 대해 자각하고 있을 때이다.

② 태도의 요소

인지적 요소	태도대상에 대하여 사람들과 갖는 긍정적·부정적 혹은 중성적인 상념과 복잡한 지식을 말하며, 수시로 변하고 보고 듣는 것에 의해 인지내용이 망각되기도 하는 특성을 말한다.
감정적 요소	대상에 대한 호(好), 불호(不好) 또는 찬성, 반대의 단순한 평가이다. 단순한 지속성을 특징으로 하며, 정서평가는 인지평가보다도 더 큰 영향력을 발휘한다.
행동적 요소	대상에 대한 평가는 감정에 일치하는 방향으로 행동을 유발하며, 행동경향성(behavioral tendency)/행동준비성(behavioral readiness)이 나타나는데, 이는 긍정적인 감정평가를 한 대상에게는 접근하고 부정적인 감정평가를 한 대상은 회피 또는 배척하는 행동을 하게 되는 태도이다. 흔히 태도가 행동을 결정하는 것으로 여기나, 행동을 결정하는 요인은 여러 가지이며 태도는 그중 하나일 뿐이다. 오히려 행동이 태도를 결정짓는 경우도 많다.

③ 태도의 형성

특정대상에 대한 태도는 생득적인 것이 아니라 환경과의 접촉경험에 따른 학습과정에 의해 형성되는 것으로 보아야 하며, 태도의 인지적·감정적·행동적 요인은 연합·강화·모방 등의 학습기제에 따라 학습되는 것으로 볼 수 있다. 일관성 원리에 의한 태도형성을 설명하는 이론들은 다음과 같다.

인지부조화 이론14) (Festinger, 1957)		태도변화방법의 하나인 행동유도를 통한 방법의 이론적 기초가 되는 이론이다. 인지요소 간의 관계를 볼 때 서로 다른 인지로 관계가 없거나 하나의 인지가 다른 인지들과 논리적으로 상호 일치하는 조화관계에서는 일관성을 유지할 수 있기 때문에 갈등이 없다. 그러나 태도와 행동 간의 불일치가 있을 경우, 부조화 감소동기에 의해 조화 혹은 균형을 회복하려는 방향으로의 변화를 가져온다. 즉 자신의 행동을 설명할 수 있는 외적 원인(보상)의 힘이 미약할 때 내적 태도가 형성된다. 이러한 인지부조화는 외부로 정당화할 꺼리가 거의 없을 때, 행동을 자의적으로 선택한 것일 때, 행동을 되돌리기 어려울 때, 행동결과가 상대에게 중요한 것일 때 잘 발생한다. 
	노력의 정당화	무언가 열심히 했는데, 얻은 것이 적다면 큰 부조화를 경험하게 된다(노력할 만큼 정당한 댓가를 얻지 못하는 상황). 그런 노력이 정당화될 수 없을 경우, 부조화를 감소시키기 위해 노력을 들여 달성코자 했던 목표를 더욱 긍정적으로 여기게 된다. 예를 들면, 한국에서 남자들은 국방의 의무로 군복무를 하는데 가장 훈련이 힘들고 군기가 엄한 곳이 해병대라고 평이 나 있다. 이들은 '한번 해병은 영원한 해병'이라는 표어처럼 긍지나 자부심이 타 군출신에 비해 높고 응집력도 높다. 그리고 한국전쟁당시 중국군에게 잡힌 미군포로들은 반미적인 글을 써야 했는데, 그 대가로 그들에게 주어진 것은 가혹한 고문이나 화려한 보상이 아니라 단지 약간의 쌀과 몇 개의 사탕이 전부였다고 한다. 그 과정을 거친 수많은 미군들은 후에 공산주의로 전향했다고 한다.
	강요된 응종	Festinger와 Carlsnith (1959) 실험에서 밝혀진 부조화에 의한 태도변화로 본인이 지닌 태도와 모순되는 행동을 취했지만 이런 행동을 정당화시킬 수 없는 경우, 태도-행동 불일치를 벗어나기 위해 자신이 했던 행동을 정당화하게 된다(이미 한 원치 않은 행동을 되돌리기 어려운 상황). 강요된 응종이 나타나기 위한 조건(Collins & Hoyt, 1972 ; Cooper & Fazio, 1984)은 태도와 상반된 행위를 취한 책임을 스스로가 느껴야 하고 그 행위가 자신 또는 남에게 좋지 않은 영향을 가져와야 하며, 자신의 행동을 남들이 알아야 한다.

---

14) 인지부조화와 유사한 이론으로 신포도기제(Sur Grape Mechanism)가 있다. 이는 사람들이 자신의 잘못을 인정하기보다는 자신의 결정을 극단적으로 합리화하는 형태로 나아가며, 자신이 알고 싶지 않은 정보를 스스로 차단하고 알고 싶은 것만 받아들이게 된다는 이론이다.

의사결정 후의 부조화	스스로의 선택을 바꿀 수 없다면 그 결정을 합리화시키기 위해 자신이 취한 선택을 더욱 좋게 보고 취하지 않은 것을 평가 절하하는 심리가 작용하며, 부조화의 크기는 선택한 것과 선택하지 않은 것과의 차이가 적어서 일장일단이 있는 경우 더욱 두드러진다(행동을 다시 외부적 원인으로 돌리기 어려운 상황). 예를 들면, 청바지를 살까 면바지를 살까 망설이다가, 청바지를 선택하고 돈을 지불한 뒤에는 자신이 청바지를 잘 샀다고 만족하는 경우이다.
자기지각이론 (Daryl Bem, 1972)	개인들이 그들 자신의 태도, 정서, 그리고 다른 내면 상태를 부분적으로는 그들 자신의 행동 및 그 행동이 일어나는 환경에 대한 관찰을 통해 추론함으로써 알게 된다는 것으로, 내부단서가 약하거나 애매하거나 또는 해석하기 어려운 상황에 있어서는 개인들이 타인의 내면상태를 추론하기 위해서 외부단서에 의존해야만 하는 외부 관찰자와 같다는 것이다. 즉 인지부조화 이론에서 주장하는 것처럼 꼭 내면적 혼란상태가 일어나야 하는 것은 아니라고 반론을 제시한다.

 인지부조화 실험

실험 1. 믿음과 불신
오른쪽 만화에서 볼 수 있듯이 신도들은 교주의 말만 믿고 모든 것을 버리고 종교생활에 모든 것을 바치는 행동을 했는데, 결국은 휴거가 되지 않았다는 것을 인지하게 된다. 따라서 신도들은 인지부조화를 겪게 되는데, 이 상황을 조화롭게 바꾸는 방법은 자신의 행동에 맞게 태도를 바꾸는 것이 된다.

실험 2. 불충분한 보상
피험자들에게 매우 지루한 일을 시킨 후 A집단에는 20달러를 주고, B집단에는 1달러를 주었다. 그 결과 일이 재미있었는지를 물었더니 A집단의 피험자들은 실험 직후 '일이 재미있었다.'고 말했으나, 며칠이 지난 후 다시 물었을 때는 '일은 재미없었다.'고 말하는 비율이 높았다. 반면에 B집단의 피험자들은 실험 직후에는 '일이 재미있었다.'고 말했고 나중에 다시 물었을 때도 역시 '일이 재미있었다.'고 대답하는 비율이 높았다. 이 차이의 이유는 먼저 A집단의 경우 "실제로 일은 정말 지루했지만, 이 정도 돈이면 거짓말을 해도 되겠어."라고 거짓말을 합리화하는데 충분한 보상이었던 반면에, B집단의 경우 지루한 일의 대가로 1달러가 주어졌기 때문에 거짓말을 할 만큼 충분한 보상이 아니었기 때문에 '정말 일이 재미있었다.'고 합리화하려는 태도변화를 보이게 된 것이다.

실험 3. 성심리학서클의 여학생 가입의례
여학생들이 성심리학서클에 가입하기 위해서 거쳐야 할 조건이 있다. 이 조건은 3가지로 구분되는데, A조건은 가입의례가 없고 희망하는 즉시 가입이 허락되며, B조건은 남학생들 앞에서 성에 관한 5개의 단어리스트(음란하지 않은 단어)를 읽으면 된다. C조건은 남학생들 앞에서 성에 관한 12개의 노골적이고 음란한 단어 리스트를 읽어야 한다. 각각

평가대상	가입의례		
	없 음	중간 정도	엄 격
토론의 내용	80.2	81.8	97.6
토론 멤버	89.9	89.3	97.7
합 계	170.1	171.1	195.3

의 여학생들은 위 3가지 조건을 무작위로 거쳐 가입을 시켰다. 그런데 가입 후 실제 성심리학 서클의 토론내용은 엄격한 가입의례에 비해 따분하고 지루했으며, 토론주제가 곤충들의 생식행위 등이었다. 이 실험을 마치기 전에 성심리학 서클에 가입한 여학생들에게 토론내용에 대한 흥미도 조사를 실시했다. 그 결과를 보면 엄격한 C조건의 가입의례를 거친 여학생들이 가장 흥미도가 높았다. 그 이유는 이 여학생들은 남자들 앞에서 수치심을 무릅쓰고 포르노 단어를 읽는 행동을 했는데도, 가입 후에 보니 엄격한 가입의례에 비해 형편없는 토론의 내용에 불쾌감을 느꼈을 것이다. 그러나 이미 행동은 엎질러진 물이기에 바꿀 수 없기 때문에 인지부조화를 겪게 되고 이러한 불쾌감을 줄이기 위해 변화시킬 수 있는 것은 자신의 태도를 바꾸어 토의 내용이 재미있었다고 생각을 하는 수밖에 없기 때문이다.
한편 Festinger는 내적인 판단이 행동을 결정한다는 것을 전제하고 인지부조화는 인간의 합리적인 사고를 방해한다고 보았으며, 인지부조화는 자기합리화, 자아방어로 나타난다고 설명하고 있다. 그러나 Bem의 자기지각이론에 의하면 오히려 행동이 내적인 판단을 결정하기도 한다.

④ 설득커뮤니케이션

설득(persuasion)은 다른 사람의 태도를 변화시키려고 의도된 주장과 정보의 소통을 말한다. 한 개인의 태도를 변화시키기 위해 글이나 말을 통해 설득(persuasion)하는 것이 가장 보편적으로 사용되며, 설득장면은 송신자가 설득내용을 표적인물에게 제시하게 되는데, 이 때 이런 커뮤니케이션이 이뤄지는 주변상황도 영향을 미치고 있는 장면으로 볼 수 있다. 즉 설득장면에서 표적인물은 자기에게 가해지는 설득에 저항하게 되고 따라서 설득의 효과는 이런 표적인물의 저항을 어떻게 감소시키느냐에 따라 결정된다고 볼 수 있다.

❖ 설득효과에 영향을 미치는 요소 ❖

어떤 수단으로	주변상황 요인	설득하는 채널은 사람이나 매체 등을 통해 전달할 수 있는데, 설득하는 장면에서 발생하는 소음이나 방해 또는 맥락 등도 영향을 준다. 또한 설득커뮤니케이션이 어떤 상황에서 이뤄지느냐 하는 것도 중요하다. 앞으로 설득커뮤니케이션이 주어질 것이라는 사전경고를 할 경우 설득의 저항을 높여 설득효과가 경감된다. 표적인물의 주의분산 시 설득이 효과적이다. 예를 들면, 중요한 계약을 해야할 때, 표적인물에게 호감을 줄 수 있는 매력적인 이성의 비서를 대동하면, 주의분산 효과가 나타나서 표적인물은 설득에 대한 저항력이 떨어지게 되고 계약을 성공적으로 성사시킬 가능성이 높아진다.

누구에게	표적인물 요인	표적인물이 어떤 상태에 있는지 또는 어떤 특성을 가진 사람인지에 따라 설득효과가 달라진다. 표적인물이 태도를 실제행동으로 나타내거나 공공연하게 태도를 표명하는 등 태도를 행동으로 표출하여 이를 공표하면 설득효과가 적어진다. 표적인물이 과거 설득내용에 대한 접촉경험이 있어서 면역이 이루어져있는 경우 설득효과가 적으며, 표적인물이 자존심이 강한 경우 설득이 어렵다. 지능수준과 설득효과는 관계가 없는 것으로 볼 수 있다.
누가	송신자 요소	송신자가 어떤 사람이냐 하는 것이 설득효과에 영향을 미치며, 송신자가 신빙성(전문성), 신뢰성(진실성)이 높을수록 설득이 효과적이다(전문가가 진실되게 이야기하면 더 전달력이 있다). 표적인물이 좋아하는 송신자이거나 표적인물이 속한 집단 혹은 가치를 두는 준거집단이 송신자일 때 설득이 효과적이다.
무엇을	설득내용 요인	설득내용이 어떤 것이냐 또는 설득내용을 어떻게 조직하느냐 하는 데 설득효과가 달라지며, 설득내용이 표적인물의 태도와 얼마나 불일치(discrepancy)하느냐에 따라 설득효과가 달라진다. 불일치가 너무 크면 저항이 커져 대비효과(contrast effect)가 나타나 설득효과가 적고, 불일치가 너무 적으면 동화효과(assimilation effect)가 나타나 태도변화가 이뤄지지 않으나, 설득내용이 적절한 공포를 유발할 경우 태도변화가 잘 일어난다. 이성적인 메시지보다는 감성적인 메시지가 일반적으로 더 설득적이다.

(2) 동 조

① 개념의 구분

사람은 혼자 있을 때와 다른 사람과 함께 있을 때의 행동이 다르다. 그 이유는 사회란 하나의 커다란 장(field)이고 사람들은 그 속에서 서로 영향을 주고받으며 사는 사회적 동물이기 때문이다. 이 관점에서 볼 때, 동조(conformity)란 개인으로서 타인 또는 집단으로부터 명시적으로 드러나지 않은 압력을 받고 이에 굴복하여 추종하는 것이며, 순종 또는 응종(compliance)은 대등한 지위에 있는 개인으로서 타인 또는 집단으로부터 명시적으로 드러나는 압력(부탁)을 받고 이에 굴복하여 추종하는 것을 말한다. 한편 복종(obedience)은 요구나 명령을 하는 사람의 지위가 높고 그것을 받는 사람의 지위가 낮을 때 대개 권위적 위치에 있는 누군가로부터의 직접적 명령에 따르는 경우에 발생하는 순종의 한 형태를 말한다.

레빈의 장이론(field theory)

사회도 그 내부에는 상호의존의 관계가 형성되어 있어 어느 한 편의 변화는 다른 쪽의 변화를 불러일으킨다. 이것이 바로 '장이론(field theory)'이다. 장이론은 원래 형태주의 심리학자인 쾰러가 정신생리적인 장, 즉 뇌와 척수의 장을 상정함으로써 심리학에 처음으로 도입되어 레빈에 의해 사회에 확대 적용되었다.

> 인간은 어느 시점에서 특정의 목표를 추구하려는 내적 긴장에 의해서 행동한다. 인간이 특정한 목표를 가질 때에는 그 목표를 달성할 수 있는 방법에 대해 나름대로의 신념을 가지게 된다. 이와 같은 관계에 대한 개인의 지각을 그 사람의 생활공간(life space)의 한 부분이라고 한다.
> 즉 사람과 환경이 서로 영향을 미쳐 이루는 심리적·사회적 장에 관심을 갖고 인간의 행동이 사람과 환경의 상호작용을 함수로 결정된다고 주장했다. 그래서 다른 사람이 있을 때 어떤 때는 일을 잘 하기도 하고, 때로는 더 못하기도 하는 현상이 일어난다는 것이다.
>
> $B = f(P \cdot E)$ B : 인간의 행동(Behavior)
>   P : 지능, 성격과 같은 개인적 특성(Person)
>   E : 물리적 환경을 포함한 사회적 환경(Environment)
>   f : 함수(function)

> **K. Lewin**은 미국 생화학자로 러시아 상트페테르부르크에서 출생하였다. 1891년 상트페테르부르크 제국의과대학을 졸업하고, 유대인 추방정책에 쫓겨 미국으로 이주하였다. 1905~1939년 록펠러 의학연구소에서 생화학 연구에 종사하였으며, 1909년 리보핵산으로부터 리보오스(리보핵산의 당 성분)를 분리(分離)하는 데 성공했다. 20년 뒤 2-디옥시리보오스가 디옥시리보핵산(DNA)의 구성 요소임을 발견하고 핵산화학(核酸化學)의 기초를 확립하였다.

② 동조의 심리적 근거

객관적 판단준거가 분명함에도 동조가 일어나는 원인은 첫째, 정보적 사회영향(informational social influence)이다. 타인에게 정보를 의존하고 집단의견에 대하여 신뢰하기 때문이다. 주변세계에 대한 지식이나 정보를 얻기 위해 타인에게 의존하는 것을 정보의존이라 하고, 이 때 타인은 개인에게 정보를 제공해주는 정보원이 된다. 개인은 어려서부터 타인을 통해 주변 세계에 대한 지식과 정보를 얻어왔으며, 개인의 의견과 집단의 의견이 다를 때는 대체로 집단의 의견이 옳은 경우가 많다는 사실을 체험해 옴으로서 타인에 대한 정보 의존성은 결과적으로, 집단 의견을 개인 의견보다 더 신뢰하는 심리적 특성을 낳게 한다. 즉, 남을 따라가는 근거는 자신이 무엇이 옳고 그른지 확신이 없을 때, 또는 우리가 갖고 있지 않다고 느끼는 정보를 집단이 제공해주고 있다고 믿기 때문에 집단이 영향력을 발휘하는 것이다. 둘째, 효과의존과 집단으로부터의 이탈 공포 때문이다. 개인이 가진 욕구의 직접적인 충족을 위해 타인에게 의존하는 것을 효과의존이라고 하는데, 이 때 타인은 개인의 욕구를 충족시키는 효과원이 된다. 개인은 어려서부터 자신이 가진 욕구를 타인을 통해 충족해 오고 이런 타인을 통한 욕구충족은 개인이 그들과 여러 점에서 일치할 때 더욱 용이하다는 것을 체험한다. 따라서 타인에 대한 효과 의존성이 집단으로부터 이탈되는 것을 두렵게 하는 심리적 특성을 낳게 한다. 셋째는 규범적 사회영향(normative social influence)이다. 이는 인지적이기보다 "남들이 다 그렇다고 하니까"와 같은 동기적 이유인데, 이처럼 내가 맞고 타인이 틀리다고 생각하면서도 틀린 타인에게 동조를 한다.

③ 집단 크기와 동조

애쉬는 실험실에서 집단의 크기를 2명에서 16명까지 변화시키면서 집단의 동조량을 비교했다. 그 결과 집단의 크기가 3~4명일 때 최대의 동조를 얻어냈다. 이는 한국 속담에 "세 사람만 우겨대면 없는 호랑이도 만들어 낼 수 있다."는 말과 일맥상통한다.

❖ 3의 법칙 ❖

스탠포드대학의 짐바르도 교수는 "3은 집단이라는 개념의 최소 단위이다. 대중은 3명이 같은 행위를 하는 것에는 이유가 있을 것이라고 생각한다. 그래서 3명은 사회운동을 할 수 있는 최소한의 수가 된다."라고 주장하였고, 러트거스대학의 조지켈링 교수는 "3명이 모이면 전환점이 형성된다."라고 말하였고, 서울대학교 최인철 교수도 "생각이 같은 3명이 모이면 전체를 움직일 힘이 생긴다."라고 주장했다.

그러나 실제의 거리나 지하도와 같은 곳에서는 동조자가 많을수록, 즉 집단 크기가 커질수록 동조량이 많아진다. 이러한 현상은 밀그램과 동료들(1969)의 '하늘 바라보기' 게임에서 잘 나타났는데, 뉴욕 시에서 실험 협조자들이 길 건너편 60층 창문을 올려다보았을 때 동조자가 늘어날수록 동조량도 늘어났다. 이러한 사실은 실험실과 현장의 동조가 다를 수도 있음을 시사한다.

 사회전염(Social Contagion)

프랑스의 사회학자 르봉이 제시한 개념으로 집단행동을 마치 병이 전염되어 퍼져 나가는 현상에 비유한 것이다. 즉 세균과 바이러스가 질병을 옮기는 것과 같이 사람들의 정서와 행동이 한 사람에게 다른 사람에게로 옮겨지는 현상으로, 집단의 한 지점으로부터 원을 그리기 시작해 점차 큰 원을 그리며 확산된다. 일상생활에서도 쉽게 발견되는데, 가령 한 사람이 하품을 하면 다른 사람도 따라서 하품을 하고, 한 사람이 팔짱을 끼면 다른 사람도 팔짱을 끼거나, 한 사람이 담배를 피우면 다른 사람도 담배를 꺼내 문다. 강의실에서도 교수가 질문 있으면 하라고 하면 서로 눈치만보고 가만히 있다가 한 학생이 질문하기 시작하면 서로 질문하려고 손을 드는 행동, 또는 횡단보도에 서 있다가 빨간 신호임에도 불구하고 누군가 횡단을 시작하면 우르르 몰려나가는 것이나, 여러 명이 함께 식당에 가서 음식메뉴를 고를 때 가장 먼저 음식을 시키는 사람에

따라 메뉴가 정해지는 것이나, 퇴근 시간이 임박하여 상사의 눈치만 보다가 한 직원이 퇴근을 하면 우르르 퇴근하는 행동, 어느 사람이 길거리에서 무심코 하늘을 쳐다보고 있으면 지나가던 행인들도 한번쯤 하늘을 올려다보는 현상 등이 이에 해당한다(카멜레온 효과). 사회전염은 사람들이 가지고 있는 도덕심, 가치체계, 사회적 규칙들, 책임감에 의한 행동통제 기제가 무너지고 원초적인 공격성과 성충동들이 나타날 때도 발생한다. 행복도 전염이 된다는 증거들이 있는데, 미국 캘리포니아대학의 정치학 연구팀은 "행복과 불행은 사회적 네트워크를 통해 쉽게 전달된다."며, 주위에 행복한 사람이 많을수록 자신도 행복해질 가능성이 무려 43%정도 상승한다고 주장하였다. 비만도 사회적 전염이 된다는 주장이 있는데, 2007년 뉴잉글랜드의학저널에 의하면, 비만인 사람의 몸무게에 가장 영향을 미치는 요소는 유전이나 생활습관보다도 가까운 친구라는 사실을 밝혀내, 배우자나 형제보다 친구가 비만에 더 많은 영향을 끼친다는 사실은 비만이 사회적 네트워크를 통해 전염되는 현상이라는 것을 시사한다.

④ 동조 실험
  ㉠ 세리프(Sherif, 1935)의 실험 : 심리학에서 고전적인 동조실험은 세리프에 의해 행해졌다. 세리프는 대학생들을 캄캄한 방으로 데리고 가서 한 개의 광점(불빛)을 보여주었다. 실험자는 피험자들에게 불빛이 움직이고 있다고 말하며, 그 불빛이 얼마나 움직였는가를 추정하라고 요구했다. 이는 자동운동 현상(autokinetic phenomenon)이라는 지각적 착시를 이용한 시자운동실험이다. 사자실험이란 암실속에서 고정된 광점을 보고 있으면 이것이 움직이지 않는데도 움직이는 것처럼 보이는 현상이다. 이 실험은 정확한 정보를 추구하는 과정에서 규범이 발생할 수 있음을 시사한다.
  피험자들은 자신의 입장에서 확신을 가질 수 없는 애매모호한 상황이었다. 어떤 사람들은 2.5cm나 5cm정도 움직였다고 판단하는가 하면 어떤 사람들은 24m나 움직였다고 판단했다. 여기에는 실험 협조자의 판단이 영향을 미쳤다. 가령, 피험자의 최초 판단이 40cm를 움직였다고 보고했을 때 실험 협조자가 5cm 정도 움직였다고 하면 그 다음 시행에서 피험자는 자기의 추정을 낮추는 경향이 있었고, 실험 협조자가 20m를 움직였다고 하면 그 다음 시행에서 피험자는 자기의 추정을 확대하는 경향이 있었다. 불빛의 이동거리에 대한 판단은 집단조건보다는 개별조건에서 편차가 더 컸다. 이러한 절차를 몇 번 거치자 피험자와 실험협조자의 거리는 종국에 가서 거의 일치하게 되었다.
  이처럼 피험자가 판단을 할 경우 판단준거가 전혀 없을 때의 동조로서 일상생활에서 일어나는 경우가 드문 것을 맹목적 동조(blind conformity)라 한다.
  ㉡ 애쉬(Asch)의 실험 : 일상생활에서의 동조는 대체로 명백한 판단준거가 있음에도 불구하고 집단의 공통된 행동이나 의견을 추종하게 된다. Asch는 선분 맞추기 실험[15]을 통해 인간의 동조현상을 적절히 설명했다. 그는 일상생활에서 관찰되는 동조행동을 진정한 동조(true conformity)라 하였다. 또한 모든 사람들이 규범적 영향에 굴복하지 않

---

15) 명백한 판단준거가 있을 때에도 집단압력이 가해지면(명시적인 압력은 없음), 이에 굴복하여 집단의 의견을 추종하게 됨을 실험적으로 입증한 최초의 연구이다.

고 대부분의 경우는 독자적이라는 것이지만, 때로는 사람들은 아주 분명한 상황에서도 동조한다는 점을 들어 동조하려는 잠재성은 인간 본성의 중요한 요소라고 하였다.

Solomon Asch(1907~1996)는 폴란드 바르샤바에서 태어나 1920년에 미국으로 이주했다. 1932년 콜롬비아 대학에서 박사학위를 받았다. 브루클린 대학과 뉴 스쿨 포 쇼셜 리서치, 스와스모어 칼리지 , 럿거스 대학을 거쳐 펜실베이니아 대학으로 옮긴 뒤로는 줄 곧 그곳에 남아 학생들을 가르쳤다. 스와스모어 칼리지에서 19년을 지내는 동안에는 볼프강, 퀼러 등과 함께 형태 심리학자의 집단을 이루었다.

〈실험 1〉 집단에 대한 굴복

Asch는 참가자 집단을 9~10명으로 구성하고 한 방에 들어가게 했다. 그리고 난 뒤에 참가자들의 앞으로 다음과 같은 카드를 제시했다. 처음 몇 번의 시행에서 실험에 참가한 사람들은 모두 실제로 답을 말한다. 하지만 몇 차례의 시행이 있은 뒤부터 실험의 보조자들은 의도적으로 모두 틀린 답을 말하게 되는데, 이러한 상황에서 마지막에 자신의 의견을 말해야 하는 실험참가자는 어떤 대답을 하게 될까? 놀랍게도 실험 참가자중 1/4만 맞는 대답을 하였고, 나머지는 모두 다른 이들이 말한 틀린 답을 선택하였다. 그는 한 차례 더 실험을 진행하였는데 이번에는 참가자들이 자신의 의견을 말로 표현하지 않고 자신만이 볼 수 있도록 적어서 제출하도록 하였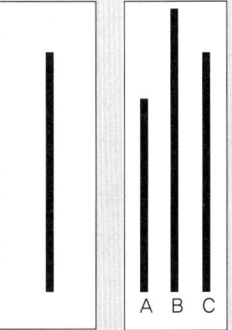
다. 실험의 절차를 약간만 바꾸었을 뿐이지만 놀랍게도 참가자들은 전원 정답을 선택하였다. 즉, 자신의 의견이 타인에게 노출되지 않는다면 동조 현상은 거의 일어나지 않게 되는 것이다.

〈실험 2〉 동의자의 변절과 퇴장

(1) 동의자의 변절조건 : 실험의 내용은 앞에서 말한 방법과 일치한다. 다른 점이 한 가지 있다면 처음부터 6번째 까지는 한 명의 실험협력자(동의자)가 계속 정답을 말한다. 물론 다른 실험협력자들은 오답을 말한다. 그러다가 7번째에 계속 정답을 말하던 동의자가 갑자기 오답을 말하기 시작한다. 이것이 동의자 변절조건이다.

(2) 동의자의 퇴장조건 : 이 조건도 앞의 방법과 같지만 7번째 시행으로 접어들 무렵 동의자가 화장실을 간다고 갑자기 실험에서 퇴장을 한다. 그리고 영영 돌아오지 않는다. 이것이 동의자 퇴장 조건이다.

위의 두 가지 상황은 7번째 시행부터 동의자가 없다는 사실은 동일하지만 한 쪽은 변절하여 다수에 붙었고 다른 한 쪽은 동조자가 없을 뿐 심리적인 지지를 받고 있다는 점에서 서로 다르다. 즉 동의자 퇴장조건에서는 설사 다른 사람이 틀린 답을 말할지라도 화장실을 간 동의자에 대한 심리적인 기대를 가지고 있기 때문에 마음속으로 안정적이다. 이 그래프는 실험결과를 정리한 것이다. 양 조건 모두 9회 이후 오답률이 급증하면서도 미묘한 차이를 나타내고 있다. 동의자가 퇴장한 조건에서는 7, 8번째의 오답률이 0%로 아직까지 화장실에 간 동의자에 대한 심리적 기대감이 있는 것이다. 그렇지만 동의자가 돌아오지 않자 9회 이후부터는 오답률이 급격히 증가한 것을 볼 수 있다. 이는 결국 집단에 굴복하는 사람들이 생기는 것이다. 반면에 동의자가 변절한 그래프에서는 7회부터 오답률이 조금 늘더니 9회부터는 마찬가지로 집단에 굴복하면서 확연히 오답률이 급증한 것을 볼 수 있다.

〈피험자들과의 인터뷰〉 실험이 종료된 후 피험자들을 대상으로 인터뷰를 하였다. 이들 중 집단의 일치된 반응이 실제로 자신의 대답에 영향을 미쳤다고 답변하는 사람은 거의 없었지만, 참가자들은 자신의 판단이 틀린 것이 아닐까 걱정했으며, 자신의 시력에 문제가 있지 않나 걱정하는 이들도 있었다.

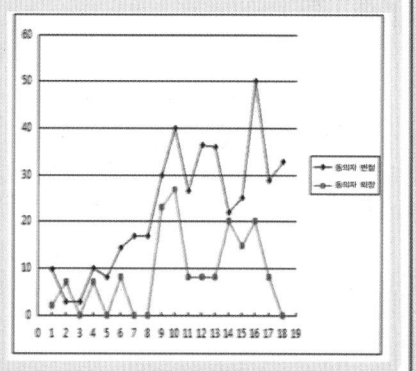

⑤ 동조의 크기에 영향을 미치는 요인

집단의 전문성	전문가 집단의 의견일수록 신뢰도가 커지므로 동조성이 커진다.
자기 확신도	자기 확신이 큰 경우 동조행동은 줄어든다.
집단 응집성	집단 응집성이 클수록 동조행동이 증가하고 집단으로부터의 이탈에 대한 두려움이 커진다.
집단의 크기	집단 크기가 클수록 증가하고 이탈공포가 더욱 커진다.
만장일치	만장일치로 가는 분위기일 경우 이탈에 대한 부담은 커진다.

⑥ 비동조에의 동조와 소수영향의 문제

비동조에의 동조	비동조에의 동조(conformity to nonconformity)란 한번 집단에 동조하지 않으면 계속 동조하지 않는 청개구리 같은 행동을 하는 것이다. 처음에 집단 압력에 굴복하지 않고 동조하지 않게 되면 계속 비동조로 일관하는 행동을 하고 이는 자기의 과거행동에 일관되게 행동하려는 경향이라 볼 수 있다.
소수영향	• 소수영향(minority influence)이란 소수가 다수에게 영향을 미쳐 다수의 의견이나 행동을 변화시키는 경우로 새로운 아이디어나 독특한 관점을 지닌 소수가 다수의 의견을 외견상 변화시키도록 영향력을 행사하는 것인데(Moscovici, 1969), 예를 들면, 소수가 지속적으로 새로운 의견을 주장하거나 그 행동이 논리적 일관성이 있을 때 또는 완고하지는 않을 때 등이다. • 다수 의견과 한 가지 점에서만 다른 단일소수(single minority)가 두 가지 점에서 다른 이중소수보다 더 영향력이 큰 데, 이는 이중소수는 자기 이익에 따라 행동하는 것으로 비춰질 가능성이 크기 때문이다. • 소수가 영향을 미쳐 다수가 소수의 의견이나 행동을 수용하게 되면 사회변혁이 이뤄진다. 반대로 소수가 다수의 영향을 받는 다수영향(전통적 동조행동)은 기존 사회규범 유지에 기여하는 심리적 근거가 되는 것이라 볼 수 있다.

(3) 순 종

① 개 요

순종의 크기에 영향을 미치는 요인으로는 사회적 압력의 크기(사회적 압력 크기가 클수록 순종은 커짐), 상대방의 고통에 대한 인식(권위에 복종하여 타인에게 해를 입힐 때, 상대방의 고통을 인식할수록 순종 감소), 개인적 책임감이 많아질수록 순종 감소, 불순종하는 타인의 존재(불순종하는 타인이 있으면 순종 감소), 권위체의 판단이나 동기에의 의심(권위체의 판단이나 동기에의 의심을 갖게 되면 순종 감소) 등이다.

② 순종을 증가시키는 방법

일관성원리		사람들이 일단 무엇인가를 하기로 동의하면, 이들은 자신의 시초개입을 고수하려는 경향성이 있다는 것을 이용한 순종방법이다.
	한 발 적시기 기법 (foot-in-the-door technique)	문간에 발들여놓기 기법이라고도 하며, 이는 상대방에게 커다란 요구를 직접 하는 것보다 관련된 일에 대한 작은 요구를 먼저 하고 이를 수락하고 난 뒤 커다란 요구를 하면 이에 대한 순종이 커지는 기술로, 공표효과(commitment effect), 자기상 변화효과(change-of-self-image) 등이 있다. ☞ 1966년 J.L.Freedman과 S.C.Fraser는 미국 캘리포니아 일대에 있는 집을 방문해서 실험에 참가한 주부들에게 자기들은 안전운전위원회를 위해 일하고 있다고 말했다. 그들은 주부들의 지원을 원한다고 말하고 주 상원위원들에게 보내게 될 진정서에 서명해 달라고 부탁을 했다. 진정서는 안전운전을 위한 입법을 상원위원들에게 촉구하는 내용이었다. 거의 모든 피험자들이 서명에 동의했다. 2주 후에 실험자들이 서명요구를 들어준 주부들과 서명 요구를 하지 않았던 주부들을 만나 각각의 주부들의 주택 앞마당에 '조심해서 차를 몹시다'라고 쓴 크고 볼품없는 입간판을 세워달라고 요구했다. 그 결과 서명을 했던 주부들은 55% 이상이 입간판을 세우는데 동의했지만 작은 부탁을 들어준 경험이 없는 주부들은 17% 이하만이 동의했다. 사전에 작은 요구에 동의를 얻어낸 것이 큰 요구를 들어주는 비율(응종량)을 세 배 이상 높인 것이다. 사람들은 작은 요구에 동의하는 순간 거기 담긴 주장이나 생각에 개입하게 되므로 장차 발생할 요구에도 쉽게 동의하게 된다. 작은 요구를 들어줌으로써 처음과는 달리 자신의 행위에 대한 태도가 바뀌기 때문이다.
	낮은 공 기법 (low-ball technique)	하기 싫은 일에 대한 요구를 불명료하게 하여 응낙을 받은 후 그 요구의 내용을 분명히 하면 처음부터 그 요구를 명확히 하여 요구하는 것보다 응낙을 얻을 가능성이 높아지게 하는 기술이다. 이는 불명확한 첫 요구에 응한 공표효과 때문에 가능하다.
사람들은 빚을 지면 갚아야 한다는 것을 하나의 규범으로 받아들이고 있다. 상호성 규범(reciprocity norm)은 어떤 사람이 다른 사람으로부터 받는 것을 같은 종류로 갚아야 하는 규칙을 응용한 순종방법이다.		

상호성원리	문전박대 기법 (door-in-the-face technique)	문간에 머리 들이밀기 기법이라고도 하는 것으로, 한발 적시기 기법과 달리, 어느 정도 크기의 요구에 응하게 할 경우 아주 큰 요구를 했다가 거절하면, 그 대신으로 어느 정도 크기의 요구를 하는 것이 더 유리한 기술이다. 흥정기법(bargaining tactic)이라고도 하며, 두 번째 요구가 첫 번째의 큰 요구에 비해 아주 작은 것으로 보이는 대조효과(contrast effect)를 노리는 기법으로 즉각적으로 수락을 얻으려 할 때 효과적이다. ☞ 1975년 사이얼 디니는 사람들에게 좋은 일을 하려는데 시간을 좀 내달라고 부탁하면서 A집단에는 처음에 6시간을 말했다가 나중에 한 시간만 요구했다. B집단에는 처음부터 한 시간만 내달라고 했고, C집단에는 6시간이나 한 시간 중에 선택하도록 했다. 이것은 과연 어느 집단이 한 시간 동안의 시간을 제일 많이 내줄 것인가 알아보는 실험이었다. 그 결과 A집단은 50%, B집단은 16.7%, C집단은 25%가 요구에 응했다. 목적은 한 시간이었지만 처음에 무리하게 6시간을 제시한 A집단에서 호응이 제일 높았던 것이다. 이처럼 역단계적 요청을 할 경우 사람들은 상대방이 매우 큰 요청을 작은 요청으로 바꾸는 것을 보며 상대방이 어느정도 양보를 했다고 인식하게 되며 자신도 이에 상응하는 양보를 해야 할 것처럼 느끼게 된다. 이 방법의 핵심은 첫 번째의 제안을 마치 최저의 요구 수준인 것처럼 진지하게 요청하는 것이다. 처음의 제안이 절실한 것이었음에도 이를 양보했다는 느낌이 상대에게 전달되어야 상대도 그것에 반응하여 더 많은 양보를 하게 된다.
	기타 상호성에 기반을 둔 기법	어떤 물건을 팔 때 견본품을 제공하거나 무료시험사용으로 제품을 소비자들에게 제공하고 나서 추후에 재방문하면 소비자들이 몇 가지 제품을 구매해야 할 의무가 있는 것처럼 느끼게 만드는 것이다.
희소성원리		사치품은 비쌀수록 더 잘 팔리 듯 무엇이든 희귀한 것은 더 값어치가 있는 것으로 인식하는 경향이 있는데, 이를 이용한 순종방법이다. 유사한 것으로 배블런(Veblen) 효과라는 게 있는데, 2006년 명품족들의 가슴을 설레게 했던 수천만 원대의 스위스제 시계 '빈센트 엔 코'가 화제가 되었다. 이 시계를 사기 위해 명품족들은 돈을 아끼지 않았다. 그런데 그 시계는 사실 중국산 싸구려 시계를 스위스 내 유령회사를 통해 수입하는 사기로 탄생한 것임이 밝혀진 바 있다. 즉 배블런(Veblen) 효과는 가격이 오르는데도 일부 계층의 과시욕이나 허영심 등으로 인해 수요가 줄어들지 않는 현상을 말한다. 속칭 '속물근성'으로 이런 풍조는 우리나라도 예외는 아니어서 2000년 이후 백화점에서 전체국민의 1%안에 드는 최상류층을 상대로 한 마케팅이 인기를 끌기도 하였다.
	덤 끼워주기 기법 (that's-not-all technique)	'당신한테만 특별히', '오늘만 세일', '한정 공급' 등 물건을 제한적으로 또는 덤으로 끼워준다고 하면 판매량이 급증한다. 즉, 하나를 사면 나머지를 덤으로 주겠다고 한 조건에서 훨씬 많은 구매가 이뤄진다. 사은품을 이용하여 판매를 하는 전략이 대표적인 예라고 하겠다.

위에서 제시한 기법 중 한 발 적시기 기법과 문전박대 기법은 정반대의 전술이지만 모두 상대방을 설득하는 데 효과적이다. 그러나 분명한 차이도 있다. 특히, 두 기법은 큰 요구와 작은 요구가 얼마나 관련되어 있는가 하는 점에서 차이가 난다. 문간에 발들여놓기 기법은 작은 요구와 큰 요구 간의 관련성이 적어도 효과적이었지만, 문간에 머리 들이밀기 기법은 두 요구 간의 관련성이 높아야 효과가 나타났다. 이러한 사실은 문간에 머리 들이밀기 기법의 활용범위가 더 좁다는 것을 보여주는 것이다.

문간에 발 들여놓기 기법을 사용할 때 과잉정당화가 일어나면 효과는 줄어든다. 심리학에서 말하는 테크닉들은 항상 상대적인 경우가 많다. 상황에 따라 혹은 사람에 따라 테크닉의 효과는 차이가 날 수 있다. 문간에 발 들여놓기 기법도 마찬가지다. 이 기법이 항상 효과적인 것은 아니다. 처음에 작은 요구를 하고 그 대가로 금전을 지불했을 경우에는 문간에 발 들여놓기 기법의 효과가 없었다. 돈이 적은 요구를 들어주는 이유가 되어 피험자들이 태도를 바꾸지 않아도 되었기 때문이다. 보수의 효과는 때론 한계가 있다. 특정의 행동에 대한 보수의 양이 지나치게 크면 과잉정당화가 일어나 요구를 들어주는 일을 막는다. 그러므로 문간에 발 들여놓기 기법을 효과적으로 사용하려면 금전이나 보상을 주는 것보다는 작은 요구를 들어주도록 하고, 그러한 행동이 자신의 결정으로 이루어진 것이고 그 일이 재미있어서 하게 된 것이라는 생각을 하도록 하는 것이 중요하다. 문간에 머리 들이밀기 기법에서는 한 가지 염두에 둬야 할 점이 있다. 그것은 상대방의 예상보다 지나치게 높은 수치를 제시해서는 안 된다는 것이다. 효과를 높이기 위해서는 상대방의 의중을 파악해서 그보다 조금 높은 수치(가격, 임금 등)를 제시하는 것이 효과적이다.

③ 동조와 순종의 사회적 기능

순기능	사회규범의 유지와 존속에 기여하는 사회행동, 소수영향이 성공할 경우 사회변혁에 기여하는 사회행동의 기능을 한다. 집합주의 문화권에서는 조화와 협동을 강조하고 사회구성의 기초를 개인이 아닌 개인 간의 관계라고 보아 동조와 순종에 대한 큰 거부감이 없다.
역기능	대체로 동조와 순종은 역기능만이 강조되어 온 대표적 사회행동이다. 동조행동은 독립심이 없는 줏대 없는 사람 등 유행과 같은 몰지각한 사회적 현상의 근거라고 비난되며, 순종은 유태인 학살이나 말라이촌 학살 같은 범죄행위의 근거로 비난된다. 그래서 그동안 동조와 순종은 인간소외의 심리적 근거로 상정되어 왔다.

(4) 복 종

복종이란 남의 명령이나 의사를 그대로 따라서 하는 것을 말한다. 그러나 이러한 복종에 저항하는 심리도 있다. 스탠리 밀그램의 실험과 스탠포드의 감옥실험은 복종에 관련된 것이나, 양치질 실험은 심리적 저항에 관련된 것이다. 한편 복종에 대한 연구는 왜 수많은 독일인들이 부당한 지도자 히틀러의 지시에 저항하지 않고 잔혹한 유태인학살에 참여하였는가에 대한 의문 등에서 관심의 대상이 되었다.

 **스탠리 밀그램 실험(Stenley Milgram Experiment)**

Stenley Milgram(1933~1984)은 뉴헤이번의 주민들을 대상으로 '기억력에 관한 실험을 위해 교사역할을 해 줄 사람을 모집합니다.'라는 광고를 냈다. 이렇게 참가자들을 모아 교사와 학생역할을 하도록 한 후 "전기충격 실험(참가자에게는 징벌에 의한 학습효과 실험을 한다고 함)"을 하였다. 실험에 앞서 교사 역할을 하는 사람에게는 학생의 답이 틀리면 전기 충격을 가하되 15볼트에서 시작하여 450볼트까지 답이 틀릴 때마다 조금씩 전압을 올리도록 지시하였고 학생 역할을 하는 사람(실제로는 실험협력자)은 실제로 전기충격을 받은 것처럼 연기를 하도록 하였다.

그는 교사역할을 하는 사람에게 전압에 따라 상대방이 받을 수 있는 충격에 대해 설명해주면서 전기쇼크로 인한 신체적 장애는 없다고 설명을 해주었다. 실험 전 예일대 학생들을 대상으로 어쩔 수 없는 상황에서 비인간적인 행동을 할 수 있느냐는 질문을 하였을 때 92%의 학생은 그럴 수 없다고 대답하였고 심리학자들도 일정 정도가 되면 실험에 참가한 사람들은 실험을 거부할 거라고 예상하였다.

그러나 전압을 올릴 때마다 학생역할을 하는 사람이 건너편 방에서 극심한 고통을 호소함에도 불구하고 65%의 사람들이 450볼트까지 전압을 올렸다. 더 놀라운 사실은 상대방의 고통소리를 듣고 주저하고 괴로워하면서도 아무도 "이런 말도 안 되는 실험을 중단하라"고 요구하지 않았고 실험자가 지시하는 대로 450볼트까지 전압을 올리거나 '더 이상은 못할 것 같다'며 실험자가 가라고 할 때까지 그 자리에서 지시를 기다리는 소극적인 행동만을 취했다는 것이다.

이 실험에 대하여 밀그램은 "왜 사람들은 비인간적인 명령도 맹목적으로 따르는 건지 왜 평범한 사람들이 끔찍한 대량학살을 저지르는지…" 알고 싶었다고 했으며, 실험 3개월 후인 1961년 9월 경 밀그램은 이 실험의 후원자들에게 "얼마 전 제가 순진했을 때만 하더라도 독일처럼 국가차원의 죽음의 수용소를 만들 만큼 도덕성이 결여된 사람들은 미국 내에서 찾을 수 있을까 의문스러웠습니다. 하지만 지금은 뉴헤이번만 뒤져도 그 인원을 채울 수 있다고 생각합니다."라는 편지를 보냈다. 밀그램이 사망한 이후 그의 부인은 "남편은 명

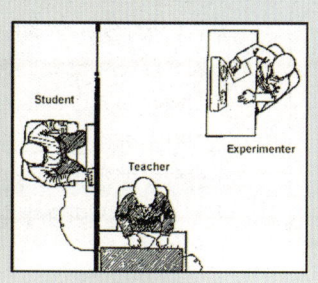

령에 복종하는 사람들이 그렇게 많을 것이라고 예측하지 못했어요. 결국 그는 사람들에 대해 냉소적인 생각을 갖게 되었죠."라고 회상했다.

이러한 스탠리 밀그램의 실험에 대한 비판도 거세었다. 심리학자인 버니 믹슨은 두 개의 도덕률 간의 갈등, 즉 일반인들은 '흰 가운'에 약하다. '설마 흰 옷을 입은 과학자가 나쁜 짓을 하겠어'와 '전기충격으로 고통받는 피험자를 도울 것인가?' 중에서 실험자에 대한 신뢰가 더 큰 결과에 불과하다고 비판했으며, 실험에 참여했던 조슈아라는 사람은 실험에 참여하여 4달러라는 돈을 받았기 때문에 약속을 이행해야 한다는 의무감이 생겼고, 이행치 않으면 환불을 요구할지도 모른다는 불안감이 있었다고 진술했다. 또한 실험자들은 과학자 집단이고 참여자들은 고립된 개인이었기 때문에 권위를 가진 사회집단을 거스리기 어려웠다고 볼 수 있다. 다니엘 조나 골드하겐은 밀그램의 복종이론은 잘못된 것이라고 했는데, 그 이유로 피험자들이 상황을 판단할 기회를 박탈당했고 우리가 행동을 하지 않는 것은 권위에 대한 두려움이 아니라 자발적인 결정이라는 점을 들었다.

이러한 비판에도 불구하고 스탠리 밀그램은 "피험자들이 실험자가 내리는 명령에 반항할 수 있는 방법은 단 한가지 불합리한 명령을 내리는 권위자와의 관계를 완전히 단절하는 것이다."라고 주장하였다.

스탠포드 교도소 실험(Stanford Prison Experiment)

짐바르도(Zimbardo) 교수는 1971년 "스탠포드 교도소 실험(Stanford Prison Experiment)"을 통해 평범한 사람이 '상황적 힘(situational force)'에 얼마나 무기력한지를 보여주었다. 그는 창이 없는 폐쇄된 모의 교도소를 만들어 대학생 지원자들을 모은 후 학생들을 교도관 역할을 하는 그룹과 교도소 수용자 역할을 하는 그룹으로 나누어 2주 간 실험을 할 계획이었다. 그러나 시간이 지나면서 교도관 역할을 맡게 된 평범한 학생들이 실제 교도관처럼 돌변하면서 수용자 역할을 하는 학생들에게 육체적·정신적 고통을 가하게 되었고, 수용자 역할을 하던 학생들은 실제 수용자처럼 신경쇠약과 정신질환에 시달리게 되어 결국 6일 만에 실험을 끝낼 수밖에 없었다. 그 이후 교도소체험 실험은 영국, 호주, 한국 등에서도 실행되었는데, 그 결과는 스탠포드 실험과 모두 동일한 것은 아니었다.

양치질 실험

이 실험은 I. Jennis와 Feshbach가 실시한 것으로 피험자들에게 치아를 좋은 상태로 지킬 수 있는 새로운 칫솔이 나왔다고 소개하면서 '양치질을 잘하기 위하여…'라는 주제로 강의를 실시했다. 이 때 피험자들은 A, B, C, D 그룹으로 분리한 후 다음과 같이 각각 다르게 강의를 했다.

A : 아무런 경고 없이 "일단 양치질을 해보세요."라고 했다.

B : 정상인의 치아 사진을 보여주면서 "양치질을 하지 않으면 충치가 생기거나 이에 구멍이 뚫립니다. 그러니 양치질을 잘해야 하죠." 라고 설명했다.

C : "양치질을 하지 않으면 충치가 생기거나 이에 구멍이 뚫리거나 입안이 헐게 됩니다. 그러니 양치질을 잘해야 하죠." 라고 설명하면서 실제로 그렇게 된 사람의 사진을 보여주었다.

D : "양치질을 하지 않으면 이에 구멍이 뚫리거나 썩어 버립니다. 뽑더라도 아주 아프죠. 그대로 놓아두면 암으로 발전하거나 눈이 멀 수도 있으니 양치질을 잘하지 않으면 무서운 결과를 낳을 수도 있습니다."라고 설명하면서 실제로 고름이나 염증이 난 흉측한 치아사진을 보여준다.

우선 강의 직후 참가자 전원에게 감상을 물어보았더니 D그룹이 가장 무섭다는 반응을 보였다. 이는 당연한 결과였다. 그런데 문제는 강의 이후 실제로 양치질로 이어진 결과가 의외라는 점이다. 실험 후 전원에게 "양치질을 합시다.", "좋은 칫솔을 사용합시다."라고 권유해보니, 이에 순순히 따라온 비율이 B 〉 C 〉 D 〉 A의 순서였던 것이다. 경고를 한 그룹 중에서는 D가 가장 비율이 낮았다. 이것을 심리적 저항이론으로 풀어볼 수 있다. 즉, 강하게 금지당하면 반발하고 싶어지는 심리이다. 물론 이 실험은 허점이 많지만 사람은 누구나 "자신은 자유롭다."라고 생각한다. 그래서 어떤 것을 금지 당하거나 제한 당하여 자유가 침해받게 되면 더욱 자유를 열망하게 되고 반대 행동을 취하고 싶어지는 마음이 생길 수 있다.

이와 유사한 실험으로 James Pennebaker(1976)는 대학 구내에서 두 군데의 화장실에 경고판을 설치했다. 한 경고판에는 "이 벽에 제발 낙서하지 말아 주시기 바랍니다."라고 써놓았고, 다른 경고판에는 "어떤 경우에도 이 벽에 낙서는 금지입니다."라고 써놓았다. 2주 후에 가 보았더니 첫 번째 화장실 벽에 비해 두 번째 화장실 벽에 더 많은 낙서가 있었는데, 이것은 아마도 두 번째 경고판의 위협적인 어조가 학생들의 반감을 샀고, 학생들은 자신들이 낙서를 할 수 있다는 것을 입증하기 위해 낙서를 한 것으로 풀이된다.

4 집단에서의 행동

(1) 집단에서의 정체감

집단이란 무언가 서로 공통점이 있다고 생각하는 둘 또는 그 이상의 사람들의 집합체를 의미하며, 집단들은 공통적으로 소속된 사람들의 집단특성에 근거하여 내집단에는 긍정적 평가, 그리고 외집단에는 부정적 평가인 편견(prejudice)을 보이며, 소속 집단의 특성에 근거하여 내집단에는 긍정적 행동, 그리고 외집단에는 부정적 행동인 차별(discrimination)이라는 요소를 갖고 있다. 따라서 법률을 준수하는 이성적인 개인이 집단 속에서 함께 어울리기 시작하면 많은 경우 다르게 행동하게 되는 것이다. 이렇게 되는 이유는 몰개인화(deindividuation), 사회태만(social loafing), 그리고 집단극화(group polarization)가 작용하기 때문이다. 먼저 개인이 어떤 집단에 동일시하게 되면 집단의 한 구성원으로서 자신이 정의하는 사회적 정체감(social identity)을 갖게 되고 집단 내에서 구성원이 개인적 정체감과 책임감을 상실하여 집단행위에 민감해지는데, 이러한 현상을 몰개인화(deindividuation)라고 한다.

(2) 집단에서의 수행

① 사회적 촉진과 사회적 태만

트리플렛(Triplett, 1898)은, 인간은 혼자일 때보다 타인이 존재할 때 개인의 수행이 더 좋아지는 현상인 사회적 촉진(social facilitation)을 실험을 통해 입증하였는데, 이러한 사회적 촉진은 공동생활 속에서 개인별 수행이 관중(타인)들에게 확인 가능한 상황에 나타난다(관중효과). 사회적 촉진은 바퀴벌레와 같은 하등동물들에서도 나타난다. 주의분산-갈등이론에 의하면, 타인들의 존재가 사람의 주의를 분산시켜서 타인들과 수행해야 할 과제 사이에서 주의를 어떻게 할당하는가에 대해 갈등을 일으키고 이것이 사회적 촉진을 발생시킨다고 주장한다. 자이언스(Zajonc, 1965)에 의하면, 쉬운 과제에서는 성공이 우세반응이고 어려운 과제에서는 실패가 우세반응이 된다. 즉 과제의 난이도에 의해 결정된다. 따라서 쉬운 과제에서는 성공이 우세반응으로 사회적 촉진이 일어나고, 복잡하고 어려운 과제에서는 실패가 우세반응이므로 사회적 억제(social inhibition)가 일어난다.

반면에 개인별 수행이 확인 불가능한 과제나 상황에서는 링겔만효과라고 불리는 사회적 태만(social loafing)이 나타나는데, 이는 과제의 난이도와는 상관없이 일어난다. 즉 혼자 일할 때보다 집단으로 일할 때 노력을 절감해서 개인당 수행이 저하되는 현상을 말한다. 링겔만 효과는 집단의 목표를 중시하는 문화권의 경우와 작업동료의 수행에 기대를 걸기 어려운 경우 및 작업과제가 매우 중요하거나 재미있는 경우에는 거의 나타나지 않으나, 작업집단의 단위가 대규모일 경우, 즉 집단의 크기가 증가함에 따라 링겔만효과가 나타나기 쉽다.

(3) 경쟁과 협동

경쟁은 같은 목적에 대하여 이기거나 앞서려고 서로 겨루는 것을 말하며, 협동은 서로 마음과 힘을 하나로 합치는 것을 말한다. 협동의 일반적인 의미도 역시 서로 도우며 함께 사는 것을 뜻한다. 이러한 협동이라는 요소는 사회에 있어서 없어서는 안 되는 필수 요소이다. 예를 들어, 한 사람이 하기 힘든 일이 있을 때 여러 사람이 서로 협동을 통하여 힘을 합

하면 어려운 일도 쉽게 해낼 수 있다. 협동의 사회적 관계로 죄수의 딜레마와 사회적 딜레마가 있다. 이는 집단 내에서 서로 협동할 수도 있고 경쟁할 수도 있을 때 사람들은 '어떤 선택을 할까'의 문제에 대한 상황이론이다.

① **죄수의 딜레마 게임**(prisoner's dilemma game : PDG)

Neumann(1903~1957)은 게임이론에 인간의 이기심을 접목한 일종의 비제로섬 게임에 2명을 참여시켰다. 게임에서 이들 중 한 명은 기차에서 차이코프스키의 악보를 보고 있던 무명의 음악가였는데, 갑자기 KGB요원이 악보를 적국의 암호로 오해하고 무명의 음악가를 미국 스파이로 몰아 체포하고 암호작성자가 누구인지 추궁했다. 무명의 음악가는 자기가 본 것은 암호가 아니라 악보라고 해명했지만 KGB요원은 믿어주지 않았고 그래서 결국 악보를 제작한 차이코프스키를 체포하게 되었다. KGB는 이 두 사람을 격리 후 동일한 조건을 제시했다. 2명의 공범자가 체포되어 여죄를 추궁 당한다. 둘은 여죄를 절대 자백하지 않는다고 굳게 약속을 하고 취재에 응한다. 그들은 여죄를 자백하지 않으면 각각 6개월 형을 받고 어느 한 명만 자백하면 자백한 자는 집행유예로 석방이 되고 상대는 10년 형을 받는다. 둘 다 자백을 하면 각각 5년 형을 받는다고 한다. 이럴 때 그들은 어떤

결정을 내리는지 알아보자. 실험조건은 다음과 같다. 죄수 둘을 서로 격리시키고 이들에게 각각 다음의 선택을 준다.

조건 1. 둘 중 하나가 배신하여 죄를 자백하면 자백한 사람은 즉시 풀어주고 나머지 한 명이 10년을 복역해야 한다.

조건 2. 둘 모두 서로를 배신하여 죄를 자백하면 둘 모두 5년을 복역한다.

조건 3. 둘 모두 죄를 자백하지 않으면 둘 모두 6개월을 복역한다.

구 분	죄수 B의 침묵(자백안함)	죄수 B의 배신(자백)
죄수 A의 침묵(자백안함)	각자 6개월씩 복역	죄수 A-10년 복역 죄수 B-석방
죄수 A의 배신(자백)	죄수 A-석방 죄수 B-10년 복역	각자 5년씩 복역

게임이론의 결론은 두 사람 모두 자백하고 약한 벌('각자 5년씩 복역' 선택)을 받는 것이다. 두 사람 모두 범행을 부인해서 함께 풀려나는 것이 최선이지만, 상대방이 불었을 경우 자기만 중벌을 받게 될 것이 두려워 모두 자백하고 마는 것이다. 공생(共生)이라는 최선의 선택을 놔두고 굳이 공멸(共滅)의 길을 택하는 것은 자기 혼자 죄를 뒤집어쓰는 최악의 경우를 피하겠다는 심리가 더 크게 작용하기 때문이다. 근본적으로는 서로 상대방을 못 믿기 때문이다. 자기 딴에는 최선을 다해 머리를 굴린 이기적인 선택이 결국은 모두를 파멸로 이끄는 것이다. 그 이유에 대하여 Fehr 등(2002)은 두 사람은 모두 자신들이 제안 받은 것이 불공정하다고 생각할 때 거부하게 되는데, 이는 기만을 당하기 보다는 아무것도 받지 않는 것이 낫다고 생각하기 때문이라는 것이다.

② 사회딜레마

등산가서 쓰레기를 계곡에 슬쩍 버리거나 차를 타고 가다가 담배꽁초를 도로에 던져버리는 등의 행위는 당장은 개인에게 편하지만, 결국은 하천은 오염되고 도로는 황폐해지게 되어 나중에는 자신을 포함한 모든 사람에게 피해가 돌아가게 된다. 이와 같이 개인에게 즉각적인 보상을 주지만 장기적으로는 개인과 집단 전체에 해로운 결과를 초래하는 상황을 사회딜레마(social dilemma)라고 한다.

(4) 집단의사결정

대부분의 사람들은 개인보다는 집단으로 의사결정을 할 때 더 나은 결과가 나올 것이라고 생각을 하지만 일반적으로 집단결정이 개인결정보다 더 극단적이다. 모스코비치와 자발로니(Moscovici & Zavalloni)는 실험을 통해 집단토의와 같은 집단 상호작용 이후 구성원의 태도나 의견의 평균은 상호작용 이전의 평균과 동일한 방향으로 더 극단화되는 현상을 발견하였는데, 이 현상을 '집단극화(group polarization)'라고 한다. 집단극화의 원인으로는 집단의 전반적 성향과 일치하는 주장에 설득되어 발생하였다는 시각, 사회비교를 통해 집단의 평균보다 약간 더 바람직한 방향으로 자신의 입장을 변화시키는 자기과시의 산물로 보는 시각, 그리고 사회적 정체감을 결정적 조건으로 보는 관점이 있다.

스토너(Stoner, 1961)는 집단적으로 결정을 하게 되면 개인적으로 하는 경우보다 더 모험적인 방안을 택하게 되는 모험이행(risky shift)을 주장했는데, 그 이후의 연구들에서는 집단결정이 개인의사결정보다 오히려 더 보수적인 방안을 택한다는 결과도 나왔다. 따라서 이 현상들은 극단이행(extremity shift)현상으로 명명되었다. 즉, 집단의사결정은 개인의사결정보다 더 모험적이거나 아니면 더 보수적인 극단적 방안의 선택으로 귀결된다는 것이다.

한편 어떤 경우에는 가장 유능한 전문가들로 구성된 최선의 집단이 최악의 방안을 내놓는 경우가 있는데, 즉 응집성이 높은 집단에서 초래될 수 있는 비합리적이고 비생산적인 결정이나 판단을 '집단사고(group think)[16]'라 한다. 집단응집력에 대한 강한 욕구가 대안에 대한 현실적 평가를 압도하며, 권위적 리더로 인해 이탈자에 대한 사회적 압력이 높다. 이러한 집단사고는 외부로부터 위험이 임박하여 구성원의 스트레스가 고조될 때 더 쉽게 나타난다. 집단사고가 발생해도 자신들의 집단은 잘못된 결정을 내린 적이 없는 완벽한 집단이라는 신념을 견지하고 동조가 커지며, 상반된 증거가 제시되어도 무시해버리는 등의 집단합리화(collective rationalization)를 하게 된다.

Janis는 동조심리에 의해 그릇된 의사결정을 할 가능성(집단의사결정의 오류)을 줄이기 위해 외부인사들에게 집단의 의사결정을 제시하고 이를 반박하도록 하며, 동일 사안에 대해 여러 개의 집단이 독립적으로 의사결정을 하도록 하며, 제안에 대해 비판을 자유롭게 권장하고 리더는 어느 의견이건 자신의 신호를 보이지 말고 중립적인 것이 필요하다고 제안하였다.

---

16) 예를 들면, 일본의 진주만 공습 불예측, 월남전의 확산, 워터게이트 추문, 체르노빌 원자로 방사능 누출사고, 챌린지 호 폭발사건, 이라크 대량살상무기(WMD)문제 등이다.

부록

- 심리학 출제경향
- 심리학 용어사전

심리학 출제경향

7급 공무원	2012	2013	2014	2015	2016	2017	2018	2019	2020	2021	계
제1장 심리학의 개관	1	1	1		2		2		1	1	9
제2장 생리와 영양		1			1		1			1	4
제3장 감각과 지각	3	2	2		2		2		2	3	16
제4장 의식・사고・언어	1	2					1				4
제5장 학습과 기억	5	3	4		4		3		4	5	28
제6장 동기와 정서	2	2	3		2		2		2	2	15
제7장 발달심리학		1	2		1		1		2	3	10
제8장 성격심리학	2	2	3		3		3		2	3	18
제9장 건강이상치료	2	1	1		2		1		2	1	10
제10장 사회심리학	4	5	4		3		4		5	6	31
계	20	20	20		20		20		20	25	145

7급 군무원	2017	2018	2019	2019-1	2020	계
제1장 심리학의 개관	2	1	4	2	1	10
제2장 생리와 영양	3	1		5	1	10
제3장 감각과 지각	3	1	1	3	2	10
제4장 의식・사고・언어	2	2	2		2	8
제5장 학습과 기억	3	7	7	4	10	31
제6장 동기와 정서	2	1	1		2	6
제7장 발달심리학	2	3	2	2	2	11
제8장 성격심리학	4	3	5	2	2	16
제9장 건강이상치료	2	3	1	3	1	10
제10장 사회심리학	2	3	2	4	2	13
계	25	25	25	25	25	125

출제빈도	7급 공무원 시험용어	7급 군무원 시험용어
↑ 5	강화, 강화계획, 귀인, 기본귀인오류, 인본주의, 인지부조화, 정신(역동)분석, 조건형성, 휴리스틱(어림법으로 게재되어 있음)	Erikson, Freud, Cattell, 강화, 구체적 조작기, 행동주의, 휴리스틱(어림법으로 게재되어 있음)
4	계열위치효과, 동조, 몰개인화, 변인, 사회적 자극, 자기중심편향, 자극일반화, 장기기억, 정서, 집단극화, 사회적 촉진, 학습무기력, 행동주의, 형태주의	Piaget, Premack원리, Wundt, 감각운동기, 기본귀인오류, 구성주의, 전조작기, 형식적 조작기, 처벌
3	Cannon-Bard이론, Erikson, Freud, James-Lange이론 공변원리, 기능주의, 기억, 단기기억, 도파민, 사고, 사회적 태만, 선택적 주의, 인본주의, 자유연상, 전두엽, 조작적 판단, 집단사고, 초두효과, 통찰학습	Bandura, Kohlberg, Maslow, Skinner, Wertheimer, 교감신경계, 단기기억, 대상영속성, 부교감신경계, 부호화, 욕구, 의미기억, 인지발달단계, 인지주의, 인출, 일화기억, 전위, 고전적 조건형성, 조작적 조건형성, 퇴행, 투사, 형태주의
2	Kelly, Kohlberg, Maslow, Milgram, Rogers, Skinner, Sternberg, 가용성 휴리스틱, 각성, 노르에피네프린, 뉴런, 대립과정이론, 두정엽, 모델링학습, 미신행동, 방관자효과, 방어기제, 변별, 사랑삼각형모형, 사회적 상호작용, 사회적 촉진현상, 상관관계, 색채잔상효과, 설단현상, 세로토닌, 소거, 습관화, 시냅스, 시상하부, 신경생물학이론, 실험법, 아세틸콜린, 암묵기억, 외현기억, 이중은폐절차, 인과관계, 인지부조화, 인지주의이론, 자기애성, 자기충족적 예언, 자폐스펙트럼장애, 전인습적 수준, 정서2요인론, 정적 강화, 조현병, 조형, 진화심리학, 차이역, 청각, 체계둔감화, 초자아, 특질이론, 틀효과, 편집성 성격장애, 평균원리, 표정, 행위자-관찰자 효과, 향본능 표류, 효과의 법칙	Adler, Allport, James, Jung, MBTI, MMPI, Pavlov, Rogers, Thorndike, Watson, 간상체, 강화계획, 기억, 내부귀인, 도박사오류, 동조, 로르샤흐검사, 말초신경계, 명순응, 무의식, 방어기제, 보상, 복종, 부적 강화, 사회학습이론, 성격발달단계, 소거, 순행간섭, 시상, 신경전달물질, 심리사회이론, 암순응, 역행간섭, 영아기, 인본주의, 인습적 수준, 인지부조화, 인지주의학습, 자극변별, 자아실현, 자연관찰, 전인습적 수준, 절차기억, 조현병, 중첩, 질문지법, 초두효과, 추상체, 측두엽, 칵테일파티효과, 투사검사법, 특질, 합리적 선택이론, 합리화, 행위자-관찰자 편향, 후인습적 수준
1	16PF, Adler, Allport, Asch, Bandura, BGT, Bowlby, CPI, DSM-IV, Ekman, Eysenck, Gardner, Harlow, HTP, Hubel-Wiesel의 특징탐지기이론, Izard, Jung, Lazarus, McCrae-Costa, MMPI, Moscovici, Murray, Myers-Briggs, NEO성격검사, Piaget, Rotter, Schachter, Selingman, Singer, Spearman, TAT, Watson, Wechsler, Weiner, Wolpe, Wundt, Yerkes-Dodson법칙, Zajonc, 가르시아효과, 가현운동, 간상체, 갈등, 감각순응, 감각운동기, 강박성, 개방성, 개인적 구성개념, 거	2요인이론, Bard, Beck, Cannon, CPI, DSM-IV, Ellis, Gardner, Lange, Levinson, LSD, Milgram, MMPI, Myers-Briggs검사, REBT, Rescorla, Riegel, Schachter, Singer, Sternberg, TAT, Thurstone, Urvan, Vygotsky, Wagner, WAIS, 가르시아효과, 가역성, 각인, 간섭이론, 간질, 감각, 감각기관, 감각순응, 감각통합, 감마아미노낙산, 강박장애, 개념주도적 처리, 개방성, 거리지각, 결의 밀도변화, 결정성지능, 경조증, 경험주의, 고착, 공간인

리지각단서, 걸맞추기(유사효과), 검사의 표준화, 경계선, 경계선성격장애, 경계영역, 관점, 관중효과, 관찰연구법, 구성주의, 구성타당도, 구조주의, 구체적 조작기, 권위적리더, 귀인편차, 귀인편향, 규범적 사회영향, 긍정심리학, 기대가치이론, 기대유인가이론, 기본특질, 깊이지각, 내성법, 내용타당도, 내적 타당도, 내집단편향, 내현성격이론, 노년기, 노출법, 논리적 사고, 뇌량, 뇌의 가소성, 다발성 경화증, 단서회상검사, 단순노출효과, 단어부분채우기검사, 대기조망, 대뇌피질, 대상영속성, 도덕발달단계, 동기, 동시대집단효과, 동질정체, 둔감화, 렘(REM)수면, 로르샤흐검사, 림프, 맛혐오학습, 망각, 망막, 맥락의존기억, 면전에서 문닫기, 몰개성화, 무논리증, 무선표집, 무선할당, 무욕증, 문간에 발들여놓기, 문화심리학, 민감화, 바넘효과, 반사, 반사회성, 반사회적, 반사회적 성격장애, 발달이론, 방어귀인, 배려성, 변연계, 보수이행, 복종, 본보기이론, 부분강화, 부적처벌, 부호화, 부호화특수성원리, 부화효과, 비교문화심리학, 사례연구법, 사상의학, 사회교환이론, 사회비교, 사회인지, 사회인지이론, 사회재적응평정척도(SRRS), 사회적 딜레마, 사회적 행동, 사회적 억제, 사회적 지지, 사회정체성, 삼원색이론, 상관계수, 상대역, 상태의존적 학습, 상향처리, 상호결정론, 상호성규범, 상호성원리, 색채지각, 생물학적 동기, 선형조망, 설득, 설문조사법, 성격5요인, 성실성, 쇠잔이론, 수상돌기, 수의적 행동, 수초화, 순행간섭, 스트레스, 스트룹효과, 시각, 시험효과, 신경전달물질, 신경증, 신체감각, 신행동주의, 실험연구, 실험적 신경증, 실현경향성, 심리사회발달단계, 심리사회적 도전, 심리치료, 안면타당도, 암묵적 성격이론, 애착, 애착형성, 양안단서, 언어상대성이론, 에빙하우스의 파지곡선, 엔도르핀, 역하자극, 연속성, 연역추리, 오이디푸스 콤플렉스, 원초아, 외측시상핵, 웨버의 법칙, 유사성, 음성증상, 응급반응, 응종, 의미기억, 의존성성격장애, 이기적 편향, 이성적 행위이론, 인과관계, 인접성(근접성), 인지발달이론, 인지신경과학, 인지적 접근, 인지학습, 일화기억, 자기결정이론, 자극변별, 자극통제, 자기개념, 자기기여편향, 자기보

식, 공간지각, 공인타당도, 공황장애, 광장공포증, 구강기, 구성능력, 구성타당도, 귀인, 근접성, 급식-섭식장애, 기능주의, 기면증, 기억상실증, 기억처리수준, 낙인이론, 남근기, 낮은 공 기법, 내용타당도, 논리적사고, 뉴런, 다중지능이론, 단안단서, 대뇌피질, 대립과정이론, 대상영속성, 도덕성발달이론, 도파민, 도피기제, 독립변인, 동기, 동일시, 되새김장애, 두정엽, 렘수면, 리마증후군, 리플리증후군, 막전위, 망막, 맥락의존, 면전에서 문 닫기, 면접법, 모르핀, 모범행동보여주기, 무선할당, 무조건자극, 무조건적 수용, 문간에 발 들여놓기, 문제해결대처, 뮌하우젠증후군, 민감도, 바움테스트, 발달, 백일몽, 밴드왜건효과, 범불안장애, 베블런효과, 변별, 변연계, 부적 강화, 부적 처벌, 부정, 부정적 편향, 부호화특수성, 불안, 불안장애, 불안정 회피애착, 비위맞추기, 비합리적 신념, 빈발효과, 사회상호작용접근, 사후과잉확신편향, 삼원색이론, 상호제지이론, 생득주의접근, 생식기, 서술기억, 선형원근, 선형조망, 설단현상, 성숙, 세로토닌, 소거이론, 수렴, 수면-각성장애, 수상돌기, 수용기제, 수용기세포, 수초화, 스톡홀름증후군, 스티그마효과, 스펙트럼, 시냅스, 시상하부, 시세포, 신경발달장애, 신경배선모형, 신경증, 신뢰감 대 불신감, 신체중심대처, 실험법, 실험연구, 심리사회발달단계, 심리사회적위기, 심리성적발달단계, 심리중심대처, 아세틸콜린, 안정애착, 알츠하이머치매, 암묵기억, 애착, 양극성장애, 양안단서, 양안부등, 억압, 언어발달, 에피네프린, 역기능적 인지도식, 역치, 역하자극, 연속성, 열등감, 예언타당도, 외부귀인, 요구특성, 욕구위계이론, 우반구, 우울증, 우월성, 운동장애, 유동성지능, 유사성, 유전, 응고이론, 응고화, 의사소통장애, 의존변인, 이식증, 이완, 이중맹검법, 이차적 강화, 인간발달단계, 인과관계, 인지적 편향, 인지적 오류, 인지적 자원, 인지적 책략, 인지치료, 인지해석, 인출실패, 일차적 강화, 일차 체감각기능, 자극-반응, 자극일반화, 자기고양편파, 자기보고식검사, 자기

고검사, 자기지각이론, 자기참조효과, 자기효능감, 자발적 회복, 자아, 자유회상검사, 작업동기이론, 재인검사, 재평정, 전경-배경, 전망이론, 전체강화효과, 절대역, 정교화가능성모형, 정보부호화, 정보적 사회영향, 정서경험, 정서적 둔마, 정신반사학습, 정신생리학, 정체성, 조건강화, 조망수용능력, 종말단추, 좌절, 주변인 효과, 준거타당도, 준비성, 중심특성, 지각적 집단화, 직접관찰, 집단응집력, 집단화, 차별, 차별강화, 착시, 처벌, 척도, 추동-감소이론, 추상체, 출처기억상실, 충동, 측두엽, 친교, 카멜레온효과, 칵테일파티현상, 콤플렉스, 크기항등성, 탈인습적 수준, 탐지, 통제소재, 특정성, 특질이론, 편도체, 편향, 품행장애, 피그말리온효과, 학습이론, 함구효과, 함정, 합리적 선택이론, 항동현상, 행동주의, 행동주의이론, 행위자-관찰자 형평이론, 혐오치료, 호감, 호혜적 결정론, 확증편향, 환각, 회피성, 후견편향, 후광효과, 후두엽, 후인습적 수준

조절체계, 자기중심사고, 자기중심편향, 자기초월, 자기효능감, 자동적 사고, 자발적 회복, 자발적 조건형성, 자율신경계, 자이언스효과, 작업기억, 잠복기, 장기기억, 재인, 저항애착, 전두엽, 전전두엽, 절대역, 점화효과, 정서반응, 정서적 둔감화, 정서적 조건형성, 정서중심대처, 정적 강화, 정적 처벌, 조건반응, 조건자극, 조절, 조증삽화, 조직화, 종속변인, 좌반구, 주의집중, 주장훈련, 중추신경계, 지각, 지각집단화, 지각항등성, 지능이론, 지적장애, 직관적 사고, 집단규범, 집단극화, 집단무의식, 집단사고, 집단상담, 집단현상, 차별적 접촉이론, 차이역, 창조적 자기, 체계적 둔감법, 체성신경계, 체위근, 추동, 축삭말단, 축색돌기, 침묵의 나선이론, 코카인, 투사법, 특성검사, 특수지능, 편도체, 프로포폴, 플라시보효과, 피그말리온효과, 피해망상, 하인츠 딜레마, 하지불안증후군, 학습무기력, 항문기, 해리성, 해마, 행동수정, 혼돈애착, 확증적 편향, 환각, 환청, 활동전위, 회피, 효과의 법칙, 후광효과, 후두엽

Appendix 심리학용어사전

ㄱ

가르시아효과(Garcia effect)
음식을 먹은 후 구토를 하거나 복통을 경험할 경우 그다음부터 해당 음식을 거부하게 되는 현상이다. 반복적 학습으로 특정한 반응 유발 과정의 고전적 조건형성 중 하나인 혐오 학습의 종류다.

가변간격계획(variable-interval schedule)
조작적 조건형성에서 예측 불가능한 반응 수 이후의 반응에 강화를 주는 계획으로 부분적 강화계획의 하나이다. 각각의 시행에서 어떤 반응이 강화물을 얻기 이전에 경과 해야만 하는 시간은 시행에 따라 다양하게 하되, 전체 시행을 통틀어 보았을 때 정해진 시간간격이 평균을 이룬다. 즉 시간간격을 변화시키면서 강화시키는 강화규칙으로, 지난 강화로부터 일정한 시간이 경과한 뒤에 한 반응에 강화가 주어지도록 강화한 시간이 평균중심으로 변동하는 것을 말한다.

가변비율계획(variable-ratio schedule)
조작적 조건형성에서 예측 가능한 반응 수 이후의 반응에 강화를 주는 계획으로, 부분적 강화 계획의 하나이다. 강화물을 얻기 위한 반응의 횟수는 매 시행마다 다양하지만 전체 시행을 통틀어 보았을 때 특정횟수로 평균을 이룬다. 즉 반응수를 변화시키면서 강화시키는 강화규칙으로, 고정-비율계획과 같이 일정한 수의 반응을 한 뒤에 강화가 주어지지만, 강화와 강화간 반응수가 어떤 평균수에 따라 변동하는 것을 말한다.

가법혼합(additive mixtures)
상이한 파장의 빛이 혼합되어 모든 파장이 함께 망막을 자극하는 조건을 말한다.

가상현실(virtual reality)
컴퓨터가 만들어 낸 환경과의 상호작용경험을 의미한다. 가상현실 기술은 컴퓨터를 통하여 만들어진 실제 환경과 유사한 가상환경 내에서 참여자에게 3차원 상호작용을 통하여 몰입감을 제공하는 제반기술이다.

가상현실 노출치료(virtual reality exposure therapy)
가상현실 체험을 통해 공포를 유발하는 자극(예를 들어, 거미, 비행, 대중연설 등)에 점진적으로 노출시키는 불안치료 기법이다.

가설(hypothesis)
이론이 함축하는 검증 가능한 예언을 말한다.

가설검증 전략(hypothesis testing strategy)
어떤 개념에 대해 가설을 설정한 후, 사례들을 가지고 그 가설을 검증하여 개념을 형성하는 방법이다.

가소성(plasticity)
두뇌의 수정능력. 손상을 당한 후의(특히 아동기에) 두뇌 재체제화 그리고 두뇌발달에서 경험의 효과에 관한 실험에서 볼 수 있다. 뇌의 일부 부위가 정상적으로 담당하지 않는 기능을 떠맡는 능력이다. 즉 긍정적이거나 부정적인 삶의 경험에 대한 반응 안에서의 변화를 위한 역량이다.

가역성(reversibility)
아들러 학파의 개념으로, 가족구성원의 수, 순서 및 특징을 말하며, 생활양식을 결정하는 중요한 요소이다. 즉 변형을 역방향으로 전환함으로써 변형 이전의 상태로 돌아갈 수 있다는 개념이다. 따라서 가역적 사고(reversible thinking)란 끝에서부터 처음으로 생각을 거꾸로 하는 것을 말한다.

가용성 어림법(availability heuristic)
어떤 일/사건이 일어날 가능성에 대한 판단을 그런 일/사건을 기억해내기 쉬운 정도를 기초로 내리는 판단전략을 말한다. 즉 사건의 가능성을 기억의 가용성에 근거하여 추정하는 방법이다. 사례들이 쉽게 마음에 떠오르면, 그러한 사건이 흔하다고 가정하게 된다.

가족치료(family therapy)
가족이 상호 교류하는 패턴 속에서 임상적 문제 파악의 방법을 제공하며, 역기능적 상호작용의 내용부다 과정에 초점을 두고 치료적 접근을 한다. 다른 치료양식처럼 치료자들의 이론적 입장에 따라 치료적 접근에 차이가 있다. 가족을 하나의 시스템으로 다루는 치료로 한 개인의 바람직하지 않은 행동을 가족구성원의 영향을 받거나 그 구성원을 향한 것으로 간주한다. 가족들을 긍정적인 관계와 개선된 의사소통으로 이끌어가고자 시도한다. 즉 가족구성원의 병리가 그 가족구성원 한사람에게 있는 것이 아니라 가족전체에 있다는 것으로, 가족역동에 대한 이해를 통해 가족병리를 개선해 나가는 치료형태이다.

가치의 조건화(conditions of worth)
부정적인 평가를 받을 수 있는 행동은 억압하고 부모나 타인들의 기대에 부응하는 행동과 태도를 긍정적으로 수용하는 것을 말한다.

가현운동(apparent movement)
물체를 지각하는 과정에서 나타나는 착각 중 하나로, 실제 객관적으로는 움직이지 않는데도 우리 눈에 들어와서는 움직이는 것처럼 느껴지는 심리적 현상을 말한다.

각본(script)
일상적 활동에 대해 알고 있는 조직화된 지식이나 도식의 한 종류를 말한다. 즉 도식의 한 특수한 유형으로 사람들의 일상적 활동에 대해 알고 있는 조직화된 지식을 말한다.

각성수준(arousal level)
뇌의 변연계 주변이 평상시에 흥분되어 있는 정도를 말한다.

각성이론(arousal theory)
최적의 생리적 각성수준을 유지하기 위해 우리 행동이 동기(원인)화된다고 주장한 동기이론이다.

각인(imprinting)
특정동물이 생애초기 결정적 시기에 애착을 형성하게 되는 과정을 말한다. 오리 등에서 나타나는 종족특유의 행동으로 생후 처음 보는 움직이는 물체를 쫓아다니는 애착행동이다.

간격두기 효과(spacing effect)
집중적인 공부나 연습보다 분산된 공부나 연습이 더 우수한 장기파지를 초래하는 경향성이 있다는 것을 말한다.

::: **간결한 이야기(telegraphic speech)**
주로 명사와 동사로 이루어져 있고 두 단어로 된 문장을 말한다.

::: **간뉴런(intermeuron)**
감각입력과 운동출력 사이에서 내부적으로 의사소통하는 중추신경계 뉴런으로, 중추신경계 내에서 정보를 통합하는 뉴런이다.

::: **간뇌(diencephalon)**
중뇌와 종뇌(대뇌반구) 구조물로, 시상과 시상하부로 나뉜다.

::: **간상체(rod)**
명암을 탐지하는 망막 수용기로 주변시 그리고 원추체가 반응하지 않는 석양 무렵의 시각에 필요하다. 망막에 있는 수용기세포로 빛이 약한 조건에서 주변 시야의 시각처리를 담당한다. 즉 무채색을 탐지하는 망막의 수용기로 망막의 말초부위에 많이 분포되어 있으며 희미한 조명에 대상을 탐지할 수 있도록 한다.

::: **간섭이론(inference theory)**
다른 정보들이 망각된 정보를 간섭하여 그것에 접근할 수 없도록 만든다고 주장하는 망각이론이다. 즉 파지기간 동안 일어나는 여러 정보들 간의 간섭 때문에 망각이 일어난다는 이론이다.

::: **간질(epilepsy)**
뇌의 일부 뉴런들이 비정상적으로 율동적 발화를 하여 발작을 일으키는 병이다.

::: **갈등(conflict)**
행위나 목표 또는 아이디어들 간의 지각된 대립을 말한다.

::: **감각(sensation)**
감각자극이 감각기관에 의해 수집되고 부호화되는 초기과정으로 감각수용기와 신경체계가 환경으로부터 물리적인 에너지를 탐지하여 그것을 신경신호로 변화시키는 과정을 말한다. 감각수용기와 신경시스템이 환경으로부터 자극에너지(물리적 에너지)를 받아들이고 표산(전환)하는 과정이다.

::: **감각기관(sensory system)**
외부 자극을 자극 종류에 따라 분화된 자극 수용기를 통하여 받아들이고 신경 자극의 형태로 중추신경계에 전달하는 기관이다. 코, 혀, 피부, 눈, 귀가 대표적인 감각기관들로, 감각기관 수용기를 통해 뇌에 전달된다.

::: **감각기억(sensory memory, SM)**
기억시스템에 감각정보를 매우 짧은 시간 동안 기록하는 것으로, 우리가 가지고 있는 감각들에 대해 하나씩 있는 감각등록기들의 집합으로, 감각기억은 투입되는 감각정보를 그것이 주의 집중되고, 해석되고, 단기기억으로 부호화될 때까지 보유하고 있다. 약 1초 미만의 시간동안 감각정보를 유지하는 기억을 말한다.

::: **감각뉴런(sensory neuron)**
들어오는 정보를 감각수용기로부터 중추신경계로 전달하는 뉴런으로, 감각수용기, 근육 및 분비선에서 중추신경계로 정보를 전달하는 말초신경계의 뉴런이다. 즉 외부의 자극에 관한 정보를 중추신경계로 전달하는 뉴런이다.

감각상호작용(sensory interaction)
음식의 냄새가 맛에 영향을 미치는 것처럼 하나의 감각이 다른 감각에 영향을 미칠 수 있다는 원리를 말한다.

감각순응(sensory adaptation)
변하지 않고 반복적으로 제시되는 일정한 자극에 대한 민감도가 서서히 낮아지는 현상으로, 지속적인 자극에 대하여 민감도가 약해지는 현상이다.

감각신경성 청력 손상(sensorineuyral hearing loss)
와우각 모세포의 손상이나 청신경의 손상에 의해 야기된 청력손상으로, 신경성 귀머거리라고도 부른다.

감각운동단계(sensori-motor stage)
Piaget의 인지발달의 첫 단계(출생~2세)로, 이 동안에 유아는 세상을 배워나가는 데 감각과 운동 행동 사이의 관계를 발견한다(→ 대상영속성).

감각통합(sensory integration)
다양한 감각을 전체로 묶는 조직화 과정으로서, 감각원으로 여러 정보를 동시 즉각적으로 처리하는 능력이다. 감각통합에 장애가 있는 경우, 학습이나 행동에 문제가 발생한다. 이러한 감각장애를 위해서는 감각 반응을 향상시키는 감각통합치료를 진행한다.

감각피질(sensory cortex)
두정엽의 앞부분 영역으로 촉각과 운동감각을 받아들이고 처리한다.

감법혼합(subtractive mixtures)
상이한 파장을 반사하는 물감이 혼합되어 그 파장 중 일부는 흡수되고 나머지 일부만 망막을 자극하는 조건이다.

강건성(hardness)
스트레스를 잘 극복하는 사람들이 보이는 특성으로 도전, 개입, 통제감 등이 중요한 성분이다.

강도(intensity)
광파나 음파에 들어있는 에너지의 양으로, 파의 진폭에 의해서 결정되며, 빛의 밝기 또는 소리의 크기로 지각한다.

강박관념(obsession)
자신이 생각하지 않으려고 해도 머릿속에 침투하는 반복적인 생각이나 심상들을 말한다. 불안을 야기하는 지속적이고 막기 힘든 사고, 아이디어, 충동, 또는 상상, 의심, 소원, 유혹, 명령, 금지 등이 자신의 의지에 반해서 마음속에 집요하고 지속적으로 떠오르는 것을 말한다. 정상인의 경우에도 나타날 수 있으나 강박장애자들에게는 그 강도와 빈도가 너무 커서 오랜 기간 지속되어 개인의 행동을 지배한다.

강박장애(obsessive-compulsive disorder, OCD)
원치 않는 반복적 사고와 행위가 특징인 불안장애로, 강박사고와 강박행동을 반복적으로 경험하는 불안장애이다. 그러한 사고와 행동이 과도하고 비합리적이라는 것을 인지하지만 일상생활을 방해할 정도의 심각한 스트레스와 고통을 겪는다.

강박행동(compulsion)
강박관념을 해소하기 위해 하지 않으면 안 되는 행동으로, 어떤 행동을 하지 않으려 하는데도 불구하고 지속적으로 반복하게 되는 것을 말하며, 손을 지나치게 자주 씻는 행동이 한 예다.

강약(loudness)
크기로 경험되는 소리의 속성으로, 일반적으로 진폭이 큰 소리일수록 강한 음으로 경험된다.

강화(reinforcement)
특정반응을 증강시키는 절차로, 강화물이 제시됨으로써 어떤 반응이 일어날 가능성이 증가하는 과정이다. 그에 선행하는 반응이 미래에 나타날 가능성을 증가시키는 사건으로 반응에 이어 주어지는 자극을 말한다.

강화계획(reinforcement schedule)
어떤 반응이 강화될 것인가를 규정한 규칙으로, 바람직한 행동 다음에 따르는 강화의 빈도와 타이밍을 말한다.

강화물(reinforcer)
조작적 조건형성에서 행동을 강력하게 만드는 사건으로, 이전에 발생했던 반응의 발생가능성을 증가시키는 자극이다. 즉 선행행동이 반복될 확률을 증가시키는 어떤 자극을 말한다.

개념(concept)
유사한 사물, 사건 아이디어 또는 사람들의 심리적 집단화로, 유목에 대한 정신적 표상이며, 대상이나 행위의 의미적 속성의 범주적 표상을 말한다.

개념적 위계(conceptual hierarchy)
정보 항목들 간의 공통적인 속성에 기초하여 여러 수준으로 분류되는 체계를 말한다.

개념-주도적 처리(conceptually-driven processing)
주어진 자료를 중심으로 정보를 처리하는 것이 아니라, 과거 경험이나 지식, 문화 등 기존에 가지고 있던 개념을 통한 고차 인지 과정들이 하위적 수준의 인지 처리에 영향을 미치는 과정이다. 하향적 처리(top-down processing)라고도 하며, 상향적 처리인 자료-주도적 처리와 상반되는 개념이다.

개방성(openness)
성격 5요인 중 자신이 경험하는 것을 있는 그대로 받아들이는 특질로, 낯선 것이라도 그 현상을 정확히 이해하는 데에 필요한 것이라면 수용적으로 받아들이고 탐색하는 자세를 말한다. 경험에 대한 개방성이라고도 한다.

개인공간(personal space)
신체주위로 우리가 유지하고자 하는 완충지역을 말한다.

개인무의식(individual unconsciousness)
자아에서 억압되거나 잊힌 경험이 저장되어 형성된 것으로 프로이트가 이야기한 무의식적 요소이다.

개인적 구성개념(personal construct)
구성개념이란 직접 측정할 수는 없는 개념들에 대한 사고를 돕기 위해 가설적으로 창안된 개념으로, 자아, 동기, 의식, 욕구, 지각이 있다. 개인적 구성개념은 개인 각각이 지니고 있는 구성개념으로, 자신의 경험 세계를 파악하고 해석하는 사고의 범주를 말한다.

개인적 통제(personal control)
무력하게 느끼기 보다는 환경을 통제한다는 느낌을 말한다.

개인주의(individualism)
집단목표보다는 개인의 목표에 우선권을 부여하고 자신의 정체성을 집단과 동일시하기 보다는 개인적 특성으로 정의내리는 입장을 말한다.

개인차(individual difference)
사람들 간이나 동종의 구성원들 사이의 구조나 행동의 비교적 지속적인 차이를 말한다. 개인치료 한 사람 혹은 두 사람의 치료자가 한 명의 내담자 혹은 환자를 대상으로 하여 치료하는 것으로, 치료자가 택하는 이론에 따라 접근하는 방법이 매우 다양하다.

개인특질(individual traits)
개인 간에 비교될 수 없는 특징, 개인만이 가지고 있는 독특한 특징을 말한다.

개재뉴런(inter neuron)
뉴런과 다른 뉴런사이에서 정보를 전달하는 것을 말한다.

객관적 검사(objective tests)
표준화된 실험절차가 검사를 거쳐 나온 자료로 특정영역에 대해 개인이 보여주는 수행기록을 말한다.

객관적 성격검사(personality inventory)
제시된 문항들이 자신들에게 해당되는지 또는 해당되지 않는지를 사용하여 응답하는 객관적인 검사를 말한다.

거리지각(depth perception)
관찰자의 위치에서 자극 대상까지의 거리에 대한 지각적 판단을 말한다.

거식증(anorexia nervosa)
스스로 원하여 식사거부를 하거나 식사량을 줄여 극도의 체중감소가 나타나는 증상으로, 정상체중의 사람(일반적으로 청소년기의 여성)이 다이어트를 하고 심각하게 저체중이 되지만(15% 이상), 여전히 뚱뚱하다고 느끼면서 계속해서 굶는 섭식장애를 말한다.

거울뉴런(mirror neuron)
특정한 행동을 수행하거나 다른 사람이 그렇게 행동하는 것을 관찰할 때 흥분하는 전두엽의 뉴런이다. 거울뉴런의 활동은 모방과 언어활동 그리고 공감을 가능하게 해준다.

건강심리학(health psychology)
심리학적 지식을 행동의학에 제공하는 심리학의 하위분야로, 건강의 유지와 증진, 질병의 예방과 치료, 건강 질병 및 이와 관련된 기능자에 대한 병인론적·진단적인 정립, 그리고 건강관리체계와 건강정책의 개선을 도모하기 위한 심리학의 응용분야이다.

걸이 못 기억법(pegword system)
특정목적을 우선 암기한 다음, 회상해야 할 정보들을 이미 암기해둔 그 목록과 시각적으로 연결시키는 기억술을 말한다.

걸 맞추기 현상(matching principle)
데이트나 결혼에 있어서 자기의 외모나 다른 특성이 유사해서 자신과 걸 맞는 상대를 선택하는 경향을 말한다.

검사규준(test norm)
특정 심리검사에서 도출된 원 점수가 연령, 성별 등을 고려해 표집된 불특정 다수의 검사 점수와 비교하여 어느 위치에 있는지를 알려주는 기준을 말한다.

검사의 표준화(standardization of a test)
같은 검사를 여러 사람에게 실시하는 경우 수검자나 응답자가 다르더라도 검사 실시와 채점 및 점수 해석에서는 일관성을 유지하여야 한다는 것을 말한다.

게놈(genome)
유기체를 만드는 완벽한 명령으로, 그 유기체의 염색체에 들어있는 모든 유전물질로 구성된다.

게스탈트(Gestalt)
체계화된 전체로, 게스탈트 심리학자들은 부분정보들을 의미 있는 전체로 통합하는 경향성을 강조하였다. 따라서 게슈탈트 치료(Gestalt therapy)는 내담자가 현재의 감정과 상황을 인식하는 것을 중요시하는 치료법이다.

결가부좌(結跏趺坐)
흔히 명상 중에 취하는 자세로서 두 다리는 넓적 다리위에 포개어 놓고, 허리를 반듯이 하는 자세이다.

결의 밀도변화(change of resolution density)
간격의 크기가 크고 구별이 쉬운 결의 밀도가 점진적으로 간격 거리가 좁고 구별 쉽지 않은 밀도로 변화되면 거리가 멀어지는 것으로 판단하는 것이다.

결정적 시기(critical period)
출생 직후 유기체가 특정 자극이나 경험에 노출되는 것이 적절한 발달을 초래하게 되는 최적 시기를 말한다.

결정지능(crystallized intelligence)
한 개인의 누적된 지식과 언어기술로, 연령과 함께 증가하는 경향이 있다.

겹침(interposition)
한 물체가 다른 물체의 일부를 가리면 가리는 물체까지의 거리가 더 가깝다는 사실을 일컫는 단안 깊이단서를 말한다.

경계선(boundary)
가족상담에서 경계선이란 것은 가족원 개인과 하위체계를 구분하는 테두리로, 가족원 사이에 허용되는 접촉 또는 친밀감 등을 파악할 수 있는 것을 말한다. 가족에 위기가 발생하였을 때, 경계선 탐색은 중요하다. 가족 개개인과 가족원들의 친밀 수준 정도를 드러내는 중요한 지표로 확인할 수 있기 때문이다.

경계선 성격장애(borderline personality disorder)
대인관계가 불안정하며, 반복적인 자기 파괴적 행동이나 극단적 정서변화 등이 나타난다. 스스로나 타인에 대한 평가가 일관되지 못하고, 정서가 정상이었다가 우울과 분노 상태를 자주 오가며 충동적인 모습을 보인다.

경계영역 정신분열증(inter-boundary schizophrenia)
분열증 증상이 일과성으로 드러나지만 진단상 분열증으로 보기에는 명확한 근거가 부족한 상태이다. 진단 시 지남력장애나 사고장애도 거의 나타나지 않으며 명백한 분열증으로 이행하지 않는 대신에 낫기도 어려운 상태이다.

경조증(hypomania)
조증보다 약한 정도의 상태 또는 조증으로 넘어가기 전 단계의 상태를 말한다. 장난이 섞인 말이나 신소리, 엉뚱한 말을 하는 빈도가 높은 등 평상시보다 주의가 산만하며 활동적인 모습과 충동적인 모습을 보인다.

경험론(Empiricism)
인간의 지식은 모두 경험을 통해 이뤄진다는 Aristotle의 관점으로 영국의 Locke, Hobbes 등에 의해 부활되어 행동주의 심리학에 영향을 준 철학사조이다. 즉 지식은 감각을 통한 경험으로부터 유래하며, 과학은 관찰과 실험을 통해서 발전한다는 견해이다.

경험적으로 유도된 검사(empirically induced test)
항목전집을 검사한 후에 집단을 구분해 주는 항목을 선택해서 개발한 검사를 말한다.

계속적 강화계획(continuous schedule of reinforcement)
모든 반응을 강화시키는 절차로, 조작적 조건형성에서 연구자가 원하는 조작적 반응을 보일 때마다 강화하는 것이다.

계열위치효과(serial position effect)
목록에서 처음 항목과 마지막 항목들을 가장 잘 회상하는 경향성을 말한다. 자유회상에서 목록에서의 위치, 즉 순서에 따라 회상률이 다른 효과이다. 초두효과는 장기기억에 부호화가 잘되었기 때문에, 그리고 최신효과는 단기기억에서 인출되기 때문에 회상을 잘하는 것으로 이해하고 있다. 즉 단어 등의 자료가 어떤 위치에 있느냐에 따라 재생에 미치는 효과이다.

고순위 조건형성(higher-order conditioning)
자극이 US와 짝지어지는 대신 잘 확립된 CS와 짝지어지는 고전적 조건형성을 말한다.

고전적 조건형성(classical conditioning)
이전까지 중립적이었던 자극인 조건자극(CS)이 짝지음을 통해서 무조건적 자극(US)의 도착을 알리는 신호가 됨으로써 그 자극(CS)에 대한 새로운 반응(CR)을 얻도록 하는 과정을 말하는데, 무조건 자극과의 인접을 통하여 어떤 반응(조건반응)을 학습하는 것으로 Pavlov의 이론이다. 새로운 자극들을 자연스럽게 일어나는 반응들과 짝지음으로써 기존의 반응들이 새로운 자극에 부착되는 학습의 한 유형이다.

고정간격 계획(fixed interval schedule)
조작적 조건형성에서 일정한 시간이 지난 후의 반응에 강화를 주는 계획으로, 부분적 강화계획의 하나로 강화물은 일정간격의 시간이 경과한 이후, 첫 번째 반응에 따라 제공된다. 즉 일정 시간간격이 지난 후 처음 나타나는 반응을 강화시키는 규칙으로 고정된 시간간격에 따라 강화가 주어지는 계획이다.

고정관념(stereotype)
집단에 대한 일반화된(때로는 정확하기도 하지만 과잉일반화 되기 십상이다.) 신념으로, 어떤 집단이나 사회적 범주 구성원들의 전형적인 특징에 관한 신념을 말한다.

고정관념 위협(stereotype threat)
자신이 부정적 고정관념에 근거하여 평가될 것이라는 자기 확증적 걱정을 말한다.

고정비율 계획(fixed ratio schedule)
조작적 조건형성에서 특정한 수의 반응이 일어난 후에만 반응을 강화하는 계획으로, 강화의 부분적 계획들 중 하나이다. 고정된 횟수의 반응이 발생할 때 마다 강화물이 제시된다. 여기에서 고정된 반응 횟수는 한 번 이상인 어떤 수라도 가능하다. 즉 일정수의 반응이 나타난 후에만 강화물을 주는 강화규칙으로 강화가 고정된 반응횟수 다음에 주어지는 계획이다.

고차조건화(higher-order conditioning)
새로운 조건반응이 이미 확립된 조건반응을 기초로 하여 형성되는 과정을 말한다.

고착(fixation)
발달단계에서 너무 많은 만족을 느끼거나 좌절을 느끼면 원욕의 욕구가 해소되지 않아 다음 단계의 발달로 자연스럽게 넘어가지 못하는 상태를 말한다.

공간지각(space perception)
공간 관계 또는 위치를 청각·시각·촉각 등의 감각을 통해 파악하는 지각 능력이다. 주로 깊이나 방위 지각, 거리지각을 다룬다.

공간효과(spacing (distributed study) effect)
공부할 분량을 나누어하는 방법이 벼락치기보다 더 우수한 장기기억을 만들어 낸다는 것을 말한다.

공격성(aggression)
남을 해치려는 의도를 가진 신체적 또는 언어적 행동을 말한다. 즉 다른 사람을 해치거나 다른 사람의 소유물을 취하려는 의도에서 하는 대담하고 직접적인 행동, 정당한 이유가 없는 공격을 말한다. 따라서 공격행동이란 타인을 해치려는 의도를 가지고 하는 행동이다.

공변원리(covariation principle)
잘 아는 사람의 행동을 여러 번 관찰하여 귀인할 때, 행위자에 대한 동의성 정보, 자극대상에 대한 특이성 정보 및 상황에 대한 일관성 정보를 함께 고려하여 추론하는 귀인의 원리이다. 어떤 원인이 있을 때만 어떤 효과가 나타나서 원인과 효과가 공변 할 때 그 효과를 그 원인에 돌리는 현상을 말한다.

공안(公案, Koan)
화두의 다른 명칭으로 참선하는 승려들이 참구(參究)하는 문제, 언어적 또는 이성적 해결이 불가능한 질문으로 논리적 사고를 극도로 마비시키기 위해 이용된다.

공인타당도(concurrent validity)
새로 제작한 검사 도구의 타당성을 판정하기 위해서 기존 타당성을 입증한 검사 도구와의 유사성 또는 연관성을 비교하는 검증이다.

관점(point of view)
사물이나 현상에 대하여 발생하는 태도나 처지 또는 견해를 뜻한다.

관중효과(audience effect)
어떠한 행동을 하고 있을 때, 그것을 다른 사람이 보고 있다는 것으로 인하여 수행에 영향을 받는 효과이다. 대표적인 사례로 스포츠 경기에서 운동선수들이 관중 유무에 따라 경기력에 차이를 보이는 것을 들 수 있다.

공접오류(conjunction fallacy)
두 사건(일)이 겹쳐 일어날 가능성이 각각의 사건(일)이 별개로 일어날 가능성보다 크다고 잘못 생각하는 것을 말한다.

공정한 세상 가설(just-world hypothesis)
세상은 공정하고 사람들은 그들이 노력한 만큼 대가를 얻는다는 가정을 말한다.

관찰법(observation method)
피험자의 행동이나 현상을 관찰하여 자료를 수집하는 연구법이다. 관찰상황의 통제 여부 따라 자연적이거나 통제적인 관찰로, 관찰자와 피관찰자의 참여 여부에 따라 참여 관찰과 비참여 관찰로 나눈다.

공통특질(common traits)
한 문화권의 사람들을 합리적으로 상호비교해 줄 수 있는 소질을 말한다.

공포관리 이론(terror-management theory)
자기세계관에 대한 확신과 자기 존중감의 추구가 깊게 뿌리박힌 죽음의 공포로부터 보호해준다고 제안하는 이론이다.

공포증(phobia)
지속적이고 불합리한 공포 그리고 특정한 대상이나 상황을 피하는 것이 특징인 불안장애.

공학심리학(engineering psychology)
작업자의 생산성과 안전을 증가시키기 위하여 기계나 장비를 어떻게 설계하는 것이 바람직한지에 관심을 갖고 실험 및 인지심리학 지식들을 산업현장에 응용하는 분야로, 인적 요인 심리학이나 인간공학과 유사한 의미로도 사용된다.

공황장애(panic disorder)
가슴통증이나 숨 막힘 또는 다른 무시무시한 감각을 수반하고, 수분이내 극심한 공포가 지속되어 파국적인 생각(죽거나 미칠지도 모른다는)을 하게 되는 불안장애의 일종이다. 이러한 공포로 인해 경험한 공황발작과 유사한 상황을 피하려는 예기불안이 동반된다.

과대확장(overextension)
새롭게 배운 단어를 그 단어가 포함하지 않는 대상에 적용시키는 것을 말한다.

과소확장(underextension)
새로운 단어를 그 단어가 의미하고 있는 범위내의 다른 대상에 일반화시켜 적용하는데 실패하는 것을 말한다.

과신(overconfidence)
자신의 신념과 판단의 정확성을 실제보다 과잉 추정하는 경향성을 말한다.

과일반화(overgeneralization)
어떤 특정한 자극에 대한 반응이 형성된 뒤에, 그 자극과 다소 다른 자극을 주어도 동일한 반응을 나타내는 것을 말한다. 예를 들어, 생전 처음 사기를 당하고 나니 세상 사람들이 다 사기꾼 같다고 생각하는 경향이다.

⁝ 과잉합리화(overjustification)
주어진 외부적 조건 때문에 자신의 행동원인을 지나치게 외부적 조건으로 설명하는 경향이다. 예를 들어, 보상 때문에 그림을 그리기 시작한 어린이가 자신은 그림그리기를 싫어하며, 단지 보상 때문에 그림을 그린다고 생각하는 경향이다.

⁝ 과제리더십(task leadership)
목표 지향적 리더십으로 기준을 설정하고 일을 조직하며 목표에 초점을 맞춘다.

⁝ 관계관념(idea of reference)
타인들의 동작이나 대화 또는 우연한 사건이나 외부에서 일어나는 여러 가지 일들을 마치 자기와 관계가 있는 것같이 잘못 해석하는 경우를 말하며, 심한 경우 망상으로 발전할 수 있다.

⁝ 관상성 심장질환(coronary heart disease)
심장근에 영향을 공급하는 혈관이 막히는 병으로, 많은 선진국에서 사망의 첫 번째 요인이다.

⁝ 관음증(voyeurism)
상대방의 허락 없이 낯선 사람의 나체나 성행위를 보면서 성적인 쾌락을 즐기는 것을 말한다.

⁝ 관찰자 평정(observer rating)
부모, 친구, 선생 및 회사의 상사나 후배 등 주위사람들이 특정 개인에 대해 평가해주는 자료들을 말한다.

⁝ 관찰학습(observational learning, modeling)
강화인이나 행동의 결과를 직접적으로 경험하지 않고 모델의 행동을 관찰한 행동이 학습된다는 Bandura의 이론이다. 유기체가 직접 행동을 하지 않고 다른 유기체의 행동을 관찰함으로써 배우는 것을 말한다.

⁝ 광색소(photopigments)
빛 에너지에 반응하는 광수용기 속의 화학물질을 말한다.

⁝ 광장공포증(agoraphobia)
도피하기 어렵거나 부끄러운 상황 또는 장소에 처하게 될 것을 두려워하는 강하고 지속적인 공포가 나타나는 불안장애를 말한다.

⁝ 교(pons)
연수 바로 위의 후뇌구조물로 머리와 안면의 감각과 운동을 통제한다. 대뇌와 소뇌를 연결시켜주며, 수면 및 각성을 조절한다.

⁝ 교감신경계(sympathetic nervous system)
신체를 활성화시키고, 스트레스 상황에서 에너지를 동원하는 자율신경계의 하위부분으로, 위급한 방어행동이 필요한 상태에서 통제주도권을 행사하는 등 우리 몸을 격렬한 활동에 대비시키는 기능을 하는 자율신경계이다. 즉 신체가 스트레스나 긴급 상황에 대처할 수 있도록 준비시키는 역할을 담당한다.

⁝ 교세포(glial cell)
뉴런들을 지원하고 영양분을 제공하며 보호하는 신경계의 세포로, 신경계 내에서 뉴런 지지시스템을 구성하는 세포이다.

::: **교호적 제지(reciprocal inhibition)**
하나의 신경반사가 일어날 때 다른 하나의 신경반사가 억제됨을 말하기도 하고, 서로 길항적인 근육의 동시수축이 방지되는 기제를 말하기도 한다. 행동치료에서는 불안을 일으키는 자극에 대한 반응강도를 그 자극이 주어질 때 뉴런에 길항적인 반응을 일으켜서 약화시키는 것을 말한다.

::: **구강기(oral stage)**
Freud의 심리성적 발달단계의 첫 단계로, 구강 주위에 리비도가 집중되어 빨고 씹는 행동을 통해 안정감과 쾌감을 느끼는 시기를 말한다. 출생 이후부터 대략 1살 반까지의 시기이다.

::: **구성개념적 대안론(constructive alternativism)**
사람들마다 가지고 있는, 세상을 보는 관점이다.

::: **구성타당도(construct validity)**
검사내용이 그 검사가 측정하고자 하는 이론적 체제 즉, 구조에 얼마나 잘 부합되는 가를 나타낸다.

::: **구순기적 성격(oral personality)**
1세에서 2세경, 어머니와 갖게 되는 수유경험으로부터 형성되는 성격, 신뢰, 신용, 독립심 등과 같은 일반적 태도이다.

::: **구조주의(structuralism)**
인간의 마음의 요소적 구조를 탐색하기 위하여 내성법을 사용하였던 초기심리학파이다.

::: **구조화 면접(structured interview)**
모든 지원자들에게 동일한 직무 관련 질문을 던지는 면접과정으로 각 지원자는 확정된 척도에서 평가된다.

::: **구체적 조작단계(concrete operational stage)**
피아제 이론에서 아동이 구체적 사건들에 대해 논리적으로 생각할 수 있게 해주는 심적 조작을 획득하는 인지발달 단계(대략 6세에서 11세까지)로, 인지적 조작을 능숙하게 습득하며 보고 듣고, 경험한 대상, 상황, 사태에 대해 생각할 때 이런 새로운 기술을 적용한다. 인지적 조작은 심상이나 상징을 변경하고 재조직화 하여 논리적 결론에 이르게 할 수 있는 내적인 정신활동에 해당한다.

::: **국재화(局在化, lateralization)**
인간의 여러 기능이 뇌 속에서 각각 다른 부위에 위치하고 있음을 말한다. 인간의 두 가지 의식 양식이 인간의 좌우 반구 속에 각기 다르게 위치하고 있다는 주장이다.

::: **군집화(clustering)**
유사하거나 관련이 있는 항목들을 함께 묶어서 기억하는 것으로, 단기기억의 처리부하를 감소시키기 위한 약화 전략이다.

::: **권위적인 부모(authoritative parents)**
자녀들에게 요구가 많지만 그들과 합리적인 한계를 설정하며 잘 대화하는 부모를 말한다.

::: **귀납적 추리(inductive reasoning)**
사례로부터 확률적으로 올바른 결론을 찾아가는 방법이다. 특수한 사례에서 일반규칙을 유도해내는 추론방법으로, 확증되지 않은 전제사실로부터 결론을 유도해 내는 일종의 가설검증의 사고이다.

::: 귀신론(鬼神論, demonology)
악령 또는 귀신이 사람의 몸에 들어가서 이상행동을 일으킨다고 보는 견해이다.

::: 귀인(attribution)
자신이나 타인의 행동을 보고 그 원인을 추론하고 어떻게 설명하는 과정이다. 귀인에는 행위당사자의 성격, 능력, 의도 등에서 원인을 찾는 내부귀인과 상황적인 압력, 타인, 우연 등에서 원인을 찾는 외부귀인이 있다. 따라서 귀인이론(attribution theory)은 행동을 설명하는 방법, 즉 상황이나 개인의 성향에 원인을 돌리는 방법에 대한 이론이다.

::: 규범(norm)
용인되고 기대되는 행동에 대한 규칙. 규범은 '적절한' 행동을 처방해 준다.

::: 규범적 사회영향(normative social influence)
인정하고 획득하고 불인정을 피하려는 개인의 욕구로 인해서 초래되는 영향이다.

::: 그것이 전부가 아닙니다 기법(that's-not-all technique)
첫 번째 요구에 대한 반응이 나타나기 전에, 부가적 이득과 함께 미리 계획된 두 번째 요구가 제시되는 것을 말한다.

::: 그림단서(pictorial cues)
그림(평면)에 원근감(깊이)을 주기 위해 이용하는 단서들로 결 변화도, 선형원근, 공중 원근, 중첩, 상대적 밝기, 상대적 높낮이 등이 이에 속한다.

::: 그림자(shadow)
개인이 가지고 있는, 성적으로 수용되지 않거나 동물적인 것으로, 무의식의 어둠속에 있는 자신의 분신을 말한다.

::: 근본적/기본적 귀인 오류(fundamental attribution error)
상대방의 행동을 분석할 때 상황의 영향을 과소평가하고 개인적 성향을 과대평가하는 관찰자의 경향성으로, 외부귀인보다는 내부귀인을 많이 하는 경향을 말한다. 즉 타인의 행동을 설명할 때 상황의 영향은 과소평가하고 개인특성의 영향은 과대평가하는 것이다.

::: 근시(nearsightedness)
멀리 있는 물체가 망막 앞에서 초점을 맞추게 되기 때문에 먼 물체보다는 가까운 물체가 더 잘 보이는 시각장애를 말한다.

::: 근전도(electromyogram)
여러 가지 근육에 부착한 전극을 통해서, 근육의 수축-이완상태를 전기적으로 기록하는 것을 말한다.

::: 근접발달지역(zone of proximal development)
아동이 실제로 할 수 있는 것과 다른 사람의 도움을 받아야만 할 수 있는 것 사이의 차이를 설명하는 Vygotsky의 개념이다.

::: 근접성(contiguity)
시간적 또는 공간적인 동시성으로, Pavlov의 실험에서는 조건과 무조건 자극 간의 간격을 말한다.

::: 글루코스(glucose)
혈관을 따라 순환하면서 신체조직의 일차에너지원을 공급해 주는 당분의 형태로, 이 수준이 낮아지면 배고픔을 느끼게 된다.

글루타민산(glutamate)
아미노산의 일종으로 가장 널리 사용되는 흥분성 신경전달물질이다.

금단(withdrawal)
중독성 약물사용의 중지에 뒤따르는 불편함과 고통을 말한다. 즉 약물을 습관적으로 복용하다가 중단했을 때 나타나는 증상으로 대개 그 약물의 효과와 반대되는 상태가 나타난다.

급식-섭식장애(eating disorder)
급식장애란 식사 거부나 편식 등 어린이가 잘 먹지 않으려는 행동장애를 말하고, 섭식장애란 정신적인 문제로 인하여 섭식행동에 문제가 생기는 질환이다. 급식장애에 포함되는 질환으로는 반추장애, 이식증이 있고, 섭식장애에 포함되는 질환으로는 신경성 식용부진증, 신경성 폭식증 등이 있다. 식사 행동뿐만아니라 체중이나 체형에 대한 인식에도 이상을 보인다. 굶기, 폭식, 구토, 체중감소를 위한 지나친 운동과 같은 증상 및 행동이 나타난다.

긍정심리학(Positive Psychology)
기존의 심리학이 우울, 불안, 스트레스 같은 삶을 불행하게 하는 심리 상태를 완화하는 연구에만 치중되었던 것에서 벗어나 마음의 밝은 면을 돌아보아 삶의 긍정적 가치를 북돋우려는 심리학의 새로운 분야이다. 미국의 Seligman에 의해 창시되었다.

긍정성 편향(positivity bias)
인상 형성 시에 나타나는 한 가지 편향으로서 타인 등을 대체로 호의적으로 평가하는 경향을 말한다.

기(氣, ki, chi)
우리 몸속에 흐르는 미지의 에너지로, 침술과 단전호흡의 원리가 된다. 이는 자기(磁氣)나 전기(電氣) 또는 이런 형태와 유사한 힘(force)일 가능성이 크다.

기능성 자기 공명영상법(functional magnetic resonance imaging, fMRI)
연속적인 MRI영상을 비교함으로써 혈액의 흐름을 통해서 두뇌활동을 밝혀내는 기법으로, MRI 영상은 두뇌의 해부학적 구조를 보여주는 반면 fMRI는 두뇌의 기능을 보여준다.

기능적 고착(functional fixedness)
대상의 일반적 지식에 고정된 해결방식을 말한다. 문제 상황에서 도구의 본래 기능 이외에 다른 용도를 생각할 수 없는 것을 말한다. 즉 문제해결장면에서 어떤 대상의 정형적인 기능 이외의 기능을 인식하지 못하는 상태이다. 대상을 일상적인 기능의 측면에서만 생각하는 경향성으로 문제해결의 장애물이다.

기능주의(functionalism)
의식의 구조보다는 기능에 관심을 갖는 학파로 실용주의, 진화론 등에 영향을 받은 James에 의해 제기되었다. 심적 과정과 행동과정이 기능하는 방식, 즉 어떻게 유기체가 적응하고 생존하며 번창할 수 있게 해주는 것인가에 초점을 맞춘 심리학파로 의식경험의 기본요소보다는 마음의 사용 또는 기능을 강조하는 학파이다.

기대가치이론(expectancy-value theory)
기대와 가치가 개인의 선택, 참여, 성취 동기를 예측하고 설명하는 데에 중요한 역할을 한다고 보는 이론이다. Fishbein에 의해 주창되었으며, 어떤 활동을 위해 적당한 노력을 투자하면 성공적인 수행을 이룰 수 있다고 믿을 때(높은 기대), 활동 또는 활동결과가 가치 있다고 믿을 때(높은 가치) 성취 동기가 높아진다.

기대유인가이론(expectancy theory)
개인에게 일정한 직무가 주어졌을 때, 그에 대해 노력하는 정도에 따른 결과를 기대하게 되며 기대를 실현하기 위해서 어떤 행동을 결정한다는 인지적 관점의 동기부여이론이다.

기면발작증(narcolepsy)
통제할 수 없이 수면에 빠져드는 수면장애이다. 곧바로 REM수면으로 빠져들게 되는데, 부적절한 시간에 그렇게 되기 십상이다.

기본신뢰(basic trust)
에릭슨에 따르면, 세상은 예측 가능하고 신뢰할만하다는 느낌으로, 공감적인 보호자와의 적절한 경험을 통해서 유아기에 형성되는 것으로 알려져 있다.

기본의존기억(mood-dependent memory)
장기기억의 인출이 정보의 부호화와 인출시의 개인의 기분이 같을 때 최상인 것을 말한다.

기본적 추동(primary drive)
생명이 있는 개체로서의 유지와 활동을 위한 동기로, 생리적 욕구에 의해서 유발되는 충동을 말한다.

기본특질(주특질, cardinal trait)
개인의 생활 전반의 모든 행동에서 발견되는 성향으로서 거의 모든 행동과 사고에 영향을 미친다.

기분일치기억(mood-congruent memory)
현재의 좋은 기분이나 나쁜 기분과 일관성을 유지하는 경험을 회상하는 경향성을 말한다.

기분일치효과(mood-congruent effect)
장기기억의 인출이 현재기분과 일치하는 경험 및 기억들에 대해 최상인 것을 말한다.

지속성 우울장애(persistent depressive disorder)
정서적 상태의 변화를 주된 증상으로 하는 심리적 장애를 지칭한다. 하위유형으로는 우울상태를 주된 증상으로 하는 주요우울장애와 기분부전장애가 있고, 우울상태와 조증상태가 주기적으로 변화하는 양극성장애(조울증)와 순환성장애가 있다.

기분 좋음, 선행 현상(feel-good, do-good phenomenon)
좋은 기분상태에 있을 때 남에게 도움을 주려는 경향성을 말한다.

기술연구(descriptive methods)
행동과 정신과정을 객관적이고도 상세하게 묘사하는 일을 그 주된 목적으로 하는 연구이다.

기술통계(descriptive statistics)
연구결과를 간략한 형태로 요약 정리하는 통계적 기법을 말한다.

기시감(deja vu)
"이것을 전에 경험한 것이 있어"라는 기묘한 느낌. 현재 상황에 들어있는 단서가 과거 경험의 인출을 의식적으로 촉발시킬 수가 있다.

기억(memory)
정보의 저장과 인출을 통해서 시간이 경과하여도 학습한 내용을 유지하는 것을 말한다.

기억범위(memory span)
일련의 기억범위 실험들을 통틀어 한 개인이 기억할 수 있는 아이템 수의 평균을 말한다.

기억범위 과제(memory span task)
참가자들이 한 번에 하나씩 제시되는 일련의 아이템을 보고, 그것이 제시된 순서대로 기억해 내야하는 기억과제를 말한다.

기억상실(amnesia)
기억의 손상을 말하며, 기억상실증 환자(amnesic)란 뇌수술이나 뇌 손상 후에 심각한 기억 결핍을 겪은 사람을 말한다.

기억술(mnemonics)
선명한 색상과 체제화 도구를 사용하는 기억지원기법으로, 기억을 잘하기 위해 사용하는 방안들이나 부호화를 강화시키는 조장들이 근저원리, 시각적 심상을 이용하거나 언어적 체제화를 이용하는 방안들이 널리 사용된다. 즉 기억의 특성을 고려하여 학습된 내용을 최대한, 그리고 오랫동안 기억 내에 유지시키기 위한 인위적인 기술을 말한다.

기억조성법(mnemonics)
기억을 돕기 위한 여러 가지의 기법들이다.

기저핵(basal ganglia)
몸놀림을 시작하고 이행하는 일에 관여하는 뇌의 부위로, 종뇌의 피질하 구조물로써 운동통제에 관여한다.

기질(temperament)
한 개인의 특징적인 정서적 반응과 강도로, 개인의 선천적이고 체질적인 반응양상을 말하며, 전반적인 에너지 수준, 감정구조, 반응강도 및 반응속도 등과 같은 특징을 포함한다. 우리가 특정한 방식으로 행동하게 하는 일련의 타고난 경향이나 성향을 말한다.

기초대사율(basal metabolic rate)
신체의 기본에너지 소비율을 말한다.

기초연구(basic research)
과학적 지식의 토대를 증대시키려는 목적을 갖는 순수과학을 말한다.

기형발생물질(teratogens)
태아기 발달에 손상을 입히고 출생 장애나 심지어 죽음까지 불러일으킬 수 있는 약물, 바이러스, 질병, 또는 물리적 조건들과 같은 환경적 요인을 말한다.

깊이 지각(depth perception)
물체까지의 거리를 지각하는 능력으로, 2차원적인 망막 상에서 3차원적인 세계를 구성함으로서 대상의 거리를 지각하게 해준다.

꿈(dream)
잠자는 사람의 마음에 흐르는 이미지와 정서 그리고 사고의 연속을 말한다. 꿈은 환각적인 심상, 비연속성, 모순 그리고 꿈꾸는 사람이 내용을 망상적으로 받아들이지만 나중에 기억해내기 어려운 특징을 갖는다.

ㄴ

낙관주의(optimism)
자신에게 좋은 일이 일어날 것이라고 믿고 기대하는 것이다.

낙인이론(labeling theory)
범죄 행동이 일탈 행위자를 판정하는 개인의 심리적 성향이나 처지에 따라 객관적이고 보편적으로 발생하는 것이 아닌, 특정한 행동에 대한 사회적 평가과 사회문화적 요인에 따라 규정된다고 보는 것이다.

남근기(phallic stage of psychosexual development)
성적 만족을 얻는 부위가 성기이며 성기자극을 통해 쾌락을 느끼는 세 번째 단계이다.

남근선망(penis envy)
프로이트에 의하면 여아는 4세경에 자신이 남근이 없음을 깨닫고 남근을 갖지 않은 것에 대해서 자신이 열등하다고 느낀다고 한다. 그러나 이러한 남근선망은 여성주의자들에게 의해서 근거 없다고 반박을 받고 있다.

납굴증(catatnia)
밀랍인형과 같이 몸이 경직되어 한 자세를 오랫동안 유지하는 것을 말한다.

낮은 공 기법(low-ball technique)
매력적이고 낮은 가격으로 제시된 요구에 응종이 생기고 난 후, 그 이후에 보다 더 값비싼 요구에 대한 응종이 이어지게 되는 것이다.

낯가림(stranger's anxiety)
유아가 일반적으로 나타내는 낯선 사람에 대한 두려움, 대략 생후 8개월에서 시작된다. 즉 낯선 이에 대한 경계반응으로, 친숙한 동반자가 다가올 때 영아가 보이는 미소, 옹알이 혹은 다른 긍정적 반가움과는 아주 대조적이다.

내담자 중심 치료(client-centered therapy)
인간중심 치료라고도 불리는 것으로, 칼 로저스가 개발한 인본주의 치료다. 치료자는 내담자의 성장을 촉진시키기 위해서 진실하고 수용적이며 공감적인 환경에서 적극적 듣기와 같은 기법을 사용한다. 심리치료사가 무조건 긍정적 존중, 진솔함, 공감 등을 통해서 내담자로 하여금 자신의 진실한 자아상을 찾도록 도와주는 비지시적 상담기법이다.

내분비계(endocrine system)
분비물을 모세혈관 주변의 세포 외액으로 직접 분비하여 혈류를 타고 표적기관으로 신호를 전달하는 정보전달 체계이다. 신체의 '느린' 화학적 의사소통 시스템으로, 호르몬을 혈관에 분비하는 일련의 내분비선으로 구성되어 있다. 즉 호르몬을 혈관에 방출시켜 목적을 달성하는 신체내의 또 다른 커뮤니케이션 시스템이다.

내성(tolerance)
같은 양의 약물을 계속해서 복용하면 신체내부에서 그 약물에 대해 견디는 힘이 생기는 것을 말하며, 따라서 동일한 효과를 얻기 위해서 약물의 용량이 점점 증가하게 된다.

내성법(interance)
자신의 정신적 내용을 묘사하는 객관적 접근법이다.

내용타당도(content validity)
운전 검사가 운전과제를 표집 하는 것처럼 주어진 측정도구가 그것이 평가하려고 하는 내용을 어느 정도로 충실히 측정하고 있는지를 측정, 분석하려는 타당도를 말한다. 그에 대한 결정을 그 영역에 대한 전문적 지식을 갖고 있는 전문가나 피검사자들 개인의 주관적 판단에 기초한다.

내이(inner ear)
귀의 가장 깊은 곳으로 와우각, 삼반규관 그리고 전정낭을 가지고 있다.

내재적 동기(intrinsic motivation)
스스로 행동하려는 욕구로, 어떤 일이나 행동 자체가 즐거워서 하도록 하는 동기이다. 외적 보상을 바라지 않고 활동 자체를 목적으로 하며 그 행동으로 인한 만족감이 행동의 근원이 되는 것이다.

내적 타당도(internal validity)
실험연구 시, 잡음변수의 개입을 적절하게 통제한 실험처치로 인한 실험결과가 인과조건을 충족하며 논리적 결함이 없는가 판단하는 정도를 말한다.

내적 통제소재(internal locus of control)
자신이 자신의 운명을 통제한다는 지각을 말한다.

내집단(ingroup)
'우리'. 공통된 정체감을 공유하는 사람들을 말한다.

내집단 편애(ingroup favoritism)
외집단 구성원보다 내집단 구성원을 무조건 더 호의적으로 평가하고 대우하는 현상을 말한다.

내집단 편향(ingroup bias)
자신의 집단을 선호하는 경향성이다.

내현성격이론(implicit personality theory)
성격 특성들 간의 관련성에 관한 개인의 신념을 말한다.

노년기(old age)
성인기 이후로 쇠퇴가 시작하여 죽음에 이르기까지의 시기를 말한다. 자극에 대해 반응속도가 둔화되고, 장기기억보다는 단기기억에서 지능의 감퇴가 더 많이 이루어져서 노년이 되면 자주 깜박하고 먼 기억을 더 잘 기억하게 된다.

노르에피네프린(norepinephrine)
노르아드레날린의 다른 이름으로, 부신수질에서 생성되며 교감신경계에서 신경전달물질로 작용하기도 하고 호르몬으로 작용하기도 하는 물질이다. 교감신경계를 자극하여 혈류량 증가, 집중력 증가, 대사 활동 증가 등을 발생한다. 노르에피네프린은 에피네프린과 다르게 전신 말초혈관을 수축시켜서 혈압이 크게 상승하지만 에너지 대사나 심장에 대한 작용은 훨씬 약한 편이다.

::: **노작적 처리(effortful processing)**
의식적으로 일어나며 주의집중을 요하는 과정을 말한다.

::: **노출증(exhibitionism)**
기대하지 않는 낯선 사람들에게 반복적으로 자신의 성적인 기관을 노출하면서 성적인 흥분이나 만족을 누리고자 하는 사람들을 말한다. 노출증자의 대부분은 거의 남자지만 극소수의 여성도 있다.

::: **노출치료(exposure therapy)**
체계적 둔감화와 같은 행동치료기법으로, 사람들을 무서워하고 피하려고 하는 대상에 노출시킴으로써 불안을 치료한다.

::: **노출효과, 자이언스 효과(Exposure Effect)**
단순노출 횟수와 대상에 관한 호감도는 비례한다는 현상이다. 친숙성의 원리라고도 하며, 로버트 자이언스(Robert Zajonc)가 정립하였다.

::: **뇌간(brainstem)**
두뇌에서 가장 오래된 중추적 핵심부분으로 척수가 두개골로 들어오면서 부풀어 오른 곳에서부터 시작한다. 두 반구 사이에서 메시지를 전달한다.

::: **뇌량(corpus callosum)**
두 두뇌반구의 신피질을 연결하는 커다란 신경섬유다발이다. 두 반구 사이에서 메시지를 전달한다.

::: **뇌신경(cranial nerve.)**
뇌의 기저부에서 뻗어나가는 12쌍의 신경이다.

::: **뇌전도(EEG)**
두뇌 표면에 걸쳐 나타나는 전기파를 증폭시켜 기록한 것이다. 이 뇌파는 두피에 부착한 전극으로 측정한다. 머리전체에 많은 전극을 붙여놓고 뇌에서 발생하는 미세한 뇌파활동을 측정한 도면이다.

::: **뇌파(electroencephalogram)**
뇌의 여러 부위에 부착된 전극을 통해서 뇌피질의 전기활동을 증폭해서 기록한 것이다.

::: **뇌하수체(pituitary gland)**
내분비계에서 가장 영향력 있는 내분비선. 시상하부의 영향을 받아서 성장을 조절하며 다른 내분비선을 제어한다. 시상하부의 바로 아래에 있는, 뇌에 붙어있는 내분비선으로 시상하부와 함께 여러 호르몬의 분비여부와 양을 통제한다.

::: **누적기록(cumulative record)**
반응률을 시각적으로 나타내는 기록으로, 시간에 따라 누적되는 조작적 반응의 총 수치의 기록이다.

::: **뉴런(neuron)**
신경계의 기본단위로, 신경계에서 흥분을 전달하는 세포, 세포체와 수상돌기, 축색으로 이뤄진다. 신경계 내에서 정보 전달을 담당하는 신경세포로, 신경신호를 처리한다.

ㄷ

다발성 경화증(multiple sclerosis)
신경세포 축삭을 둘러싼 수초가 탈락되는 질환으로, 중추신경계의 탈수초성 질환 중에서 가장 많이 발병하는 만성 염증성 질환이다. 감각 운동 마비, 시력 이상, 소화 장애 등이 발생한다.

다운증후군(Down's syndrome)
21번째 염색체 쌍에 여분의 염색체가 존재함으로써 초래되는 정신지체와 신체적 장애 상태를 말한다.

다중지능이론(multiple intelligence theory)
인간의 지적 능력은 서로 독립적이고 단일하지 않고 다양한 능력으로 구성되어 있으며, 여러 능력이 상호 유기적 작용한다는 이론이다. 1983년에 Gardner가 제시하였다.

다중축 체계(multiplexial system)
DSM에서 진단 및 치료와 관련된 정보들을 다섯 가지 범주로 나누어 평가하는 체계를 말한다.

단기기억(short term memory)
전화를 거는 동안 여덟 자리 전화번호를 유지하는 것처럼 정보가 저장되거나 망각되기 전에 소수의 항목을 잠시 유지하는 활성화된 기억을 말한다. 지속시간이 짧고, 용량이 일곱 단위 정도로 제한된 기억으로, 우리가 의식적으로 인식하고 있으며, 문제를 해결하고, 추론하고, 결정을 내리는 활동을 하는 작은 용량(7±2)과 짧은 지속시간(20초~30초)을 가지는 기억의 단계이다.

단서의존이론(cue-dependent theory)
인출에 필요한 단서들을 이용하지 않음으로 인해 우리가 망각한다는 이론으로, 정보를 이용할 수 있기는 하지만 그것이 어디에 있는지 모르기 때문에 접근할 수 없다고 주장하는 망각이론이다.

단순노출효과(mere exposure effect)
자주 접촉하면 할수록 친숙도가 높아져서 호감이 증가하는 현상으로, 새로운 자극에 대한 반복적 노출이 그 자극의 호감도를 증가시키는 현상이다.

단순성 법칙(law of simplicity)
모든 자극의 모양은 기본적으로 가장 단순한 형태를 취하는 쪽으로 조직화된다는 원리이다.

단안단서(monocular cue)
중첩, 상대적 크기, 상대적 높이, 친숙한 크기, 선형조망, 조절과 같이 한 눈만 사용할 경우에 가용한 깊이 또는 거리 단서이다.

단어연상검사(word association test)
피험자에게 자극단어를 제시하고 그것에서 연상되는 것을 통해 무의식을 탐색하는 투사검사 방법이다.

단어우월성 효과(word superiority effect)
단어로 제시되면 단어에 포함된 낱자나 음절의 지각이나 기억이 촉진되는 현상이다.

단어재인(word recognition)
단어의 음운정보, 형태정보, 통사정보, 의미정보 등을 이용하여 그 단어가 무엇인지를 확인하는 과정이다.

단전호흡(丹田呼吸)

신체의 중심인 배 위의 한 부분(단전(丹田))에 의식을 집중, 이곳에서 숨을 들이쉬고 내쉬는 호흡 조절법을 말한다.

닫힘 원리(closure principle)
형태주의심리학자들의 지각조직화 원리로 우리의 뇌는 불완전한 도형을 완전하게 만듦으로써 의미가 생기도록 한다는 가정이다.

담화(discourse)
하나 이상의 문장으로 구성된 글말로, 일반적으로 텍스트(text)라고 한다.

대기 조망(aerial perspective)
대개 풍경을 바라볼 때 드러나는 성질로서, 공기와 먼지로 인하여 멀리 있는 것의 윤곽이 흐릿하게 보이고 푸르스름하게 보인다는 것이다.

대뇌반구(cerebral hemisphere)
전뇌의 좌우 반쪽. 좌반구와 우반구를 말하며, 이는 뇌량으로 연결되어 있다.

대뇌피질(cerebral cortex)
대뇌반구를 덮고 있는 복잡하게 상호 연결된 뉴런들의 조직, 신체의 궁극적인 통제와 정보처리 센터이다. 고등한 정신적 기능을 담당하는 뇌의 가장 외부에 위치한 층으로, 좌우반구를 덮고 있는 뉴런들의 연결망으로 신경계 내의 정보처리 중추로 작용하며, 지각, 기억, 사고, 언어, 의사 결정 등 고등 정신 기능을 관장한다. 대뇌반구의 회백질에 해당하는 표층으로, 대뇌의 가장 바깥쪽 표면으로서 감각정보를 최종분석하고 운동을 통제하는 등 모든 인간행동의 중추 통제기관이다.

대리강화(vicarious reinforcement)
실제로 그것을 경험하지 않는 다른 사람에 의해 간접적으로 경험되기 위해서 관찰되는 강화로, 타인의 행동으로부터 관찰된 대리적 결과(보상과 처벌)에 의해 행동이 규제되는 것을 말한다.

대리처벌(vicarious punishment)
실제로 그것을 경험하지 않는 다른 사람에 의해 간접적으로 경험되기 위해서 관찰되는 처벌을 말한다.

대립과정 이론(opponent theory)
망막과 시상에서의 대립적인 과정(빨강-녹색, 노랑-파랑, 흰색-검은색)이 색채시각을 가능하게 만든다는 이론으로, 예컨대, 어떤 세포는 녹색에 의해서 흥분하고 녹색에 의해서 억제된다.

대상영속성(object permanence)
Piaget가 사용한 용어로, 대상이 시각상으로 숨겨지더라도 계속해서 존재한다는 것을 아동이 인식하는 것이다(→ 감각운동단계). 모든 사물은 자신과 별개의 실체로서 직접 지각할 수 없는 경우에도 공간 내의 어딘가에 존재하고 있음을 아는 능력을 말한다.

대처(coping)
정서적, 인지적 또는 행동적 방법을 사용하여 스트레스를 완화시키는 것으로, 스트레스 상황에 의해서 발생하는 요구를 극복하거나 줄이거나 혹은 수용하는 인지적·행동적 노력을 말한다.

대표성 어림법(representativeness heuristic)
어떤 대상이 특정범주의 구성원일 가능성을 판단할 때 그 대상이 범주를 대표하는 정도를 기초로 판단하는 전략을 말한다. 다른 관련 정보를 무시하도록 이끌어갈 수가 있다.

대항제(antagonist)
신경전달물질의 효과를 감소시키는 약물이나 독극물을 말한다.

델타파(delta wave)
깊은 수면과 연합된 크고 느린 파를 말한다.

도박사의 오류(gambler's fallacy)
한동안 일어나지 않는 일/사건일수록 다음에 일어날 가능성이 높아진다는 잘못된 믿음을 말한다.

도덕 발달 단계(stages of moral development)
Piaget의 관습발달이론을 도덕성 발달에 적용시켜 Kohlberg가 제시한 인간의 도덕성 발달 단계를 말한다. 도덕성 발달을 전인습적 수준, 인습적 수준, 후인습적 수준과 각 수준에 따른 단계로 구분하였다.

도식(schema)
사회적인 정보를 처리하는데 영향을 미치는 구조화된 기존의 지식체계, 정보를 체제화하고 해석하는 개념 또는 틀·일반적으로 사람들에 대해 가지고 있는 지식체계인 사람도식(person schema)과 특정 사건이나 일의 표준적 순서에 대한 지식체계인 일도식(event schema) 등 다양한 종류가 있다. Piaget의 용어로 지금은 스키마(schema)라 부르는 인간과 물체, 사건, 행동에 대해 우리가 지니는 지식의 뼈대이다. 이것을 통해서 우리는 외부에서 들어온 정보들을 조작하고 해석할 수 있다.

도파민(dopamine)
주의, 사고과정, 보상중추 및 몸놀림에 관여하는 신경전달물질을 말한다. 도파민가설(dopamine hypothesis)은 조현병이 신경전달물질 중 하나인 도파민의 불균형(대체로 과잉활동을 근거로 드나 전두엽까지 이어진 도파신 회로의 가지에서는 부족으로 인한 음성증상이 야기됨)과 관련되어 있다는 가설이다.

도피기제(escape mechanism)
고통이나 좌절 상태에 부딪쳤을 때 발생하는 방어기제 중 하나로서, 적극적인 문제를 해결 의지를 보이지 않고 부인하거나 압박을 피하려 한다. 종류로는 억압, 거부, 퇴행, 고립, 고착, 백일몽 등이 있다.

독립변인(independent variable)
처치를 가하는 실험요인으로, 그 효과를 연구하는 변인이다. 실험에서 원인이 될 것으로 가정하고 실험자가 그 값을 조작하는 변인을 말한다.

독재적인 부모(authoritarian parents)
자녀들에게 요구가 많고, 이의를 제기하지 않는 복종을 기대하며 자녀들의 요구에 민감하지 않고 잘 대화하지 않는 부모를 말한다.

돈오점수(頓悟漸修)
깨달음은 갑작스럽게 나타나는 것으로서, 이 깨달음을 얻고 나서는 서서히 행동변화를 위해 수양한다는 뜻이다. 임제선풍에서 극도의 정신집중을 함으로써 야기되는 갑작스러운 깨달음을 돈오라고 한다.

동기(motivation)
어떤 목표를 향해서 행동을 시작하도록 하는 내적 과정이다. 유기체가 특정행동을 일으키고 유지하게 만드는 요소로서 행동의 방향과 강도를 결정하는데 중요한 역할을 한다. 행동에 활력을 불어넣고, 목표를 향해 그 행동을 하도록 이끌어 내는 내적·외적요소들의 집합으로, 어떤 목표를 지향하는 행동을 일으키고, 방향을 잡아주고 유지하는 힘의 총합이다.

동기의 위계(hierarchy of motive)
동기를 분류하는 Maslow의 방식으로서, 먼저 충족되어야만 되는 기본적 생물학적 동기에서 가상적인 최고의 인간 동기로 올라간다.

동기집단효과(cohort effects)
특정연령대의 사람들은 세대 간의 행동에 있어 차이를 일으키는 그 세대만의 독특한 요인에 의해 수행이 영향을 받는다는 것을 말한다.

동공(pupil)
눈 중심부의 조절 가능한 조리개로 이것을 통해서 빛이 들어온다.

동기화된 망각(motived forgetting)
기억하고 싶지 않은 것을 잊어버리는 무의식적인 경향성을 말한다.

동료애(companionate love)
자신의 삶에 얽혀있는 사람에 대해서 느끼는 깊고 따뜻한 애착을 말한다.

동물자기(animal magnetion)
메스머가 최면현상을 설명하기 위해서 주장한 개념이다. 메스머는 미지의 전자기적 힘이 상대방에게 가해져서 최면에 빠지게 된다고 생각하였다.

동물행동학(ethology)
행동의 진화론적 근거와 진화적 반응이 종의 생존과 발달에 기여한 점에 대한 과학적 연구로, 주로 관찰되는 종의 자연 환경 속에서 동물의 행동을 연구하기 위해서 동물학, 생물학, 심리학을 종합하는 하나의 학문 협동적 과학이다. 대부분의 연구는 곤충, 조류, 물고기에 대해 수행되어 왔지만, 최근에 이 접근은 인간행동에 적용되어 있다. 자연관찰은 이 접근을 특정지우며, 이론적 아이디어들은 행동의 이해에서 유전적·환경적 요인들의 상호작용에 초점을 두는 성향이 있다(→ 각인본능).

동성애(homoeroticism)
이성이 아닌 동성에게서만 성적인 흥분이나 성적인 매력을 느끼는 것을 말한다.

동시조건형성(simultaneous conditioning)
CS와 UCS가 동시에 제시되는 고전적 조건형성절차를 말한다.

동일시(identification)
동성부모의 특성과 성역할, 도덕성을 배워나가는 과정으로, 부분적으로는 무의식적으로 중요한 성인들의 행동을 그대로 함으로써 아동들이 적절한 사회적 역할을 습득하는 정상적 과정이다. 프로이트에 따르면, 아동이 부모의 가치관을 자신의 발달하는 초자아로 받아들이며, 심리성적 발달단계 중 남근기의 중요한 문제로, 아동이 자신과 유사한 사람의 특성, 성공한 사람, 상실된 대상의 회복, 처벌을 회피할 수 있는 권위 등에 대해 일어나며 초자아가 발달하는데 영향을 준다. 또한 방어기제의 하나로, 자신보다 강하거나 우월한 타인의 가치나 특성을 자기 것으로 내면화함으로써 자신의 나약함을 은폐하려는 것이다.

동질정체(homeostasis)
생체가 환경에 적응하기 위해 보이는 동적인 평형상태를 말하며, 생체의 내부 환경이 외부 환경이 변하더라도 일정하게 유지되는 것을 일컫는다. 예를 들면 배가 고프거나 불안함을 느끼거나 불쾌감을 느낄 때 긴장감을 해소하기 위하여 어떤 행동을 하려는 동기가 유발되는데, 이로 인하여 심리적 편안을 찾기 위해 동적인 평형상태에 놓이게 된다.

동조(conformity)
자신의 행동이나 사고를 집단의 기준과 일치하도록 조정하는 것으로, 집단압력 때문에 자신의 의사와는 무관하게 집단이 취하는 행동이나 생각에 따라가게 되는 것이다. 즉 실제적 또는 상상된 집단압력의 결과로써 인간이 집단의 규범을 따르기 위해 자신의 행동이나 신념, 또는 그 둘 다를 바꾸는 것을 말한다.

동형접합(homozygous)
한 쌍의 염색체에 같은 유전자를 함유한 경우이다.

동화(assimilation)
새로운 경험을 기존의 스키마로 해석하는 것을 말한다.

되뇌기(rehearsal)
의식에 정보를 유지하거나 저장하고자 부호화하기 위해서 정보를 의식적으로 반복하는 것을 말한다.

되새김장애(반추장애, rumination disorder)
주로 유아기에 나타나는 섭식장애 중 하나로서, 위장에 남아 있는 음식물을 역류시켜 다시 씹어 삼키거나 뱉는 행동의 장애이다. 지속되면 영양 결핍을 야기하기 때문에 치료가 필요하다.

두 단어 단계(two-word stage)
대략 2세 때부터 시작하는 언어 발달 단계로, 아동은 대체로 두 단어 표현을 사용한다.

두정엽(parietal lobe)
머리 위쪽에서부터 뒤쪽으로 위치한 대뇌피질 영역으로, 중심열 고랑의 뒤, 후두엽의 앞에 있으며, 체성감각피질이 있는 영역이다. 촉각과 신체위치에 대한 해석을 분석함으로써 내적 감정을 확인해낸다.

둔감화(habituation)
동일한 자극을 반복적으로 경험함으로써 그에 대한 반응이 감소되는 것이다.

등근(isokinetic) 운동
물체를 들어 올렸다가 원래의 위치로 내려놓으며, 에너지를 소비하는 형태의 운동을 말한다.

디옥시리보핵산(deoxyribonucleicacid, DNA)
염색체를 구성하는 분자로서 짧은 토막들이 하나의 유전자 역할을 담당한다.

ㄹ

래포(rapport)
검사자와 피검자 혹은 치료자와 내담자 간에 이루어지는 편안한 분위기를 말하며, 심리평가나 심리치료에 필수적인 요소이다.

로르샤하검사(Rorchach test)
스위스의 정신과 의사 Hermann Rorchach에 의해 개발된 투사검사로서, 검사의 재료는 비구성적이고 대칭적인 잉크반점으로 구성된 10장의 카드로 되어 있다.

리마증후군(Lima syndrome)
1996년 페루 수도인 리마에서 일어난 일본 대사관 점거에서 유래된 용어로, 인질범들이 인질들에게 정신적으로 동화되어 그들에게 동정심을 갖게 되어 폭력성이 저하되는 현상을 말한다.

리비도(libido)
정신분석에서 사용되는 성적본능의 에너지로서, 생애를 통해서 새로운 대상들에 부착되게 되고 여러 형태의 동기화된 행동을 통해서 표출된다.

리셋증후군(reset syndrome)
1990년 일본에서 생긴 용어로 특히 청소년들에게 많이 발생하는 증후군이다. 문제가 있을 때 리셋버튼만 누르면 없던 일처럼 할 수 있는 컴퓨터와 같이 현실에서 실수를 하거나 잘못을 하더라도 리셋버튼만 누르면 해결될 수 있다고 생각하고 행동하는 것을 말한다.

리튬(lithium)
조울증의 치료제에 쓰이는, 자연에서 찾을 수 있는 물질(광물염)이다.

림프구(lymphocyte)
신체면역시스템인 두 가지 유형의 백혈구세포이다. B림프구는 골수에서 만들어지며 박테리아감염에 맞서 싸우는 항체를 방출한다. T림프구는 흉선과 다른 임파선 조직에서 생성되며 암세포, 바이러스, 그리고 이물질을 공격한다.

리플리증후군(Ripley syndrome)
현실 부정과 허구세계 믿음이 나타나며 거짓말과 행동을 상습적으로 반복하는 반사회적 인격장애를 일컫는다. 미국 소설 '재능 있는 리플리 씨'에서 유래되었다.

ㅁ

마음 갖춤새(mental set)
이전에 비슷한 상황에서 문제해결에 유용했던 방법을 가지고 새로운 문제에 접근하려는 정신적 상태이다. 문제를 특정한 방식으로 접근하려는 경향으로, 과거에 성공적이었던 방식이기 십상이다.

마음의 이론(theory of mind)
자신과 타인의 심적 상태에 대한 감정, 지각, 사고, 그리고 이러한 것들이 예측하는 행동 등 사람들의 생각을 말한다.

막전위(membrane potential)
세포막의 안쪽과 바깥쪽의 전위 차이를 말하며, 크게 휴지 전위와 활동 전위로 나뉜다. 뉴런이 축색을 따라서 전기적 신호를 전달할 때에 발생하는 막전위의 변화는 활동 전위이다.

만발성 운동장애(tardive dyspraxia)
얼굴근육경련, 그리고 사지의 불수의적 운동으로, D2 도파민 수용기를 표적으로 하는 항정신성약물의 장기적 사용으로 인한 신경독성의 부작용을 말한다.

말초신경계(PNS)
중추신경계 이외의 모든 신경계. 체성신경계와 자율신경계(교감신경부와 부교감신경부)로 구분된다. 중추신경계와 신체의 나머지 부분을 연결하는 감각뉴런과 운동뉴런들로, 중추신경계를 신체의 수용기와 근육 및 분비선과 연결하는 신경계이다. 감각기관에서 중추신경계로 정보를 전달하거나 중추신경계의 신호를 근육이나 분비선으로 전달해 주는 신경이다.

⋮⋮ 맛 혐오 학습(taste aversion learning)
고전적 조건형성 절차를 통해 특정한 맛과 복통이 짝지어짐으로써 그 맛에 대한 혐오가 습득되는 것을 말한다.

⋮⋮ 망각(forgetting)
장기 기억으로 저장되었던 정보를 상기하거나 재생하는 능력이 일시적 혹은 영속적으로 감퇴 및 상실되는 일이다. 기억인 세 원리인 정보의 부호화, 저장, 인출 단계에서 문제가 발생할 시에 망각이 일어날 수 있다.

⋮⋮ 망각곡선(forgetting curve)
시간경과에 따른 파지와 망각정도를 보여주는, 그래프로 나타낸 에빙하우스(Ebbinghaus)의 망각패턴 연구결과이다.

⋮⋮ 망각이론(forgetting)
망각에 관한 이론으로, 시간의 경과에 따라 자발적으로 상실된다는 붕괴설과 경쟁적인 내용이 간섭하기 때문에 일어난다는 간섭설이 있다.

⋮⋮ 망막(retina)
빛에 민감한 눈의 안쪽 면으로 광수용기인 간상체와 원추체 그리고 시각 정보처리를 시작하는 뉴런의 여러 층을 가지고 있다. 수용기 세포(추상체와 간상체), 양극세포, 신경절세포로 구성된 얇은 막으로 안구의 뒷벽에 붙어 있다.

⋮⋮ 망막부등(retinal disparity)
깊이지각을 위한 양안단서로, 두 망막의 이미지를 비교함으로써, 두뇌는 거리를 계산한다. 두 이미지 간의 부등(차이)이 클수록 사물은 가깝게 지각된다. 즉 두 눈에 맺히는 물체의 상에서 나는 차이가 크면 클수록 그 물체까지의 거리는 가까워진다는 사실을 일컫는다.

⋮⋮ 망막정보(retinal information)
물체의 상이 차지하는 망막 위의 위치에 관한 정보로 중심와를 기준으로 계산된다.

⋮⋮ 망상(delusion)
정신병에 수반되는 거시 신념으로, 피해망상이거나 과대망상, 애정망상 등이기 십상이다. 실제로는 사실이 아님에도 불구하고 환자가 사실이라고 믿는 잘못된 신념을 말한다.

⋮⋮ 망상체(reticular formation)
주의 및 각성을 제어하는 데 있어서 중요한 역할을 담당하는 뇌간의 신경망으로, 연수에서 시상에 걸쳐있는 뇌 영역이다.

⋮⋮ 맥락 의존 기억(context-dependent memory)
현재 자신이 처한 상황과 관련된 일을 더 쉽게 기억하는 것으로, 측두엽에 존재하는 해마에 의해 처리된다. 비슷한 것으로 기분 의존적 기억과 상태 의존적 기억이 있다.

⋮⋮ 맥락효과(contextual effect)
감각정보에 대한 의미부여가 주어진 맥락에 따라 달라지는 현상이다.

맹점(blind spot)
시신경이 망막에서 출발하는 지점으로, 그 영역에는 광수용기가 존재하지 않기 때문에 볼 수 없는 지점이 된다. 시신경이 안구를 떠나는 부위로써 감각기가 분포되어있지 않다.

메타분석(meta-analysis)
많은 각기 다른 연구결과들을 통계학적으로 결합시키는 절차로, 다수의 개별적 실험연구의 결과들을 모아서 하나의 전반적인 효과 측정치로 만들어 결론을 내리는 통계적 기법이다.

메탐페타민(methamphetamine)
중추신경계를 자극하는 강력한 중독성 약물로, 신체기능을 촉진시키고 에너지와 기분변화를 초래한다. 시간이 경과함에 따라 도파민 수준을 감소시키는 것으로 보인다.

면역계(immune system)
바이러스나 박테리아와 같은 이물질로부터 신체를 방어하는 일련의 신체구조들로, 질병과 싸우는 신체의 자연 방어체계를 말한다.

면전의 문 기법(door-in-the-face technique)
크고 거절될만한 비합리적인 요구를 먼저 제시하고, 그 뒤에 더 합리적이고 작은 요구를 제시함으로써 응종이 이루어지는 것을 말한다.

명상수행법(冥想修行法)
우리 몸 안팎의 특정자극(호흡, 화두, 폭포, 촛불 등)에 정신을 집중함으로써 마음을 고요히 가라앉히고 비우는 동양전래의 정신수양법으로, 명상법은 비교(esoteric)기법 중의 진수라고 할 수 있다.

명시적 기억(explicit memory)
이전 경험을 의식적으로 회상해내는 기억을 말한다.

명제(proposition)
진위 판단을 할 수 있는 기본단위로서, 보통 문장으로 구성된다.

명적응(light adaptation)
망막위에 산재한 광수용기의 빛에 대한 민감도가 점차적으로 감소하는 현상으로, 조명이 어두운 조건에서 밝은 조건으로 바뀌면 일어난다.

모델링(modeling)
특정행동을 관찰하고 본뜨는 것처럼 흉내 내는 과정을 말한다.

모르핀(morphine)
아편계 마약성 진통제로, 중추신경계에 작용하여 통증을 전달하는 신경전달물질의 분비를 억제하여 통증을 줄이는 항정신성 약물이다.

모집단(population)
연구자가 연구대상으로 잡은 모든 사람들을 말한다.

몰개성화(deindividuation)
각성(흥분)과 익명성이 촉진되는 집단상황 속에서 자기인식(개인적 정체감)과 자기절제(개인적 책임감)가 감소되는 것을 말한다.

::: **몰입감(flow)**
의식이 완전하게 관여되고 초점을 맞춘 상태로, 자신의 기술을 최적의 방식으로 사용함으로써 자신과 시간에 대한 자각이 감소된다.

::: **무논리증(alogia)**
말이나 사고가 이치에 맞지 않는 것으로, 조현병의 음성증상 중 하나이다.

::: **무산소(anaerobic) 운동**
많은 양의 산소를 소비하지 않는 형태의 운동을 말한다.

::: **무선표본(random sample)**
전집의 모든 사람이 표본으로 선발될 가능성이 동일함으로써 전집을 대표할 수 있는 표본을 말한다. 즉, 모집단 구성원 각자가 표본에 뽑힐 확률을 동일하게 하여 모집단을 대표할 수 있는 표본을 추출하는 표집방법이다.

::: **무선할당(random assignment)**
실험참가자들을 실험집단과 통제집단으로 확률에 따라 할당함으로써 서로 다른 집단에 할당된 참가자들 간에 이미 존재하는 차이를 최소화 시킨다.

::: **무의식(unconscious)**
프로이트에 따르면 대부분의 용납될 수 없는 사고와 소망과 감정 그리고 기억의 저장고로, 오늘날의 심리학자들에 따르면 우리가 자각하지 못하는 정보처리를 말하며, 의식할 수 없는 정신영역이다.

::: **무의미 철자(nonsence syllable)**
단어로 구성되지 않는 자음-모음-자음의 배열하는 것을 말한다.

::: **무조건 반사(unconditioned reflex)**
무조건 자극에 대하여 무조건반응이 일어나는 것을 말한다.

::: **무조건반응(unconditioned response, UR)**
무조건적 자극에 의해 자동적으로 이끌어지는 반사작용에서의 반응으로, 중성적이며 훈련을 요하지 않는다. 예를 들어, 음식 냄새에 침을 흘리는 반응이다.

::: **무조건자극(unconditioned stimulus, US)**
파블로프식 조건형성에서 무조건적으로 -자연스럽고 자동적으로- 반응을 폭발시키는 자극. 아무런 학습을 통하지 않고 선천적으로 특정반응을 유발하는 자극이다.

::: **무조건적 긍정적 존중(unconditioned positive regard)**
로저스에 따르면, 타인을 향한 절대적 용인의 태도로, 치료자가 자신의 가치관과는 무관하게 내담자를 하나의 인간으로 수용하고 비소유적으로 배려하는 것이다. 인간중심치료에서 주장하는 치료적 변화의 필요충분조건 중의 하나이다.

::: **무욕증(anhedonia)**
전에는 흥미를 느끼던 것을 느끼지 못하고 흥미욕구가 없는 상태로, 조현병의 음성증상 중 하나이다.

::: **문법(grammar)**
한 언어에서 상대방과 의사소통하고 말이나 글을 이해할 수 있게 해주는 규칙 시스템으로, 사람의 사고를 표현하게 하는 규칙체계를 말한다.

문안에 발 들여놓기 현상(foot-in-the-door phenomenon)
처음에 작은 요청에 동의하였던 사람이 나중에 더 어려운 요청에도 동의하는 경향성을 말한다. 큰 요구에 대한 응종이, 먼저 제시된 그보다 받아들이기 쉬운 작은 요구들을 통해 이루어지는 것이다.

문제중심적 대처(problem-focused coping)
스트레스원을 변화시키거나 스트레스원과 상호작용하는 방법을 변화시킴으로써 직접적으로 스트레스를 경감시키려는 시도이다. 문제를 해결하기 위하여 정보를 구하고 필요한 행동은 적극적으로 실행에 옮기는 것이다.

문제 중심 대처(problem-focused coping)
스트레스 상황에서의 문제 해결을 위한 전략으로, 스트레스를 발생시키는 자극 자체를 변화시키려는 대처 방식을 말한다.

문제해결(problem solving)
목표를 성취하기 위한 전략을 구성하고 자양한 전략 중에서 목표에 적절한 전략을 선택하여 목표를 성취하는 심적 과정을 말한다.

문화(culture)
한 집단의 사람들이 공유하며 한 세대에서 다음 세대로 전달되는 지속적인 행동, 아이디어, 태도, 그리고 전통을 말한다.

문화 심리학(cultural psychology)
문화가 사회구성원들의 행동이나 심리적 과정에 어떤 영향을 주고, 문화적 특이성이 인류 보편적으로 나타난다는 전제하에서 이루어지는 심리학적 연구를 말한다.

미네소타 다면 인성검사(Minnesota Multiphasic Personality Inventory, MMPI)
1943년 미네소타 대학의 심리학자 Hathaway와 정신과 의사 Mckinley에 의해 고안된 객관적 검사로서, 566개의 문항으로 구성되어 있다. 가장 많이 연구되고 임상적으로 많이 사용되는 성격검사로, 원래 정서장애를 찾아내기 위하여 개발되었으나, 오늘날에는 다른 많은 장면에서 선발할 목적으로 사용되고 있다.

민감자(sensitizer)
스트레스적 위협의 가능성을 예민하게 지각하고 과장하는 경향성이 높은 특성을 가진 사람을 말한다.

민감화(sensitization)
동일한 자극을 반복적으로 경험함으로써 그에 대한 반응이 더 증강되는 것을 말한다.

뮌하우젠증후군(Münchausen syndrome)
자신의 상황을 과장하거나 의도적으로 만들어 내어 타인에게 관심과 동정심을 이끌어내는 허언증세 중 하나이다. 다른 말로는 '인위성 장애'라고 한다.

미신행동(superstitious behavior)
우연적 강화에 의한 행동강화를 말하며, Skinner가 비둘기를 이용한 미신실험을 통해 제안하였다. 비둘기를 실험 상자에 넣고 어떤 행동을 하든 무관하게 일정한 간격으로 먹이를 공급하였는데, 먹이가 제공되는 시간에 우연히 하고 있던 행동을 반복하는 것을 발견하였다.

::: 민감도(sensitivity)
받는 자극의 강도와 변화에 대해 보이는 반응 정도를 말한다.

ㅂ

::: 바르비투르산염(barbiturate)
중추신경계의 활동을 억제하는 약물로, 정서를 감소시키지만 기억과 판단을 손상시킨다.

::: 바이오피드백(biofeedback)
혈압이나 근육긴장과 같은 미묘한 생리적 상태에 관한 정보를 전자적으로 기록하고 증폭하여 피드백해 주는 시스템이다. 보통으로는 인식하지 못하는 심장박동이나 혈압과 같은 자신의 생리적 과정을 감찰하고 조정하는 것을 배우는 절차로, 조작적 조건형성의 원리를 적용한 것이다. 따라서 바이오피드백(biofeedback)훈련은 우리 자신의 생물학적 신호(bio)를 자신에게 되돌려서(feedback) 제시함으로써, 자기의지대로 생리적 과정을 조절하는 훈련이다.

::: 바넘효과(Barnum Effect)
보편적인 성격적 특성이나 묘사를 자신의 성격과 정확하게 일치한다고 생각하는 현상이다. 이를 실험을 통하여 증명한 심리학자 Forer의 이름을 따서 '포러 효과'라고도 한다.

::: 바움테스트(Baumtest)
'바움'은 독일어로 나무란 뜻으로, 열매가 열리는 나무를 그리게 하여 심리를 진단하는 투사검사 중 하나이다.

::: 반대과정이론(opposition process theory)
자극에 대한 최초반응보다는 반대적인 반응이 행동의 원인이 된다는 이론이다.

::: 반동형성(reaction formation)
자아가 용납할 수 없는 충동을 무의식적으로 반대의 것으로 전환시키는 정신분석 방어기제이다. 따라서 불안을 야기하는 무의식적 감정을 정반대되는 감정으로 표출한다.

::: 반복연구(replication)
근본결과가 다른 참가자와 상황에도 확장될 수 있는 것인지를 알아보기 위하여 다른 상황에서 다른 참가자들을 대상으로 연구의 핵심을 반복하는 것이다.

::: 반복적 뇌 자기자극법(rTMS)
자기에너지의 반복적인 파동을 두뇌에 적용하는 것. 두뇌활동을 자극하거나 억제하는데 사용된다.

::: 반사(reflex)
무조건적 자극이 무조건적 반응을 자동적으로 이끌어내는 '자극-반응' 쌍이다

::: 반사회성 인격장애(antisocial personality disorder)
타인의 권리와 안전을 고려하는 능력의 결여로 범법행위같은 반사회적 행동을 반복적으로 보이는 인격장애를 말한다..

::: 반사회적 성격장애(antisocial personality disorder)
잘못에 대한 양심이 결여되어있는 성격장애로, 심지어는 친구와 가족에게도 그렇다. 공격적이고 무자

비하거나 똑똑한 사기꾼이 될 수 있다.

반응범위(reaction raenge)
유전에 의해 결정되는 지능의 상하한계로, 어떤 사람의 유전자에 의해서 규정된 잠재적인 지적능력의 범위이다.

반응행동(respondent)
자극에 대한 자동적 반응으로 일어나는 행동으로, 파블로식 조건형성을 통해서 학습되는 행동에 대한 스키너의 용어이다.

반향기억(echoicmemory)
청각자극의 순간적인 감각기억이다. 주의가 다른 곳에서 주어졌더라도, 소리와 단어는 3초 내지 4초 정도 유지 회상될 수 있다.

발견법(heuristics)
주먹구구식으로 문제해결을 하는 방법이다. 판단과 문제해결을 효율적으로 만들어주기 십상인 간단한 사고 방략으로, 일반적으로 알고리듬보다 빠르지만 실수를 범할 가능성도 크다. 즉 과거 경험에 의거하여 가설을 세우고 그 가설을 검증하여 문제를 해결하는 방법이다.

발달심리학(developmental psychology)
일생을 통한 신체적, 인지적, 그리고 사회적 변화를 연구하는 심리학 분야로, 인간의 전생애에 걸친 생물학적, 사회적, 성격적인 발달에 관한 과학적 연구를 말한다. 따라서 발달심리학자(developmental psychologist)는 생체의 성장과 발달이 함수로써 일어나는 변화, 특히 초기와 후기행동사이의 관계를 연구하는 데에 관심을 두고 있는 심리학자를 말한다.

발판 놓기(scaffolding)
Voygotsky에 의해 발달한 개념으로서 아동의 수행정도에 따라 교사는 도움을 주는 수준을 조절하여 아동의 학습발달을 높은 근접발달수준으로 가도록 돕는 교육과정을 말한다.

방관자 효과(bystander effect)
주변인 효과라고도 하는 것으로, 다른 방관자들이 존재할 때 도움행동을 할 가능성이 줄어드는 경향성을 말한다. 긴급 상황에서 다른 사람을 도울 다른 방관자가 있을 때 보다 없을 때 개인이 도움을 받을 수 있는 확률이 더 크다.

방어기제(defense mechanism)
자존심을 낮출 수 있거나 불안을 높일 수 있는 개인의 약점이나 동기가 인식되는 것을 막기 위해 행동이나 행동의 회피를 통해, 흔히 무의적으로 하게 되는 적응이다. 정신분석 이론에서 자아가 현실을 무의식적으로 왜곡시킴으로써 불안을 감소시키는 보호방법이며, 현실을 왜곡시켜 불안으로부터 개인을 보호하기 위해 자아가 사용하는 과정이다.

방어적 귀인(defensive attribution)
피해자에게 공격행동에 대한 책임의 일부를 전가함으로써 상황을 부정하여 자신도 당할 수 있다는 두려움을 외면하려는 경향이다.

배아(embryo)
수정 후 2주 후부터 임신 2개월에 걸쳐 발달하고 있는 뱃속의 유기체로, 임신 3주에서 8주까지 모든 중요기관들이 형성되고 심장이 뛰기 시작하는 시기이다.

백분위(percentile rank)
점수분포에서 특정 점수보다 낮은 점수들의 백분율이다. 백분위점수(percentile score)는 특정점수 이하의 점수를 갖는 사람들의 백분율을 나타내는 지수이다.

백일몽(daydreaming)
현실에서 충족되지 못한 욕구나 소원을 직접적, 간접적으로 충족되는 비현실적인 세계를 상상하는 과정 또는 꿈을 말한다.

백질절제술(lobotomy)
뇌의 전두엽에서부터 뇌의 하위부분으로 통하는 신경연결을 잘라내는 정신외과수술을 말한다. 오늘날에는 거의 시행되지 않는 정신외과수술로, 한 때는 정서를 통제할 수 없거나 난폭한 환자를 진정 시키기 위해서 사용되었다.

밴드왜건 효과(bandwagon effect)
밴드왜건을 서커스 등의 퍼레이드의 선두에서는 악대자를 의미하는 것으로 편승효과라고도 한다. 즉 대중적으로 유행하는 정보를 따라 상품을 선택하는 현상이다.

범불안장애(generalized anxiety disorder)
불안이 수개월동안 만성적이고 지속적으로 일어나고, 이 불안은 적어도 6개월 이상 조절할 수 없는 극도의 광범위한 불안을 말한다.

범위(range)
분포에서 최고점과 최저점 간의 차이이다.

범주(category)
대상이나 행위를 동일한 세트로 포함시키고 분류시키는 인지표상을 말한다.

법정심리학(forensic psychology)
심리학자들이 법정에서 전문가로서 진술하는 증언에 관련된 분야를 말한다.

베르니케 영역(Wernicke's area)
언어이해와 표현을 관장하는 두뇌영역으로, 일반적으로 좌반구 측두엽의 영역을 말한다. 청각피질과 시각피질에서 언어정보를 받아들여 그 의미를 해석하는데 관여하는 이 부위가 손상되면 의미 있게 말하는 능력이 와해된다. 베르니케 실어증은 말을 이해하는 능력이 심각하게 손상되고, 의미가 없는 말을 빠르고 유창하게 하는 실어증이다.

베버의 법칙(Weber's law)
두자극이 다르게 지각되기 위해서는 최소한 일정한 비율만큼(일정한 양이 아니라)차이가 나야한다는 원리로, 차이식역으로 그 값을 측정할 때 이용한 표준자극의 강도로 나누면 일정한 상수가 된다는 법칙이다.

베블런효과(veblen effect)
가격이 오름에도 불구하고 수요가 줄지 않고 오히려 증가하는 현상을 말한다. 값이 오르면 과시욕 또는 허영심을 채우기 위해 수요가 증가하고, 값이 떨어지면 쉽게 누구나 구입할 수 있기 때문에 구매하지 않으려는 소비 행태이다.

벤조다이아제핀(benzodiazepine)
불안을 감소시키는 데 사용되는 항불안제의 일종으로 리브리움, 발리움, 자낙스 등의 안정제들이 포함된다.

변별(discrimination)
파블로식 조건형성에서 조건자극과 US를 신호하지 않는 자극을 구분하는 학습된 능력을 말하는데, 서로 다른 결과가 연합됨으로써 각각의 자극에 대해서 상이하게 반응하는 현상이다. 조작적 조건화에서는 자극들에 수반되는 강화의 수준에 따라 각기 상이한 반응을 학습하는 현상이다. 변별자극 (discrimination stimulus)은 유기체가 자극통제훈련의 부분으로 반응하도록 학습하는 자극을 말한다.

변연계(limbic system)
뇌간과 대뇌반구 사이에 있는 도넛 모양의 신경구조로, 공포와 공격성과 같은 정서나 학습 그리고 배고픔과 성과 같은 추동과 관련되어 있다. 해마, 편도체, 그리고 시상하부가 포함된다. 생존, 기억 등에 중요한 역할을 담당한다.

변인(variable)
하나 이상의 값을 가질 수 있는 요인이다.

변이(mutation)
유전자 복제에서 변화를 초래하는 무선적 오류이다.

변화된 의식상태(Altered States of Consiousness)
의식상태가 평상시와 다르게 변화된 것을 지칭한다.

변환(transduction)
한 형태의 에너지를 다른 형태로 바꾸는 것으로, 감각에서 빛, 소리, 그리고 냄새와 같은 자극 에너지를 두뇌가 해석할 수 있는 신경흥분으로 변환시킨다. 물리적 에너지가 뇌가 이해할 수 있는 신경신호로 바뀌는 일이다.

병행처리(parallel processing)
문제의 여러 측면들을 동시에 처리하는 것으로, 시각을 포함하여 두뇌가 정보를 처리하는 방식이다. 대부분의 컴퓨터와 의식적 문제해결의 단계적(계열적)처리와 대비된다.

보상모형(compensatory model)
매력적인 속성이 비(非) 매력적인 속성을 보상하는 의사결정모형이다.

보색(complementary color.)
2개를 합했을 때 그 색이 회색이 되는 빛의 파장을 말한다.

보수 이행(cautious shift)
극화 현상 중 하나로, 개인보다 집단 평균이 보수적인 경향을 갖을 때 더 신중하고 보수적인 집단 의사결정을 내리는 현상이다.

보조자아(auxiliary ego)
심리극을 구성하는 치료자의 조수격인 사람으로서, 필요에 따라 주인공을 도와 심리극을 진행하는 인물을 말한다.

보존(conservation)
사물의 외적 모양이 달라져도 질량, 부피, 그리고 숫자와 같은 특성이 그래도 남아있다는 원리(피아제는 구체적 조작단계 추리의 한 부분이라고 믿었다)이다.

복종(obedience)
권위를 가진 사람의 명령을 따르는 것을 말한다.

본능(instinct)
한 동물 종에서 철저하게 패턴화되어 있으며, 학습되지 않은 복잡한 행동을 말한다.

본능적 경향(instinctual drift)
동물이 어떤 대상에 대해 조작적으로 학습된 반응으로부터 타고난 본능적 반응으로 되돌아가는 경향을 말한다.

본태성 고혈압(essential hypertesion)
기질적 원인이 밝혀지지 않은 고혈압을 말한다.

부교감신경계(parasympathetic nervous system)
신체를 안정시키고 에너지를 보존하는 자율신경계의 부분으로, 위급상황이 종료된 후 우리의 몸을 정상상태로 되돌리는 일을 맡는다. 우리 몸의 보호, 영양공급 및 몸의 성장에 관한 활동을 조절한다.

부분(간헐적)강화(partial/intermittent reinforcement)
부분적으로만 반응을 강화하는 것으로, 연속강화에 비해서 반응의 획득은 느리지만, 소거에 대한 저항은 매우 크다. 부분적 강화 효과(partial-reinforcement effect)란 계속적 강화계획에 의해 강화된 반응보다 부분적 강화계획에 강화된 조작적 반응이 소거에 대해 더 저항이 강하다는 연구결과이다.

부분책략(partist strategy)
어떤 개념에 속하는 사례의 특징들 중 일부만을 범주 분류의 기준으로 삼은 후, 다른 사례의 분류에 이 기준이 유효한지에 따라 기준을 고수하거나 바꾸는 책략이다.

부신선(adrenal gland)
부신선(adrenal gland)은 콩팥 바로 위에 있는 한 쌍의 내분비선으로 에피네프린(아드레날린)과 노르에피네프린(노르아드레날린)을 분비해 스트레스 상황에서 신체를 각성시키는데 일조한다. 교감신경계가 조절하고자 하는 목표기관을 활성화시킨다. 부신피질호르몬은 부신의 바깥쪽, 즉 피질에서 생산되는 호르몬으로서 교감신경계가 조절하고자 하는 목표기관을 활성화시킨다. 이를 통해 위급상황에 대처하도록 만든다.

부적 강화(negative reinforcement)
쇼크와 같은 부적자극을 중지시키거나 감소시킴으로써 행동을 증가시키는 것. 부적 강화물을 반응 후에 제거함으로써 반응을 강력하게 만드는 자극이다. 즉 처벌이 아니라 혐오 자극을 제거시키는 강화이다.

부적 상관(negative correlation)
두 변인의 값이 반비례하는 관계이다.

부적 처벌(negative punishment)
매력적 자극을 제거시키는 처벌로, 바람직한 사건을 생략함으로써 반응을 약화시키는 절차이다.

부정성효과(negativity effect)
인상형성에 긍정적 특성보다 부정적 특성이 더 큰 영향을 미치는 현상이다.

부정적 편향(negativity bias)
긍정적인 정보보다 부정적인 정보에 더 민감하게 반응하는 것이다. 좋은 뉴스보다 안 좋은 뉴스가 더 자극적으로 느껴지는 것을 예로 들 수 있다.

부주의적 맹시(inattentional blindness)
주의가 다른 곳을 향하고 있을 때 가시적 사물을 보지 못하는 것을 말한다.

부호화(encoding)
정보를 기억시스템에 집어넣는 과정으로, 기억할 내용을 기억에 저장하는 과정이다. 장기기억에서는 뜻을 바탕으로 부호화하는 경향이 강하며, 기억할 정보들의 정교화와 조직화가 효과가 있다. 즉 하나의 기억 단계에서 다음으로(감각 기억에서 단기기억으로 혹은 단기기억에서 장기기억으로)정보가 이동하는 과정이다.

부호화 특수성 원리(encoding specificity principle)
정보가 장기기억으로 부호화 될 때 제시되는 환경적 단서들(내적, 외적)이 그 정보에 대한 가장 좋은 인출 단서로서의 역할을 한다는 원리이다.

부호화 실패 이론(encoding failure theory)
망각은 단지 부호화에 실패한 것일 뿐 진짜로 잊어버리는 것이 아니라는 망각이론이다.

부화효과(incubation effect)
인지적인 문제해결 노력을 중단하고 쉬거나 다른 일을 하고 있을 때 갑자기 문제가 해결되는 현상이다.

분노억제(anger-in)
내적으로 경험하는 분노를 겉으로 드러내지 않고 속으로 삭이거나 원한을 품는 방식으로 분노경험에 대처하는 것이다.

분노통제(anger-control)
경험하는 분노감정을 상황에 알맞고 문제 해결에 도움이 되는 조절된 방식으로 대처하는 것이다.

분노표출(anger-out)
경험하는 분노감정이 절제되지 않는, 폭발적인 형태로 겉으로 드러내어 표현하는 방식으로 대처하는 것이다.

분리뇌(split brain)
뇌량이 절단되어 좌우 대뇌반구의 연결이 끊어진 뇌로, 좌우반구를 연결시켜주는 뇌량을 절단하여 두 반구사이에 정보소통이 이루어지지 않는 뇌를 말한다. 심한 간질방전의 전달을 막기 위해 뇌량절단시술이 이루어진다. 뇌량이 절단된 결과, 각 대뇌반구는 기능적 비대칭성을 보이게 된다.

분명한 문제(well-defined problem)
출발상태와 목표상태, 그리고 목표 상태에 이르는 과정이 명확한 문제이다.

분석수준(levels of analysis)
어느 것이든 주어진 현상에 대한 생물학적 분석에서부터 심리학적 분석과 사회-문화적 분석에 이르는 서로 다른 보완적 견해이다.

::: **분자유전학(molecular genetics)**
유전자의 분자구조와 기능을 연구하는 생물학의 하위분야이다.

::: **분위기 효과가설(atmosphere effect)**
삼단논법에 쓰이는 전제들의 형식이 결론의 형식에 대한 기대에 영향을 미친다는 가설이다.

::: **불면증(insomnia)**
수면의 개시, 유지, 종경에 어려움이 있는 수면장애의 일종이다.

::: **불분명한 문제(ill-defined problem)**
출발상태와 목표상태 그리고 목표상태에 이르는 과정 중 어느 것 하나라도 명확하지 않은 문제를 말한다.

::: **불안장애(anxiety disorder)**
불안과 공포를 주된 증상으로 하는 여러 가지 심리적 장애를 지칭하며, 하위유형으로 범불안 장애, 공황장애, 공포장애, 강박장애, 외상 후 스트레스 장애 등이 있다. 불안으로 인해 고통과 비전형적, 부적응적, 비합리적 행동을 나타내는 장애이다.

::: **불안정 양가 애착(insecure-ambivalent attachment)**
아기가 어머니와 가까이 있으려 할 뿐 주위상황에는 관심이 없으며, 어머니가 방을 나가면 매우 강한 강도의 고통을 표현하고 어머니가 돌아오면 매달렸다가 밀어내는 것을 번갈아 가며 하는 것을 말한다.

::: **불안정 혼란 애착(insecure-disorganized (disorented) attachment)**
어머니가 나가고 들어올 때 유아는 혼란스러운 행동을 보이며 상황에 압도되어 그것을 극복해나가는 지속적인 방법을 보여주지 못하는 경우이다.

::: **불응기(refractory period)**
오르가즘 후의 휴시기간. 남성은 이 기간 중에 또다른 오르가즘을 경험할 수 없다.

::: **브로카 영역(Broca's area)**
일반적으로 음성적 언어표현을 제어하는 좌반구 전두엽의 한 영역으로, 말하기에 관여하는 근육운동을 제어한다. 이 부위가 손상되면 말을 원활히 하지 못하게 된다.

::: **비개입적 부모(uninvolved parents)**
자녀들과 함께 보내는 시간과 그들과의 감정적으로 연관되는 일이 극히 적은 부모이다.

::: **비관주의(pessimism)**
자신에게 나쁜 일이 일어날 것이라고 믿고 기대하는 것이다.

::: **비교문화심리학(cross-cultural psychology)**
둘 이상의 문화들을 대상으로 연구하여 각 문화에 따라서 달리 나타나는 독특한 원리와 문화에 무관하게 나타나는 사회 행동의 보편성 원리를 찾아내는 연구를 말한다.

::: **비판적 사고(critical thinking)**
논쟁과 결론을 맹목적으로 받아들이지 않는 사고로, 오히려 과정을 살펴보고, 숨어있는 가치를 구별해 내며, 증거를 평가하고 결론의 타당성을 검증한다.

비현실화(derealization)
사람, 사건, 사물과 같은 주위 환경이 갑자기 현실과 다르게 느껴지는 것이다.

빈도분포(frequency distribution)
특정변인의 각 점수를 받은 사람의 수를 표나 그림을 정리한 것이다.

빈도이론(frequency theory)
지각되는 소리의 고저는 신경충격의 발화빈도에 의해 결정된다는 이론이다.

빈발효과(frequency Effect)
반복되는 행동이나 태도로 인하여 첫인상이 바뀌는 현상이다.

빨기 반사(sucking reflex)
사람의 타고난 반사작용으로, 유아들이 그들의 입술이 닿는 것은 무엇이든지 빨려고 하는 것이다.

ㅅ

사고(thinking)
지각과 기억된 정보의 심적 단위를 조작하는 과정으로, 문제해결, 판단 및 결정을 내리기 위해 전개되는 정보처리의 과정이다. 즉 사고과정(processing thinking)은 심상, 개념 및 언어 등의 인지표상을 변환, 조작, 조합하는 심적 변화의 과정이다.

사랑의 삼각형 이론(triangular theory of love)
미국의 Sternberg가 사랑을 세 가지 요소의 삼각형 모양으로 설명한 이론으로, 다양한 사랑의 형태를 삼각형의 크기와 모양을 통해 구분할 수 있다고 주장했다. 삼각형의 꼭짓점인 친밀감, 열정, 헌신이 모두 충족된 사랑은 정삼각형에 가깝고, 삼각형 면적이 넓고 정삼각형에 가까울 수록 이상적인 사랑을 의미한다.

사례연구(case study)
보편적 원리를 밝혀낼 것이라는 희망을 가지고 한 개인을 오랜 시간 심층적으로 연구하는 관찰기법이다.

사례위주추리(preson-who reasoning)
일반적인 법칙과 불일치하는 사례를 들어 그 법칙을 의심하는 일이다.

사상의학(Sasang Constitutional Medicine)
조선 후기 이제마가 창시했다. 사람의 체질을 4가지 유형, 즉 태양인, 태음인, 소양인, 소음인으로 나누고 각 특성에 따라 병을 진단하고 치료하는 의학이다.

사이버 공간(cyber-space)
윌리엄 깁슨의 〈뉴로맨서〉라는 소설에서 사용되어 널리 알려진 개념으로 컴퓨터와 인터넷 같은 통신망을 통해 사람과 사람간의 교류가 형성되는 가상적인 공간. 학자들은 가상공간(virtual reality)이라는 용어를 선호한다.

사이버공동체(cyber-community)
사이버공간에서 컴퓨터를 매개로 이루어지는 의사소통을 통해 사람들이 지속적으로 토론하고 인간적인 감정을 나눔으로써 상호작용하는 사회적 집합체이다.

::: **사이버교류(cyber-communication)**
일반적으로는 컴퓨터를 매개로 이루어지는 모든 의사소통을 의미한다. 그러나 실세계의 f2f 커뮤니케이션과는 달리 시간과 공간의 제약을 받지 않고 익명과 실명이 동시에 가능하기 때문에 인간 활동의 형태와 범위에 많은 변화를 일으킨다.

::: **사이버심리학(cyber psychology.)**
사이버 공간과 관련된 인간행동과 정신과정에 대한 과학적 연구이다.

::: **사이버정체성(cyber identity)**
사이버교육의 익명성을 포함하는 다양한 특성으로 인해 실세계와 달리 다중적이고 복합적으로 자기정체가 형성된다. 익명성으로 인한 솔직한 자기개방과 의견 제시 같은 긍정적 측면 외에도 몰개성화나 악의적 행동, 실세계에서의 정체성 혼란문제 등의 부정적 측면도 있다.

::: **사이버중독(cyber addiction.)**
사이버 공간 내의 인간관계, 게임이나 음란물 탐색과 같은 특정 행동에 과도하게 집착하여 학교 및 사회에 부적응적 문제를 일으키거나 대인관계나 가정문제, 경제적 문제를 일으키게 되는 행동장애로, 도박과 같은 행동장애와 마찬가지로 내성과 금단증상을 포함한다.

::: **사이비심리학(parapsychology)**
ESP와 염력을 포함한 심령현상연구로, 인간의 심리와 행동을 이해하고 설명하기 위해 비과학적으로 접근하는 분야이다.

::: **사이코드라마(sociodrama)**
집단원들이 자신의 상황, 감정, 역할들을 연기하듯 시연하는 집단 치료기법이다.

::: **사춘기(puberty)**
성적 성숙이 이루어지는 시기로, 이 시기에 자손번식이 가능해진다. 성 기관들이 생식적 기능을 갖게 되는 연령으로, 여자는 월경, 남자는 살아있는 정자세포가 출현한다. 때로는 생식기관들이 기능적으로 성숙하게 되는 기간을 일컫기 위해서 사용되는데, 이 경우에는 이차성징(특히 겨드랑이와 음모의 성장과 착색)의 발달은 사춘기의 시작과 그 절정인 생식능력을 나타낸다.

::: **사회공포증(social phobia)**
낯선 사람을 만나거나 타인이 자신의 행동을 관찰하는 하나 또는 그 이상의 사회적 활동 상황에서 강하고 지속적인 공포가 나타나는 불안장애이다.

::: **사회교환 이론(social exchange theory)**
우리의 사회행동은 교환과정이며, 이 과정의 목적은 이득을 극대화하고 손실을 극소화 할 수 있는지, 어디에 영향을 미치며 관계를 맺는지를 과학적으로 연구하는 심리학의 분야이다.

::: **사회규범(social norm)**
구성원의 행동, 태도, 신념을 지배하는 어떤 집단이나 지역사회의 불문율을 말한다.

::: **사회딜레마(social dilemma)**
개인에게 즉각적인 보상을 주지만 장기적으로는 개인과 집단 전체에 해로운 결과를 초래하는 현상을 말한다.

::• 사회문화적 관점(social perspective)
타인과 문화가 인간의 행동 및 정신과정에 미치는 영향에 설명의 초점을 맞추는 관점이다.

::• 사회비교(social comparison)
자신의 능력, 태도 등을 다른 사람들과 비교하여 이를 통해 자신을 평가하는 것이다.

::• 사회인지이론(social cognitive theory)
캐나다의 Bandura가 제시한 것으로, 지식 습득 과정에 개인의 행동과 특성, 주위 환경 간의 상호작용이 영향을 준다는 이론이다.

::• 사회재적응평정척도(SRRS)
스트레스를 수치화하기 위한 도구로서, 한 개인이 받는 스트레스의 지표가 될 수 있는 여러 가지 상황을 계량화하기 위한 척도이다.

::• 사회심리적 단계(psychosocial stages)
'성 심리적 발달'에 관한 정신분석 이론에 대해 Erikson이 수정한 것으로, 여러 발달단계에 관련된 사회적 및 환경적 문제에 더 관심을 두고 사회적 성숙, 자아정체감 형성을 통한 몇 개의 성인기 단계들을 추가했다(→ 성 심리적 발달).

::• 사회심리학(social psychology)
사람들이 어떻게 서로의 행동과 사고에 영향을 미치는지에 대해 과학적으로 연구하는 심리학의 한 분야이다.

::• 사회원인가설(sociogenic hypothesis)
낮은 사회계층 사람들의 낮은 학력수준, 경제적 빈곤 사회적 보상 및 기회부족 등과 같은 사회적 요인이 정신분열증의 발병 원인이 된다는 가설이다.

::• 사회-인지적 조망(social-cognitive perspertive)
행동을 개인(그리고 사고)과 사회적 맥락간의 상호작용에 영향받는 것으로 간주하는 조망이다.

::• 사회적 리더십(social leadership)
집단 지향적 리더십으로 팀워크를 구축하고 갈등을 중재하며 지원을 해준다.

::• 사회적 시계(social clock)
결혼, 부모가 되는 것, 그리고 은퇴와 같은 사회적 사건에 대해서 문화적으로 선호되는 타이밍이다.

::• 사회적 억제(social inhibition)
과제 수행 시, 다른 사람들이 있을 때 수행 능력이 떨어지는 현상을 말한다.

::• 사회적 자극(촉진)(social facilitation)
다른 사람들이 있을 때 과제가 쉬울수록 더 잘하는 현상으로, 혼자 일하는 것보다 같은 일을 여럿이서 할 때 집단 자극으로 인하여 능률이 오르는 것을 예로 들 수 있다.

::• 사회적 정체감(social identity)
어떤 집단에 소속되어 동일시함으로써 지니게 되는 자기개념이다.

::• 사회적 지원(social support)
친구나 가족 등의 사회적 관계에서 유래하는 스트레스대처에 대한 지원이다.

사회적 책임규범(social-responsibility norm)
자신에게 의존적인 사람을 도와줄 것이라는 기대로, 응보규범이 일반화된 것으로서, 남을 도울 수 있는 형편이 되면 보답을 되돌려 받을 가능성이 없는 경우에도 도움을 주게 된다는 신념 체계이다.

사회적 촉진(social facilitation)
사회적 자극의 결과 수행과제에 대해 우세한 반응이 촉진되는 현상으로, 타인이 존재할 때 단순하고 잘 학습된 일에 있어서는 수행이 향상되고, 복잡하고 학습되지 않은 일은 수행이 저하되는 것을 말한다. 즉 타인의 존재가 우세반응을 강화시키는 현상이다.

사회적 태만(social loafing)
집단에 들어있는 사람들이 공동의 목표를 달성하기 위해서 노력을 합해야 할 때 적게 노력하려는 경향성으로, 개인적으로 책임이 주어졌을 때보다 집단에서 공통된 목표를 향해 일할 때 노력을 더 적게 하게 되는 경향이다.

사회적 함정(social trap)
갈등을 겪는 집단(또는 개인)들이 각자 합리적으로 자신의 이익을 추구함으로써 상호간에 파괴적 행동에 휘말려 들어가게 되는 상황을 말한다.

사회조사(survey)
사람들이 자기 보고한 태도나 행동을 확인하는 기법으로, 일반적으로는 대표적인 무선표본에게 질문을 하게 된다.

사회학습(social learning)
직접경험 없이 다른 개체의 생동과 그에 따르는 경과를 관찰함으로써 이루어지는 학습이다. 따라서 사회학습이론(social learning theory)은 관찰하고 흉내 내며 보상받거나 처벌받음으로써 사회행동을 학습한다는 이론이다. 행동주의 전통과 기능주의·인본주의 전통이 만나는 영역에서 이루어진 관점으로, 행동주의 전통의 반복과 강화가 학습을 돕고 유지하는 데 중요함을 인정하지만, 사람은 스스로의 기대와 가치(인본주의)를 가지고 의도적인 환경대응을 하는 심적 기능(기능주의)도 가지고 있음을 주장한다.

사회화(socialization)
사회적 환경이 제공해주는 훈련을 통해서 개인의 특징과 행동을 형성하는 것이다.

사후 과잉 확신 편향(hindsight bias)
발생된 일에 대하여, 마치 처음부터 그 일이 그런 결과가 될 것이라는 걸 알고 있었던 것처럼 믿는 경향을 말한다.

사후통찰 편견(i-knew-it-all-along phenomenon)
이미 알고 있었던 것처럼 결과를 알고 난 후에야 자기도 그 결과를 예측할 수 있었다며, 자신의 능력을 과대평가하는 경향성이다.

산업-조직심리학(organizational-organizational psychology)
심리학의 개념과 방법들을 작업공간에서의 인간행동을 최적화시키는데 적용하는 심리학의 한 분야로, 심리학의 지식 및 원리들을 기업, 산업체, 공공기관, 병원 등 다양한 형태의 조직에 응용하여 일과 관련되어있는 문제들을 다루는 심리학의 응용분야이다.

산포도(scatterplot)
각 개인에게 있어서 두 변인의 값을 직교좌표 상에서 한 점으로 나타낸 것의 그래프이다. 점들의 기울기는 두 변인 간 관계의 방향을 시사한다. 분산된 정도는 상관관계의 강도를 시사하는데, 분산이 적을수록 높은 상관을 나타낸다.

상관관계(correlation)
두 요인이 함께 변하는 정도에 대한 측정치이며, 한 요인이 다른 요인을 얼마나 잘 예언하는지에 대한 측정치이다. 상관계수는 −1에서부터 +1범위 내에서 관계의 방향과 정도를 수리적으로 표현한 것이다. 상관계수(correlation coefficient)로 가장 보편적인 것은 r로서 표시되는 Pearson적률계수다.

상담심리학(counseling psychology)
삶의 문제(학교, 직장, 또는 결혼과 관련되기 십상인)나 보다 나은 삶의 질을 달성하는 문제를 가지고 있는 사람을 지원하는 심리학의 한 분야이다.

상대역(relative threshold)
자극에 반응을 일으키기 위해 필요한 최소한의 자극량을 역치라고 하며, 상대역은 역치를 다른 역치에 비례하여 표현한 것을 뜻한다.

상대적 박탈감(relative deprivation)
자신이 비교하는 대상에 비추어 자신이 열등하다고 지각하는 것이다.

상위목표(superordinate goal)
사람들 간의 차이를 압도하고 협력을 필요로 하는 공유된 목표이다.

상음(overtones) 또는 화음(harmonics)
복합음을 구성하는 여러 순음(정현파) 중 기본음의 주파수보다 높은 주파수를 갖는 음이다.

상태 의존 기억(state-dependent memory)
정보의 부호화를 할 때와 인출을 할 때, 개인의 생리적 상태가 같을 경우 장기기억 인출이 최상인 것을 말한다.

상태 의존적 학습(state-dependent learning)
사건이 일어났던 당시에 경험한 환경 또는 상태를 재연하면 회상이 쉽지만, 반대로 그 상태가 아닐 때에는 기억이 잘 나지 않게 되는 것이다.

상향처리(bottom-up processing)
감각수용기로부터 시작하여 감각정보에 대한 두뇌의 통합으로 나아가는 분석으로, 감각기관을 통해 받아들이는 하위수준의 정보를 기초로 지각경험을 구성해나가는 정보처리 과정이다. 즉 감각정보가 감각기관에서 뇌로 전달되는 과정에서 벌어지는 처리이다.

상호결정론(reciprocal determinism)
캐나다의 Bandura가 제시한 것으로, 인지-환경-행동 3가지가 상호영향을 준다고 하는 이론이다. 목표나 기대 같은 개인의 내적 요인이 행동에 영향을 주고, 환경이 행동에 영향을 주며, 행동은 개인 내적 요인과 새로운 환경을 만들어내며 계속적으로 상호작용한다는 이론이다.

상호성 규범(the norm of reciprocity)
호혜성 원리라고도 하며, 사람은 자신에게 이득을 준 사람에게는 그것을 보답해야 한다는 불문율을 말한다.

⁞• 상호작용(interaction)
한 요인(예컨대, 환경)의 효과가 다른 요인(예컨대, 유전)에 달려 있는 것을 말한다.

⁞• 상호제지(reciprocal inhibition)
파블로프(I. Pavlov)의 고전적 조건 형성이론에 근거해서 등장한 것으로, 모든 신경증적 반응(불안 등)은 그것과 대립되거나 또는 양립될 수 없는 다른 강력한 반응(이완 등)에 의해서 제지될 수 있다는 것이다. 체계적 둔감법이 이에 해당한다.

⁞• 색상/색조(hue)
빛의 파장에 의해서 결정되는 색 차원, 우리가 파랑, 빨강 등의 색깔이름으로 부르는 것이다.

⁞• 색채잔상(color afterimage)
특정색채경험을 야기하는 일정한 파장의 빛이 제거된 후에 모든 파장의 빛을 반사하는 백색 또는 회색 바탕을 바라보면 앞서 경험하던 색상과 보색을 경험하게 되는 현상으로, 일반적으로 30초에서 60초 동안 대비가 높은 자극을 응시한 후에 발생한다.

⁞• 색채 지각(color perception)
물체에 부딪힌 후 반사된 빛을 눈이 인지하는 과정이다.

⁞• 색채 항등성(color cinstancy)
조명이 변하면서 물체에서 반사되는 파장이 변화되는 경우조차도 친숙한 물체는 일정한 색채를 가지고 있는 것으로 일관성있게 지각하는 현상이다.

⁞• 생득주의 이론(nativism)
아동의 언어 습득이 외부의 언어자극보다 언어의 규칙을 추상화할 수 있는 생득적 능력에 의존한다고 주장한 이론으로, Chomsky와 Lenneberg 등이 제시하였다.

⁞• 생리-심리-사회적 접근(bio-psycho-social approach)
하나 이상의 다양한 원인들을 통해 장애를 설명하고자 하는 생리적, 심리적(행동과 인지), 사회 또는 문화적 요인들 간의 상호작용의 결과로 이상심리를 설명하는 접근이다.

⁞• 생물심리학(biopsychology)
생물학과 행동 간의 연계에 관심을 갖는 심리학의 분야로, 어떤 생물심리학자들은 스스로 행동신경과학자, 신경심리학자, 행동유전학자, 생리심리학자라고 부르기도 한다.

⁞• 생물적 관점(biological perspective)
뇌와 신경계 및 기타 생리적 기제가 행동과 정신과정을 유발하는 방식에 설명의 초점을 맞추는 관점이다. 따라서 생물적 접근(biological approach)은 생물학적 요인들(유전 두뇌의 전기적·화학적 행동 등)이 정신과정 및 행동에 미치는 영향에 중점을 두는 접근이다. 그리고 생물학적 리듬(biological rhythm)은 주기적인 생리적 변동을 말한다.

⁞• 생식기(gender stage)
정신분석이론의 심리성적발달에서 성인이 도달하는 단계. 이 단계에서 쾌감은 스스로의 만족뿐만 아니라 타인에게 주는 사회적·신체적 만족을 포함한다.

생의학적 치료(biomedical therapy)
환자의 신경계에 직접적으로 작용하는 처방된 약물이나 의학적 처치로, 약물과 같은 생리적 치료접근을 정신장애에 사용하는 것이다.

생활기록자료(life-record data)
한 개인의 일생에 걸친 생활사적인 기록물이다.

생활양식(life style)
각 개인이 자신의 인생에서 겪게 되는 경험을 통해 독특하게 형성하게 된 삶의 방식이다.

서술적 기억(declarative memory)
사실적 정보에 대한 기억으로, 흔히 어문적 정보의 형태로 구성된 사실에 관한 의식적 재생을 말한다. 서술지식은 언어화하기 쉬운 기억으로 사실에 대한 지식이 이에 해당한다.

서열위치 효과(serial-position effect)
단어목록을 회상할 때 목록의 처음과 끝부분에 제시된 단어의 회상수준이 높게 나타나는 현상으로, 기억할 목록들의 처음과 마지막 항목은 중간에 위치한 것들보다 인출 성공률이 높아지는 효과이다.

선별적 세로토닌 재흡수 억제제(SSRIs)
시냅스 간극에서 세로토닌 재흡수를 차단함으로써 세로토닌 작용제 효과를 가지는 약물이다.

선불교(Zen Buddhism)
깨달음을 얻기 위하여 화두 또는 공안(公案) 참구(參究, koan exercise)를 주로 사용하는 불교 수행법의 한 가지이다.

선천론(nativism)
행동이 생득적으로 결정되어 있다는 견해(→ 경험론)이다.

선천성-후천성 논쟁(nature-unrture controversy)
유전자와 환경이 심리적 특질과 행동의 발달에 기여하는 상대적 공헌에 대한 해묵은 논쟁이다.

선추정-후조절법(anchoring and adjustment)
추정문제에 이용되는 어림법으로 먼저 추정치를 정한 다음 그 추정치를 아래위로 조절하는 전략이다.

선택적 주의(selective attention)
칵테일파티효과처럼 여러 자극 중 특정 자극에만 의식적으로 주의를 주는 것이다. 소비자들이 자극에 우연적으로 노출 되었을 때 그 자극이 자신에게 중요하거나 깊게 관여되어 있는 경우 주의를 기울이지만 그렇지 않은 경우 주의를 기울이지 않는 현상이다.

선형원근(linear perspective)
2개의 평행선이 눈앞에서 멀어짐에 따라 먼 쪽의 간격이 좁아지는(수렴하는) 사실을 일컫는 단안깊이 단서이다.

선형조망(linear perspective)
깊이 지각 단서 중 하나인데, 평행선이 먼 곳에 수렴된 것처럼 점으로 보이는 것이다.

설단현상(tip-of-the-toungue prenomenon)
금방 기억이 날 것 같으면서도 혀끝에서만 맴돌고 끝내 기억이 나지 않는 현상으로, 장기기억 속에 입력되었으나 부호화 때의 기억단서가 인출 시에 존재하지 않아 기억이 실패하는 현상이다.

설득요법(persuasion therapy)
갈등·장애가 있는 환자에게 전문적인 지식·경험에 따른 적절한 조언이나 지시를 제공함과 더불어, 현실적인 대처법 역시 제안하고 설명하는 정신요법을 말한다.

설문연구(survey research)
특정 집단을 대상으로 질문지와 면담을 통해 그들의 행동, 신념, 태도 등에 관한 정보를 수집하는 연구이다.

섬광기억(flashbulb memory)
중요한 사건에 대한 생생하고 자세한 기억 또는 정서적으로 매우 중요한 순간이나 사건에 대한 선명한 기억으로, 자기에게 정서적으로 큰 영향을 미친 사건에 대해 시간이 오래 지나도 세밀하게 회생해내는 기억. 반복적인 인출과 되뇌기의 결과로 본능 견해가 유력하다.

섬망(delirious)
급성 뇌 증후군이라고도 불리며, 의식혼탁, 정신착란, 지남력 장애, 지리멸렬한 사고, 착각, 환각, 공포 등과 같은 증상을 수반하는 의식장애를 말한다.

섬모세포(hair cells)
와우관 속 기저막 위에 줄지어 배열되어있는 청각 수용기 세포이다.

성감대(erotogenic zone)
특정한 심리 성적 발달 단계 동안 원욕의 쾌락추구 에너지에 초점을 두게 되는 신체의 특정부위이다.

성격(personality)
행동과 사고에 대한 개인 내부에 기초한 특성으로, 긍정적인 측면과 부정적인 측면을 모두 포괄하는 것이다.

성격검사(personality inventory)
광범위한 감정과 행동을 평가하도록 설계된 항목들에 반응하는 질문지. 선택적인 성격특질을 평가하는데 사용한다.

성격역학(personality dynamics)
성격역학이 행동의 항도작용적 측면들(갈등해결에서처럼), 가치위계, 성격의 분화된 측면들 사이의 경계들의 삼투성 등을 취급하고 있다는 것을 강조하는 성격이론이다. 양립되지 않는 것을 아니지만 발달이론과 대비된다.

성격 5요인(Big Five personality traits)
'Big 5', 즉 성격 특성 중 경험적 조사와 연구로 정립한 5가지 요소 혹은 차원이다. 외향성, 개방성, 친화성, 성실성, 신경증의 다섯 가지 요소가 있다.

성격장애(personality disorder)
사회적 기능을 손상시키는 융통성이 없고 지속적인 행동패턴이 특징인 심리장애로, 사회적 또는 직업적 생활을 포함한 생활전반의 적응에 현저한 곤란을 초래하는 지속적인 성격적 특성을 주된 증상으로 하는 심리적 장애를 지칭한다. DSM-Ⅳ에서는 성격장애를 3군집과 10가지 하위유형으로 분류한다. 편집적 성격장애, 조현성 성격장애, 조현형 성격장애와 같이 다소 기괴하고 특이한 행동을 주된 특징으로 하는 A군과 반사회성 성격장애, 경계선 성격장애, 자기애성 성격장애, 연극성 성격장애와 같이 극적이며 정서적인 특징을 나타내는 B군, 의존적 성격장애, 회피적 성격장애, 강박성 성격장애와 같이 불안과 두려움을 주된 심리특성으로 나타내는 C군으로 분류된다.

성기기(stage of psychosexual development)
성적만족을 얻는 부위가 다시 성기이며 성적인 접촉을 통해 친밀한 관계를 발전시키는 다섯 번째 단계이다.

성기능 장애(sexual disorder)
계속해서 성적 흥분이나 기능이 손상되는 문제이다.

성별(gender)
심리학에서 사람들이 여성과 남성을 정의하는 생물학적이고 사회적으로 영향을 받은 특성들이다.

성숙(maturation)
생물학적 성숙이란 경험의 영향을 거의 받지 않으면서 행동이 질서정연하게 변화하도록 해주는 과정이다. 임신 시 부모로부터 아이에게 전해지는 유전자 안에 있는 유전적 계획에 의한 생물학적 발달을 말한다. 개인의 성장과정들로서 행동상의 순서에 따른 변화를 일컬으며, 이것의 시기와 형태는 비록 정상적인 환경을 요하기는 하지만 연습이나 경험과는 비교적 독립적이다.

성 스키마 이론(gender schema theory)
아동이 문화를 통해서 남성이나 여성이 된다는 것이 무엇을 의미하는 것인지에 대한 개념을 학습하며, 그에 따라서 행동을 적응해간다는 이론이다.

성역할(gender role)
남성과 여성에게 기대하는 일련의 행동을 말한다. 사회가 개인의 성별에 전형적이라고 믿는 행동특성들로, 이들의 일부는 생물학적으로 결정되었으나 다른 일부는 문화적인 영향에 의해 형성된다. 자신이 속한 문화에서 성별에 따라 적절하다고 여겨지는 일련의 외적 행동패턴이다.

성염색체(sex chromosome.)
여성 혹은 남성으로 발달하도록 성별을 결정해주는 염색체이다.

성유형화(gender-typing)
전통적인 남성 역할이나 여성역할을 획득하는 것으로, 다른 성에 연합된 행동에 비해 동성의 활동을 선호하는 아동의 경향성이다.

성적 반응주기(sexual response cycle)
매스터스와 존슨이 기술한 성적반응의 네 단계. 흥분, 고원, 오르가즘, 그리고 해소 등이다.

성적 지향(sexual orientation)
동성이나 이성의 사람을 향하여 성적으로 끌리는 것을 말한다.

성전환(trans sexualism)
자신의 생물학적인 성에 대해서 불만족을 느끼면서 마치 남성의 신체에 여성이, 여성의 신체에 남성이 살고 있는 느낌을 가지고 살면서 자신이 선호하는 성으로 수술을 통해서 전환하는 것을 말한다.

성 정체성(sexual identity)
자신이 남성 또는 여성이라는 생각을 말한다.

성취검사(achievement test)
한 개인이 지금까지 학습한 것을 평가하는 검사로, 다양한 주제와 관련된 지식과 그 숙지정도를 측정하는 표준화된 검사이다.

성취동기(achievement motivation)
머레이(Murray)에 의해 제안된 사회적 욕구의 한 유형으로 자신이 정한 사회적 목표를 추구하도록 유도하는 긴장 또는 중요한 성취를 달성하려는 욕구, 완전해지려는 욕구, 높은 기준을 달성하려는 욕구로, 가치 있는 목표를 달성하고, 훌륭한 행위기준에 도달하려고 하는 개인의 동기 또는 욕구이다.

세로토닌(serotonin)
신경전달물질의 한 종류이다.

세부특징 분석모형(Hubel & Wiesel)
사물의 세부특징이나 형태소에 근거하여 사물을 인식하고 해석한다는 이론으로, 이 모형에서는 세부특징 탐지기가 각 세부특징들에 대해 반응한다고 주장한다.

세포체(cell body)
뉴런의 핵을 함유한 부분으로 세포의 핵과 그 세포가 살아가는 데 필요한 생물학적 기계장치를 담고 있는 부분이다. 세포체는 수상돌기로부터 받아들인 정보를 다른 뉴런으로 전달해야 할 것인지 말아야 할 것인지를 결정한다.

섹스(sex)
생물학적으로 타고난 성별 및 종족보존이나 쾌락추구를 위한 성행위이다.

소거(extinction)
조건 자극이 더 이상 조건반응을 인출해 내지 못하는 것이다. (고전적 조건 형성에서) 무조건적 자극(UCR)이 더 이상 조건자극(CS)에 뒤따라오지 않을 때 조건반응(CR)이 줄어드는 것을 말한다.

소뇌(cerebellum)
뇌간 뒤쪽에 붙어있는 '작은 두뇌'로, 감각입력을 처리하고 운동 출력과 균형을 조정하는 기능을 가지고 있다. 신체의 자세유지 등 몸놀림 조절, 균형감각, 운동학습에 관여하는 뇌의 일부이다.

소멸이론(decay theory)
기억흔적이 시간경과에 따라 희미해지기 때문에 망각이 일어난다는 이론으로, 시간의 흐름에 따라 기억흔적이 점차 쇠퇴해 간다는 망각이론이다.

소식증(anrexia nervosa)
너무 적게 먹는 비정상적인 섭식행동이다.

소인(predisposition)
선천적이든 후천적이든 어떤 방식으로 반응하는 경향 혹은 소질이다. 소인적 요인은 어떤 형태의 장애에 대하여 민감성을 보이는 요인으로서 유전적인 것, 신체적인 것, 가정적인 것, 사회적 배경을 들 수 있다. 흔히 소인적 요인은 주로 유전적이고 내적인 것으로 보고 있으나, 유전적 요인과 현재까지의 후천적 영향이 상호작용하여 현재의 소인적 요인을 형성할 수도 있다.

손상법(lesioning method)
조직의 파괴로, 두뇌손상이란 자연적으로 또는 실험에서 초래된 두뇌조직의 파괴를 말한다.

::: 수단-목적 분석법(mean-end analysis)
하위목표를 설정함으로써 목표 상태까지의 괴리를 작게 나누어 하위목표로부터 차례로 달성함으로써 목표 상태에 이르려는 문제해결 전략이다.

::: 쇠잔이론(decay theory)
Thorndike가 제안했으며, 사용하지 않는 정보는 시간이 경화에 따라 높은 확률로 망각된다는 이론이다. 특히 파지와의 관계에 주목해 정립했다.

::: 수렴(convergence)
깊이지각을 위한 양안단서로, 두 눈이 사물을 바라볼 때 안쪽으로 수렴하는 정도로, 안쪽으로의 수렴이 클수록 사물은 가깝게 지각된다. 즉 두 눈을 모두 뜨고 하나의 대상을 주시할 때 양 눈이 코 쪽으로 회전하는 정도이다.

::: 수면(sleep)
규칙적이고 자연적이며, 가역적인 의식의 상실. 혼수상태나 마취 또는 동면으로 인해서 초래되는 무의식과는 구별된다.

::: 수면-각성장애(sleep-wake disorders)
잠의 질적 수준과 시간대, 양에 대한 불만족에 따른 일과시간의 고통, 일상기능 손상을 경험하는 장애군의 통칭이다.

::: 수상돌기(dendrite)
메시지를 받아들이고 신경흥분을 세포체 쪽으로 전도하는 뉴런의 돌기들로 나뭇가지 모양의 구조이며, 세포체와 함께 다른 뉴런으로부터 신경신호를 받아들이는 뉴런의 한 부위이다.

::: 수용기세포(receptor cell)
감각상피를 이루는 세포로 감각세포라고도 한다. 각종 자극(빛, 소리, 특수한 화학물질 등)에 뚜렷한 피자극성을 가지며 감각 발생의 말단이 된다.

::: 수용장(redeptive field)
시각 통로에서 신경절 세포이후에 존재하는 특정신경세포의 반응을 야기하는 망막의 일정한 부위로, 그 부위에 자극이 주어지면 그 특정 세포만 반응한다.

::: 수의적 행동(voluntary movement)
자신의 의지대로 하는 움직임이다. 먼저 운동 의욕을 일으키고 관련있는 각각의 근육으로 전송하는 운동지령 프로그램을 설계하고 전송한다. 즉 운동신경계에서 대뇌피질의 운동영역과 운동지령을 근육으로 보낸다.

::: 수정란(zygote)
인간생식 과정에서 정자와 난자의 결합으로 형성되는 수정된 난이다.

::: 수정체(lens)
동공 뒤쪽의 투명한 구조로, 모양을 변화시켜 상이 망막에 초점을 맞추도록 해 준다.

::: 수초(myelin sheath)
많은 뉴런의 축색을 마디마디 덮고 있는 기름 층으로, 신경흥분이 한 마디에서 다음 마디로 뛰어넘어 감에 따라서 흥분의 전달속도를 아주 빠르게 해 준다. 축색을 둘러싸고 있는 절연물질로서 수초가 있으면 활동전위의 전도가 빠르고 에너지의 효율성이 높아진다.

수초화(myelination)
발달 과정 중 하나로, 뉴런의 축색을 슈반 세포나 핍돌기 교세포가 감싸서 수초를 형성한다.

스톡홀름증후군(stockholm syndrome)
자신보다 힘 센 사람에게 목숨을 위협받는 상황에서 그 가해자에게 공감하거나 연민을 느끼는 등 긍정적인 감정을 느끼는 증후군이다.

스트룹 효과(stroop effect)
의미와 색이 다른 단어를 보는 시각 자극에서 색을 명명할 때, 의미와 색이 같을 때보다 반응 시간이 더 길어지는 효과다.

스티그마 효과(stigma effect)
부정적으로 낙인찍은 대상이 점점 부정적인 행태를 취하고, 그 대상을 지속해서 부정적으로 인식하게 되는 현상이다. '스티그마'는 소유권 표시를 위해 달군 인두를 가축의 몸에 찍는 낙인을 의미하므로, 낙인효과라고도 한다.

스펙트럼(spectrum)
일반적으로 여러 파장의 빛이 합쳐진 빛(중첩)의 파장별로 성분의 분포를 나타낸 것이다. 더 나아가 다양한 값이 있는 계의 물리량이나 신호의 분포에도 이 용어를 사용한다.

수행(performance)
학습한 것을 행동으로 번역하여 나타나는 외형적 반응이다.

순음(pure tone)
공기분자의 진동을 하나의 정현파로 나타낼 수 있는 소리이다.

순응(accommodation)
가깝거나 먼 사물이 망막에 초점을 맞추도록 수정체의 모양이 변하는 과정이다.

순행간섭(proactive interference)
과거의 학습이 새로운 정보의 회상을 방해하는 효과로, 새로운 정보를 인출하는데 있어서 이전에 이루어진 학습내용이 혼란스러워지는 현상이다. 즉, 이전에 학습한 내용이 최근에 학습한 정보의 인출을 방해하는 간섭이다.

스텐포드-비네 지능검사(Stanford-Benet Intelligence test)
비네 지능검사의 미국판검사로, 스텐포드 대학교의 터만 교수가 개발하였다.

스트레스(stress)
환경과 유기체 사이의 부적합한 관계로, 우리가 위협적이거나 도전적이라고 평가하는 스트레스원이라고 부르는 특정 사건을 지적하고 그 사건에 반응하는 과정이다. 심리적 혹은 신체적으로 감당하기 어려운 상황에 처하게 되었을 때 느끼게 되는 불안과 위협의 감정이다.

스트레스 관리(stress management)
스트레스로 야기되는 긴장, 불안, 분노, 두려움들을 감소시키기 위해 다양한 전략(strategies)을 사용하는 것이다.

⋮⋮⋮ 스트레스반응(stress response)
스트레스 평가로 인해 유발되는 유기체의 신체적, 정서적, 인지·행동적 반응이다.

⋮⋮⋮ 스트레스에 대한 1차적 평가(primary appraisal)
어떤 잠재적인 스트레스자극을 보고 즉각적으로 그것이 위협인지 아닌지를 해석하는 것이며, 스트레스에 대한 1차적 평가는 손해와 상실(harm/loss), 위협(threat) 그리고 도전(challenge) 등이 있다.

⋮⋮⋮ 스트레스에 대한 2차적 평가(secondary appraisal)
스트레스를 야기하는 문제 상황에 어떻게 대응해 나갈 것인지 그 대처방식(coping)을 결정하는 과정이다.

⋮⋮⋮ 스트레스 자극(stressor)
스트레스를 유발할 잠재성이 높은 내외적 자극이다.

⋮⋮⋮ 스포트라이트 효과(spotlight. effect)
자신의 외모와 성과 그리고 실수를 다른 사람이 알아채고 평가하는 것을 과대평가 하는 것이다.

⋮⋮⋮ 습관화(habituation)
어떤 반복된 자극에 대한 반응강도의 감소, 일반적으로 거의 모든 자극이 습성화를 일으킨다. 예를 들어, 30분가량 울린 어떤 순수음조는 지각된 크기에서 20db만큼이나 감소될 수 있다. 즉 반복되는 자극에 대한 반응성의 감소로, 유아는 시각자극에 반복적으로 노출되어 친숙해짐에 따라서 흥미가 감소하고 곧 다른 곳으로 시야를 돌리게 된다.

⋮⋮⋮ 시각부호화(visual encoding)
그림 이미지의 부호화를 말한다.

⋮⋮⋮ 시각절벽(visual cliff)
유아와 어린 동물의 깊이지각을 검사하는 실험도구이다. 즉 유아와 어린 동물의 깊이지각을 검사하기 위하여 투명한 유리를 이용하여 구성하여 놓은 실험기제를 말한다.

⋮⋮⋮ 시각통로(visual pathways)
망막에서 대뇌피질까지 이어지면서 시각정보를 처리하는 신경 통로이다.

⋮⋮⋮ 시각포획(visual capture)
시각이 다른 감각을 압도하는 경향성을 말한다.

⋮⋮⋮ 시각피질(visual cortex)
대뇌피질의 후두엽에서 시각정보를 처리하는 부위이다.

⋮⋮⋮ 시간적 통합과정(temporal integration procedure)
합쳐질 때만 의미를 갖게 되는 아무런 의미를 지니지 않은 2개의 시각적 도안을 시간간격을 다양하게 하여 연속적으로 제시하는 실험적 절차이다.

⋮⋮⋮ 시냅스(synapse)
한 뉴런의 정보를 축색종말과 다른 뉴런의 막 사이의 연접부위로서, 이곳에서 한 뉴런에서 다른 뉴런으로 신호가 전달된다. 즉 정보를 보내는 뉴런의 축색 끝부분과 받아들이는 뉴런의 수상돌기나 세포체간의 접합부분이다. 이 접합부분의 미세한 간극(시냅스 전막과 후막사이의 틈)을 시냅스 틈이라고 부른다.

시냅스 낭(synapse vesicle)
종말단추 내에 화학물질을 싸고 있는 작은 보자기이다.

시력(visual acuity)
시각의 예민도를 말한다.

시상(thalamus)
뇌간의 꼭대기에 위치한 두뇌의 감각 스위치로, 피질에 감각영역으로 메시지를 보내며 피질의 응답을 소뇌와 연수로 전달한다. 뇌로 들어오는 감각정보의 중계소 역할을 담당하는 뇌의 일부로, 후각을 제외한 모든 감각의 중계센터이다.

시상하부(hypothalamic)
시상아래에 위치한 신경구조로, 여러 신체보존 활동(먹기, 마시기, 체온 등)을 관장하며, 뇌하수체를 통하여 내분비계를 지배하고, 정서와 관련되어 있다. 자율신경계와 내분비계의 중추이며, 종 특유의 행동을 통제한다.

시선수렴(convergence)
가까운 대상을 볼 때 안구가 코 쪽으로 돌아가는 현상. 깊이지각의 단서로 이용된다.

시신경(optic nerve)
눈에서의 신경흥분을 두뇌로 전달하는 신경이다.

시세포(visual cell)
원추세포와 간상세포로 나눌 수 있으며, 빛에 의한 자극을 받아들이는 감각세포다. 망막에 분포한다.

시연(rehearsal)
획득한 정보를 말로 중얼거리거나 마음속으로 계속 되뇌이는 과정이다.

시험효과(testing effect)
단순히 정보를 읽는 것보다 인출(시험) 시도 이후 더 많이 기억되는 효과다. 시험효과에 의하면 시험을 치르기만 해도 성적이 향상된다.

시행착오학습(trial and error learning)
문제해결 장면에서 해결에 효과적인 반응을 적중시킬 때까지 여러 가지 반응을 무선적으로 시도해보는 학습으로 Thorndike의 이론이다.

식후구토증(bulimia)
식후에 먹은 것을 모두 토해버리는 비정상적인 섭식행동이다.

신경(nerve)
많은 축색으로 구성된 신경 '케이블'로, 말초신경계의 한 부분인 이러한 축색의 다발은 중추신경계를 근육, 내분비선, 그리고 감각기관과 연결시킨다. 즉, 감각뉴런이나 운동뉴런의 축색다발로, 원시적 추동을 담당하는 뇌의 부위로 뇌하수체 통제를 통해 내분비선을 관장한다.

신경계(nerve system)
말초신경계와 중추신경계의 모든 뉴런들로 구성된 신체의 신속한 전기화학적 의사 소통망이다.

신경망(neural network)
상호 연결된 뉴런들. 경험을 통해서 피드백이 특정 결과를 초래하는 연결을 강화하거나 억제함에 따라서 신경망이 학습을 하게 된다. 신경망에 대한 컴퓨터 시뮬레이션도 이와 유사한 학습을 보여준다.

신경발달장애(neurodevelopmental disorders)
발달기에 시작되며, 사회심리적 문제보다는 중추신경계가 원인이 된다. 즉 뇌 발달이 지연되거나 손상되면 일어날 수 있다.

신경배선모형(neural wiring model)
색채 지각과 관련된 삼원색설과 대립과정설을 조합한 것으로, 세 종류로 나뉘는 망막의 추상체에서 시상하부의 빨강/초록, 파랑/노랑, 검정/흰색의 대립세포로 이어짐을 나타낸다.

신경성 농(nerve vesicle)
속귀의 섬모세포나 청신경이 손상되어 생기는 청각장애이다.

신경생물학(neurobiology)
뇌와 신경계를 연구하는 학문이다. 모든 인지과정이 대뇌와 신경계에서 일어나는 생리적·생물적 과정과 모든 인지과정은 연관된다고 가정하고, 특정한 인지과정이 뇌와 신경계의 특성과 어떤 연관을 맺는지 탐구한다.

신경심리검사(neuropsychological test)
개인의 지각, 기억, 인지, 언어, 운동 및 행동 등의 기능을 측정하여 기질적 뇌손상의 여부와 뇌손상의 부위를 추정하는 검사이다.

신경전달물질(neurotransmitter)
축색의 종말 단추에서 시냅스 틈으로 유리되는 화학물질로, 표적 세포를 흥분시키거나 억제시키는 메신저이다. 정보를 보내는 뉴런에서 방출된 신경전도물질은 시냅스 틈을 건너가서 받아들이는 뉴런의 수용기 영역에 들러붙음으로써 그 뉴런이 신경흥분을 생성하는데 영향을 미친다.

신경절(ganalion)
자율신경세포의 다발이다.

신경증(neurosis)
내적으로 심리적인 갈등이 있거나 외부 스트레스를 관리 과정에서 발생한 문제로 인해 심리적 긴장감이나 다른 증상이 야기되는 인격적인 변화를 말한다. 발병 과정의 심리학적 조사가 가능한 기능성 장애이자, 심인성 질환이다.

신경충동(nerve impulse)
뉴런의 전파성 전기적 신호로, 이 신호가 축색을 따라 다음 뉴런으로 이동된다. 활동전위 또는 신경흥분이라고도 한다.

신근성 효과(reliability effect)
단어목록의 끝부분에 있는 항목들을 더 잘 회상하는 현상을 말한다. 계열위치효과에서 기억목록의 끝부분이 단기기억의 특성 때문에 더 잘 인출된다는 것을 지지하는 증거이다.

신념 집착(belief perseverance)
자기생각의 토대가 잘못된 것임이 판명된 후에도 처음의 생각에 매달리는 것을 말한다. 자신의 믿음과 상치되는 증거가 있음에도, 그 믿음에 집착하는 경향성이다.

신념 편향(belief bias)
기존 신념이 때때로 부당한 결론을 타당한 것처럼 보이게 만들거나 아니면 타당한 결론을 부당한 것처럼 보이게 만들어서는 논리적 추리를 왜곡시키는 경향성이다.

신뢰도(reliability)
검사가 일관적인 결과를 내놓는 정도로, 반분 신뢰도, 동형검사 신뢰도, 또는 검사-재검사 신뢰도 등으로 평가한다. 동일한 대상을 반복적으로 측정할 때 같은 결과를 가져올 수 있는 정도이다. 검사의 결과로 나타난 점수가 얼마나 믿을 수 있는가의 정보를 여러 가지 통계적 방법으로 산출한 계수를 말한다.

신조어(neologism)
말하는 사람이 지어낸 말로 대개 듣는 사람에게는 의미가 전달되지 않는 말이다.

신체감각뇌도(sensory homunculus)
신체감각을 지배하는 일차 감각피질 상에 피질위치에 대응하여 지배하는 신체부위를 나타낸 그림지도를 말한다.

신체운동뇌도(motor homunculus)
수의적 근육운동을 지배하는 일차 운동피질 상에 피질위치에 대응하여 지배하는 신체부위를 나타낸 그림지도이다.

신체적 의존성(physical dependence)
약물에 대한 생리적 욕구. 약물 사용을 중지하였을 때 불쾌한 금단 증상이 나타난다.

신체질량지수(body mass index)
신장과 체중의 비로 흔히 비만도를 나타내는 일반적 지수로 사용된다. kg 단위의 체중을 m단위의 제곱으로 나누어 얻는다($-kg/-m^2$).

신체취약성 이론(spomatic weakness theory)
개인마다 취약한 신체기관이 있어서, 스트레스를 받게 되면 그 기관에 생리학적 장애가 나타난다는 이론이다.

신호탐지 이론(signal detection theory)
배경 자극(소음) 속에서 희미한 자극(신호)의 존재를 언제, 어떻게 탐지하는지를 예언하는 이론으로, 단 하나의 절대 영역치는 존재하지 않으며, 탐지는 부분적으로 개인의 경험과 기대 그리고 동기와 피로 수준에 달려있다고 가정한다. 즉 아주 약한 자극을 탐지하는 능력은 그 자극에 대한 민감도뿐만 아니라 관찰자의 판단준거에 따라 달라진다고 가정하는 이론이다.

신행동주의(neo-behaviorism)
Watson의 행동주의에서 발전한 심리학의 여러 학파를 총칭해 부르는 말이다. Skinner와 Hull이 대표적이다. Watson의 '자극-반응' 심리학과 다르게 유기체 변인을 가정하는 '자극-유기체-반응' 심리학이다.

실무율의 법칙(all or none principle)
신경충동의 크기는 자극크기와는 독립적이라는 개념이다. 즉, 역치 이상의 자극은 동일한 크기의 신경충동을 일으키고 역치 이하의 자극은 신경충동을 일으키지 않는다. 일단 축색에서 활동전위가 유발되면 크기가 감소하지 않고 섬유 끝까지 활동전위가 전도되는 성질로, 신경흥분의 법칙으로 신경신호는 활동전위가 발생하거나(on), 또는 발생하지 않거나(off) 둘 중 한가지뿐이다.

실어증(aphasia)
일반적으로 좌반구 브로카 영역(말하기의 장애)이나 베르니케 영역(말 이해의 장애)의 손상에 의해 야기되는 언어장애로, 뇌손상에 의해 말을 하거나 이해하는데 장애를 보이는 증세를 말한다.

실존주의적 치료(existential therapy)
존재와 현실경험의 의미를 탐색하고 삶의 문제에 적극적으로 맞서도록 돕는 접근법이다.

실험(experiment)
연구자가 하나 이상의 요인(독립변인)에 처치를 가하고 행동이나 심적 과정(종속변인)에 미치는 효과를 관찰하는 연구방법이다. 참가자들을 무선 할당함으로써 연구자는 다른 관련요인들을 통제하고자 한다. 즉 연구자가 종속변인에 영향을 미칠 수 있는 기타 변인을 모두 통제한 상태에서 독립변인을 조작하고 그 효과를 종속변인에서 관찰/측정하는 연구방법으로, 인과관계를 알아보기 위한 인위적으로 여러 집단에 처치를 실시하고 그 결과를 비교하는 연구방법이다.

실험적 신경증(experimental neurosis)
동물 실험으로 발견한 신경증적 정동 또는 행동이상이다. 조건반사 실험 대상이었던 Pavlov의 개의 행동과 신경증 환자의 그것의 유사성을 최초 발견한 현상과 그 이론에서 비롯되었다.

실험조건(experimental condition)
실험참가자들을 처치, 즉 독립변인의 한 값에 노출시키는 실험조건이다.

실험집단(experimental group)
독립변인의 조작/처치에 노출된 집단이다.

실현경향성(actualization tendency)
자신의 잠재력을 실현하고 가능성을 증명하려는 유기체의 타고난 경향을 말하며, 인간중심상담이론의 한 개념이다.

심계항진(palpitation)
심장이 팔딱팔딱 뛰는 것이다.

심리사회적 위기(psychosocial crisis)
8단계인 Erikson의 심리사회적 발달이론의 단계마다 개인과 사회환경의 상호작용이 일으키는 위기를 의미한다. 이는 하나의 전환점이기도 한데, 성장할 수 있는 잠재력이 크지만 매우 취약하기도 한 기간이다.

심리상담/심리치료(psychotherapy)
인지적, 감정적, 행동적 측면에서 고통을 경험하는 사람들이나 자기의 성장을 목표로 하는 사람들을 대상으로 전문적으로 훈련을 받은 사람들이 도움을 주는 활동이다. 개인을 대상으로 하거나 집단 혹은 가족을 대상으로 하는 다양한 형태가 있다. 심리적 치료게임을 장애의 치료에 사용하는 것도 있다.

심리생리적 질병(psychophysiological illness)
문자 그대로 '마음–신체'질병으로, 고혈압과 두통과 같은 스트레스 관련 신체 질병이다(주 : 이 병은 정상적인 신체감각을 질병의 증상으로 잘못 해석하는 건강 염려증[hypochondriasis]과는 다른 것이다).

심리성적 단계(psychoseual stage)
프로이트에 따르면, 아동기발달단계(구강기, 항문기, 남근기, 잠복기, 생식기)로 원초아의 쾌추구 에너지가 특정한 성감대에 초점을 맞추게 된다.

심리신경면역학(psychoneuroimmunology)
행동, 신경계, 내분비계 및 면역계 사이의 상호작용을 연구하는 학문 분야이다.

심리신체증상(psychosomatic symptom)
심리적 스트레스로 인하여 생기는 신체적 질환이다.

심리적 강인성(psychological hardiness)
스트레스에 잘 견디는 성격특성을 말하며, 심리적 강인성은 통제감(control), 몰입(commitment), 도전(challenge)의 세 가지 요인을 지닌다.

심리적 의존성(psychological dependence)
부정적 정서의 완화와 같이 약물을 사용하려는 심리적 욕구이다.

심리적 장애(psychological disorer)
일탈되고 고통스러우며 부적응적인 행동패턴이다.

심리적 탈진(psychological burnout)
다른 사람에게 도움과 관심을 베풀어야 하는 대인관계 서비스직종에 종사하는 사람들이 스트레스로 인하여 신체적으로나 정서적으로 에너지가 고갈되고 자신의 일에 열정과 집중력이 떨어지게 되는 상태이다.

심리치료(psychotherapy)
훈련받은 치료자와 심리적 어려움으로 고통 받는 사람 사이에서 진행되는 정서적으로 공감하며 신뢰하는 상호작용이다.

심리학(psychology)
인간의 심리와 행동을 이해하고, 설명하고, 통제하기 위해 체계적이고 논리적으로 접근하는 학문이다. 행동과 심적 과정을 다루는 과학으로, 인간과 동물의 행동 및 그 행동에 관련된 생리적·심리적·사회적 과정을 연구하는 학문이다.

심리학의 접근방법
인간을 연구하기 위해 심리학이 취하고 있는 연구방법으로 신경생물학적, 행동적, 인지적, 정신분석적, 인본주의적 접근방법이 대표적이다. 통상 대립하는 것이 특징인 학파와 달리 심리학적 접근방법은 상호보완적으로 사용되는 게 특징이다.

심상(imagery)
감각경험에 대한 정신적 표상을 말하며 마음 속의 사진이라고도 한다. 통제처리의 강력한 지원도구이다. 특히 의미부호화와 결합될 때 그렇다.

심신일원론(心身一元論)
몸과 마음이 밀접하게 연결되어있다는 동양전통의 생각이다. 극동지역에서는 몸과 마음의 사이에 기(氣)라는 에너지가 있다고 주장한다. 동의보감에 의하면, 사람의 몸에는 정·기·신(精氣神)의 3요소가 있는데, 정은 한자 그대로 우리가 먹은 밥 기운[쌀 미(米)]과 신선한 공기(청青 : 공기를 의미)가 배꼽 밑의 단전(丹田)에서 화합작용을 하여 생성된다고 한다. 의식적으로 정을 생성시키고자 하는 수련법이 단전호흡이다.

ㅇ

⁝• 아기말투(baby talk) 모성어(motherese)
성인이 아기와 대화할 때 쓰는, 평소 때보다 더 높고 선율적인 음조를 지닌 짧은 문장을 사용한 말이다.

⁝• 아니마(anima)
남성과 여성 모두에게 무의식과 다리를 놓아주는 여성적 원형으로, 주로 남성 안에 있는 여성적 부분을 말한다. 아니무스와 대칭되는 개념이다.

⁝• 아니무스(animus)
남성과 여성 모두에게 무의식과 다리를 놓아주는 남성적 원형으로, 주로 여성 안에 있는 남성적 부분을 말한다. 아니마와 대칭되는 개념이다.

⁝• 아사나(asanas)
요가수행자(요기)들이 몸을 튼튼하게 하기 위해서 하는 일련의 체조이다. 온몸의 구석구석을 힘을 주었다가 풀어주는 자세와 동작으로 구성되어있다.

⁝• 아세틸콜린(ACh)
척수의 가장 일반적인 신경전달물질의 한 종류로, 학습과 기억을 가능하게 하며 운동신경과 골격근 사이에서 흥분성 전달물질로 근육활성화와 학습, 수면 등을 통제하는데 관여한다. 공급이 부족할 시 알츠하이머 치매를 유발할 수 있다.

⁝• 아편제(opiate)
아편 그리고 모르핀과 헤로인과 같은 유도체이다. 신경활동을 억제하며 일시적으로 통증과 불안을 완화시킨다.

⁝• 안구자세 정보(eye-position information)
동공의 중앙과 중심와의 중심와를 잇는 가상의 선분인 시선의 방향에 관한 정보이다.

⁝• 안면타당도(face validity)
측정하려는 것을 검사문항이 제대로 측정하는지 비전문가도 판단 가능한 정도를 나타낸다. 즉, 피험자가 검사문항의 적절성을 판단하는 것이다. 이 타당도가 높으면 피검사자의 반응을 타당하게 도출할 수 있다. 그러나 정의적 특성 측정 검사에서 안면타당도가 과하게 높으면 거짓반응을 도출할 수 있다.

⁝• 안정막전위(resting membrane potential)
자극을 받지 않은 상태에서의 뉴런의 막전위(약 -70mV)를 말한다.

⁝• 안정애착(secure attachment)
어머니가 있을 때는 아기가 자유롭게 상황을 탐구하지만 어머니가 떠나면 괴로운 모습을 보인다. 그러다 어머니가 다시 돌아오면 열렬히 반응하는 것을 말한다.

⁝• 안정전위(resting potential)
흥분성, 억제성 시냅스 후 전위에 의해 변경되지 않았을 때의 평상시 뉴런의 막 전위로 대략 -70mV이다. 즉 신경세포막이 안정하고 있을 때 뉴런세포의 막 안팎에서 나타나는 전위차이다.

::: **알고리듬(algorithm)**
특정한 문제의 해결을 보장해주는 논리적 규칙이나 절차로, 일반적으로 신속하지만 실수를 저지르기도 쉬운 발견법(어림법)의 사용과 대비된다. 즉 그 절차만 제대로 따르면 정답이 보장되는 문제해결 전략이다.

::: **알츠하이머성 치매(Alzhei-mer's disease.)**
점진적이고 불가역적인 퇴행성 뇌 장애로, 기억, 추리력, 언어, 그리고 최종적으로는 신체 기능의 점진적 와해가 특징적으로 나타난다. 규명되지 않은 원인으로 뇌가 변성되면서 발생하는 장애. 점진적으로 기억이 손상과 운동장애가 일어나 사망에 이른다. 아세틸콜린성 뉴런이 가장 먼저 변성된다.

::: **알파파(alpha wave)**
깨어있으면서 이완된 상태의 비교적 느린 뇌파를 말한다.

::: **암묵기억(implicit memory) 또는 비서술적 기억(non-declarativer memory)**
의식적 회상과 독립적인 파지로, 절차적 기억이라고도 부른다. 자기가 기억하고 있다는 것은 의식하지 못하지만 특정과제를 수행할 때 수행이 향상되는 것을 통해 기억이 있다는 것을 입증하는 기억을 말한다. 인지적 과제와 조건형성의 효과와 관련된 장기기억으로 의도적으로 기억하려고 하지 않는 것을 기억하는 것이며, 전의 정보와 관련된 파지가 비의도적으로, 혹은 무의식적으로 표현되는 기억이다.

::: **암묵적 성격이론(implicit personality theory)**
개인이 판단하고 형성한 인상에 따라 타인의 성격특성이 결정되는 이론체계다. 예를 들어, 좋은 사람이라고 판단한 사람은 다른 면에서도 좋은 특성을 가졌을 것이라 예상하는 것이다.

::: **암적응(dark adaptation)**
망막위에 산재한 광수용기의 빛에 대한 민감도가 점차적으로 증가하는 현상으로, 조명이 밝은 조건에서 어두운 조건으로 바뀌면 일어난다. 어둠속에서 벌어지는 원추체와 간상체속의 화학작용으로 원추체와 간상체의 빛에 대한 민감도가 점증하는 과정이다.

::: **암페타민(amphetamine)**
신경활동을 자극하여 신체기능을 촉진시키고 에너지와 기분변화를 초래한다.

::: **압력(press)**
욕구들이 충족되는 것을 돕거나 방해하는 외부세계의 힘으로, 인간, 사물, 사건과 같이 현실적으로 존재하는 압력인 알파압력과 개인이 주관적으로 지각하거나 경험한 환경을 나타내는 베타압력으로 나눌 수 있다.

::: **애착(attachment)**
영아와 양육자 사이에 만들어지는 친밀한 정서적 유대감을 말한다. 개별 특성에 따라 다르지만, 생후 6개월부터 생후 2년까지 애착이 형성된다.

::: **야경증(night terror)**
높은 각성과 심각한 공포의 모습을 보이는 수면장애이다. 악몽과는 달리 야경증은 잠들고 두세 시간 내의 단계 4수면 중에서 일어나며 기억하는 경우가 드물다.

::: **양극성장애(bipolar disorer)**
절망과 우울의 무기력 그리고 지나치게 흥분된 조증 상태가 교대되는 기분장애로, 전에는 조울증이라고 불렀다. 개인의 기분이 우울과 조증사이를 오락가락하며 극적인 변화를 보이는 기분장애를 말한다.

∷ 양성애(bisexuality)
양성애는 동성과 이성에서 동시에 성적인 매력을 느끼는 사람이다.

∷ 양안단서(binocular cue)
망막 부등과 수렴과 같이 두 눈의 사용에 의존하는 깊이단서이다. 양안부등과 같이 두개의 눈이 동시에 개입해야만 나타나는 깊이 또는 거리 단서이다.

∷ 양안부등(binocular disparity)또는 망막부등(retinal disparity)
대상이 가까울 때 두 눈에 맺혀진 영상의 차이(시차), 깊이 지각의 단서로 이용된다. 하나의 대상에서 투사되어 왼쪽 눈의 망막과 오른쪽 눈의 망막 위에 맺힌 두 개의 상이 서로 일치하지 않은 상태를 말한다.

∷ 양전자 사출 단층촬영(positron emission tomography, PET)
뇌의 각 영역에서 사용되는 포도당의 양을 탐지하여 순간순간 변화하는 뇌의 활동성을 측정한다. 먼저 몸에 해가 되지 않을 정도로 소량의 방사성 포도당을 혈관에 주입한다. 영상 두뇌가 특정 과제를 수행하는 동안 방사능 물질이 포함된 포도당이 어느 곳에 몰리는지를 탐지하는 시각적 영상을 말한다.

∷ 어림법(heuristic)
과거의 경험으로 보아 그럴듯해 보이지만 정답은 보장하지 못하는 문제해결 전략이다.

∷ 어휘접속(lexical access)
심성어휘집에서 단어에 대한 정보를 활성화시키는 과정.

∷ 어휘해석(lexical interpretation)
단어가 맥락에 따라서 해석되는 것이다.

∷ 억압(repression)
정신분석 이론에서 불안을 유발하는 사고와 감정 그리고 고통이나 죄의식을 일으킬 수 있는 어떤 충동이나 기억을 의식으로부터 밀어내는 기본적인 방어기제(은폐)로, 망각이론의 하나이다.

∷ 억압자(repressor)
스트레스적 위협의 가능성을 무시하거나 회피하는 경향성이 높은 특성을 가진 사람이다.

∷ 언어(language)
말하거나 쓰거나 손으로 신호하는 단어들 그리고 의미를 의사소통하기 위하여 그 단어들을 결합하는 방법 인지의 내용을 상징의 형태로 구성하여 다른 사람에게 전달하거나 다른 사람으로부터 전달받는 소통기능의 상징체계(symbolic system)를 말한다.

∷ 언어결정론(linguistic determinism)
언어가 우리의 사고방식을 결정한다는 벤자민 워프의 가설이다.

∷ 언어상대성가설(linguistic-relativity hypothesis)
인간이 사용하는 언어에 따라서 언어 간의 어휘나 통사의 차이가 인지적 차이로 나타난다는 가설이다.

∷ 언어이해(comprehension)
언어 정보가 지각과 기억의 과정을 통해서 언어의 의미를 해석하고 표상하는 심적 과정이다.

언어획득기제(LAD ; language acquisition device)
언어를 형성할 수 있도록 해주는, 모든 인간이 타고난 기제이다.

에듀테인먼트(edutainment)
교육을 의미하는 education의 'edu'와 오락을 의미하는 'entertainment'의 뒷부분 'tainment'를 합성해서 만들어 낸 신조어로, 멀티미디어 기술과 인터넷 통신기술의 발달로 학습자 스스로 재미있게 놀면서 학습할 수 있게 한다는 원칙 아래 만들어진 교육용 소프트웨어 산업과 인터넷 교육 사업을 지칭하기도 하며, 이를 포함하는 문화현상 자체를 지칭하기도 한다.

에빙하우스의 파지곡선(Ebbinghaus's retention curve)
배운 것이 일정한 규준에 도달한 이후 학습하지 않은 상태에서 회상되는 학습결과의 정도를 지속해서 측정하여 만든 도표이다. 학습 직후 파지량은 급속하게 감소한다. 이 반대는 망각곡선이며, 망각은 학습 직후에 가장 심하다.

에스트로겐(estrogen)
남성보다 여성이 더 많이 분비하는 호르몬으로, 인간을 제외한 포유류 암놈의 경우 에스트로겐 수준은 배란기에 최고조에 달하여 성적 수용성을 촉진시킨다.

에어로빅 운동(aerobics exercise)
심장과 폐의 활력을 증진시키는 지속적인 운동이다. 우울과 불안을 완화시키기도 한다.

에피네프린(epinephrine)
부신에서 만들어지는 수용성 호르몬으로, 타이로신(thyrocyne)으로부터 합성된다. 아드레날린이라고도 한다.

엑스타시(Ecstasy, MDMA)
합성흥분제이며 약한 환각제로, 도취감과 사회적 친밀감을 만들어내지만, 단기적으로는 건강의 위험 그리고 장기적으로는 세로토닌 생성뉴런과 기분 그리고 인지를 손상시키게 된다.

엔도르핀(endorphin)
'신체내부의 모르핀'이라 불린다. 통증조절과 쾌와 연결된 자연적인 마약과 같은 신경전도물질이다. 아편제와 유사한 작용을 하는 뇌에서 분비되는 펩타이드이다.

역기능(dysfunction)
정상적인 기능을 하지 못 하는 것을 말하며 신체기관이나 행동 혹은 인지 등의 기능이 손상되거나 장애를 일으키는 것을 의미한다.

역기능적 인지(dysfunctional cognition)
개인의 기능과 적응을 저해하는 생각, 신념, 태도 등의 인지를 의미한다.

역조건형성(conterconditioning)
원하지 않는 행동을 촉발하는 자극에 새로운 반응을 조건 형성시키는 행동치료기법으로, 파블로식 조건형성에 근거한다. 노출치료와 혐오적 조건형성이 포함된다. 이전의 조건형성의 효과를 원상태로 돌리기 위해 현재의 조건반응과는 양립 불가능한 반응을 유발하는 UCS를 사용하는 절차이다.

역조건화(conterconditioning)
부적응적 반응이 함께 일어날 수 없는 적응적 반응으로 대체되는 행동치료의 유형이다. 행동치료에서 어떤 자극에 대한 특정한 반응을 양립될 수 없는 다른 반응을 연합시킴으로써 대치시키는 것으로, 기존의 반응을 대치하는 새로운, 보다 적응적인 반응을 배우는 재학습과정을 말한다.

역치(threshold)
신경흥분을 촉발시키는데 필요한 자극의 수준으로, 축상이 시작되는 부위에서 신경충동을 일으키는데 충분한 자극, 자극을 인식할 수 있는 가장 낮은 강도의 자극을 말한다. 즉, 통증에 대한 역치가 높아진다는 것은 통증을 느끼지 못한다는 것이다.

역치하(subliminal)
의식적 자각을 위한 절대역치 이하를 말한다.

역하자극(subliminal stimulus)
절대역의 아래에 있는 강도를 가진 자극이다.

역하지각(subliminal perception)
우리가 자각(aware)하지 못하는 작은 크기의 자극을 지각하는 것을 말하며 무의식적 지각을 뜻한다.

역할(role)
사회적 위상에 대한 일련의 기대(규범)이며, 그 위상에 위치하는 사람이 어떻게 행동해야 할 것인지를 규정한다.

역행간섭(retroactive interference)
새로운 학습이 기존 정보의 회상을 방해하는 효과로, 최근에 학습한 내용이 이전에 학습한 정보의 인출을 방해하는 간섭이다.

연사원리(volley principle)
일군의 세포가 하나씩 차례로 반응함으로써 자극의 변화에 대한 반응효율을 향상시키는 원리이다.

연산법(algorithm)
문제해결을 위한 모든 조작을 단계별로 상세히 기술하는 방법이다.

연속강화(continuous reinforcement)
원하는 반응이 나타날 때마다 강화하는 것을 말한다.

연수(medulla)
뇌간의 토대로, 심장박동, 호흡, 혈압, 소화, 삼키기 등 원시적 신체기능에 관여하는 뇌간의 일부이다. 척수바로위에 위치한 후뇌구조물로 안면근육을 통제하고 호흡 등의 생명유지기능을 조절한다.

연역적 추리(deductive reasoning)
전제로부터 확실성을 갖고 올바른 결론을 찾아가는 방법이다. 일반적 진술에서 특수한 사례를 이끌어 내는 추론 방법 일반적 혹은 보편적 사실에 근거하여 결론을 도출하는 사고이다.

연합영역(association area)
일차운동기능과 감각기능에 관여하지 않는 대뇌피질 영역으로, 학습, 기억, 사고, 그리고 언어와 같은 고급 심적 기능에 관여한다. 즉, 대뇌피질의 영역 중 감각이나 운동에 직접관여하지 않는 영역들을 말한다.

연합피질(association cortex)
일차 감각처리 및 일차 운동처리에 관여하는 피질 이외의 모든 영역으로 모든 고등정신활동이 이곳에서 벌어지는 것으로 알려져 있다.

연합학습(associative learning)
특정 사건들이 함께 출현하는 것(두 사건 사이의 연관성에 대한 것)을 학습하는 것이다. 사건은 두 자극일 수도 있고(파블로프식 조건형성에서처럼) 반응과 그 결과일 수도 있다(조작적 조건형성에서처럼).

열등감(inferiority feeling)
스스로 무능·무가치한 존재로 느끼게 하는 심리특성이다. 무의식적으로 자기부정을 하기도 하며 비합리적·비이성적이고 불안 심리를 동반한 이상행동을 나타내기도 한다. 경쟁에서 실패할 것이라는 인식이 있다.

열성유전자(recessive gene)
동형접합인 경우에만 형질이 표현되는 유전자이다.

열정애(passionate love)
상대방에 강력하고도 긍정적으로 몰입된 흥분된 상태로, 일반적으로 열애관계를 시작할 때 나타난다.

염색체(chromosome)
DNA가닥이 꼬여서 된 염색질 구조체로 핵 안에서 발견되며, 유전정보를 운반한다. 세포의 행에 존재하는 유전정보를 함유한 DNA의 띠이다. 유전자를 담고 있는 DNA분자로 구성된 실같은 구조로, 신체의 모든 세포에 대한 유전적 지시사항을 가지고 있는 DNA 분자를 말한다.

영상기억(iconic memory)
시각 자극의 순간적인 감각기억으로, 300밀리세컨드 이하로 짧게 지속된다. 투입되는 시각적 정보의 정확한 복사물을 1초가 채 안 되는 아주 짧은 시간 동안만 보유하고 있는 시각적 감각등록기를 말한다.

영아기(infancy)
신생아기와 유아기 사이의 발달단계이다.

영-헬름홀츠 삼원색 이론(Young-Helmholz trichromatic color theory)
우리가 경험하는 다양한 색깔도 기본적으로는 빨강색, 초록색, 보라색을 산출하는 세 가지 추상체 수용기가 활동하는 비율에 의해 결정된다고 가정하는 이론으로, 망막에 있는 세 종류의 추상체들의 반응 조합으로 모든 색의 지각을 설명할 수 있다는 Young과 Helmholtz의 이론이다. 세 가지의 원추체가 있고, 각각은 청색, 녹색, 적색에 해당하는 광파에만 반응하며, 우리가 보는 모든 색은 이들 세 가지 원추체의 상대적 반응강도에 따라 결정된다고 주장하는 색채지각이론이다.

예시전략(exemplar strategy)
어떤 대상에 대한 표상을 저장하였다가 나중에 새로운 대상과 기존의 대상 간의 유사성을 비교하여 개념을 형성하는 방법이다.

예언타당도(predictive validity)
검사가 예언하고자 계획한 행동을 실제로 예언하는 정도. 검사점수와 기준행동사이의 상관관계를 계산하여 평가한다(준거타당도라고도 부른다). 한 측정도구의 검사결과가 피험자의 미래의 행동이나 특성을 어느 정도로 정확하고 완전하게 예언하느냐에 의해 결정되는 타당도이다.

오이디푸스 콤플렉스(Oedipus complex)
프로이트에 따르면, 어머니를 향한 남아의 성적 욕구 그리고 경쟁자인 아버지에 대한 질투와 혐오감으로, 남아가 자신의 어머니에게 성적인 애정을 느끼면서 아버지가 이를 알고 자신의 성기를 잘라버릴지도 모른다는 공포를 느끼는 남근기의 갈등을 말한다. 이성의 부모에 대한 성적 갈망으로, 거세불안이나 남근선망을 동반한다.

오정보 효과(misinformation effect)
오도하는 정보를 사건에 대한 기억에 합병시키는 것이다.

옹알이(babbling)
자음과 모음을 포함하는 다양한 음절들의 리드미컬한 반복이다.

옹알이단계(babbling stage)
대략 생후 4개월에서 시작하는 언어발달 단계로, 이 단계의 유아는 가정에서 사용하는 언어와는 무관한 다양한 소리를 자발적으로 낸다.

와우각(cochlea)
내이에 들어있는 나선형태의 뼈로 만들어진, 액체가 들어있는 튜브이다. 와우각에서 음파가 신경흥분을 촉발한다.

와우각 이식(cochlear implant)
소리를 전기신호로 변환시키고 와우각에 이식한 전극을 통해서 청신경을 자극하는 장치이다.

외견상 움직임(가현운동, apparent motion)
실제로는 움직이지 않는 물체가 움직이는 것처럼 보이는 현상이다. 예컨대, 두 개 이상의 불빛이 차례로 점멸하면 마치하나의 불빛이 그 위를 이동하는 것처럼 보이는 착시현상이다.

외상후 스트레스장애(post traumatic stress syndrome, PTSD)
외상경험 후에 4주 이상 침투적으로 나타나는 사건당시에 대한 기억(재경험), 악몽, 사회적 철수, 급작스러운 불안, 그리고 불면증 등이 특징적으로 나타나는 외상을 재경험하고 외상과 관련된 자극을 회피하는 행동이 지속되는 장애이다.

외재적 동기(extrinsic motivation)
다른 무엇(외부적 목표)을 얻기 위해서 행동하도록 하는 동기이다. 약속된 보상이나 처벌의 위협으로 인해서 행동하려는 욕구로, 외적 보상을 바라거나 처벌을 피하기 위해 행동하며 그 행동에 수반되는 결과과 강화물이 행동의 근원이 되는 것을 말한다.

외적 통제 소재(external locus of control)
우연이나 자신의 개인적 통제를 벗어난 외부 힘이 자신의 운명을 결정한다는 지각으로, 운이나 우연이 자신의 삶을 비재한다고 믿는 것

외집단(outgroup)
'그들'을 말하며, 자신의 내집단과 다르거나 분리된 것으로 지각되는 사람들이다.

외측고랑(lateral fissere)
각 대뇌 반구에서 측면에 있는 깊은 골짜기로, 이것을 기준으로 그 아래에는 측두엽이 있다.

외측슬상핵(lateral geniculate nucleus)
시상 바깥쪽 신경핵으로, 좌반구와 우반구에 한 개씩 있다. 시각 처리의 중계소로 알려졌고, 망막의 신경절 세포가 이곳을 거쳐 시각피질로 연결된다.

외현적 기억(explicit memory) 또는 서술적 기억(declarative memory)
사실적 지식과 개인의 경험에 대한 장기기억이다. 이 기억은 기억을 위한 의식적 노력을 필요로 하고, 기억되는 정보를 명확히 하는 것을 포함한다. 이전 정보에 관한 의식적·노력적 기억이라고도 한다.

외현기억(implicit memory)
의식적으로 알고 있으며 선언할 수 있는 사실과 경험의 기억(선언적 기억이라고도 부른다). 자기가 기억하고 있다는 것을 의식할 수 있는 기억으로, 서술지식이 이에 해당된다.

요구특성(demand characteristics)
피실험자의 반응에 영향을 주는 특정 요인 또는 실험자의 실험목적이나 연구가설을 추정하여 의도에 맞게 부합하려는 경향이다.

요인분석(factor analysis)
하나의 검사에서 관련된 항목들의 군집(요인이라고 부른다)을 밝혀내는 통계적 절차이다. 총점에 기저하는 여러 차원들을 확인해내는데 사용한다. 동일한 능력(요인)을 측정하는 검사문항을 집단으로 묶어내는 통계기법으로 변인들 간의 상관계수를 분석하는 통계적 방법으로서 변수들이 몇 개의 요인으로 분류되고 그 상호관계가 어떠한가를 설명한다.

욕구(need)
바람직한 신체적 심리적 상태에 도달하고자하는 소망으로, 바람직한 상태와 현재상태의 차이(즉, 유기체의 결핍상태)를 반영한다. 개인이 부족하게 생각하거나 충족시키길 바라는 것으로, 신체적으로 생기는 신체 발생적 욕구와 심리적으로 생기는 심리 발생적 욕구가 있다.

욕구위계(need hierarchy)
행동을 동기화 시키는 타고나는 욕구들이 피라미드 형태로 위계적으로 배열되어 있다는 Maslow의 성격이론에서 제시된 동기적인 요소이다. 인간의 욕구는 생리적 욕구, 안적욕구, 애정과 소속감의 욕구, 자존의 욕구, 그리고 자아실현의 욕구가 위계를 이루고 있으며, 각 욕구는 하위단계의 욕구가 충족되었을 때만 기대될 수 있다.

욕구이론(need theory)
욕구가 충족되지 않은 상태에서 사람은 그것을 충족시키고자 동기 부여 된다는 이론이다.

우반구(right hemisphere)
오른쪽 대뇌반구로, 몸의 왼쪽을 통제하며 대부분의 사람들에게서 공간지각, 형태지각에 중요하다.

우성유전자(dominantgene)
이형 접합된 한 쌍의 유전자 중에서 발달해가면서 그 형질을 표현하는 한 유전자이다.

우울증(depressive disorder)
다양한 인지·정신·신체적 증상이 나타나 일상 기능의 떨어지기도 하는 질환이다. 주요 증상은 의욕저하와 우울감이다.

우울증의 신경발생학적 이론(neurogenesis theory of depression)
우울증 기간 동안에는, 해마에서 이루어지는 새로운 신경세포의 발생이 정지되고 세포의 발생이 다시 시작되면 우울증의 증상이 강화된다는 우울증에 대한 설명이다.

::: **우월성(superiority, supremacy)**
우월한 성질이나 특성이다.

::: **우측편포(right-skewed distribution)**
소수의 극히 높은 점수를 가진 비대칭형 빈도 분포로 평균치가 중앙치보다 크다.

::: **운동감각(kinesthesia)**
각 신체부위의 위치와 운동을 감각하는 시스템이다.

::: **운동장애(motor disoder)**
스스로 의지대로 해야 하는 몸의 수의적 운동이 자의로 되지 않는 장애이다.

::: **운동뉴런(motor neuron)**
중추신경계에서 내보내는 정보를 근육과 내분비선에 신경충동을 전달하는 말초신경계의 뉴런으로 추정하는 단서가 된다.

::: **운동피질(motor cortex)**
자발적 운동을 통제하는 전두엽의 뒤쪽영역 대뇌피질에서 중심고랑의 바로 앞에 있는 뇌 부위인데, 여기를 전기자극하면 해당하는 신체부위가 움직인다.

::: **원시(farsightedness)**
가까운 물체가 망막 뒤에서 초점을 맞추게 되기 때문에 가까운 물체보다는 먼 물체가 더 잘 보이는 상태이다. 가까이 있는 물체에 의해 반사된 빛의 초점이 망막 뒤에 맺혀 그 물체가 흐리게 보이는 시각장애이다.

::: **원욕(id)**
출생 시부터 존재하는 성격의 한 부분으로, 본능적인 추동을 만족시키려고 하고 무의식의 전 영역에 위치해 있는 것이다.

::: **원초아(ld)**
성격 중에서 생물학적이고 본능적인 구성성분을 나타내는 것으로 인간이 태어날 때부터 존재하는 가장 원시적이며 유전된 것, 성적인 것, 공격적인 에너지를 모두 포함하는 것으로 인간이 가진 모든 충동, 즉 리비도의 저장고를 말한다. 원초아는 쾌락원리에 따라서 작동하며 즉각적인 만족을 요구한다.

::: **원추체(cone)**
망막 중심부에 집중되어 있으며 낮이나 조명이 밝을 때 기능하는 망막 수용기로, 세부사항을 탐지하며 색채감각을 유발한다.

::: **원형(prototype)**
조상으로부터 전달되어 태어날 때부터 가지게 되는 미리 정해진 생각이나 기억, 즉 근원적 심상을 말한다. 즉 타고난 보편적 패턴이나 조직하는 원리로, 직접적으로 의식화될 수는 없지만, 신화, 민속, 예술 등이 지니고 있는 주제 속에서 간접적으로 관찰할 수 있다. 원형의 예로는 영웅적 탐구, 신성한 어린이, 현자 그림자, 야만인 등이 있다.

::: **위계적 구조(hierarcal structure)**
표상단위가 수준별로 상위 수준과 하위 수준으로 포함관계를 구성하는 것을 말한다.

위약집단(placedo group)
실제로는 실험처치를 받지 않았는데도 받았다고 믿게 만든 통제집단이다.

위약 효과(placebo effect)
단지 기대에 의향 초래된 실험결과로, 불활성 물질이나 조건을 처치하였지만, 활성제라고 가정함으로써 초래된 행동항의 효과를 말한다. 즉, 진짜 약처럼 보이는 가짜 약을 복용했을 때 나타나는 효과로서 약물자체의 효과보다는 약물을 복용했다는 사실이 치료적인 효과를 내는 것을 말한다(처치를 받았기 때문에 향상될 것이라는 기대 덕분에 생기는 현상이다). 보편적으로는 실제 치료의 효과라고 볼 수 없는 반응을 일컫는다.

웩슬러 성인용 지능검사(WAIS)
가장 널리 사용되는 지능검사의 일종이다. 유사하게 아동, 청소년용(WISC), 유아용(WPPSI) 검사가 있으며 연령에 따라 적용되는 규준이 달라진다.

유관강화(contingent reinforcement)
어떤 구체적인 반응이 일어날 때만 일어나는 강화이다.

유도움직임(induces motion)
예컨대, 구름이 움직이는데도 그 속의 달이 움직이는 것처럼 보이듯, 주변의 다른 사물의 움직임 때문에 실제로는 정지해 있는 물체가 움직이는 것으로 보이는 착시현상이다.

유동지능(fluid inteligence)
빠르고 추상적으로 추리하는 능력으로, 성인기 후반에 감소하는 경향이 있다.

유사성(similarity)
지각 연구에서 사용되는 개념으로, 방향·색 등이 유사한 것을 집합화하려는 지각 경향성이다. 이와 관련된 원리가 유사성 원리(principle of similarity)다.

유산소(aerobic) 운동
오랜 시간에 걸쳐 많은 양의 산소를 소비하는 형태의 운동이다.

유아/아동 기억상실증(infantile/child amnesia)
3세 이전에 일어났던 사건들에 대해 어른이 되었을 때 기억할 수 없는 것을 말한다.

유인가(incentive)
어떤 욕구를 만족시킬 수 있거나 또는 그 자체로서 바람직한 것으로 지각되는 사물, 사람, 또는 상황이다.

유인가이론(incentive theory)
강화와 연합을 학습한 외부의 환경적 자극, 즉 유인가의 방향과 강도에 의해 우리의 행동이 동기화된다고 주장하는 동기이론이다.

유인자극(incentive)
행동을 동기화시키는 긍정적이거나 부정적인 환경자극이다.

유전기여도(heritability)
한 특정의 모집단 내에서 유전적 차이로 귀속시킬 수 있는 어떤 특성이 전체변량에서 차지하는 비율로, 어떤집단 내 특정 특성의 변산성이 유전 때문일 가능성을 나타내는 지수이다.

유전성(heritability)
한 특성의 모집단내에서 유전적 차이로 귀속시킬 수 있는 어떤 특성이 전체 변량에서 차지하는 비율로, 한 특질의 유전성은 연구하는 전집의 범위와 환경의 범위에 따라서 변할 수 있다.

유전자(gene)
유전의 생물학적 단위로서, 염색체 상의 특정 자리에 위치하며, 그 지시대로 단백질이 합성된다. 유전적 지시사항을 담고 있는 기본단위로 염색체를 구성하는 생화학적 유전단위이며, 단백질을 합성할 수 있는 DNA의 부분이다.

유전형(genotype)
한 개인이 지닌 전체 유전자 집합을 말한다.

유지시연(maintenace reherarsal)
정보를 유지하기 위해서 단기기억에 있는 정보를 계속적으로 되풀이하는 시연의 한 유형이다.

유추(analogy)
이전의 문제에 대한 해결책을 비슷한 상황의 새로운 문제에 대한 해결책으로 응용하는 방법이다.

음고(pitch)
높낮이로 경험되는 소리속성으로, 일반적으로 주파수가 높은 소리는 고음, 낮은 소리는 저음으로 경험된다.

음성증상(negative symptoms, 陰性症狀)
결핍증상이며, 정신분열증 환자에게 나타난다. 음성증상에는 의욕과 수행 기능 저하로 인한 무기력증, 무력증, 빈곤한 사고, 사회와 단절, 무딘 정동이 있다.

음색(timbre)
예컨대, 목소리나 악기가 서로 다르다는 것을 인식하게 하는 소리의 심리적 속성으로, 이 속성은 복합음의 경우 상음에 의해 결정된다.

음소(phoneme)
특정언어에서의 의미의 차이를 나타내는 말소리로, 말소리의 가장 작은 단위이며, 자음과 모음으로 구성되어있다. 한국어에는 43개의 음소가 있다.

음운론(phonology)
음성을 표상하는 가장 하위수준의 언어구조로 음성의 가장 작은 단위인 음소를 연구하는 분야이다.

응고화(consolidration)
일반적 사실에 대한 기억을 말한다.

응용연구(applied research)
현실 문제를 해결하려는 목적을 갖는 과학연구이다.

응종(應從)
명령이나 요구 따위에 응하여 그대로 따름.

의미론(semanitics)
한 언어의 형태소, 단어 그리고 문장으로부터 의미를 도출하는데 사용하는 규칙의 집합으로, 의미의 연구 분야를 나타내기도 한다.

의미부호화(semanitics encoding)
단어의 의미를 포함한 의미의 부호화이다.

의미 있는 타인(significant other)
무의식이 형성되는 유아 및 아동기에 양육을 하거나 많은 영향을 준 사람을 말한다.

의미적 그물(semanitic network)
정보가 개념을 나타내는 마디들이 관련개념들을 연결하는 결론를 따라 그물 형태로 조직화되어 있다는 Collins와 Loftus(1975)의 기억모형을 말한다. 장기기억의 정보들은 그 개념적 유사성에 따라 일종의 네트워크를 형성하고 있을 것이라는 가정이다.

의미적 기억(semanitic memory)
일반적 사실적 지식에 대한 명시적 기억으로, 축약적 사실이나 언어와 연합된 정보에 관한 기억이다.

의사결정(decision making)
불확실한 사상의 가능성을 선택하는 것이다.

의사소통장애(language disorder)
대뇌 언어 중추의 늦은 발달로 나타난다. 언어장애, 말소리장애, 말더듬, 사회적(실용적)의사소통 장애 네 가지로 분류할 수 있다. 여아보다 남아가 2~5배 정도 높은 유병률을 보인다.

의식(consciousness)
우리자신과 환경에 대한 자각으로, 자신의 사고와 느낌 및 외부환경에 대한 자신만의 아는 것이다. 현재 의식하고 있는 것으로, 어떤 특정한 순간에 개인에 의해 지각되는 모든 감각과 경험을 말한다.

의식심리학(psychology of consciousness)
이시상태의 변화에 대한 심리학적 접근을 말한다.

의식양식(mode of consciousness)
분석적인(analytic) 양식과 총체적인(holistic) 양식으로 구분된다. 분석적 의식 양식은 분석을 전담하는 선형적이고 이성적인 상태이고, 총체적 의식 양식은 종합을 전담하는 비이성적이고 직관이 우세한 의식 상태를 말한다. 분석적 의식 양식은 코끼리의 각 부분을 차례차례 보는 과정과 유사한 반면, 총체적 의식 양식은 코끼리 전체를 한번에 보는 과정과 유사하다. 이 두 양식은 각각 고유의 기능을 가지고 있으며, 상호보완적이다.

의존성 성격장애(dependent personality disorder)
지나치게 타인에게 보호받고자 하는 의존 욕구 충족을 위해 타인에게 끊임없이 의존하며, 타인의 무리한 요구에도 순종적 태도를 보이는 인격장애다. 분리 불안을 보이거나 대인관계가 불안정하곤 한다. 이를 겪는 사람들은 낮은 자존감으로 인해 자책하거나 스스로 폄하하며, 자기주장력이 떨어지는 특성을 보인다.

의학모형(medical model)
질병은 진단하고 치료하며 대부분의 경우에 완치될 수 있는 신체적 원인을 가지고 있다는 개념으로, 심리적 장애에 적용할 때, 의학모형은 이러한 심적 질병이 증상에 근거하여 진단되고 치료를 통해서 완치될 수 있다고 가정하는데, 여기에는 정신병원에서의 치료가 포함된다. 이상행동 또는 정신장애를 신체적 질병과 유사한 방식으로 개념화 하는 것. 질병모형이라고도 한다.

이기적 편향(self-serving bias)
사람이 자기 자신에게 유리한 쪽으로 인식하도록 귀인하는 경향이다. 자신을 호의적으로 지각하고 드러내려는 일련의 경향들을 말한다.

이란성쌍둥이(fraternal twin)
어머니가 동시에 두 개의 난자를 방출하고 이 두 개의 난자가 각각 서로 다른 정자를 만나 수정된 결과, 서로 다른 수정란으로부터 발달한 쌍둥이로, 유전적으로는 형제들보다 더 유사하지 않지만, 태내 환경을 공유한다. 세계 출산 수의 약 125분의 1의 확률로 태어난다. 이란성 쌍생아는 함께 태어나긴 하지만, 다른 형제들보다 같은 유전자를 더 많이 가지고 있는 것은 아니며, 외모가 상당히 다르기도 하고, 심지어 동성으로 태어나지 않는 경우도 많다.

이란성쌍생아(dizygotic twin)
2개의 난자가 서로 다른 정자와 수정하여 발달한 쌍생아로, 이란성 쌍생아라고 해서 같은 부모 아래의 형제들보다 유전자를 더 많이 가지고 있는 것은 아니다.

이론(theory)
관찰을 체제화하고 예측하는 원리들의 통합적집합을 사용한 설명이다.

이모티콘(emoticon)
정서를 나타내는 emotion과 형상을 나타내는 icon의 결합으로 문자의 조합이나 단순한 기호의 결합으로 사람들의 정서적 상태를 나타내는 표현을 담고 있다. 처음에는 ^^와 같은 웃는 표정을 주로 사용했다 해서 스마일리(smily)라고 부르기도 한다. 이모티콘은 실제 시감각 경험이 제한된 문자를 이용한 채팅에서 사람들 간의 교류를 촉진시키는 것으로 밝혀졌다.

이상심리학(abnormal psychology)
정신장애와 그 치료에 대해 과학적으로 연구하는 심리학의 분야이다.

이식증(pica)
먹을 수 없거나 영양가가 없는 것을 최소 1개월 이상, 반복적으로 섭취하는 증상이다. 연령에 따라 유아·아동은 페인트, 회반죽, 머리카락, 끈, 헝겊 등을 먹고 나이가 많은 경우 동물의 배설물, 모래, 잎 등을 먹기도 한다. 청소년과 성인은 진흙이나 흙을 먹기도 한다. 흔히 만 1세에서 2세 사이에 나타났다가 아동기 초기에 스스로 완화된다.

이완(relaxation)
긴장과 스트레스 수준 완화로 스트레스를 극복하는 방법이다. 이완법, 요가, 목욕, 마사지, 자율 훈련, 마음챙김 명상, 호흡법, 점진적 근육 이완법 등이 있다. 자신에게 가장 적절한 것을 꾸준히 활용하는 것이 중요하다. 이완 훈련의 목적은 스트레스가 초래하는 부정적인 신체 증상을 줄이거나 예방하고, 불안·긴장감을 낮추는 것이다.

이완반응(relaxation response)
벤슨(Benson)이 동서고금의 명상법의 공통점을 따서 개발한 간편 이완훈련법이다. '원(one)'이라는 소리와 함께 숨을 내쉬고 들이쉬면서 고르게 쉰다.

이완훈련(relaxation training)
근육이완이 정서적 이완을 일으킨다는 가정에 기초하여 근육긴장을 이완시키기 위해 여러 기법들을 훈련하는 것을 말한다.

이원론(dualism)
마음과 신체는 상호작용하는 개별적 존재라는 가정이다.

이인증(depersonalization)
감각과 자아의 경험에 변화가 일어나 일시적으로 자신의 현실감각이 상실되는 장애이다.

이중부호화이론(dual-coding theory)
의미적 부호와 시각적 부호라는 두 가지 기억부호를 주장하는 Paivio의 이론이다.

이중속박(double-blind)
아동이 부모로부터 모순되는 요구를 동시에 전달받았을 때 놓이게 되는 상황을 말하며, 이때 아동은 상반된 요구사이에서 어찌 할 바를 모르게 된다. 이 용어를 제창한 인류학자 Bateson은 이런 상황이 정신분열증의 주요한 원인이 된다고 주장하였다.

이중은폐 절차(double-blind procedure)
실험참가자와 실험자 모두 누가 실험처치를 받았는지 그리고 누가 가짜 약을 받았는지를 모르는 실험절차이다. 일반적으로 약물 평가연구에서 사용된다.

이차성징(secondary sex character)
여성의 가슴과 엉덩이, 남성의 변성과 체모 등과 같은 부차적 성징을 말한다.

이차적 강화물(secondary reinforcer)
학습을 통해 강화하는 특성을 얻게 된 자극으로, 일차강화물과 연합됨으로써 강화력을 갖게 되는 사건을 말한다. 예를 들어, 일차강화물인 음식을 구할 수 있는 '돈' 등이 이에 해당한다.

이차적 정서
일차적 정서의 조합에 의해 만들어지는 정서이다.

이차적 특성(secondary traits)
뚜렷하지도 않고 덜 일반적이고 일관성이 적으나 개인을 특징지어 주는 특성을 말한다.

이차평가(secondary appraisal)
스트레스적으로 평가된 상황에 대하여 자신이 사용할 수 있는 대처자원과 관련하여 일어나는 평가이다.

이타성(altruism)
타인의 복지에 대한 헌신적 관여를 말한다.

이형접합(hetrozygous)
1쌍의 염색체에 서로 다른 유전자가 쌍을 이룬 경우를 말한다.

인간심리학(personnel psychology)
산업-조직심리학의 하위분야로 직원의 선발, 배치, 훈련, 평가, 그리고 의사소통하기와 연합된 모든 심적 활동을 말한다.

인간요인 심리학(human factors psychology)
사람과 기계가 상호작용하는 방식 그리고 기계와 물리적 환경을 안전하고도 사용하기 쉽게 설계하는 방법을 연구하는 심리학분야이다.

::: 인공지능(artificial intelligence)
컴퓨터로 수행되는 인지과정으로 형태인식이나 문제해결을 수행하는 컴퓨터 프로그램을 말한다.

::: 인과처리(causal process)
원인사건과 결과사건을 연결하는 과정이다.

::: 인본주의(humanistic)
개인은 자신의 의식과 자기인식을 통해서 자신을 '제작하게 된다.'는 관점으로, 인간을 분석하고 과학적 연구대상으로 삼는 것에 반발해 인간의 존엄성과 자유의지를 강조하는 심리학파로 Maslow에 의해 제기되었다.

::: 인본주의 심리학(humanistic psychology)
건강한 사람의 성장 잠재력을 강조한 역사적으로 중요한 조망이다. 개인적 성장을 증징시킨다는 희망을 가지고 성격연구에 개인화된 방법을 사용하였다.

::: 인본주의적 관점(humanistic psychology)
의식과 자기인식으로, 경험 및 선택을 통해서 인간으로서의 자기 자신을 이루어 간다는 관점이다.

::: 인습적 도덕성(conventional morality)
Köhlberg의 도덕추리 단계의 2수준으로, 여기에서는 행위들은 외부의 제재들 중, 그 행위들이 타인들로부터 인정을 받고 법률들과 사회규범들을 지키는 여부의 면에서 평가된다.

::: 인습적 수준(conventional level)
두 번째 수준으로 도덕적 추론은 사회적 규범과 법을 바탕으로 한다.

::: 인지(cognition)
사고하기, 알기, 기억하기, 그리고 의사소통하기와 연합된 모든 심적 활동을 말한다. 정보를 획득하고, 파지하고, 활용하는 과정으로, 세상 혹은 환경의 물리적 정보를 감각기관에 따라 독립적으로 입력하여 기억에 저장하고, 저장된 정보 혹은 지식을 사용하여 내적으로 조작하는 일련이 심적 과정이다.

::: 인지과학(cognitive science)
인간사고의 본질을 연구하기 위해 여러 분야에서 함께 연구하는 학제간 분야로, 지식의 획득과 조직과정에 초점을 맞추어 인지과정을 이해 하고자 하는 학문이다.

::: 인지도(cognitive map)
환경의 공간적 배열에 관한 심적(정신적) 표상이다. 예컨대, 미로를 탐색한 후에 쥐는 마치 그 미로의 인지도를 학습한 것처럼 행동한다. 동물이 미로에서 특정반응을 하기를 배우는 게 아니라 미로의 전체적인 모습에 대한 지식을 습득하는 것이다. 즉, 공간의 위치와 방향의 정신적 표상을 말한다.

::: 인지발달이론(theory of cognitive development)
피아제가 어린이들의 지적발달에 대해 보여준 연구에 기초하여 이루어진 인간의 인지적 발달과정에 대한 연구 분야이다. 비고츠키(Vygotsky)는 아동이 사적 언어(거짓말)을 활용해 인지발달을 촉진할 수 있다고 하였다.

::: 인지부조화 이론(cognitive dissonance theory)
자신의 태도와 행동사이의 불일치(두 가지 생각이 일치하지 않을 때)로 인해 야기되는 인지적 불안을 피하기 위해 자신의 태도를 변화시킨다는 Leon Festinger의 이론이다. 예컨대, 태도와 행위에 대한 자각이 충돌할 때, 우리는 태도를 변화시킴으로써 부조화를 감소시킬 수 있다.

인지적 관점(cognitive perspective)
지각, 기억, 문제 해결 등의 정신과정이 작동하는 방식과 이들이 행동에 영향을 미치는 방식에 설명의 초점을 맞추는 관점이다.

인지적 접근(cognitive approach)
정신과정(지각, 기억사고, 판단, 의사결정 등)이 어떻게 특정의 행동유형을 만들어 내는가에 중심을 두는 접근이다.

인지적 책략
정보를 획득하고 저장한 것을 인출하여 활용하기 위한 모든 인지적 조작과 절차를 처리하는 선택적 정신 활동이다.

인지주의학습(認知主義學習)
필요한 정보를 스스로 외부 환경에서 수집·인지함으로써 낯선 상황에 적절히 대처한다는 학습 이론이다.

인지치료(cognitive therapy)
심리적 장애는 사고와 인지의 왜곡에 기인하며, 이러한 사고와 인지의 변화를 통해 치료될 수 있다는 가정에 기초하는 다양한 심리치료기법을 지칭한다. Ellis의 합리적 정서치료와 Beck의 인지치료가 대표적이다. 개인의 생각을 부적응적인 것에서 적응적인 것으로 변화시키는 것을 목적으로 하는 심리치료 사람들에게 새롭고 보다 적응적인 사고와 행동방식을 가르치는 치료법으로, 사고가 사건과 정서반응을 매개한다는 가정에 근거한다.

인지평가이론(cognitive appraisal theory)
어떤 수준의 생리적 각성이 있을 때 주어진 상황에 비추어 인지적 해석을 내리므로서 정서 경험이 이루어진다는 견해이다.

인지행동치료(cognitive behavior therapy)
실험심리학의 원리를 적용해서 무의식이 아니라 표면적 행동, 말, 생각, 이미지 등의 행동 변화에 초점을 맞춘다. 인지치료(자기 파괴적 사고를 변화시킴)를 행동치료(행동을 변화시킴)와 결합시킨 널리 사용되는 통합적 치료법이다.

인출(retrieval)
장기기억에서 저장된 정보를 단기기억으로 끌어내는 과정으로, 인출단서가 부호화 할 때의 상태와 일치하면 인출이 잘된다.

인출실패(retrieval failure)
인출 과정의 와해로 망각이 발생하는 것이다. 인출 단서와 약호화가 일치하지 않으면 발생할 수 있다.

일란성 쌍둥이(identical twin)
둘로 분할되어 유전적으로 동일한 두 유기체를 만들어내는 단일 수정란에서 발달한 쌍둥이로, 단일접합체(monozygote)라고 부르기도 한다. 이유는 그들이 단일접합체에서 발달해 왔거나 완전히 동일한 유전자를 공유하고 있기 때문이다. 두 사람이 동일한 유전자형을 갖게 되는 한 가지 상황이 있으며 때로는 복제하기 시작한 접합체가 두 개의 동일한 세포로 분열하여 나중에 두 명의 사람이 되기도 한다. 세계 출산 수의 250분의 1의 확률로 태어난다.

::: **일반적응 증후군(general adaptation syndrome, GAS)**
스트레스에 대한 실체의 세 단계에 대한-경고, 저항 그리고 소진단계-적응적 반응이라는 셀리에의 개념으로, 신체가 스트레스에 직면하여 경고단계, 저항단계, 그리고 소진단계의 3단계를 거쳐 반응하는 것을 말한다.

::: **일반지능(general intelligence)**
스피어만에 의하면, 특수한 심적 능력에 기저하는 일반지능요인이며, 지능검사에 들어 있는 모든 과제를 가지고 측정하게 된다.

::: **일반화(generalization)**
일단 한 반응이 조건 형성된 후, 조건자극과 유사한 자극이 유사한 반응을 초래하는 경향성이다. 다른 의미로는 개념형성, 문제해결 및 학습의 전이에서 학습자가 한 종류의 대한 사상이나 문제에 공통적인 특징이나 원리를 알아내는 것을 말한다.

::: **일반화된 불안장애(generalized anxiety disorer)**
끊임없이 긴장하고 불안하며 자율신경계가 각성된 상태에 있는 불안장애이다.

::: **일상의 골칫거리(hassles)**
매일 살아가면서 부딪히는 작은 일들이나 짜증스럽게 느껴지는 일들을 말한다.

::: **일어문(holophrase)**
유아가 말하는, 완결된 생각을 표현하는 한 단어이다.

::: **일주기 리듬(circadian rhythm)**
생물학적 시계. 24시간 주기로 발생하는 규칙적인 신체리듬(예컨대, 체온과 각성의 리듬)을 말한다.

::: **일차 강화물(primary reinforcer)**
생물학적 욕구를 만족시키는 생득적으로 강화적인 자극 본래 강화하는 특성을 지닌 자극이다.

::: **일차과정(primary processing thinking)**
프로이트가 주장한 개념으로, 무의식에서 진행되는 사고의 특징을 일컫는다. 프로이트는 무의식을 인간의 의식에서 중점적 존재로 보았기 때문에 기본이 되는 심리과정이라는 뜻을 지칭한다. 논리를 떠나서 소원 충족적 환상이 우세한 것이 특징이다.

::: **일차성징(primary sex character)**
자손번식을 가능하게 만들어주는 신체구조(난소, 고환, 그리고 외부의 성기)를 말한다.

::: **일차적 기억(episodic memory)**
개인적 경험에 대한 명시적 기억이다.

::: **일차 체감각 피질(primary somatosensory cortex)**
중심구, 즉 일차 운동 피질 바로 뒤에 위치하며, 체감각 정보를 거둔다.

::: **일화기억(episodic memory)**
명시적 기억의 한 종류다. 시간, 장소, 감정, 지식과 관련해 특정 시간과 장소에서 발생한 개인적인 경험의 모음이라고 할 수 있다. 예를 들어, 당신이 여섯 살 때 처음 버스 탄 일을 기억하는 것이다.

::: 임사체험(near-death experience)
죽음에 임박하였던 경험 후에(심장마비와 같은 것으로 인해서) 보고하는 의식의 변경된 상태로, 약물로 유도된 환각과 유사하기 십상이다.

::: 임상심리학(clinical psychology)
심리적 장애를 가지고 있는 사람을 연구하고 평가하며 치료하는 심리학의 한 분야이다.

::: 임상적 면접(clinical interview)
내담자의 문제를 평가하거나 치료하는 목적으로 이루어지는 면접이다.

::: 입체시(stereopsis)
양안부등 또는 망막부등을 기초로 산출되는 깊이 또는 거리지각 또는 지각능력이다.

::: 자극변별(stimulus discrimination)
서로 다른 자극에 대하여 다른 반응을 하는 경향으로, (고전적 조건 형성에 있어서) 조건자극에 의해서만 매우 비슷한 자극의 집단에 대해서만 조건반응을 이끌어 내는 것이다. 유기체가 특별한 하나의 자극에만 반응하도록 제한한 자극을 구분하는 학습과정을 말한다.

::: 자극일반화(stimulus generalization)
훈련 시에 존재하지 않았던 자극들에 대하여 학습된 반응이 일어나는 경향으로, 조작적 조건형성에서 변별자극과 비슷한 자극이 주어질 때 유기체가 조작적 반응을 보이는 것을 말한다. 자극이 변별 자극과 유사할수록 조직적 반응률이 높고, 조작적 조건화의 경우에는 강화가 수반되었던 자극과 유사한 자극에 대해서 유사한 반응을 하는 성향이다. 조건자극과 유사하지만 다른 자극에 대한 반응으로, 두 지극이 유사하면 할수록 일반화는 더 잘 일어난다.

::: 자기(self)
인간이 추구하는 합일, 완성, 만다라의 상태이다.

::: 자기감찰(self-monitering)
행동평가에서 개인이 자신의 행동. 사고 혹은 정서의 어떤 양상을 스스로 관찰하고 보고하는 절차이다.

::: 자기강화(self reinforcement)
개인이 자기 자신에게 부여해 주는 강화로, 자기 자신의 행동에 의해 자발적으로 생산된 결과를 통해 자기스스로 지배되는 것을 말한다.

::: 자기개념(self-concept)
사람들이 자신에 대해 갖는 생각, 감정, 태도의 종합이다. 자신의 정체감과 개인적 가치에 대한 감각. 사람들이 자신에 대해서 갖는 생각, 감정, 태도의 종합. 어떤 이론가들에게 자기개념은 자기와 동의어이다.

::: 자기공명 영상화(magnetic resnance imaging, MRI)
각기 다른 유형의 조직들이 구분하는 컴퓨터 기반영상을 만들어내기 위하여 자기장과 라디오파를 이용하는 기법으로, 두뇌의 구조들을 볼 수 있게 해준다. 뇌조직의 원자주위에 형성되는 전기장을 탐지하여 컴퓨터로 뇌의 영상을 그려내는 방법이다.

자기노출(self-disclosure)
상대방에게 자신의 속내를 드러내는 것으로 자신의 사적인 측면들을 타인에게 공개하는 행위를 말한다.

자기도식(self-schema)
과거경험에서 나온 자기 자신에 관한 어떤 일반화나 이론이다. 자기도식들은 우리가 개인적으로 관련 있는 정보에 주의하고 처리하고 회상하는 방식에 영향을 준다고 가정한다(자기개념과 동의어 → 도식).

자기보고식 검사(self-report inventories)
개인이 직접 일련의 질문에 응답하도록 하는 성격검사이다.

자기보고자료(self-report data)
각 개인이 자신의 행동, 감정 및 사고에 대해 스스로 기록하는 자료이다.

자기본위적 편파(self-serving bias)
자기고양편파라고도 하는 것으로 자신을 호의적으로 지각하려거나 호의적으로 인식시키기 위해 귀인을 하는 것을 말한다.

자기실현(self-actualization)
매슬로우에 따르면, 기본적인 생리적 욕구와 심리적 욕구가 만족되고 자기존중감이 달성되어 발생하는 궁극적인 심리적 욕구이다. 자신의 잠재력을 충족시키려는 동기로 한 사람이 자기 자신의 잠재력을 최대로 실현시키려고 하는 기본적 경향성이다. 매슬로우(Maslow)와 로저스(Rogers)에 의해서 발전된 이론들과 같은 인본주의적 성격이론들의 기본개념이다.

자기의식/자의식(self-consciousness.)
고양된 자기인식의 상태로 자기 자신에게 주목하는 성향이다.

자기애성 성격장애(narcissistic personality disorder)
자기도취와 자기중심성의 특성이 지속돼 부적응적인 상태가 계속되는 성격장애다.

자기존중감(self-esteem)
자신의 가치를 높게 또는 낮게 느끼는 것으로, 자신을 도와주었던 사람을 해치지 않고 도와줄 것이라는 기대를 말한다.

자기중심성(egocentrism)
피아제 이론에서 전조작기 아동이 다른 견지를 받아들이는데 어려움을 느끼는 현상으로, 자기 자신의 지각, 사고, 감정을 다른 사람의 것과 구별하지 못하는 것을 말하며, 다른 사람들도 자신과 같은 경험을 한다고 가정하는 것이다.

자기지각이론(self-perception theory)
자신의 태도에 대해 불확실할 때, 행동과 그 행동이 발생한 배경을 조사함으로써 태도를 추정한다는 Daryl Bem의 이론이다.

자기참조효과(self-reference effect)
사람들이 정보를 자신과 연루된 수준에 따라서 다르게 받아들이는 경향을 말한다. 즉 장기기억으로 부호화 할 때 자신과 관련 있는 정보에 대해 기억 가능성이 더 상승할 수 있다.

자기참조적 부호화(self-reference encoding)
정보가 개인적인 관련성이 있는지에 따라 형성하는 부호화이다.

자기초월(self-transecendence)
자신을 초월하는 것이다. 자신의 정체성을 뛰어넘고, 더 큰 무언가의 한 부분임을 인지하는 것인데, 자기인식과 함께 일어난다.

자기 충족적 예언(self-fulfilling prophecy)
타인에 대해 가지고 있는 기대에 따라 우리의 행동이 이끌어지는 현상이다.

자동적 사고(automatic thought)
정서적 반응을 일으키는 특정자극에 의해서 촉발되는 개인적 관념이나 생각. 즉, 사람들에게 어떤 사건을 경험할 때 순간적으로 자기도 모르게 일어나는 생각으로 Beck의 이론에서 사람들이 어떤 사건을 경험할 때 순간적으로 자기도 모르게 일어나는 생각을 말한다.

자동적인 말하기(automatic talking)
최면상태에서 자기도 모르게 저절로 말하는 것을 말한다.

자동적인 쓰기(automatic writing)
최면상태에서 자기도 모르게 저절로 글씨를 쓰는 것을 말한다.

자동처리(automatic processing)
공간, 시간, 빈도, 그리고 단어의미와 같이 잘 학습된 정보의 무의식적 부호화로, 무의식적으로 일어나며 주의집중을 요하지 않는 과정이다.

자발적 회복(spontaneous recovery)
휴지기간 후에 소거되었던 조건반응이 다시 나타나는 현상이다.

자발적 조건형성 = 조작적 조건형성(operant conditioning)
행동수정의 원리 중 하나다. 행동 후 자극 조정으로 바람직한 행동과 후속자극을 얻음으로써 반응을 강화하고 원하는 행동을 이끄는 것이다.

자성예언(self-fulsilling prophecy)
타인으로 하여금 자신이 기대한 행동을 하도록 유도하여 자신의 기대를 확증시키는 현상이다.

자신감(self esteem)
자신에 대해 전반적으로 가지는 긍정적인 생각이나 감정이다.

자아(ego)
현실과 접촉하는 성격의 부분으로, 현실세계 제약들을 고려해 원초아 추동들을 충족시키고, 현실원리에 입각하여 원초아와 초자아의 갈등을 적절히 조절한다. 프로이트에 따르면, 원초아와 초자아 그리고 현실의 요구를 중재하는 대체로 의식적이며 성격의 '집행자'에 해당한다. 자아는 현실원리에 따라서 작동하며, 현실적으로 고통보다는 쾌를 초래하게 되는 방식으로 원초아의 요구를 만족시킨다. 생후 1년부터 발달하기 시작해서 나머지 기간 동안 원욕의 본능적인 추동에 대한 현실적인 가이드라인을 제시해 나가는 것이다. 즉 외부현실과 초자아의 제한을 고려하여 원초아의 욕구를 표현하고 만족시키는 정신기제이다.

자아강도(ego strength)
원초아와 초자아의 욕구를 조절할 수 있는 자아의 힘을 말한다.

자아개념(self concept)
현재의 자기가 어떤 인간인가에 대한 개인의 신념을 말한다.

자아실현(self-actualization)
자신의 잠재력을 완전히 개발한 상태이다.

자아체계(self system)
사람들이 자신의 행동을 관찰, 평가하고 규제하는 인지적 과정들의 집합체이다.

자아효능감(self-efficay)
개인의 수행을 위해 요구되는 행위를 조절하고 실행해 나가는 자신의 능력에 대한 믿음 및 기대를 말한다.

자연관찰법(natural observation)
상황에 처치를 가하거나 통제하지 않은 채 자연적으로 일어나는 상황에서 행동을 관찰하고 기록하는 방법을 말한다.

자연관해(spontaneous observation)
일정시간이 지남에 따라 특정한 치료를 받지 않았음에도 불구하고 증상이 개선되는 현상이다.

자연선택(natural selection)
유전된 특질의 변이라는 범위 내에서 자손번식과 생존에 기여하는 특질은 후세대에게 전달될 가능성이 더 크다는 원리이다.

자연적 관찰(naturalistic observation)
자연스런 환경에서 어떤 현상이 일어나는 것을 관찰하는 연구방법이다.

자유연상(free association)
정신분석 치료의 기본규칙으로, 아무리 비합리적이거나 시시하더라도 떠오르는 모든 생각을 다 얘기하는 것이다. 환자가 떠오르는 모든 생각과 느낌 그리고 이미지들은 고치지 않고 바로바로 보고하도록 하는 기법으로, 정신분석에서 무의식의 세계를 탐구하기 위해 자유롭게 연상시키는 방법이다. 꼬리에 꼬리를 물고 연사을 해 나가다보면, 무의식 속의 심층에 있는 심리적 갈등이나 원인을 알게 해 준다고 생각한다.
(1) 단어-연상 실험의 형태로서 피험자는 자극단어에 대한 반응으로 자신이 생각나는 어떤 단어든지 제시한다.
(2) 정신분석치료에서 떠오르는 모든 것을 의식적인 검열 없이 말하게 하는 치료기법이다.

자유회상 과제(free recall task)
단어 목록을 한 번에 하나씩 받은 후, 어떤 순서든지 자유롭게 회상해 내는 기억과제를 말한다.

자율신경계(autonomic nervous system)
신체의 불수의적(자율적) 기능을 조절하는 말초신경계의 일부로, 교감신경계는 각성과 관련된 기능을 매개하고, 부교감신경계는 이완과 관련된 기능을 매개한다. 내분비선과 신체기관(예컨대, 심장)의 근육을 제어하는 말초신경계의 부분으로, 교감신경계는 활성화하고, 부교감신경계는 안정을 유지한다.

자율훈련법(autonomic training)
상상을 통해서 손, 발에서 따뜻한 느낌이 느껴지도록 하는 이완법이다.

::: **자질탐지기(feature detector)**
모양이나 각도 또는 움직임과 같이 자극의 특정한 자질에 반응하는 두뇌의 뉴런이다.

::: **자폐스펙트럼장애(autism spectrum disorder)**
초기 아동기부터 상호 교환적인 사회적 의사소통과 사회적 상호작용에 지속적인 손상을 보이는 한편 행동 패턴, 관심사 및 활동의 범위가 한정되고 반복적인 것이 특징인 신경 발달 장애의 한 범주이다. DSM-IV와 ICD-10에서는 광범위성 발달 장애 범주 하에 자폐성 장애, 아스퍼거 장애, 레트 장애, 소아기 붕괴성 장애, 달리 분류되지 않은 광범위성 발달 장애 등으로 구분했다. 하지만 최근 출시된 DSM-5에서는 이들을 각기 독립된 장애가 아닌 동일한 연속선상에서 자폐 상태의 심각도나 지능 및 심리 사회적 발달의 정도에 따라 발현되는 임상 양상에 차이가 있다고 보아 자폐 스펙트럼 장애로 개정했다. 또한, 이 장애에 지능의 손상, 의학적 또는 유전적 상태나 환경적 요인 등이 수반되는지 여부, 이 장애와 연관된 다른 신경 발달 장애 또는 정신 행동 장애, 운동 장애가 있는지 여부 등에 따라 세분화할 수 있다.

::: **작업기억(working memory)**
단기기억에 대한 새로운 이해로써, 들어오는 청각정보와 시공간 정보 그리고 장기기억에서 인출된 정보의 의식적이고 적극적인 처리를 수반한다. 단기기억이 저장을 강조하는 반면, 정보의 통합과 같은 처리도 강조하는 모형으로, 단기기억을 대체하는 경향이 있다.

::: **작업동기이론(work incentives)**
적당한 직업을 구하고 유지하려는 사람을 격려하고 직업 유지에 기여한다. 개인의 작업동기는 주간보호, 높은 임금, 작업을 거부자의 복지수당 축소·폐지, 작업환경의 개선이 있다. 사용자 조직을 위해서는 고용·채용 관련 조세, 지불임금 보조를 위한 직접지불 그리고 조직이 더 많은 노동자를 고용시킬 수 있도록 하는 일반 경제의 자극을 포함한다.

::: **직용제(agonist)**
신경전달물질의 효과를 증가시키는 약물이나 독극물을 말한다.

::: **잘못된 기억(false memory)**
정확한 기억만큼 실제적이라고 느끼지만 사실은 부정확한 기억이다.

::: **잘못된 정보효과(misinformation effect)**
잘못된 정보에 노출됨으로써 일어나는 기억의 왜곡이다.

::: **잠복기(latency)**
정신분석에서 아동 중기에 성적 공격적 충동들의 모두가 다소 가라 앉아서 아동의 관심이 외부로 지향되고 환경에 대한 호기심이 아동으로 하여금 배울 준비를 하게 하는 시기이다.

::: **잠재기(latency)**
성적만족을 얻는 부위가 없고 성적충동들도 억압되며 인지적, 사회적 발달이 주가 되는 네 번째 단계를 말한다.
(1) 반응에 대한 시간적 측정치로서 자극의 출현과 반응의 개시사이의 시간지연을 말한다.
(2) 정신분석에서 아동 중기(대체로 6~12세 기간)로서 성적·공격적 충동들의 모두가 다소 가라 앉아서 아동의 관심이 외부로 지향되고 환경에 대한 호기심이 아동으로 하여금 배울 준비가 되게끔 만든다는 것이다(→ 성 심리적 발달).

잠재내용(latent content)
프로이트에 따르면, 꿈의 숨어있는 의미이다. 프로이트는 꿈의 잠재내용이 안전밸브로 작동한다고 믿었다.

잠재적 학습(latent learning)
일어나긴 하지만 즉시 수행으로 번역되지는 않는 학습으로 Tolman의 이론이다. 학습이 이루어지기는 했지만 유인가가 있을 때까지 증명되지 않는 학습, 즉 비 강화시행동 안에 형성되지만 그것을 이끌어 내는 강화물이 제시되기 전에는 수행되지 않는 학습을 말한다.

장기기억(long term memory)
비교적 영속적이고 무세한의 기억저장창고로 지식과 기술, 그리고 경험 등이 포함된다. 지속시간이 길고 용량도 제한이 없다고 보는 기억이다. 정교화와 조직화가 부호화에서 중요하고, 장기기억에서 회상하는 데에는 인출단서가 중요한 역할을 한다. 장기기억에서 회상해낸 것 중에는 인출한 것이 아니라 재구성한 것도 포함될 수 있다. 긴 시간동안(어쩌면 영원히) 정보가 저장되고, 그 정보의 용량이 무한한 기억의 단계로, 의미적 부호가 주를 이루는 비교적 영속적이고 무제한적 정보를 저장하는 능력을 지닌 기억 창고라 할 수 있다.

장기상승작용(long-trem potentiation)
하나의 뉴런이 계속적인 자극을 받을 때 그 뉴런이 신경흥분성이 증가되어 오래 지속되는 뉴런의 반응 양식 변화를 말한다.

장기 종단적 연구(long-itudiual study)
한 개인을 발달의 여러 단계에서 관찰하는 연구법이다.

장기활동증폭(long-term potentiation, LTP)
짧고 신속한 자극 후에 시냅스 활동의 잠재력이 증가하는 것으로, 학습과 기억의 신경적 토대로 보인다.

장소법(method of loci)
기억해야 하는 연속적 정보들을 익숙한 공간(장소)을 계속적으로 돌아다니면서 정보들을 인출해 낸 뒤, 각각의 장소에 있는 정보를 인출하는 것을 말한다.

장소이론(place theory)
우리가 지각하는 소리의 높낮이는 달팽이관에 있는 기저막의 반응 위치에 따라 결정된다는 이론이다. 즉, 우리가 듣고 음고를 와우각의 기저막이 자극받는 위치와 연결시키는 이론으로, 소리의 주파수에 따라 기저막에서 가장 활발하게 반응하는 부위가 달라지는 데서 우리의 뇌는 그 소리의 주파수에 관한 정보를 찾는다고 주장하는 음고 지각이론이다.

재구성(reconstruction)
기억은 중요한 내용을 중심으로 역동적으로 재조직되고 구성한다.

재인(recognition)
선다형검사에서와 같이 학습한 항목을 확인만 하면 되는 기억 측정방법으로, 두 번째로 정보를 학습할 때 학습에 소요되는 시간의 양을 절약할 수 있어, 절약방법(savings method)이라고도 한다. 여러 가지 선택지 중에서 기억하고 있는 정보를 선택하는 것으로, 이전에 학습한 정보와 새로운 정보를 구분하도록 요구하는 기억과제이다.

::: **재인검사(recognition tests)**
진위검사, 선택형 검사, 무리검사법으로 나뉜다. 진위검사는 문제에 대해 예, 아니오 혹은 진, 위의 반응만을 요구한다. 선택형 검사는 제시되는 x개의 선택지 중 1개만이 정답이다. 마지막으로 무리검사법에서는 동시에 피험자에게 주어지는 모든 선택지(정답 및 오답) 항목을 토대로 신·구 항목을 지적할 방식을 정해야 한다.

::: **재평가(reappraisal)**
새로운 정보가 입수되어 스트레스 평가가 변하는 것을 말한다.

::: **재학습(relearning)**
학습하였던 정보를 다시 학습할 때 절약되는 시간의 양을 평가하는 기억 측정법을 말한다. 이전에 학습했던 정보를 다시 학습할 때 시간 혹은 노력이 절약된 정도를 파지정도로 삼는 방법이다.

::: **저장(storage)**
부호화된 정보를 오랫동안 차지하는 것으로, 기억의 두 번째 단계로서 부호화된 정도가 기억 속에 유지되는 단계를 말한다.

::: **저장 소멸 이론(storage decay theory)**
정보는 시간이 지날수록 점차 소멸되므로, 정보의 정기적 사용만이 정보를 유지하는데 도움이 된다고 가정하는 망각이론이다.

::: **저항애착 = 불안-양가형 애착(Anxious-ambivalent attachment)**
이 유형의 아동은 낯선 상황에서 소극적으로 탐색하며 부모 곁에서도 낯선 사람을 경계한다. 양육자와 분리 시 고도의 스트레스를 받기도 한다. 양육자가 다시 곁에 오면, 아이는 대체로 양가적인 감정을 갖게 된다. 양육자가 비일관적인 반응을 보이며 양육했을 때 나타나는 것이 저항애착이다.

::: **적극적 듣기(active listening)**
듣는 사람이 따라 말해보고, 다시 표현해 보며 분명하게 확인하는 공감적 듣기로, 로저스의 내담자-중심치료의 핵심이다. 말을 듣는 사람의 말을 반향하고 바꾸어 말하고 명료하게 표현한다.

::: **적성(aptitude)**
학습에 대한 잠재능력, 적성검사들은 훈련의 성과를 예언하려고 즉, 현재의 능력에 기초해서 장차의 능력을 예언하려고 만들어진다.

::: **적성검사(aptitude test)**
한 개인의 미래성과를 예언하기 위해 고안된 검사. 적성이란 학습능력을 말한다.

::: **적응(adjustment)**
환경의 요구에 부합하려는 선천적인 경향이다.

::: **적응수준(adaptation level)**
과거경험에 의해 정의된 중성적 수준에 비추어 판단하는 경향성을 말한다.

::: **적응수준이론(adaptation level theory)**
아주 좋은 일을 접하면 처음에는 크게 기뻐하지만 곧 적응하여 그에 따라 기쁨이 감소하게 되는 경향성이다.

전뇌(forebrain)
뇌의 앞(윗)부분으로 대뇌피질과 시상, 시상하부, 변연계, 기저핵 등을 포함한다.

전경-배경(figure-ground)
시야를 주변(배경)에 존재하는 사물(전경)로 체제화 하는 것을 말한다.

전경배경분리(figure-ground segregation)
지각 장면에서 주의를 기울이는 선택된 대상(전경)과 주의를 기울이지 않은 배후대상(배경)이 분리되어 지각되는 경향성이다.

전경-배경 원리(figure-ground principle)
형태주의 심리학자들의 지각 조직화 원리로 우리의 뇌는 감각정보를 전경과 배경으로 구분한다는 가정이다.

전기충격요법(electroconvulsive therapy, ECT)
심각한 우울증 환자를 위한 생의학적 치료로, 마취한 환자의 두뇌에 전류를 짧게 흐르게 하는 방법이다. 전기충격을 짧은 시간동안 뇌에 통하게 하여 발작을 유발함으로써 심각한 우울증을 치료하는 생의학적 치료법으로, 다른 치료법에 반응하지 않는 우울증을 치료하기 위해 흔히 쓰인다.

전도성 농(conduction deafness)
청각정보를 속귀로 전달하는 기계적 장치 중 일부가 손상되어 생기는 청각장애이다.

전도성 청력 손상(convulsive hearing loss)
음파를 와우각으로 전달하는 기계적 시스템의 손상에 의해 야기된 청력손상이다.

전두엽(frontal lobe)
이마 쪽에 위치한 대뇌피질 영역으로, 말하기와 근육운동 그리고 계획세우기와 판단에 관여한다. 대뇌피질의 앞 영역으로 운동피질과 전전두엽을 포함한다.

전망이론(prospect theory)
불확실한 상황이나 위험을 수반하는 의사결정에 직면할 때 합리적 선택을 하기 어렵다는 이론이다.

전범위(range)
분포를 구성하는 점수 중에서 가장 높은 점수와 가장 낮은 점수사이의 간격을 말한다.

전보식 말(telegraphic speech)
아동이 전보처럼 말하는 초기언어단계로, 대체로 명사와 동사를 사용하며 보조단어들을 생략한다.

전위(displacement)
분노의 방향을 보다 안전한 배출구로 향하게 하는 것처럼, 성적이나 공격적 충동을 보다 용인적 이거나 덜 위협적인 대상이나 사람에게 돌리는 정신분석 방어기제이다.

전의식(preconscious mind)
현재 의식하고 있지 않지만 노력하면 접근할 수 있는 기억으로, 바로 그 순간에 의식되지는 않지만 조금만 노력하면 의식할 수 있는 모든 경험을 말한다.

전이(transference)
내담자가 과거 자신에게 중요한 인물에게 가졌던 감정과 태도를 치료자에게 갖게 되는 현상이다. 즉,

환자가 치료자를 마치 자기과거에 있었던 의미 있는 대상, 흔히 부모인 것처럼 반응하는 치료적 상황으로 정신분석에서 다른 관계(예컨대, 부모에 대한 사랑이나 증오)와 연계된 정서를 환자가 분석가에게 전달하는 것을 말한다. 정신분석치료에서 내담자가 어렸을 때 부모나 기타 중요한 사람들에 대해서 가지고 있던 무의식적 감정이나 소망을 치료자에게 드러내는데, 정신분석의 핵심이라고 할 수 있는 이 과정은 억압되었던 내용들을 표면화시켜 이를 재경험할 수 있게 하여 무의식의 의식화를 돕는다.

전이의 동일 요소설(identical elements theory of transfer)
한 장면에서 학습된 어떤 것이 다른 장면에 적용될 수 있는 가능성은 두 장면이 가지고 있는 공통 요소의 수에 따라 결정된다고 보는 Thorndike의 이론이다.

전인습적 도덕성(preconventional morality)
Köhlberg의 도덕추리 단계의 1단계 수준으로, 여기에서의 행위들은 옳거나 그름의 개념이 없이 결과(그 행위들이 처벌을 피하거나 보수를 일으키는지)의 면에서 평가된다.

전전두엽(prefrontal lobe)
전두엽의 가장 앞부분으로, 운동의 계획과 특정인지기능에 관여한다.

전정감각(vestibular sense)
균형감각을 포함하여 신체운동과 위치에 대한 감각이다.

전조작기(preoperatinal stage)
'피아제론'에서 아동이 언어를 학습하지만 구체적 논리의 심적 조작을 아직 이해하지 못하는 단계로 피아제의 인지발달 중 두 번째 단계로 2~7세에 해당하며, 대상이나 상황 그리고 사상들을 표상하기 위해 정신적 상징(단어나 심상)을 더욱 많이 사용한다.

전주의적 처리(pre-attentive processing)
주의를 의도적으로 기울이기 전에는 전개되는 감각정보처리이며, Köhlberg 이론의 첫 번째 수준으로 도덕적 추론은 자기 지향적이고 처벌을 피하고 자신의 행복과 필요를 추구하는 것에 근거하고 있다.

전진형 기억상실증(anterograde amnesia)
뇌에 치명적인 손상을 입었거나 뇌수술 이후의 사건에 대한 새로운 명시적 장기기억을 만들어 내지 못하는 증상으로, 수술이나 손상 이전에 형성된 명시적 기억들은 손상 되지 않은 채로 남아있다.

전집(population)
연구를 위한 표본이 추출되는 전체집단이다(주 : 전국 연구를 제외하고는 전집이 한 국가의 모든 인구를 지칭하지 않는다).

전체 책략(wholist strategy)
어떤 개념에 속하는 사례의 특징 모두를 범주 분류의 기준으로 삼은 후, 이 기준에 맞지 않는 사례가 있으면 해당 속성을 제외시키는 책략이다.

전형성(typiclaity)
상주 범주 구성원의 공통적 속성을 가장 많이 포함하며, 상위 개념과 심적 거리가 가장 가까운 특성을 말한다.

절대식역(absolute threshold)
인지적인 과제나 움직임이 있는 절차적 과제들을 다루는 암묵적 기억이다. 즉 특정한 자극을 50%의 시행에서 탐지하는 데 필요한 최소 자극을 말하며, 관찰자가 신뢰할 수 있는 감각경험을 하는데 필요한 최소한의 자극에너지를 말한다.

절차적 기억(procedural memory)
행위나 기술에 대한 기억으로, 어문적 재생을 요구하지 않는 운동과 같은 기술에 관한 기억을 말한다.

절차적 지식(procedural knowledge)
일의 수행이나 문제해결의 순서나 방법에 관련된 지식이다.

절충적 접근(eclectic approach)
내담자의 문제에 따라서 다양한 형태의 치료기법을 사용하는 심리치료에 대한 접근방법을 말한다.

점진적 이완법(progressive relaxation)
손발에서 시작해서 온몸의 근육의 힘을 빼서 이완시키는 방법으로, 약 5초 정도 힘을 주었다가 숨을 내쉬면서 힘을 빼면, 묵직한 느낌이 든다. 이런 느낌을 온몸 전체에서 느껴보도록 하는 훈련법이다.

점화(priming)
특정 연합의 무의식적 활성화. 지각이나 기억 또는 반응을 한쪽으로 이끌어간다.

점화효과(Priming effect)
선제시된 단어(점화 단어)에 영향을 받아 나중에 제시된 단어(표적 단어)를 해석하는 것이다. 단어뿐만 아니라 무의식적 행동이나 감정도 영향을 받는다.

접합자(zygote)
2주간에 걸친 급속한 세포 분열기에 접어들어 배아로 발달한다.

정교화 시연(elaborative rehearsal)
투입되는 정보를 장기기억으로 부호화하기 위해 장기기억으로 부터의 정보와 관련시키는 시연으로, 이전에 저장된 정보와 연결고리를 풍부히 함으로써 단기기억의 정보를 장기기억으로 전이 시키기 위한 통제적 절차를 말한다.

정교화가능성모델
소비자를 설득하고자 하는 메시지를 봤을 때, 그것의 정보와 자신의 욕구를 연결해 정보를 처리하는 과정을 설명하는 모델이다.

정규곡선(normal curve)
많은 신체적 속성과 심리적 속성을 기술하는 대칭적이고 종 모양의 곡선이다. 대부분의 점수가 평균 주변에 위치하며, 극단으로 갈수록 적은 수의 점수가 위치한다.

정보원 오인(source misattribution)
기억에 대한 진짜 정보를 기억하지 못하여 잘못된 정보를 기억의 원인으로 생각(왜곡)하는 것을 말한다.

정보적 사회영향(informational social influence)
현실에 대한 타인의 견해를 받아들이려는 의지에서 초래되는 영향. 적절한 행동과 결정이 무엇인지 모호한 상황에서 정보를 얻고자 하는 필요성으로부터 비롯되는 영향이다.

정보처리(informational processing)
외부에서 받아들이거나 내부에서 생성된 정보는 질적으로 다른 몇 단계를 거쳐 처리가 된다고 보는 입장이다. 이 입장에서는 인간이 수동적인 정보의 수용자가 아니라 능동적인 처리자라고 보는 경향이 강하다.

∷ 정보처리수준(levels of informational processing)
정보가 물리적-청각적-어의적 형태로 얕거나 깊은 수준으로 처리됨에 따라 기억은 달라진다. 깊은 처리란 의미적으로 처리되었음을 의미하는 것으로 Craik와 Lockhart의 이론이다.

∷ 정보처리이론(information processing theory)
인간이 정신과정을 컴퓨터의 정보처리과정에 비유하여 이해하고자 하는 연구 분야이다.

∷ 정상분포(normal distribution)
종 모양의 빈도분포로 전체 점수의 약 68%는 평균치로부터 1표준편자, 약 95%는 2표준편차, 그리고 약 99%가 3표준편차 이내에 속한다. 좌우대칭적인 종모양의 빈도분포로서, 이것의 특성들은 표준에서 나온 통계치들에서 통계적 추론을 하는 데에 일반적으로 사용된다.

∷ 정서(emotion)
생리적 각성, 표현적 행동, 그리고 의식적 경험을 수반하는 유기체의 반응으로, 특정자극에 대해 사람들이 나타내는 생리적 각성과 신체반응 및 그에 대한 주관적인 해석(인지적 평가)을 포함하는 광범위한 개념이다. 일반적으로 생리적·인지적 요소 모두를 가지며, 행동에 영향을 미치는 감정(행복, 실망 그리고 슬픔 등)을 말한다.

∷ 정서반응(emotional response)
주관적 감정으로 비언어적 변화나 호흡·맥박 등의 자율신경계 반응, 신체적·생리적 수반증상이 함께 따른다. 이 밖의 신체 기능(내분비계·소화기계 등)에도 영향을 미친다.

∷ (정서적) 둔감화
특정 자극에 대한 반응 경향성이 줄어드는 현상이다. 반응을 나타내는 자극에 반복적으로 노출시켜 반응둔화를 유도하는 것이다. 이렇게 하면 심한 불안이나 공포 상황이 편안하게 느껴지는 상황으로 완화될 수 있다.

∷ 정서우선성가설(affective primacy hypothesis)
인식할 수 없을 정도의 짧은 시간동안 보인 정서적 자극이 차후에 이어지는 인지적 판단에 영향을 미치는 현상으로 정서가 인지적 판단에 우선한다는 가설이다.

∷ 정서일치효과(mood-congruence effct)
행복한 기분일 때는 유쾌한 정보를 잘 기억하고, 슬프거나 우울한 기분일 때는 불쾌한 정보를 더 잘 기억하는 현상으로, 부호화 때와 인출 때의 정서적 상태가 동일할수록 더 나은 기억수행을 가져온다.

∷ 정서적 경험(affective experience)
유쾌나 불쾌, 미약하거나 강렬한 감정적 경험(→ 정서)을 말한다.

∷ 정서중심적 대처(emotion-focused coping)
스트레스원을 피하거나 무시하고 스트레스 반응과 관련된 정서적 욕구에 주의를 기울임으로써 스트레스를 경감시키려는 시도로, 문제 자체가 아니라 문제 상황에서 발생하는 부정적인 정서 상태를 완화하려는 노력을 말한다.

∷ 정서지능(emotion intelligence)
정서를 지각하고 이해하며 처리하고 사용하는 능력으로, 자신과 타인의 정서를 점검하고, 그것들의

정신도식(精神圖式)
지각과 경험의 정신적 체계 혹은 범주를 말한다.

정신물리학(psychophysics)
자극의 물리적인 특성과 심리적인 경험의 관계를 밝히는 분야이다. 물리적 자극이 어떻게 감각 및 지각으로 연결되는지에 대해서 과학적으로 측정하여 그 관계를 파악하는 학문으로서, 자극의 강도와 같은 물리적 특성과 심리적 경험 사이의 관계에 대한 연구를 하는 분야이다.

정신분석(psychoanalysis)
프로이트와 그의 제자들에 의하여 발전되어 온 성격이론이며 치료의 방법으로, 자유연상과 꿈의 해석 및 전이를 활용하여 무의식적인 갈등과 동기와 방어를 다루는 통찰 중심의 치료이다. Sigmund Freud에 의해 처음 시작된 심리치료의 형태로서 내담자로 하여금 자신이 가진 문제의 무의식적인 근원을 깨닫게 도와주는 치료이다. 따라서 정신분석치료(psychoanalytic psychothreapy)는 심리적 장애는 무의식적 갈등에 의해 생겨나며, 이러한 갈등을 의식화함으로써 치료될 수 있다는 가정에 기초하고 있는 심리치료법이다.

정신생리학(psychophysiobgy)
신체와 정신의 관계를 객관적으로 연구하는 학문으로, 신체정신 간의 상관 관계 및 상호작용을 조사하는 과학이다.

정신 약리학(psychopharmacology)
마음과 행동에 대한 약물의 효과를 연구하는 분야이다.

정신연령(mental age)
비네가 고안한 지능검사 성과의 측정치로, 검사수행수전에 대응되는 생활연령을 말한다. 만일에 어떤 지능검사가 적절하게 표준화 되어있다면 6세 아들의 대표적 잡단은 평균 정신연령 6세를 얻어야 하고 7세 아들의 대표적 집단은 정신연령 7세를 얻어야만 된다는 식으로 된다. 자기 자신의 생활연령(CA)이상의 MA가 뒤로 처지는 아동은 지체 되어 있는 것이다(→ 생활연령, 지능지수).

정신외과수술(psychosurgery)
행동을 변화시키기 위해서 두뇌조직을 제거하거나 파괴하는 외과수술로, 정신장애나 질병을 치료하기 위해 뇌의 특정한 부위를 떼어 내거나 손상시키는 생의학적 치료법이다.

정신의학(psychiatry)
심리적 장애를 다루는 의학의 한 분야로, 심리치료 뿐만 아니라 의학적 치료(예컨대, 약물치료)도 제공하는 의사들이 활동하는 분야이다.

정신장애의 진단 및 통계 편람, 4판(Diagnpostic and statistical Manual of Mental Disorder, DSM)
미국정신와 협회에서 발행한 정신장애에 대한진단 및 분류 가이드라인이다. 현재는 개정된 '텍스트판(DSM-IV-TR)'이 사용되고 있다.

정신적 올무(mental set)
당면 문제에 적절한 전략을 고려하지 못하고 과거의 성공적이었던 전략만을 사용하려는 경향이다.

정신적 장애(psychotic disorder)
현실감각을 잃어버리는 것으로 특징지어지는 장애를 말한다.

정신지체(mental reyardation)
지능점수 70 미만 그리고 삶의 요구사항에 적응하는데 어려움을 보일 정도로 심적 능력이 제한된 상태로, 경미한 수준에서부터 심각한 수준에 이르기까지 다양하다.

정적 강화(politive reinforcement)
먹이와 같은 정적 자극을 제공함으로써 행동을 증가시키는 것을 말한다. 정적 강화물은 반응 후에 제공함으로써 그 반응을 강력하게 만드는 자극이다. 즉, 매력적 자극이 제시되는 강화 바람직한 사건을 제시함으로써 그에 선행하는 반응을 약화시키는 절차이다.

정적 강화물(politive reinforcer)
반응을 증가시키기 위해 환경에 부가되는 자극을 말한다.

정적 상관(politive correlation)
두 변인의 값이 정비례하는 관계를 말한다.

정적 처벌(politive punishment)
혐오자극이 제시되는 강화이다.

정체성(identity)
자기라는 느낌, 즉 에릭슨에 따르면, 청소년의 과제는 다양한 역할을 검증하고 통합함으로써 자기감을 형성하는 것이다. "나는 누구인가?"라는 질문에 대한 복잡한 대답이다.

정체감 위기(identity crisis)
청소년들이 자신의 현재와 미래의 삶의 역할에 대해 생각할 때 느끼는 혼동감 또는 불안감을 이해하기 위해 에릭슨이 사용한 용어이다.

정체혼미(identity confusion)
청소년들의 특징을 이루는 발달의 한 단계로서 여기에서는 여러 동일시들이 어떤 개인적 정체감으로 조화되거나 통합되어 있지 않다(→ 동일시, 정체형성).

젖찾기 반사(rooting reflex)
뺨에 자극을 주면, 그쪽으로 고개를 돌리고 입을 벌려 젖꼭지를 찾는(무언가 빨 것을 찾는 것) 유아의 경향성으로, 사람의 타고난 반사작용이다.

제3변인 문제(third-variable problem)
두 변인 간의 관계가 제3의 변인 때문에 관찰되었을 때 가능성에서 야기되는 해석의 어려움.

제임스-랑게 이론(James-Lange theory)
정서경험은 정서유발 자극에 대한 생리적 반응(내장근 반응)을 자각하는 것이라는 이론이다. 정서유발 자극에 대한 생리적 반응이 주관적 정서경험보다 먼저 나타나서 주관적 정서경험을 결정한다고 주장하는 정서 이론이다.

젠더(gender)
후천적으로 남성과 여성의 특성을 구분하는 틀이다.

::: 조건 강화물(conditioned reinforcer)
일차강화물과 연합되어 강화의 힘을 획득한 자극으로, 이차강화물이라고도 불린다. 다른 강화물과의 연합을 통해 강화력을 얻게 된 자극이다.

::: 조건반사(conditioned reflex)
조건자극에 대하여 조건반응이 일어나는 것이다.

::: 조건 반응(conditioned response, CR)
파블로프식 조건형성에서 이전에 중성적이었던(현재는 조건화된) 자극(CS)에 대한 학습된 반응으로, 무조건자극과 반복적으로 짝지어진 조건자극에 의해 유발되는 반응 조건화 후에 중성 자극에 대한 반응이다.

::: 조건자극(conditioned stimulus, CS)
파블로프식 조건형성에서 무조건 자극과 연합된 후에 조건반응을 촉발시키게 된 자극으로, 고전적 조건형성을 통해 조건반응을 유발하게 된 자극이다. 즉 이전에는 무조건 자극에 대해서만 일어났던 반응을 일으키기 위해 무조건 자극과 연합된 중성자극을 말한다.

::: 조건화(conditioning)
하나의 자극이 조건이 되어 그에 연관된 다른 자극을 불러일으키게 되는 현상이다.

::: 조망수용능력(perspective taking ability)
역할 취득(role-taking)이라고도 하며, 타인의 입장에서 자신을 상상함에 있어 다른 사람의 의도, 태도, 감정, 욕구를 유추하는 능력이다. 역할 취득이 가능한 능력인 것이다.

::: 조성(shaping)
강화물이 원하는 행동으로 조금씩 접근하도록 유도하는 조작적 조건 형성 절차이다.

::: 조식법(調息法)
호흡 조절법으로 숨을 들이쉬고 내쉴 때 천천히 고르게 쉬는 법을 말한다.

::: 조작실(operant chamber)
스키너 상자로 알려진 실험 공간으로, 동물이 먹이나 물이라는 강화물을 얻기 위해서 조작을 가할 수 있는 지렛대나 원판이 있으며, 연결 장치를 통해서 동물이 지렛대를 누르거나 원판을 쪼는 반응률을 기록할 수 있다. 조작적 조건형성 연구에 사용된다.

::: 조작적 정의(operational definition)
연구변인을 정의하는데 사용하는 절차(조작)에 대한 진술이다. 예컨대, 인간지능은 지능검사가 측정한 것이라고 조작적으로 정의할 수 있다. 독립변인이든 종속변인이든 측정이 불가능한 변인이라면 조직적 정의가 필요하다.

::: 조작적 조건형성(operant condition)
행동이 강화가 뒤따를 때 강력해지고 처벌이 뒤따를 때 약화되는 유형의 학습을 말한다. 반응이 그 결과에 의하여 수정되는 학습의 한 유형으로, 강화에 의해 반응이 일어날 확률이 증가하게 된다. 처벌과 소거는 그에 뒤따르는 반응이 일어날 확률을 감소시킨다. 즉 반응의 결과(강화, 효과)에 의해 반응자체가 증가하거나 약화되는 학습으로, Thorndike, Skinner 등의 이론이다.

::: 조작행동(operant)
환경에 조작을 가하여 결과를 초래하는 행동으로, 직접적으로 유발하는 자극이 없는데 수행되는 행동이다.

::: 조절(accommodation)
새로운 정보를 받아들이기 위해서 그 정보에 현재의 이해(스키마)를 적응시키는 것을 말한다. 물체에 의해 반사된 빛의 초점이 망막 위에 맺히도록 수정체의 두께가 바뀌는 과정으로, 현재의 도식을 새로운 경험에 맞게 조절 하는 것이다.

::: 조절점(set point)
개인의 '체중 자동조절장치'의 위치로, 신체가 자동조절된 체중 이하로 떨어지면, 배고픔의 증가와 낮아진 신진 대사율이 상실한 체중을 회복하도록 작동한다.

::: 조증에피소드(mania episode)
적어도 1주일 이상의 기간 동안 과대망상에 따른 과장된 자존감, 수면욕구의 감소, 계속적으로 말하기, 주의산만, 불안정, 판단력 손상과 같은 증상을 경험하는 비정상적으로 고양된 기분으로 특징지어지는 에피소드이다.

::: 조직심리학(organizational psychology)
산업-조직심리학의 하위분야로 직업만족도와 생산성에 대한 조직의 영향을 연구하며 조직의 변화를 촉진시킨다. 산업 및 조직심리학의 하위분야로서 종업원들의 직무만족, 작업동기 조직에 대한 몰입으로, 종업원 상호간의 의사소통, 리더십 조직개발, 노사 관계 등을 다루는 분야이다.

::: 조현병(schizophrenia)
와해되고 망상적인 사고, 혼란스러운 지각 그리고 부적절한 정서와 행위가 6개월 이상 지속되는 심각한 장애이다. 환각, 망상, 와해된 언어, 심하게 와해된 행동이나 긴장증적 행동 또는 정서의 상실과 같은 증상 중 2개 이상의 증상을 1개월 중 상당 기간 동안 경험하는 정신증적 장애를 말한다.

::: 조형(shaping)
사람이나 동물을 연구자라 기대하는 반응에 연속적으로 접근하도록 강화함으로써 어떤 조작적 반응을 하도록 하는 훈련이다.

::: 종뇌(telencephalon)
대뇌의 가장 윗부분으로 가장 바깥쪽은 대뇌피질이며, 그 아래에 기저핵과 변연계의 구조물이 있다.

::: 종단적 연구(longitudinal study)
한 개인을 오랜 기간에 걸쳐 주기적 간격으로 측정치를 얻으면서 연구하는 방법으로, 사례사 등이 있다. 동일한 사람들을 오랜 기간에 걸쳐 재연구하고 재검사하는 연구이다.

::: 종말단추(terminal button)
축색 끝부분의 약간 부풀어 오른 부위로 신경전달물질을 방출한다. 축색의 끝 부분으로, 다른 뉴런과 시냅스를 형성하여 정보를 전달한다.

::: 종속변인(dependent variable)
결과 요인으로, 독립변인의 처치로 인해서 변하게 되는 변인이다.

• 좌반구(left hemisphere)
좌측 대뇌반구로, 몸의 우측의 감각과 운동에 관련되며 대부분의 사람에게서 말하기, 읽기, 쓰기 및 논리적 사고와 관련된다.

• 좌절-공격성 원리(frustration-aggression principle)
좌절이 분노를 유발시키고, 분노가 공격성을 만들어낼 수 있다는 원리이다.

• 좌측편포(left-skewed distribution)
소수의 극히 낮은 점수를 가진 비대칭형 빈도분포로 평균치가 중앙치보다 작다.

• 주관적 웰빙(subjective well-being)
스스로 지각한 행복이나 삶의 만족도로, 사람들의 삶의 질을 평가하기 위해서 객관적 웰빙 측정치와 함께 사용한다.

• 주관적 윤곽(subjective contours)
실제로는 존재하지 않는 데도 존재하는 것처럼 보이는 도형이나 선분을 말한다.

• 주변인 효과(방관자 효과, 구경꾼 효과 bystander effect, bystander apathy)
주위 사람의 수와 어려운 사람을 돕는 행동은 반비례한다는 효과다. 또는, 발생한 사건에 대해 타인의 행동에 따라 판단하여 행동하는 현상을 의미한다. 모호함, 응집성 및 책임 확산을 비롯한 여러 가지 요인이 이에 기여한다.

• 주요우울장애(major depresive disorer)
약물이나 의학적 처치가 없는 상태에서 2주 이상 심각하게 우울한 기분과 무가치하다는 느낌 그리고 대부분의 활동에서 관심이나 즐거움이 감소된 것을 경험하게 되는 기분장애이다.

• 주요우울에피소드(majar depress episode)
강한 무기력감과 낮은 자존감, 무가치감, 심한 피로감, 섭식과 수면 행동에서의 극적인 변화, 집중능력의 감퇴, 2주 이상의 기간 동안 가족과 친구, 활동에서 현저히 감소된 흥미와 같은 증상을 특징으로 하는 에피소드를 말한다.

• 주의(attention)
이용할 수 있는 지각정보의 일부에만 선별적으로 집중된 의식 상태이다.

• 주의를 혼란시키는 과제(distractor disorder)
적은 양의 정보를 짧게 제시하고 참가자가 짧은 시간동안 정보에 집중할 수 있도록 한 후 즉시 혼란스럽게 만들어 그 정보를 회상하도록 하는 기억 과제이다.

• 주장훈련(assertive training)
행동요법으로, 분명한 자기주장은 신경증적 불안에 길항한다. 예를 들면 장애나 벌이 두려워 공격욕구가 억제되면 신경증이 일어나지만, 불안을 소거하는 반응으로 공격적 행동을 하게 하면, 불안에 의하여 억제된 분노나 정동이 폭발해 역으로 불안반응이 억제된다.

• 주제(theme)
욕구와 압력간이 상호작용으로 개인마다 독특한 기억을 형성하게 되고 독특한 개인 역사를 형성하게 되는 것을 말한다.

::: **주제통각검사(Thematic Apperception Test, TAT)**
모호한 장면에 대해서 만들어내는 이야기를 통해서 자신의 내적 감정과 관심을 표출하는 투사법 검사로, Murray와 그의 동료에 의하여 개발된 투사검사의 하나로서, 일련의 비교적 애매한 그림을 보고 이야기를 만들어내는 것을 통해 피검자의 태도, 느낌, 갈등 등을 알아낸다. 애매한 그림이 그려진 카드를 보여주고 자신이 생각하는 이야기를 자유롭게 꾸미도록 하여 내담자의 심리상태를 알아보는 방법이다.

::: **주특성(cardinal traits)**
영향력이 매우 커서 개인의 행동 전반에 영향력을 발휘하는 것이다.

::: **주파수(frequency)**
주기적인 변화에서 그 주기가 1초 동안 반복되는 횟수로 측정된 값이다. 즉 주어진 시간에 한 지점을 통과하는 완벽한 파장의 수이다. 따라서 주파수 이론(frequency theory)은 청신경을 따라 전달되는 신경흥분의 비율이 소리의 주파수와 대응되어 음고를 지각할 수 있게 해준다는 이론이다. 즉, 지각되는 소리의 고저는 신경충격의 발화빈도에 의해서 결정된다는 이론이다.

::: **준거관련 타당도(criterion related validity)**
어떤 검사에 대한 피검자의 점수와 준거점수와의 상관정도를 나타낸다. 예를 들어, 대학입학시험이 준거관련타당도를 갖기 위해서는 입학시업점수가 입학 후의 평균학점이나 교과과정을 이수하고 학위를 받은 학생들의 비율과 같은 적절한 준거와 관련되어 있어야 한다.

::: **준비성(preparedness)**
유기체가 어떤 것들은 잘 학습하도록, 반면에 어떤 것들은 학습하기 힘들도록 유전적으로 타고나는 경향이다.

::: **중뇌(midbrain)**
전뇌와 후뇌 사이의 뇌의 중간부분, 교의 위, 간뇌의 아랫부분으로, 시각반사, 청각정보의 중계, 운동조절 등에 관여한다.

::: **중독(addiction)**
사회적, 직업적, 학업적 문제가 발생함에도 불구하고 중독적인 물질이나 행위에 강박적으로 몰두하는 것을 의미한다.

::: **중심고랑(central fissure)**
좌우 대뇌반구에서 전두엽과 두정엽을 분리시키는 깊은 열로, 중심구라고도 한다.

::: **중심와(favor)**
망막의 중심 위치로 원추체들이 몰려있다.

::: **중심특성(central traits)**
개인을 특징지어주는 상당히 일반화된 특징이다.

::: **중심화(centrarion)**
한 번에 문제의 한 가지 면밖에 고려하지 못하는 현상이다.

::: **중앙값(median)**
분포의 중간 점수. 점수의 절반은 중앙값 위쪽에 그리고 나머지 절반은 아래쪽에 위치하게 된다. 즉,

모든 점수를 크기에 따라 낮은 점수부터 높은 점수로 정돈 했을 때, 이들 점수를 상하 절반으로 나뉘게 하는 점수를 말한다.

중이(middle ear)
고막과 와우각 사이의 공간으로 세 개의 작은 뼈(망치뼈, 등자뼈, 그리고 모구뼈)를 가지고 있다. 이 뼈들은 고막의 진동을 증폭시켜 와우각의 나원창으로 전달한다.

중추신경계(CNS)
뇌와 척수로 구성된다.

지각(perception)
감각정보를 체제화하고 해석하는 과정으로 의미있는 사물과 사건을 재인할 수 있게 해준다. 즉, 감각과정을 통해 수집된 정보를 조직화하고 해석하여 유기체를 둘러싸고 있는 대상이나 사건에 의미를 부여하거나 또는 그 정체를 인식하는 과정이다.

지각갖춤새(perceptual set)
사물을 한 가지 방식으로만 지각하려는 심적 성향 대상을 어떻게 해석하려는 경향성이다.

지각경향성(perceptual set)
애매한 감각자극에 대한 지각이 그런 자극에 대한 과거의 지각방식대로 전개되는 경향이다.

지각과정(perception)
감각정보가 뇌에서 해석되는 과정이다.

지각적 적응(perceptual adaptation)
시각장을 임의로 왜곡시켰을 때 적응하는 능력이다.

지각의 경제성(perceptual economy)
지각과정도 '최소의 투자로 최대의 효과를 창출해야한다'는 경제 원리를 따른다는 믿음을 말한다.

지각순응(perceptual adaptation)
시각에서 인위적으로 이동되거나 심지어는 도치된 세상에도 적응할 수 있는 능력이다.

지각 조직화 법칙(law of perceptual organization)
주의집중을 통해 관심대상을 선정한 후 그 대상의 구성요소들을 보다 큰 단위로 묶어 의미 있는 모양을 만들어 내는 과정에 작용하는 원리이다.

지각항등성(perceptual constancy)
조명이나 망막의 영상이 변화되어도 밝기, 색채, 형태, 크기 등을 일관성 있게 지각하는 현상이다.

지능(intelligence)
경험으로부터 학습하고, 문제를 해결하며, 지식을 사용하여 새로운 상황에 적응하는 능력으로 구성된 심적 자질로, 이에 대한 정확한 정의는 일치되지 않고 있고, 요인적 정의, 인지론적 정의, 복합지능, 암시적 정의로 나누어 볼 수 있다. 피아제는 지능을 '유기체가 환경에 적응하도록 도와주는 근본적인 삶의 기능'으로 설명한다.

지능검사(intelligence test)
개인의 심적 적성을 평가하고 점수를 사용하여 다른 사람들의 적성과 비교하는 방법이다.

지능지수(intelligence quotient, IQ)
지능검사점수를 보고하는 데에 사용되는 한 척도단위로서 정신연령과 생활연령간의 비에 기초한다. 처음에는 생활연령(CA)에 대한 정신연령(MA)의 비율에 100을 곱한 점수로 정의되었다(즉, IQ=MA/ CA×100). 오늘날의 지능검사에서는 해당 연령에서의 평균적 수행에 100의 점수를 부여한다. 소수점을 제거시켜서 어떤 한 생활연령의 아동들에 대한 평균 IQ는 100으로 정해진다(→ 생활연령, 편차IQ, 정신연령).

지발성 안면마비(tardive dyskinesia)
정통적인 향정신병 약물의 사용으로, 환자의 얼굴에 멈출 수 없는 턱이 생긴다거나 계속 찌푸리게 된다거나 입술이나 턱 또는 혀가 본인의 의도와는 달리 움직인다거나 하는 부작용을 장기간 경험하는 증상이다.

지역사회심리학(community psychology)
심리학의 한 분야로서, 지역사회에서 심리적 장애의 예방 및 최소화에 초점을 맞춘다.

지역사회정신보건(community mental mental health)
심리장애에 대한 치료 및 예방에 대한 모형으로서 지역사회를 중심으로 심리장애의 조기발견 조기치료 빠른 사회 복귀 및 예방에 대한 체계적인 서비스를 제공하는 것을 말한다.

지역적 대뇌혈류 측정법(regional cerebral bloodflow, rCBF)
뇌의 특정 영역의 혈류량을 측정하여 그 부위의 활동수준을 평가하는 방법이다.

지연조건형성(delayed conditioning)
CS가 UCS보다 먼저 시작되어 UCS가 제시 될 때까지 계속 존재하는 고전적 조건형성 절차 중 하나로 조건자극이 무조건적 자극에 선향하되 무조건적 자극이 제시된 이후까지 조건자극이 남아있는 절차이다. 이는 두 자극이 함께 발생하게 되도록 하기 위함이다.

직접관찰(direct observation)
상담을 직접 관찰하거나 참여해 수퍼비전과 같이 상담을 협력하는 것이다.

지지치료(supportive psychotherapy)
갈등의 근원을 파헤치거나 근본적인 인격의 변화를 시도하지 않고 정서적 고충과 증상을 완화시키며 아직 남아 있는 방어를 보강해주는 심리치료의 한 방법이다.

진정제(depressant)
신경활동을 감소시키고 신체기능을 느리게 만드는 약물(알코올, 바르비투우산염과 아편 등)로, 자극에 대한 반응성을 감소시키는 약물을 말한다.

진폭(amplitude)
공기분자의 진동(밀림과 쏠림)을 시각화하여 나타나는 음파에서 가장 높은 위치와 가장 낮은 위치 간의 간격으로, 주로 소리의 강약과 밀접한 관계를 가진다.

진화심리학(evolutionary psychology)
적응기능과 진화이론에 입각하여 인간의 인지능력을 이해하려고 시도하는 접근으로 자연선택의 원리를 사용하여 행동과 마음의 진화를 연구하는 분야이다.

질문지법(questionnaire method)
일련의 질문사항에 연구대상자가 대답을 기술하는 조사방법이다.

::: **질병모델(disease model)**
이상행동 또는 정신장애를 신체적 질병과 유사한 것으로 개념화하는 것이다.

::: **집단규범(group norm)**
집단 구성원에게 구성원 자격으로서 기대하는 행동기준이나 의식이다. 집단규범 공유는 구성원 간 원활한 커뮤니케이션과 다른 구성원 행동 예측에 도움을 준다. 공식적인 것(단체규약)과 비공식적인 것(관행이나 관습 또는 동료 사이의 묵시적 합의) 등 여러 유형이 있다.

::: **집단극화(group polarization)**
성원들이 갖고 있는 원래 의견과 집단 내 의견의 합치성이 일치하는 상황에서 집단 토론을 마친 후, 집단은 개인들이 처음 지녔던 태도와 일치하는 방향으로 더 극단적인 결정을 내리는 현상이다. 즉, 집단 상호작용 이후의 반응이 상호작용 이전의 반응과 동일한 방향으로 더 극단화되는 현상이다.

::: **집단무의식(collective unconscious)**
인간 선조들의 경험이 다음 세대에 전달되어서 우리 내면에 숨어들어 우리에게 영향을 주는 요소에 대한 칼 융의 개념이다.

::: **집단사고(groupthink)**
의사 결정 집단에서 융화의 욕구가 대안들에 대한 현실적 평가를 압도할 때 발생하는 사고양식으로, 집단 구성원들 간의 지나치게 높은 응집성이 효과적인 문제해결의 모색을 저해하는 현상이다.

::: **집단주의(collectivism)**
집단(자신의 확장된 가족이거나 직장이기 십상이다)의 목표에 우선권을 부여하며, 이에 따라서 자신의 정체성을 정의내리는 입장이다.

::: **집단응집력(group cohesiveness)**
집단 구성원들이 집단에 매력을 느끼고 이탈하지 않도록 작용하는 자발적인 힘의 총체

::: **집단화(grouping)**
자극들을 집단으로 조직화하는 경향성이다. 자극들을 응집적인 집단으로 체제화시키는 지각경향성을 말한다.

::: **집단화법칙(law of grouping)**
지각장면을 구성하는 요소들이 유의미한 대상으로 조립되는 경향성 또는 원리를 말한다.

ㅊ

::: **차별(discrimination)**
집단이나 그 구성원을 향한 부당한 부정적 행동을 말한다.

::: **차별적 접촉이론(Differential Association Theory)**
일탈과 접촉해 일탈자가 된다는 Edwin H. Sutherland의 이론으로, 범죄는 일반적인 행위처럼 학습하게 되고, 학습은 친밀한 사람과의 상호작용으로 발생한다는 내용이다.

::: **차이 감소법(difference reduction)**
문제해결에서 시작 상태와 목표 상태의 차이를 단계적으로 줄여 나가는 방법이다.

차이역(difference threshold)
50%의 시행에서 두 자극이 다르다는 것을 50% 탐지하는데 필요한 최소한의 차이로, 최소가치차이(just noticeable difference, jnd)라고도 부른다.

착각상관(illusory correlation)
관계가 없는 곳에서 관계를 지각하는 것으로, 상호 독립적인 두 가지변인을 서로 관련된 것으로 간주하는 잘못된 믿음이다.

착시(illusion)
외견상 움직임이나 유도움직임처럼, 대상이나 사상에 대한 지각 경험이 실제의 대상이나 사상과 일치하지 않는 현상이다.

참 만남 집단(encounter group)
자신의 감정, 행동, 대인관계 패턴에 관해 더 잘 이해하기 위한 집단이다.

참여관찰법(participant observation)
관찰자가 관찰 대상 집단의 구성원이 되어 관찰하는 연구방법이다.

참조처리(reference processing)
담화글 내에서 대용어의 선행어를 연결하는 과정이다.

창의성(creativity)
신선하고 가치 있는 아이디어를 만들어 내는 능력이다.

책임감 분산(diffusion of responsibility)
일에 대한 책임감이 집단의 모든 구성원들에게 분산되어 있기 때문에 그 일에 대한 개인적인 책임이 감소되는 것을 말한다.

처리수준(levels of processing)
부호화 시 기억정보의 처리가 심화될수록 더 오래 기억이 지속될 수 있다는 주장의 이론이다.

처리수준이론(levels-of-processing theory)
주어진 정보의 맥락이나 상황을 고려하면서 부호화하는 등 정교화 된 의미과정이 더 나은 장기기억을 만들어 낸다고 주장하는 기억의 정보처리 이론으로, 입력되는 정보가 서로 다른 수준에서 처리되며, 처리수준이 깊어질수록 기억은 더 오래 지속된다는 이론이다.

처벌(punishment)
특정반응을 약화시키는 절차로 반응 후에 처벌제가 제시됨으로써 어떤 반응이 일어날 가능성이 감소하는 과정이다.

처벌제(punisher)
이전의 반응이 발생할 가능성을 줄이는 자극이다.

척수(spinal cord)
두개골 아랫부분의 중추신경계로 척추에 의해 보호되며, 뇌와 말초신경계 사이에서 들어오는 감각자료와 나가는 몸놀림 명령을 전달하는 경로이다. 단순한 반사행동을 통제한다.

척수반사(spinal reflex)
무릎반사와 같이 뇌의 관여 없이 척수에서만 벌어지는 자동적 활동을 말한다.

청각(auditiom)
듣는 감각 또는 행위를 말한다.

청각부호화(acoustic encoding)
소리, 특히 단어소리의 부호화를 말한다.

청소년기(adolescence)
아동에서 성인기로 넘어가는 과도기로, 사춘기에서부터 독립하는 시기까지를 말한다.

청크(군단위)(chunking)
친숙한 자극집단이 하나의 단위로 저장된 것으로 한 개인의 기억에 있어서 의미를 지닌 단위이다.

청크만들기(chunking)
항목들을 친숙하고 처리가능한 단위로 체제화 하는 것으로, 자동적으로 일어나기 십상이다.

체감각영역(somatic sensory area)
뇌의 두정엽에 있는 영역으로 촉각, 통각, 압각, 온도 감각 등이 투사된다.

체성감각피질(somatosensory cortex)
신체 각 부위의 체감각 정보를 받아들이는 두정엽 앞 부위의 대뇌피질이다. 즉 대뇌각 반구에서 중심열 바로 뒤쪽에 위치하며, 신체의 각 부위에서 일어나는 일을 감지하는 피질의 일부이다.

체계적 둔감화(systematic desensitization)
이완을 통해 공포증 등을 체계적으로 소거시키는 방법으로, Wolpe의 이론이다. 즐거운 이완상태를 점진적으로 강력해지는 불안유발 자극과 연합시키는 역조건 형성의 한 유형으로, 공포증을 치료하는 데 많이 사용된다. 행동치료의 한 방법으로 역조건화기법에 해당한다.

체성/골격신경(somatic/skeletal nervous system)
감각입력을 중추신경계로 전달하고 중추신경계로부터 근육 움직임 명령을 골격근으로 내보내는 말초신경계의 일부이다. 즉 말초신경계의 한 부분으로 감각 수용기, 근육 및 신체 표면을 뇌와 척수로 연결시키는 신경이다.

체위근(體位筋)
렘수면 기간에 전압이 낮으며 빠르고 불규칙적 파들이 나타나는 동시에 다른 수면 단계보다 더 이완상태에 있는 근육이다.

초감각지각(ESP)
감각 입력 없이 지각이 일어날 수 있다는 논란의 소지가 많은 텔레파시, 천리안, 예지 등이 포함된다고 주장한다. 비(非)통상적(extraordinary) 의사소통을 이르며, 인체의 다섯 가지 감각기관을 통하지 않고 이루어지는 지각현상이다.

초경(menarche)
최초의 생리경험이다.

초두성 효과(primacy effect)
단어목록의 첫 부분에 있는 항목들을 더 잘 회상하는 현상이다. 서열위치효과에서 기억 목록의 첫 부분이 장기기억의 특성 때문에 더 잘 인출된다는 것을 지지하는 증거이다.

초월심리학파(transcendental psychology.)
미국에서 발전된 최근의 심리학파로 평상시와는 다른 초월적 의식경험을 연구하는데 주력한다.

초자아(super-ego)
부모가 대표하는 사회적 이상 및 가치들을 내면화한 성격부분이다. 성격에서 마지막으로 발달하는 체계로서 프로이트(Freud)의 세 가지 성격구분 중 하나로, 이 부분은 양심과 가장 가깝게 일치하며, 사회적 편의성보다도 도덕적 양심을 통해 통제한다. 초자아는 비타협적이며 처벌적인 양심이라고 할 수 있다(→ 양심, 자아, 원본능).

최면(hypnosis.)
한 사람(최면술사)이 다른 사람(피최면자)에게 특정한 지각이나 감정, 사고나 행동이 저절로 나타날 것이라는 암시를 주는 사회적 상호작용이다. 원래 '잠'을 의미하는 말로 최면에 걸리면 잠드는 것처럼 보이기 때문에 붙여진 말이다.

최면 유도(hypnosis induction)
최면상태에 들어가기 하는 일련의 절차로, 암시하는 말귀를 주로 사용한다.

최면 후 암시(posthypnotic suggestion)
최면을 거는 동안 최면이 풀린 후에 수행할 것이라고 주어진 암시로서 그가 최면에서 깨어나 있는 동안이라도(대개는 미리 정해진 자극에 대해서) 특정의 양식으로 행동할 것이라고 지시하는 것이다. 이러한 행동은 대개피험자가 그 근원을 인식함이 없이 수행되게 된다(→ 최면술). 몇몇 임상가들은 바람직하지 않은 증상과 행동을 제어하기 위해서 사용한다.

최빈값(mode)
분포에서 가장 빈번하게 나타내는 점수로, 점수분포를 구성하는 점수 중에서 가장 많이 발견되는 점수이다.

최선의 법칙(law of gnanz)
특정대상을 지각할 때 가장 '좋은' 형태로 경험하려는 원리, 단순성, 규칙성, 대칭성 등이 해당된다.

최적각성수준(optumum level of arousal)
수행이 가장 능률적으로 되는 각성수준.

추동(drive)
사람이나 동물이 신진대사에 의해 생리적 균형이 깨어진 상태로 생리적 균형을 회복하려는 강력한 힘.

추동 감소이론(drive-reduction theory)
우리의 행동이 내적 균형 상태로 몸을 되돌리려는 신체적 욕구에 의해 형성된 추동(신체적 긴장상태)을 감소시키는 것에 동기화된다고 주장하는 동기 이론으로, 유기체가 어떤 욕구를 경험하게 되면 그로인한 심리적 긴장과 각성상태, 즉 두통이 생기는데 유기체는 이러한 추동을 감소시키는 방향으로 행동을 하게 된다고 설명하는 동기이론이다.

추리(reasoning)
일반적으로 주어진 전제의 가정에 근거하여 어떤 결론을 얻고자 하는 경우에 발생하는 사고의 과정이다.

추리통계(inferential statics)
연구의 결과가 우연에 의해 산출되었을 확률을 기초로 연구결과에 관한 결론을 내리는 연구의 과정이다.

추상체(cones)
망막에 있는 수용기 세포로 빛이 강한 조건과 색상지각을 담당한다.

축색(axon)
뉴런(세포체)에서 가늘고 길게 뻗어 나온 돌기로, 한 뉴런의 신경충동을 다른 뉴런이나 근육 또는 내분비선에 메시지를 전달하는 구조로, 세포체에서 축색의 끝은 여러 개의 종말단추로 나뉜다. 축색의 주된 기능은 정보를 세포체로부터 종말단추까지 전송함으로써 정보가 다음 뉴런으로 전달되도록 돕는 것이다.

출입문-제어 이론(gate-control theory)
척수에 통각신호를 차단하거나 두뇌로 전달하는 신경학적 '출입문'이 있다는 이론으로 '출입문'은 작은 신경섬유를 통해 위로 올라가는 통각신호의 활동으로 열리며, 큰 신경섬유의 활동이나 두뇌로부터 내려오는 정보에 의해서 닫힌다.

출처 기억상실(source amnesia)
경험하거나, 들었거나, 읽었거나, 아니면 상상하였던 사건을 엉뚱한 출처에 귀인시키는 것으로, 출처 기억상실은 오정보 효과와 함께 많은 거짓기억의 핵심을 이룬다.

취소행위(undoing)
보상이나 속죄의 행위를 통해서 죄책감이 수반되는 충동이나 행동을 중화시키고자 하는 무의식적 방어기제이다.

취약성-스트레스 모델(vulnerability-stress model)
정신분열병에 대한 생리-심리-사회적 설명으로 유전적 소인, 태내에서의 상태, 생후의 생리적 요인들이 한 개인으로 하여금 정신분열병에 대한 취약성을 가지도록 하지만 정신분열병을 발병시킬지 아닐지는 환경적 스트레스가 결정하는 것으로 보는 모델이다.

측두엽(temporal lobe)
귀쪽에 위치한 대뇌피질 영역으로 대뇌 각 반구에서 외측 열 아래쪽에 위치하며, 청각과 복잡한 시각, 정서적 행동에 관여한다. 좌우측두엽은 반대편 귀로부터 청각정보를 받아들인다.

치매(dementia.)
사회생활이나 직업생활에 심한 장애를 초래할 정도로 인지기능의 저하가 후천적으로 일어나는 기질성 뇌증후군을 말한다.

치환(displacement)
자기 방어기제의 하나로서, 자아에 위협적인 것으로 지각되는 대상에 대한 갈등이나 감정을 덜 위협적인 대체물로 정서적 반응이 무의식적으로 옮아가는 것을 말한다.

친밀성(intimacy)
에릭슨 이론에서 밀접하고 사랑하는 관계를 형성하는 능력으로, 청소년 후기와 초기 성인기에 직면하는 일차적 발달과제이다.

∷ 친사회적 행동(prosocial behavior)
긍정적이고 건설적이며 도움이 되는 행동으로 반사회적 행동의 반대개념이다.

∷ 침묵의 나선 이론(The spiral of silence theory)
여론이 형성되는 과정에서 자신의 입장이 다수의 의견과 동일하면 적극적으로 동조하지만 소수의 의견일 경우에는 남에게 나쁜 평가를 받거나 고립되는 것이 두려워 침묵하는 현상을 말한다. 그러나 이는 명백하게 참과 거짓이 구별되는 사실 문제에는 적용되지 않는다.

ㅋ

∷ 카멜레온효과(Chameleon effect)
타인의 행동이나 표정 따위를 무의식 중에 똑같이 하거나 자신의 행동과 비슷한 사람을 더 신뢰하는 효과를 의미한다.

∷ 카타르시스(catharsis)
정서적 이완. 심리학에서 카타르시스 가설은 공격적 에너지의 방출이 공격 욕구를 완화시킨다고 주장한다.

∷ 캐논-바드 이론(Cannon-Bard theory)
정서유발 자극이 생리적 반응과 정서의 주관적 경험을 동시에 촉발시킨다는 이론으로, 교감 신경계에 의한 신체반응이 일어난다고 주장한다.

∷ 컴퓨터 단층촬영(computerized axial tomography, CAT)
뇌의 단면에 X선을 투과시켜 통과하는 방사선의 양을 측정하여 컴퓨터로 이차원적 뇌 그림을 그려내는 기술이다.

∷ 코르티기관(Organ of Corti)
속귀를 구성하는 달팽이관 속에서 청 지각에 관여하는 주요구조로 기저막, 덮개막, 청각 수용기를 그 구성요소로 하는 기관이다.

∷ 코카인(cocaine)
코카나무 잎에서 추출하는 알칼로이드이다. 연기를 피워 마시기, 녹여서 정맥 주사, 코로 흡입 등의 방법으로 사용하는 마약이다.

∷ 콤플렉스(complex)
프로이트의 정신 분석 용어로, 감정과 행동에 강한 영향을 주는, 무의식적인 마음의 반응이다. 오이디푸스 콤플렉스가 이에 속한다. 또는, 융(C. G. Jung)의 분석 심리학 용어이기도 하다.

∷ 쾌락원리(pleasure principle)
원초아가 작동하는 원칙으로 충동들의 즉각적 충족을 추구하며, 결과를 고려하지 않고 본능적인 추동을 즉각적으로 만족시키려고 하는 원리이다.

타당도(validatiy)
검사가 측정하려는 것을 측정하거나 예언하는 정도(내용타당도와 예언타당도도 참조하라)이며, 한 검사가 측정하려고 의도한 목적을 얼마나 충실히 측정했느냐 하는 정도이다. 타당도는 검사에 대한 점수들과 그 검사가 예언하려고 하는 점수들 즉 어떤 준거에 대한 점수들사이의 상관계수에 의해 측정될 수 있다.

타임아웃(time out)
조작적 조건화의 원리를 이용한 치료기법으로써 바람직하지 않은 행동이 일어났을 때 강화제를 찾을 수 있는 상황에서 격리시킨다.

탈개인화(deindividuation)
집단 내에서 구성원들이 개인적 정체감과 책임감을 상실하여 집단행위에 민감해지는 현상이다.

탈분극(depolarization)
세포의 막전위가 안정전위인 −70mV보다 감소되는 현상으로 세포막의 안쪽이 바깥쪽에 비해 음전기를 적게 띠게 된다.

태도(attitude)
대상과 사람 그리고 사건에 특정한 방식으로 반응하도록 만드는 감정으로, 신념에 근거하기 십상인 태도는 어떤 일, 사건 그리고 타인에 대한 긍정적인 혹은 부정적인 평가반응으로, 자신의 정체가 드러나지 않는 익명성 상태에서 드러내는 행동양식으로 탈억제는 때로는 불쾌한 욕구나 정서를 과장되게 표현하거나 때로는 면대면 상황에서는 감히 시도할 수 없는 솔직함을 드러내는 방식으로 표현된다. 태도면역(attitude inoculation)은 태도에 대에서 약한 공격을 가하여 더 강한 공격에도 설득당하지 않는 저항력을 배양하는 과정이다.

태아(fetus)
임신 9주부터 출생시까지 발달하는 뱃속의 유기체를 말한다.

태아알코올 증후군(FAS)
임산부의 음주로 인해 아동에게 초래된 신체적이고 인지적인 이상으로, 작은 머리와 심장, 사지, 관절과 얼굴의 기형과 같은 결함들을 보임. 극도의 자극과민성, 과활동, 경련과 떨림을 보일 가능성이 높고, 정상아들보다 더 작고 더 가벼우며, 이들의 신체적 성장은 정상적인 또래보다 뒤처진다. FAS를 갖고 태어나는 1,000명의 아기들 중 3명은 아동기와 청소년기 내내 지능에서 평균 이하의 점수를 받았고, 90% 이상이 청소년기와 성인 초기 동안 주요 적응 문제를 보였다.

테라토겐스(teratogens)
화학물질과 바이러스와 같이 출생 전 발달과정에서 배아나 태아에 침투하여 해를 끼치는 물질이다.

테스토스테론(testosterone)
남성호르몬 주에서 가장 중요한 호르몬으로 남성과 여성 모두 가지고 있지만, 남성의 부가적 테스토스테론이 태아기에 남성 성기의 성장을 자극하며 사춘기 남성의 성징 발달을 촉진시킨다.

토큰경제(token economy)
원하는 행동을 나타냄으로써 특정 유형의 토큰을 얻은 후에 다양한 특권이나 음식 등과 교환할 수 있게 하는 조작적 조건화의 원리를 적용한 치료기법으로써 바람직한 행동을 보였을 때 이차적 강화물인 토큰을 사용하여 문제행동을 변화시키는 체계적인 절차이다.

통계적 유의도(statistical significance)
결과가 우연히 얻어질 가능성이 얼마나 되는 것인지를 통계적으로 진술한 것이다.

통사(syntax)
한 언어에서 단어들을 문법적으로 의미 있는 문장으로 결합하는 규칙들을 말한다. 즉 통사론(syntax)은 명사나 동사와 같은 특별한 문법 범주에 속하는 단어를 묶어서 구절이나 문장의 규칙체계이다.

통사처리(syntactic process)
문장의 단어의 문법 범주(word class, 품사)를 파악하고, 파악한 문법 범주의 단어를 통사규칙에 근거하여 언어 표상을 구성하는 과정이다.

통제력 착각(illusion of control)
세상에 대한 개인의 통제력을 과대평가하고 우연이나 통제 불가능한 요인들의 영향력을 과소평가하는 경향을 말한다.

통제소재(locus of control)
느낌, 성공·실패 또는 행동결과를 설명할 때 보편적으로 사용한다. 인과적 기제로, 행동이나 감정을 자신의 내부에 혹은 외부에 두는지 결정하는 경향을 의미한다.

통제조건(control condition)
실험조건과 대비되는 실험조건이며 처치효과를 평가하는 비교기준으로 기능한다.

통제집단(control group)
독립변인의 조작/처치에 노출되지 않은 집단이다.

통제처리(control processing)
주의와 의식적 노력이 요구되는 부호화를 말한다.

통찰(insight)
문제에 대한 해결책을 갑작스럽게 깨닫는 것으로, 방략기반 해결책과 대비된다. 통찰은 문제를 새롭게 해석함으로써 해결책을 즉각적으로 깨닫는 현상으로 정신분석에서 환자가 무의식 속에 억압된 욕구나 갈등을 깨닫게 되는 것을 의미한다. 즉, 생활체가 자기를 둘러싼 내적·외적 전체 구조를 새로운 시점에서 파악하는 일로 게슈탈트 심리학자들이 학습의 기본적인 행동형식으로서 강조하였다. 따라서 통찰학습(insightful learning)은 한 번에 조금씩이 아닌, 어느 한 순간에 완전히 일어나는 학습(opp. 점증적 학습)이다.

통찰학습(insight learning)
우연한 성공이 아니라 완전히 문제를 파악해 문제 상황의 요소들이 어떤 관계를 갖는지 이해함으로써 일어나는 인지적 재구성이다.

퇴행(regression)
보다 원초적이거나 유아적인 반응양식으로 되돌아가는 것이다.

투사(projection)
자신의 위협적인 충동의 원인, 자신의 바람직하지 못한 특성들을 과도하게 다른 사람에게 돌림으로써 위장하는 정신분석적 방어기제이다. 예를들어, 내가 상사를 싫어하지만 역으로 상사가 나를 싫어한다고 생각하는 것이다.

투사가설(projection hypothesis)
애매한 자극을 제시하고 그것에 대해 반응하게 하면 사람의 태도, 동기, 사고, 정서, 갈등 등이 무의식적으로 반응에 투사되어 나타난다는 가설로, 투사검사의 근거가 되는 가설이다.

투사검사(projection test)
피험자들이 애매한 자료를 해석하는 방식을 보면서 그들의 비인지적 특성에 대한 추론을 하는 검사로, 자극을 보고 자신이 지각하는 것에 대하여 이야기하는 방식으로 이루어지는 일련의 보호한 자극을 사용하는 성격검사를 말한다. 투사검사의 예로는 로르샤검사(Rorshach, 잉크반점들로 구성)와 주제통각검사(TAT, 애매모호한 그림들로 구성)가 있다.

투쟁 및 도피 반응(fight-flight reponse)
신체적 혹은 심리적 위협을 당할 때 교감신경계가 활성화되어 외부의 위협에 대응하여 싸우거나 도망갈 수 있게 하는 생리적 각성상태를 말한다.

특성(trait)
개인의 지속적인 행동특징 또는 반응경향성으로 이것에 따라 사람들이 평정되거나 측정될 수 있다(→ 특성프로필).

특성이론(trait theory)
인간의 성격은 개인이 많은 척도들에 대해서 받은 점수에 의해서 가장 적절하게 특징지어질 수 있고, 척도의 각각은 그 사람의 성격의 한 특성이나 차원을 나타낸다는 이론이다.

특수지능
1900년대 초, 스피어만은 지능은 모든 지적 활동에 포함된 단일 추론능력과 특정 과제 수행에 포함된 특수요인(specific factors)으로 구성됐다고 보았다. 즉, 언어 기술(어휘력, 독해, 철자 등)의 측정치는 모두 특수 지능이자 일반 지능인 '언어 지능'을 반영하므로 서로 높은 관련이 되어있다.

특정공포증(specific phobia)
특정대상이나 상황에 대한 확연하고 지속적인 공포가 과도하고 비현실적으로 나타나는 불안장애를 말한다.

특정적 반응이론(specific reaction theory)
심장박동수의 증가나 근육의 긴장등과 같이 스트레스에 대해 특정한 방식으로 반응하게 하는 자율신경계의 선천적인 경향성 때문에 특정한 정신생리학적 장애가 발생한다는 이론이다.

특정성 이론(specificity theory)
특정한 자극특성에만 발화하는 특수신경섬유의 활동으로 인해 다른 특성이 뇌에 전해진다는 이론이다.

특질(trait)/특성
행동 또는 느끼고 행동하는 성향의 특징적 패턴으로 자기보고식 검사와 또래 보고로 평가한다. 개인 내부에 기초하여 개인의 성격을 정의해 주는 비교적 안정적인 특성이다.

특징 탐지기(feature detectors)

시각 피질에 위치하면서 시각자극의 구체적인 특징에만 선별적으로 반응하는 신경세포이다.

틀 만들기(framing)
문제를 제기하는 방법으로, 문제를 어떤 틀에 맞추느냐가 의사결정과 판단에 심각한 영향을 미칠 수 있다.

ㅍ

파블로프식 조건형성(pavlovian conditioning 혹은 classical conditioning)
유기체가 자극들을 연합시키게 되는 유형의 학습으로 무조건자극(US)을 신호하는 중성자극이 무조건자극을 기대라고 준비하는 반응을 초래하기 시작한다. 고전적 조건형성이라고도 부른다.

파이 현상(phi phenomenon)
둘 이상의 인접한 불빛이 빠른 속도록 교대할 때 발생하는 움직임 착시로, 인접한 두 개 이상의 전구를 연속적으로 명멸시킴으로써 발생하는 운동 착각의 일종이다.

파장(wavelength)
광파나 음파의 한 정점에서 다음 정점까지의 거리로 전자기 파장은 극히 짧은 우주선으로부터 매우 긴 라디오파에 이르기까지 다양하다.

파지(retention)
어떤 정보가 기억에 머물러 있는 상태이다.

파킨슨병(Parkinson's disease)
몸놀림의 어려움이 주된 증상으로 기저핵에 도파민 활동이 부족하여 발생하는 질환으로, 도파민을 신경전달물질로 사용하는 특정 뉴런들이 변성되어 유발된 질병으로 운동장애가 주 증상이다.

페닐케톤뇨증(phenylketonuria, PKU)
아미노산 페닐알라닌이 함유된 음식(우유를 포함하여)을 소화시키는 효소가 부족해 음식에서 섭취하는 페닐알라닌을 분해하지 못하여 정신지체를 유발하는 유전성 질병으로, 질병이 신경계를 공격하여, 과잉활동과 심한 정신지체를 일으킨다. 1/10000 코카서스인 출생 : 아프리카인이나 아시아인에서는 드물며, 식이조절을 통해 치료하고, 태아기에 발견이 가능하다.

편견(prejudice)
집단과 그 구성원들에 대한 부당한(그리고 일반적으로 부정적인) 태도. 일반적으로 편견에는 고정관념과 부정적 감정 그리고 차별적 행위의 성향이 수반된다.

편도체(amygdala)
콩알 만한 크기의 두 신경군집으로 변연계의 한 구조이며, 공격, 분노, 두려움 등의 정서와 관련되어 있고, 기억 속의 정서를 일깨우고 얼굴 표정에 담긴 정서를 해석하는데 관여한다.

편차IQ(지능)점수(deviation IQ score)
전통적인 지능지수에 대체로 일치되게끔 평균치 100, 표준편차 15(wechsler)나 sk 16(Stanford-Binet)의 표준점수로 계산되는 지능지수이다[수식 : 100+/-(15×어떤 사람의 점수가 표준화 집단의 원점수 평균치에서 떨어진 정도를 표준편차로 계산한 값)].

평균(mean)

점수들을 모두 합한 후에 점수의 수로 나누어줌으로써 얻게 되는 분포의 산출평균이다.

평균치(mean)
점수분포의 산술평균이다.

폐경(menopause)
생리주기가 자연적으로 중지되는 시점이며, 여성의 자녀 생산능력이 감소함에 따라서 경험하게 되는 생물학적 변화를 지칭한다.

폭식증(bulimia nervosa)
일반적으로 고칼로리의 음식을 과식한 후에 토하거나, 설사약을 사용하거나, 단식하거나, 또는 지나치게 운동을 하는 신경성 섭식장애이다.

폴리그래프(polygreph)
일반적으로 거짓말을 탐지하는 데 사용되는 기계로, 자율신경계가 조절하는 생리적 반응을 동시에 측정하여 정서에 수반되는 여러 생리적 반응들을 측정한다.

표면적 의미(manifest content)
꿈을 통해 직접적으로 제시되는 내용이다.

표본(smaple)
연구에 실제로 참여한 모집단의 일부(부분집합)를 말한다.

표본조사(survey)
집단에서 표본이 될 개체들을 선정하여 그들에게 설문이나 면접을 사용하여 행동, 태도, 신념, 의견, 의도 등을 조사하는 연구방법이다.

표준편차(standard deviation)
점수들이 평균을 중심으로 얼마나 변했는지 계산한 측정치로, 특정분포의 점수들이 그 분포의 평균치로부터 떨어진 정도의 평균을 말한다.

표준화(standardization)
산출된 점수 간 비교를 위하여 실시 및 채점의 일관성을 유지하는 것으로, 사전에 검사받은 표준화 집단의 성과와 비교함으로써 검사 점수를 검사 규준에 맞추어 해석할 수 있도록 하는 과정이다.

표출내용(manifest content)
프로이트에 따르면 꿈의 기억된 내용이다.

표현형(phenotype)
유전자가 표현되는 양식으로 개인의 실제를 나타나는 양식이다.

품성(character)
사회적으로 바람직하게 여겨지는 특성이다.

품행장애(conduct disorder)
기본 권리나 연령에 따른 주요한 규범을 위반하는 행동을 반복적, 지속적으로 보이는 것을 의미한다.

프라나(prana)
극동지역의 기(氣)와 유사한 인도에서의 개념으로, 우리가 생각하는 '에너지'란 개념에 가장 가깝다.

프라나는 유기체 속의 활력소인 '생명력(life force)'으로 간주된다.

프로포폴(propofol)
정맥으로 투여되는 전신마취제로 페놀계 화합물이다. 흔히 수면 마취제라고 한다.

피부전기반응(galvanic skin response, GSR)
피부 내에 일어나는 전기의 전도성이나 활동의 변화를 민감한 전류측정기로 탐지하는 것으로, 그 반응은 대개 정서적 지표로 사용된다.

피(被)암시성(suggestibility)
최면에 잘 걸리는 정도를 말하며, 상상력이 풍부하고 남의 말을 잘 믿는 사람에게서 높게 나타난다.

피진(pidgn)어
공통된 언어를 공유하지 않은 사람들이 의사소통을 위해 만든 단순한 언어로 어순도 일정하지 않고 문법이 결여된 원시언어를 말한다.

피해망상(delusion of persecution)
타인이 자신을 부당하게 박해한다고 여기는 증상이다.

ㅎ

하이퍼텍스트(hypertext)
미국의 바네바 부시에 의해 1945년 처음 제안된 정보의 관리방식으로 정보와 정보가 하이퍼링크라는 단순한 연결 관계를 갖는 방식을 의미한다. 이후 그래픽 유저 인터페이스의 발전과 마우스의 발명으로 클릭만으로 정보공간을 유영할 수 있는 형태로 발전되었고 오늘날의 인터넷의 월드 와이드 웹 기술로 발전되었다.

하인츠딜레마(Heinz's dilemma)
미국의 발달심리학자 로렌스 콜버그(Lawrence Kohlberg)의 연구다. 병든 아내의 약을 구하기 위해 약을 훔친 남편 하인츠의 도덕성을 판단하는 물음이다. 이에 대한 답을 분석하여 연령별 도덕 수준을 가늠할 수 있었다.

하지불안증후군(restless legs syndrome)
다리를 움직이고 싶은 충동을 참지 못하는 것을 특징으로 하는 신경학적 상태를 말한다.

하향처리(top-down processing)
경험과 기대에 근거하여 지각을 구성할 때와 같이, 상위 수준의 심적 과정에 의해 주도되는 정보처리 과정으로, 입력되는 감각정보의 해석에 지식, 믿음, 기대 등을 활용하는 과정이다.

학습(learning)
훈련 또는 경험에서 결과하며, 우리의 경험이 우리의 느낌, 생각, 그리고 행동에 비교적 영속적인 변화를 만들어 내는 과정을 말한다. 질병·피로·약물 등에 의한 일시적인 상태변화가 아닌 행동 또는 행동잠재력의 비교적 영속적인 변화이다. 즉, 경험의 결과로 나타나는 비교적 영속적인 행동의 변화를 말한다.

학습된 무력감(learned helplessness)
동물이나 사람이 반복적인 혐오적 사건을 피할 수 없을 때 무력해지고 수동적으로 되는 것으로 과거에 불쾌한 자극을 통제할 수 없었던 경험 때문에 나타나는 그 혐오 자극에 대한 회피 또는 도피학습의 결함을 말한다.

학습된충동(learned drive)
심리적 욕구에 의해서 유발되는 충동이다.

한단어단계(one-word stage)
대략 1세에서 2세까지의 언어발달 단계로, 아동은 대체로 한 단어만을 말한다.

함구효과(침묵효과, mum effect)
나쁜 소식 전달을 거부·회피하는 것이다. 이를 왜곡하거나 숨기기도 하며, 나쁜 소식과 자신이 관련 있다고 생각할까 봐 두려워 잘 전하지 못하는 효과를 의미한다.

합리적 정서치료(rational-emotive therapy)
치료자가 내담자의 비현실적인 생각에 직면하고 도전하여 그것이 비합리적이라는 것을 깨닫게 한다는 Albert Ellis에 의해 고안된 인지치료이다. 그리고 합리적·정서적·행동적 치료(rational-emotive therapy)는 논리정연하고 이성적인 사고과정의 중요성을 강조하는 인지행동치료이다.

합리화(rationalization)
방어기제의 하나로 자기행위의 실제적이고 보다 위협적이며, 무의식적이고, 충동적이거나 인정되기 어려운 이유 대신에 스스로를 정당화시키고, 행한 행위에 대해 그럴 듯하고 인정될 수 있는 이유를 붙임으로써 자존심을 유지시키는 것이다.

합영상황(zero-sum situation)
양측의 이익과 손실이 부적으로 연결되어 장의 쌍방의 손익을 더하면 0이 되는 상황이다.

항문기(anal stage of psychosexual development)
정신분석적인 심리성적 발달이론에 의하면, 구강기 다음에 오는 두 번째 단계로. 만족과 갈등의 원천은 배설물의 배설과 보유에 관계되어 있다. 즉, 성적만족을 얻는 부위가 항문이며, 이는 배변을 보유하거나 배설함으로써 항문 자극을 통해 쾌락을 느끼는 두 번째 단계이다.

항문기적 성격(anal personality)
2세에서 4세경에 겪게 되는 배변훈련의 경험을 통해 형성되는 성격으로, 질서, 인색함, 고집 등 3대 항문기적 성격이 나타난다.

항불안제 약물(antianxiety drugs)
불안과 관련된 문제와 장애를 치료하는데 사용되는 약물이다.

항상성(homeostasis)
혈당과 같은 신체의 화학적 상태를 특정한 수준으로 조절하는 것으로 일정한 내적 상태를 유지하려는 경향성을 말한다.

항우울제(antidepressants)
우울증상을 조절하기 위한 약물이다.

항정신병 약물(antipsychotic drugs)
정신병적 증상을 치료하는데 사용되는 약물이다.

항정신병제(antipsychotic agents)
망상, 환각 등의 정신병적 증상을 조절하기 위한 약물이다.

해리(dissociation)
의식의 분리로, 어떤 사고와 행동이 다른 것들과 동시에 발생하도록 만든다.

해마(hippocampus)
변연계에 자리 잡고 있으며, 외현기억을 처리하여 장기기억으로 저장하는 데 도움을 주는 신경중추로, 기억형성에 관여하는 뇌의 부위이다. 측두엽 간질은 해마에 이상이 생겨 나타나는 증상이다.

해석(interpretation)
정신분석에서 환자의 통찰을 촉진시키기 위해서 꿈의 의미, 저항, 그리고 다른 중요한 행동들과 사건들에 대해서 분석자가 의미를 지적해 주는 것을 말한다.

핵심단어법(key word method)
추상적 단어(어려운 단어)를 구체적 단어(쉬운 단어)와 연결시키고 구체적 단어를 나타내주는 심상을 만들어 그에 짝지어진 추상적 단어를 좀 더 쉽게 기억할 수 있도록 하는 기억술이다.

핵심속성(core property)
개념을 이루는 사례들의 기본적이며 공통적인 속성이다.

행동수정(behavior modification)
특정행동목표를 설정하고 연속적 접근법을 사용하여 피험자의 행동이 목표행동에 가까워지도록 강화시킴으로써 행동을 변화시키는 절차이다. 행동수정의 순서는 목표행동의 정의 → 행동의 기초선 측정 → 강화 및 처벌 → 결과검증 → 행동일반화이다.

행동연쇄화(behavior chaining)
다음 반응을 수행할 수 있는 기회를 부여하여 선행하는 반응을 강화시킴으로써 복잡한 행동의 연쇄를 발달시키는 절차이다.

행동유전학(behavioral genetic)
행동에 대한 유전적 영향과 환경적 영향의 상대적 힘과 제한점에 관한 연구로, 발달을 '개체의 유전자형의 그 개체 자신의 표현형으로 표현되는 과정'이라고 보기는 하지만, 엄격한 유전주의는 아니며, 강력한 유전적 요소들을 갖는 속성들조차도 환경적인 영향에 의해 중요한 면이 수정될 수 있다는 것이다.

행동의학(behavioral medicine)
행동과학과 의학의 지식을 통합하고 그 지식을 건강과 질병에 적용하는 학제간 분야이다.

행동적 관점(behavioral persepctive)
외부 환경이 행동을 조형하는 과정에 설명의 초점을 맞추는 관점이다.

행동조형(behavior shaping)
연속적 접근법을 사용하여 강화시킴으로써 새로운 반응을 만들어 가는 기법이다.

행동주의(behavior)
가시적인 행동만이 심리학의 연구대상이라고 주장하는 심리학파로 Watson에 의해 제기되었다. 인간의 행동을 내적인 정신과정을 배제한 자극과 반응 간의 관계로 설명하려는 이론적 관점으로, 심리학의 연구대상을 관찰 가능하고 측정 가능한 사건, 즉 외적인 행동으로 제한하는 학파이다.

행동치료(behavior therapy)
고전적 조건형성과 조작적 조건형성의 원리를 사용하여 내담자의 행동이 비적응적 행동에서 적응적 행동으로 변화하도록 돕는 심리치료로, 그 예로는 체계적 둔감법, 혐오조건 형성, 행동 조성 등이 있다.

행위자-관찰자 편향(actor-observer bias)
자신의 행동은 상황적 영향에 귀속시키지만 타인의 행동은 성향적 영향에 귀속시켜 과대평가하는 경향이다.

향본능 표류(instinctual drift)
학습시키려는 행동이 본능적인 패턴 쪽으로 흘러가는 경향이다.

향정신성 약물(psycholoactive drug)
지각과 기분을 변화시키는 화학물질이다.

허구적 독특성 효과(false uniqueness effect)
자신의 능력이나 성공한 행동의 보편성을 과소평가하는 경향이다.

허구적 일치성 효과(false consensus effect)
자신의 의견이나 성공적이지 않았던 행동의 보편성을 과대평가하는 경향이다.

허위적 합의 효과(false consensus effect)
다른 사람들이 자신의 신념과 행동을 공유하는 정도를 과잉 추정하는 경향성이다.

허용적 부모(permissive parents)
자녀들에게 별로 많은 요구를 하지 않으며 자식들의 욕구에 지나치게 민감하고, 자식들이 하고 싶은 대로 하게 하는 부모를 말한다.

현자증후군(savant syndrome)
다른 측면에서는 심적 능력이 모자란 사람이나 계산이나 그림그리기들에서 이례적인 유능성을 보이는 상태를 말한다.

혈-뇌장벽(blood-brain barrier)
위험한 물질이 미세혈관을 통해 뇌에 잠입하는 것을 예방하는 자세이다.

혐오자극(aversive stimulus)
불만족스러운 자극을 말한다.

혐오적 조건형성(aversive conditioning)
불쾌한 상태(예컨대, 구역질)를 원하지 않는 행동(예컨대, 술 마시기)과 연합시키는 역조건 형성의 한 유형이다.

혐오치료(aversion or aversive therapy)
문제행동을 고통스럽거나 불쾌한 경험과 연합시켜 그 행동의 빈도를 감소시키는 행동치료의 한 방법이다.

협동원리(cooperative principle)
화용적 담화 맥락에서 화자와 청자의 언어적 공유 원리이다.

형식적 조작단계(fomal operatnal stage)
피아제 이론에서 아동이 추상적 개념에 대해 논리적으로 사고하기 시작하는 인지발달이론의 마지막 단계로 보통 12세 이상의 아이들은 가설적 연역사고를 할 수 있는 능력을 지니게 된다.

형태소(morpheme)
한 언어에서 의미를 담고 있는 최소단위로 단어이거나 단어의 부분일 수가 있다(단어, 접두어, 접미어 등). 즉, 음절의 조합에 의해 고성된 언어의 의미가 나타나는 기본단위이다.

형태주의(Gestalt) 학파
지각된 내용을 의미 있는 하나의 전체로 통합하고자하는 마음의 경향을 강조하는학파이다.

형평성(equity)
대인관계에서 자신이 준만큼 받게 되는 조건이다.

호르몬(hormone)
내분비선에서 분비되는 화학물질로 혈류를 타고 표적기관으로 운반되어 특징적인 영향을 미친다. 즉, 한 조직에서 만들어져서 다른 조직에 영향을 미친다.

호혜적 결정론(reciprocity determinism)
인격과 환경요인 간의 상호작용적 영향을 말한다.

호흡 정지증(apnea)
수면 중에 호흡이 일시적으로 중지되고 반복해서 순간적으로 깨어나게 되는 수면장애이다.

홍수법(fooding)
환자가 공포스런 대상이나 상황에 곧바로 노출되는 행동치료이다.

홍채(iris)
동공주변의 색깔을 띤 부분을 형성하는 원형 근조직으로 동공개폐의 크기를 조절한다.

확인편파(confirmation bias)
자신의 믿음, 선입견을 확증해주는 증거, 정보만을 찾고 그렇지 않은 증거들을 무시하는 경향

환각(hallucination)
외부자극이 없음에도 무엇인가를 잘못 지각하는 것처럼 인간의 다섯 가지 감각에 대한 해석이 왜곡되어 나타나는 것으로 환청, 환시, 환후, 환미 및 환촉이 있다.

환각제(hallucinogen)
LSD와 같이 지각을 왜곡시키고 감각입력이 없는 상태에서 감각이미지를 촉발시키는 마약이다.

환경(environment)
출생 전 영양에서부터 우리를 둘러싸고 있는 사람과 사물에 이르는 모든 비유적적 영향이다.

환경적 결정론(environmental determinism)
스키너(Skinner)로 대표되는 행동주의 이론에 대한 설명으로 개인의 행동은 내적인 요소보다는 주어진 환경에 의해 결정된다는 이론이다.

환청(Auditory hallucinations)
조현증 증상의 일종으로, 주위에 아무것도 없음에도 어떠한 소리나 사람 목소리가 들려오는 증상이다.

활동전위(action potential)
뉴런의 세포막에서 일어나는 짧은 전기적 활동으로서 축색에서의 정보전달의 기본이 되는 세포막 안팎에 역치 이상의 자극이 주어졌을 때 나타나는 뉴런의 막전위 변화(+40mV)(전위변화)를 말한다. 축색을 따라서 정보를 전달하는 기초가 되며, 활동전위는 세포막의 채널을 통해서 양이온(나트륨이온과 칼륨이온)들이 들고남에 따라서 생성되고, 세포막 투과성 변화에 의한 것이다.

활성화 확산(spreading activation)
장기기억의 조직에서 어떤 개념의 의미적 점화는 그물망의 경로를 따라 전파되며, 멀리 진행될수록 그 힘이 약화될 것이라는 가정이다.

회상(recall)
빈 칸 채우기 검사에서와 같이 학습한 정보를 인출해야만 하는 기억 단서가 없이 어떤 사상에 관한 기억을 최대한 이끌어 내도록 요구하는 기억의 측정방법으로, 바람직한 결과가 수반되는 반응은 출현가능성이 높아지고, 바람직하지 않은 결과가 수반되는 반응은 출현가능성이 낮아진다고 하는 Thorndike의 이론이다.

회피(avoidance)
도피(escape)와 회피로 구분하면 다음과 같다. 전자는 혐오 자극을 감소·제거하는 반응을 획득하는 것이다. 기분을 상하게 하는 어떤 사람 때문에 모임에 불참하는 것도 이에 해당한다. 한편, 회피는 혐오 자극이 없다. 미리 특정 행동을 취해 혐오 자극이나 상황의 발생이 일어나지 않도록 하는 것을 회피라고 한다.

획득(acquisition)
파블로프식 조건형성의 첫 단계로, 중성자극이 US와 짝지어져서 중성자극이 CR을 유발하게 되는 단계. 조작적 조건형성에서는 강화된 반응이 증가하는 것이다.

획득된 추동(acquired drive)
사랑, 돈, 명예와 같이 사회적으로 획득된 추동을 말한다.

횡단적 연구(cross-sectional study)
각기 다른 연령대의 참가자 집단들의 수행이 서로 비교되는 연구이다.

효과의 법칙(law of effect)
결합(학습)의 강도는 반응의 결과에 의해 영향을 받는 법칙이다. 이는 Thorndike의 이론으로, 어떤 반응의 강도가 과거에 그 행동이 초래했던 결과, 즉 효과에 좌우된다는 것이다. 말하자면, 호의적 결과가 뒤따르는 행동은 출현가능성이 증가하고 호의적이지 않은 결과가 뒤따르는 행동은 출현할 가능성이 줄어든다는 원리를 말한다.

후견편향(hindsight bias)
결과를 알고난 후에, 그 결과를 예측하고 있었던 것처럼 믿는 경향성을 말한다('나는 진작 알고 있었어' 현상이라고도 알려져 있다).

후두엽(occipital lobe)
뒤통수 쪽에 위치한 대뇌피질 영역으로 대뇌 각 반구에서 뒤쪽 아래 측에 위치하며 일차 시각피질이 있는 영역이며, 반대편 시야로부터 시각정보를 받아들이는 시각영역을 포함한다.

후인습적 수준(postconventional level)
Köhlberg의 도덕추리단계의 마지막 수준으로, 도덕적 추론은 그것들이 지역사회의 복지에 필수적인 원리들을 지키고 있는 것과 또는 개인적 윤리의 면에서 평가된다.

후진작업법(working backward)
목표 상태에서 시작하여 출발상태로 역행함으로써 문제를 해결하려는 전략이다.

후진형 기억상실증(reterograde amnesia)
과거, 특히 뇌수술 바로 이전의 사건들에 대한 일화적 정보가 손상되는 증상이다.

후향조건형성(backward conditioning)
CS보다 UCS가 먼저 제시되는 고전적 조건형성 절차를 말한다.

훈련의 전이(transfer)
한 장면에서 학습한 것이 다른 장면에 적용되는 것이다.

흔적조건형성(trace conditioning)
CS가 제시되고 종료된 후 UCS가 제시되는 또 다른 고전적 조건형성의 절차로서, 두 자극이 함께 발생하지 않도록 하기 위해 조건자극이 무조건적 자극에 선행하지만, 무조건적 자극이 제시되기 전에 조건자극이 제시되도록 하는 것을 말한다.

흥분성 시냅스후전위(excitatory postsynaptic potential : EPSP)
신경전달물질에 의해 시냅스후 뉴런의 세포막전위가 탈분극된 상태로 뉴런이 발화할 가능성이 커진다.

흥분제(stimulant)
신경활동을 증폭시키고 신체기능을 촉진시키는 약물(카페인, 니코틴, 그리고 보다 강력한 암페타민, 코카인, 그리고 엑스타시)을 말한다.

희생양이론(scapegoat theory)
편견이 다른 사람을 비난하도록 해줌으로써 분노의 방출구를 제공한다는 이론이다.

A~Z

16PF(The Sixteen Personality Questionnaire)
Cattel에 의해 개발된 다중선택검사법으로, 성격 특성을 나타내는 형용사들을 요인분석하여 만든 검사이다. 요인분석을 통해 나눈 16가지 성격 특성을 측정하기 위한 문항들로 구성되고 이를 통해 개인의 근본적 성격 특성을 파악할 수 있다.

2요인 이론(two-factor theory)
정서를 경험하기 위해서는 신체적으로 각성되고 인지적으로 그 각성에 이름을 붙여야만 한다는 샤터와 싱어의 이론으로, 정서에는 신체적 각성과 이에 대한 인지적 해석이 함께 포함되므로 유사한 신체반응을 어떻게 해석하는가에 따라 각기 다른 정서가 경험된다고 보는 정서이론이다.

A유형(type A behavior pattern)
경쟁적이고 정력적이며 참을성이 없고 언어적으로 공격적이며 화를 잘 내는 사람들에 대한 1970년대에 프리드만(Friedman)과 로젠만(Rosenman)이 사용한 용어로, 심장병을 유발하는 주요 심리적 요인으로서, 많은 시간동안 짜증과 화를 잘 내지만 짜증과 화를 공개적으로 표현하지 못하는 사람의 행동 특성을 말한다.

B유형(type B behavior pattern)
낙천적이고 편안한 사람들에 대한 프리드만과 로젠만의 용어이다.

BGT(Bender-Gestalt Test)
내담자에게 순서대로 제시한 추상적 그림 혹은 기하학 도형이 그려있는 9개의 자극 카드를 종이 위에 따라 그리도록 한 뒤, 이를 통해서 심리 진단을 하는 투사검사이다.

Broca 영역
언어생성에 관련되는 곳으로 좌반구의 전두엽에 있는 뇌의 한 부위이다.

Beck의 인지치료(Beck's cognitive theraphy)
상담자는 내담자와 따뜻한 관계를 만들고자 노력하며 내담자가 가진 사고의 오류를 발견하도록 자신의 신념들을 뒷받침하는 객관적 증거가 있는지 생각해 보게 한다.

CMC(computer-mediated communication : CMC)
컴퓨터를 매개로 하는 의사소통을 의미한다. 초기에는 공학적인 의미에서 통신기술의 한 분야를 지칭하는 용어로 사용되었으나 최근에는 이를 이용한 모든 형태의 인간교류와 이를 포함하는 여러 현상을 지칭하고 있다.

CPI(California Psychological Inventory)
성격적 특징을 측정하며 인간성 파악을 목적으로 개발된 검사로서, 대인관계와 사회생활 등 일상생활에서 중요시되는 요소들이 척도를 구성한다. '캘리포니아 성격검사'라고 하며, 약어인 'CPI'로 부른다.

DNA
염색체를 구성하는 유전적 정보를 담고 있는 복잡한 분자이다.

DSM
미국 정신 의학 협회에서 만든 심리장애의 공식적인 진단분류체계이다.

F2F 커뮤니케이션
일반적으로 얼굴과 얼굴을 맞대고 이루어지는 의사소통을 의미하며, 실제 공간에서 일어나는 일상적인 대화나 강의식 강의, 회의 등을 지칭한다.

Flynn효과(Flynn effect)
미국과 서구산업사회 국민의 지능이 지난 한 세기동안 크게 향상된 현상을 말한다.

GABA(gamma-aminobutyric acid)
각성 및 불안수준을 낮추고 몸놀림 조절에 관여하는 대표적 억제성 신경전달물질이다.

GRIT(Graduated and Reciprocated Initiatives in Tension-Reduction)
긴장완화에서 점증적이고 보답적인 주도권. 국제적 긴장을 완화시키도록 설계된 전략이다.

HCI(Human-Computer Interaction)
인간과 컴퓨터의 상호작용을 의미하는 용어로, 사용자가 보다 편리하고 쉽게 컴퓨터를 사용할 수 있는 컴퓨터 환경을 구현하고자 하는 연구 분야를 의미하기도 한다. 이러한 작업에는 컴퓨터 분야, 인지심리학을 포함하는 인지과학분야, 인간 공학 등 다양한 분야의 사람이 참여하는 학제적 성격을 띤다.

HTP(집-나무-사람검사, House-Tree-Person Test)
투사검사의 하나로서 Buck이 고안했다. 내담자가 그린 집, 나무, 사람으로 내담자의 성격과 자아상 및 대인관계 등을 파악하는 검사이다.

ICD
국제보건기구(WHO)에서 만든 공식적인 질병분류체계이다.

L-Dopa
파킨슨병을 치료하기 위해 개발된 도파민 선구물질을 포함하는 약물로, 뇌에 들어간 후 도파민으로 변환된다.

LSD(Lysergic acid diethylamide)
1938년 알버트호프만이 개발한 환각물질로 뇌에 작용하는 향정신성약물의 일종이고 강력한 환각제이며, acid(lysergic acid diethylamide)라고도 부른다.

MAO억제제(monoamin oxidase inhibitor)
연접전종말구(presynaptic end bulb)에서 모노아민 산화효소의 활동을 억제함으로써 우울증상을 완화시키는 항 우울제의 일종이다.

MBTI(Myers-Briggs Type Indicator)
Jung의 심리 유형론을 기반으로 Myers와 Briggs가 고안한 자기 보고식 성격 유형 검사 도구이다. 4가지 선호 지표가 조합된 16가지 성격 유형에서, 인식하고 판단할 때에 자신이 선호하는 경향을 찾을 수 있다. 이를 통해 찾은 선호 경향들은 성격적 특성과 행동의 관계를 이해하도록 돕는다.

NEO성격검사(NEO Personality Inventory)
성격 5요인에 입각한 검사로서 기질적 성격구조와 불안·공격성·우울 등 임상적 성격 특징을 파악해 예방하고 치료하는 특성의 효율성을 높일 수 있는 심리검사이다. 신경성 요인이 포함된 점이 일반적인 성격검사와 다르므로 비임상군에 폭넓은 활용이 가능하다.

Premack원리(Premack principle)
자주 일어나는 행동을 강화물로 사용해 적은 확률로 일어나는 행동을 유도하는 기법이다. 예를 들자면, 학생이 공부를 마무리하면(빈도가 낮은 행동) 게임을 하게 한다(빈도가 높은 행동)는 것이다.

REM(급속안구운동)
우리가 잠잘 때 규칙적으로 눈을 빨리움직이는 현상이다.

REM반동(REM rebound)
REM수면이 박탈된 후에 REM 수면이 증가하는 경향성이다.

REM수면
뇌 활동이 상당히 일어나는 상태로 빠른 안구운동 수면이다. 전압이 낮고 빠른 불규칙적인 뇌파가 각성상태의 뇌파와 흡사하며 대부분의 꿈이 일어나며, 일반적으로 선명한 꿈이 나타나는 수면단계이다. 근육은 이완되지만 다른 신체 시스템은 활동적이기 때문에 역설적 수면이라고도 알려져 있다.

Schachter와 Singer(1962)의 두요인 이론
정서경험을 생리적 각성 및 외부환경 전체에 대한 해석을 통해 결정된다는 정서이론이다.

::: **Sperling의 부분보고 절차(Sperling's partialreport prosedure)**
관련이 없는 철자들의 행렬을 짧게 제시한 후에, 참가자들에게 주어진 청각적 단서들이 그 행렬의 어느 줄에 위치하는지 회상하도록 하는 실험 절차이다.

::: **Sperling의 전체보고 절차(Sperling's full-report prosedure)**
관련이 없는 철자들의 행렬을 짧게 제시한 후에, 참가자들이 그 행렬에 있는 철자들의 전부를 회상하도록 하는 실험 절차이다.

::: **Stevens의 지수법칙(Stevens's power law)**
자극의 지각된 크기/강도는 그 자극의 실제크기/강도를 일정한 값으로 제곱한 값과 같다는 법칙이다.

::: **THC**
마리화나의 주요 성분으로, 약한 환각을 포함한 다양한 효과를 초래한다.

::: **Wernicke 영역**
언어의 이해에 관련되는 좌반구의 한 영역이다.

::: **X염색체**
남성과 여성 모두 존재하는 성염색체. 여성은 두 개의 X염색체를 가지고 있는 반면, 남성은 하나만 가지고 있다. 각 부모로부터 X염색체를 물려받으면, 여아가 된다.

::: **Y염색체**
남성에게만 존재하는 성염색체. 어머니로부터의 X염색체와 결합하여 남아가 된다.

::: **Yerkes-Dodson의 법칙(Yerkes-Dodson law)**
각성과 과업에 대한 수행관계를 설명하는 법칙으로, 각성 수준이 과도한 수준까지 증가하며 과업수행이 되면 오히려 수행에 해로울 수 있다. 즉, 개인의 수행수준은 중간정도의 각성상태에서 가장 높고, 너무 낮거나 너무 높은 각성상태에서는 오히려 떨어지는 원리를 말한다(그래프는 역전된 U함수의 형태를 보임).

❖ 참고문헌 ❖

※ 국내문헌

고재홍(2001). 집합주의-개인주의 성향에 따른 분배규범의 선호 차이. 한국심리학회지 : 사회 및 성격, 15(3), 1-16.

공미혜(2004). 성과 성정치학. 서울 : 한울아카데미

공미혜, 구명숙, 허미영(2008). 대학생의 sexuality 실태조사. 신라대 여성문제 연구소 자료집Ⅷ.

공정식(2006). 교정심리학. 수원 : 비전출판사.

권석만(2004). 젊은이를 위한 인간관계의 심리학. 서울 : 학지사.

권석만(2008), 긍정심리학, 학지사

권윤아, 김득성(2008). 부부간 역기능적 의사소통 행동척도 개발-Gottman의 네 기수(騎手) 개념을 중심으로. 대한가정학회지, 46(6), 101-113

권정혜(2005). 청소년의 인터넷 게임 중독 : 시간에 따른 변화와 이에 영향을 미치는 변인들, 한국심리학회지 : 임상, 24(2), 267-280

김경자, 한규석(2000). 심정대화의 특성 : 심정표상과 심정대화의 경험적 분석. 한국심리학회지 : 사회 및 성격, 14(1), 1-22

김계현(2000). 상담심리학 연구, 학지사

김교헌 공역(2005). 마음의 기원, 나노미디어

김금미(2001). 집단의 사회정체성과 지위에 따른 내집단 편애 성균관대학교 박사학위 청구논문

김금미, 한덕웅(2001). 여성의 성별 사회정체성과 남녀간 경쟁 전략의 관계. 한국심리학회지 : 여성, 6(2), 15-38.

김금미, 한덕웅(2002). 집단의 지위, 집단범주화 및 지위관련성이 집단간 분배에 미치는 효과. 한국심리학회지 : 사회 및 성격, 16(2), 15-28.

김금미, 한덕웅, 한영성(2003a). 남성의 성별관계 인식과 성별사회정체성이 양성평등 행동의도에 미치는 영향. 한국심리학회지 : 사회 및 성격, 17(1), 31-47.

김금미, 한덕웅, 한영성(2003b). 한국 여성의 사회정체성, 상대박탈 및 집합행동. 한국심리학회 연차대회학술발표논문집, 399-400.

김금미, 한영석(2002). 차별지각과 성별사회정체성이 여성의 남녀동등추구에 미치는 효과. 한국심리학회지 : 여성, 7(2), 1-15.

김기범, 김미희, 최상진(2002). 한국인의 대인관계에서의 기본도덕으로서의 의리분석 : 한국인에게 진정한 친구는 의리있는 친구인가? 한국심리학회지 : 사회문제 8(1), 79-101

김도영, 유태용(2002). 성격의 5요인과 조직에 거의 맥락 수행간의 관계, 한국심리학회지 : 산업 및 조직 15(2), 1-24

김득성, 김정옥, 김영희, 박충선, 송정아, 권윤아 역(2004). 행복한 결혼생활 만들기. 서울 : 시그마프레스.

김명언, 김청택, 권기동(2003). 운전정밀검사 재표준화 및 예언타당도 검증연구, 서울대학교 심리과학연구소

김미리혜, 김진영 외(2000). 심리치료 : 절충-통합적 접근. 정민사.

김미숙 외(2000). 저소득 편부모가족의 생활실태와 정책제안. 한국보건사회연구원

김범준(2002). 사회적 범주화가 지역감정 형성에 미치는 영향. 한국심리학회지 : 사회 및 성격, 16(1), 1-18.

김시업(2008). 결혼과 가정, 학지사

김아영(2002). 자기결정성 이론에 따른 학습동기 유형 분류체계의 타당성. 교육심리연구16(4), 169-187.

김아영(2004). 자기효능감과 학습동기. 교육방법연구, 16(1), 1-38.

김아영(2007). 한국 교육현장의 자기효능감 연구에 대한 반추 및 미래 연구 방향에 대한 제안 , 김아영 편저, 학업적 자기효능감 : 이론과 현장 연구, 제 16자, 서울 : 학지사

김애순, 윤진(2001). 청년기 갈등과 자기이해. 중앙적성출판사.

김양호(2001). 사랑한다는 것과 같이 산다는 것. 한국가족상담교육연구소(엮음).결혼할까 혼자살까 (pp.225-274) 경기 : 김영사

김요한(2001). 부부들의 사랑이야기. 서울 : 바오로딸.

김은경(2000). 체벌의 신화와 실제. 한국 사회학, 34(봄), 85-108

김은영(2001). 사랑요인의 확인과 사랑척도. 성신여자대학교 대학원 석사학위논문.

김이양(2002). 자기결정성 이론에 따른 학습동기 유형 분류체계의 타당성 교육심리연구, 1 6(4), 169-187

김정규, 김중술(2000). 아동기 성피해의 심리적 후유증-성인기 정신건강에 미치는 영향을 중심으로, 한국 심리학회지 : 임상 19(4), 747-769

김정운(2001). 관계적 정서와 문화적 정서 : 정서의 문화심리학적 접근. 한국심리학회지 : 일반, 20(2), 389-407.

김정운(2002). 사회심리학의 응용과 사회심리학의 해체 : 여가학을 중심으로. 한국사회 및 성격심리학회 준계학술대회 논문집.

김지영, 김경호, 최상진(2001). 효심심리학. 한국심리학회 연차학술발표대회 논문집, 258-264

김천석, 한지현, 송진섭, 최명옥, 유태용(2004). 한국 기업의 신입사원 선발방법에 관한 실태조사 : 1995년-2003년을 중심으로, 디지털경영연구, 제 10권 제 1호, 305-324

김현택 외(2008). 인간의 이해 심리학, 학지사

김혜연, 이해경(2000). 청소년들을 위한 양성평등 성교육방향의 모색 : 남녀 고등학생들의 성의식과 성행동 실태에 근거하여. 한국심리학회지 : 여성, 5, 29-45.

나은영(2001). 국가투명성에 영향을 미치는 문화적 요인들과 대인 간 신뢰 : 61개국의 자료 2차 분석. 한국심리학회지 : 사회문제, 7(2), 65-90

남기덕(2002). 자원딜레마에서 상황조건, 성격특성 및 협동행동간의 관계에 관한 연구. 한국심리학회지 : 사회 및 성격, 14(3), 21-36.

남은영 역(2007). 내 아이를 위한 사랑의 기술 : 감정코치. 한국경제신문.

나옥진, 이윤희(2000). 이혼제도와 실태. 한국심리학희지 : 여성, 5(2), 59-83.

민경환(2002). 성격심리학, 서울 : 법문사

박경애(1999). 인지행동치료의 실제, 학지사

박광배(2002). 법심리학. 서울. 학지사.

박군석(2002). 사회구조요인과 사회정체성에 따른 상대박탈 경험 및 집합행동. 성균관대학교 대학원 박사학의 청구논문.

박군석(2003a). 노인들의 욕구 만족 수준과 삶의 만족 : 서울지역을 중심으로. 한림대학교 "고령화와

한국 노인의 삶의 질에 관한 종단적 연구" 결과 1차 학술발표회 논문집.

박군석(2003b). 노인들의 삶의 만족 및 심리적 특성 비교 : 춘천지역을 중심으로. 한림대학교 "고령화와 한국노인의 삶의 질에 관한 종단적 연구"결과 2차 학술 발표회 논문집.

박군석, 한덕웅(2002). 영·호남인의 상대박탈에서 사회구조 요인과 사회정체성의 영향. 한국심리학회 연차대회 학술발표논문집, 248-253.

박군석, 한덕웅(2003). 한정성, 합법성 및 사회정체성이 집단상대박탈과 분배행동에 미치는 영향.한국심리학회지 : 사회 및 성격, 18(3), 619-644.

박영신(2000). 한국인의 성취의식과 귀인양식에 관한 토착심리학적 분석, 한국심리학회지 : 사회문제, 6(3), 67-98

박영신, 김의철(2000). 경제불황기의 실직자와 직장인 스트레스 경험, 대처와 사회적 지원 : 토착심리학적 접근. 한국심리학회지 : 사회문제, 6(1), 85-117

박영신, 김의철(2001). 학교폭력과 인간관계 및 청소년의 심리 행동특성 : 폭력가해, 폭력피해, 폭력무경험 집단의 비교를 중심으로. 한국심리학회지 : 사회문제, 7(1), 63-89

박영호(2000). 교통사고 운전자의 인적요인 분석 : 버스운전자를 중심으로, 한국심리학회지 : 산업 및 조직, 13(2), 75-90

박정윤(2000). 사랑의 요인분석 : 성인 미혼 남녀를 중심으로. 성신여자대학교 대학원 석사학위논문.

박준호(2000). 자기초점, 반복해서 생각하기 및 자기 노출이 우울에 미치는 영향. 성균관대학교 대학원 석사학위 청구논문.

설기문(2002). 인간관계와 정신건강. 서울 : 학지사.

성경화, 한덕웅(2003). 흡연자와 비흡연자의 설득주장이 금연행동에 대한 태도변화에 미치는 영향. 한국심리학회 연차대회 학술발표문집, 308-309.

성한기(2001). 한국판 사회정체와 척도의 개발. 한국심리학회지 : 사회, 15(3), 33-48.

성한기(2003). 스크린 속에 비춰진 인간의 심리. 서울 : 학지사.

송인섭(2002). 한국 표준화 검사의 문제와 발전방향. 2002년도 춘계학술세미나 발표논문집. 한국교육평가학회.

송인섭(2004). 의학적성 구인탐색을 위한 연구. 한국의학교육, 제16권 제1호. 한국의학학회.

스턴버그.R.J(2001). 사랑의 심리학. 최연식(역). 서울 : 하우

신승호, 이종택, 최인철(2001). 자기 일에 대한 선택과 타인의 일에 대한 조언의 차이 : 매몰비용효과의 경우. 한국심리학회지 : 사회 및 성격, 15(3), 49-64.

신현정(2000). 개념과 범주화, 서울 : 아카넷

심은희, 윤호균(2002). 집착척도의 개발 및 타당화. 한국심리학회지 : 상담 및 심리치료, 14(2), 359-373.

안상수, 김혜숙(2003). 내-외집단 규범정보가 양성평등 정책 및 내현적 성편견 태도에 미치는 영향. 한국심리학회지 : 사회 및 성격, 17(3), 51-75.

안신호(2000). 투표에서의 연고주의 : 집단주의 경향성과의 관계 및 기저 동기. 한국심리학회지 : 사회문제, 6(1), 145-180.

오선주(2002). 본인과 배우자의 성격특성이 결혼의 질에 미치는 영향 : 남편과 부인의 비교 연구.대한가정학회지, 40(10), 201-215.

옥선화, 정민자, 고선주(2000). 결혼과 가족. 하우

우영주 외(2000). 현대결혼과 가족. 신광출판사.

유가현(2001). 문화 속의 성. 서울 : 학민사.

유승엽(2001). 매체 수용자의 심리적 특성이 광고 재인에 미치는 영향 : 광고혼잡도를 중심으로. 광고학 연구, 12(4), pp. 73-96.

유영주, 서동인, 홍숙자, 전영자, 이정연, 오윤자, 이인수(2000). 현대 결혼과 가족-건강가족적 접근. 서울 : 신광출판사.

유태용 역(2006). 산업 및 조직심리학(8판), 파주 : 시그마프레스

유태용, 김도영(2002). 기업에서의 맥락수행의 구성요인에 대한 탐색적 연구, 디지털경영연구, 제2권 제 1호, 59-89, 광운대학교 디지털경영연구소

유태용, 민병모(2001). 다양한 장면에서 수행을 예측하기 위한 5요인 성격모델의 사용가능성과 한계 : 국내연구결과의 통합분석, 한국 심리학회지 : 산업 및 조직, 14(2), 115-134

윤가현(2001). 문화속의 성, 학민사

윤가현 외(2008). 심리학의 이해, 학지사

이경순, 김교헌(2000). 분노억제경향과 문제해결이 분노정서 경험과 혈압에 미치는 영향 , 한국 심리학회지 : 건강, 5(1), 60-72

이기숙, 김득성, 공미혜, 김은경, 전영주, 손태홍, 오경희(2001). 결혼의 기술(2판). 신정

이동원 외(2004). 사회심리학, 학지사

이선희(2000). 부부의 MBTI 성격유형의 유사성과 의사소통 및 결혼 만족도의 관계. 가톨릭대학교 대학원 석사학위 청구논문.

이수정 외(2002). CBT 수행검사를 이용한 정서능력 측정, 2002년 한국산업 및 조직 심리학회지 63-77

이순철(2000). 교통심리학. 서울 : 학지사.

이영자(2000). 소비자본주의 사회의 여성과 남성. 경기 : 나남출판.

이영주, 이훈구, 박수애(2000). 가정폭력범죄의 실태. 이훈구(저). 사회문제와 심리학(pp.42-54). 서울 : 법문사.

이재호, 이정모, 김성일, 박태진(2002). 한국어 어휘의 언급순서가 문장 기억의 표상에 미치는 효과 : 첫 언급, 최신 및 편향효과의 상호작용. 한국심리학회지 : 실험 및 인지, 14, 409-427

이재호, 조혜자, 방희정(2001). 성별 고정관념의 암묵적 표상구조 : 성별단서, 범주전형성 및 성별선호도의 상호작용, 한국심리학회 : 여성, 6, 49-68

이정모 외(2003). 인지심리학(개정판) 서울 : 학지사

이정모(2001). 인지심리학 : 형성사, 개념적 기초, 조망, 서울 : 아카넷

이정모(2007). 심리학의 개념적 기초의 재구성(2) : 인지과학적 접근에서 본 "마음"개념의 재구성과 심리외연의 확장, 한국심리학회지 : 일반 26(20), 1-38

이정모, 이재호(2000). 대상과 행위의 개념적 표상 차이 명명과제의 점화효과 비교, 한국심리학회지 : 실험 및 인지, 12, 201-214

이정은, 이영호(2000). 개인특성, 스트레스 및 부부간 의사소통과 결혼만족도의 관계. 한국심리학회지 : 임상, 19(4), 531-548.

이종택(2000). 오류계통도에 대한 과잉 확신의 보편성 연구. 한국심리학회지 : 사회 및 성격, 14(3), 65-77.

이혜선(2012). AATA, FFAT, KATA의 미술치료사 윤리강령에 대한 고찰-2011년 개정된 윤리강령을 중심으로. 미술치료연구. 19(6), 1625-1646.

이혜선, 최선남(2010). 미술치료사의 치료경험과 역전이 관리 능력이 치료성과에 미치는 영향. 미술치료연구. 17(1), 149-165.
이호신(2000). 결혼생활 만족에 관련된 부부의 상호작용 변인들. 성신여자대학교 대학원 석사학위논문.
이훈구(2000). 사회문제와 심리학, 서울 : 법문사
이훈구(2000). 학교폭력 : 그 현황과 대책. 이훈구(저). 사회문제와 심리학(pp.65-112). 서울 : 법문사.
이훈구(2001). 미안하다고 말하기가 그렇게 어려웠나요. 서울 : 이야기(자음과 모음).
임인숙(2001). 한국 미용성형산업의 팽창전략과 함의. 2001년 한국사회학회 전기사회학대회 발표논문. 6월22-23일. 전남대학교.
장설희(2000). 배우자선택의 요인에 관련된 변인들. 성신여자대학교 대학원 석사학위논문.
장은영(2003). 사회비교 동기와 충족수준이 비교대상의 선택과 정서에 미치는 영향. 성균관대학교 대학원 박사학위 청구논문.
전영주(2000). 이혼 : 치료적 개입과 사례. 한국가족치료학회 제26회 학술모임.
전춘애(2001). 또 하나의 우리, 재혼가족을 대상으로 한 상담에 대하여. 한국가족상담연구소 소식 제3호.
정경아(2007). 한국의 여아와 교육에서의 성평등
정옥분(2000). 성인발달의 이해. 서울 : 학지사.
정옥분(2003). 발달심리학. 서울 : 학지사.
정창수 역(2005). 이론으로 본 사회심리학, 그린
정현숙, 유계숙, 어주경, 전혜정, 박주희(2002). 부모학. 서울 : 신정.
정현숙, 유계숙, 전춘애, 전혜정, 임춘애(2000). 재혼가족의 실태 및 재혼생활의 질에 대한 연구. 대한가정학회지, 38(4), p1-20
정혜자(2000). 자기차이, 정서 및 신체증상의 관계. 한국심리학회지 : 건강, 5(2), 193-208.
정혜정(2000). 성피해의 실태와 피해자들의 성신선상에 관한 연구-일반집단과 정신과 환자집단을 중심으로, 성신여대학교 대학원 석사학위논문
조긍호(2000). 문화유형과 동기의 차이 : 한국인의 동기이해를 위한 시론, 한국심리학회지 : 사회 및 성격, 14(2), 83-122
조긍호(2001). 문화성향과 동조행동. 한국심리학회지 : 사회및성격, 15(1), 139-165.
조긍호(2003). 한국인 이해의 개념들. 서울 : 나남출판.
조긍호, 김은진(2001). 문화성향과 동조행동. 한국심리학회지 : 사회 및 성격, 15(1), 139-165.
조성주(2007). 평가센터 구축의 실제-대한민국 중앙인사위원회. 2007년도 한국 산업 및 조직심리학회 춘계학술대회 심포지엄 발표논문집, 57-63
조유리(2000). 부부갈등 및 갈등대처행동과 결혼만족도. 전남대학교 석사학위논문.
존스 제프리(2000). 나는 한국이 두렵다. 서울 : 중앙M&B.
중앙고용정보관리소(2000). 성인용 직업적성검사 개발 2차년도 최종보고서 .노동부 중앙고용정보관리소
천혜정(2002). 사이버스페이스에서의 낭만적 관계형성에 관한 고찰, 한국 가족관계학회지, 7(1), 59-74
최봉영(2000). 주체와 욕망. 서울 : 사계절.
최상진(2000). 한국인의 심리학. 서울 : 중앙대학교 출판부.
최상진, 김기범(2000). 체면의 심리적 구조, 한국심리학회지 : 사회 및 성격 14(1), 185-202

최상진, 김지영, 김기범(2000). 정(미운 정 고운 정)의 심리적 구조, 행위 및 기능 간의 구조적 관계분석. 한국심리학회지 : 사회 및 성격, 14(1), 203-222.

최상진, 한규석(2000). 문화심리학적 연구 방법론. 한국심리학회지 : 사회 및 성격, 14(2), 123-144.

최수찬(2005). 근로자 지원 프로그램(EPA)의 현황과 과제. 2005년도 한국 산업 및 조직심리학회 추계 학술대회 및 심포지엄 발표논문집, 269-278

최이문, 최인철(2002). 인지적 분주함과 설명의무가 사후과잉확신 편향에 미치는 영향. 한국심리학회지 : 사회 및 성격, 16(3), 35-52.

최인철 역(2004). 생각의 지도 : 동양과 서양, 세상을 바라보는 서로 다른 시선(Geography of mind : How Asians and Westerners think differently and why), 서울 : 김영사.

최인철(2000). The conflicted culture or who reads fortune-telling. Submitted. 이 논문의 일부가 사회 및 성격심리학회의 모임에서 발표되었음. 4월29일. 서강대학교.

최재천(2001). 생명이 있는 것은 아름답다. 경기 : 효형출판

최정윤(2000). 다사용자 온라인 게임(MMPOG)의 상호 작용과 가상현실경험에 관한 연구 : 리니지를 중심으로, 이화여자대학교 석사학위논문

최준식(2000). 한국인에게 문화가 없다고? 서울 : 사계절.

탁진국(2002). 직종에 따른 직무 스트레스원과 직무 스트레스에서의 차이, 한국심리학회지 : 건강, 7(1), 125-141.

한국교류분석사담학회(2016). 교류분석상담의 기초, 아카데미아

한국 산업 및 조직심리학회 편(2000). 직업심리 및 상담 . 학지사

한국성폭력상담소(2006). 섹슈얼리티 강의, 두 번째. 서울 : 동녘.

한덕웅(2000a). 대인관계에서 4단7정 정서의 경험. 한국심리학회지 : 사회 및 성격, 14(2), 146-166.

한덕웅(2000b). 신체질병에 관한 한국인의 사회적 표상. 한국심리학회지 : 건강, 5(1), 24-42.

한덕웅(2002a). 집단행동이론. 서울 : 시그마프레스.

한덕웅(2002b). 한국문화는 유교에서 어떤 영향을 받았는가. 한국심리학회 연차대회 학술발표논문집, 254-260.

한덕웅(2003a). 한국사회에서 사회정체성 이론과 상대박탈이론에 의한 소수집단 연구의 전망. 한국심리학회 연차학술발표 논문집, 401-402.

한덕웅(2003b). 한국사회에서 안전에 관한 심리학 연구의 과제. 한국심리학회지 : 사회문제, 9(1), 35-55.

한덕웅(2003c). 한국유학심리학. 서울 : 시그마프레스.

한덕웅(2004). 한국인의 중요한 자치. 한국심리학회 연차대회 학술발표논문집, 183-184.

한덕웅, 강혜자(2000a). 한국사회에서 사회문제의 지속과 변화 : 1994년과 비교. 한국심리학회지 : 사회문제, 6(2), 17-38.

한덕웅, 강혜자(2000b). 한국어 정서용어들의 적절성과 경험빈도. 한국심리학회지 : 일반, 19(2), 63-99.

한덕웅, 엄광은(2002). 사회비교에서 실패와 향상가능성에 따른 부적 자기정서의 경험. 한국심리학회지 : 사회 및 성격, 16, 75-87.

한덕웅, 이경성(2000). 부부관계에서 배우자 행동의 귀인차원. 한국심리학회지 : 사회 및 성격, 14(1), 113-137.

한덕웅, 이경성(2002). Rokeach척도로 측정한 지난 20년동안 한국대학생의 가치관 변화. 학생지도연

구, 13, 135-149. 성균관대학교 학생생활연구소.

한덕웅, 이경성(2003). 한국인의 인생. 관으로 측정한 한국 대학생의 가치관 변화 : 30년간 비교. 한국심리학회지 : 사회 및 성격, 17(1), 49-67.

한덕웅, 이민규(2001). 계획된 행동이론에 의한 음주운전행동의 설명. 한국심리학회지 : 사회 및 성격, 15(2), 141-158.

한덕웅, 장은영(2000). 사회비교의 목표, 대상 및 성공/실패에 따른 자기 정서의 경험. 한국심리학회지 : 사회 및 성격, 14(3), 109-123.

한덕웅, 한인순(2001). 과속운전 행동에 영향을 미치는 심리인들. 한국심리학회지 : 건강, 6(1), 39-62.

허태균(2001). 사후가정사고의 활성화에서 조절적 동기의 역할. 한국심리학회지 : 사회 및 성격, 15(2), 159-171.

현성용 외(2008). 현대심리학의 이해 제2판, 학지사

홍대식(2000). 데이트관계의 만족과 몰입에 관련된 특징들. 한국심리학회지 : 사회 및 성격, 14(3), 223-262.

홍성묵(2003). 아름다운 사랑과 성, 학지사 홍성민 역 (2009). 먹고 싶은 대로 먹인 음식이 당신 아이의 머리를 망친다. 황금부엉이

홍성열(2000). 범죄심리학. 서울 : 학지사.

홍숙기(2000). 성격심리(상), 서울 : 박영사

홍영호, 이훈구(2001). 암묵적 연합검사에 의한 지역 편견의 측정. 한국심리학회지 : 사회 및 성격, 15(1), 185-204.

황상민(2000). 사이버 공간에 또 다른 내가 있다. 서울 : 김영사.

황상민, 김도환(2001). 발달심리학의 발달과 심리학적 정체성. 한국심리학회지 : 발달, 14(1), 1-13

Arlow(2000/2004). 정신분석. 현대 심리차료. pp. 37-88. 김정희 역, 서울 : 학지사.

Beck, A. T., & Weishaar, M.(2000/2004). 인시치료. 현대심리치료. Pp.361 404. 김정희 역, 서울 : 학지사.

Corey, J.(2001/2003). 심리상담과 치료의 이론과 실제. 조현춘, 조현제 역, 서울 : 시그마프레스.

Ellis, A.(2000/2004). 합리적-정서적 행동치료. 현대 심리치료. pp. 257-310. 김정희 역, 서울 : 학지사.

Hoff, E.(2001). 이현진, 박영신, 김혜리(공역)(2001). 언어발달(2판). 서울 : 시그마프레스.

Raskin, N., J. & Rogers, C.(2000/2004). 인간중심 치료. 현대 심리치료.. pp. 205-256. 김정희 역, 서울 : 학지사.

※ 국외문헌

Abbey, A., Zawacki, T., Buck, P.O., Clinton, A.M., & McAuslan, P.(2001). Alcohol and sexual assault. *Alcohol Research and Health*, 25(1), 43-51

Abelson, R., & Brown, P.L.(2002 April 13). Alternative medicine is finding its niche in nation's hospitals. New York Times(www.nytimes.com). (p.420)

Abrams, M.(2002, June). Sight unseen-Restoring a blind man's vision is now a real possibility through stem-cell surgery. But even perfect eyes cannot see unless the brain has been taught to use them. Discover, 23, 54-60. (p.176)

Ackerman, D.(2004). An alchemy of mind : The marvel and mystery of the brain. New York : Scribner.

Akiskal, H.S.(2000). Mood disorders : Clinical features. In B.J.Sadock & V.A.Sadock(Eds.), *Kaplan and Sadock's comprehensive textbook of psychiatry* (7th ed., Vol.1, pp.1338−1376). Philadelphia : Lippincott/Williams & Wilkins.

Aldwin, C. M.(2007). Stress, coping, and development. New York : Guilford Press.

Althof, S.(2000). Erectile dysfunction : Psychotherapy with men and couples. In S, Leiblum & R. osen(Eds.), *Principles and practice of sex therapy.* New York : Guilford Press.

Altman, L.K.(2002b July 5) Modest anti−AIDS efforts offer huge payoff, studies say. New York Times(www.nytimes.com).(p.299)

Amato, P.R.(2001). The consequences of divorce for adults and children. In R.M.Milardo (Ed.), *Understanding families into the new millennium : A decade in review* (pp.488−506). Minneapolis, MN : National Council on Family Relations.

Amato, P.R., & DeBoer, D.D.(2001). The transmission of marital instability across generations : Relationship skills or commitment to marriage? *Journal of marriage and Family,* 63, 1038−1051

Amed, S.C, Jones, G.N., Howe, J.T., & Brantley, P.J.(2001). A Prospective study of the impact of stress on quality of life : An investigation of low−income individuals with hypertension. *Annals of Behavioral Medicine,* 23(2), 112−119

American Psychiatric Association Task Force on Electroconvulsive Therapy.(2001). *The practice of electroconvulsive therapy : Recommendations for treatment* (2nd ed.). Washington, DC : American Psychiatric Association.

American Psychiatric Association(2000). Diagnostic and statistical manual of mental disorders (4th de., Text Revision). Washington, DC : Author.

Anderson, A.K., & Phelps, E.A.(2000). Expression without recognition : Contributions of the human amygdala to emotional communication. Psychological Science, 11, 106−111.(p.50)

Anderson, B.L.(2002). Biobehavioral outcomes following psychological interventions for cancer patients. Tournal of Consulting and Clinical Psychology, 70, 590−610.(p.411)

Anderson, C. A., & Dill, K. E.(2000). Video Game and aggressive thoughts, Feelings, and behavior in laboratory and in life. *Journal of Personality and Social Psychology,* 78, 772−790.

Anderson, C.A(2003). Video games and aggressive behavior. In D.Ravitch & J.P.Viteritti(Eds.), Kids stuff : Marketing sex and violence to America's children. Baltimore, MD : Johns Hopkins University Press.(p.565)

Anderson, C.A, & Bushman, B.J.(2001). Effects of violent games on aggressive behavior aggressive cognition, aggressive affect, physililgical arousal, and prosocial beharior : A meta−analytic review of the scientific literature. Psychological Science, 12, 353−359.(p.565)

Anderson, C.A.(2000). Violent video games increase aggression and violence.Testimony to the U.S. Senate Commerce, Senate Commerce, Science, and Transportation Committee hearing on "The impact of interactive violence on children", March 21, 2000.(p.565)

Anderson, C.A., & Dill, K.E.(2000). Video games and aggressive thoughts, feelings, and behavior in the laboratory and in life. Journal of Personality and Social Psychology, 78, 772−790.(p.565)

Anderson, C.A., Anderson, K. B., Dorr, N., DeNeve, K.M., & Flanagan, M.(2000). Temperature and aggression. Advances in Experimental Social psychology, 32, 63-133.(p.562)

Anderson, I.M.(2002). Selective serotonin reuptake inhibitors versus tricyclic antidepressants : A meta-analysis of efficacy and tolerability. Journal of Affecive Disorders, 58, 19-36.(pp.531-532)

Andreasen, N. C.(2001).Brave new brain : Conquring mental illness in the era of the genome. New York ; Oxford University Press.(pp.47, 1, 499)

Andresen, J.(2000).Meditation meets behavioural medicine : The story of experimental reserch on meditation. Journal of Consciousness Studies, 7(11-12), 17-73.

Angelsen, N.K., Vik, T., Jacobsen, G., & Bakketeig, L.S.(2001). Breast feeding and cognitive development at age 1 and 5 years. Archives of Disease in Childhood, 85, 183-188.(p.24)

Anman, K. A.(2001). We can love what we are , without hating who - and what-we are not.Nobel Peace Prize lecture.(pp.89, 577)

Anstis, S.(2000, November 4). Anecdote reported by A. Onion, Kaleidoscope vision. ABC News.com. Originally reported in S.Ansits, Visual adapation to a negative, brightness-reversed in S.Ansitis, Visual adaptation to a negative, brightness-reversed word : Some preliminary observations. In G. A. Carpenter & S.Grossberg, Neural networks for vision and image processing. Cambridge, MA : MIT Press.(p.177)

Antoni, M.H., & Cruess, D.G.(2000). AIDS. In G. Fink(Ed.), Encyclopedia of stress (pp.118-125).San Diego : Academic Press.

Archer, J.(2000). Sex difference in aggression between heterosexual partners. Psychological bulletin, 126(5), 651-680

Arent, S. M., Landers, D.M., & Etniet, J. L.(2002). The defects of exercise on mood in older adults : A meta-analytic review. Journal of aging and physical Activity, 8, 407-430.(pp.414-415)

Arnold, L. M.(2000). Psychocutaneous disorders. In B.J.Sadock & V.A.Sadock (Eds.), Kaplan and Sadock's comprehensive textbook of psychiatry(7th ed., pp.1818-1827. Philadelphia : Lippincott/williams&Wilkins

Aron, A., NormanC.C., Aron, E.N., McKenna, C., & Heyman, R.E.(2000). Couples' shared participation in novel and arousing activities and experienced relationship quality. *Journal of Personality and Social Psychology,* 78, 273-284.

Aronson, E.(2001, April 13). Newsworthy violence. E-mail to SPSP discussion list, drawing from Nobody left to Hate. New York : Free man, 2000.(p122)

Aronson, E., Wilson, T., $ Ascert, R.(2001). Social psychology. New York : Longman.

ASHA(2003). STD statistics. American Social Health Association(www.ashastd.org/stdfaqs/ statistics.html).(p.362)

Aspinwall, L.G., Richter, L., & Hoffman R.R., III.(2001). Understanding how optimism works : An examination of optimists' adaptive moderation of belief and behavior. In E.C.Chang (Ed.), *Optimism and pessimism : Implications for theory, research, and practice* (pp.217-238). Washington, DC : American Psychological Association.

Au, T. K., knightly, L.M., Jun, S-A, & Oh, J, S.(2002). Overhearing a language during childhood.Psychological Science, 13, 238-242.(p.305)

Ausrin, E. J., Deary, I.J., Whiteman, M.C., Fowkes, F.G.R, Pedersen. N. L., Rabbitt, P., Bent, & Babyak, M, Blumenthal, J.A., Herman, S., Khatri, P., Doraiswamy, M., Moore, K, Craighead, W.W., Baldewics, T. T., & Krishnan, K. R., (2000) Exercise treatment for major deprssion : Maintenance of therapeutic benefit at ten months. Psychosomatic Medicine, 62, 6333−638.(p.415)

Badcock, C.(2000). *Evolutionary Psychology : A Critical Introduction.* Cambridge, UK : Polity Press.

Baddeley, A.D.(2001). Is working memory still working ?Amercan Psychologist, 56, 849−864.

Baileey, J. M, K., Zhu, G., M. P., & Martin, N.G.(2000). Do individual differences in sociosexuality represent genetic or environmentally contingent strategies? Evidence from the Australian twin registry. Journal of Personality and Social Psychology, 78, 537−545.

Bailey, J. M., Dunne, M.P., & Martin, N.G.(2000). Genetic and environmental influences on sexual orientation and its correlates in an Australian twin sample. *Journal of Personality and Social Psychology,* 78(3), 524−536.

Baker, F., Ainsworth, S.R., Dye, J.T., Crammer, C., Thun, M.J., Hoffmann, D., Repace, J.Shanks, T., Burns, D.M., Connolly, G.N., & Shopland, D.R.(2000). Health risks associated with cigar smoking. Journal of the American Medical Association, 284, 735−740.

Baker, M, C(2001). The atoms of language : The mind's hidden rules of grammar. New York : Basic Books.(p.305)

Bandura, A(2001). Social cognitive theory : An agentic perspective. Annual Review of Psychology, 52, 1−26.(pp.450−451)

Barber, T, X(2000). A deeper understanding of hypnosis : Its secrets, its nature, its essence. American Journal of Clinical Hypnosis , 42, 208−272(p.206)

Baron, R. & Byrne, D.(2000). Social Psychology. 9th ed. Massachusetts : Allyn & Bacon.

Baron, R.S.(2000). Arousal, Capacity, and intense indoctrination. *Personality and social Psychology Review,* 4(3), 238−254.

Barron, K. E., & Harackiewicz, J. M.(2001). Achievement goals and optimal motivation : Testing multiple goal models. *Journal of Personality and Social Psychology,* 80(5), 706−722.

Barry , D, (2002, Ppril 26). The Dave barry 2002 Calendar. Kansas City : Andrews McMeel(p.354)

Bartels, A., & Zeki, S.(2000). The neural basis of romantic love. Neuroreport : For rapid communication of Neuroscience Research, 11, 3829−3834.

Bates, S.C.(2004). coverage : Findings from a national survey of introductory psychology syllabi. Introductory psychology syllabi. In D.V.Doty(Chair), What to leave in and out of introductory psychology. Symposium conducted at the 112th convention of the American Psychological Association, honolulu, hawaii.

Bauer, P .J.(2002). Long−term recall memory : Behavioral and neuro−developmental changes in the first 2 years of life. Current Directions in Psychology, 11, 137−141(p.103)

Baumeister, R .F., &Exline, J.J.(2000).Self−control, morality, and human strength. Journal of Social and Clinical Psychology, 19, 29−42.(p.452)

Baumeister, R, F.(2000). Gender differences in erotic plasticity : The female sex drive as socially flexible and responsive. Psychological Bulletin, 126, 347−374(p365)

Baumeister, R, F.(2001, April). Violent pride : Do people turn violent because of self-hate, or self-love? Scientific American, pp.96-101.(p.460)

Baumeister, R. F., Bushman, B.J., & Campbel, w. K.(2000). Self-esteem, narcissism, and agression : Does violence result from low self esteem or from threatened egotism? *Current Directions in Psychological Science*, 9, 26-29.

Baumeister, R.F., Campbell, J., Krueger, J.I., &Vohs, K.D.(2003). Does high self-esteem cause better performance, interpersonal success, happiness or healthier lifestyles? Psychological Science in the Public Interest, 4, 1-44(p.457)

Baumeister, R.F., Catanese, K.R., &vohs, K.D(2001) Is there a gender difference in strength of sex drive? Theoretical views, conceptual distinctions, and a review of relevant evidence. Personality and Social Psychology Review.5, 242-273(p.72)

Baumgardner, A, H. Twenge, J.M., & Nuss, C.K(2002). Effects of social exclusion on cognitive processes : Anticipated aloneness reduces intelligent thought. Journal of Personality and Social Psychology , 83, 817-827(p372)

Bavelier, D., Tomann, A., Hutton, C., Mitchell, T., Corina, D., Liu, G., & Neville, H, (2000). Visual attention to the periphery is enhanced in congenitally deaf individuals. Journal of Neuroscience, 20.1-6(p.58)

Bem, D.J., Palmer, J., & Broughton, R.S.(2001). Updating the Ganzfeld database : A victim of its own success? Journal of Parapsychology, 65, 207-218(p.181)

Benbow, C.P., Lubinski, D.L., &Eftekhari-Sanjani, H.(2000). Sex differences in mathematical reasoning ability at age 13 : Their status 20 year later. Psychological Science, 11, 474-2000(p.333)

Berger, B.G., & Motl, R.W.(2000). Exercise and mood : A selective review and synthesis of research employing the profile of mood states. Journal of Applied Sports Psychology.12.69-92(pp.414-415)

Bem, D.J.(2000). Exotic becomes erotic : Interpreting the biological correlates of sexual orientation. Archives of Sexual Behavior, 29, 531-548.(pp.367-368)

Bernieri, F.(2000, May 29). Quoted by M.Gladwell, "The new-boy network : What do job interviews really tell us?" New Yorker, pp.68-86(p.B-5)

Berry, J.(2000). Cross-cultural psychology : A symbiosis of cultural and comparative approaches. Asian Journal of Social Psychology, 3, 197-205.

Berry, J.W., & Ataca, B.(2000). Cultural factors. In G.Fink(Ed.), *Encyclopedia of stress* (Vol. 1, pp. 604-610). San Diego : Academic Press.

Berry, D.S., & Miller, K.M.(2001). When boy meets girl : Attractiveness and the five-facror model in opposite-sex interactions. Journal of Research in Personality, 35, 62-77.

Bertakis, K.D., Azari, R., Helms, J.L., Callahan, E.J., & Robbins, J.A.(2000). Gender differenced in the utilization of health care services. *Jounal of Family Practice,* 49(2), 147-152.

Beutler, L. E.(2000). David and Goliath : When empirical and clinical standards of practice meet. *American Psychologist,* 55(9), 997-1007.

Bhattachary, S., &Powell, J.H.(2001).Recreational use of 3, 4-methylene dioxymetham phetamine (MDMA) or "ecstasy" : Evidence for cognitive impairment. *Psychological Medicine,* 31(4), 647-658.

Bialystok, E.(2001). Bilingualism in development, language, literacy, and cognition. New York : Cambridge University Press, .(p.309)

Biggs, V.(2001, April 13) Murder suspect captured in Grand Marais. Cook County News-Herald.(p.388)

Biswas－Diener, R. & Diener, E.(2001). Making the best of a bad situation : Satisfaction in the slums of Calcutta .Social Indicators Research, 55, 329－352(p.397).

Bjork, R.A.(2000, July/August.). Toward one world of psychological science. APS Observer. P.3(p.7)

Blackmore, S.(2000.October.). The power of memes. Scientific American, pp.63－73(p.248)

Blanchard, R.(2001).Fraternal birth order and the maternal immune hypothesis of male homosexuality. Hormons and Behavior, 40, 105－114(p.366)

Blass, T.(2004). The man who shocked the world : The life and legacy of Stanley Milgram. New York : Basic Books.

Blazer, D.G.(2000). Mood disorders : Epidemiology. In B.J.Sadock & V.A.Sadock (Eds.), *Kaplan and Sadock's Comprehensive textbook of psychiatry* (7th ed., Vol. 1, pp.1298－1307). Philadelphia : Lippincott/Williams & Wilkins.

Bleustein, J.(2002.June 15). Quoted in "Harley retooled", by S.S. Smith American Way Magazine.(p.B－11)

Bloom, S.R.(2002, September/October). Quoted in Researchers identify natural appetite suppressant, Biain Work(p.40)

Bloomfield, H.(2000). *Making peace with your past : The six essential steps to enjoying a great future.* New York : HarperCollins.

Bodkin, J.A., & Amsterdam, J.D.(2002). Transdermal selegiline inmajor depression : A double－blind, placebo－controlled , parallel－group study in outpatients. American Journal of Psychiatry , 159, 1869－1875(p.532)

Bogaert, A.F.Friesen, C., & Klentrou, P.(2002). Age of puberty and sexual orientation in a national probability sample. Archives of Sexual Behavior , 31, 73－81.(p.366)

Bogart, L.M., & Helgeson, V.S.(2000). Social comparisons among women with breast cancer : A longitudinal investigation. Journal of Applied Social Psychology, 30, 547－575.

Bolles, R.N.(2002). *What color is your parachute? A practical manual for job－hunters and career changers,* Berkeley, CA : Ten Speed Press.

Bonanno, G.A.(2001). Grief and emotion : Experience, expression, and dissociation. In M.Stroebe, W.Stroebe, R.O.Hansson, & H, Schut(Eds), New handbook of bereavement : Consciousness, coping, and care. Cambridge : Cambridge University Press.(p.133)

Bond, C.F., Jr., &Atoum, A.O.(2000). International deception. Personality and Social Psychology Bulletin, 26, 385－395(p.390)

Bonebright, C.A., Clay, D.L., & Ankenmann, R.D.(2000). The relationship of workaholism with work－life conflict, life satisfaction, and purpose in life. *Journal of Counseling Psychology,* 47, 469－477

Boneva, B.S. & Frieze, I. H.(2001). Toward a concept of a migrant personality. Journal of Social Issues, 57, 477－491.(p.461)

Booth, A., & Amato, P.R.(2001). Parental predivorce relations and offspring postdivorce well-being. *Journal of marriage and family,* 63, 197-212.

Borkenau, P., Riemann, R., Anglertner, A., & Spinath, F.M.(2001). Genetic and environmental influences on observed personality : Evidence from the German observational study of adult twins. Journal of personality and Social Psychology, 80, 655-668.

Bornstein, R.F.(2001). The impending death of psychoanalysis. Psychoanalytic Psychology, 18, 3-20.(p.438)

Boroditsky, L.(2003). Linguistic Relativity. In L. Nadel (Ed.), *Encyclopedia of Cognitive Science* (pp. 917-921). London, UK : MacMillan Press.

Bostwick, J.M., & Pankrata, V. S.(2000). Affective discorders and suicide risk : A re-examination. American Journal of Psychiatry, 157, 1925-1932.(p.491)

Bouton, M.E., Mineka, S., & Barlow, D.H.(2001). A Modern learning theory perspective on the etiology of panic disorder. Psychological Review, 108, 4-32.(p.479)

Bowerman, M., and Choi, S.(2001). Shaping meanings for language : Universal and language-specific in the acquisition of spatial semantic categories. In M. Bowerman, & S. C. Levinson(Eds.), *Language acquisition and conceptual development* (pp.475-511). Cambridge : Cambridge University Press.

Bowles, S., & Kasindorf, M.(2001, March6). Friends tell of picked-on but 'normal' kid. USA Today, P.4A. (p372)

Brand, N., Hanson, E., & Godaert, G.(2000). Chronic stress affects blood pressure and speed of short-term memory. Perceptual Motor Skills, 91(1), 291-298.

Brannon, L.(2002). *Gender : Psychological perspectives.* Boston : Allyn & Bacon.

Braun, S.(2001, Sping). Seeking insight by prescription. Cerebrum, pp.10-21.(p214)

Brawman-Mintzer, O., Lydiard, R.B., & Ballenger, J.C.(2000). Buspirone. In B.J.Sadock & V.A.Sadock (Eds.), *Kaplan and Sadock's comprehensive textbook of psychiatry* (7th ed., Vol.1, pp.2329-2333). Philadelphia : Lippincott/ Williams & Wilkins.

Bread for the Word.(2002). The feasibility of ending hunger. Washington, DC : Alliance to End Hunger, Bread for the Word Instiute. (pp.299-344)

Brehm, S.S., Kassin, S., & Fein, S.(2005). Social psychology(6th ed.). Boston : Houghton Mifflin.

Brehm, S.S., Kassin, S.M., & Fein, S.(2002). *Social psychology.* Boston : Houghton Mifflin.

Brehm, S.S., Miller, R.S., Perlman, D., &Campbell, S.(2002). *Intimate relationship*(3rd ed.). Boston : McGraw-Hill.

Brende, J.O.(2000). Stress effects of floods. In G.Fink(Ed.), Encyclopedia of stress(Vol. 2, pp.153-157). Ssn Diego : American Press.

Bressan, P., & Dal Martello, M. F.(2002). Talis pater, talis filius : Perceived resemblance and the belief in genetic relatedness. Psychological Science, 13, 213-218.(p.177)

Brewin, C.R., Andrews, B., & Valentine, J.D.(2000). Meta-analysis of risk factors for posttraumatic stress disorder in trauma-exposed adults. Journal of Consulting and Clinical Psychology, 68, 748-766.(pp.480-481)

Brewster, K.L., & Padavic, I.(2000). Change in gender-ideology, 1977-1996 : The contributions of intracohort change and population turn over. Journal of marriage and the Family, 62(2), 477-487.

Brief, A. P., & Weiss, H. M.(2002). Organizational behavior : Affect in the workplace. Annual Review of Psychology, 53, 279-307.(p.B-7).

Brissette, I., & Cohen, S.(2002). The contribution of individual differences in hostility to the associations between daily interpersonal conflict, affect, and sleep. Personality and Social Psychology Bulletin, 28, 1265-1274.(p.198)

Brissette, I., Scheier, M. F., & Carver, C. S.(2002).The role of optimism in social network development, coping, and psychological adjustment during a life transition. Journal of Personality and Social Psychology, 82, 102-111.(p.495)

Brody, J. E.(2000, March 21). When post-traumatic stress grips youth. New York Times (www.nytimes.com). (pp.480-481)

Brody, J.E.(2002, November 26). When the eyelids snap shut at 65miles an hour. New York Times (www.nytimes.com).(p.320)

Brody, L.R.(2000).The socialization of gender differences in emotional expression : Display rules, infant temperament, and differentiation. In A.H.Fischer (Ed.), *Gender and emotion : Social psychological perspectives* (pp.24-47). Cambrige, UK : Cambridge University Press.

Brooks, D.J.(2001, April). "Creationism" has strong following in U.S. Gallup New Service article reprinted in Emerging Trends from Princeton Religion Research Center, pp.45.(p.72)

Brooks, D.J.(2002, October 8). Running down the road to happiness. Gallup Tuesday Briefing (www.gallup.com).(p.414)

Brown, A.S., vanOs, J., Driessens, C., Hoek, H.W., & Susser, E.S.(2000). Further evidence of relation between prenatal famine and major affective disorder. American Journal of Psychiatry, 157, 190-195.

Brown, J. D., Steele, J.R., & Walsh-Childers, k.(2002). Sexual teens, sexualmedia : Investigating media's influence on adolescent sexuality. Mahwah, NJ : Erlbaum.(p.362)

Brown, R.(2000a). Group processes. Oxford : Blackwell.

Brown, R.(2000b). Social identity theory : Past achievements, current problems and future challenges. European Journal of SOCIAL Psychology, 30, 745-778.

Brown, T.A.(2001). Generalized anxiety disorder and obsessive-compulsive disorder. In T.Millon, P.H.Blaney, & R.D.Davis(Eds.), *Oxford textbook of psycopathology*. (pp. 114-143). New York : Oxford University Press.

Brownell, K.D., & Wadden, T.A.(2000). Obesity. In B.J.Sadock & V.A.Sadock (Eds.), Kaplan and Sadock's comprehensive textbook of psychiatry(7th ed., pp.1787-1796). Philadelphia : Lippincott/williams&Wilkins

Bruce, D., Dolan, A, & Phillips-Grant, K.(2000). On the transition from childhood amnesia to the recall of personal memories. Psychological Science, 11, 360-364.(p.103)

Brumberg, J. J.(2000). Fasting girls : The history of anorexia nervosa. New York : Vintage.(p.350)

Buckingham, m.(2001, Auguest). Quoted by P. LaBarre, "Marcus Buckingham thinks your boss has an attitude problem."The Magazine (fastcompany.com/online/49/buckingham.html). (pp.B-3, B-8, B-9).

Bumpass, L.L., & Lu, H.H.(2000). Trends in cohabitation and implications for children's family contexts in the United States. *Population Studies,* 54, 29-41.

Bureau of the Census.(2002). Statistical abstract of the United States 2002. Wshington, DC : U.S. Government Printing Offiice.(pp.131, 474)

Burger, J.M.(2000). Personality(5th ed.). Belmont, CA : Wadsworth.

Burgess, C., O'Donohoe, A., & Gill, M.(2000). Agony and ecstasy : A review of MDMA effects and toxicity. European Psychiatry, 15(5), 287-294.

Burke, R.J.(2000). Workaholism in organizations : Psychological and physical well-being. *Stress Medicine,* 16(1), 11-16.

Burke, R.J.(2001). Workaholism in organizations : The role of organizational values. *Personnel Review,* 30(6), 637-645

Bush, G. W.(2001, May 1). Speech to the National Defense University, Washington, DC.(P.567)

Bushman, B. J.(2002). Does venting anger feed or extinguish the flame? Catharsis, rumination, distaction, anger, and aggressive responding. Personality and Social Psychology Bulletin, 28, 724-731.(p.395)

Bushman, B., Baumeister, R., &Phillips, C.(2000). Do people aggress to improve their mood? Catharsis beliefs, affect regulation opportunity, and aggressive responding. Journal of personality & Social Psychology, 81(1), 17-32.

Bushman, B.J., & Anderson, C.A.(2001). Media violence and the American public : Scientific facts versus media misinformation. American Psychologist, 56, 477-489.(pp.250, 252)

Bushman, B.J., & Bonaci, A. M.(2002). Violence and sex impair memory for television ads. Journal of Applied Psychology, 87, 557-564.(pp.297, 360)

Buss, D.M.(2000). The dangerous passion : Why Jealousy is as necessary as love and sex. New York : The Free Press.(p.73)

Buss, D.M., Shackelford, T.K., Kirkpatrick, L.A., & Larsen, R.J.(2001). A half century of mate preferences : the cultural evolution of values. Journal of marriage and Family, 63, 491-503.

Cacioppo J.T., & Berntson, G.C.(2007). The brain, homeostasis, and health. In H.S.Friedman R.C. Silver(Eds.), Foundations of health Psychology (pp.73-91). New York : Oxford Uiversiti Press.

Calhoun, L.G., & Tedeschi, R.G.(2001). Posttraumatic growth : The positive lessons of loss. In R.A.Neimeyer (Ed.), *Meaning reconstruction and the experience of loss* (pp.157-172). Washington, DC : American Psychological Association.

Call, K.T., Riedel, A.A., Hein, K., McLoyd, V., Petersen, A., & Kipke, M.(2002). Adolescent health and well-being in the twenty-first century : A global perspective. Journal of Research on Adolescence, 12, 69-98.(p.362)

Campbell, J.D., Assanand, S., & DiPauala, A.(2000). Structural features of the Self-concept and adjustment. In A.Tesser, R. B. Felson, & J.M.Suls(Eds.), Psychological perspectives on self and identity(pp.67-87). Washington, DC : American Psychological Association.

Cancro, R., & Lehmann, H.E.(2000). Schizophrenia : Clinical features. In B.J.Sadock & V.A.Sadock (Eds.), *Kaplan and Sadock's comprehensive textbook of psychiatry*(7th ed., Vol.1 pp.1169-1198). Philadelphia : Lippincott/williams&Wilkins

Carania, J.A., Binson, D., Dolcini, M.M., Moskowitz, J.T., &van der straten, A.(2001). In A.Baum, T.A.Revenson, & J.E.Singer(Eds.), *Handbook of health psychology*. Mahwah, NJ : Erlbaum.

Carr, V.J.(2000). Stress effects of earthquakes. In G.Fink(Ed.), *Encyclopedia of stress*(Vol.2, pp1-3). San Diago : Academic press.

Carroll, D. W.(2004).Psychology of language(4nd.ed.).CA : Brooks/Cole.

Carskadon, M.(2002). Adolescent sleep patterns : Biological, social, and psychological influences. New York : Cambridge University Press.(p.195)

Casey, B.J., Giedd, J.N., & Thomas, K. M.(2000). Structural and functional brain development and its relation to cognitive development. Biological Psychology, 54, 241-257.(p.117)

Caspi, A.(2000). The child is father of the man : Personality continuities from childhood to adulthood. Journal of Personality and Social Psychology, 78, 158-172.(p.79)

Cassandro, V.J., & Simonton, D. K.(2003). Creativity and genius. In C.L.M.Keyes & J.Haidt(Eds.), Flourishing : Positive psychology and the life well-lived. Washington, DC : American Psychological Association.(p.324)

Catz, S.L., & Kelly, J.A.(2001). Living with HIV disease. In A.Baum, T.A.Revenson, & J.E.Singer(Eds.), Handbook of health psychology. (pp.841-850) Mahwah, NJ : Erlbaum.

CDC(Centers for Disease Control).(2002, september 27). Trends in sexual risk behaviors among high shool students-United States, 1991-2002. MMWR, 51(38) : 856-859 (www.cdc.gov/mmwr).(p.364)

Centers for Disease Control.(2003). Who should get a flu shot (http ://www.cdc.gov/ncidod/diseases/flu/who.htm).(p.499)

Cervone, D., Shadel, W. G., & Jencius, S.(2001). Social-cognitive theory of personality assessment. Personality assessment. Personality and Social Psychology Review, 5, 33-51.(p.455)

Chang, E. C.(2001). Cultural influences on optimism and pessimism : Differences in Western and Eastern culture of the self. In E.C.Chang(Ed.), Optimism and pessimism. Washington, DC : APA Books.(p.453)

Chang, P.P., Ford, D.E., Meoni, L. A., Wang, N-Y., & Klag, M.J.(2002). Anger in young men and subsequent premature cardiovascular diseasea : The precursors study. Archives of Internal Medicine, 162, 901-906.(p.409)

Chapoin, W.F., Phillips, J.B., Brown, J. D., Clanton, N.R., & Stein, j.l.(2000). Handshaking, gender, personality, and first impressions. Journal of Personality and Social Psychology, 79, 110-117.(p.387)

Charles, S.T., Reynolds, C.A., & Gatz, M.(2001). Age-related differences and change in positive and negative affect over 23years. Journal of Personality and Social Psychology, 80, 136-151(p.132)

Chaudhari, N., Landin, A.M., & Roper, S.D.(2000). A metabotropic glutamate receptor variant functions as a taste receptor. Nature Neuroscience, 3, 113-119.(p.162)

Cheng, C(2001). Assessing coping flexibility in real-life and laboratory settings : A multimethod approach. *Journal of Personality and social Psychology,* 80(5), 814-833.

Chiappelli, F., & Hodgson, D(2000). Immune suppression. In G.Fink (Ed.), *Encyclopedia of stress*(Vol. 2, pp.531-535). San Diago : Academic press.

Chiappelli, F., & Liu, Q.N.(2000). Immune suppression. In G.Fink (Ed.), *Encyclopedia of stress*(Vol. 2, pp.541-546). San Diago : Academic press.

Child Trends.(2001.August). Facts at a glance. (www.childtrends.org).(p.362)

Chirkov, V.I., Ryan, R.M., Kim, Y. & Kaplan, U.(2003). Differentiating autonomy from individualism and independence : A self-determination theory perspective on internalization of cultural orientations and well-being. Journal of personality and Social Psychology, 84(1), 97-110.

Chiu, C., Morris, M., Hong, Y., Menon, T.(2000). Motivated cultural cognition : The impact of cultural theories on dispositional attribution varies as a function of need for closure. Journal of Personality and Social Psychology, 78(2), 247-259.

Choi, I., & Choi, Y.(2002). Culture and self-concept flexibility. Personality and Social Psychology Bulletin, 28, 1508-1517.(p.461)

Choi, S-C., & Lee, S.(2000). Two component model of chemyon-oriented behaviors in Korea : Constructive and defensive chemyon. Journal of Cross-Culture Psychology. In press.

Christensen, A., & Jacobson, N.S.(2000). *Reconcilable differences.* New York : Guilford press.

Christopher, F.S., & Sprecher, S.(2000). Sexuality in marriage, dating, and other relationships : A decade review. *Journal of Marriage and the Family,* 62, 999-1017

CIA(2002, February). Chiefs of state and cabinet members of foreign governments (www.msad. state.mn.us/onlinecareerfair/human/Bethlockard.htm). (p.91)

Cialdini, R.B.(2001). Influence : Science and practice(4th ed.). Boston : Allyn & Bacon.

Clancy, S.A., McNally, R.J., Schachter, D.L., Lenzenweger, M.F., & Pitman, R.K, (2002). Memory distortion in people reporting abduction by aliens. Journal of Abnormal Psychology, 111, 455-461.(p.282)

Clancy, S.A., Schacter, D.L., McNally, R.K.(2000). False recognition in women reporting recovered memories of sexual abuse. Psychological Science, 11, 26-31.(p.282)

Cochran, S.D.(2001). Emerging issues in research on lesbians' and gay men's mental health : Does sexual orientation really matter? American Psychologist, 56, 931-947.

Colder, C.R.(2001). Life stress, physiological and subjective indexes of negative emotionality and coping reasons for drinking : Is there evidence for a self-medication model of alcohol use? *Psychology of Addictive Behaviors,* 15(3), 237-245.

Coleman, M., Ganong, L., & Fine, M.(2001). Reinvestigating remarriage : Another decade of progress. In R.M.Milardo (Ed.), *Understanding families into the new millennium : A decade in review*(pp.507-526). Minneapolis : National Council on Family Relations.

Collins, W.A., Maccoby, E.E., Steinberg, L., Hetherington, E.M., & Bornstein, M.H.(2000). Contemporary research on parenting : The case for nature and nurture. American Psychologist, 55, 218-232.(p.85)

Coltrane, S.(2001). Research on household labor : Modeling and measuring the social embeddedness of routine family work. In R.M.Milado (Ed.), *Understanding families into the new millenium : A decade in review*(pp.427-452). Minneapolis : National Councilon Family Relations.

Comer, R.J.(2004). Abnormal psychology(5 th ed.).New York. : worth.

Contrada, R.J., Ashmore, R.D., Gray, M.L., Coups, E., Egeth, J.D., Sewell, A., Ewell, K., Goyal,

T.M., & Chasse, V.(2000). Ethnicity-related sources of stress and their effects on well-being. Current Directions in Psychological Science, 9(4), 136-139.

Coon, d.(2000). Salvaging the self in a world without soul : William James' The principle of psychology. History of Psychology, 3(2), 83-103.

Coontz, S(2000). The way we never were : American families and the nostalgia trap. New York : Basic Books

Cooper, A.(2002). Sex and Internet Philadelphia. Brunner Routledge.

Corballis, M.C.(2002). From hand to mouth : The origins of language. Princeton : Princeton University Press.(p.313)

Coren, S., Ward, L.M., & Enns, J.T.(2004). Sensation and perception(6th ed.) New York : Wiley.

Correll, J., Park, B., Judd, C.M., & Wittenbrink, B.(2002). The police officer dilemma : Using ethnicity to disambiguate potentially threatening individuals. Journal of Personality and Social Psychology, 83, 1314-1329.(p.556)

Costa, P.T., Jr., Terracciano, A., & McCrae, R. R.(2001). Gender differences in personality traits across cultures : Robust and surprising findings. Journal of Personality and Social Psychology, 81322-331.(p.389)

Cowan, N.(2001). The magical number 4 in short-term memory : A reconsideration of mental storage capacity. Behavioral and Brain Sciences, 24, 87-185.(p.266)

Crabbe, J.C.(2002). Genetic contributions to addiction. Annual Review of Psychology, 53, 435-462.(p.218)

Crabtree, S.(2002 January 22). Gender roles reflected in teen tech use. Gallup Tuesday Briefing(www.gallup.com). (p, 121)

Cramer, P.(2000). Defense mechanisms in psychology today : Further processes for adaptation. American Psychologist, 55(6), 637-646.

Croft, R.J., Klugman, A., Baldeweg, T., & Gruzelier, J.H.(2001). Electrophysiological evidence of serotonergic impairment in long-term MDMA ("Ecstasy") users. American Journal of Psychiatry, 158, 1687-1692.(p.215)

Dabbs, J.M., Jr.(2000). Heroes, rogues, and lovers : Testosterone and behavior. New York : McGraw-Hill.(pp.359, 360)

Dabbs, J.M., Jr., Bernieri, F., J., Strong, R., K., Campo, R., & Milun, R.(2001b). Going on stage : Testosterone in Personality, 35, 27-40.(p.561)

Dabbs, J.M., Jr., Riad, J.K., & Chance, S.E.(2001a). Testosterone and ruthless homicide. Personality and Individual Differences, 31, 599-603.(p.561)

Damasio, A.R., Grabowski, T.J., Bechara, A., Damasio, H., Ponto, J., & Hichwa, R.D.(2000). Subcortical and cortical brain activity during the feeling of self-generated emotions. Nature Neuroscience, 3, 1049-1056.

Danner, D.D., Snowdon, D.A., & Friesen, W.V.(2001). Positive emotions in early life and longevity : Findings from the Nun Study. Journal of Personality and Social Psychology, 80, 804-813.(p.407)

Danso, H., & Esses, V.(2001). Black experimenters and the intellectual test performance of white participants : The tables are turned. Journal of Experimental Social Psychology, 37, 158-

165.(p.335)

David, C., & Kistner, J.(2000). Do positive self-perceptions have a "dark side"? Examination of the link between perceptual bias and aggression. Journal of Abnormal Child Psychology, 28(4), 327-337.

Davidson, P.R., & Parker, K.C.H.(2001). Eye movement desensitization and reprocessing (EMDR) : A meta-analysis. Journal of Consulting and Clinical Psychology, 69, 305-317.(p.525)

Davidson, R.(2000). Affective style, psychopathology, and resilience : Brain mechanisms and plasticity. American Psychologist, 55, 1196-1209.(p.385)

Davidson, R.J., Pizzagalli, D., Nitschke, J.B., & Putnam, K.(2002). Depression : Perspectives from affective neuroscience. Annual Review of Psychology, 53, 545-574.(p.492)

Davidson, R.J., Putnam, K.M., & Larson, C.L.(2002). Dysfunction in the neural circuitry of emotion regulation-a possible prelude to violence. Science, 289, 591-594.(p.561)

Davison, K.P., Pennebaker, J.W., & Dickerson, S.S.(2000). who talk? The social psychology of illness support groups. American Psychologist, 55, 205-217.(p.518)

Day, N.L., Leech, S.L., Richardson, Gornelius, M.D., Robles, N., & Larkby, C.(2002). Prenatal alcohol exposure predicts continued deficits in offspring size at 14 years of age. Alcoholism : Clinical & Experimental Research, 26, 1584-1591.(p.100)

De Bruine, L.M.(2002). Facial resemblance enhances trust. Proceedings of the Royal Society of London, 269, 1307-1312.(p.569)

De Courten-Myers, G.M.(2002, May 9). Personal correspondence.(p.53)

De Koninck, J.(2000). Waking experiences and dreaming. In M.Kryger, T.Roth, & W. Dement(Eds.), Principles and practice of sleep medicine, 3rd ed. Philadelphia : Saunders.(p.201)

De Steno, D., Petty, R.E., Wegener, D.T., & Rucker, D.D.(2000). Beyond valence in the perception of like lihood : The role of emotion specificity. Journal of Personality and Social Psychology, 78, 397-416.(p.275)

Deci, E.L., & Ryan, R.M.(2000). The "what" and "why" of goal pursuits : Human needs and the self -determination of behavior. Psychological Inquiry, 11, 227-268.

Deci, E.L., & Ryan, R.M.(2000). The "what" and "why" of goal pursuits : Human needs and the self -determination of behavior. Psychological Inquiry, 11, 227-268.(P244)

Dennerstein, L., Dudley, E., Guthrie, J., & Barrett-Connor, E.(2000). Life satisfaction, symptoms, and the menopausal transition, Medscape Women'Health, 5(4) (www.medscape.com). (p.125)

Diaconis, P.(2002, August 11). Quoted by L. Belk, The odds of that. New York Times (www.nytimes.com).(p.22)

Diamond, J.(2001, February). A tale of two reputations : Why we revere Darwin and give Freud a hard time. Narural History, pp.20-24.(p.72)

Diamond, L.M.(2000). Sexual identity, attractions, and behavior among young sexual-minority women over a 2-year period. Developmental Psychology, 36, 241-250.(p.365.)

Dickens, W.T., & Flynn, J.R.(2001). Heritability estimates versus large environmental effects : The IQ paradox resolved. Psychological Review, 108, 346-349.(p.328)

Diener, E., & Biswas-Diener, R.(2002). Will money increase subjective well-being? A lierature review and guide to needed research. Social Indicators Research, 57, 119-169.(p.398)

Diener, E., & Oishi, S.(2000). Money and happiness : Income and subjective well-being across nations. In E.Diener & E. M. Suh(Eds.), Subjective well-being across cultures. Cambridge, MA : MIT Press.(pp.397, 398)

Diener, E., Wirtz, D., & Oishi, S.(2001) End effects of rated life quality : The James Dean effect. Psychological Science, 12, 124-128.

Diener, E., Oishi, & Lucas, R.E.(2003). Personality, culture, and subjective well-being : Emotional and cognitive evaluations of life. Annual Review of Psychology, 54, 403-425.(p.400)

Dimberg, U., Thunberg, M., & Grunedal, S.(2002). Facial reactions to emotional stimuli : Automatically controlled emotional responses. Cogntition and Emotion, 16, 449-472.(p.249)

Dimberg, U., Thunberg, M., & Elmehed, K.(2000). Unconscious facial reactions to emotional facial expressions. Psychological Science, 11, 86-89(pp.249, 393)

Ekman, P.(2003). Sixteen enjoyable emotions. Emotion Researcher, 18, 6-7.

Elliot, A.J., & McGregor, H.A.(2001). A 2*2 achievement goal framewok. Journal of Personality and Social Psychology , 80(3), 501-519.

Engle, R.W.(2002). Working memory capacity as executive attention. Current Directions in Psychological Science, , 11, 19-23.

Erel, O., Oberman, Y., & Yirmiya, N.(2000). Maternal versus nonmaternal care and seven domains of children's development. Psychological Bulletin, 126, 727-747.

Eysenck, M.W., & Keane, M.T.(2005). Cognitive psychology : A student's handbook (5th. Ed.). Hove, UK : LEA.

Feldman, R.S.(2002). Understanding psychology (6th ed.). New York : McGraw-Hill.

Fields, R.D.(2004).The other half of the brain. Scientific American, 266, 55-61.

Funder, D.C.(2001).Personality. Annual Review of Psychology, 52, 197-221.

Gazzaniga, M.S., Ivry, R.B., &Mangun, G.R.(2002).Cognitive neuroscience : The biology of the mind (2 nd ed.).New York : Norton.

Gernsbacher, M.A., & Kaschak, M.(2003). Neuroimages of Psycholinguistics. Annual Review of Psychology.

Gladwell, M.(2000). The tipping point. Boston : Little Brown. 임옥희 역(2001). 티핑포인트. 서울 : 이끄리오.

Goldstein, E.B.(2002).Sensation and perception (6th ed.). Belmont, CA : Wadsworth.

Gomez, J.(2000). Otherwise engaged : Marriage is an offer I can refuse. Ms., june/july, 67-70.

Green, J.T., & Woodruff-pak, D.S.(2000). Eyeblink classical conditioning : Hippocampal formation is for neutral stimulus associations as cerebellum is for neutral stimulus associations as cerebellumis for association - response. Psychological Bulletin, 126, 138-158.

Griggs, R.A.(2003). Helping students gain insight into mental set. Teaching of Psychology, 30, 143-145.

Gross, L.(2001). Up from Invisibility : Lesbians, gayman, and the media in america. New York : Columbia University Press.

Haier, R.J.(2000). Is "g" only in the frontal lobe?Paper presented at the Third Annual Conference of

International Society for Intelligence Research. December 5-8, Nashville, TE : Vanderbilt University.

Han, G. & Shin, S-J(2000). A cultural profile of Korean society : From vertical collectivism to horizontal individualism. Korean Social Science Journal, 27(2), 69-96.

Harley, T.A.(2001). The psychology of language : From data to theory (2nd. ed.). UK : Psychology Press.

Harris, C.R.(2003). A review of sex differences in sexual jealousy, including self-report data, psychophysiological responses, interpersonal violence , and morbid jealousy. Personality and Social Psychology Review , 7(2), 102-128.

Heatherton, T.F., & Vohs, K.D.(2000). Interpersonal evaluations following threats to self : Role of self-esteem. Journal of Personality and Social Psychology, 78, 725-736.

Heine, S.J., Kitayama, S., Lehman, D.R., Takata, T., Ide, E., Leung, C., & Matsumoto, H.(2000). Divergent consequences of success and failure in Japan and North America : An investigation of self-improving motivations and malleable selves. Journal of Personality & Social Psychology, 81(4), 599-615.

Heine, S.J., Takata, T., & Lehman, D.R.(2000). Beyond self-presentation : Evidence for self-criticism among Japanese. Personality and Social Psychology Bulletin, 26, 71-78.

Hollon, S.D., DeRubeis, R.J., Shelton, R.C., & Weiss, B.(2002). The emperor's new drugs : Effect size and moderation effects. Prevention & Treatment, 5(27).

Hong, Y.-Y., Morris, M.W., Chiu, C.-Y., & Benet-Martinez, V.(2000). Multicultural minds : A dynamic constructivist approach to culture and cognition. American Psychologist, 55, 709-720.

Jackson, S.L.(2003). research methods and statistics : A critical thinking approach. Belmont, CA : Wadsworth

Jackson, S.L.(2003). Research methods and the regulation of emotions. Journal of Personality and Social Psychology, 58, 487-498.

Jacobs, B.L., van Praag, h., & Gage, F.H.(2000a). Adult brain neurogenesis and Psychiatry : A novel theory of depression. Molecular Psychiatry, 5, 262-269.

Jacobs, B.L., van Praag, h., & Gage, F.H.(2000b). Depression and the birth and death of brain cells. American Scientist, 88, 340-345.

Ji, L., Peng, K. & Nisbett, R.E.(2000). Culture, control, and perception of relationships in the environment, Journal of Personality and Social Psychology, 78, 943-955.

Julien, R.M.(2005). A primer of drug action(10th ed.). New York : W.H.Freeman.

Kalat, J.W.(2004). Biological psychology(8th ed). Belmont, CA : Wadsworth.

Kasser, T., & Ryan, R.M.(2001). Be careful what you wish for : Optimal functioning and the relative attainment of intrinsic and extrinsic goals. In P. Schmuck &K. Sheldon(Eds.), Life goals and well-being. Gottingen : Hogrefe.

Katz, J., & Beach, S.(2000). Looking for love? Self-verification and self-enhancement effects on initial romantic attraction. Personality and Social Psychology, 26(12), 1526-1539.

Kazdin, A.E.(2001). Behavior modification in applied settings(6th ed,). Belmont, CA : Wadsworth.

Kemeny, M.(2007). Psychoneuroimmunology. In H.S.Friedman & R.C.Sliver(Eds.), Foundations of health psychology (pp.92-116). New York : Oxford University Press.

Kirsch, I., Moore, T.J., Scoboria, A., & Nicholls, S.S.(2002July 15). The emperor's new drugs : An analysis of antidepressant medication data submitted to the U.S. Food and Drug Administration. Prevention and Treatment, 5, Article23.Available on the world Wide web at http : //www.journals.apa.org/prevention.

Kolb, B., & Whishaw, I.Q.(2001). An introduction to brain and behavior. New York : Worth.

Kunda, Z.(2000). Social cognition : Making sense of people. Cambridge, MA : The MIT Press.

Lamanna, M.A., and Riedmann, A.(2000). Marriages and families : Making choices in a diverse society(7 th ed.). Belmont : Wadsworth.

Larsen, R.J., & Buss, D.M.(2000). Personality psychology : Domains of knowledge about human nature. New York : McGraw-Hill.

Leary, M.R., & Baumeister, R.F.(2000). The nature and function of self-esteem : Sociometer theory. In M.Zanna(Ed.), Advances in experimental social psychology. New York : Academic Press.

Lee, S.(2007). Testing a comprehensive model of adults' pathological internet use. Unpublished doctoral dissertation. Seoul, Korea : Korea University.

Lillienfeld, S.O., Wood, J.M., & Garb, H.N.(2000). The scientific status of projective techniques. Psychological Science in the Pubilc Interest, 1, 27-66.

Locke. E.A., & Latham, G.P.(2002). Building a practically useful theory of goal setting and task motivation : A 35-year odyssey. American Psychologist, 57, 705-707.

Macmillan, M.(2000). An odd kind of fame ; Stories of Phineas Gage. Cambridge, MA : MIT Press.

Mannell, R.C., & Kleiber, D.A.(2000). A social psychology of leisure. PA : Venture Pub.

Masuda, T., Nisbett, R.E.(2000). Attending holistically versus analytically : Comparing the context sensitivity of Japanese and Americans. Journal of Personality and Social Psychology, 81(5), 922-934.

McConnell, A.(2001). Implicit theories : Consequences for social judgments of individuals. Journal of Experimental Social Psychology, 37, 215-227.

McCrae, R.R., & Costa, P.T., Jr.(2001). Trait psychology and culture. Journal of Personality, 69, 819-846.

McCrae, R.R., & Costa, P.T., Jr.(2003). Personality in adulthood : A five-factor theory perspective. New York : Guilford.

McInnes, L.(2002). Relationships between ability and personality : Does intelligence contribute, positively to personal and social adjustment? Personality and Individual Differences, 32, 1391-1411.(P324)

Medin, D.L., Lynch, E.B., & Solomon, K.O.(2000). Are there kinds of concepts? Annual Review of Psychology, 51, 121-147.

Miller, P.H.(2002). Theories of developmental psychology (4 th ed.).New York : Worth.

Myers, D.G.(2002). Exploring psychology. U.S.A. : Worth Publishers.

Myers, D.G.(2002). Social psychology (7th ed.). New York : McGraw-Hill.

Myers, O.(2002). Social psychology. Boston : McGraw-Hill.

Nevid, J.S., Rathus, S.A., & Greene, B.(2000). Abnormal psychology in a changing world. New Jerse y : Prentice Hall.

NICHD Early Child Care Research Network(2001). Child-care and family predictorsof preschool attachment and stability from infancy. Developmental Psychology, 37, 347-862.

Norenzayan, A., Choi, I., & Nisbett, R.E.(2002). Cultural similarities and differences in social inference : Evidence from behavioral predictions and lay theories of behavior. Personality and Social Psychology Bulletin, 28, 109-120.

Perron, K., & Worthington, Jr., E.(2001). Factors influencing ratings of marital quality by individuals within dual-career marriages : A conceptual model. Journal of Counseling Psychology, 48, 3-9.

Pervin, L.A., & John, O.P.(2001). Personality : Theory and research(8th ed.). New York : John Wiely&sons.

Powell, R.A., Symbaluk, D.G., & MacDonald, S.E.(2002). Introduction to learning & behavior. Belmont, CA : Wadsworth.

Ratey, J.J.(2001). A user's guide to the brain : Perception, attention, and the four theaters of the brain. New York : Pantheon.

Rathus, S.A., Nevid, J.S., & Fichner-Rathus, L.(2004). Human sexuality in the world of diversity pearson.

Reeve, J.(2005). Understanding Motivation and Emotion(4thed.). John WILEY&Sons, Inc., New York, 2005.

Reeve, J., Deci, E.L., & Ryan, R.M.(2003). Self-determination theory : A dialectical framework for understanding socio-cultural influences on student motivation. In S. Van Etten & M.Pressley(Eds.). Big Theories Revisited(pp.31-60). Greenwich, CT : Information Age Press.

Robbins, S.P., & Langton, N.(2003). Organizatoional Behaviour(3rd Canadian ed.). Toronto : Prentice -Hall.

Robert J. Gregory(2000). Psychological testing-history, principles and applications : Allyn and Bacon.

Robert, M., & Anthony, D.(2000). Constructing desirable Identities? Self-presentation in psychological and daily life comment on Kelly. Psychological Bulletin, 126(4), 501-504.

Ronald Jay Cohen & Mark E.Swerdlik(2001). Psychological testing and assessment : An Introduction to test and measurement. New YorkMcGraw Hill.

Ryan, R.M., & Deci, E.L.(2000). Self-determination theory and the facilitation of intrinsic motivation, American Psychologist, 55, 68-78.

Ryan, R.M., & Deci, E.L.(2000). Self-determination threory and the facilitation of intrinsic motivation, social development, and well-being. Ameican psychologist, 55, 68-78.

Sapolsky, R.M.(2007). Stress, stress-related disease and emotion regulation. In J.J.Gross(Ed.). Handbook of emotion regulation(pp.606-615). New York : Guilford Press.

Schacter, D.L.(2000). The seven sins of memory : How the mind forgets and remembers. New York : Houghton.

Schneider, B, H., Atkinson, L., & Tardif, C.(2001). Child-parent attachment and children'peer relations : A quantitative review. DevelopmentalPsychology, 37, 86-100.

Schultz, D.(2001). Theories of personality(7th ed.). Pacific Grove, CA : Books/Cole.

Seligman M.E.P., Walker, E.F., & Rosnhan, D.L.(2001). A normal psychology(4th ed.). New York : Norton.

Seto, M., Maric, A., & Barbaree, E.(2001). The role of pornography in the etiology of sexual aggression. Aggression & Violent Behavior, 6(1), 35-53.

Shackelford, T.K., Buss, D.M., & Bennett, K.(2002). forgiveness or breakup : Sex differences in responding to a partner's infidelity. Cognition and Emotion, 16(2), 299-307.

Sheldon, K.M., & Kasser, T.(2001). Getting older, getting better? Personal strivings and personality development across the life-course. Developmental Psychology, 37, 491-501.

Siegel, J.(2000). Aggressive behavior among women sexually abused as children. Violence & Victims, 15(3), 235-255.

Simon, B., & Klandermans, B.(2001). Politicized collective identity : A social psychological analysis. American Psychologist, 56(4), 319-331.

Simpson, J.A., Fletcher, G.J.O., & Campbell, L.(2000). The structure and functions of ideal standards in close relationships. In G. J.O. Fletcher & M.Clark (Eds.), The Blackwell handbook of social psychology : interpersonal processes (pp. 86-106). Oxford, England : Blackwell.

Soussignan, R.(2002). Duchenne smile, emotional experience, and autonomic reactivity : A text of the facial-feedback hypothesis. Emotion, 2, 52-74.

Stanovich, K.E.(2004). How to think straight about psychology(7th ed.). Needham Heights, MA : Allyn and Bacon.

Stickgold, R., Hobson, J.A., Fosse, R., & Fosse, M.(2001). Sleep, learning, and dreams : Off-line memory reprocessing. Science, 294, 1052-1057.

Storey, A.E., Walcy, C.L., Quinton, R.L., & Wynne-Edward, K.E.(2000). Hormonal correlates of paternal responsiveness in new and expectant fathers. Evolution and Human Behavior, 21, 79-95.

Suh, E.M.(2000). Self : the hypen between culture and subjective well-being. In E. Diener & E. Suh (Eds.), Culture and subjective well-being. Cambridge : MIT Press.

Suls, J.M., & Wheeler, L.(Eds.)(2000). Handbook of social comparison : Theory and research. New York : Plenum.

Taylor, S.E., Kemeny, M.E., Reed, G.M., Bower, J.E., & Gruenewald, T.L.(2000).Psychological resources, positive illusions, and health. American Psychologist, 55, 99-109.

Taylor, S.E., Peplau, L.A., & Sears, D.O.(2000). Social psychology(10th ed.). NJ : Prentice-Hall.

Taylor, S.E., Peplau, L.A., & Sears, D.O.(2003). Social psychology(11th en). Upper Saddle River, N J : Pearson Education.

Terrell, F., Terrell, I., & Von Drashek, S.(2000). Loneliness and fear of intimacy adolescents who were taught not to trust strangers during childhood. Adolescence, 35(140), 611-617

Thompson, R.F.(2000).The Brain. A neuroscience primer(3rd ed.). New York : Worth.

Tolson, J.(2000). No wedding? No ring? No problem. U.S. News & World Report, March 13 , 48. Treas, J., & Giesen, D.(2000). Sexual infidelity among married and cohabiting Americans. Journal of Marriag and the Family, 62, 48-60.

Tsien, J.Z.(2000). Building a brainier mouse. Science, 282, 262−268.
Vaillant, G.E., & Mukamal, K.(2001). Successful aging. American Journal of Psychiatry, 158, 839−847.
Vasta, R., Miller, S.A., & Ellis, S.(2004). Child psychology(4th ed.). New York : Wiley.
Wait, L., & Joyner, K.(2001). Emotional satisfaction and physical pleasure in sexual unions : Time horizon, sexual behaivior, and sexual exclussivity. Journal of Family, 63, 247−264.
Wang, Q.(2001). Culture effects on adults' earliest childhood recollection and self−description : Implication for the reaction between memory and self. Journal of Personality & Social Psychology. 8(12), 220−233.
Wang, Q., Leichtman, M, D., & Davies, K.(2000). Sharing memories and telling stories : American and Chinese mothers and their 3−years−olds. Memory, 8, 159−177.
White, L.L., & Rogers, s.j.(2001). Economic circumstances and fanily outcomes : A review of the 1990s. In R. M. Milardo(Ed.). Understanding families into the new millennium : A decade in review(pp.254−270). Minneapolis : National Council on family Relations.
Whitten, P.(2001). Anthropology : Contemporary perspectives(8th ed.). Boston : Allyn & Bacon.
Wilson, J. F.(2003). Biological Foundations of Human Behavior. Belmont, CA : Wadsworth.
Yang, C. F.(2000). A conceptualization of the Chinese interpersonal emotion, "Qing". Presented at the International Association for Cross−Cultural Psychology. July, Poland.

〈심리학 공동저자 프로필〉

공정식

심리학 박사
현 안전문화포럼 이사장 및 경기대 교수
현 대법원 법원행정처 전문심리위원
전 7급 공무원시험 및 행정고시 심리학 출제위원 등

강태신

사회복지학 박사
현 부산장신대학교 사회복지상담학과 외래교수
현 남부행정고시학원 심리학 강사(10년 이상)
전 중앙대학교 청소년학과, 학부 및 대학원 외래교수

김현정

심리학 박사
현 서강대학교 상담교수
현 전국대학성평등상담소협의회 학술이사
현 대검찰청 성폭력전문 자문위원

김미영

심리학 박사
현 진술분석센터 트루바움 대표
현 충북경찰청 과학수사 자문위원
전 대검찰청 과학수사부 진술분석관

현문정

심리학 박사
현 경기대학교 인문사회계열 교수
전 가족사랑교육원부설 오늘학교 이사
전 녹십자 헬스케어 심리상담센터실장

신혜정

교육학 석사
현 안전문화포럼 연구원
현 한국심리과학센터 연구원
전 한국안전심리개발원 연구원

행동하는 심리학

발 행 일	2021. 11월 5일
출 간 일	2021. 11월 15일
편 저 자	공정식 강태신 김현정
	김미영 현문정 신혜정
발 행 인	㈜한국심리과학센터
등 록	제 2016-000005호
주 소	경기도 수원시 장안구 창훈로 46번길 45-4 101호(연무동)
전 화	(031) 253-7776
팩 스	(031) 253-7706
정 가	33,000원
I S B N	979-11-957508-6-3 (13180)
도서공급	도서출판 가람북스
전 화	(02) 823-7004
팩 스	(02) 823-8012

※ 본서의 무단 전재・복제행위는 저작권법 제97조의5에 의거 5년 이하의 징역 또는 5,000만원 이하의 벌금에 처하거나 이를 병과할 수 있습니다.
※ 파본은 구입처에서 교환하시기 바랍니다.